COLLECTION
FOLIO ESSAIS

Dorian Astor

Nietzsche

La détresse du présent

Gallimard

© Éditions Gallimard, 2014.

Dorian Astor, ancien élève de l'École normale supérieure de la rue d'Ulm, est philosophe, germaniste et musicologue. Auteur notamment de *Nietzsche* (coll. Folio biographies n° 74, 2011), il consacre de nombreux travaux à l'interprétation, à la traduction et à l'édition des œuvres de Nietzsche. Il est également traducteur de Freud et auteur d'ouvrages sur l'histoire de l'opéra, notamment sur Richard Wagner. Dramaturge et conseiller artistique pour diverses institutions musicales, il est l'auteur du livret de *Chantier Woyzeck*, un opéra d'Aurélien Dumont (2014). Il travaille en outre à une approche historique du dialogue philosophique entre la France et l'Allemagne, et donne de nombreuses conférences dans les deux pays.

Il y aurait bien une recette contre les philosophies pessimistes et la sensibilité hypertrophiée, qui me semble être la véritable « détresse du présent » : mais peut-être la recette fait-elle déjà entendre trop de cruauté et la compterait-on au nombre des indices sur la base desquels on établit maintenant ce jugement : « L'existence est quelque chose de mauvais. » Eh bien ! La recette contre « la détresse », la voici : c'est *la détresse.*

NIETZSCHE,
Le Gai Savoir,
§ 48 (trad. modifiée)

AVANT-PROPOS

Que pouvons-nous entendre aujourd'hui de ce que dit Nietzsche ? *Jusqu'où* pouvons-nous et voulons-nous l'entendre ? Cette question est presque le seul objet de ce livre, qui pour cette raison ne saurait en rester à un pur commentaire explicatif de la philosophie de Nietzsche. Nietzsche s'explique très bien tout seul, quand il s'explique. Il s'agit plutôt d'estimer, entre ses textes et notre lecture, jusqu'où s'étendent son pouvoir de dire et notre volonté de lire, sa volonté d'être entendu et notre pouvoir d'entendre.

La lecture de Nietzsche dresse devant nous une double exigence, qui demeure celle de toute pratique philosophique : un art de lire, indéfectiblement lié à un art de se connaître soi-même. Lire Nietzsche c'est donc s'adresser en même temps aux lecteurs que nous sommes, évaluer ce que nous sommes, c'est-à-dire la valeur de ce que nous pouvons et voulons. Or, par un hasard moins heureux qu'inquiétant, cette adresse à nous-mêmes n'est qu'un redoublement de l'adresse de Nietzsche à ses propres lecteurs. N'y voyons pas l'effet magique d'une fusion entre le « cercle herméneutique » de l'auteur et celui du lecteur, moins encore l'effet rêvé d'une éternelle identité à soi de l'homme (de fait, Nietzsche sentait bien que ses lecteurs n'existaient pas encore, et peut-être les lecteurs que nous sommes ne vivent-ils que du crédit qu'ils s'accordent), mais plutôt la conclusion, à la lecture, que ce que Nietzsche vise dans son adresse, c'est encore nous aujourd'hui. Non d'un point de vue transcendantal, mais historique ; non par la vertu d'une essence, mais par la force d'une généalogie. Bien sûr, en plus d'un siècle nous avons changé, mais ce à quoi s'adresse Nietzsche quand il s'adresse au lecteur n'a pas encore fondamentalement changé dans les lecteurs que nous sommes.

Il s'agit donc de chercher des limites, c'est-à-dire des lignes à la fois de partage et d'exclusion, et de mettre à l'épreuve leur degré de mobilité et de résistance. Ce travail n'est donc pas monographique au sens où toute monographie reste monologique. Les limites passent alors autour, jamais au milieu. Il n'est pas non plus une rencontre dialogique avec Nietzsche, portée par le fantasme d'une communication transparente avec son œuvre, d'une levée des frontières permettant la fluidité des passages. Lire Nietzsche, c'est plutôt se heurter à la dynamique des brouillages et à l'inertie des opacités, aux objets de scandale et de litige, aux forces d'attraction et de répulsion, qui définissent toute une économie des oui et des non. Ce livre voudrait proposer une pratique de lecture comme physique des chocs, calcul des élasticités et des résistances, des étanchéités et des porosités qui définissent les degrés variables d'un pouvoir et d'un vouloir.

Parmi les lecteurs de ce livre, il y aura ceux qui n'en ont pas fini de lire Nietzsche. À ceux-là, je voudrais dire : revenir encore une fois ou une infinité de fois à la lecture de ses textes ne sera pas tout à fait vain, non plus que d'accorder un peu de temps à un commentaire de plus, d'utilité toujours fragile, parmi la quantité presque irritante de la littérature secondaire. Une lecture, même des sources primaires, est toujours seconde, elle est toujours un retour sollicité par la puissance réitérative des textes eux-mêmes. Et les lectures se font toujours plus lentes, au fur et à mesure qu'elles se répètent, c'est presque la loi musicale de leur recommencement. *Lento*, et *da capo* : double injonction de Nietzsche aux déchiffreurs *a prima vista*, école de patience plus encore que du soupçon, seul moyen de surmonter l'irritation de la quantité et de mesurer les vitesses d'une pensée. Un commentaire de plus, c'est donc à la fois porter témoignage de la nécessité de cette loi, et se mettre à l'épreuve de ce qui est toujours susceptible de *différer* au creux de la répétition. Parler d'une interprétation « inédite » d'un philosophe est une absurdité commandée par la mauvaise conscience de recommencer : ce livre recommence, et ne compte que sur la différence — aussi bien, la *nuance* — sollicitée par la réitération. L'interprète important se distinguerait des autres non par l'inédit, mais par l'*optimum* de différence qu'il suscite dans ce qu'il redit.

D'autre part, il y a ceux qui en ont toujours déjà fini avec Nietzsche : ceux-là qui sont convaincus de savoir pourquoi ils ne sont pas nietzschéens, et ceux qui s'efforcent de l'être ; ceux qui ont fait un petit tour, ou un grand, et puis s'en vont ; ceux aussi qui n'ont jamais mis le pied sur le manège vertigineux où tourne la philosophie de Nietzsche, et encore ceux qui y ont été retournés ou détournés jusqu'à la nausée. Les arguments pour en avoir terminé avec

Nietzsche sont nombreux : parce qu'il en a trop dit, parce qu'on a trop dit sur lui, et parce qu'il y a beaucoup à redire sur ce double excès. En dire trop, c'est à la fois quantitatif et intensif : exagérer et insister, aller trop loin et appuyer, comme on dit, là où ça fait mal. Il ne fait aucun doute que la lecture de Nietzsche est douloureuse. C'est sa manière de discriminer, de sélectionner, de séparer. Il y a toujours un fond de souffrance dans la connaissance, de contrainte dans la liberté, de cruauté dans la joie. Et parfois, les remèdes font l'effet de poisons. Pari risqué de Nietzsche, dont l'adresse ne pouvait avoir aucun contrôle posthume sur ce qu'on appelle sa « réception », terme inadéquat (comme s'il s'agissait de communication) pour désigner de nouveaux expéditeurs et des fins de non-recevoir. « Je n'ai jamais eu l'art de prévenir contre moi[1] » : à ce défaut doit nécessairement correspondre l'art de ne pas être prévenu contre lui — prévention dans le double sens de préjugé et de prophylaxie.

Jusqu'où pouvons-nous, jusqu'où voulons-nous entendre, encore aujourd'hui, de ce que dit Nietzsche ? À quels moments se dit quelque chose de trop, qui déborde notre puissance et notre volonté ?

Le type d'homme auquel Nietzsche s'est adressé et dont il a interrogé la puissance et la volonté, il l'a appelé *l'homme moderne*. Quand il a dit « nous », il a précisé : « nous autres, modernes ». Répéter l'adresse de Nietzsche oblige à réduire le privilège de notre « postmodernité » comme Nietzsche a réduit celui de la « modernité », sous le double poids de la lenteur de l'histoire et de la répétition du devenir. Par méthode, postuler qu'il n'y a rien de nouveau sous le soleil, que cent cinquante ans sont peu de chose, et que nous n'en avons pas fini avec la détresse du présent éprouvée (ressentie et mise à l'épreuve) par Nietzsche et sa philosophie. Ce n'est pas le moindre scandale de l'exercice nietzschéen, et ce n'est pas la moindre faiblesse du nôtre. La détresse de Nietzsche, qui est le *primum mobile* du cheminement initiatique de son œuvre, met en détresse notre actualité, notre modernité, notre digestion du passé, notre appréhension du présent et notre volonté d'avenir. Nous manquons urgemment de patience. Sans elle, nous manquerons de philologie, de probité, de justice. Ainsi donc, ce livre s'adresse à « l'homme moderne » en nous. C'est en ce sens qu'il est *politique*. Il réaffirme que la modernité est un projet inachevé, parce que c'est *en tant que nous sommes sujets de raison et de droit, démocrates et citoyens de démocraties libérales* que Nietzsche s'adresse à nous comme à un problème insurmonté ; comme tels, nous nous heurtons, interpellés par son adresse, au plus inaudible, et en ressentons de la détresse.

Un dernier mot cependant, qui servira aussi de mémento à mon propre travail. À ceux qui voudraient durcir Nietzsche, il faut rappeler sa souplesse : « À partir d'ici, libre à une autre sorte d'esprit que le mien de poursuivre. Je ne suis pas assez borné pour un système — pas même pour *mon* système[2]... » À ceux qui voudraient l'assouplir, il faut rappeler sa dureté : « Attendez donc un peu, très honorée amie ! Je vous apporterai encore la preuve que "Nietzsche est toujours *haïssable*"[3]. »

Berlin, septembre 2014

PREMIÈRE PARTIE

INACTUALITÉ

Mon *style* ancien : vastes perspectives, beaucoup de choses voilées, mystérieuses, étranges. Les faits surgissant dans un éclair, comme illuminations apparentes de ces mystères. Croyance fondamentale : l'essence est incommunicable, une humeur exaltée et prophétique *suscite* des révélations. La société *nuit* à CETTE compréhension. Le calme contemplatif et le souvenir de l'effroyable et du nostalgique alternent[1].

Chapitre premier

LA CONNAISSANCE MYSTÉRIQUE

La Naissance de la tragédie est « un livre impossible[1] », Nietzsche le savait. Lorsqu'en 1886 il décide d'ajouter, en guise de nouvelle préface, un « Essai d'autocritique » à l'ouvrage de 1872, c'est pour reconnaître, au-delà des défauts stylistiques et logiques, que sa difficulté d'accès tient à son caractère *initiatique* — un livre d'initié pour initiés qui, par cela même, a grevé toute possibilité d'être communément compris. Nietzsche toujours sera préoccupé par la question de sa propre incommunicabilité, que ce soit pour la revendiquer ou pour la craindre, selon l'état de ses forces. Alors jeune professeur de philologie à Bâle, déjà rompu aux codes universitaires et accoutumé à l'aridité des recherches pointilleuses, c'est en toute conscience qu'il jette, avec *La Naissance de la tragédie*, un pavé dans la mare qui lui aliène très vite la reconnaissance de ses pairs. S'il s'agit d'un livre pour initiés, il ne vise pas ceux de la tour d'ivoire philologique, mais ceux à qui Nietzsche est lié par « une communauté d'expériences artistiques rares », des « consanguins *in artibus*[2] » : à part Wagner, nul ne pouvait alors prétendre à ce titre. Cette œuvre concerne d'emblée les lecteurs capables d'effectuer un saut radical en dehors de la sphère historique, pour atteindre à une véritable *vision*, non seulement du phénomène global de la grécité, mais, plus encore, d'une connaissance d'ordre mystérique. *La Naissance de la tragédie* est un livre impossible parce qu'il tente de dire quelque chose d'indicible, d'exprimer en termes exotériques un contenu fondamentalement ésotérique dont l'approche nécessite une véritable initiation. La difficulté (et sans doute l'échec) de cette œuvre inaugurale à communiquer cette vision vient notamment de l'hétérogénéité d'expériences médiatisées que Nietzsche a éprouvées comme un unique et immédiat événement.

Il s'agit en premier lieu de revivre en esprit le *problème* de la Grèce archaïque, ce que l'« Essai d'autocritique » souligne résolument. Comme le rappelle Giorgio Colli[3], le terme grec *problema*, avant de passer à la dialectique, désigne l'énigme pythique, l'obstacle déposé par Apollon dans la parole oraculaire. C'est une sommation, un défi à déchiffrer une connaissance divine où l'homme joue sa raison et sa vie. Apollon est le dieu qui agit à distance, décochant ses traits de loin. La flèche d'Apollon — l'énigme ou le problème — franchit la distance incommensurable entre les dieux et les hommes, transformant en *logos* potentiellement mortel une connaissance inaccessible autrement, réservée à la sphère divine. Sous les termes d'« Un originaire » (la sphère dionysiaque) et d'« apparence » (la sphère apollinienne), *La Naissance de la tragédie* désigne moins une dualité qu'un arc tendu à l'intérieur même de la nature, une tension prodigieuse entre l'être et son expression, une « puissance artiste de la nature tout entière[4] ». Le couple Apollon-Dionysos incarne les deux extrémités du parcours de la flèche, l'immédiateté indicible du monde dionysiaque et l'énigme qui la révèle, médiatisée par le *logos* apollinien, et auquel doit se confronter le monde des hommes. L'homme grec est donc celui qui sut résoudre, d'une manière unique, l'énigme de la distance interne qui creuse l'essence même du monde. Cette distance, il ne pouvait la percevoir d'abord que comme *souffrance*, et il a été capable de la transfigurer en se donnant le spectacle du monde des dieux, le symbole olympien exprimant la distance et la possibilité de ne pas en périr. Car les Grecs avaient une « aptitude corrélative au don artistique, qui est l'aptitude à la souffrance et à la sagesse de la souffrance[5] ». Ils étaient doués pour la souffrance : c'est ce que Nietzsche a dit le premier avec force. Il ne ménagera pas ses attaques contre ceux (Goethe, Schiller, Winckelmann et plus encore leurs épigones) qui n'ont compris les Grecs que superficiellement, sous le seul rapport de leur légendaire sérénité. Superficiellement, c'est-à-dire sans voir que la sérénité grecque, l'harmonie et la beauté olympiennes sont la surface qui recouvre des abîmes effrayants, une souffrance qui n'est supportable qu'au prix de sa transfiguration en belle apparence. Quelle est la nature de cette souffrance existentielle ? Pour le dire, le vocabulaire de Nietzsche s'entache déjà de l'influence d'une autre sphère mystérique, venue de l'Inde et reconfigurée par Schopenhauer : la souffrance est la douleur de l'individuation déchirant le voile de Maïa et mettant à nu l'Un originaire. Il est vrai que Dionysos est d'abord un dieu oriental, non grec, venu de contrées barbares, menaçant sans cesse, de l'extérieur, l'intégrité de l'homme grec. Dionysos *est* souffrance en ce qu'il est la puissance capable d'anéantir l'individualité humaine. Ce sont des puissances sauvages, comme la frénésie sexuelle, la brutalité grotesque, les stupéfiants violents qui viennent à chaque instant menacer de décomposer le rapport de l'individu à lui-même, sa *mesure*, et le font basculer dans l'animalité, c'est-à-dire dans la participation collective, effrénée et aveugle à la totalité de la vie. Nietzsche trouve chez les Grecs deux types de réponses à la souffrance de l'individu face à l'Un originaire ; la première est primitivement dionysiaque : elle est incarnée par la sagesse de Silène, ce satyre qui fut le précepteur de Dionysos. Silène est laid et difforme, et continuellement ivre ; sa sagesse, il la confie au roi Midas qui voulait connaître le bien suprême :

> Misérable race d'éphémères, enfants du hasard et de la peine, pourquoi m'obliger à te dire ce que tu as le moins intérêt à entendre ? Le bien suprême, il t'est absolument inaccessible : c'est de ne pas être né, de ne pas *être*, de n'être *rien*[6].

C'est une sagesse populaire strictement nihiliste, non transfiguratrice, et qui aurait concrètement abouti à une « effroyable morale du génocide par compassion[7] ». L'autre réponse est apollinienne, ou en d'autres termes, culturelle : l'art et la science. Ne l'oublions pas, la science est bien, pour Nietzsche, d'essence apollinienne, mais c'est son incapacité à affirmer la réalité de la souffrance qui fera d'elle une expression affaiblie ou décadente de la transfiguration : l'optimisme. L'art est au contraire la manifestation d'un « pessimisme de la force[8] », capable de transfigurer la souffrance, c'est-à-dire d'en élever le sens par une puissante affirmation. Créer les dieux olympiens, inventer l'épopée pour parler d'eux et de leurs rapports avec les hommes, c'est là tout l'art d'Apollon, muni de sa lyre, mais aussi de son arc qui agit à distance ; c'est la révélation de son énigme par le *rêve*, tout un monde d'images plastiques destiné à voiler l'horreur de l'ivresse indécente de Silène. Pour Nietzsche, les Grecs archaïques, ceux de l'époque homérique, ont d'abord été exclusivement apolliniens. Mais les coups de boutoir répétés de Dionysos l'Asiatique ont obligé la civilisation grecque, à bout de résistance, à trouver les moyens d'un compromis. Elle a recueilli le déferlement de Dionysos, qui en retour s'est laissé soumettre à la mesure apollinienne[9]. Cette conciliation lui a été rendue possible parce que Dionysos n'était pas Silène, que son ivresse était divine, et qu'elle enveloppait l'effroi et la douleur d'une joie extatique ; cette extase de l'ivresse était elle aussi une forme d'affirmation, de transfiguration de la souffrance. L'orgiasme dionysiaque, poussant les hommes à chanter en chœur la joie prise à l'existence et conquise sur la souffrance, s'élevait au rang de dithyrambe et y trouvait sa forme esthétique. L'homme grec, à travers l'épopée et le dithyrambe, résolvait peu à peu l'énigme au double langage : Apollon par le rêve chiffrant l'ivresse de Dionysos, Dionysos par l'ivresse révélant la vérité de l'énigme formulée en rêve par Apollon. C'est cette initiation qui permit aux Grecs de trouver l'issue à ce qu'ils ressentaient comme une insupportable opposition entre Dionysos et Apollon : par l'union du rêve et de l'ivresse, exprimés respectivement par les formes esthétiques de l'épopée et du dithyrambe, ils ont créé la tragédie, où toute une civilisation s'est contemplée comme l'œuvre des dieux réconciliés.

Sous la plume de Nietzsche, l'interprétation historique de la genèse du genre tragique s'élève radicalement à une vision du mystère grec. *La Naissance de la tragédie* révèle une pensée d'ordre analogique, procédant par symbolisation permanente, où l'on ne sait qui, des dieux, des hommes ou des arts, symbolise les autres. Le *logos* nietzschéen est bien ici un langage de l'énigme et de la divination (ce qui ne signifie pas qu'il soit irrationnel[10]). Le phénomène de la tragédie dévoile la *passion tragique* du dieu, qui se cache derrière le masque de tous les personnages : le Dionysos orgiaque venu d'Orient s'offre, sous le nom de Zagreus, au martyre de la lacération (l'individuation), justifiant ainsi toute la souffrance du monde. Achevant alors une véritable dialectique, Nietzsche laisse entrevoir un avenir de Dionysos, un « troisième Dionysos » :

> Tout l'espoir des époptes, cependant, allait à une résurrection de Dionysos, — où nous sommes désormais en mesure de soupçonner la fin de l'individuation : c'est en l'honneur de ce troisième Dionysos à venir que retentissaient leurs chants vibrant d'allégresse, et seul cet espoir pouvait mettre un rayon de joie sur la face du monde lacéré, morcelé en individus — comme le mythe le représente dans l'image de Déméter qui, plongée dans un deuil éternel, se *réjouit* pour la première fois lorsqu'on lui apprend qu'elle pourra de *nouveau* enfanter Dionysos. Rassemblées, de telles intuitions nous offrent déjà tous les éléments d'une conception du monde profonde et pessimiste, en même temps qu'elles révèlent la *doctrine ésotérique de la tragédie*, telle qu'elle provient des Mystères[11].

Nietzsche, de philologue, tente ainsi de se faire voyant, épopte lui-même, tout entier tendu dans l'effort de dire un futur indicible. Et l'annonciation d'un Dionysos à venir veut échapper à la logique d'un discours philologique ou historique ; elle reste, pour l'auteur de *La Naissance de la tragédie*, une question ouverte et profondément personnelle :

> Il y avait là un esprit plein d'exigences inconnues, encore innommées, une mémoire débordant de questions, d'expériences, de choses cachées et en marge desquelles le nom de Dionysos venait s'inscrire comme un point d'interrogation supplémentaire ; ici parlait — c'est ce qu'on se disait avec défiance — quelque chose comme une âme mystique, presque une âme de ménade qui, tourmentée, insoumise, comme hésitant à se livrer ou à se dérober, balbutiait dans une sorte de langue étrangère. Elle aurait dû *chanter*, cette « âme nouvelle » — et non discourir[12] !

Une telle radicalité de la vision de la grécité aurait vraisemblablement été impossible sans une autre énigme exprimée dans une autre « langue étrangère » : la philosophie de Schopenhauer. Elle se révèle à Nietzsche, dès 1865, comme une vision qui nous ôte des yeux « le bandeau de l'optimisme[13] ». Ce n'est qu'une fois initié au pessimisme schopenhauerien que Nietzsche put entendre le conseil, formulé par son ami Gersdorff, d'aller voir du côté de ce pessimisme grec qu'enseignait pour sa part Jacob Burckhardt, lui-même fervent admirateur de Schopenhauer. Dans *Le Monde comme volonté et représentation*, Nietzsche aperçoit la distance à soi qui creuse l'être, la tension prodigieuse d'une réflexivité qui ébranle le monde en soi et l'oblige à se contempler lui-même dans la phénoménalité. Là non plus, il ne s'agit pas d'un dualisme mais d'un analogisme ou d'un symbolisme : l'en-soi se chiffre (s'exprime et se cache) dans le phénomène et cette énigme douloureuse jetée à la face de l'homme connaissant nécessite une connaissance d'ordre mystérique : Schopenhauer y insiste sans cesse, l'en-soi n'est « connaissable » que par un certain type de compréhension intuitive et analogique, qui fait le saut radical (et quasiment impossible à fonder d'un point de vue heuristique) de la perception de soi comme volonté débordant ou contournant les conditions *a priori* du jugement (l'espace et le temps, c'est-à-dire la représentation, c'est-à-dire encore le *principium individuationis*), à la vision du monde comme volonté inindividuée : cette découverte est un chemin « qui mène à l'essence intime et propre des choses que nous ne pouvions pénétrer DE L'EXTÉRIEUR, un chemin PAR L'INTÉRIEUR, un passage souterrain pour ainsi dire, une communication secrète qui, comme par quelque trahison, nous transportera d'un seul coup à l'intérieur de la forteresse qu'aucun assaut extérieur n'aurait pu prendre[14] ». C'est de Schopenhauer que *La Naissance de la tragédie* reprend l'image du voile de Mâyâ. Le philosophe avait revendiqué une triple source à son concept de représentation ou d'apparence : le monde sensible platonicien, le phénomène kantien, et Mâyâ, la déité du mysticisme védique que recueilleront les différentes traditions hindoues et bouddhiques. Mâyâ est dépositaire de l'illusion du dualisme entre le phénomène et le noumène. L'éveil spirituel de la sagesse indienne consiste alors à lever le voile que la déité a jeté sur l'être et à s'initier à une perception holistique de l'existence. L'individuation trahit ainsi son secret : elle n'est rien d'autre que l'expression dans le temps et l'espace de la totalité se réfléchissant elle-même, une sorte d'autoperception cosmique. Schopenhauer, qui prétendait n'être qu'un audacieux continuateur de Kant, commet pourtant à son encontre un double crime de lèse-majesté : d'abord il affirme la possibilité d'une connaissance de l'en-soi (même s'il prend soin de la qualifier d'intuitive, et même de *relative*) ; ensuite, et à cause de cela, il opte résolument pour une compréhension de la phénoménalité non plus comme apparition (*Erscheinung*, qui est le terme kantien) mais comme apparence (*Schein*). Le phénomène n'est plus l'apparition de l'en-soi sous les conditions indépassables par lesquelles l'homme peut connaître quelque chose, mais le voile d'illusion par lequel l'en-soi se cache et se trahit à la fois. Dans sa quête éperdue de vérité, l'homme bute contre l'ensemble de la phénoménalité comme illusion, ou aussi bien — Schopenhauer y insiste — comme *folie*. La théâtralité de cette cosmologie aux accents baroques, la folie qui est au cœur de l'énigme de l'apparence (« manie » et « mantique » ont même origine, et Apollon s'exprime par le délire pythique) ouvraient à Nietzsche la voie d'une articulation entre la vision de Schopenhauer et le problème grec. La tragédie de l'en-soi se voilant dans l'apparence livrerait le secret de Dionysos et d'Apollon : l'individu comme œuvre d'art apollinienne, comme autoperception du dieu Dionysos prenant sur lui la souffrance du monde et se donnant à travers Apollon la représentation tragique de soi-même. Chez Schopenhauer comme chez les Grecs, l'impétrant se trouve à la croisée de deux chemins, celui du nihilisme et celui de la justification, celui de Silène et celui de Dionysos :

> Sortie de la nuit de l'inconscience et s'éveillant à la vie, la volonté se retrouve comme individu, dans un

monde infini et illimité, parmi d'innombrables individus qui s'agitent, souffrent, errent, et, comme traversant un rêve angoissé, elle se hâte de retourner à son inconscience initiale[15].

Schopenhauer s'est fait lui-même l'écho de la sagesse de Silène[16]. Mais de même que, dans *La Naissance de la tragédie*, Silène préparera l'entrée en scène de son pupille divin Dionysos, le catastrophisme de Schopenhauer préparait la connaissance mystique capable d'élever l'homme au-dessus de sa condition misérable. Comme on sait, cette révélation emprunte dans l'éthique schopenhauerienne une voie en deux étapes ; la première fait le détour de l'expérience esthétique, la seconde est proprement éthique : l'expérience de la compassion ou pitié (*Mitleid*), dans laquelle l'individu, par une participation intime à la souffrance d'autres individus, éprouve l'unité fondamentale de la souffrance, qui révèle elle-même l'unité de tous les êtres, et abolit l'individuation. Car si la souffrance se distribue dans les êtres individués, elle a une source et une réalité uniques : la souffrance de la volonté cosmique déchirée par la tension extrême de sa réflexivité. Si Nietzsche hésite à emprunter la voie séductrice de la compassion, c'est parce que pour lui, la pitié est une affaire chrétienne — les Grecs, eux, étaient cruels, et leurs dieux plus encore ; la réponse grecque à la souffrance n'a pas été la compassion, ils étaient trop doués pour adopter une réponse appelant au néant. Car, pour Nietzsche, la pitié devrait — portée à son point extrême de conséquence — engendrer l'anéantissement. Pourtant, l'affaire est loin d'être entendue : Nietzsche sera toujours confronté à de violentes vagues de compassion dont il aura à déchiffrer l'avertissement, et Zarathoustra encore verra dans sa propre pitié sa plus dangereuse tentation. C'est pourquoi Nietzsche refuse l'appel ardent de la philosophie de Schopenhauer à la compassion ; il a besoin de comprendre ce qui s'affirme, et non ce qui se nie, dans l'extraordinaire puissance de l'énigme grecque, qui est justification esthétique du monde. Or, chez Schopenhauer, la contemplation esthétique élève l'homme au-dessus de sa condition individuée en lui donnant à voir, non certes la volonté directement, mais ses objectités immédiates ou Idées, c'est-à-dire le degré le plus pur de la réflexivité de la volonté. Il ne faut pas s'abuser sur le terme platonicien d'« Idée », car si pour Platon l'art ne fait que reproduire à un degré inférieur le simulacre du monde intelligible qu'est le monde sensible (donc produit un simulacre de simulacre), pour Schopenhauer il est le produit d'une contemplation pure, « désintéressée » au sens kantien, de l'éternité de l'Idée. Ainsi, pour Nietzsche relisant Schopenhauer afin de comprendre les Grecs, l'expérience esthétique est le seul moment réconcilié entre la connaissance tragique (la vision douloureuse de l'être originaire dionysiaque) et la créativité tragique (la production apollinienne des symboles par lesquels Dionysos s'exprime dans l'apparence) ; en d'autres termes, elle est le seul moment où l'homme justifie la réflexivité douloureuse, dans la représentation, du monde comme volonté en s'offrant comme spectacle, en retournant vers le monde le miroir que celui-ci lui avait tendu comme sa propre énigme[17]. Dans cette transfiguration, l'artiste individuel se déprend de sa subjectivité, il n'est plus à proprement parler un sujet de l'art, mais le médium artistique objectivé du monde comme volonté :

> Pour le véritable créateur de ce monde, nous sommes déjà des images et des projections artistiques et (...) notre plus haute dignité est dans notre signification d'œuvres d'art — car ce n'est qu'en tant que *phénomène esthétique* que l'existence et le monde, éternellement, *se justifient*[18].

De manière significative, Nietzsche ne reste pas tributaire de l'esthétique proprement dite de Schopenhauer ; celui-ci, au terme d'une classification des beaux-arts en fonction du degré de révélation, dans la représentation, du monde comme volonté qu'ils autorisent, en vient au genre tragique, considéré comme « le sommet de l'art poétique ». Le destin du héros, l'opposition forcenée entre les protagonistes, les conflits dramatiques mettent au jour « le conflit de la volonté avec elle-même » et l'intensifient « jusqu'à ce qu'enfin, chez certains êtres, cette connaissance, purifiée et accrue par la souffrance même, atteint ce point où l'apparition, le voile de *mâyâ*, ne l'abuse plus, où elle perce à jour la forme de l'apparition, le *principium individuationis*, où l'égoïsme qui est fondé sur celui-ci s'éteint dans le même mouvement : c'est alors que les MOTIFS, encore si impérieux à l'instant d'avant, sont privés de leur puissance et cèdent à la connaissance parfaite de la nature du monde, cette connaissance qui, agissant comme un QUIÉTIF de la volonté, conduit à la résignation, à l'abandon non seulement de la vie, mais de toute la volonté de vivre elle-même[19] ». Nietzsche, dans l'« Essai d'autocritique », se défend d'avoir jamais suivi Schopenhauer sur ce point : « Ô quel tout autre langage m'a tenu Dionysos ! Ô comme j'étais loin alors de tout ce *résignation-*

nisme[20] ! » Comment, en effet, la révélation de l'universelle volonté de vivre agirait-elle comme un quiétif, alors qu'au contraire Dionysos y surmonte la douleur de l'individuation en une ébriété extatique ? C'est le chœur d'origine dithyrambique qui projette hors de lui-même les personnages tragiques comme autant d'images apolliniennes, qui se donne le spectacle de son propre rêve ; mais le chœur rêve parce qu'il est en proie à l'ivresse dionysiaque :

> Maintenant, dans cet évangile de l'harmonie universelle, non seulement chacun se sent uni, réconcilié, confondu avec son prochain, mais il fait un avec tous, comme si le voile de Maya s'était déchiré et qu'il n'en flottait plus que des lambeaux devant le mystère de l'Un originaire. Par le chant et la danse, l'homme manifeste son appartenance à une communauté supérieure : il a désappris de marcher et de parler et, dansant, il est sur le point de s'envoler dans les airs[21].

C'est dans cette communauté supérieure que la civilisation grecque initiée, loin de s'anéantir dans l'horreur de la révélation, s'est élevée au-dessus de la souffrance par l'expérience d'une communion artistique. En ce sens, on peut dire que la révélation permise à Nietzsche par la lecture du *Monde comme volonté et représentation* n'a été qu'une étape sur la voie de l'initiation au mystère grec ; mais Schopenhauer ne pouvait concevoir de communauté supérieure que dans l'expérience de la pitié — c'est-à-dire dans une expérience d'abolition, sourde à l'ivresse de Dionysos. Pourtant, il avait presque entendu la voix du dieu : non point derrière le masque du héros tragique, mais sous l'espèce de sa manifestation esthétique la plus immédiate : la *musique*.

Il convient de rappeler ce passage célèbre où

Schopenhauer, ayant déjà mis un terme à sa classification des beaux-arts, accorde une attention particulière à la musique, à laquelle il attribue une position tout à fait singulière :

> Comme nous l'avons dit, la musique, en effet, se distingue de tous les autres arts parce qu'elle n'est pas l'image du phénomène, ou plus exactement de l'objectité adéquate de la volonté, mais l'image immédiate de la volonté même, et qu'elle représente donc le métaphysique de tout le physique du monde, la chose en soi de tout phénomène. On pourrait donc appeler le monde aussi bien de la musique incarnée que de la volonté incarnée[22].

En 1865, lorsque Nietzsche découvre ces pages, la musique a déjà une place privilégiée dans sa vie : dès le début des années 1860, ses talents de compositeur et d'improvisateur lui permettent, non sans quelques résistances techniques, d'exprimer ses sentiments adolescents au plus proche de leur décharge affective — ce n'est qu'ultérieurement qu'il est capable de leur donner une forme plus « objective », dans un poème ou une réflexion théorique[23]. Mais cette affinité personnelle n'aurait pas suffi à susciter chez lui ce que nous annoncions comme la troisième *vision* de Nietzsche, la compréhension du troisième élément mystérieux qui, seul, pouvait donner une unité à l'initiation dont rendra finalement compte *La Naissance de la tragédie* dédiée à Richard Wagner, et qui contient ces lignes d'avertissement :

> Je ne m'adresserai qu'à ceux qui ont une parenté immédiate avec la musique, ceux dont la musique est pour ainsi dire le giron maternel et qui n'entretien-

nent presque avec les choses que des relations musicales inconscientes[24].

C'est sans aucun doute la musique de Wagner qui a représenté l'élément le plus *immédiat* de la vision mystérique de Nietzsche, le seul qui n'ait pas eu à être reconstruit à partir d'un *texte* à interpréter, mais qui s'est offert tout entier, sans aucune médiation, dans une rencontre effective entre l'individu et le tout[25]. La musique n'est même pas en elle-même encore une vision, elle est une énigme sans *logos* ; et ce sont les deux visions mystériques autorisées par les Grecs et par Schopenhauer, qui permettent à Nietzsche, par après seulement, d'interpréter l'énigme deux fois, dans deux langages différents : à la fois comme coprésence miraculeuse de Dionysos et d'Apollon, et comme compossibilité de la volonté et de la représentation en une seule expérience. Toute la problématique de *La Naissance de la tragédie* s'origine dans cette énigme première, expérience indicible qui doit toujours déjà être traduite pour être au moins partiellement communicable : même à l'intérieur de la question du drame wagnérien, toute la réflexion sur le rapport entre poésie et musique, entre mythologie et métaphysique, ne pourra s'appuyer que sur une culture surajoutée à la révélation de *Tristan* conçu comme musique pure, sans texte ni spectacle, « comme un immense mouvement symphonique ». Cette expérience *mystique* bouleversante ne s'effacera plus désormais, comme en témoigne encore *Ecce Homo* sans ambiguïté[26]. La musique pose l'énigme et la résout tout à la fois, mais le savoir qu'elle ne montre ni ne cache sollicitera toutes les forces de l'initié pour pouvoir être communiqué, et d'abord au moyen des deux autres révélations secondes : celle du monde comme volonté et comme représentation d'une part, et celle de l'union de Dionysos et d'Apollon d'autre part. Le défi que lancent ces énigmes obligent Nietzsche à se faire nouvel Œdipe et nouveau Prométhée : déchiffrer l'énigme et arracher aux dieux leur connaissance. Mais la difficulté est extrême de traduire un *pathos* initial en *logos*, de transposer une connaissance mystique fulgurante, tout entière livrée dans l'instant de la révélation, en une connaissance intellectuelle, réinscrite dans la durée de sa communicabilité. Seule une triple médiation culturelle (la signification de la civilisation grecque, de la philosophie de Schopenhauer, et de l'artiste Wagner) permet à Nietzsche d'accomplir une telle mission, non sans un nécessaire déplacement fondamental, qui est à la fois une perte et un gain : le passage d'une anhistoricité de l'expérience mystérique à l'historicité du discours philosophique. Et nous entrevoyons alors la genèse d'un problème proprement nietzschéen : le défi de produire un certain type de connaissance, articulée à une conscience historique qui ne trahisse pas l'anhistoricité de la vision.

Mais, nous l'avons dit, des trois éléments mystériques que Nietzsche cherche à communiquer en même temps, seule la musique de Wagner a pu susciter l'expérience d'un instant plein, d'un pur présent, porteur sans médiation d'une vision sans reste. Les deux autres éléments demeurent fatalement des traces, ils sont déjà la traduction textuelle d'une vision ancienne, médiatisée par les codes de la science : ce n'est qu'à partir des instruments de la philologie classique que Nietzsche peut tenter de relever pour son compte le défi de l'énigme grecque à reconvoquer, des millénaires plus tard, la vision de Dionysos ; ce n'est qu'à partir de la langue philosophique de Schopenhauer (elle-même déjà combinatoire de vocabulaires hétérogènes — celui de Platon, celui de Kant et celui de la sagesse indienne) que Nietzsche peut solliciter la vision du monde comme volonté. Et ce faisant, Nietzsche s'oblige à retraduire sans cesse Dionysos en termes métaphysiques, le monde en termes mythologiques, et à faire passer l'un et l'autre dans l'immédiateté de la révélation musicale ; ce que l'on a appelé le perspectivisme de Nietzsche, qui réfère le concept de réalité à un modèle textuel et la vérité à celui d'une activité de lecture, d'interprétation et de traduction, s'origine dans le caractère hétérogène et multiple de cette triple révélation : car il s'agit non seulement de pouvoir la communiquer, mais plus encore de la conquérir comme vision, ce qu'elle n'était immédiatement que sous l'espèce de la musique. Autant dire que *La Naissance de la tragédie*, ce livre impossible, se trouvait contrainte de faire usage d'un discours historique pour produire une connaissance anhistorique.

Le concept de « naissance », à propos de la tragédie, ne relève pas à proprement parler du régime de l'historicité (le terme *Geburt*, préféré à *Entstehung*, soulignant d'ailleurs un don de la vie plutôt qu'une formation historique). En réalité, *La Naissance de la tragédie* se donne deux buts distincts. D'une part, Nietzsche entend déterminer le point de passage d'un régime anhistorique à un régime historique : ce passage n'est pas en lui-même soumis à des causalités historiques, c'est au contraire lui qui engendre un régime nouveau d'historicité ; et en ce sens, c'est bien plutôt la *mort* de la tragédie qui marque ce point de passage, et non sa naissance. La naissance de la tragédie, au contraire, désigne un arrachement prodigieux et éphémère à un autre régime plus ancien, littéralement pré-historique : le régime mythique de la culture homérique. Mais déjà cette culture n'était pas loin de se voir menacée par un processus d'historicisation. La tragédie fut en réalité une *renaissance*, un surgissement vital nouveau, « à partir de l'esprit de la musique » (ou, en termes schopenhaueriens, une expression du vouloir-vivre). Ce dont il s'agit toujours, c'est de la lutte éternelle et cyclique entre l'émergence de puissances vitales et leur décadence, entre la mémoire et l'oubli, entre l'histoire et la vie :

> C'est la force herculéenne de la musique qui, parce qu'elle était parvenue dans la tragédie à sa plus haute manifestation, sut renouveler l'interprétation du mythe et lui donner une signification plus profonde, selon ce pouvoir qui est, nous l'avons montré, le pouvoir le plus puissant de la musique. Car c'est le lot de tous les mythes que de s'abaisser progressivement à l'étroite mesure d'une prétendue réalité historique et d'être soumis tardivement, comme un fait révolu, aux prétentions de la critique historique. Les Grecs, sur ce chemin, n'étaient pas loin de faire passer, avec autant de sagacité que d'arbitraire, tout le rêve mythique de leur jeunesse sous l'estampille historico-pragmatique de simples *annales* de leur jeunesse. Telles, en effet, meurent ordinairement les religions, lorsque leurs supports mythiques en arrivent, sous l'œil sévère et sèchement rationnel d'un dogmatisme orthodoxe, à être systématisés en un ensemble clos d'événements historiques, et que l'on commence à justifier anxieusement la crédibilité des mythes, tout en s'opposant à leur survie et à leur prolifération naturelles ; lorsque,

en un mot, le sentiment mythique dépérit pour laisser place à une religion qui prétend à des fondements historiques. C'est de ce mythe à l'agonie que s'empara le génie renaissant de la musique dionysiaque[27].

Mais il faut être plus précis. En réalité, ce n'est pas l'historicisation qui a menacé de mort la culture mythique grecque ; celle-ci commença de s'historiciser parce qu'elle était déjà en train d'agoniser. Quelle fut la cause de son agonie ? Sa parfaite *idéalité*. Pour Nietzsche, la culture homérique n'était certainement pas un « état de nature », mais représentait déjà une domination culturelle accomplie de la souffrance et de l'effroi suscités par le monde[28]. Il met en garde contre l'idée d'une « naïveté » homérique, naïveté prise dans un sens recueilli chez Schiller (comme poésie immédiatement naturelle, par opposition à une poésie « sentimentale », en quête d'une nature perdue[29]). Il n'y a pas de « naïveté » de l'art : c'est une absurdité, comme seule a pu en concevoir une époque rousseauiste[30]. La civilisation homérique était exclusivement *apollinienne* : fermée sur elle-même, autarcique, immobile, crispée dans sa victoire, telle qu'on la voit transparaître dans l'État et l'art doriques, celui-ci étant « arrogant et farouche », celui-là, « cruel et brutal »[31]. Ce n'est pas sans violence qu'Apollon jette son voile de beauté sur l'horreur du monde, et l'on sait que le dieu était lui-même cruel et farouche[32]. Ce qu'introduit la conquête de Dionysos l'Asiatique, c'est une extériorité radicale, une véritable « pensée du dehors » telle que l'entendait Foucault, c'est-à-dire « une pensée qui se tient en dehors de toute subjectivité pour en faire surgir comme de l'extérieur les limites, en énoncer la fin, en faire scintiller la dispersion et n'en recueillir que l'indicible absence[33] ». Ce scintillement est bien la vision aperçue par Nietzsche dans le dithyrambe dionysiaque en gestation du genre tragique. C'est l'éclat d'une culture qui n'est plus pré-historique (l'extériorité a dispersé la fermeture sur soi), et dont le caractère n'est pas encore historique, mais bien *idéal*. Le satyre du dithyrambe, qui incarne le modèle de l'homme dionysiaque, « comme le berger de notre moderne idylle, est né de la nostalgie de l'origine et de l'état de nature[34] ». Mais la comparaison s'arrête là, car cet homme « sentimental » (au sens schillérien) cherche la nature avec une vigueur inconnue du XVIIIe siècle ; le satyre est transporté par l'extase dionysiaque, il est un « compagnon de souffrance » du dieu, un être qui a vu se déchirer le voile de la civilisation apollinienne. Il est en quête de la nature perdue, mais cette nature, il en a fait l'expérience extatique en répétant la passion de Dionysos. Ce qui le distingue radicalement du berger de l'idylle, c'est sa *véracité* : « Le Grec dionysiaque, lui, veut la vérité et la nature dans toute leur force[35]. » Cette nostalgie de la vision vraie qui caractérise le satyre est un fondement de la culture grecque dionysiaque, et c'est pourquoi Nietzsche a besoin de revenir sur sa signification collective, c'est-à-dire sur l'interprétation du chœur dithyrambique dont il fera jaillir le genre tragique[36]. Nietzsche rejette l'hypothèse selon laquelle le chœur serait le représentant, sur la scène, du peuple athénien comme entité politique (Lessing, F. Schlegel) ou incarnerait le spectateur idéal, la projection idéalisée du public réel (A. W. Schlegel). En revanche, Schiller a un pressentiment juste lorsqu'il affirme que le chœur est « un mur vivant dont s'entoure la tragédie pour s'isoler totalement du monde réel et, par là, préserver son espace idéal et sa liberté poétique[37] », si l'on entend par « monde réel » la société et l'État athéniens, c'est-à-dire les formes historiques qu'a prises la culture grecque. Car la nostalgie dithyrambique ne se satisfait d'aucun compromis avec la trivialité du « naturalisme » et du « réalisme » tels que les pratique et les encense l'époque moderne. Cet idéalisme supérieur est de nature intégralement mythique et religieuse, et l'ordre de la vision interdit toute reconduction artificielle des conditions historiques. Au contraire, par le spectacle tragique, l'homme grec s'abstrait et se sauve de l'État et de la société — il s'élève à une extase *anhistorique* :

> Je crois que le Grec civilisé avait, à la vue du chœur satyrique, le sentiment d'être aboli. Tel est du reste l'effet le plus immédiat de la tragédie : l'État et la société, tout ce qui généralement, en fait d'abîme, sépare l'homme de l'homme, cèdent le pas devant un sentiment d'unité tout-puissant qui reconduit au sein même de la nature. La consolation métaphysique que dispense, je l'indique dès à présent, toute vraie tragédie — la pensée que la vie, au fond des choses et malgré le caractère changeant des phénomènes, est toute de plaisir dans sa puissance indestructible —, cette consolation se fait jour avec l'évidence d'une incarnation dans le chœur satyrique, dans le chœur de ces êtres de nature qui vivent en quelque sorte inexpugnables derrière toute civilisation et restent éternellement semblables à eux-mêmes sous la variation des générations et de l'histoire[38].

Dès lors, Nietzsche, dans sa recherche de la dimension anhistorique de la culture, se trouve déjà devant un double risque : celui que l'idéalisme mystérique ne détourne du monde au point de susciter un insurmontable dégoût de la vie ; et celui que l'abstraction du monde réel et le goût de l'illusion artistique n'abolissent l'exigence de vérité, la véracité qui est au fondement de l'initié devenu voyant. Ce que Nietzsche nommera plus tard le nihilisme, d'une part, et l'absence de probité, d'autre part, se trouvent ici déjà pressentis. Pour l'heure, il trouve des réponses différenciées, et d'inégale portée, à ces deux questions menaçantes. Contre le dégoût de la vie, contre la sagesse de Silène, *La Naissance de la tragédie* n'indique à ce point que deux remèdes esthétiques : le sublime, qui est une maîtrise artistique de l'effroi du monde, et le comique, qui est une décharge quasi physiologique du dégoût de l'existence. En revanche, contre le manque de probité et de véracité, Nietzsche propose, dans la suite de l'ouvrage, mais aussi dans d'autres textes à peu près contemporains, des réponses plus développées.

Il se trouve qu'Apollon, dieu de l'apparence et de l'illusion, est aussi le dieu de la connaissance et de la vérité. Nous l'avons dit, c'est en vertu de son pouvoir d'action à distance qu'il est le dieu pythique, le dieu des énigmes oraculaires. Nous ne comprenons ce paradoxe apollinien que si nous savons ce que punit Apollon de sa flèche cruelle : c'est l'*hybris*, par quoi Dionysos arrache l'homme à lui-même et à sa *mesure*. Il faut prendre à la lettre l'injonction delphique : « Connais-toi toi-même. » Elle exige la connaissance de sa propre individuation, et du principe même de l'individuation. Par une inextricable complémentarité, c'est Dionysos qui, dans le déchirement fulgurant du voile de Mâyâ, révèle l'individuation comme apparence et illusion et permet d'accéder au monde comme volonté. La connaissance de soi est dans la révélation de la *distance* à soi. Pour Nietzsche, cette perception de la distance est la philosophie même :

> L'homme philosophique a même le pressentiment que sous la réalité dans laquelle nous vivons et nous sommes, il s'en cache une seconde, toute différente, de telle sorte que la réalité elle aussi est une apparence ; et Schopenhauer n'hésite pas à reconnaître, dans ce don d'apercevoir parfois les hommes et toutes les choses comme de simples fantômes ou des images de rêve, le signe distinctif de l'aptitude philosophique. Or c'est un fait que l'homme capable d'émotion artistique se comporte vis-à-vis de la réalité du rêve comme le philosophe vis-à-vis de la réalité de l'existence : il se plaît à la regarder, et de près, car c'est de ces images qu'il tire une interprétation de la vie, c'est en suivant leur déroulement qu'il se prépare à la vie[39].

Il y a dans l'illusion une *véracité* fondamentale, un appel à la vérité dans l'apparence, qui est vision de la distance interne à tout ce qui est. La vision mystérique est production d'images illusoires comme énigmes de la vérité. C'est ce qui permettra à Nietzsche d'affirmer inlassablement que l'instinct de vérité est, profondément, une volonté d'être trompé.

En tout état de cause, il y a dans *La Naissance de la tragédie* une continuité essentielle entre la recherche d'une connaissance ésotérique, le dégagement d'un régime anhistorique de la culture et la possibilité d'un homme vérace. La mort de la tragédie et la fin de la vision mystérique correspondent à une transformation profonde de la nature de la connaissance ; réduite à sa dimension exotérique, elle menace la véracité même de l'homme et expose la culture à devenir mensongère. Cette régression, dans le domaine de la connaissance, de l'ésotérisme à l'exotérisme, marque aussi la victoire de l'historicité. Ou bien encore, ce que Nietzsche appellera — la *modernité*. Les analyses sur la mort de la tragédie sont bien connues. La séparation progressive des principes apollinien et dionysiaque transforme le genre tragique en une « épopée dramatisée », d'où est chassée l'extase dionysiaque. Toutefois, le fait même de sa dramatisation (dans un acteur qui l'incarne et la singe) retire à l'épopée son caractère contemplatif apollinien. La pensée rationnelle vient remplacer, faute de mieux, la distance contemplative de l'aède, tandis que l'exacerbation des affects tient lieu d'extase. Cette agonie de la tragédie est accompagnée et favorisée, en toute conscience, par Euripide ; celui-ci, conscient de la signification politique du « citoyen » athénien (ce que Nietzsche appelle, dans un raccourci provocateur : « la médiocrité bourgeoise[40] ») l'invite à monter sur scène, satisfait de s'entendre soudain si bien parler selon les règles de la dernière sophistique. Certes, le dramaturge instaure un « juste » rapport entre la scène et le public, mais c'est précisément dans cette adéquation que s'effondre la radicalité du sens tragique. C'est pour Nietzsche, selon une expression qui apparaît donc très tôt dans son œuvre, le règne des « esclaves » (« moralement, tout au moins[41] »). Cette morale d'esclaves consiste ici en un refus de toute profondeur, une fuite devant tout ce qui est redoutable, et dans le contentement d'une jouissance facile. Ce qui s'effondre alors, c'est *l'idéalisme* anhistorique évoqué plus haut : « Les Grecs avaient perdu la foi dans leur propre immortalité : non seulement la foi dans un passé idéal, mais aussi la foi dans un avenir idéal[42]. » Une fois Dionysos et Apollon chassés ensemble de la tragédie, celle-ci recueille non seulement une fonction de représentativité politique, mais un réalisme historique, articulé à un naturalisme esthétique. Mais Nietzsche révèle ce qui est au cœur même de ce changement de paradigme, et qui est de l'ordre de la connaissance : la tragédie nouvelle est marquée du sceau du *socratisme*. Socrate, dont Nietzsche fait le complice d'Euripide, a fourni au dramaturge le modèle d'un rapport nouveau au discours et au savoir : c'est alors une pulsion de simplification, de clarification qui est à l'œuvre, qui se traduit par une exhibition des motifs, des intentions, de la cohérence prédéterminée de l'action, ainsi réduite à du pur discours rationnel. La dialectique socratique ne se limite naturellement pas à sa seule nouveauté discursive, elle se soutient d'une décision esthético-morale de première importance, qui articule deux principes : « Tout, pour être beau, doit être rationnel », et « Seul celui qui sait est vertueux ». Esthétique, rationalité, connaissance et morale forment désormais un nœud inextricable. Il ne faut pas sous-estimer cette alliance nouvelle, car Apollon lui-même semble y avoir souscrit : l'oracle delphique n'a-t-il pas déclaré Socrate l'homme le plus sage, suivi de près par Euripide[43] ? C'est que la connaissance oraculaire elle-même se métamorphose peu à peu, actualisant les potentialités rationnelles du *logos* mystérique[44]. Le « problème » de Socrate est lié à ce substrat démonique du *logos* : il sait *d'instinct*, lui qui répète à l'envi qu'il sait seulement ne rien savoir. Et son instinct est *non mystique*, « monstrueux *defectus* de sens mystique[45] ». Il voit partout un manque de discernement, le condamne partout et, au lieu d'aspirer à recueillir un savoir de l'existence qui se donnerait dans une vision fulgurante, il se met à vouloir méthodiquement la *corriger*. La philosophie, qui était, du temps des Présocratiques, *sagesse* mystérique, s'accroche de toutes ses forces à la dialectique, fixant l'apollinien en schématisme logique. Socrate, devenu « héros dialectique[46] », fait triompher un optimisme qui se formule ainsi : « "Vertu égale savoir ; on ne pèche que par ignorance ; l'homme vertueux est heureux." Dans ces trois principes fondamentaux, il y a la mort de la tragédie. » Depuis, les écoles philosophiques et scientifiques se sont succédé, la soif de connaissance a atteint un degré extrême d'universalité, élevant son immense pyramide jusqu'à la science la plus moderne. Le monde entier est pris dans les rets de la pensée théorique[47]. C'est toute l'énergie pessimiste de la culture qui s'est reconcentrée dans cet optimisme nouveau de la connaissance. Le prix à payer pour cette conversion a été la séparation de la puissance de connaître d'avec la puissance de l'apparence : on croit désormais pouvoir pénétrer jusqu'au fond des choses, et l'illusion devient condamnable sous la forme de l'erreur. Socrate a été « le précurseur d'une culture, d'un art et d'une morale tout autres[48] ». Il y a chez Nietzsche un double discours, ou une hésitation entre deux conclusions : il décrit d'un côté un changement d'ordre culturel, le passage à une autre culture ; de l'autre, il donne les indices d'un diagnostic plus radical et plus grave : ce qui se perd dans ce changement, c'est l'expérience de l'*unité* — unité de l'homme avec la nature, unité de tout ce qui est. Or *La Naissance de la tragédie* revient sans cesse sur l'unité comme marque essentielle de la culture. Et la Première Considération inactuelle définira bientôt (1874) la culture comme « avant tout l'unité du style artistique à travers toutes les manifestations de la vie d'un peuple[49] ». On voit bien que le socratisme menace cette unité : on s'en aperçoit chez Platon, qui se destinait pourtant à devenir poète, et qui dut se renier pour devenir disciple de Socrate ; sa ruse a consisté à imposer tout de même une forme poétique dans le dialogue écrit ; mais il n'avait d'autre choix, en l'absence de toute vision, que d'assembler les éléments hétérogènes du récit, du lyrisme, du drame et de la prose. Ce « mélange de toutes les formes et de tous les styles existants » devient désormais un étalon esthétique. S'agit-il encore d'une culture ? Ne faudra-t-il pas employer bientôt le terme de « pseudo-culture » ? C'est la conclusion à laquelle Nietzsche sera toujours tenté d'aboutir. Pourtant, avec la naissance de l'optimisme théorique, c'est une unité nouvelle qui se constitue, tout un processus artistique de second degré, qui, corrigeant l'illusion de l'art tragique, lui en substitue une nouvelle : Socrate est un « mystagogue de la science[50] », il jette de nouveaux voiles, ceux de mythes scientifiques nouveaux, il est l'artiste inconscient d'une sublime illusion métaphysique. Nietzsche esquisse alors un principe qui doit retenir l'attention :

> Il existe un *fantasme* profond qui vint au monde, pour la première fois, dans la personne de Socrate : la croyance inébranlable que la pensée, en suivant le fil conducteur de la causalité, peut atteindre jusqu'aux abîmes les plus lointains de l'être et qu'elle est à même non seulement de connaître l'être, mais encore de le *corriger*. Cette sublime puissance d'illusion métaphysique est attachée à la science comme un instinct et ne cesse de la reconduire jusqu'à cette limite qui est

la sienne et où elle se retourne tout d'un coup en *art, lequel est ce que vise proprement ce mécanisme*[51].

Ce que la science appelle le fond des choses, ou la connaissance de l'être, devra bien, tôt ou tard, la reconduire à l'essence dionysiaque du monde, à cette distance à soi-même de tout ce qui est (instaurée par l'arc d'Apollon), à l'énigme mystérique fondamentale de « l'Être ». Si la science redevient tragique, elle aura nécessairement à nouveau besoin de l'art, c'est-à-dire d'une production *consciente* de voiles et de mythes. Mais il faut relever ici une difficulté : soit il y a bien un caractère cyclique du devenir de la culture (l'alternance entre le tragique et le théorique, entre l'anhistorique et l'historique), et l'historicité ne s'oppose pas à la culture mais en constitue un élément constitutif et récurrent, et il se pourrait, en effet, que la culture soit vouée à passer cycliquement d'un type à un autre[52]. Soit le passage d'une culture anhistorique (tragique et artistique) à une culture historique (théorique et scientifique) est un moment négatif du devenir qui permet d'accéder à une nouvelle culture tragique, consciente cette fois, et nous nous trouvons devant une conception dialectique fort teintée d'hégélianisme. Et si, de fait, Nietzsche se reprochera plus tard d'avoir encore été trop hégélien dans *La Naissance de la tragédie*, il faut voir qu'en réalité il ne s'agit pas d'une dialectique historique. Il se trouve, en effet, que Nietzsche, sur la base revendiquée d'une métaphysique du monde comme volonté producteur du monde comme représentation (c'est-à-dire comme illusion), définit la culture elle-même comme puissance d'illusion. Les formes de l'illusion produite déterminent des *types* de culture, dont l'Histoire offre des *exemples* :

C'est un phénomène éternel : l'insatiable volonté, par l'illusion qu'elle déploie sur les choses, trouve toujours un moyen de tenir fermement en vie ses créatures et de les contraindre à continuer de vivre. L'un est captivé par le plaisir socratique de la connaissance et l'illusion de pouvoir guérir de cette manière l'éternelle blessure de l'existence, l'autre se prend à la séduction de ces voiles de beauté que l'art laisse flotter devant ses yeux, un troisième va chercher dans la consolation métaphysique l'assurance que sous le tourbillon des phénomènes la vie continue de s'écouler, indestructible ; pour ne rien dire de ces illusions plus communes et presque plus puissantes encore que le vouloir tient prêtes à tout instant. Ces trois degrés de l'illusion sont de toute façon réservés aux natures les plus nobles et les mieux armées qui ressentent avec un dégoût plus profond le poids et la difficulté de l'existence et qui doivent recourir à des stimulants choisis pour tromper ce dégoût. Tout ce que nous appelons culture consiste dans ces stimulants : selon le dosage, nous obtiendrons plutôt, soit une culture socratique, soit une culture artistique, soit une culture tragique, ou bien, si l'on veut bien nous permettre de nous référer à des exemples historiques, une culture alexandrine, hellénique ou bouddhique[53].

Nietzsche appelle « histoire » l'élément instable de la culture, et « culture » l'élément stable de l'histoire (le « phénomène éternel » de la volonté). L'articulation, pour penser le devenir, d'une typicité de la culture et d'une contingence de l'histoire, nous le verrons, interdit toute hypothèse téléologique. Cette conception, Nietzsche l'hérite directement de l'enseignement de son maître bâlois Jacob Burckhardt, dont la trace nous est conservée notamment dans ses *Considérations sur l'histoire universelle* :

> Nous avons pris pour point de départ le seul élément invariable qui pût se prêter à une pareille étude : l'homme avec ses peines, ses ambitions et ses œuvres, tel qu'il a été, est et sera toujours. Aussi nos considérations auront-elles, dans une certaine mesure, un caractère pathologique. Les philosophes de l'histoire considèrent le passé par opposition au présent et font du premier un stade préparatoire de notre état actuel de développement. Nous, au contraire, nous cherchons ce qui se répète, ce qui est typique et constant dans les choses, ce qui est accordé au diapason de notre nature et qui nous est compréhensible[54].

Il est vrai que Burckhardt définit par ailleurs la culture comme « l'élément mobile » de l'histoire par rapport aux deux éléments stables que sont l'État et la religion[55]. Mais la contradiction n'est qu'apparente : car cette mobilité de la culture n'est autre que la faculté plastique (artiste) de l'humanité (« Nous appelons culture la somme des créations de l'esprit, nées spontanément et qui ne prétendent pas à une valeur universelle ni à un caractère obligatoire[56] »). Or, cette plasticité est précisément l'élément stable et éternel en l'homme. Elle est du côté de la dynamique vitale elle-même, par opposition à l'État et à la religion (Nietzsche dira : la *morale*) qui, bien que se réclamant toujours de l'universel et de l'obligatoire, ne parviennent jamais à s'arracher à la contingence historique qui les condamne. Burckhardt poursuit :

> La culture modifie continuellement et désagrège les deux organismes statiques de la vie, sauf lorsque ceux-ci l'ont assujettie et l'ont obligée à ne servir que leurs seuls desseins. Normalement, elle est la critique des deux autres facteurs, une montre qui indique l'heure à laquelle, dans un État ou dans une religion,

la forme et la substance ne se recouvrent plus exactement[57].

Cette définition est essentielle pour comprendre la manière dont Nietzsche forme son concept de culture et l'articulera à celui d'histoire. La mort de la tragédie sous les coups du socratisme constitue le moment de l'assujettissement de la culture tragique (c'est-à-dire *artiste*) à l'élément de stabilité que sont la morale (assimilation socratique du beau, du vrai et du bien) et l'État (la citoyenneté démocratique athénienne). La culture socratique est donc un passage à l'historicité, en ce qu'elle instaure une dynamique du *progrès* de la science, de la morale et de l'État. La contingence de l'histoire est alors recouverte par une pensée de la destination, de la progressivité de la connaissance et de la vertu, et prend le pas sur l'instant de la vision, mais aussi bien sur son éternité ; l'historicité se met à réprimer la plasticité de la connaissance tragique, sa puissance créatrice consciente, et plus fondamentalement encore, la dynamique créatrice de la *vie* comme puissance d'illusion. Comme le dit Burckhardt très explicitement, la culture est la *critique* de l'histoire, pour autant qu'elle met en lumière la manière dont la morale et la science ont pris le relais de l'art, et qu'elle les démasque elles-mêmes comme un art ayant refoulé la conscience de sa nature artistique. Ce refoulement nous fait passer du régime de l'illusion à celui du mensonge.

Le retour hypothétique d'une culture tragique impliquerait donc en premier lieu l'apparition d'un type d'homme critique et vérace, issu du monde de l'art mais affranchi de sa sujétion, se dressant contre la morale et la science, contre l'État et les arts asservis. (À l'époque de *La Naissance de la tragédie*, cet homme, on le sait bien, ne peut être pour Nietzsche que Richard Wagner, celui-là même qui lui avait offert la seule expérience immédiate de résurrection d'une vision mystique sans reste, d'une connaissance tragique en acte.) Ce qui importe pour l'heure, c'est le saut radical effectué par le texte de *La Naissance de la tragédie*, avec autant de soudaineté que de témérité — ce que Nietzsche appelle « se jeter dans la mêlée[58] ». Les précautions oratoires n'y suffisent pas, le jeune philologue a conscience d'avancer suivant une méthodologie opaque et périlleuse, qui consiste à jeter un pont (ou lancer une flèche) directement entre les sources de la tragédie grecque et l'actualité allemande la plus récente ; mais qui consiste aussi à sortir par force d'une position d'« esprit contemplatif » pour s'engager, non sans fébrilité, dans l'arène contemporaine :

> Ce réseau que l'art tisse autour de l'existence, fût-ce sous le nom de la religion ou de la science, sera-t-il de plus en plus fin et solide, ou bien se verra-t-il déchiré en lambeaux par tout ce tourbillon agité et barbare qu'on appelle le "présent" ? Soucieux, mais non sans espoir, tenons-nous un instant à l'écart, en esprits contemplatifs à qui il est permis d'être témoins de ces combats et de ces bouleversements formidables. Hélas ! C'est l'étrange magie de ces combats qu'on ne puisse y assister sans pouvoir s'empêcher d'y prendre part[59].

Pourtant, à y regarder de plus près, la méthode est redoutablement stratégique : Nietzsche a arraché l'histoire grecque aux méthodes d'investigation de la philologie historique, pour l'élever au rang d'un problème métaphysique, autorisé par la philosophie de Schopenhauer ; il se libère de l'historicité de la philosophie elle-même en choisissant précisément une doctrine profondément anhistorique, qui lui permet de définir le problème philosophique comme énigme, la connaissance comme vision ; ce régime mystérique de la connaissance lui sert à articuler l'éternité et l'instant, soit la contemplation immédiate de l'éternité du problème — lequel concerne la puissance d'illusion de la vie ; faisant de cette connaissance le moteur de la culture, il déjoue une conception historiciste de celle-ci et peut l'opposer à l'histoire, c'est-à-dire à la morale, à la science et à l'État comme connaissance progressive et refoulement de la puissance d'illusion, c'est-à-dire comme optimisme et mensonge ; il peut dès lors faire jouer le critère culturel comme instrument critique de l'histoire (et, en droit, de *n'importe quel* moment de l'histoire). Il nous reste à comprendre pourquoi Nietzsche décide d'appliquer la critique culturelle au présent du temps historique. D'abord, on peut supposer que la triple expérience mystérique de Nietzsche (le dionysiaque, le monde comme volonté et représentation, la musique) lui a révélé une connaissance (tragique) de l'articulation entre instant et éternité[60]. La qualité ou l'intensité de cette révélation contraste violemment avec l'expérience commune, quotidienne, de l'instant vécu par les non-initiés comme seulement présent. L'initié vit désormais son époque comme « ce tourbillon agité et barbare qu'on appelle le "présent" ». Agité parce que non contemplatif, barbare parce que contradictoire avec la culture, le présent s'entoure de guillemets qui en mettent à distance aussi bien la signification que la réalité. Le « présent » devient un motif de *détresse* pour qui, comme les Grecs, a foi en un passé idéal aussi bien qu'en un avenir idéal, c'est-à-dire nourrit un *besoin* tragique de l'art. Il n'y a pas le choix : l'articulation de l'instant et de l'éternité, la vision de la vie comme puissance d'illusion ne se peuvent récupérer que dans la temporalité qui projette une idéalité du passé *et* de l'avenir. Mais pour accomplir cette nécessaire récupération que réclame son besoin tragique, « l'esprit contemplatif » est contraint de se jeter dans le tourbillon barbare pour le démasquer :

> Il nous faut maintenant, d'un regard libre, nous affronter aux phénomènes analogues du temps présent, il nous faut nous jeter au cœur de ces combats qui, je viens d'en parler, opposent dans les plus hautes sphères de notre monde actuel l'insatiable connaissance optimiste et le besoin tragique de l'art[61].

La Naissance de la tragédie repose sur un travail d'interprétation par *analogie*, qui est justement la marque d'un « regard libre » ou d'un « esprit contemplatif ». La pensée analogique (qui fondamentalement, chez Nietzsche, se réclame encore de la connaissance mystérique) autorise des rapprochements par-delà les époques et les pays que la méthode historique jugerait indus, comme y faisait déjà allusion Burckhardt, qui revendiquait le regard analogique. Car l'analogie transforme méthodiquement le diachronique en synchronique ; elle ne fait pas du développement historique un critère de connaissance, mais elle repère des similitudes génériques et typologiques insoupçonnées. L'analogie est fondamentalement anhistorique, en ce qu'elle désamorce la notion de progrès, privilégie la permanence et vide la notion de présent de sa signification historique. En revanche, elle peut hiérarchiser des types, diagnostiquer des altérations, des effacements et des réitérations, et traiter le présent comme un signe, l'expression particulière d'une activité plastique (culturelle). C'est en ce sens que Nietzsche reste ou redevient philologue, dans la mesure où le présent est traité selon la même méthode que le passé, acquérant un statut de document ou de texte. La question de la dimension philologique de la méthode nietzschéenne a été, ces dernières années, analysée par un certain nombre de lecteurs rigoureux du philosophe[62]. En tout état de cause, l'articulation entre l'activité philologique et la critique du temps présent est évidente, et ce passage célèbre de la Deuxième Inactuelle l'atteste :

> Il est également vrai que je suis le disciple d'époques plus anciennes, notamment de l'Antiquité grecque, et que c'est seulement dans cette mesure que j'ai pu faire sur moi-même, comme fils du temps présent, des découvertes aussi inactuelles. Cela, ma profession de philologue classique me donne le droit de le dire : car je ne sais quel sens la philologie classique pourrait avoir aujourd'hui, sinon celui d'exercer une influence inactuelle, c'est-à-dire d'agir contre le temps, donc sur le temps, et, espérons-le, au bénéfice d'un temps à venir[63].

Une lecture analogique du présent permet alors d'initier un triple mouvement : la réactivation du passé grec (la culture tragique, sa naissance miraculeuse et sa mort lourde de conséquences) comme problème du temps présent ; la mise en jugement du présent au tribunal de la culture tragique ; l'appel à un combat, pour l'avenir, en faveur d'une réitération du miracle grec. Il s'agit donc tout à la fois d'*actuali-*

ser des puissances du passé, de dénoncer les prétentions de l'« actualité » à une supériorité du présent sur le passé, et de s'engager, par cette dénonciation, dans une lutte pour que les puissances du passé transfigurent l'avenir. Pour que ce triple mouvement soit possible, il faut que le passé, le présent et l'avenir aient été soumis à une vision qui les subsume : celui de l'éternité des puissances de transfiguration, que Nietzsche appelle le dionysiaque. Nous tenons là une première détermination de ce qu'est, pour Nietzsche, l'*inactualité*.

La force du concept d'inactualité tient à l'impossibilité où nous sommes de la désamorcer au prétexte de sa contingence historique ; certes — et Nietzsche en eut conscience[64] —, *La Naissance de la tragédie* et les *Considérations inactuelles* restent prises dans leur actualité, qu'il s'agisse du soutien explicite à la carrière de Wagner, des attaques (y compris *ad hominem*) contre les écoles philologiques et historiques de l'époque ou de la critique acerbe, et singulièrement isolée, de la victoire prussienne sur la France, Nietzsche attaque sur deux fronts, l'actualité éphémère des journaux et l'érudition des spécialistes, qui sont comme la caricature du combat qui se révèle dans la notion d'inactualité, contre un passé mort et un présent inconsistant. La combinaison paradoxale et précaire de l'engagement polémique et de la distance inactuelle est justement une marque de la détresse où se trouve Nietzsche dans son rapport au présent. Mais dans sa tentative d'arrachement à la contingence, l'inactualité possède une puissance critique proprement incalculable. La méthode analogique qui la caractérise présente le caractère irréfutable de la métaphore en poésie : elle déplace sans cesse le système référentiel et le déstabilise, elle convoque des images qui touchent la part inaliénable de l'expérience existentielle, et intensifie — en le fragilisant — notre rapport au temps. Nous n'avons sans doute aucune idée aujourd'hui de ce que signifiait pour un Grec la vision mystérique, le type d'expérience qu'elle suscitait dans la déformation de la perception du temps et de l'espace, et si elle ouvrait vraiment à une forme supérieure de connaissance. L'extase n'est qu'un fait, et ne signifie rien en elle-même tant que les puissances qui s'en emparent n'ont pas été interrogées. Une intoxication chimique, une surexcitation érotique ou une exaltation religieuse peuvent n'être que les symptômes d'un extrême épuisement psychique. Nietzsche ne cessera de discriminer les forces en jeu dans l'extase mystique, cherchant sans cesse à comprendre ce que, par exemple, peuvent bien vouloir dire un « pessimisme de la force » ou une « névrose de la santé ». On peut douter que l'auteur de *La Naissance de la tragédie* ait vécu lui-même d'expérience probante de l'extase dionysiaque (en tout cas pas avant 1881 sur les bords du lac de Silvaplana ?), si ce n'est celle, comme beaucoup d'autres après lui, d'avoir pleuré en écoutant *Tristan et Isolde*. Ce qui est déjà quelque chose. Mais c'est précisément dans le *défaut* de sens mystique chez Nietzsche (ce qui le rapproche de Socrate, et il le sait) que se trouve la secrète efficacité de la pensée inactuelle. Elle est elle-même compensation de l'absence mystique ; elle est susceptible d'initier la dynamique irrépressible d'un type spécifique de sens critique, par la métamorphose de la perception du temps présent et la transfiguration de la détresse qu'il suscite. L'inactualité est le premier défi lancé à tout lecteur de

Nietzsche (et génératrice de tous les autres défis à venir), une provocation inaugurale qui touche directement sa cible parce que, *à n'importe quelle époque*, elle peut problématiser son présent au moyen d'un élément anhistorique arraché au passé et interpellant l'avenir ; elle profère une énigme et creuse une distance interne au cœur du monde où nous vivons. Cet élément anhistorique proféré sous la forme d'une énigme (et réclamant une vision absente) n'est rien moins qu'un pressentiment de la permanence. Le miracle de la culture grecque a consisté dans sa capacité artistique à imprimer à l'existence le sceau de l'éternité (« *sub specie aeterni*[65] ») ; une philosophie inactuelle se donne pour méthode un regard intemporel sur le temps, un regard anhistorique sur l'histoire, et pour objectif une certaine contemplation de l'éternité. Cette méthode et cet objectif forment alors pour Nietzsche l'enjeu même de la philosophie, comme il apparaît désormais de plus en plus clairement à l'époque où la rédaction des *Considérations inactuelles* devient nécessaire :

> Tâche : découvrir la *téléologie* du génie philosophique. N'est-il vraiment qu'un passant fortuit ? Il n'a en tout cas, s'il est un vrai philosophe, rien à voir avec la situation politique contingente d'un peuple, il est, vis-à-vis de son peuple, *intemporel*. Ce qui ne signifie pourtant pas qu'il lui soit attaché par hasard — la spécificité du peuple s'incarne ici en un individu, son instinct s'affirme comme *instinct universel*, appliqué à la solution de l'énigme universelle. Il est un moment où la nature parvient, par une opération de *séparation*, à contempler ses instincts à l'état pur. Le philosophe est un moyen pour trouver le repos au milieu de l'incessant écoulement, pour prendre conscience des types permanents en dépit de l'infinie diversité[66].

Certes, Nietzsche est ici tributaire à la fois d'une vision romantique de l'individu d'exception comme incarnation du génie d'un peuple et image d'une nature autoréflexive, mais aussi d'une conception platonicienne de la philosophie comme contemplation de l'être permanent des choses, séparé de la contingence du devenir phénoménal. Ce mélange, il l'hérite de Schopenhauer, et « l'instinct universel » (qui n'est déjà plus une essence fixe mais une tendance ou une puissance) renvoie nettement au vouloir-vivre qui définit le monde comme volonté. Mais si Nietzsche s'expose au danger de reconduire l'opposition métaphysique entre l'essence et l'apparence, entre l'être et le devenir, entre l'en-soi et le phénomène, le choix de faire d'un instinct ou d'une volonté l'essence permanente des choses oblige à remettre en question l'opposition de l'être et du devenir : car ce qui est permanent et universel, c'est précisément l'instinct ou la tendance en tant qu'ils sont pur devenir. Ce que dévoile le philosophe contemplatif, ce que révèle précisément son instinct d'intemporalité, c'est l'opposition entre l'histoire et le devenir. Comme « science du devenir universel », l'histoire manque son objet, obligée qu'elle se trouve, comme toute science, d'en écraser la contingence sous une pensée téléologique et dialectique, et sous l'optimisme moral qui en découle. Il n'y a pas de science de la contingence, et c'est à l'instinct anhistorique du philosophe inactuel qu'il échoit de séparer l'essence du devenir de l'histoire, parce que ce qui est universel et nécessaire, c'est précisément la contingence absolue du devenir comme instinct, c'est-à-dire comme force plastique, et non comme mouvement dialectique. De cette force plastique, il n'est pas de science théorique, mais une connaissance tragique : elle est l'objet d'une contemplation philosophique, et non d'un savoir scientifique. L'instinct de repos du contemplatif, sa volonté de permanence n'en restent pas moins un instinct et une volonté, avides de s'emparer du devenir pour initier sur lui une action qui soit une véritable création, c'est-à-dire une effectuation réelle et sans reste de la volonté, et non le simple instrument dialectique d'une autoréalisation historique. Cet étrange mélange de contemplation et d'action (qui fait la bâtardise de l'inactuel) est une manière de réarticuler la permanence du devenir comme volonté et la plasticité de l'action comme création. C'est cette articulation qui permet de définir des types ; mais plus encore, c'est elle seule qui autorise à nouveau une éthique, une volonté capable, au seuil de l'instant, de fixer le devenir, c'est-à-dire de se promettre un avenir. À vrai dire, le seul mythe qui nous reste est faustien, notre détresse réside dans l'impuissance absolue où nous réduisent les sommets de notre connaissance, avide de ne retenir ne serait-ce qu'un instant vérace. Faust cherche, affolé, une vision productive, les mains liées par son savoir. L'intuition de Faust est juste : « Au commencement était l'action », mais nous ne savons plus ce qu'est l'action, nous n'entendons plus ce que serait une *productivité* de l'action[67].

> C'est bien là le signe de cette « cassure » dont chacun parle aujourd'hui comme d'un mal originaire de la civilisation moderne, et qui fait que l'homme théorique, effrayé des conséquences qu'il entraîne, insatisfait, n'ose plus se confier au fleuve glacial et terrifiant de l'existence, mais court dans tous les sens, anxieuse-

ment, sur la berge. Il ne veut plus rien posséder dans sa totalité, parce que — tant les conceptions de l'optimisme l'ont rendu douillet — la totalité comprend la naturelle cruauté des choses. Il sent bien avec cela qu'une civilisation fondée sur le principe de la science ne peut que sombrer, du moment où elle commence à devenir *illogique*, c'est-à-dire à reculer devant ses propres conséquences[68].

Nous voyons déjà un peu mieux où nous entraîne la position d'inactualité élaborée par Nietzsche à partir de l'expérience d'une vision mystérique. Elle initie une dynamique désormais irrépressible : la vision de l'éternité du devenir, arrachée aux antiques mystères delphiques, éclaire soudain l'instant d'un éclat impitoyable, lance une flèche mortelle vers le présent, qui se trouve aussitôt défié à nouveau par l'énigme de la connaissance : or notre temps se révèle absolument incapable de relever le défi et de résoudre l'énigme. Notre problème est celui du type de conscience historique et de connaissance historique qui sont les nôtres : elles ne nous donnent aucune réponse, paralysent l'action, et, qui plus est, nous rendent mensongers à l'égard de nous-mêmes et du monde. Accablés par le passé, impuissants face au présent, nous grevons toute possibilité d'avenir. Ce qui fait défaut à notre science, c'est un sens historique *juste*.

Chapitre II

LE SENS HISTORIQUE

Dans *La Naissance de la tragédie*, Nietzsche a ainsi diagnostiqué et associé la promotion de la science dialectique au détriment de la connaissance tragique d'une part, et la relève d'un rapport anhistorique à la vie par un régime d'historicité d'autre part. Ce qui s'est joué avec la mort de la tragédie, nous en sommes encore les lointains héritiers. Nous sommes devenus socratiques, platoniciens, chrétiens, rationalistes, idéalistes ; moins attachés à la vie présente, nous avons cru au progrès de la science comme à une marche vers le Bien, à notre histoire comme un processus moral, et nous avons fait de la morale elle-même l'objet d'une science totale à venir. Le futur est devenu au-delà ; le présent, passage ; le passé, archive. Cela signifie que nous nous trouvons désormais tout entiers déterminés non plus par notre culture, mais par notre histoire — ce que Nietzsche appelle aussi « culture historique[1] » ou « savoir sur la culture[2] ». Or, par cela même que nous sommes très savants, nous nous croyons justifiés à nous glorifier de notre « culture ». Une considération inactuelle consistera donc non seulement à démêler la confusion entre culture et histoire, mais surtout à dénoncer le mensonge d'une époque qui entend faire passer la seconde pour synonyme de la première. La Première Considération inactuelle (*David Strauss, l'apôtre et l'écrivain*) jette un nouveau pavé dans la mare, non plus dans le petit bassin des seuls philologues, mais dans le vaste marais de l'Allemagne bismarckienne : il s'agit de ne surtout pas confondre la victoire historique de la politique allemande (la victoire de 1871 et l'unification de l'Empire) avec une quelconque victoire culturelle de « l'esprit allemand ». L'une et l'autre sont même en rapport exactement inverse[3]. La victoire politique est une assomption du présent dans l'affirmation d'un pouvoir de fait. La force allemande pourrait se légitimer du seul triomphe de sa force, et se donner avec morgue pour ce qu'elle est : une barbarie. Mais l'Allemagne est bien trop savante pour cela : elle entend légitimer sa force par sa culture, et assimiler l'unité politique à l'unité du « style ». Or, un simple regard sur cette Allemagne victorieuse suffit à débusquer les représentants de la « culture » : des philistins et des épigones. Les romantiques avaient dénoncé la figure du philistin, qui se prévalait de son mépris des arts et de la science au profit de sa réussite matérielle ; Nietzsche dénonce un type bien plus dangereux encore : les Allemands sont très savants et très « cultivés » (*gebildet*), ils sont devenus des « philistins de la culture » (*Bildungsphilister*). Ils prennent tout ce qui leur tombe sous la main en fait de science, passée et présente, s'en prévalent, et sont même capables de faire de ce chaos de savoirs innombrables un véritable système rationnel, c'est-à-dire de transformer toute la science passée en résultat actuel efficacement ordonné. C'est ainsi que le présent se justifie de tout le passé, et en représente l'assomption, comme *résultat*. Mais la perversité du procédé est son action à rebours : ce présent résultatif est toujours déjà une affaire *classée*, dans tous les sens du terme. Cette double neutralisation (le passé comme document présentement classé *et* le présent comme classement de tout le passé) transforme aussitôt toute production actuelle en un « classique », un musée, un acquis, preuve supplémentaire classée au dossier du triomphe présent. C'est en ce sens que le présent est une « époque épigonale[4] » (*Epigonen-Zeitalter*). Il s'agit surtout de ne pas le rouvrir, mais de réprimer toute force plastique *nouvelle*, toute expérimentation de l'esprit. Nietzsche inverse la définition ancienne des barbares (ceux de l'extérieur) et les conçoit comme ceux qui haïssent toute pensée du dehors, toute *vision* (la flèche d'Apollon distant ou l'assaut de Dionysos l'Asiatique) : l'époque est toute d'intériorité, la *Bildung* elle-même est associée à l'intériorité, dans la Deuxième Inactuelle notamment. Qu'est-ce que cette intériorisation nivélatrice de tout événement ? C'est la rationalisation de tout ce qui est advenu et tente d'advenir encore, c'est-à-dire une science qui ordonne tout le passé et y range encore le présent de surcroît, ou en d'autres termes : une *historicisation généralisée*.

On sait que la seconde moitié du XIXe siècle, en Allemagne tout particulièrement, a été profondément marquée par l'historicisme ; en fait d'historicisation, Nietzsche a autour de lui des ennemis qui lui sont actuels. Mais son va-et-vient permanent, en triangle, entre une critique du temps présent comme pseudo-culture, une interprétation de l'époque socratique comme processus d'historicisation, et la confrontation, *de tout temps*, entre un mode de pensée anhistorique et un mode historique nous obligera à reparcourir ce triangle d'inactualité à nouveaux frais.

Il est vrai que Nietzsche se méfie des historiens, de leur soif d'objectivité, de leur volonté d'« être un *miroir* », de leur éloge d'une contemplation sans jugement, sans haine et sans louange : version moderne du *nihil admirari*. Mais son problème, depuis *La Naissance de la tragédie*, reste constant : c'est « *le problème de la science* lui-même — la science pour la première fois saisie comme problématique et suspecte[5] ». Or, ce que révèlent désormais les *Considérations inactuelles*, c'est l'extraordinaire emprise de l'histoire sur le monde moderne, depuis qu'elle a élevé la prétention à être une science, et *la* science par excellence — ce que Nietzsche nomme, dans la Deuxième Inactuelle, la « puissante direction historique de notre temps[6] ». *De l'utilité et des inconvénients de l'histoire pour la vie* a apostrophé de manière significative des générations entières d'historiens, et les a forcés à se défendre. On les comprend. Mais ce qui frappe, c'est qu'ils semblent n'avoir entendu qu'une partie de la critique que leur adressait Nietzsche : comme s'ils n'avaient retenu que la seule remise en cause de leur prétention à la science si souverainement affirmée au XIXe siècle, ils se sont mis à déployer une énergie considérable à relégitimer l'histoire comme science. Pour le dire rapidement, l'épistémologie historique a mis fort longtemps à se départir d'un postulat de base formulé dès 1824 avec un optimisme confondant par Leopold von Ranke, considéré comme l'un des pères de l'historicisme allemand : « On a attribué à l'histoire la mission de juger le passé, d'instruire les contemporains au bénéfice des années futures :

notre présent essai ne prétend pas à de si hautes missions : il veut simplement montrer comment les choses ont proprement été [*wie es eigentlich gewesen ist*][7]. » Remarquons au passage que c'est presque littéralement en réponse à l'historicisme rankien que Nietzsche définit l'inactualité : il s'agit pour l'historien de ne surtout pas faire jouer le passé « contre le temps, donc sur le temps, et, espérons-le, au bénéfice d'un temps à venir ». Mais, tout d'abord, cette pétition de principe marque une nette régression par rapport aux acquis de la critique kantienne. L'historicisme en revient à l'*adequaetio intellectus et rei* (Thomas d'Aquin), qui postule non seulement un accord naturel de la réflexion avec son objet, mais encore l'en-soi de l'objet lui-même, dans ce cas le passé. Or, un rapide regard sur l'historiographie du dernier XXe siècle plonge le profane dans la stupeur. D'une commune voix avec sa communauté scientifique, l'historien François Hartog pouvait encore déclarer il y a peu : « La conjoncture de la fin du XXe siècle pourrait s'analyser comme une mise en question de l'évidence de l'histoire[8]. » C'est donc manifestement très tard que les historiens ont commencé à douter de leur capacité à énoncer la réalité du passé et à fonder la possibilité d'une vérité objective. Leur croyance en une vérité du *fait* (leur réalisme) ne semble avoir été ébranlée que par de tardifs coups de boutoir, notamment assénés par ce qu'on a appelé le *linguistic turn*. C'est en 1967 que le philosophe américain Richard Rolty publie sous ce titre un recueil prônant l'abandon du concept de vérité et d'objectivité, tandis que Roland Barthes, la même année, publie un article intitulé « Le discours sur l'histoire[9] » où il analyse la parenté linguistique et rhétorique entre le discours historique et le récit de fiction. Il interprète le « récit objectif », qui impose un retrait maximal du sujet de l'énonciation, comme un stratagème littéraire ; plus gravement, les discours historiques « objectifs » ne sont pas sans lui rappeler des symptômes schizophréniques[10]. Nous ne sommes pas loin, sur un mode mineur, des imprécations de *La Généalogie de la morale*[11] contre « ces sépulcres blanchis qui miment la vie », des « épuisés qui se drapent dans la sagesse et prennent l'air "objectif" », des « eunuques lubriques de l'histoire ». Quand les historiens ont-ils donc commencé à entendre Nietzsche, lorsqu'en 1880, déjà, il les mettait en garde ?

> Un historien n'a pas affaire à ce qui s'est réellement passé mais seulement aux événements supposés : car seuls ces derniers ont eu des *effets*. De même, il n'a affaire qu'aux héros supposés. Son sujet, la prétendue histoire du monde, ce sont des opinions sur des actions supposées et leurs mobiles supposés, qui donnent à leur tour prétexte à des opinions et à des actions dont la réalité se dissipe instantanément en fumée et n'a d'*effets* qu'en tant que fumée — procréation et conception continuelles de fantômes qui planent sur les profonds brouillards de l'insondable réalité. Tous les historiens racontent des choses qui n'ont jamais existé, sauf dans la représentation[12].

Les historiens ont manifestement tardé. Foucault, en 1969, propose de « substituer au trésor énigmatique des "choses" d'avant le discours, la formation régulière des objets qui ne se dessinent qu'en lui[13] ». Michel de Certeau, en 1975, rappelle aux historiens que leur discours « fonctionne comme discours didactique, et cela d'autant mieux qu'il dissimule le lieu d'où il parle (il efface le *je* de l'auteur), qu'il se présente sous la forme d'un langage référentiel (c'est le "réel" qui vous parle), qu'il raconte plus qu'il ne raisonne (on ne discute pas un récit) et qu'il prend ses lecteurs là où ils sont (il parle leur langage, quoique autrement et mieux qu'eux) (...). Ce discours ne laisse pas d'échappatoire[14] ». Habermas, en 2001, insiste sur le fait que, « après le tournant linguistique, il nous est impossible de concevoir un accès à la réalité, interne ou externe, qui ne soit pas médiatisé par le langage[15] ». À Foucault, un historien peut encore reprocher, en 2008, d'avoir rejeté « toute intelligibilité globale » et « l'articulation du domaine discursif avec le champ social dans une *totalité* historique[16] ». La première difficulté, toujours renouvelée, de la science historique est donc bien de se départir : de sa croyance en général en une adéquation du sujet et de l'objet ; d'une identification de son objet au passé comme fait réel ; d'une assimilation de la « réalité » du fait à la vérité. Depuis longtemps, certes, cette triple croyance avait eu ses détracteurs (on pense à Lucien Febvre[17] ou à Raymond Aron[18]) ; mais Paul Ricœur affiche encore, dans *Histoire et vérité* notamment, un certain réalisme tenace du fait. Et il n'est pas jusqu'aux programmes officiels de l'Éducation nationale qui, aujourd'hui encore, ne recommandent de sensibiliser les élèves aux *faits* économiques, sociaux et culturels. C'est la croyance à la possibilité de saisir le « fait » qui conduit la science historique à croire à une « intelligibilité globale ». Cette croyance se double d'une seconde (celle même dont l'abandon a été reproché à Foucault) : la croyance en une « totalité historique ». L'une et l'autre s'articulent naturellement ensemble : la prétention à une objectivité scientifique entraîne avec elle la foi en une saisie possible de la totalité de son objet ; or, cette prétention produit ce miracle de passer d'une volonté de saisie totale de l'objet à une historicité totale de cet objet : ainsi la science historique croit reconnaître (là où en réalité elle l'initie) un processus d'« historicisation fondamentale de toute notre pensée sur l'homme, sa culture et ses valeurs » (Ernst Troeltsch[19]). Or, si la pensée entièrement historicisée a profité d'une part à l'optimisme scientifique (à travers le positivisme), elle est menacée d'autre part par une relativisation généralisée de l'homme, de la culture et des valeurs : sans point d'ancrage dans le « devenir universel », sans ce critère discriminant auquel renonce tout refus de juger, en un mot sans dimension anhistorique de la pensée, toutes les valeurs finissent par se valoir, et s'annulent par là même. Des auteurs comme Raymond Aron ou Leo Strauss n'ont pas manqué de voir dans ce relativisme la crise profonde de l'historicisme, mais ce spectre hante aujourd'hui encore les débats historiographiques. L'un des chantiers majeurs de la science historique, depuis les années 80, a été de dépasser ou de contourner à la fois le positivisme et le relativisme ; ce « détour historiographique[20] », initié par Koselleck, puis Lenclud et Hartog, a eu pour but de réintroduire de la fluidité, de la multiplicité dans les régimes d'historicité, afin d'assimiler l'extension presque infinie de l'objet historique, sa dimension processuelle, hybride, mouvante, proliférante. L'une après l'autre, « l'histoire sociale », « l'histoire des mentalités », « l'histoire des sensibilités », « l'histoire du temps présent », la « micro-histoire », etc., n'ont cessé d'étendre le champ de la science historique, dans un effort titanesque d'embrasser le monde, ou ce que Nietzsche appelle en termes déjà surannés :

« la science du devenir universel ». Les historiens contemporains sont sommés, d'une manière ou d'une autre, de prendre en compte *scientifiquement* ce qu'ils s'accordent tous à reconnaître comme un déficit général de sélection du passé, l'hypertrophie de la notion de « patrimoine ». Ils doivent digérer l'extraordinaire « inflation mémorielle » de notre temps. Ce qui signifie que la science historique est toujours aux limites de sa propre scientificité, elle absorbe les coups de boutoir d'une certaine manière de vivre non scientifique, mais pourtant historique, et toujours plus historique.

Car il y a deux débats en un : celui des méthodes historiques par lesquelles la science peut appréhender l'objet qu'elle se donne, et celui de l'extension non scientifique d'un objet qui ne cesse de déborder toute méthode. Car enfin, si l'historicisme du XIXe siècle (qui lui-même répondait par une nouvelle méthode philologique à l'effondrement du panlogisme hégélien) a d'abord suscité des débats internes quant au statut du particulier et de l'universel en science, il a conduit à un questionnement fondamental sur le renouvellement de la praxis, l'articulation de la science avec les orientations politiques et éthiques d'un monde proliférant de valeurs et de sens devenus insubsumables (c'est le constat de Troeltsch au sortir de la Première Guerre mondiale). Cette prolifération a pourtant été subsumée, grâce à la capacité qu'a toute science de redéfinir indéfiniment ses pratiques ; menacés par le *Linguistic turn* qu'ils ont vécu comme un danger de relativisme absolu, les historiens ont réagi, que ce soit pour réaffirmer un type de réalisme objectif ou pour composer plus souplement avec l'approche extra-historique du tout-discursif[21]. Ce dialogue, ou plus exactement cette lutte entre la science et ce qui n'est pas elle, Nietzsche en rappelle l'enjeu à sa manière dans la Deuxième Inactuelle : « La vie doit-elle dominer la connaissance, la science, ou bien la connaissance doit-elle régner sur la vie ? Laquelle de ces deux puissances est supérieure à l'autre, laquelle doit l'emporter[22] ? » Cette question, que Nietzsche reformule à la fin de son développement, et à laquelle il répondra par l'exigence d'un primat de la vie, a été rendue nécessaire par le constat que la connaissance était arrivée à un point de souveraineté telle qu'elle avait presque entièrement dominé les autres forces vitales, cessant de les stimuler et même les paralysant — en un mot, que l'abus d'histoire avait provoqué un étiolement de la vie. Il ne faut pas se laisser abuser par la dramatisation effectuée ici par Nietzsche (il poursuit un but pratique bien déterminé) : « la vie » n'est pas une entité en lutte contre une autre entité extérieure qui serait la science. La science est un certain type d'activité vitale, et participe en cela de la vie comme l'une de ses puissances ; il arrive, en revanche, que l'une des puissances vitales se retournent contre les autres et menace ainsi la vie de l'intérieur. Car les puissances vitales — ou instincts, pulsions, désirs, volontés (termes que Nietzsche utilise tour à tour) — sont multiples, et le rapport de plusieurs puissances entre elles ne peut se donner que sous les formes de la lutte ou de l'alliance, de la défaite ou de la victoire, de l'anarchie ou de la hiérarchie. Or la science historique s'est hissée à la place du tyran, laissant exsangue l'ensemble des autres forces en présence. Cependant, l'histoire n'est pas en elle-même une puissance, elle n'est que la concrétion d'une alliance de deux puissances vitales qui se sont emparées d'elle : l'instinct de la connaissance et la faculté de mémoire. L'histoire comme science ne fait que courir après ses maîtres voraces — connaître et se souvenir —, et c'est bien cette folle poursuite qu'illustre le terrible labeur des historiens, dans un admirable déploiement de renouvellement des méthodes, des concepts et pratiques scientifiques. Le vrai problème, pour Nietzsche, ce n'est pas le travail de l'historien (« il ne faut pourtant pas mépriser les ouvriers qui charrient les matériaux de l'histoire, les entassent et les trient[23] »), c'est le rapport entretenu entre la puissance bicéphale (connaissance-mémoire) et les autres puissances vitales. C'est pourquoi l'enjeu central de la Deuxième Inactuelle est celui du *dosage* entre l'histoire (comme alliance de la connaissance et de la mémoire) et les autres instincts, celui du *rapport juste* des puissances. Les exigences de Nietzsche dans la Deuxième Inactuelle sont bien connues. Il s'agit de redonner une place juste aux puissances soumises par la connaissance et la mémoire conjuguées : c'est-à-dire l'action et l'oubli, deux puissances elles-mêmes articulées entre elles, car c'est de leur alliance seule que peut advenir quelque chose de nouveau, un événement vivant. Il ne faut jamais se lasser de rappeler que la critique nietzschéenne, de l'histoire mais pas seulement, est avant tout une exigence de dosage et d'équilibre :

> La gaieté, la bonne conscience, l'activité joyeuse, la confiance en l'avenir — tout cela dépend, chez l'individu comme chez le peuple, de l'existence d'une ligne de démarcation entre ce qui est clair et bien visible et ce qui est obscur et impénétrable, de la faculté d'oublier opportunément aussi bien que de se souvenir à propos, de la faculté de sentir avec un puissant ins-

tinct quand il est nécessaire de voir les choses sous l'angle historique et quand non. Et c'est précisément là le principe auquel le lecteur est convié à réfléchir : *l'élément historique et l'élément non historique sont également nécessaires à la santé d'un individu, d'un peuple, d'une civilisation*[24].

C'est cette première exigence de rééquilibrage (et non de rejet) de la place de l'histoire dans la vie qui permet seule de comprendre que Nietzsche, dès *Humain, trop humain*, en appellera sans se contredire à la nécessité d'une « philosophie historique[25] » qui débouchera, dans *La Généalogie de la morale*, sur l'essai d'une « véritable histoire de la morale[26] ».

La Deuxième Inactuelle se présente donc comme la symptomatologie de la maladie historique, et la revue des posologies possibles. Il lui faut ainsi décliner toutes les configurations possibles, selon les divers dosages : Nietzsche commence par distinguer sens historique et sens non historique, puis analyse les formes non scientifiques du sens historique (la triade célèbre : histoire monumentale, histoire antiquaire, histoire critique), avant d'en venir, à partir du paragraphe 4, à ses formes scientifiques (l'historicisme rankien et la philosophie hégélienne de l'histoire). Il faut dire dès à présent que le texte trahit un certain nombre de difficultés d'exposition (ce qu'Erwin Rohde, relecteur et ami de Nietzsche, relèvera dans ses annotations du manuscrit), notamment parce que Nietzsche a besoin d'opposer la science et la vie, alors qu'il est évident pour lui que la science fait partie de la vie comme l'une de ses puissances ; par ailleurs, il distingue une histoire scientifique et une histoire non scientifique, distinction aux frontières fragiles et mobiles, selon la nature du rapport entre l'histoire et la vie. Or, le concept de *vie* est lui-même ambigu, notamment parce que, à l'époque des *Considérations*, il n'est pas encore soutenu par le concept de volonté de puissance, et parce que, pour cette raison précisément, il n'est qu'un concept-masque pour l'interprétation d'une pluralité de puissances. En une ouverture impressionnante, la Deuxième Inactuelle pose les alliances : d'un côté la mémoire et la connaissance (historicité), de l'autre l'oubli et l'action (non-historicité). L'enjeu n'est autre que l'équilibre de la souffrance et du bonheur. Là aussi il n'est question que de dosage, car l'oubli intégral ne conduirait qu'à un bonheur animal, c'est-à-dire stupide, tandis que la mémoire intégrale, conduisant à une « overdose » de connaissance, serait mortelle. L'homme est ce vivant dont le type a été rendu possible par l'alliance de l'oubli et de la mémoire, il est cet animal oublieux que le développement de la mémoire a hominisé :

> Nous avons vu en revanche que l'animal, qui est totalement dépourvu de sens historique et dont l'horizon est presque réduit à un seul point, connaît néanmoins un certain bonheur ou du moins échappe au dégoût et à la dissimulation ; il nous faudra donc tenir la faculté d'ignorer, jusqu'à un certain point, la dimension historique des choses pour la plus importante et la plus profonde des facultés, car en elle réside le seul fondement sur lequel peut croître quelque chose de bon, de sain, de grand, quelque chose de vraiment humain. La non-historicité est semblable à une atmosphère protectrice sans laquelle la vie ne pourrait apparaître ni se maintenir. Il est vrai que c'est seulement quand l'homme, en pensant, méditant, comparant, séparant, rapprochant, limite cet élément non historique, c'est seulement quand un éclair lumineux surgit au sein

de cette nuée enveloppante, c'est seulement quand il est assez fort pour utiliser le passé au bénéfice de la vie et pour refaire de l'histoire avec les événements anciens, que l'homme devient homme : trop d'histoire, en revanche, tue l'homme, et sans cette enveloppe de non-historicité, jamais il n'aurait commencé ni osé commencer à être. Quels actes l'homme pourrait-il accomplir sans avoir auparavant pénétré dans cette brume du non-historique[27] ?

Il y va non seulement de l'essence de l'homme, mais plus profondément de l'essence même du vivant. Mémoire et oubli ne sont pas simplement des facultés, mais renvoient à des formes de vie, la vie historique et la vie anhistorique. Ce que Nietzsche désigne en réalité, pour ainsi dire par litote, c'est le rapport entre l'activité *consciente* et l'activité *inconsciente*. La portée de la conception nietzschéenne de la vie inconsciente est incalculable. On le sait, elle aboutira à une conception intégralement pulsionnelle de la réalité. Nietzsche ne peut tout dire à la fois, mais le problème de la Deuxième Inactuelle, exprimé par l'opposition entre l'historique et le non-historique, est toujours celui de l'articulation entre la connaissance et l'action. Et c'est pourquoi la question de l'inconscient déborde de tous côtés, très exactement comme dans *La Naissance de la tragédie*. Car ce que traitait Nietzsche dans cet ouvrage, ce qu'il a repris dans *Vérité et mensonge au sens extra-moral* à partir de la question du langage, et ce qu'il développe désormais dans sa considération sur l'histoire sont des perspectives différentes tournant autour du *même* problème : la nature et le dosage des pulsions inconscientes dans la constitution du type humain comme phénomène culturel, c'est-à-dire la détermination de l'essence psychophysiologique de la culture. Il ne faut pas perdre de vue que la Deuxième Considération poursuit la réflexion de *La Naissance de la tragédie* : l'anhistoricité tragique était la réponse spécifiquement grecque au problème de la souffrance et du dégoût de l'existence ; « l'atmosphère protectrice », pour ainsi dire plasmatique, de la non-historicité correspond au monde de l'art qui, désigné par les motifs du rêve et de l'ivresse, ressortit à la puissance de l'inconscient capable de susciter dans la conscience un éclair, une vision, une connaissance tragique et mystérique. Mais méditer, comparer, rapprocher, limiter sont les activités logiques rendues victorieuses par la dialectique socratique, puissance de la conscience capable de réprimer toute vision mystique jaillie de l'inconscient. Ainsi, c'est autour du rapport inconscient — conscient que s'ordonnent les séries d'alliances pulsionnelles, amenées à configurer des rapports de force toujours susceptibles de se reconfigurer. Le problème majeur reste que, si la conscience émerge à partir du « milieu » inconscient comme l'un de ses organes, la répression excessive de l'oubli par la mémoire, jusqu'à la souffrance et au dégoût, est de l'ordre du retournement contre soi, un travail de la vie contre elle-même. Nietzsche ne cessera jamais d'associer la mémoire, la conscience, la connaissance — « l'esprit » — à la souffrance que la vie s'inflige à elle-même : « Esprit est la vie qui dans la vie elle-même tranche ; de son propre tourment s'accroît son propre savoir[28]. » Ou la flèche d'Apollon dans la chair de Dionysos.

Les rapports de domination entre l'histoire et la vie sont déterminés par les différents *dosages* ou reconfigurations des équilibres entre ces puissances. Le travail de configuration des rapports de force instinctuels repose sur la force plastique et les degrés de cette force.

> Pour déterminer ce degré et, par là, la limite à partir de laquelle le passé doit être oublié, si l'on ne veut pas qu'il devienne le fossoyeur du présent, il faudrait savoir précisément quelle est la *force plastique* de l'individu, du peuple, de la civilisation en question, je veux parler de cette force qui permet à quelqu'un de se développer de manière originale et indépendante, de transformer et d'assimiler les choses passées ou étrangères, de guérir ses blessures, de réparer ses pertes, de reconstituer sur son propre fonds les formes brisées[29].

Aussi longtemps que le rapport de la vie à l'histoire reste maîtrisé par la force plastique, il demeure une « relation normale », un « lien pur, clair et naturel[30] », c'est-à-dire *juste*. Le fond de l'affaire va se révéler comme une théorie des conditions de possibilité de l'acte et de la justice de l'action. La connaissance du passé dans un rapport non excessif à la vie favorise l'*action juste*, elle sert le présent et prépare l'avenir. Se dessine ici, à travers le rapport juste entre connaissance et action, la genèse de toute une *éthique* qui nécessitera de rendre justice à notre passé et à notre avenir : alors, il s'agira de formuler dans ce but la double exigence d'une « philosophie historique » et d'une « philosophie de l'avenir ». Mais pour ce faire, encore faut-il pouvoir déterminer les causes du dérèglement des équilibres instinctuels que diagnostique Nietzsche à son époque, dans la configuration « actuelle » du rapport entre le passé et l'avenir, entre la mémoire et l'oubli, entre la connaissance et l'action.

Et maintenant, jetons vite un coup d'œil sur notre époque. Nous prenons peur, nous reculons : qu'est devenu ce lien pur, clair et naturel qui devrait unir la vie et l'histoire ? Quel problème confus, difforme, tourmenté avons-nous sous les yeux ! La faute nous en revient-elle à nous, qui considérons ce problème ? Ou bien la constellation de la vie et de l'histoire s'est-elle réellement transformée du fait de l'interposition d'un astre puissant et hostile ? Que d'autres prouvent que nous avons mal vu : nous dirons, quant à nous, les choses telles que nous croyons les voir. Oui, un astre magnifique et éclatant s'est effectivement interposé entre l'histoire et la vie, oui, leur constellation a bien été modifiée : *par la science, par la volonté de faire de l'histoire une science*. Ce n'est plus la vie qui gouverne seule et tient en bride la connaissance du passé : toutes les bornes sont arrachées, et l'homme est submergé par le flot de tout ce qui a jamais été. Toutes les perspectives sont prolongées à l'infini, aussi loin qu'il y eut un devenir. Nulle espèce n'a encore jamais vu se déployer à perte de vue un spectacle comparable à celui que nous présente l'histoire, cette science du devenir universel ; il est vrai qu'elle démontre en cela la dangereuse audace de sa devise : *fiat veritas, pereat vita*[31].

À notre tour, « jetons vite un coup d'œil sur notre époque ». Et commençons par nos historiens, qui sont (pour les meilleurs d'entre eux) tout particulièrement concernés par le problème : incontestablement, ils sont les premiers à souffrir des mauvais dosages de l'oubli et de la mémoire, de la connaissance et de l'action. L'ouvrage collectif *Historiographies, I. Concepts et débats*, déjà cité, offre, dans la pluralité de ses voix et l'ampleur des problèmes abordés, un excellent parcours des enjeux centraux de la science historique contemporaine. Or, dès l'introduction, les auteurs réactivent à nouveaux frais, du point de vue de leur pratique même, les problématiques de la Deuxième Inactuelle : « La présence du passé dans l'espace public n'est certes pas une nouveauté mais, depuis une trentaine d'années, elle gagne en force et en intensité. (...) Si le passé revient ainsi en force, c'est que notre temps semble connaître un dérèglement des mécanismes de la mémoire et de l'oubli qui signe peut-être une crise de la perception collective de l'avenir[32]. » Sans équivoque, le problème relevé par Nietzsche est encore le nôtre. Que sont en effet cent cinquante ans ? « Que sont quelques milliers d'années[33] ! » s'exclame souvent Nietzsche. (Cette exclamation sans doute est le fait de ceux chez qui le dosage d'anhistoricité est un peu plus élevé.) Disons que le passé, dans la temporalité nietzschéenne, se constitue de manière extrêmement lente ; or l'inactualité vise notamment à freiner le travail de passéification rapide qui caractérise précisément les sciences historiques. Ces trente dernières années, l'élargissement constant des champs d'une historiographie extrêmement perméable aux sciences sociales induit une transformation presque immédiate du présent en objet historique (on songe, pour ne prendre qu'un exemple frappant, à la notion d'« histoire du temps présent[34] »). Nous ne referons pas ici l'examen de l'inflation mémorielle de notre temps, des revendications communautaires de résistance à l'oubli, de l'ingérence étatique dans les affaires de la mémoire, de tout l'arsenal de condamnations et de revalorisations déployé pour traiter du passé. Cet examen bien connu, et fort actuel, est pris en charge par une communauté historienne qui s'en inquiète. En tout cas, le dérèglement de l'équilibre entre mémoire et oubli est subi par les historiens eux-mêmes. La mémoire ne cesse, en effet, de les déborder par tous les côtés. Parmi les analyses historiennes importantes de la mémoire, le début des *Lieux de mémoire*, sous la direction de Pierre Nora, retient particulièrement l'attention d'un lecteur de Nietzsche :

> Mémoire, histoire : loin d'être synonymes, nous prenons conscience que tout les oppose. La mémoire est la vie, toujours portée par des groupes vivants et, à ce titre, elle est en évolution permanente, ouverte à la dialectique du souvenir et de l'amnésie, inconsciente de ses déformations successives, vulnérable à toutes les utilisations et manipulations, susceptible de longues latences et de soudaines revitalisations. L'histoire est la reconstruction toujours problématique et incomplète de ce qui n'est plus. La mémoire est un phénomène toujours actuel, un lien vécu au présent éternel ; l'histoire, une représentation du passé. Parce qu'elle est affective et magique, la mémoire ne s'accommode que des détails qui la confortent ; elle se nourrit de souvenirs flous, télescopants, globaux ou flottants, particuliers ou symboliques, sensible à tous les transferts, écrans, censure ou projections. L'histoire, parce que opération intellectuelle et laïcisante, appelle analyse et discours critique. La mémoire installe le souvenir dans le sacré, l'histoire l'en débusque, elle prosaïse toujours. La mémoire sourd d'un groupe qu'elle soude, ce qui revient à dire, comme Halbwachs l'a fait, qu'il y a autant de mémoires que de groupes ; qu'elle est, par nature, multiple et démultipliée, collective, plurielle et individualisée. L'histoire, au contraire, appartient à tous et à personne, ce qui lui donne vocation à l'universel. La mémoire s'enracine dans le concret, dans l'espace, le geste, l'image et l'objet. L'histoire ne s'attache qu'aux continuités tem-

porelles, aux évolutions et aux rapports des choses. La mémoire est un absolu et l'histoire ne connaît que le relatif[35].

De ce texte saisissant ressort l'idée d'une science historique déceptive par nature, relativiste par méthode, froide par nécessité, toujours sceptique et inquiète, machine à dépersonnaliser et à universaliser ; antiaffective, elle n'exalte rien, n'invente rien, ne désire rien. Il faut comprendre qu'il y va de sa probité, de son sérieux, de sa possibilité même d'exister, car elle travaille *sur* et *contre* une matière infiniment dangereuse, opaque et mensongère : la mémoire, qui est un monstre protéiforme, pluriel, hyper-affectif ; véritable Circé, magicienne et comédienne, productrice d'illusions, la mémoire projette et manipule sans cesse des images, des symboles ; machine à sacraliser et à mystifier, elle dissimule autant qu'elle montre ; et dans sa volonté de tromper, de créer du mythe et du sacré, *elle est oubli tout autant que mémoire*. Cette mémoire-oubli au front de Janus est la force plastique par excellence ; ou, pour le dire dans les termes de *La Naissance de la tragédie*, elle est « la puissance artiste de la nature tout entière ». Il n'y a pas lieu de la glorifier, de la faire jouer contre la science comme le bien contre le mal ; au contraire, elle est terrifiante, injuste, cruelle ; elle est assez aveugle pour se laisser instrumentaliser et participer à des fins barbares. Comment l'historien, face à cette hydre, ne nourrirait-il pas quelque projet d'anéantissement ?

À l'horizon des sociétés d'histoire, aux limites d'un monde complètement historisé, il y aurait désacralisation ultime et définitive. Le mouvement de l'histoire, l'ambition historienne ne sont pas l'exaltation de ce qui s'est véritablement passé, mais sa néantisation[36].

Mais enfin, cette mémoire-oubli est la vie — ou, plus exactement, puissance vitale d'illusion, de réinvention permanente du passé, du présent et de l'avenir. On comprend deux choses chez Nietzsche : d'abord, l'urgence de rééquilibrer les dosages. Car, au fond, ce que décrit Nora en opposant la mémoire-oubli et l'histoire, ce sont deux monstres en lutte titanesque. Le règne exclusif de l'un ou de l'autre serait assurément une vision terrifiante. Et Nietzsche ne manque pas d'exprimer la crainte de l'une ou l'autre tyrannie. Car l'histoire scientifique souveraine serait le règne du cynisme, courant le risque d'une « habileté pratique servant des fins égoïstes, par laquelle toutes les forces vitales se trouvent paralysées et finalement détruites[37] ». Certes, nous avons là les prémisses d'une critique qui fera florès au XXe siècle chez tous les contempteurs de la technique ; mais ce qu'il faut retenir pour le moment, c'est le pouvoir paralysant de l'histoire, sa tendance à rabattre, à rabaisser, à égaliser, bref ce sont toutes ses forces de « néantisation » que l'historien Nora évoque lui-même. Mais le règne intégral de la mémoire-oubli serait une autre tyrannie ; et Nietzsche, décrivant les excès possibles des formes non scientifiques de l'histoire, dresse un tableau tout aussi effrayant : l'histoire monumentale, ultra-sélective, ne cherchant à exalter que la grandeur passée, sceptique quant à la possibilité d'une grandeur présente ou future, court le risque du fanatisme, de la haine du présent, d'une morbidité dont la devise serait : « Laissez les morts enterrer les vivants. » L'histoire antiquaire, dans l'indigestion d'un passé total qu'elle est incapable de sélectionner et de hiérarchiser, conduirait à une sclérose délétère, à une impuissance à créer quoi que ce soit de nouveau, à une éternelle vieillesse. L'histoire critique enfin, à force de condamner les passés injustes, les sources coupables des aliénations et des souffrances présentes, sectionnerait des chaînes lourdes sans doute, mais constitutives — on dirait aujourd'hui constructrices d'identités et d'héritages —, finissant par créer des civilisations sans aucun passé, sans aucune chance de se comprendre elles-mêmes et de déterminer un avenir. Urgence du dosage, donc. Tout règne exclusif est une tyrannie barbare. Il est trop tôt pour dire ce qui, chez Nietzsche, discrimine le bon et le mauvais usage de chaque type d'histoire ; car cela engage un type d'évaluation des individus et des cultures qui doit encore être traité pour lui-même. Mais on peut déjà avancer que chaque usage de l'histoire est menacé de danger par la faiblesse ou le manque de *force plastique* de celui qui s'en empare : les philistins de la culture, les épigones, les tard-venus, les épuisés, bref tous ceux que Nietzsche appelle les *médiocres*, ce sont toujours eux qui sont susceptibles de devenir des fanatiques. La médiocrité, chez Nietzsche, est tout le contraire du « *juste milieu* », elle est au contraire l'excès le plus monstrueux d'une morbidité qui s'impose au détriment de la vie et de sa plasticité.

Le second point à relever ressortit à la dramatisation des luttes entre entités : on a vu que, lorsque Nietzsche oppose la science à la vie, il parle de deux puissances de la vie, et prend une partie pour le tout ; lorsque Nora oppose l'histoire à la mémoire, il feint de supposer une histoire sans mémoire, et une mémoire qui est aussi bien oubli. La vie, la science, la mémoire, l'oubli sont des « grands mots », ou plus précisément des mots *excessifs*, et c'est bien l'enjeu, dans une régulation des dosages, de faire jouer excès contre excès, jusqu'à ce qu'une puissance soit forcée de plier. Chez Nietzsche, l'emploi de la notion de vie à tout bout de champ ne nous facilite pas toujours la tâche, et, pour lire la Deuxième Inactuelle, elle fait parfois obstacle à la compréhension des enjeux réels. Un fragment posthume de la même période doit nous donner un indice qui peut affiner l'opposition retenue dans l'Inactuelle non seulement entre la science et la vie, mais aussi entre l'historique et l'anhistorique : « Culture — domination de l'*art* sur la *vie*. La qualité de la culture dépend d'une part du *degré de cette domination*, d'autre part de la *valeur de l'art* lui-même[38]. » Ce fragment rétablit l'équilibre du système des oppositions développé à la fois dans *La Naissance de la tragédie* et dans la Deuxième Inactuelle. Car, premièrement, la vie n'est plus ce qui doit dominer la science ou l'histoire, elle est ce qui, *dans tous les cas*, est dominé ; deuxièmement, la culture est un état de domination de la vie qui s'exerce par la puissance de l'art. La domination de la vie par la science produit l'histoire, celle de l'art produit la culture. Ce qui veut dire que, dans l'opposition de la culture à la « barbarie », à la « pseudo-culture » ou à la « culture historique », l'enjeu de domination ne se trouve pas entre la science et la vie, mais entre l'art comme force anhistorique et la science comme force historique. Et de fait, si l'on relit les descriptions que donne la Deuxième Inactuelle du « sens non historique » (l'atmosphère protectrice, le voile, l'horizon limité) et qu'on les compare à l'art dionysiaque-apollinien de *La Naissance de la tragédie*, on voit que Nietzsche emploie le terme de « vie » pour désigner en réalité, ce qui, dans la vie, s'effectue comme force plastique, comme force artistique qui cherche à faire croître « la vie » (alors que c'est la culture qui croît, dominant la vie) ; à « la vie » sont opposées d'autres puissances, des forces dialectiques, qui sont tout autant la vie, mais d'autres formes de vie, retournées contre « la vie » (alors que c'est la science qui croît, dominant la vie). Ce qui veut dire que la vie ne peut plus être considérée comme la puissance initiale et déterminante, menacée de l'extérieur ; elle est au contraire un substrat informe, peut-être même une pure abstraction méthodologique, pour désigner le champ où s'exercent des puissances. Pour se garder de l'abstraction d'un substrat et du danger de réintroduire de l'en-soi dans le concept de vie, Nietzsche devra travailler intensément à une solution qui puisse préserver une immanence intégrale, c'est-à-dire une énergie (donc une polarité, une distance) intérieure et exclusivement intérieure au monde (la flèche d'Apollon) — ce sera la volonté de puissance, ou « le monde vu de l'intérieur[39] ». Mais surtout, pour l'instant, ce que le fragment posthume éclaire, c'est l'enjeu réel de la descente dans l'arène de *La Naissance de la tragédie* et des Inactuelles : rétablir l'art comme puissance prépondérante en contrepoids de la science au profit d'une certaine « qualité de civilisation », qui dépende non d'une tyrannie aveugle de l'art mais d'un primat hiérarchique, c'est-à-dire qui dépende de la *valeur* de l'art et du *degré* de sa domination. Si l'on reprend une image qui sera chère à Nietzsche, celle d'un philosophe-médecin, nous avons bien affaire au diagnostic d'une morbidité de la culture en overdose de science et d'histoire, qui nécessite une prescription où la chimie du médicament (la valeur) et son dosage (le degré de domination) doivent exercer une action aussi précise que déterminante. On aurait donc tort de croire que Nietzsche prône un esthétisme intégral, un règne exclusif de l'art, de l'illusion irrationnelle, de la belle apparence trompeuse ; il réclame surtout des rééquilibrages, et use de toute la persuasion rhétorique nécessaire à convaincre un patient récalcitrant. Il sait que tout médicament mal prescrit ou surdosé devient un poison mortel — l'art à tout prix n'a pas de sens, d'où la nécessité, dès *La Naissance de la tragédie*, de signaler que l'art d'aujourd'hui, quand on le compare au succès thérapeutique de l'art grec, n'est vraiment pas le bon remède ; d'où, par conséquent, la nécessité d'expérimenter la chimie wagnérienne si prometteuse, mais aussi d'en déterminer le dosage exact, sous peine d'intoxication (cela prendra un peu de temps). Ainsi, on ne s'étonnera pas que dès *Humain, trop humain*, Nietzsche essaie de nouveaux dosages, plus affinés, qu'il exprime une plus grande méfiance envers « l'art » (et Wagner), et rétablisse un plus juste équilibre entre l'art et la science (parler à cet égard de la « période positiviste » de Nietzsche est une absurdité). Les dosages seront sans cesse modifiés, sans qu'il s'agisse de se contredire (autre absurdité). Cela s'appelle de la *recherche*. Artistes et scientifiques l'ont en commun, et tout homme qu'anime un peu de probité.

Que signifie réclamer la prépondérance de l'art sur la science dans la domination sur la vie ? C'est-à-dire — que signifie rétablir une *culture* ? Il s'agit en premier lieu de réinjecter de l'anhistoricité dans l'histoire, afin que s'atténue son caractère scientifique et se développe son caractère artistique. C'est tout le but de l'histoire monumentale, que Nietzsche définit en ces termes :

> Que les grands moments de la lutte des individus forment une chaîne continue, qu'ils dessinent à travers les millénaires une ligne de crête de l'humanité, que le sommet de tel instant depuis longtemps révolu reste à mes yeux encore vivant, grand et lumineux — c'est là l'idée fondamentale de la foi en l'humanité qui s'exprime dans l'exigence d'une histoire *monumentale*[40].

S'il ne manque pas de prendre en compte les dangers propres à l'histoire monumentale, Nietzsche, cependant, marque dans la Deuxième Inactuelle une préférence nette pour cette forme de rapport au passé. Il réclame en effet, comme fondement du rapport du présent au passé, une sélection par la mémoire des actions et événements empreints de grandeur, et l'établissement entre eux d'une continuité telle que leur grandeur, ainsi immortalisée, nous soit toujours présente. Rappelons que c'est là la marque d'une pensée anhistorique non seulement qui traverse les analyses de Nietzsche dans *La Naissance de la tragédie*, mais que l'on trouvait déjà chez Burckhardt, et qu'ils héritent l'un et l'autre de Schopenhauer. C'est une proposition devenue parfaitement incompréhensible pour l'historiographie contemporaine, et qui éveille le soupçon d'être réactionnaire. Pour avoir une chance d'entendre ce qui se dit dans l'idée d'une grandeur éternelle et toujours présente de l'action historique, il nous faut faire ici un détour par Hannah Arendt.

Dans son essai *Le concept d'histoire : ancien et moderne*[41] (1958), Arendt analyse la manière dont la pensée de l'histoire a fondamentalement changé entre les Grecs et nous. Homère voulait chanter la grandeur des Grecs et des Troyens, Hérodote justifiait son entreprise de raconter *Les Guerres médiques* par sa volonté que les grands exploits des Grecs et des Barbares ne tombent pas dans l'oubli, mais restent gravés dans la mémoire de la postérité. Thucydide encore entendait livrer à la postérité l'histoire de la Guerre du Péloponnèse parce que c'était la plus grande action jamais réalisée. Le souci de l'immortalité leur paraissait évident, et celui de la grandeur qui s'y articule. Pour les Grecs, selon Arendt, seule la nature est immortelle sans effort, par le simple fait de son pouvoir de génération, conférant par la cyclicité une immortalité de fait à toute espèce. Pour Aristote, l'homme lui-même, en tant qu'espèce, possède cette immortalité. Mais en tant qu'individu, et seul être de la nature à avoir accédé à une individualité pleine et entière, il s'arrache à l'immortalité de l'espèce et devient mortel — par quoi sa vie biologique devient une vie singulière, traçant par ses actions, ses mots et ses œuvres un segment rectiligne dans la cyclicité infinie de la nature, comme un navire traçant sa route unique sur le flot toujours renouvelé de la mer. Ses actions, ses mots, ses œuvres sont eux-mêmes mortels, éphémères et voués à l'oubli. Le seul moyen par lequel l'individu peut rivaliser avec l'immortalité de la nature qui à lui seul est refusée, c'est sa capacité d'imprimer une certaine permanence à son action, de faire surgir un événement *mémorable*. Le héros est l'homme dont l'action est digne de mémoire, tandis que le poète (qui ne se distingue d'abord pas de l'historien) est celui par qui la mémoire est rendue possible — la *praxis* s'immortalise en *poiesis*, et cette immortalisation par la poésie était, pour les présocratiques, la tâche suprême. Avec Platon le socratique, puis dans le christianisme, quelque chose se renverse fondamentalement : c'est la nature qui devient mortelle, éphémère et périssable, tandis que l'homme est marqué d'une immortalité strictement individuelle (l'âme) qui le fait participer à un autre monde, qui n'est plus ni la nature spontanément immortelle ni l'histoire immortalisée par l'œuvre. Sur le long chemin de la modernité, l'histoire et la nature se sont peu à peu totalement rejointes, comme en témoigne finalement, au XIXe siècle, la prétention de l'histoire à trouver les mêmes appuis que les sciences de la nature. Si ce débat particulier d'une scientificité commune entre connaissances physique et historique a été surmonté par le concept de « sciences humaines », il est resté de cette naturalisation de l'histoire une profonde séquelle : l'obsession de l'impartialité, de l'abstention de tout jugement — et non pas cette impartialité devant la grandeur qui caractérisait Homère chantant les Grecs *et* les Troyens ou Hérodote admirant les Grecs *et* les Barbares, mais l'objectivité du fait. Une science de la grandeur est devenue impensable. Croyant rivaliser avec les sciences de la nature, les historiens en sont revenus à une conception médiévale de la science, pure observation classificatrice, et il n'est pas jusqu'à la « neutralité axiologique » de Weber et au refus actuel des historiens de jouer le jeu dangereux des grandeurs nationales, qui n'en participent (ce refus est légitime, mais pour d'autres raisons[42]). Les sciences sociales, depuis le début du XXe siècle, ont résolu de traiter l'homme comme un être entièrement naturel, c'est-à-dire, sur le modèle des sciences de la nature, *processuel*. L'idée d'*action* a été profondément transformée en une conception de la fabrication et de la production. Le concept de processus historique sépare l'homme de son passé, en séparant les moyens des fins ; le danger couru par la pensée de l'histoire comme processus (qu'elle soit développement rationnel chez Hegel ou fabrication matérielle chez Marx) est celui d'un passé voué à devenir insignifiant, à s'abolir dans le résultat, présent ou à venir, une fois l'esprit réalisé ou la liberté fabriquée. Pour Hannah Arendt, qui s'en explique dans *Condition de l'homme moderne*[43], c'est cette transformation de la pensée historique qui nous a fait passer d'un régime de l'*œuvre* à celui du *travail*. Car là où l'œuvre est permanence conquise de l'action, le travail, au contraire, s'abolit indéfiniment dans son produit, recommencement perpétuel de l'effort destiné à produire du consommable. Marx expliquait déjà dans *L'idéologie allemande* que la vie laborieuse est perpétuellement mourante. Les Anciens, quant à eux, méprisaient le travail, et pour cette raison justement ; la *vita activa* ne prend son sens que par son enracinement dans la *vita contemplativa*, qui seule nous permet d'endurer notre condition mortelle. Cela implique, dans la *vita activa*, une hiérarchie où la première place revient à l'action politique (les Grecs feront de la Cité l'œuvre suprême et immortelle de l'humanité, quand l'individualité du héros n'y suffira plus), la deuxième à l'activité de l'artisan et à l'artiste (qui recherche la permanence dans la production), la dernière au labeur économique, c'est-à-dire au cercle infiniment mourant de la production et de la consommation.

Arendt explicite de manière aussi exacte que frappante la position qui est déjà celle de Nietzsche dans la Deuxième Inactuelle : ce dernier s'appuie résolument sur une conception grecque de l'histoire, et l'on comprend, grâce à Arendt, comment il peut réclamer, en faveur de l'avenir, une mémoire qui éternise la grandeur passée. On comprend les enjeux de sa critique de l'histoire moderne, aussi bien du positivisme que du relativisme, et enfin de la philosophie hégélienne. On comprend qu'il l'articule avec la critique d'une époque tout entière consacrée au travail, à l'utilité et à la « productivité à tout prix[44] ». Ce Nietzsche, en termes sans doute moins lumineux qu'Arendt, et pourvu d'une connaissance vague du socialisme, sent pourtant le lien profond qu'il y a entre la science historique du « devenir universel » comme processus de production s'abolissant dans le *résultat* et la perte d'une expérience de l'action comme conquête de l'éternité. On comprend la logique qui veut qu'en réaction aux « fins égoïstes » il puisse affirmer qu'« il n'y a pas de vie plus belle que celle à laquelle on n'attache pas de prix[45] ». On comprend enfin la nécessité d'un rétablissement de la prédominance de l'art, contre la transformation de l'œuvre en travail, de l'artiste en ouvrier, de la création en production, de la contemplation en consommation. En dernier lieu, on comprendra, mais plus tard, comment Nietzsche a pu revendiquer, comme Arendt et avec les mêmes difficultés qu'elle, une hiérarchie interne à une *vita activa* déterminée par les exigences de la *vita contemplativa*. Car il y va de l'idée même de « grande politique ».

Les doctrines du devenir universel sont abjectes parce qu'elles sont une politique du fait accompli, une sanctification de la productivité et de l'utilité ;

ces mêmes masses humaines qui travaillent à réaliser l'esprit ou à fabriquer la liberté sont devenues instrument de l'histoire. Penser les hommes en termes de masses productives signifie l'introduction de la statistique, de l'uniformité dans un savoir devenu science des quantités (et l'histoire quantitative a eu de beaux jours jusqu'au dernier XXe siècle). Nietzsche parle d'une science stupide, inutile, qui ne se donne pour objet que la pesanteur, la bêtise, le mimétisme, les besoins : production-consommation, *ad infinitum*. On connaît le mépris de Nietzsche pour les masses, et c'est à bon droit qu'on lui en tient communément rigueur. Mais il faut comprendre que, parlant des masses, Nietzsche ne parle plus tout à fait d'humanité ; méfions-nous que les hommes ne soient pas devenus ce que les doctrines du devenir universel ont fait d'eux. Il faut prendre très au sérieux l'idée d'*aliénation*. Quel que soit l'abîme qui sépare les conséquences qu'ils en tirent, Marx et Nietzsche ont en commun d'avoir considéré que ce qui caractérise les masses modernes, c'est la séparation de leurs forces d'avec ce qu'elles peuvent. Moyens pour une fin, outils ou instruments, les masses sont l'historicité même, et c'est ce qui suscite le mépris de Nietzsche — c'est un mépris pour ce que nous sommes devenus, mépris soustendu par le désir que nous soyons autre chose. Lorsque Nietzsche revendique la santé anhistorique d'une culture (pour un individu, un peuple, une civilisation — ces trois niveaux sont toujours précisés), c'est aussi à la transformation d'une masse en peuple qu'il en appelle :

> ... et nul artiste ne réalisera son œuvre, nul général ne remportera sa victoire, *nul peuple ne conquerra*

sa liberté, qu'ils ne les aient auparavant désirées et poursuivies dans un tel état de non-historicité[46] (nous soulignons).

Plus profondément (mais il lui faudra un peu de temps), Nietzsche concevra la notion de peuple libéré comme abolition de ce qui en lui est de l'ordre, justement, de la masse laborieuse, et ce, par la puissance éruptive de l'individu[47]. Tout sera question de savoir, du reste, quelle définition Nietzsche se donne de l'individu, et sur quel type d'individu il fonde ses espoirs. L'une des grandes difficultés est la détermination du rapport, chez Nietzsche, entre l'individu et la communauté : est-il seulement possible de concevoir une communauté intégralement formée d'individus ? Ou faut-il concéder que l'irruption de l'individuel dans la communauté est toujours l'avènement d'un ou de quelques individus au-dessus du reste d'une communauté toujours vouée à redevenir masse ? Il y a fort à penser que Nietzsche ne parviendra pas à surmonter cette difficulté (ou peut-être ne le voulut-il pas), mais nous devrons l'éprouver. Une chose, en tout cas, est certaine pour lui : tant qu'il y a des masses historiques, une grandeur anhistorique n'est possible qu'à leurs dépens. La Deuxième Inactuelle affirme que les masses ne servent qu'à trois choses[48] : elles offrent une image brouillée, diluée, des grands hommes ; elles opposent une résistance aux grands hommes ; par là même, elles leur servent d'instrument. La revendication d'une instrumentalisation des masses par les grands hommes est, à première vue, une pensée non seulement suspecte, mais contradictoire avec la critique d'une conception processuelle de l'histoire. C'est une manière pour Nietzsche d'inverser le rapport individu-masses établi par l'historicisme. Le grand homme n'est pas un précipité de la signification historique des masses, il n'est pas le *résultat* de leur succès :

> Or la sorte d'histoire qui a partout cours à l'heure actuelle est justement celle qui fait des grands instincts de masse le facteur historique primordial, et qui ne voit dans tous les grands hommes que l'expression la plus visible de ces forces, comme les petites bulles d'air montant à la surface des flots. C'est alors à la masse que l'on attribue la création de la grandeur, au chaos la production de l'ordre ; et l'on finit tout naturellement par entonner un hymne à la fécondité de la masse. On appellera « grand » tout ce qui, ayant agité une telle masse pendant assez longtemps, est devenu, comme on dit, une « puissance historique ». Mais cela ne revient-il pas à confondre très délibérément la quantité et la qualité ? Quand la masse obtuse a trouvé fort adéquate une pensée quelconque, par exemple une pensée religieuse, quand elle l'a farouchement défendue et l'a traînée avec elle durant des siècles : alors, et alors seulement, l'auteur et le fondateur de cette idée est considéré comme un grand homme. Pourquoi donc ? Les qualités les plus nobles et les plus élevées n'agissent pas sur les masses ; le succès historique du christianisme, sa puissance, sa ténacité, sa durée historique, tout cela ne prouve heureusement rien quant à la grandeur de son fondateur, mais prouverait plutôt quelque chose contre lui. Entre lui et ce succès historique gît une couche obscure et très terrestre de passion, d'erreur, de soif de puissance et d'honneurs, de forces héritées de l'*imperium romanum*, une couche d'où le christianisme a tiré son goût de terre et ses restes terrestres : c'est ce sol nourricier qui lui permit de subsister dans le monde et lui donna pour ainsi dire sa consistance. La grandeur ne doit pas dépendre du succès, et Démosthène fut grand, bien qu'il n'eût pas de succès[49].

Le retournement de l'historicisme pratiqué dans ce texte ne vise pas seulement à arracher le grand homme à l'historicité, il esquisse aussi une autre forme d'interprétation historique qui conduira inexorablement à la méthode généalogique : la « couche très terrestre de passion, d'erreur, de soif de puissances et d'honneurs, de forces héritées » sera l'objet d'une connaissance historique entièrement renouvelée, basée sur le fond pulsionnel de toute réalité. Cette conséquence inexorable, fruit de la probité, obligera bientôt Nietzsche à descendre des hauteurs de la grandeur vers le tréfonds de la puissance, et à devenir l'un de « ceux qui forent, qui sapent, qui minent[50] ». Mais, d'ores et déjà, on reconnaît qu'une méthode qui se meut à la verticale, des hauteurs au tréfonds et dans les deux sens, s'oppose radicalement à toute pensée processuelle de l'histoire conçue comme production, fabrication ou travail : progrès et assomption en sont absolument exclus. L'histoire monumentale fait le choix des hauteurs, et de sauter de sommet en sommet, sans même un regard pour les profondeurs. Nietzsche en vient à cette définition vertigineuse de l'histoire monumentale :

> Il viendra un temps où l'on s'abstiendra sagement de reconstruire en quelque manière que ce soit le processus universel ou simplement l'histoire de l'humanité, un temps où, de nouveau, on ne tiendra plus compte des masses, mais seulement des individus, qui forment une sorte de pont sur le torrent sauvage du devenir. Ceux-ci ne prolongent aucun processus, ils vivent dans une simultanéité intemporelle ; grâce à l'histoire, qui leur permet d'unir leurs efforts, ils constituent cette République des génies dont parle

quelque part Schopenhauer : un géant en appelle un autre à travers les intervalles désertiques des temps et, sans prendre garde aux nains bruyants et turbulents qui grouillent à leurs pieds, ils perpétuent ainsi le haut dialogue des esprits. La tâche de l'histoire est de servir d'intermédiaire entre eux, pour, ce faisant, constamment susciter et soutenir l'éveil de la grandeur. Non, le but de l'humanité ne peut résider en son terme, mais seulement dans ses exemplaires supérieurs[51].

L'histoire monumentale est donc celle des apparitions rares de l'individualité géniale, partout où elle a surgi, en tous temps et en tous lieux. Or, pour qu'une telle histoire soit possible, pour que le sujet de cette connaissance historique soit capable de *reconnaître* le génie et la grandeur, capable de prélever sur le tout du passé ce qui présente cette qualité monumentale, il faut qu'il y ait d'une manière ou d'une autre une parenté de nature ou d'exigence, une égalité anhistorique entre le sujet historien et son objet historique :

> *C'est seulement à partir de la plus haute force du présent que vous avez le droit d'interpréter le passé* ; c'est seulement dans l'extrême tension de vos facultés les plus nobles que vous devinerez ce qui, du passé, est grand, ce qui est digne d'être su et conservé. L'égal ne peut être connu que par l'égal[52] !

C'est par là que l'histoire monumentale se donne comme une injonction d'ordre éthique : elle enseigne et présuppose la grandeur, c'est-à-dire la *justice de l'action*. C'est une justice très spéciale, qui est le contraire de l'impartialité et de l'objectivité, et que Nietzsche appelle supérieure. La justice est le rapport maximal réalisé entre l'action et la force plastique agissante, l'une se dit de l'autre sans écart ni reste. La force plastique, qui est cette puissance de réparation et de création que conditionne l'alliance de l'oubli et de la mémoire selon le meilleur dosage, implique une certaine manière de connaître ; elle est une qualité de l'action qui est déjà un mode de connaissance :

> C'est une loi générale : chaque être vivant ne peut être sain, fort, fécond qu'à l'intérieur d'un horizon déterminé ; s'il n'est pas capable de tracer autour de lui un tel horizon ou s'il est, inversement, trop égocentrique pour enfermer son regard dans un horizon étranger, il se consume dans l'apathie ou dans une activité fébrile, et ne tarde pas à dépérir. La gaieté, la bonne conscience, l'activité joyeuse, la confiance en l'avenir — tout cela dépend, chez l'individu comme chez le peuple, de l'existence d'une ligne de démarcation entre ce qui est clair et bien visible et ce qui est obscur et impénétrable[53].

À l'inverse de la toile d'araignée de la science, où chaque vibration d'objet, en tout point du réseau, contraint le sujet prédateur à un déplacement perpétuel, à une reconfiguration permanente de l'horizon pour tenter en vain d'embrasser l'universel et la totalité, la connaissance plastique fixe pour un moment l'objet dont elle a besoin, l'objet de son *désir* et que réclame sa *volonté*. C'est ce que Nietzsche appelle à plusieurs reprises « fixer le sublime ». Nietzsche compare cette fixation à la passion amoureuse[54], bornée pour tout ce qui n'est pas son objet et prête à tout pour lui. Seule l'injustice pour tout ce qui n'est pas son objet autorise la justice supérieure de l'action : l'homme d'action « oublie tout sauf la chose qu'il veut faire, il est injuste envers ce qui le précède et ne connaît qu'un droit, le droit de ce qui doit maintenant naître[55] ». La justice ainsi conçue est une adéquation sans reste entre une puissance et son effectuation. Se prépare ici une critique radicale de la causalité libre : la volonté n'est jamais le choix d'agir ou de s'abstenir, le choix de ceci ou de cela ; il n'y a ni sujet ni objet de la volonté, et la volonté n'est rien d'autre que ce qui, dans une puissance, veut nécessairement s'effectuer. Or, la science est bien l'un des mécanismes essentiels à l'œuvre dans la séparation du sujet et de l'objet, dans la définition de la volonté comme choix d'une action, la justice étant délibération « en connaissance de cause ». C'est pourquoi Nietzsche considérera toujours la science du point de vue de la morale, et la morale du point de vue des effectuations de puissance. Est grand, homme ou peuple, ce qui a fondé son droit en effectuant nécessairement sa puissance, et c'est cette justice supérieure de l'action qui est, pour les historiens de l'histoire monumentale, mémorable. Ces historiens rendent justice aux grands hommes ou aux grands peuples en ce qu'ils y admirent cette puissance plastique, puissance de création et de fondation, et ils seront justes eux-mêmes pour autant que leur admiration les élèvera à leur tour à l'action créatrice. Pour le dire autrement, la justice supérieure est une justice *tragique*, car elle est amour de la nécessité des effectuations fondatrices et créatrices de la puissance qu'est la vie. Or, du point de vue de cette justice supérieure, l'objectivité de la science historique est fondamentalement injuste, par définition elle ne sait pas discriminer, et, s'épuisant à se remémorer l'infinité des petites causalités, manque toujours le mémorable. C'est de cette injustice que souffrent les « esprits objectifs », asphyxiés par les faits : « L'histoire n'est tolérable qu'aux fortes personnalités ; quant aux faibles, elle ne fait qu'achever de les étouffer[56]. »

Pour autant, l'histoire monumentale, lorsqu'elle n'est pas investie d'une force plastique suffisante, menace elle aussi des plus grands dangers. Il suffit que l'amour pour les grands hommes ne soit pas connecté à l'amour de sa propre action (c'est-à-dire lorsque la passion manque elle-même de force plastique), il suffit que seul le caractère révolu de la grandeur passée soit aimé dans cet amour, pour que celui-ci se change en haine : animé par une haine de l'action à naître et de ce qui doit encore advenir, par une haine du présent et de l'avenir, de ce qu'il y a de *nouveau* dans tout grand événement, l'admirateur de l'histoire monumentale vire au fanatisme — en d'autres termes, il devient « réactionnaire ». La possibilité que Nietzsche lui-même ait été un philosophe réactionnaire est une épée de Damoclès qui menace tout ce que sa postérité est capable de faire et de penser avec l'héritage de son œuvre. À quel moment l'inactualité tourne-t-elle à la réaction ? Nous l'avons dit : quand l'amour se retourne en haine. La haine du présent et de l'avenir menace l'histoire monumentale, de même que l'histoire critique peut susciter la haine de tout le passé, et l'histoire antiquaire la haine de tout jugement. L'élément commun à ces formes de haine, c'est qu'elles sont le corrélat paradoxal d'une idolâtrie du *fait*. L'histoire monumentale finit par idolâtrer la rareté des hauts faits, l'histoire antiquaire la multitude des petits faits. Mais qu'en est-il de l'histoire critique, cette condamnation des faits injustes qui, engendrés et fixés par le passé, grèvent encore le présent, cette conscience de la nécessité de rompre radicalement avec les souffrances de l'héritage des faits ? « On aperçoit combien injuste est l'existence d'un objet, d'un privilège, d'une caste, d'une dynastie quelconques, combien tout cela mérite de disparaître[57]. » Cette condamnation d'un état de coercition historique, tant qu'elle est le motif d'une volonté et d'une action, est encore de l'amour — amour pour un avenir affranchi, qui est déjà un devenir-révolutionnaire. Il est un point toutefois où cet amour se tourne en haine, où la passion pour ce qui est en train de se faire se durcit en fanatisme de ce qui a été fait, bref : un point de conversion fatale où les puissances d'affranchissement deviennent elles-mêmes pouvoir établi. Une puissance qui se fige en état de fait se condamne elle-même : la Révolution française devient Terreur, la révolution bolchevique devient stalinisme. Mais c'est plus généralement le cas de toute effectuation de l'État comme état de fait. L'État est toujours historique, et c'est ce qui fonde son opposition à la plasticité de la culture. Être réactionnaire, c'est toujours essentiellement empêcher à toute force qu'advienne quelque chose de non historique, ou vouloir que ce qui advient soit aussitôt rabattu sur de l'historique. C'est peut-être Deleuze qui exprime le mieux ce qui se joue exactement chez Nietzsche dans l'opposition entre l'historique et l'anhistorique :

> Ce que l'histoire saisit de l'événement, c'est son effectuation dans des états de choses, mais l'événement dans son devenir échappe à l'histoire. L'histoire n'est pas l'expérimentation, elle est seulement l'ensemble des conditions presque négatives qui rendent possible l'expérimentation de quelque chose qui

échappe à l'histoire. Sans l'histoire l'expérimentation resterait indéterminée, inconditionnée, mais l'expérimentation n'est pas historique. Dans un grand livre de philosophie, *Clio*, Péguy expliquait qu'il y a deux manières de considérer l'événement, l'une qui consiste à passer le long de l'événement, à en recueillir l'effectuation dans l'histoire, le conditionnement et le pourrissement dans l'histoire, mais l'autre à remonter l'événement, à s'installer en lui comme dans un devenir, à rajeunir et à vieillir en lui tout à la fois, à passer par toutes ses composantes ou singularités. Le devenir n'est pas de l'histoire ; l'histoire désigne seulement l'ensemble des conditions si récentes soient-elles, dont on se détourne pour « devenir », c'est-à-dire pour créer quelque chose de nouveau. C'est exactement ce que Nietzsche appelle l'Intempestif. Mai 68 a été la manifestation, l'irruption d'un devenir à l'état pur. Aujourd'hui la mode est de dénoncer les horreurs de la révolution. Ce n'est même pas nouveau, tout le romantisme anglais est plein d'une réflexion sur Cromwell très analogue à celle sur Staline aujourd'hui. On dit que les révolutions ont un mauvais avenir. Mais on ne cesse pas de mélanger deux choses, l'avenir des révolutions dans l'histoire et le devenir-révolutionnaire des gens. Ce ne sont même pas les mêmes gens dans les deux cas. La seule chance des hommes est dans le devenir-révolutionnaire, qui peut seul conjurer la honte, ou répondre à l'intolérable[58].

Lorsque Nietzsche dénonce la « science du devenir universel », ce n'est pas le devenir qu'il vise, mais la science qui s'en empare et le fixe en fait universel ; à celle-ci, il oppose l'amour de l'action à naître. Contre l'acception historiciste du concept de devenir, il réclame déjà sans la nommer une autre conception du devenir, de la naissance, de la création, qui trouvera plus tard ses formulations. En tout cas, le fait est toujours stupide, et toute science du fait souffre d'ignorer ce qu'est la *natura naturans*[59]. Or, ce que Nietzsche appelle le « seuil de l'instant », « se tenir debout sur un seul point, sans crainte et sans vertige » — ce que Deleuze appellera événement —, est exactement ce par quoi Nietzsche ne saurait être réactionnaire, comme ne saurait l'être celui qui écrit :

> Car quelle que soit la vertu considérée — justice, générosité, bravoure, sagesse ou compassion —, l'homme n'est jamais vertueux que pour autant qu'il se révolte contre la puissance aveugle des faits, contre la tyrannie du réel, qu'il se soumet à des lois qui ne sont pas celles des fluctuations historiques. Il nage toujours contre le courant de l'histoire, que ce soit en combattant ses passions comme l'expression la plus immédiate de la stupide réalité de son existence, ou bien en s'obligeant à être honnête alors que le mensonge tisse autour de lui sa toile scintillante[60].

Redisons-le : l'événement, le seuil de l'instant, le point vertigineux se soustraient radicalement à toute science historique, parce qu'ils ressortissent à cette vision mystérique que nous poursuivons chez Nietzsche depuis le début. Ils sont l'énigme de l'oracle : « La parole du passé est toujours parole d'oracle : vous ne la comprendrez que si vous devenez les architectes du futur et les interprètes du présent[61]. » Ce qui a fait entrer Nietzsche en philosophie — le pressentiment d'une connaissance mystérique — est la source vive de sa lutte inactuelle non seulement contre l'époque, mais fondamentalement contre le temps. Et cette lutte passe par deux exigences démesurées, qui s'articulent entre elles et que cristallise le terme de « grandeur » : réconcilier la connaissance et l'action, la volonté et la puissance, en un point unique qui est « le seuil de l'instant » ; et conférer à cet instant la qualité de l'éternité. Nous y reviendrons, il y a chez Nietzsche une quête précoce et inlassable d'*éternisation* de l'existence, et cette quête est grecque, elle passe par la mémoire d'une gloire qui « est la croyance en la solidarité et la continuité de toute grandeur, elle est une protestation contre la fuite des générations et contre la précarité de toute chose[62] ». Et un texte de 1872, intitulé « La passion de la vérité », met à nu la véritable profession de foi qui est alors celle de Nietzsche :

> L'exigence qui veut que la grandeur soit éternelle fomente le terrible combat de la civilisation ; car tout le reste, tout ce qui survit encore, crie : non ! Ce qui est habituel, petit, commun, et remplit chaque recoin du monde comme une pesante atmosphère matérielle que nous sommes tous condamnés à respirer, répand ses exhalaisons autour de la grandeur et se jette sur le chemin que la grandeur doit emprunter vers l'immortalité, pour la paralyser, l'étouffer, l'asphyxier, y semer ses ténèbres et ses mirages. Et ce chemin passe par les cerveaux humains ! Par les cerveaux d'êtres pitoyables, éphémères, de ces êtres qui, livrés à des besoins mesquins, ne font jamais surface que sur le même océan de misère, et n'écartent d'eux la décomposition qu'à grand-peine et pour peu de temps. Ils veulent vivre, vivre quelque chose — à n'importe quel prix. Qui d'entre eux pourrait soupçonner le dur défi de cette course au flambeau qui perpétue, seule, la grandeur[63] ?

Ce passage trahit la nature profonde de la lutte de l'inactuel contre son époque : la quête de grandeur éternelle procède d'une réaction à la détresse du présent, d'une résistance contre ce qui, dans le devenir, ne cesse de décomposer les puissances vitales, ce présent incessant qui n'est rien d'autre qu'un perpétuel avoir-été, et se perd dans l'insignifiance. Comment concilier l'affirmation de la vie, qui est puissance de devenir, et l'insignifiance de ce devenir ? Ce que, plus tard, Nietzsche appellera le « pessimisme de la force » (dans la nouvelle préface de 1886 à *La Naissance de la tragédie*) consiste en l'affirmation de la part éternelle du devenir, celle qui ne passe pas dans tout ce qui passe : l'action même de détruire et de créer, qui est la puissance propre du devenir, puissance anhistorique qui définit l'événement, d'advenir de quelque chose. Tout passe, mais la forme pure de l'advenir demeure. Or, l'advenir qui arrache le devenir à l'insignifiance ne se trouve que chez ceux qui sont assez forts, assez *grands*, pour détruire et créer, et, de surcroît, affirmer la puissance qu'ils sont, c'est-à-dire reconnaître en eux la forme pure et éternelle de l'action comme puissance vitale d'événement. Cette connaissance de soi est affirmation en soi de l'unité individuante entre la vie, la connaissance et l'action, par quoi l'on éternise le devenir que l'on est. Garder mémoire des grands hommes qui ont été capables d'incarner cette unité est l'objet de l'histoire monumentale. Mais cette unité incarnée est la philosophie elle-même, elle est le secret oraculaire et mystérique de la sagesse grecque, comme l'atteste ce portrait saisissant de la grandeur d'Héraclite :

> Dans la société des hommes, Héraclite, l'homme, était invraisemblable ; et lorsqu'on vit combien il prêtait attention aux jeux d'enfants bruyants, ses pensées étaient alors de celles du moins qu'aucun mortel n'avait eues en pareille circonstance — il médi-

tait sur le jeu de ce grand enfant qu'est le monde, Zeus, et sur cette sempiternelle facétie : construire un monde, détruire un monde. Héraclite n'avait pas besoin des hommes, sa sagesse non plus ; tout ce que l'on peut apprendre d'eux, et qu'avant lui les autres sages s'étaient efforcés d'apprendre, ne le concernait pas. « C'est moi-même que j'ai cherché et interrogé », disait-il en usant d'un mot qui servait à désigner l'examen qu'opérait un oracle comme si lui, et personne d'autre, avait vraiment achevé et réalisé cette formule delphique : « Connais-toi toi-même. » Mais ce qu'il a entendu de la bouche de cet oracle, il le tient pour sagesse immortelle et pour doté d'une signification qui reste éternellement à déchiffrer, au sens où le discours prophétique de la sibylle était immortel. Cela doit suffire à l'humanité la plus lointaine : pourvu que cette sagesse veuille bien ne laisser interpréter ses formules que comme des sentences d'oracle, tout comme lui, pareil au dieu de Delphes lui-même, qui « ni ne révèle ni ne dissimule ». Bien qu'il ait énoncé ces sentences « sans sourire, sans fard et sans onguent parfumé », mais bien plutôt d'« une bouche écumante », il *faut* qu'elles pénètrent les siècles à venir. Car le monde, dans son éternel besoin de vérité, a en effet éternellement besoin d'Héraclite, bien que ce dernier n'ait pas besoin de lui[64].

Ici, l'histoire est laissée loin derrière, et l'art lui-même n'entre pas en ligne de compte. L'art, l'histoire et la science devront passer au crible de la philosophie, entendue comme connaissance de sa propre éternité. La flèche d'Apollon vise terriblement juste : « Connais-toi toi-même. » (Et l'on devrait ajouter le « Rien de trop », qui rappelle l'art des dosages évoqué plus haut, ou le secret de l'unité individuante.) Et voilà Nietzsche placé devant la nécessité de reprendre à nouveaux frais l'interprétation de l'inscription delphique, qui avait occupé tous les philosophes grecs. Le « Connais-toi toi-même » formule alors pour lui au moins trois exigences distinctes, mais dépendantes les unes des autres. Tout d'abord, il faut substituer à la définition de la philosophie une typologie des philosophes. Les leçons que Nietzsche dispense à Bâle, en 1872-1873, sur les « philosophes préplatoniciens », montrent qu'une telle typologie permet seule de repérer, au-delà de l'autoréflexivité proprement philosophique, cette unité vitale décisive — et bien dosée — entre le « caractère » (ou « personnalité forte », c'est-à-dire une grande force plastique chez un individu), la connaissance et l'action :

> Nous voulons démontrer *premièrement* que les Grecs, de par leur propre nature, ont éprouvé *la nécessité* de pratiquer la philosophie (*et démontrer dans quel but*). *Deuxièmement,* nous voulons examiner comme le *"philosophe"* s'est distingué parmi les Grecs, et pas seulement comment la philosophie s'est distinguée parmi eux. Pour connaître les Grecs, le fait que quelques-uns d'entre eux sont parvenus à une réflexion consciente sur eux-mêmes est extrêmement précieux. Mais leur personnalité, leurs actes, sont presque plus importants que cette réflexion consciente. Les Grecs ont créé les *types de philosophes* : que l'on pense à une communauté d'individus si divers, celle de Pythagore, Héraclite, Parménide, Démocrite, Protagoras, Socrate. Cette inventivité différencie les Grecs de tous les autres peuples : habituellement, un peuple ne produit qu'*un seul* type de philosophe destiné à durer. Pas même les Germains ne peuvent se mesurer à cette richesse. Tous ces hommes sont entiers, taillés dans un seul roc : leur pensée et leur caractère sont unis par une étroite nécessité. Ils sont dépourvus de traits conventionnels car (au moins à cette époque) la *classe* de philosophes n'existait pas[65].

Cette unité de l'individu qui permet de définir une typologie du philosophe renvoie à la possibilité d'une typologie de la sagesse, déclinée dans la diversité des types qui en incarnent la recherche. Les philosophes grecs sont des champs individuels d'expérimentation dans la quête morale exigée par la sagesse delphique :

> L'oracle de Delphes, toujours à la recherche de nouveaux moyens pour la réforme morale, renvoie à sept hommes, qui sont autant de types et de modèles, catéchisme vivant conformément auquel il faut vivre. Seule la *canonisation* catholique présente quelque chose de semblable. Un homme prend la place d'une sentence morale. C'est pourquoi il faut supposer qu'il s'agissait d'hommes très célèbres. Une certaine obscurité et une certaine ruse de l'oracle se manifestent dans le fait qu'il ne parlait pas des Sept Sages sans ambiguïté. Bref, on *cherchait* les Sept Sages[66].

La philosophie comme amour de la sagesse est ainsi ce par quoi l'homme se forme, ou plus précisément *s'initie* à l'unité du caractère, de la connaissance et de l'action. La morale préplatonicienne n'est pas une conformité à des lois, elle est effectuation vivante de l'unité d'une puissance individuelle, individuation accomplie qui témoigne de la force plastique de la nature et dont le seul caractère contraignant est l'exemplarité. Or, Nietzsche définit dans son cours les « stades préliminaires » de l'homme sage sous trois types : « le *prince patriarche* riche d'expérience, l'aède *inspiré* et le *prêtre initié* » — le type politique, le type artistique et le type religieux. Nous pressentons ici la nécessité, pour la philosophie nietzschéenne, de se faire interprétation typologique de la culture, et de faire passer l'initiation à la sagesse par une généalogie préalable de l'État, de l'art, de la religion, pour dégager les types du grand homme, types préliminaires à celui du philosophe. Que, plus tard, le « philosophe de l'avenir » soit tout à la fois législateur, artiste et contemplatif, n'étonnera donc pas[67]. Seconde exigence du « Connais-toi toi-même » : la question de savoir si nous avons aujourd'hui une culture propice, à l'instar de celle des Grecs, à la naissance de grands hommes comme types. De tout temps il y eut de grands hommes, et on en trouve aussi à l'époque moderne. Mais peuvent-ils incarner un *type supérieur*, la culture où ils surviennent est-elle assez unifiée pour que leur exemple ait force de loi ? Les deux Considérations inactuelles consacrées à Schopenhauer et à Wagner se donneront précisément pour but de montrer que ces grands hommes ne peuvent encore être des législateurs, qu'ils ne sont que potentiellement des types supérieurs, parce que la modernité n'a pas l'unité et la puissance nécessaires pour affirmer leur exemplarité, c'est-à-dire reconnaître leur signification éternelle.

> À la question : qu'est-ce qu'un philosophe ? on ne peut absolument pas répondre en partant des temps modernes. Aujourd'hui, le philosophe apparaît comme un voyageur solitaire qui erre au hasard, comme un « génie » téméraire. Qu'est-il dans une culture puissante qui ne se fonde pas sur des « génies » isolés[68] ?

Une philosophie inactuelle telle que l'entend alors Nietzsche ne pourra donc pas seulement consister à chercher dans le présent, la lanterne à la main, l'existence de grands hommes ; elle doit encore comprendre ce qui les empêche de devenir des types exemplaires et d'élever dans leur sillage la culture tout entière. Pour ce faire, il faudra dégager le type de l'homme moderne lui-même et le confronter au type supérieur tel que les Grecs nous en donnent l'exemple ancien. Cette typologie critique de la modernité deviendra la tâche essentielle de Nietzsche, comme nous le verrons dans notre deuxième partie. Troisième exigence, enfin : comment passer d'une civilisation où les grands hommes sont isolés à cette « république des génies » réclamée par l'histoire monumentale ? Comment réconcilier la connaissance, la force plastique et l'action en un individu supérieur capable de servir de loi à l'élévation de la culture ?

Dans le « Connais-toi toi-même », l'articulation entre « connaître » et « soi-même » n'est pas seulement réflexive : elle est dynamique. Il ne s'agira pas seulement de produire une connaissance descriptive (psychologique, physiologique, morale) du « moi », mais d'initier une *transformation* du « moi » reconnu comme organe d'un « soi ». Nietzsche devra travailler à débusquer le soi comme unification individuante de la puissance vitale, de la passion de connaître et de l'action créatrice (ce qui aboutira à une conception intégralement pulsionnelle de toute réalité). Cette tension interne qui cherche à unifier, à individuer à un niveau supérieur, est la dynamique même de la culture. Un jour, par une nécessité de radicalisation dont nous aurons à rendre compte, Nietzsche appellera cette dynamique élevage et sélection. Pour l'heure, et parce que le philosophe inactuel descendu dans l'arène du présent cherche un langage commun et communicable, elle se nomme : *éducation*.

Chapitre III

L'ÉDUCATION

La nécessité d'une éducation à un sens historique juste conduit Nietzsche, à la fin de la Deuxième Inactuelle, à en appeler ardemment à la jeunesse. La science historique est un bilan de tard-venus, elle présuppose toujours une certaine vieillesse de l'humanité, corrélative à une fatigue de l'existence. Où trouver l'énergie nécessaire à renouveler l'action, à se promettre un avenir, à faire naître une culture, si ce n'est dans les forces vives de la jeunesse ? Il y va d'une nécessité vitale, qui une fois encore s'oppose à la connaissance : car il y a bien une vérité du devenir universel, du scepticisme quant à la permanence des choses, mais c'est une vérité du désespoir. Nietzsche avoue même au passage qu'il tient les doctrines de la souveraineté du devenir « pour vraies mais pour mortelles[1] ». (Cet aveu sera d'une portée redoutable.) Nietzsche fait donc ici le choix de la vie contre la vérité, de l'action contre la connaissance, de la *vita activa* contre la *vita contemplativa*. Mais attention : c'est un choix provisoire. La jeunesse est pour le navigateur sceptique un ancrage, un port d'attache où il s'agit de recouvrer ses forces après avoir contemplé le terrible océan du devenir, non de s'établir dans une définitive sédentarité (l'idée même de jeunesse interdisant cette fixation, puisqu'elle prépare les adultes qui seront les navigateurs de demain). L'éducation actuelle de la jeunesse est fondée sur un mensonge : nous aurions une culture, nous serions les derniers dépositaires de tout le passé, et il suffirait de connaître et de vénérer tout ce passé pour que brille notre culture. On forme des savants, des spécialistes, et même cette caricature de savant qu'est l'homme de « culture générale », ce demi-habile. Mais, encore une fois, le savoir sur la culture n'a jamais constitué une culture, et ce savoir paralyse toute action, tout événement : il est une mise au pas, que Nietzsche compare au mensonge que Platon, dans *La République*[2], entend inculquer à la première génération des citoyens de la cité parfaite, ce mythe d'une existence déjà vécue selon un ordre voulu par les dieux, où chacun aurait sa place dans une inébranlable hiérarchie. Nietzsche veut inculquer au contraire une vérité nécessaire : nous n'avons pas de culture, « nous sommes trop abîmés pour vivre ». En creux, c'est un véritable appel révolutionnaire que Nietzsche lance à la jeunesse, un appel à la protestation contre cette *veritas aeterna* qui fait écho à la définition de « l'histoire critique », dont ont pourtant été évoqués les dangers. Mais, loin de substituer directement sa vérité nécessaire au mensonge platonicien, Nietzsche envisage d'inculquer au contraire un autre mensonge provisoire : celui de la possibilité d'une éternité reconductible de la grandeur (alors que c'est la doctrine du devenir qui, de son propre aveu, est « vraie »). S'annonce ici le « pragmatisme » éthique de Nietzsche, fondé sur l'efficacité escomptée d'une valeur et non sur une « vérité » en soi, parce que l'illusion est condition réelle de la vie. Et parce que la « vérité » rend malade, parce qu'elle peut même tuer.

Pourquoi faut-il rechercher la vie auprès de la jeunesse ? Parce que celle-ci incarne l'accroissement naturel de la puissance, elle est une quantité de puissance en train de se libérer et de s'effectuer, ce que Nietzsche appelle « force non historique », créatrice d'*événement*. Or aucune puissance ne se libère sans ébranler les puissances déjà établies ; elle lutte, dissout, désagrège les vieilles puissances : et ce sentiment toujours plus intense de la vie se manifeste dans le courage et l'espérance d'un événement à naître. Cette première jeunesse sera peut-être plus « inculte », mais elle formera à nouveau des hommes, et non des agrégats bigarrés de savoirs morts sur une culture exsangue. Cette jeunesse apprendra à « organiser le chaos », en suivant le précepte delphique : « Connais-toi toi-même. » Le modèle de l'homme grec est présenté par Nietzsche comme une *parabole* ; il constitue non pas l'injonction à un retour fantasmatique au passé, mais l'exemplarité d'une dynamique. Le concept grec de culture se comprend comme avènement d'une nouvelle et meilleure *physis*, comme accord renouvelé entre la vie et la pensée, entre l'action et la volonté, entre l'être et le paraître. La question reste celle de savoir comment l'on passe du statut d'héritier à celui d'ancêtre, de la condition d'épigone à celle de fondateur.

Que penser de cet appel lyrique de Nietzsche à un *homo novus* surgi du terreau fertile de la jeunesse ? Nous avons appris à nous méfier des millénarismes qui se masquent derrière les élans révolutionnaires : une révolution peut être réactionnaire, le renversement de l'ordre ancien peut fonder des ordres nouveaux bien plus redoutables. Mais, à ce point du projet nietzschéen, il est impossible de le qualifier ou disqualifier comme progressiste ou réactionnaire. On sait peut-être ce qu'il ne veut plus, mais pas encore ce qu'il veut exactement. J'en reviens une nouvelle fois, comme à l'éclairage le plus sensible de la dynamique nietzschéenne sur ce point, au concept développé par Guattari et Deleuze de « devenir-révolutionnaire ». Les deux auteurs ont développé une philosophie politique de l'événement, et ce, largement dans le sillage de mai 68 — qui fut une expression éclatante de *jeunesse*. Deleuze et Guattari ont cherché, non à établir une idéologie politique à partir d'une jeunesse fantasmée comme matériau d'un ordre à venir, mais une articulation entre théorie et pratique qui fût d'abord réflexion sur les conditions pratiques des prolongements possibles d'un devenir-révolutionnaire de la jeunesse. Pour eux, mai 68 fut un événement réel : derrière le simulacre spectaculaire des grandes révolutions, est advenu un désir réel de rompre avec ce qui, du passé, était devenu intolérable. Or, lorsqu'elles sont réelles et non pas idéologiques, les ruptures sont toujours locales, elles ne sont pas dévoilement intégral, mais déchirures en certains points précis du « tissu social » : ainsi par exemple, le Groupe d'Information sur les Prisons (conséquence concrète de 68) autour duquel se sont réunis Deleuze, Guattari ou Foucault, n'a jamais fantasmé de société sans prison, mais travaillé à la suppression d'un certain nombre de pratiques carcérales devenues intolérables. Mai 68 a été plus qu'un déchaînement irrationnel et anarchique du désir ; le mouvement a impliqué des formes d'expérimentations réelles du désir dans le collectif, c'est-à-dire qu'il a tenté une nouvelle et meilleure *physis*. Que la récupération de mai 68 et, finalement, son reniement généralisé soient une réaction à l'impuissance de la jeunesse à transfigurer la *physis* autrement que par ce qu'on a appelé son individualisme et sa permissivité n'empêche pas que la tentative de transfiguration fut une tentative réelle. Le philosophe contemplatif (tel que, d'une certaine façon, le fut Nietzsche, mais aussi Deleuze) ne peut guère plus que reconvertir l'histoire en devenir, c'est-à-dire convertir le regard à la visibilité des forces anhistoriques. René Loureau a qualifié mai 68 d'irruption de « l'instituant » contre « l'institué » dans le sujet[3]. Ce regard qui voit l'instituant jaillir de l'institué, c'est le même que celui de Nietzsche reprochant aux apologistes de l'histoire d'être ignorants de ce qu'est la *natura naturans*[4], et de ne connaître que la *natura naturata*.

Un autre élément de réponse nous est apporté par Jacques Rancière[5]. Analysant l'évolution de la pensée critique face à la question de l'émancipation sociale, il distingue une tension entre deux sens du terme « émancipation ». Les acteurs réels de l'émancipation sociale des années 60 ont voulu sortir d'un supposé « tissu harmonieux de la communauté », c'est-à-dire de ce mensonge platonicien qui attribue à chacun sa place, dans l'adaptation d'une capacité à un travail, avec les manières de sentir, de dire et de faire qui leur correspondent (mythe de l'âme de fer dans la *République*). Ce « partage policier du sensible » (Rancière) est une assignation à un temps et à un espace définis. Or, la tentative réelle d'émancipation est la formation d'« un autre corps et une autre "âme" de ce corps — le corps et l'âme de ceux qui ne sont adaptés à aucune occupation spécifique, qui mettent en œuvre les capacités de sentir et de parler, de penser et d'agir qui n'appartiennent à aucune classe particulière, qui appartiennent à n'importe qui[6] ». Mais cette tentative réelle se trouva traduite par une pensée critique, héritière des premiers textes de Marx, qui voyait dans la domination une séparation, et dans l'émancipation le retour à une unité perdue, la réappropriation globale d'un bien aliéné. Ainsi, le désir exprimé *hinc et nunc* par les acteurs de l'émancipation fut rabattu sur une illusion, une ignorance du véritable procès historique : « À partir de là, l'émancipation n'était plus conçue comme la construction de nouvelles capacités, elle était la promesse de la science à ceux dont les capacités illusoires ne pouvaient être que l'autre face de leur incapacité réelle[7]. » Rancière dénonce cette « science du processus global », qui est très exactement ce que Nietzsche, dans un autre contexte, appelle « la science du devenir universel ». Le point commun entre Nietzsche, Deleuze / Guattari et Rancière est ici la nécessité d'une pensée anhistorique, et pour tout dire inactuelle. C'est en ce sens que l'inactualité est toujours réellement un devenir-révolutionnaire, tandis que l'histoire est toujours reconduction d'un ordre, qu'il soit nouveau ou perdu. Certes, nous aurons bientôt à affronter une extrême difficulté de la pensée de Nietzsche : on sait bien qu'il revendiquera de nouvelles et strictes hiérarchies entre l'homme et l'homme. Mais il ne continuera pas moins de s'appuyer sur la notion de culture comme émancipation réelle de l'individu, comme législation de soi par soi, ou pour le dire dans les termes de Rancière, de Deleuze ou de Foucault, comme mise en œuvre de nouvelles manières de sentir, de dire et de faire. Nous aurons longuement l'occasion de chercher à comprendre chez

Nietzsche cette délicate articulation entre émancipation et hiérarchie, autour du concept de puissance. Mais jusqu'ici, ce que les classes dominantes et les historiens ont en commun, c'est l'assimilation de toute puissance à une force de *travail*. Le travail est même la seule manière historique de penser la puissance. Dans *Aurore*, Nietzsche articulera très exactement le surgissement d'un devenir-révolutionnaire avec l'ébranlement du travail par des forces anhistoriques, qui sont forces d'autonomisation du désir :

> Dans la glorification du « travail », dans les infatigables discours sur la « bénédiction du travail », je vois la même arrière-pensée que dans les louanges adressées aux actes impersonnels et utiles à tous : à savoir la peur de tout ce qui est individuel. Au fond, on sent aujourd'hui, à la vue du travail — on vise toujours sous ce nom le dur labeur du matin au soir — qu'un tel travail constitue la meilleure des polices, qu'il tient chacun en bride et s'entend à entraver puissamment le développement de la raison, des désirs, du goût de l'indépendance. Car il consume une extraordinaire quantité de force nerveuse et la soustrait à la réflexion, à la méditation, à la rêverie, aux soucis, à l'amour et à la haine, il présente constamment à la vue un but mesquin et assure des satisfactions faciles et régulières. Ainsi une société où l'on travaille dur en permanence aura davantage de sécurité : et l'on adore aujourd'hui la sécurité comme la divinité suprême. — Et puis ! épouvante ! Le « travailleur », justement, est devenu dangereux ! Le monde fourmille d'« individus dangereux » ! Et derrière eux, le danger des dangers — l'*individuum*[8] !

La politique de Nietzsche sera toujours une éducation à l'émancipation de l'individu, c'est-à-dire, plus radicalement, à la transformation de l'homme en *individuum*, transformation conçue comme amélioration et transfiguration de la *physis*. Car l'homme moderne n'est plus, ou pas encore, un individu. Et de manière très conséquente, Nietzsche commence par viser la jeunesse en tant qu'elle incarne cette puissance naturelle d'émergence et de transformation. Car l'éducation est quelque chose comme une procréation seconde : « L'éducation est une continuation de la procréation et souvent une façon de l'améliorer après coup[9]. »

Peut-il y avoir une éducation de la jeunesse à l'émancipation, et sous quelles conditions ? La question de l'éducation hante Nietzsche, et il ne cessera d'y apporter des réponses de plus en plus radicales, mais aussi de plus en plus différenciées, à proportion du développement extrêmement complexe de sa conception de l'individu. À cet égard, la Troisième Inactuelle, *Schopenhauer éducateur* (1874) marque une rupture que pouvait seule préparer la Considération précédente. L'affirmation d'une nécessaire transfiguration de l'individualité, au moment de revenir à la question de l'éducation, ouvre la pensée de Nietzsche à des horizons nouveaux pour l'homme qui s'élargiront de manière irrépressible jusqu'à la possibilité d'une individualité surhumaine. Et pourtant, ce même texte était reparti des bases jetées par Nietzsche dans un contexte plus restreint, celui des cinq conférences *Sur l'avenir de nos établissements d'enseignement* prononcées à Bâle en 1872. Si *Schopenhauer éducateur* radicalise l'exigence d'émancipation, les conférences revendiquent encore une soumission inconditionnelle de l'élève, (mais pas à n'importe quels maîtres). Leur point commun, et qui sera précisément l'objet de la radicalisation nietzschéenne, reste la notion si controversée d'*élevage*[10] (le terme *Zucht* apparaît dès les conférences, au sujet de l'enseignement des langues, et sera encore présent dans les derniers textes de Nietzsche appelant à une « grande politique »). Il faut donc d'abord se demander ce qui, dans l'éducation *stricto sensu* (celle des établissements d'enseignement), prépare, mais aussi se distingue de l'idée d'un élevage à l'individualité, qui passera toujours pourtant par une émancipation. L'élevage ne sera pensable qu'une fois évoquée la conception que Nietzsche se fait de la modernité. Pour l'heure, les cinq conférences problématisent la question de l'individu, mais la dramatisation même du texte (dialogue entre un vieux philosophe et trois étudiants dans la fleur de l'âge) laisse ouvertes les réponses. Car si le vieil éducateur parle d'élevage, les étudiants parlent d'autonomie et de liberté, ils incarnent et revendiquent l'indétermination de l'individualité qui est propre aux forces non historiques, et s'expriment dans un langage qui annonce l'importance de l'oubli dans la Deuxième Inactuelle : « Nous ne voulions rien signifier, rien représenter, ne rien nous proposer, nous voulions être sans avenir, rien que des bons-à-rien confortablement allongés sur le seuil du présent[11]. » Pour le vieux philosophe, l'acquisition de la culture (*Bildung*) consiste en une appropriation des traces vivantes du passé des peuples, et toute la difficulté réside précisément dans la *vivacité* du passé, c'est-à-dire son articulation aux forces vitales de la jeunesse présente, ou bien encore à la « nature ». Rendre les établissements pédagogiques « modernes » et « actuels » est une erreur parce que l'immédiateté du présent ne va pas de soi, et ne correspond pas à la nature de la jeunesse comme accroissement de puissance (or, on sait que la Deuxième Inactuelle montrera que la puissance vitale est à la fois mémoire et oubli, passé et avenir) ; contre l'idée d'un étudiant moderne et actuel, le philosophe recommande un étudiant qui soit à la fois jeune et vieux, c'est-à-dire inscrit dans la temporalité naturelle de l'accroissement. Or, l'enseignement actuel combine deux tendances « contre-nature », qui semblent contradictoires entre elles mais visent un but commun : l'affaiblissement de la puissance vitale. Ces deux tendances sont : d'une part le plus grand élargissement possible de la culture (culture générale), d'autre part son plus fort rétrécissement possible (spécialisation). Toutes deux doivent inscrire l'élève dans une pratique sociale du *travail*, c'est-à-dire en fonction de l'utilité et du profit. Il s'agit de fabriquer des « hommes courants », comme on parle de monnaie courante. L'éducation à la culture générale doit être rapide, atteindre au plus vite au « bonheur terrestre », c'est-à-dire au pire protéger de la misère, au mieux favoriser la richesse économique. Qui s'étonnerait que « la masse » ait alors tendance à sauter par-dessus la culture, pour atteindre plus vite encore au but : travailler, survivre, s'enrichir, consommer ? Qui s'étonnerait que, d'un autre côté, les spécialistes, certes beaucoup plus patients, ne fassent, quant à eux, que favoriser une reproduction sociale fermée sur elle-même, c'est-à-dire alimenter la structure qui leur assure salaire et réputation ? Mais ces spécialistes ne sont rien d'autre que des ouvriers d'usine soumis à la division du travail. Par définition écarté de toute question existentielle sérieuse (la division du travail interdit tout questionnement qui embrasse l'existence), le spécialiste abandonne l'important au journaliste, ce virtuose de la culture générale, cette machine à réponses immédiates pour des questions actuelles, ce « maître de l'instant ». Le journalisme est au carrefour de l'élargissement et de la réduction de la culture : il dispense le spécialiste de toute généralité, et fournit aux masses les opinions immédiatement consommables nécessaires à une culture générale rapide.

Inutile ici de rentrer dans le détail des recommandations du jeune Nietzsche pour l'enseignement : contrôle drastique de l'excellence de la langue d'expression, qui passe par l'étude approfondie des langues anciennes, refus de tout exercice prématuré d'« expression personnelle » au lycée, conçue comme logorrhée productrice d'une illusion de subjectivité libre[12]. Inutile parce que, fondamentalement, notre époque, invoquant sans cesse la « crise de l'enseignement », ne cesse de retourner les mêmes problèmes, de formuler les mêmes plaintes, et de manifester son impuissance devant l'éternel dilemme éducatif entre la discipline et la liberté, entre la maîtrise de savoirs et le développement personnel, entre l'esprit critique et l'efficacité économique. Quant aux journalistes, rien de nouveau depuis Nietzsche : ils sont toujours nos maîtres de l'instant, idolâtres de l'actualité, mêlant jusqu'à la nausée l'expertise, la culture générale et l'opinion, qu'ils sacralisent tour à tour et pourtant méprisent toutes secrètement. Cette « crise des médias », d'une actualité déjà fort vieille, Nietzsche l'articule directement à celle de l'enseignement et de la culture, articulation que notre époque peine à reformuler pour son compte. Mais une plus grande difficulté — notre difficulté aujourd'hui — consiste à comprendre comment cette critique somme toute rebattue trouve chez

L'éducation 119

Nietzsche des réponses beaucoup moins familières. Il faut donc considérer les deux éléments qui forment la base du problème de l'éducation, et que l'époque de Nietzsche et la nôtre ont en commun : la massification et l'autorité.

Le premier constat est sans surprise : Nietzsche, on l'a vu, se méfie des « masses ». Et d'abord parce que la notion de masse a remplacé celle de peuple du fait même de l'historicisation de la culture. La masse n'est rien d'autre qu'un peuple réduit à ses forces de travail et de consommation. De ce point de vue, capitalisme ou communisme, par exemple, ne changent rien à l'affaire : l'un et l'autre système ne retiennent d'un peuple que ces forces-là, qui sont des forces historiques, c'est-à-dire combustibles du processus historique. La manière dont le devenir est écrasé sous l'histoire est reconduite dans le système d'enseignement, qui est censé dégager ces seules forces productives. Ainsi, l'enseignement « moderne », dont le discours revendique l'accession de tous à la culture, pratique en réalité une hostilité à la culture (qui n'est pas travail, mais œuvre, ou articulation individuelle de la *vita activa* et de la *vita contemplativa*). Ce que nous avons dit de « l'histoire monumentale » se retrouve chez Nietzsche dans sa conception de l'enseignement, qu'on pourrait appeler « enseignement monumental » : accession à une certaine éternité de l'exemplarité individuelle. Dans les cinq conférences, Nietzsche nomme cet enseignement accession à une « culture aristocratique » ou même une « métaphysique du génie ». Ce que Nietzsche appelle génie, nous le comprendrons au fil de sa construction du concept d'individu ; ce qu'il réclame, en tout cas, c'est la distinction forte entre l'enseignement technique (dont il a soin de préciser qu'il ne le méprise pas comme tel) et la formation à la culture : la *Ausbildung* se distinguant de la *Bildung* comme le résultat d'un processus (que marque le préfixe *aus* de *ausbilden* : former jusqu'au bout) se distingue de la plasticité elle-même (*bilden*). Dans la mesure où une quantité de force processuelle n'a pas en elle-même de valeur en dehors de la qualité de puissance plastique à laquelle elle se subordonne, Nietzsche peut affirmer pour l'enseignement la nécessité d'un choix ou sélection : « Ce n'est pas la culture de masse qui peut être notre but, mais la culture d'individus choisis, armés pour accomplir de grandes œuvres qui resteront[13]. » Voilà un élitisme qui nous met, nous autres modernes, dans le plus grand embarras. C'est qu'il semble que les démocraties modernes, dans leur volonté, au moins affichée, de « culture pour tous », confondent deux missions différentes : d'un côté, la massification de la culture, qui entérine l'aliénation d'un peuple en masse travailleuse et consommatrice ; de l'autre, l'accession potentielle de chacun à une culture d'élite, qui transformerait les masses en peuple, c'est-à-dire en une communauté capable de générer librement et à partir d'elle-même ses propres élites culturelles. Ce sont deux exigences très différentes : dans le premier cas, l'art et la science se mettent au service de l'économie du travail et de la consommation de masse, reconduisant les inégalités sociales ; dans le second, l'art et la science œuvrent à l'émergence d'individus assez émancipés des déterminismes socio-économiques pour vivre, penser et sentir autrement, et légiférer à partir de cette liberté sur la communauté dont ils émanent[14]. Rappelons que, pour Nietzsche, le « génie » ou le « grand homme » peut naître partout, à tout moment et en tout lieu. Que lui faut-il ? La puissance de forces anhistoriques (qui font éclater l'historicité des classes ou des privilèges), le désir de croître (c'est-à-dire une conformité à la nature comme puissance vitale), l'aspiration à l'avenir. À quoi doit servir l'éducation ? À dégager l'anhistoricité des forces (d'où le modèle grec), à nourrir le désir de croissance (d'où la nécessité de maîtres), à promettre un avenir (d'où la nécessité d'une exemplarité éternelle). Il y a une sorte de « méritocratie » nietzschéenne, qui consisterait pour un système éducatif à être capable de déceler et de favoriser ce désir chez un jeune être *où qu'il soit*, désir qui est l'énergie même de son mérite à venir. Cela impliquerait un choix, une sélection, une attention portée à l'individu à venir comme à une plante fragile et précieuse, par opposition à cette sorte d'agriculture intensive que représentent la culture et l'enseignement de masse. On rétorquera qu'un système méritocratique doit encore reposer sur une base démocratique large, puisque, *en droit*, tout le monde doit pouvoir nourrir ce désir, et que, *de fait*, les déterminismes sociaux interdisent la plupart du temps l'éclosion de ce désir. Or, il faut s'interroger sur la nature de ce désir « naturel » d'accroissement, de cette force anhistorique qu'étouffe la société moderne : il naît de la tension extrême entre le présent factuel et la potentialité de l'avenir, des rapports de force entre les pouvoirs et valeurs établis et la plasticité vitale, entre l'histoire et le devenir. Il n'y a aucun régime politique qui ne s'expose au danger du devenir-révolutionnaire, de l'inactualité, de l'événement comme explosion de *désir*. C'est-à-dire que, théoriquement, toute forme d'État crée malgré elle une résistance à son existence, un désir susceptible de la désagréger. On comprend pourquoi Nietzsche imaginera bientôt, comme modèle d'éducation, des amitiés de solitaires intempestifs, des communautés d'« esprits libres », des écoles philosophiques de type grec. L'éducation émancipatrice émerge par définition en résistance à l'histoire, à l'État, à l'économie. Parmi toutes les raisons personnelles qui ont conduit Nietzsche à renoncer à sa chaire de philologie à l'université de Bâle (en 1879), il ne faut pas négliger sa prise de conscience d'une incompatibilité fondamentale entre l'éducation et l'institution étatique : les projets d'école qu'il nourrit avec Malwida von Meysenbug à Sorrente dès 1876-1877 révèlent le désir, non pas de ne plus enseigner, mais d'enseigner autrement, sous des formes qui, pour s'inspirer des modèles antiques, ne rappellent pas moins certains traits des utopies anarchistes[15].

Aujourd'hui, parmi les critiques les plus avancées de la crise de l'éducation institutionnelle, on trouve au fond deux tendances qui semblent proches, mais s'opposent en réalité radicalement. Elles s'accordent à dire que l'institution scolaire manque sa mission d'école de l'intelligence et de l'autonomie, individuelle et collective, et se trouve vouée, de fait, à la reproduction des dominations sociales et des aliénations économiques. Mais il est une première manière de penser cette autonomie, à laquelle a tout intérêt ce qu'on appelle désormais le capitalisme cognitif : l'intelligence et l'autonomie comme plus-value, rationalité instrumentale favorisant l'inventivité et la productivité, et surmontant les hiérarchies sociales, trahissent une conception profondément tributaire du fonctionnement économique capitaliste et de sa représentation de la puissance comme productivité historique. On parlera alors volontiers, avec le louable sentiment de respecter l'humanité de l'homme, de « capital humain[16] ». Mais le capitalisme cognitif se doit, d'une manière ou d'une autre, de mettre au pas cette autonomie qu'il suscite, au risque que celle-ci en vienne à remettre en cause les valeurs productivistes qu'il inculque. Cette mise au pas invisible est précisément la manière dont elle rabat la notion de puissance sur celle de productivité économique, et met hors jeu sa dimension fondamentale, celle de force anhistorique ou de « devenir-révolutionnaire ». On trouve en revanche une autre tendance critique, qui, de manière significative, reprend des courants associatifs et communautaires américains le terme *empowerment*, traduit parfois par « encapacitation », et qui vise à faire accéder les élèves à d'autres manières de penser et de sentir. Il ne s'agit pas de dire qu'à l'école ces événements n'adviennent pas, mais qu'ils ne sont pas enregistrés par l'école comme institution, et restent fatalement des expériences locales et invisibles. Ces critiques décèlent dans l'institution scolaire une production et reproduction de l'*impuissance* (au-delà de l'idée bourdieusienne de l'école comme reflet des reproductions et normalisations sociales, et dont le point aveugle reste la question de savoir ce que *fait* spécifiquement, activement, l'école)[17].

Engager une réflexion sur la manière dont la conception inactuelle de l'enseignement revendiqué par Nietzsche pourrait jeter un éclairage nouveau sur les débats actuels concernant l'éducation serait une entreprise périlleuse, et peut-être ridicule. Elle dépasse en tout cas le cadre et les compétences du présent livre. Mais je voudrais ici risquer un excursus, ou proposer une analogie, tout en ayant conscience de ses limites. Il semble, en effet, que le cas de l'enseignement artistique présente des particularités intéressantes pour comprendre ce que Nietzsche peut bien pouvoir réclamer de l'éducation. Nous pouvons observer aujourd'hui deux réalités extrêmes : d'un côté, à l'école, une formation artistique indigente, tenue par les différents gouvernements au niveau de médiocrité le plus criant, et qui tiennent pieds et mains liés les enseignants des disciplines artistiques : vous ne formerez surtout pas d'artistes, mais dispenserez un peu de culture générale et susciterez un peu de « créativité », cela favorise le développement personnel, et donc la compétitivité (on en retrouvera les bénéfices à la dernière ligne des c.v. des candidats à l'embauche, dans la case « centres d'intérêt »). De l'autre côté, la formation professionnelle des artistes, une nébuleuse de conservatoires, d'écoles spécialisées, de stages, d'ateliers, de cours privés. Dans leur diversité, et malgré toutes leurs déficiences, ces formations se caractérisent par un point commun : la potentialité de la rencontre d'un ou plusieurs *maîtres*. Or, même lorsqu'elle se produit dans les conservatoires (qui souffrent eux aussi de la massification, des prescriptions étatiques et des contraintes de la productivité), cette rencontre entre un maître et un disciple a quelque chose d'inactuel au sens nietzschéen. Dans cette relation de solitude à deux, émerge une forme de vie dont l'énergie est le désir de croître, mais dont la pratique quotidienne est une « encapacitation » cruelle, injuste, douloureuse, de reconfiguration plastique du corps et de l'esprit, qui passe par la soumission au maître et à la tradition, le respect des grandeurs passées et l'efficacité de leur exemple, mais dont le seul moteur est l'effectuation d'une puissance, un dépassement de soi, une domination de soi sur soi dont la domination par le maître n'est que le vecteur et l'instrument. Il y a chez les meilleurs maîtres quelque chose du rapport de Zarathoustra à ses compagnons : « Maintenant je vous ordonne de me perdre et de vous trouver[18]. » Devant les artistes professionnels accomplis qui deviennent visibles dans la société, qui retient cette histoire de souffrance, cette épreuve de soumission qui a été au service de la souveraineté de l'accomplissement futur ? Qui songe à l'extrême sélectivité qu'implique tout destin artistique, et au type d'individu que crée ce type de discipline ? Il faut reconnaître qu'il reste extrêmement difficile de se représenter un enseignement général qui fonctionnerait sur le modèle de la formation de l'artiste — modèle d'autant plus difficile à saisir qu'il est transversal à des institutions dont les dysfonctionnements sont patents, et ne se dit fondamentalement que de la relation entre maître et disciple. Mais ce modèle inactuel, élevage sélectif en vue de créer une individualité nouvelle et en quelque sorte souveraine, est un exemple qui rend audibles, dans une certaine mesure, les exigences radicales de Nietzsche pour l'éducation. Et nous voyons combien la « culture de masse » ne cesse d'opposer un contre-modèle, caricatural, à cette formation inactuelle de l'artiste : je pense notamment à la mise en scène télévisée des talents spontanés, des formations musicales en six semaines, des machines à produire des « stars » éphémères et dérisoires. Et on a le cynisme de les nommer parfois « académies ». Là éclate dans toute son abjection ce que Nietzsche décrit comme le saut de la masse par-dessus la culture pour atteindre au plus vite au « bonheur terrestre ». Cet idéal de starification que l'on cherche à inculquer à la jeunesse n'est pas seulement hostile à la culture, il est hostile à l'individu aussi bien qu'au « peuple », il est profondément inhumain et oppressif. On n'ose imaginer un enseignement général qui ressemblerait à ce contre-modèle de formation artistique, et peut-être en présente-t-il déjà quelques traits. Devant cette perspective effrayante, on a beau jeu d'accuser Nietzsche, avec ses théories du génie, de mépriser l'humanité.

Toute la réflexion de Nietzsche sur l'éducation se développe à partir d'un noyau fondamental : la *relation de maître à disciple*. Ce noyau est complexe à plusieurs égards : tout d'abord, il implique une articulation paradoxale entre l'autorité du maître et l'autonomie du disciple, l'une et l'autre devant toujours, à un moment donné, nier ou renier l'autre. Ensuite parce que le modèle strictement individuel de cette relation se laisse très difficilement penser en termes d'organisation sociale et de structures pédagogiques, au point que, chez Nietzsche, elle représente un danger d'abolition du social sous la forme de la « solitude ». Enfin, il faut encore remarquer que, si Nietzsche attache une telle importance à la relation maître-disciple, c'est en dernière instance parce que c'est pour lui une relation d'absence : le présent n'offre aucun maître, et l'espoir que Schopenhauer ou Wagner puissent remplir ce rôle sera bientôt amèrement déçu. Leur célébrité leur a fait de toute façon trop de disciples, et de trop mauvais[19]. Pour Nietzsche, être « disciple d'époques plus anciennes » reste une fatalité qui creuse irrépressiblement la solitude et fait du présent un désert. La cinquième des conférences *Sur l'avenir de nos établissements d'enseignement* insiste sur l'absence de cette relation. L'université, que les étudiants croient être une école de l'autonomie, est en fait un lieu d'abandon : la « liberté » de l'auditeur, qui écoute s'il veut et trouve crédible l'enseignement qu'il reçoit s'il le décide, conduit non pas à l'autonomie mais à l'anarchie de l'apprentissage, quand ce n'est pas tout bonnement à la paresse. Mais Nietzsche ne stigmatise pas la paresse de la jeunesse, qui n'est — le cas échéant — que le symptôme de cet abandon dans lequel on la laisse. C'est au contraire lorsque la jeunesse réclame des maîtres pour répondre à son désir qu'elle se heurte au vide de l'institution : cela épuise les nerfs, renvoie l'étudiant à son chaos intérieur. Le personnage du vieux philosophe l'affirme sans ambages : le mouvement étudiant libéral des années 1830 et 1840, qu'on a appelé justement la Jeune-Allemagne, a sombré dans une révolution sanglante faute de maîtres : « Ils n'avaient pas de guide et c'est pourquoi ils périrent[20]. » Ce n'est pas la révolution qu'accuse Nietzsche ici, mais bien la *réaction* politique à tout devenir-révolutionnaire : « La culture qui occupe maintenant le trône du présent (...) veut rabaisser les guides jusqu'à en faire ses serfs corvéables, ou bien elle veut les réduire à se mourir : elle guette ceux qui doivent être guidés quand ils cherchent leur guide prédestiné et assourdit par des moyens enivrants leur instinct en quête. » Ne nous laissons pas effrayer par le terme employé : *Führer* (guide). Il est, en allemand, désormais impossible. Mais il nous faudra bien entendre, dans le texte nietzschéen, l'appel à ces figures de guide qui sont ici esquissées, à ceux que Nietzsche appellera bientôt « philosophes de l'avenir » : ils ne seront peut-être pas rassurants, ces guides — mais ils nous interdiront impérieusement tout rapprochement indu, et induit par une postérité lexicale entachée d'infamie. La question majeure à laquelle nous confronte la relation maître-disciple chez Nietzsche est celle du rapport de force qu'elle instaure. À première vue, le vieux philosophe des conférences plaide pour un rapport *coercitif* : élevage, refus d'une autonomie prématurée, devoir d'obéissance. Et la question nous importe à double titre : d'une part, si l'éducation nietzschéenne doit être coercitive, nous ne comprenons pas comment elle se laisse articuler avec l'appel à un devenir-révolutionnaire de la jeunesse, à une table rase du présent et de l'histoire, à un recommencement ; nous ne comprendrons même pas que Nietzsche puisse être sur le point de revendiquer la liberté de l'esprit. D'autre part, si la coercition doit en effet s'exercer dans l'éducation, nous cesserons tout bonnement d'écouter plus avant l'appel de Nietzsche, d'entendre ce qu'il a à dire, parce que nous refuserons à bon droit d'admettre la violence comme principe d'enseignement. Ces deux difficultés, de compréhension et d'approbation, viennent principalement de ce que l'époque moderne n'est plus en mesure de savoir ce qu'est l'*autorité*. Et puisque l'autorité requiert l'obéissance, nous la prenons pour une forme de violence. On aura ici reconnu le constat de Hannah Arendt dans son article « Qu'est-ce que l'autorité ? », qui trouve sa place — et ce n'est pas un hasard — dans un recueil où sont aussi abordés le concept d'histoire, la crise de l'éducation et de la culture dans le monde moderne[21]. Tous ces problèmes vont ensemble, et ce qu'Arendt observe avec une acuité et une clarté exceptionnelles au sortir de deux guerres mondiales, Nietzsche le pressent avec plus d'obscurité et une angoisse sensible. Nous ne savons plus ce qu'est l'autorité parce que nous ne croyons plus en la tradition, et que nous ne sommes plus capables de désirer l'éternité :

> L'autorité reposait sur une fondation dans le passé qui lui tenait lieu de constante pierre angulaire, donnait au monde la permanence et le caractère durable dont les êtres humains ont besoin précisément parce qu'ils sont les mortels — les êtres les plus fragiles et les plus futiles que l'on connaisse[22].

Et certes, nous avons de bonnes raisons de ne plus faire aucune expérience de l'autorité, car nous ne croissons plus que dans un monde où s'exerce soit la coercition, jusqu'aux formes les plus barbares des violences d'État, soit la persuasion, qui repose sur l'ordre égalitaire de la démocratie. Entre l'endoctrinement totalitaire et l'éducation des démocraties modernes menacée de ne chercher qu'à emporter l'adhésion de jeunes êtres « libres » (pour ne pas dire de jeunes consommateurs), il y a peut-être des abîmes de différence, mais au moins *un* point commun : ni l'un ni l'autre ne reposent sur l'*autorité*, qui est l'évidence d'une hiérarchie fondée sur les *majores*, c'est-à-dire ceux qui sont à la fois plus grands et plus anciens, une hiérarchie qui irrigue l'ensemble du corps social. Cette conception, avant d'être éducative, est d'ordre *politique*, et Hannah Arendt la fait remonter au projet de la *République* platonicienne (qui, justement, se formule en réaction à un monde politique grec régi à l'intérieur par la persuasion, à l'extérieur par la coercition), et à sa réalisation sous la forme de l'*imperium romanum*. C'est parce que l'époque moderne est un monde radicalement déserté par les *majores* que Nietzsche en appelle à une histoire et à une éducation « monumentales », à une régénération du présent qui passe par une reconquête de l'actualité vivante des grandeurs passées. Or, c'est suite à l'effondrement de la tradition et en l'absence de toute autorité réelle (au sens arendtien) que la jeunesse moderne est appelée par Nietzsche à un devenir-révolutionnaire, c'est-à-dire à la nécessité de se chercher de nouveaux maîtres — qui n'existent pas encore. Fatalement, la perte de tout passé vivant (au profit de « l'histoire ») oblige Nietzsche à inverser radicalement le sens de la quête, non plus vers le passé, mais vers l'avenir. L'inversion des valeurs qui fera le cœur du projet futur est fondamentalement la tentative de refonder, en repartant du début, de nouvelles traditions et une nouvelle autorité, en vue d'une nouvelle conception de la liberté — qui aussi bien sera une conception *antique*. Ce mouvement non pas rétroactif mais en miroir (ce qui amènera Nietzsche à penser qu'il est lui-même un point de rupture, une fin et un début, dans le cours de l'histoire) oblige à poser la question des moyens de faire advenir de nouveaux *majores*. Cela prend, par définition, des siècles et des millénaires. Et que sera la généalogie de la morale ? L'investigation des moyens archaïques par lesquels se crée une tradition, un système de valeurs à ses débuts, la création d'un passé. Alors oui, Nietzsche découvrira à la racine de la tradition, de la « moralité des mœurs », des forces coercitives d'une extrême violence, des dominations d'instincts sur d'autres instincts qui équivalent à une inscription des valeurs à même la chair de l'homme. L'éducation nécessite toujours une tradition ; mais là où la tradition fait défaut, c'est *l'élevage* qui est de rigueur. — Le terme d'élevage nous est intolérable, et il y a des chances qu'il le reste. Mais, redisons-le, nous n'en comprendrons la nécessité, dans la perspective de Nietzsche, qu'à proportion de notre compréhension de sa conception de la modernité.

Lorsque les jeunes étudiants lui demandent comment alors faire le saut qualitatif de l'absence de culture à la culture s'il n'y a pas de progressivité de l'autonomie et de la maîtrise, le vieux philosophe des Conférences, après les avoir d'abord accusés de ce que Goethe nommait « la résistance du monde stupide », finit tout de même par les placer devant une alternative qui est aussi un choix *libre* : vous pouvez suivre la voie commune qui est celle de l'enseignement de masse, par quoi vous devrez entrer dans le rang et y rester ; vous pouvez aussi emprunter la voie ardue, dont les perspectives sont effrayantes, car il ne s'agira pas d'y développer la « libre personnalité ». Au contraire, il faudra y subir un « élevage » et une « accoutumance » à se déprendre de toute subjectivité pour préparer *autre chose que soi-même* :

> Pour l'autre troupe, la plus petite, un établissement d'enseignement est une chose tout à fait différente. Elle veut, sous la protection d'une solide organisation, éviter qu'elle-même soit emportée et dispersée par l'autre troupe, que les individus qui la composent, prématurément lassés ou détournés, dégénérés, anéantis, perdent des yeux leur noble et sublime tâche. Ces individus doivent achever leur œuvre, tel est le sens de leur institution commune une œuvre qui doit être pour ainsi dire purifiée des traces du sujet et élevée au-dessus du jeu changeant du temps, comme

pur reflet de l'être éternel et immuable des choses. Et tous ceux qui prennent une part à cette institution doivent s'efforcer, par semblable purification du sujet, de préparer la naissance du génie et la création de son œuvre[23].

Il y a dans ce programme deux propositions qui aboutiront à des impasses, et deux autres qui seront lourdes d'avenir pour la pensée de Nietzsche. La première impasse réside évidemment dans cette volonté de s'élever à « l'être immuable et éternel des choses », de modèle platonicien explicitement convoqué dans le texte (*Phèdre*), symptôme d'un idéalisme fallacieux — car, rappelons-le, la théorie du devenir universel est mortelle, mais *vraie*. L'autre impasse concerne l'existence de génies susceptibles de mener ces écoles ; au début des années 1870, Nietzsche songe presque essentiellement à Wagner, et l'on sait que l'artiste représentera peu à peu, aux yeux de Nietzsche, non pas le dépassement du sujet moderne mais son paroxysme histrionique. Partout le désert. En revanche, le dépassement du sujet tel qu'il s'est constitué dans notre culture moderne restera une exigence majeure ; que l'individu actuel ne soit pas une fin mais un préliminaire, la préparation de *majores* à venir, demeure le mouvement profond, tourné vers l'avenir, de l'intuition nietzschéenne. Ce recommencement de la genèse d'une culture (qui doit initier un élevage et une accoutumance sur des millénaires) s'affirme comme une condition *sine qua non* de l'univers de Nietzsche. L'autre promesse inébranlable consiste à vouloir la formation de ces petites « troupes » solidement organisées, qu'il appellera bientôt couvents ou communautés des esprits libres. La fonction préparatoire de ces individus rares ne sera plus d'être des marchepieds pour le génie en exercice, mais de pratiquer un auto-élevage intégral, et à vrai dire ascétique, en vue de générations futures appelées à surmonter l'humain. Il n'y aura pas de production directe du surhumain par l'esprit libre, mais au contraire toute une série d'intermédiaires sur l'échelle de l'élévation. Entre l'esprit libre et le surhumain, il y aura encore la figure du « philosophe de l'avenir ». Les individus qui formeront ces degrés seront fatalement animés par un certain « instinct de l'héroïsme, du sacrifice ». Le geste fondamental de Nietzsche, qui sera aussi une plainte lancinante, reste, des textes précoces aux plus tardifs, l'exclamation : « Qu'importe de nous ! » Devant l'immensité de cette tâche, l'exclamation s'étend pour en appeler une autre encore : « Qu'importe des maîtres ! » L'association de la figure de l'esprit libre et de la pratique d'un auto-élevage obligera à revendiquer une relation critique entre maître et disciple[24]. L'impatience, l'aveuglement et la sottise d'un disciple conduisent à l'échec, mais la posture coercitive d'un maître invalide son enseignement, car non seulement tout n'est pas digne en lui (Nietzsche a le soupçon constant de la faiblesse des maîtres), mais surtout la coercition, renforçant le besoin de croire, conduit toujours au fanatisme[25]. Il y a dans la critique de l'autorité du maître chez Nietzsche, plus qu'une contradiction, l'expression d'une durable détresse : d'une part, la méfiance à l'égard de tout maître existant apparaîtra comme une conséquence nécessaire de la critique de la modernité (de sa désertique absence de maîtres et de la typologie même de l'individu moderne) ; d'autre part, la nécessité de faire de sa propre individualité un degré dans l'accession à une culture supérieure (qui passe par la construction d'un type nouveau d'individu) oblige le maître lui-même à une expérience du sacrifice de soi (qu'importe de moi! dit le maître). Ce sera l'expérience la plus troublante de *Zarathoustra*, qui peut être lu aussi comme une vaste réflexion sur le rapport du maître au disciple.

L'emphase avec laquelle les premiers textes de Nietzsche (des conférences jusqu'aux Inactuelles) réclament une éducation qui combine étrangement autorité et liberté, élevage et devenir-révolutionnaire, accompagne durant toutes ces années le constat progressif et, encore une fois, rempli de détresse que la modernité est un désert. C'est pourquoi, dans la constitution même du concept d'inactualité, et malgré l'autorité de Wagner et de Schopenhauer (dont maints signes nous montreraient déjà la fragilité à cette époque), Nietzsche est toujours reconduit à s'en référer aux Grecs anciens comme à nos seuls maîtres possibles. À travers les difficultés de cohérence de telles injonctions à une éducation nouvelle, se dégage toujours l'assurance d'un motif unique que nous avons relevé dès le début : la contrainte impérieuse de faire partager l'expérience d'une initiation mystérique. Les conférences sur l'enseignement, en distinguant la voie commune de la voie ardue, relèvent déjà d'une telle conception ; et ces textes oscillent entre la mention d'hypothétiques maîtres prochains et le recours à une seule référence stable : le désir de croissance de la jeunesse est ainsi particularisé sous l'expression d'un « désir dévorant des Grecs[26] ». L'accès aux Grecs est une illumination ardue, peut-être même inaccessible[27], et cette difficulté d'accession au mystère est en elle-même grecque :

> La plupart de ceux qui, depuis l'époque de leurs études universitaires, se promènent sans crainte et avec un tel contentement d'eux-mêmes dans les ruines étonnantes de ce monde, il faudrait vraiment qu'une voix puissante leur crie de tous les coins : « Loin d'ici, profanes, vous qu'on ne devra jamais initier, fuyez en silence ce sanctuaire, en silence et couverts de honte ! » Hélas, cette voix se fait entendre en vain : car il faut déjà être un peu de race grecque pour comprendre simplement une malédiction et une formule d'exclusion grecques[28] !

Il faut entendre à la lettre l'injonction à se faire un peu « de race grecque ». Tant que nous n'aborderons les Grecs que sous un angle historique, nous n'aurons aucune chance de nous faire un corps et un esprit grecs, c'est-à-dire de solliciter en nous ces manières de penser et de vivre qui ont déjà eu lieu une fois, et qui doivent donc être possibles à nouveau. Il ne s'agit pas de prétendre ressusciter en toute transparence la psyché d'un auteur grec dont nous lisons le texte, et de reconstituer objectivement le tout d'une époque ; cet idéal de reconstitution philologique, dans un va-et-vient entre la partie (le texte) et le tout (la culture d'une époque), d'un « cercle herméneutique » étranger et lointain au centre duquel on pourrait se projeter en s'arrachant à notre temps, fut la tâche d'objectivité que Schleiermacher avait fixée à l'interprétation. Comme tout idéal d'objectivité, elle conduit à des difficultés insurmontables dont Dilthey, puis Heidegger et aujourd'hui encore Gadamer ont tenté tant bien que mal de sortir, au prix de l'affirmation d'une historicité intégrale de l'homme interprétant et de son impossibilité de se défaire de son propre cercle herméneutique. Pour

Gadamer, l'interprétation est un dialogue entre son sujet et son objet, dont la dialectique conduit à une fusion de leur cercle herméneutique respectif, constitutive de vérité. Contre Schleiermacher, qui séduit la science philologique, mais tout aussi bien contre Gadamer, qui séduit la philosophie, l'interprétation nietzschéenne réclame une extraordinaire *mobilité* entre les cercles :

> C'est une loi générale : chaque être vivant ne peut être sain, fort, fécond qu'à l'intérieur d'un horizon déterminé ; s'il n'est pas capable de tracer autour de lui un tel horizon ou s'il est, inversement, trop égocentrique pour enfermer son regard dans un horizon étranger, il se consume dans l'apathie ou dans une activité fébrile, et ne tarde pas à dépérir[29].

Cette mobilité et cette intermittence[30] entre l'appropriation et la désappropriation (qui se doublera d'une difficulté supplémentaire : l'individu n'est pas lui-même un centre stable à partir duquel tracer un cercle herméneutique unique) caractérisent l'art nietzschéen d'interpréter, qui est perpétuel déplacement entre centres multiples pour atteindre le « dosage » le plus juste, ou ce que Nietzsche appelle aussi la *nuance*[31]. Il semble que philosophes et philologues aient oublié cette condition dans le débat qui les oppose encore aujourd'hui[32]. Chez Nietzsche, cet art d'interpréter s'affinera infiniment avec le temps, et il est vrai qu'à l'époque des Inactuelles les « cercles herméneutiques » sont encore assez grossiers (points de vue historique et anhistorique, histoires monumentale, antiquaire et critique). Mais le but décisif de cette mobilité demeurera l'*exemplarité*, notion qui est au croisement des problématiques de l'historicité et de l'éducation. L'exemplarité est éminemment sélective ou perspectiviste, elle implique, sur la figure exemplaire, un prélèvement de lignes de force ou de caractères majeurs, et une sélection, parmi ces caractères, de ceux qui pourront être *appliqués* à soi-même. L'élevage ou l'accoutumance sont la pratique auto-éducative de lente application sélective de caractères exemplaires majeurs. C'est une telle pratique que réclame Nietzsche à partir de l'exemplarité grecque, et qu'il appliquera d'ailleurs dans son propre enseignement universitaire, celle du prélèvement des caractères majeurs. Cette méthode, Nietzsche en livre l'essentiel dans *La philosophie à l'époque tragique des Grecs*, en un passage célèbre :

> ... les systèmes philosophiques ne sont tout à fait vrais que pour ceux qui les ont fondés : les philosophes ultérieurs n'y voient tous habituellement qu'une seule et monumentale erreur ; les esprits les plus faibles, une somme d'erreurs et de vérités. Mais leur but ultime est considéré en tout cas comme une erreur, et c'est dans cette mesure-là qu'il est rejeté. C'est pourquoi bien des gens réprouvent tel philosophe car son but n'est pas le leur : ce sont ceux-là qui ne nous concernent que de loin. En revanche, celui que réjouit la fréquentation des grands hommes se réjouit également au contact de ces systèmes, fussent-ils même tout à fait erronés. Car, néanmoins, ils renferment quelque point absolument irréfutable, une tonalité, une teinte personnelles qui nous permettent de reconstituer la figure du philosophe comme on peut conclure de telle plante en tel endroit au sol qui l'a produite. En tout cas, *cette* manière *particulière* de vivre et d'envisager les problèmes de l'humanité a déjà existé ; elle est donc possible. Le « système » ou tout au moins une partie de ce système est la plante issue de ce sol. Je raconte en la simplifiant l'histoire de ces

philosophes : je ne veux extraire de chaque système que ce point qui est un fragment de *personnalité* et appartient à cette part d'irréfutable et d'indiscutable que l'histoire se doit de préserver[33].

Apparaît ici un point essentiel, qui caractérise la philosophie de Nietzsche, et d'ailleurs la rapproche de la conception que l'Antiquité se faisait de la philosophie en général : celle-ci est avant tout une *manière de vivre*, et au-delà de la question de savoir ce qu'est la philosophie ou le vrai auquel elle aspire, il s'agit de comprendre ce qu'est une *vie philosophique*. À l'irréfutabilité d'une certitude scientifique comme à la relativité de toute connaissance prise dans l'historicité, Nietzsche oppose l'irréfutabilité d'une singularité individuelle, non pas l'« individualité universelle » de tout homme quelconque, non pas l'amour universel du prochain, mais l'amour singulier du plus lointain, d'une certaine manière de vivre qui a déplacé, un jour, tous les centres herméneutiques connus. Qu'est-ce qui singularise ici une existence ? Une certaine manière d'« envisager les problèmes de l'humanité » et de vivre conséquemment à cette *vision*. La question demeure toujours : que produit, que modifie en moi, radicalement, la contemplation de la vie comme problème ? C'est là-dessus que s'ouvrait *La Naissance de la tragédie*, et cette question ne disparaîtra plus. Il faut souligner que, malgré tout ce que l'on a pu dire de l'esthétisme du premier Nietzsche, de sa survalorisation de l'art et de sa dépendance à l'égard du modèle de l'artiste, c'est constamment la figure du philosophe et la pratique de la philosophie qui sont au centre de sa démarche. Schopenhauer est mon seul maître, affirme déjà Nietzsche dans *Schopenhauer éducateur*

— et il n'est pas question de Wagner. Seule la philosophie, fondamentalement, *éduque* ; la philosophie telle que l'ont pratiquée les présocratiques, c'est-à-dire comme une contemplation du monde et une révélation soudaine de sa totalité — une philosophie directement issue de l'expérience mystérique. Qu'un artiste tel que Wagner, qu'une musique telle que la sienne puissent reconduire l'expérience mystérique originelle, c'est possible, et c'est peut-être même la seule possibilité à une époque où la philosophie est devenue tout entière système de modèle scientifique, assignée dans l'université au service de l'État[34]. Mais le drame wagnérien ravive la tragédie grecque, qui elle-même donne à voir le rapport philosophique fondamental des grands présocratiques à la vie (Hölderlin savait combien Sophocle était présocratique). L'exemplarité du philosophe grec (et de Schopenhauer l'inactuel) consiste dans la nature très particulière du rapport qu'il instaure entre l'individu et la totalité, comme connaissance intuitive et mobile de l'un par l'autre : « "Telle est l'image de toute vie, déduis-en le sens de la tienne." Et inversement : "Déchiffre seulement ta vie et tu comprendras les hiéroglyphes de la vie universelle[35]." » La Troisième Inactuelle, qui part de l'exemplarité de Schopenhauer (non comme système mais comme personnalité), fait surgir ce rapport du devenir de l'individu au devenir universel, un rapport non médiatisé par la science progressive de ce devenir (l'histoire), et qui interdit tout assignation de l'individu au procès historique conduisant, chez Hegel au premier chef, à la perfection de l'État[36]. Le grand homme, ce « miracle humain » qui saute par-dessus l'époque pour contempler ce rapport, est nécessairement un solitaire en lutte contre l'ordre établi (et toute tyrannie hait les solitaires). Son plus grand danger, qui fut celui de Schopenhauer et qui sera toujours celui de Nietzsche, c'est que cette solitude transfiguratrice devienne isolement mortel et désespoir, surtout depuis qu'il n'est plus possible, après Kant, de poser une quelconque cognoscibilité du monde en soi. Contre ce désespoir, la quatrième des conférences *Sur l'avenir des établissements d'enseignement* livrait déjà un conseil pédagogique étonnant — la leçon de choses :

> Si vous voulez conduire un jeune homme sur le vrai chemin de la culture, gardez-vous bien de briser le rapport naïf, confiant, et pour ainsi dire personnel et immédiat qu'il a avec la nature : il faut que la forêt et le rocher, l'orage, le vautour, la fleur solitaire, le papillon, la prairie, la pente de la montagne lui parlent chacun dans sa langue ; il faut qu'il se reconnaisse en eux comme dans d'innombrables reflets et miroitements dispersés, dans le tourbillon aux mille couleurs d'apparitions changeantes ; c'est ainsi qu'il éprouvera inconsciemment l'unité métaphysique de toutes choses dans la grande métaphore de la nature et qu'en même temps il se tranquillisera au spectacle de son opiniâtreté et de sa nécessité[37].

Exprimé ici dans un langage idyllique, ce conseil trahit un fond extrêmement sérieux : la réconciliation avec l'apparence que revendiquait *La Naissance de la tragédie*, et la contemplation, non seulement de sa beauté, mais surtout de son opiniâtre nécessité. L'instinct contemplatif, sous les dehors de l'idylle, permet un accès à la vision *tragique*. Ce que la jeune âme vivra d'abord comme un spectacle charmant, le philosophe le transformera en nécessité d'airain, l'obligeant à reconsidérer profondément la signification de l'instinct contemplatif : l'affirmation de l'apparence comme totalité du monde transfigure la *physis*, en expérimentant une évaluation immanente (c'est-à-dire indépendante d'un jugement à l'aune d'un autre monde). Ce qui distingue les Grecs des modernes, c'est que non seulement ces derniers ont hérité des conséquences graves de l'idéalisme platonicien et chrétien comme critère de comparaison du monde avec autre chose que lui-même, mais qu'ils ont en outre à la disposition de leur mémoire tout le passé, à quoi comparer le présent. La Troisième Inactuelle le réaffirme avec force : seuls les Grecs étaient anhistoriques, car ils ne comparaient le monde avec rien d'autre que lui-même, dans son éternelle apparence. C'est pourquoi seuls les Grecs pouvaient poser la question de la valeur de la vie *en général*. Le philosophe moderne devra conquérir un art difficile entre tous : celui de réformer sans juger, de transfigurer sans condamner ce qu'il transfigure. Dès cette époque de la pensée de Nietzsche, on aperçoit ce qui restera un paradoxe difficile à comprendre dans son œuvre : l'articulation d'une critique réformatrice de toutes les valeurs avec un grand acquiescement à tout ce qui est, l'*amor fati*. La question de la valeur de la vie « en général » fait partie de ces erreurs nécessaires qui doivent nous protéger d'une « vérité mortelle », c'est-à-dire de l'absence globale de sens et de but[38]. L'exemplarité grecque doit nous sauver du nihilisme moderne. Cet *appel* aux Grecs (qui n'est pas un « retour »), Goethe, Schiller, F. Schlegel l'avaient lancé chacun à sa manière. Chez Hölderlin, il avait été un grand cri de détresse, proche à maints égards de celui de Nietzsche. Mais si Nietzsche a eu des maîtres *in rebus Graecis*, a-t-il eu des disciples ? Notre temps en a-t-il jamais appelé aux Grecs, dans sa détresse, pour réapprendre à vivre ?

Sans doute l'appel le plus impressionnant du xxe siècle aux Grecs a-t-il été lancé par Heidegger. Il ne s'agissait pas pour lui de voir dans les commencements grecs de la philosophie un moment dans le progrès de la métaphysique, à la manière de Hegel. Le caractère crépusculaire de l'Occident (L'Hespérial) renvoyait aux Grecs comme à son matin, mais le matin d'un jour suivant, un « pas encore ». La manière unique et fondatrice dont les présocratiques avaient appréhendé le monde phénoménal les plaçait au plus près du voilement originel de l'être, et donc de l'exigence, *pour nous*, de surmonter cet oubli qui voile l'être dans son retrait. Dans ce dialogue de Heidegger avec les Grecs, Nietzsche fut le troisième interlocuteur, celui qui aura accompli la métaphysique dans le nihilisme où il n'en est plus rien de l'être, étape préparatoire à une pensée nouvelle qui serait capable de penser le dérobement de l'être. Mais, pour être tout à fait honnête, je ne crois pas possible de convoquer ici Heidegger pour comprendre d'une quelconque manière comment pourrait jouer pour nous l'exemplarité des Grecs, pour la raison simple qu'il n'y a rien à tirer de Heidegger en vue d'une *éthique* (seul y parvint peut-être Sartre, au prix de profonds remaniements). L'insistance suspecte avec laquelle Heidegger a revendiqué une neutralité axiologique, et redéfini « l'éthique originelle » en un sens ontologique qui ne fût ni pratique ni théorique, mais suspendu dans un geste d'*attente*, disqualifie le philosophe en ce qui concerne une vie philosophique. Pour Michel Foucault, en revanche, l'appel aux Grecs a constitué un travail sur les techniques de soi, sur le parler-vrai et la vie authentique en vue d'un véritable renouvellement de la *praxis*, d'une expérimentation de manières nouvelles de vivre, d'éducation, voire d'élevage, à d'autres formes de subjectivation. C'est pourquoi Foucault devra être entendu dans son inactualité d'un genre bien particulier, au moment où nous aurons à interroger la possibilité d'un autre type d'*individu*. Mais il faudrait encore citer un penseur dont l'« inactualité tranquille[39] » a consisté à considérer l'exemplarité des Grecs comme possibilité pédagogique d'un dosage nouveau mais subtil des rapports entre historicité et anhistoricité : Pierre Hadot qui, contre Gadamer, a fait le choix de Schleiermacher. Il a cru à la possibilité de se déprendre de son propre horizon historique, de son propre cercle herméneutique pour se porter « objectivement » au centre du cercle grec. Mais, de manière significative, il s'est placé moins du point de vue de la seule objectivité scientifique que de celui d'une élévation supra-individuelle, faisant glisser l'universel abstrait vers une intuition cosmique[40]. Pour Hadot, la condition de possibilité de cette intuition se trouve dans la réactivation d'*exercices spirituels* en un sens qui dépasse la seule éthique jésuite pour remonter aux écoles philosophiques de l'Antiquité. Reprenant l'exemple de Marc-Aurèle conseillant de vivre chaque instant comme s'il était le dernier, Hadot l'étend à la conviction que, « de temps en temps, il faut essayer de vivre le moment présent comme s'il était le premier et le dernier : le premier, comme si l'on découvrait pour la première fois le jaillissement de l'existence et sa splendeur, le dernier afin de prendre conscience de sa valeur infinie[41] ». La modestie de ce « de temps en temps » souligne moins le goût d'une distraction de l'esprit que la minutieuse progressivité d'une transformation de soi dans l'exercice pratique. Mais, ce faisant, il ne s'agit pas ici, et pas plus que chez Nietzsche, d'une approche progressive de la vérité objective ni d'une méthode pour le vrai. Car ce qui est à connaître est bien l'objet d'une vision, d'une révélation soudaine et peut-être fulgurante ; la contemplation de l'instant comme le premier et le dernier (ou, comme chez Nietzsche, de chaque instant comme contenant la possibilité de son retour infini) ressortit à l'ordre de la connaissance mystérique. Ce qui est ici renversé dans le concept de vérité, c'est l'ordre des effets : non pas comment, par une certaine disposition progressive du corps et de l'esprit, on suscite finalement l'apparition de la vérité, mais comment, ayant contemplé l'apparence soudainement visible tout entière dans le seul instant, de manière répétée et intermittente (« de temps en temps »), le corps et l'esprit se disposent peu à peu à d'autres façons de penser et de sentir. Ce sera la première chose à comprendre de la portée d'une expérience comme celle de l'Éternel Retour. Mais c'est aussi la raison pour laquelle il faut appréhender la philosophie antique, comme celle de Nietzsche, sous la forme d'une pratique d'élévation à une individualité supérieure dont la théorie est un des outils, et non l'étalon. Hadot relève souvent la parenté, de ce point de vue, entre les écoles antiques, Montaigne, Nietzsche, ou encore Emerson[42] et Thoreau. Stanley Cavell[43] soulignait l'extrême étrangeté, pour nous, de cette forme de « perfectionnisme moral ». On ne saurait assez dire combien cette notion de perfectionnisme est en elle-même inactuelle : et d'abord parce qu'elle repose sur le double apprentissage d'une contemplation de la nature et d'une exemplarité des « Anciens », dont nous n'avons plus aucune idée raisonnable aujourd'hui ; par ailleurs, elle s'articule à une conception de l'individualité qui déjoue l'universalité abstraite de la perfectibilité humaine : elle suppose et produit un certain caractère exceptionnel chez un certain individu singulier qui, à lui seul, vaut pour la détermination exemplaire d'une « nature humaine ». Chez Nietzsche, cette perfectibilité (ou plutôt ce « perfectionnisme », en un sens non téléologique) ne repose pas sur une essence abstraite de l'homme, mais sur deux exercices inactuels : la reconnaissance d'une autorité des maîtres productrice de hiérarchie, et la contemplation de la nature productrice d'asocialité. Arendt le soulignait, l'absence d'autorité et de contemplation caractérise la modernité ; il s'agit en réalité d'une absence de maître et de nature : nous n'avons plus de maîtres, et nous ne pouvons plus instaurer de rapport « naïf » à la nature. Et de cette absence découle, chez tous les penseurs qui réclament des Grecs l'exemplarité d'une vie philosophique, un nécessaire accommodement, un glissement qui en lui-même fait d'eux des modernes déplacés, des « bâtards » de leur temps : le repli sur le *texte*. Si Pierre Hadot, plus optimiste que Nietzsche, a cru tout à fait possible la pratique d'exercices spirituels dans le cadre de l'université et dans la pratique du savant, l'un et l'autre ont en commun de s'être en partie contentés, faute de mieux, de la lecture comme substitut de contemplation, et du texte comme substitut de maître. Les maîtres et la nature s'étant retirés, il ne reste que la bibliothèque. C'est pourquoi l'exercice spirituel se réduit au fond à l'art de bien lire, ce qui certes est déjà beaucoup. La promotion, chez Nietzsche, de la méthode philologique au rang d'interprétation du monde, est sans doute un symptôme de cette bâtardise des inactuels, et il y a fort à penser que sa conception de l'homme et de la nature comme texte à interpréter trahisse au bout du compte l'irréductible absence de l'un et de l'autre, c'est-à-dire un déficit de vie pour des hommes qui, finalement, ne peuvent vivre que de textes. D'une commune voix, Hadot et Nietzsche déplorent que nous ne sachions plus lire aujourd'hui, mais l'objet réel de leur plainte est un certain déficit de la vie, et c'est le fond de détresse de leur appel aux Grecs. Une communauté de démarche relie l'interprétation nietzschéenne du christianisme comme triomphe de valeurs hostiles à la vie et l'analyse de Hadot reconnaissant dans le processus de christianisation de la philosophie (et de sa soumission à la théologie) une victoire du spéculatif sur l'art de vivre. Hadot en donne des raisons historiques : l'institutionnalisation et la fonctionnarisation de l'enseignement au détriment de la communauté de vie philosophique, et, partant, la folle prolifération de l'exégèse au détriment d'une parole sage sur la nature elle-même. Nietzsche ne dit pas autre chose, lorsqu'il attaque la philosophie en ses deux points les plus sensibles : la mainmise de l'État, et l'incompétence philologique. Mais, faute de maîtres et de nature, ils ont enseigné l'art de lire les textes, et le texte est devenu pour eux une seconde « nature ». C'est dans les textes de maîtres anciens qu'ils ont trouvé une pédagogie de l'art de vivre, c'est-à-dire une éducation à transformer les pratiques vitales, et finalement à transfigurer la physis. Car en retour, et en récompense de l'instinct anhistorique de ces hommes qui auraient pu ne rester qu'historiens des textes grecs, les Anciens leur ont révélé un secret que deux mille ans

L'éducation

de philosophie spéculative avaient enfoui : que d'autres formes de vie, d'autres types d'existence sont possibles pour l'avenir, plus libres et plus probes, si on commence à s'exercer maintenant. L'interprétation, la critique et la réforme se donnent alors en un seul geste. Ce qui est commun à l'inactualité de Nietzsche, de Hadot, mais aussi de Foucault et de quelques autres, c'est non seulement l'idée que la culture (comme élevage, exercice ou technique) est *inscription* de pratiques dans les corps, et peut faire ainsi l'objet d'une lecture du type de vie qui y est — littéralement — mis en œuvre, mais que des inscriptions nouvelles seraient capables de modifier les corps à venir pour former d'autres types. Chaque fois se lit dans l'individu un rapport infiniment complexe entre le discursif et le non-discursif, le mode de pensée et l'exercice de vie, l'*épistémè* et le dispositif ; chaque fois, un autre dosage peut être prescrit, un autre texte peut être écrit.

Le modèle philologique de Nietzsche ne doit cependant pas nous tromper : c'est dans le non-discursif que gît le mystère, et dans le silence que la vision se révèle à la contemplation. Il y a du non-discursif qui travaille sous le discours, ou tout autour de lui, quelque chose qui ne se dit pas mais se montre et nous transforme. Il n'est pas étonnant que Hadot ait aimé à citer la fin du *Tractatus logico-philosophicus* de Wittgenstein : « Il y a assurément de l'indicible. Il se montre, c'est le Mystique », et « Sur ce dont on ne peut parler, il faut garder le silence »[44]. Nietzsche pareillement, et dans sa prolixité même, n'a jamais cessé d'être travaillé par le désir de se taire, et l'admiration pour le vœu de silence des pythagoriciens. La dramaturgie des conférences *Sur l'avenir de nos établissements d'enseignement* ménage avec insistance des moments de silence profond, et le vieux philosophe invite plusieurs fois les étudiants à se taire. Or, nous avons dit, dès les premières pages de ce livre, que l'un des éléments de l'aspiration à une expérience mystérique a été fourni à Nietzsche par la musique. La musique ne s'oppose pas au silence ; seul les discours s'y opposent, en tant qu'ils sont un système du mot d'ordre[45]. Le silence est vecteur d'abolition du langage, et c'est en ce sens que la musique est son alliée, forme expressive de l'abolition des énoncés coercitifs. De même que, dans la tragédie grecque, Nietzsche a vu surgir l'improvisation de l'acteur du silence contemplatif du chœur, il voit dans le drame wagnérien le récit mythique du monde comme représentation s'élever du tréfonds d'un « silence » musical, c'est-à-dire de l'expressivité non discursive du monde comme volonté. La révélation wagnérienne est issue de ce silence contemplatif :

> Quant à nous, disciples de l'art ressuscité, nous aurons le temps et la volonté du sérieux, du sérieux profond et sacré. Tous les discours et tout le tapage dont la culture a jusqu'à présent entouré l'art ne peuvent apparaître aujourd'hui que comme une familiarité éhontée ; tout nous prescrit le silence, un silence pythagoricien de cinq ans. Qui de nous n'a pas souillé ses mains et son cœur au service répugnant des idoles de la culture moderne ! Qui n'aurait besoin de l'eau lustrale, qui n'entendrait la voix qui nous exhorte « Faites silence et soyez purs ! Faites silence et soyez purs ! »[46].

Nous ne comprendrons rien au fait bizarre que Nietzsche est entré en philosophie par le biais de préoccupations tournant autour du spectacle d'opéra si nous ne voyons pas qu'il y a cherché une pratique concrète d'éducation à la contemplation mystérique, application directe d'un appel aux Grecs à travers la résurrection de la tragédie. Il y va pour lui de la seule possibilité moderne de former des individus à l'alliance d'Apollon et de Dionysos, et d'imposer le silence au bruit de discours spéculatifs séparés de toute connaissance mystérique. Apollon et Dionysos se déclinent en une série nombreuse d'oppositions, mais celle qui confronte le discursif et le musical revêt une importance particulière, car si les deux dieux parviennent à s'allier de nouveau sous cet aspect, c'est l'opposition entre la science et le mystère, entre l'action et la contemplation, entre la philosophie et la sagesse, qui sera surmontée et permettra de transformer les corps ou de transfigurer la physis. À la fin du XVIe siècle, l'opéra était né très exactement du faisceau de problèmes qui inquiéteront encore l'inactuel : il incarnait la tentative de réconciliation entre Apollon et Dionysos, sous la forme d'une unité à retrouver entre le texte et la musique, l'épique et le lyrique, l'action et la contemplation, afin de parvenir à une conformité plus parfaite avec la nature (*mimesis*), telle que l'avait atteinte l'art grec. Pour la Camerata fiorentina aussi, le modèle de l'art de l'avenir avait été la tragédie grecque. Et si les Florentins n'avaient pas formulé explicitement l'alliance entre Apollon et Dionysos, ils avaient pourtant bien invoqué Orphée, qui, au moyen de sa lyre apollinienne, avait pénétré le mystère dionysiaque de la nature. Le mythe orphique, qui se confond parfois avec le dionysisme tardif, a bel et bien présidé à l'invention de l'opéra : à quelle sorte d'initiation mystérique le poète berger avait-il bien pu parvenir pour acquérir le pouvoir, à travers la contemplation de la nature, d'agir sur elle par l'action magique de son chant ? Orphée capable d'émouvoir les pierres et les animaux avait transfiguré la *physis*, et la *mimesis* n'a jamais été une théorie de l'« imitation », mais essentiellement une tentative pratique de transfiguration de la *physis*. Et si la Renaissance a fait appel à l'autorité des Grecs, c'est, comme chez Nietzsche, avec l'espoir que soit possible à nouveau l'unité de l'action et de la contemplation, au moyen de l'art conçu comme révélation mystérique. Si Nietzsche reproche aux inventeurs du *stile rappresentativo* de s'être non seulement perdus dans des théories spéculatives stériles autour de la question de savoir qui, de la poésie ou de la musique, devait se faire servante de l'autre, mais fourvoyés dans une recherche de l'effet, au point d'avoir séparé plus profondément encore ce qu'ils avaient voulu réunir, il n'est pas certain que le disciple de Wagner se soit tiré correctement de cette question elle-même stérile. Wagner le premier, tout en essayant d'affirmer la précellence du mythe sur la musique, trahissait à chaque pas l'idéal d'une musique souveraine, puissance d'abolition du discursif — et finalement du monde comme représentation. Et dans les textes du jeune Nietzsche, tout porte à croire que son aspiration secrète fut aussi la musique pure, c'est-à-dire la contemplation sans mélange, la vision sonore immédiate du dionysiaque ou du monde comme volonté. C'est pourquoi, tout en défendant le drame wagnérien, Nietzsche préférera renvoyer à la polyphonie médiévale qu'aux débuts érudits de l'opéra florentin[47]. De toute façon, la question esthétique du « *prima le parole e poi la musica* » ou inversement, dans laquelle Nietzsche se perd quelque peu, n'est que le prétexte à tracer une ligne directe entre le tragique grec et le drame wagnérien, qui porte des enjeux décisifs pour une culture à venir. Dans *Le Drame musical grec*, texte d'une conférence bâloise de 1870, Nietzsche aborde frontalement le problème de l'héritage de la tragédie grecque. Le théâtre actuel peut s'enraciner dans le théâtre grec de deux manières : soit par « croissance naturelle » et « parenté généalogique », soit par « dérivation artificielle ». Or l'opéra tel qu'il est pratiqué aujourd'hui est un monstre artificiel qui ne vise qu'à « l'effet » et apparaît comme un agrégat hétérogène d'arts isolés (littérature, musique, danse, arts décoratifs, etc.), trahissant notre propre incapacité à produire un spectacle unifié et à en jouir « comme des hommes complets[48] ». Nous reviendrons sur la critique de l'éclectisme esthétique de la modernité. Ce qui est important pour le moment, c'est que l'unité du spectacle renvoie à une unité qui lui est corollaire : celle du public, l'unité d'un public formé d'« hommes complets ». Nous touchons ici à un problème délicat, qui sera amené à beaucoup évoluer. Il se joue dans le double rapport, d'une part entre le spectateur comme individu complet et le public comme collectif complet, et d'autre part entre la notion de public et celle de *peuple*. De même que la vie ne peut croître que sur le fond d'un instinct anhistorique, l'art ne peut jaillir qu'enraciné dans « une profonde nuit[49] », quelque chose comme une sorte d'inconscient collectif, que la science et l'érudition modernes inhibent lourdement, et que Nietzsche, après Wagner, nomme « peuple ». Il est vrai qu'en 1870 le jeune Nietzsche reprend à Wagner l'espoir suspect que « le peuple allemand », « l'esprit allemand » aient une vocation universelle (à relayer la Grèce, à exprimer le dionysiaque, à régénérer la culture). Qu'un certain fond originaire collectif fasse l'essence supérieure d'une germanité susceptible de se déployer dans une croissance nocturne et inconsciente est une idée qui fait frémir. Et ce vieux fantasme romantique aura encore de beaux et funestes jours devant lui. Disons-le tout de suite, celui-ci ne durera guère chez Nietzsche, et il ne le lui faudra pas plus de deux ou trois ans pour se détourner définitivement de toute idée de supériorité, de pureté ou d'élection de ce qui est allemand. Au contraire, une fois cet argument périlleux écarté, la germanité, on le sait, fera l'objet de la plus violente critique. Nietzsche est encore, d'un point de vue conceptuel et affectif, profondément tributaire de Wagner. Il ne peut être question d'analyser ici dans toute son étendue la complexité du rapport de Nietzsche à Wagner, mais il faut retenir une difficulté originaire : la tension, pour Nietzsche, entre son expérience indicible de la musique de Wagner (révélation ou vision), l'obédience à un discours théorique wagnérien en prise sur ses propres problèmes (la détresse du présent), et l'admiration pour la personnalité d'un « génie », ami personnel de surcroît (l'appel au grand homme). Il manque encore un élément pour comprendre la complexité presque sans issue de ce rapport : la manière dont Wagner a rendu toute-puissante sa force de persuasion, en faisant fusionner radicalement les exigences théoriques, la force sensible de ses créations et le rayonnement de sa personnalité de créateur. Et je crois que, lorsque Nietzsche évoque la part irréfutable des grands hommes, il est tout entier saisi par l'irréfutabilité subjuguante de Wagner.

Qu'est-ce qui rend Wagner si « irréfutable » ? D'abord[50] le fait qu'il a posé comme condition première l'*amitié* de ceux qui comprenaient et partageaient la détresse de l'artiste face aux conditions actuelles faites à l'art ; il fallait, par *sympathie*, accepter en lui l'inachèvement, la nécessaire tension vers un avenir non encore réalisé, une inactualité de fait[51]. Cette tension sera l'objet de la *sympathie* profonde de Nietzsche à son égard. Ensuite, la nature de la promesse qu'il formule pour l'avenir, en particulier dans *L'Art et la révolution* et *L'Œuvre d'art de l'avenir*, deux essais rédigés en 1849, dans un contexte *révolutionnaire*. Wagner développe une véritable « politique de la musique ». Elle consiste en un renouvellement du rapport entre l'art et la vie, et d'une exigence de vérité fondée sur la « nature ». Il y aura un rapport mutuel de production de l'art et de l'homme : un homme réconcilié avec la nature rendra seul possible un art vérace pour l'avenir, mais c'est l'art qui doit effectuer cette réconciliation. L'art revêt alors un caractère rédempteur, qui doit sauver l'homme du cercle antinaturel de l'épuisement infini : le processus de production-consommation induit par l'historicité : ou, en termes wagnériens, « la mode ». Cet engendrement mutuel de l'art et de l'homme, quasi aporétique, n'est concevable qu'en l'appuyant d'une part sur la figure de l'artiste ou du génie (sorte de *primus inter pares*, mais des *pares* à venir), d'autre part en établissant un sol fécond pour son apparition : pour l'artiste, un public qui lui donne son amitié et sa sympathie ; pour l'homme, une société redevenue adéquate à la nature — c'est-à-dire, un *peuple*. On voit très bien comment Nietzsche, une vingtaine d'années après ces textes, reprendra l'essentiel de leurs enjeux dans les *Considérations inactuelles*. La notion de peuple est absolument essentielle, pour Wagner comme pour

Nietzsche, mais c'est autour de leur conception de la germanité que se pose le problème. On assistera entre l'un et l'autre à un mouvement inverse très net, et qui les séparera : tandis que le Wagner révolutionnaire des années 1850 se fait encore une idée largement européenne du « peuple », il rabat peu à peu ses attentes sur le seul peuple allemand, dans une crispation nationaliste nourrie d'un fantasme de pureté (dont l'antisémitisme est un symptôme) et de mythe originaire (dont la mythologie germanique est l'arme littéraire) : s'instaure alors chez Wagner une confusion fatale entre l'avenir et le passé. Nietzsche au contraire, de trente ans le cadet de l'artiste, arrive à un moment où le nationalisme de Wagner résonne encore de son origine révolutionnaire ; il commence donc par reprendre le vocabulaire nationaliste disponible, mais refait dans l'autre sens le parcours de la germanité vers une exigence universelle (l'antisémitisme disparaît et l'originaire éclate). Ainsi, dans un mouvement inverse, Nietzsche d'abord nationaliste se libère rapidement pour formuler une exigence révolutionnaire qui concerne au minimum l'Europe, au maximum le monde entier. La version pangermaniste est donc pour Nietzsche un outil éphémère et inadapté pour penser un concept de peuple beaucoup plus large. Et surtout, il ne s'agit pas d'un peuple originaire, mais d'un peuple à venir, un peuple qui n'existe pas encore — et qui manque. Avec l'idée, formulée en termes wagnériens, que la tragédie grecque fut un « art total », Nietzsche ne se contente pas de réclamer la fusion des arts isolés, il recompose en réalité un peuple : à Athènes, la tâche d'acteur-chanteur était prise en charge par « le plus noble citoyen, le combattant de Marathon ne s'y déshonorait pas[52] » ; la formation théâtrale faisait partie de la formation civique au même titre que le service militaire ; quant au spectateur, il « écoutait avec une ferveur analogue », et loin de se *distraire* de son ennui au spectacle, il y retrouvait au contraire un élément religieux grave et recueilli qui l'arrachait à la distraction du reste de la vie publique. Le poète enfin, loin de jouir de cette liberté d'inspiration propre aux modernes, était soumis à la sévérité des règles et à la difficulté du labeur : « Tout l'art grec est traversé par la fière loi selon laquelle seul le plus difficile est une tâche digne de l'homme libre[53]. » Poète, acteur et spectateur sont soumis aux devoirs qui incombent au citoyen libre : service héroïque de la cité, respect des devoirs religieux, maîtrise technique. Le théâtre grec fut un art politique non en ce qu'il aurait illustré des contenus idéologiquement utiles à la cité, mais parce que sa réalisation même impliquait les devoirs et les compétences de la citoyenneté. Le théâtre n'était pas une activité séparée et séparante (divertissante), il focalisait en un seul point l'essentiel des vertus civiques : courage, piété, compétence, créatrices d'une individualité nouvelle. Il réalisait la tâche même de la culture : élever à un degré supérieur le rapport naturel de l'individu à la nature. Non pas pour l'en séparer artificiellement (« il subsistait encore dans l'âme du spectateur quelque chose de cette vie dionysiaque dans la nature[54] »), mais pour former une communauté supérieure (politique) en accord avec la nature : « On voit trembler le sol, la croyance à l'indissolubilité et à la fixité de l'individu. » Dans *Le Drame musical grec*, qui est antérieur à *La Naissance de la tragédie*, on voit Nietzsche articuler beaucoup plus nettement la nature et la culture, l'expérience mystérique dionysiaque et l'essence du politique : le théâtre est une sorte de « contrat social » où la puissance individuelle s'élève à une souveraineté collective qui transforme en retour l'individu lui-même et en fait un citoyen libre. Mais attention : ce « contrat social » n'est pas un saut hors de l'état de nature, elle transfigure cet état, elle fait croître et métamorphose continûment l'individu, sur le fond de sa naturalité (qui *est* métamorphose et augmentation de puissance), jusqu'à une individualité supérieure : c'est la version politique de la *transfiguration de la physis*, action en continuité avec la contemplation de la nature et la révélation d'une vision mystérique. C'est la première étape d'une politique dionysiaque, ou « grande politique », qui apparaîtra dans l'œuvre tardif. La critique de la modernité, du XIXe siècle à nos jours, repose toujours, sous une forme ou une autre, sur une critique de la *séparation*, et l'exigence d'une unité à fonder ou à retrouver. Et si l'opposition traditionnelle entre l'artificiel et le naturel, qui croise les réflexions sur la modernité sans se confondre avec elles, est encore abondamment mise en œuvre par les premiers textes de Nietzsche, elle ne doit pas nous tromper : elle vaut simplement pour une autre forme de pensée, qui oppose l'unification et la séparation, la composition et la décomposition, l'ordre et le chaos, l'alliance créatrice des forces et leurs conflits destructeurs. Nature et culture sont prises dans cette problématique plus essentielle, mais ne se distribuent pas univoquement selon la même opposition, car la culture peut aussi bien composer que décomposer, et la nature de même. (Il n'est pas même certain en outre que l'opposition conceptuelle entre nature et culture soit pertinente, et, en ce sens, « nous n'avons jamais été modernes », comme le dit Bruno Latour[55].) Le terme mystique de « transfiguration » dissimule une activité d'agencement du composite en une formation unifiée supérieure, et cette activité, fondée essentiellement sur le modèle d'une hiérarchisation des pulsions, crée, dans l'hybridation même, de la continuité entre la nature et la culture, entre l'individu et le collectif, selon une pensée pour ainsi dire « constructiviste » à tous les niveaux. C'est cela, l'éducation ou l'élevage : unifier le divers par la contrainte des forces à se hiérarchiser, à se composer.

Pourquoi confier au théâtre cette mission éducative de composition et d'unification ? Parce que c'est précisément le spectacle moderne qui parachève la séparation, qui constitue « la séparation achevée », pour reprendre les termes de Guy Debord. Comme l'a compris Agamben[56], la critique de Nietzsche et celle de Debord se rejoignent autour du problème de l'*image*. De ce point de vue, la manière dont *La société du spectacle*[57] définit la « séparation achevée » comme autonomisation des images par leur détachement d'avec la vie et déploiement en un « pseudo-monde » fait profondément écho au processus idéaliste qui a séparé Apollon de Dionysos et l'a fixé en schématisme. Pour Debord, le spectacle moderne reconduit la philosophie spéculative comme pouvoir de la pensée séparée (thèse 20), qui reconduit elle-même la tyrannie de la théologie (on trouve la même analyse chez Hadot). Le spectacle moderne est une version terrestre de l'au-delà et son mensonge rend la vie irrespirable. Le spectacle est toujours « instrument d'unification », mais la question est de savoir ce qu'il unifie : or, le spectacle moderne « réunit le séparé, mais il le réunit *en tant que séparé* » (thèse 29). Il ne suffit pas de dire que le spectacle unifiant le divers « est *affirmation* de l'apparence » (thèse 10), il faut encore reconnaître de quoi il affirme l'apparence : or, le spectacle moderne est le « *modèle* de la vie socialement dominante », « le résultat et le projet du mode de production existant », il est « affirmation omniprésente du choix *déjà fait* dans la production, et sa consommation corollaire » (thèse 6). La critique découvre le spectacle comme « *négation* visible de la vie » (thèse 10), gardien du sommeil des hommes pris dans « le mauvais rêve de la société moderne enchaînée » (thèse 21) ; la contemplation séparée de l'action et de la nature (pour devenir, selon Lukács, contemplation de la seule « marchandise ») se retourne contre la vie et aliène le spectateur : « Plus il contemple, moins il vit » (thèse 30). Or, quel est ce mode de production réel qui est reconduit dans le spectacle ? C'est la victoire économique de la bourgeoisie, qui fait éclater l'ordre ancien, statique, des rapports de production : « Tout ce qui était absolu devient historique » (thèse 73). Le mot est lâché, qui renvoie à nos analyses précédentes inspirées par Arendt : c'est *l'historicité* qui sépare la *vita contemplativa* de la *vita activa*, transforme la création en travail, le travail en cercle infiniment mourant de la production et de la consommation. Et la thèse 184 de Debord affirme très exactement la même chose que Nietzsche : « La fin de l'histoire de la culture se manifeste par deux côtés opposés : le projet de son dépassement par l'histoire totale, et l'organisation de son maintien en tant qu'objet mort, dans la contemplation spectaculaire. » Chez Debord comme chez Nietzsche, il s'agit de sauver l'apparence ou image de sa spectacularisation, c'est-à-dire de lutter contre sa mensongère séparation idéologique (idéaliste, dirait Nietzsche) d'avec le réel. Et quelles que soient leurs radicales différences, la reconquête de l'image / apparence en tout cas passe chez l'un et l'autre par quelque chose comme un « devenir-révolutionnaire », ou en d'autres termes par l'appel à un peuple qui n'existe pas encore — et qui manque.

Deleuze a bien vu que toute grande œuvre en appelle à un peuple absent, non comme à une « utopie » au sens où on l'entend habituellement soit avec un naïf enthousiasme, soit avec une condescendante suspicion, mais comme force immanente de « résistance au présent », « à la mort, à la servitude, à l'infamie, à la honte[58] ». L'« utopie » n'est pas du tout un rêve impossible, c'est l'activité propre de la pensée en résistance, la réintroduction dans l'histoire des forces du devenir (même si elles retombent dans l'histoire et tournent mal), le surgissement de cette « nuée non historique » dont parle la Deuxième Inactuelle, et sans laquelle la vie n'est pas possible. Cette résistance s'effectue concrètement dans l'acte de création, qui est surgissement du nouveau ou événement non historique. Lorsque les forces de Wagner seront retombées dans l'histoire, lorsque l'art wagnérien aura mal tourné, incapable de se maintenir sur cette ligne de crête qui l'aurait empêché de trahir l'événement pour se fixer sur une nation historique, « parmi les Allemands », et devenir un symptôme du présent, Nietzsche ne pourra plus croire qu'en ses propres forces d'inactualité, et devra arracher à soi-même ce qui fait de lui un symptôme (être wagnérien, schopenhauerien, universitaire, allemand) pour se volatiliser en pur événement (« alléger la terre ») et réinventer de fond en comble le pronom personnel « je ». La défection de Wagner oblitérant la possibilité d'imaginer un public d'amis comme noyau ou foyer de propagation d'un peuple prochain allégeant la terre, Nietzsche devra de même inventer un autre sens pour le pronom personnel « nous » où se jouera la tentative d'un devenir-révolutionnaire, ou d'un peuple-événement, non historique et, pour tout dire, nomade. Et c'est parce que le peuple manque toujours que Nietzsche devra encore inventer un « tu », une sorte de lecteur-événement, absent lui aussi, et à venir. C'est une entreprise extrêmement difficile et périlleuse que ce passage du « nous » au « tu », et qui n'est possible qu'à travers une réinvention radicale du « je ». C'est pourquoi Nietzsche concentrera de plus en plus ses efforts sur la question d'une individualité à venir, bien obligé qu'il est de travailler à l'unité la plus petite capable d'être transfigurée par une vie philosophique. (C'est la même nécessité qui exigera du concept de volonté de puissance la réduction de l'individu à des unités plus petites, dépassant jusqu'à l'atomisme pour réfuter toute unité qui ne soit encore sécable — question de méthode, ou de probité.) C'est là que réside la grande difficulté de la philosophie nietzschéenne, dans l'articulation très complexe entre concepts d'unification et concepts de singularisation et les interprétations qui en découlent : l'univers, la terre, l'humanité, la culture, le peuple, la société des esprits libres, l'homme, les différents types d'homme, le dernier homme, l'*individuum*, les pulsions, les forces à l'œuvre dans les pulsions, la volonté de puissance qui régit le rapport des forces : ligne d'interprétation graduée à l'infini (et dont la volonté de puissance est à la fois dynamique intensive et principe graduant) et que Nietzsche parcourt dans les deux sens pour en évaluer chaque point.

L'inactualité a deux dimensions : d'une part, elle est cette mobilité même sur la ligne d'interprétation, qui empêche qu'à tout moment celle-ci puisse redevenir vecteur historique et téléologique indiquant un processus d'universalisation — en ce sens, elle ne disparaîtra plus de l'œuvre ; d'autre part, elle est une certaine marque graduée sur cette ligne, quelque chose qu'on pourrait appeler un moment du « nous » (moment en un sens non dialectique, mais comme création d'un certain énoncé-événement). Ce « nous » est un agrégat problématique d'expériences hétérogènes : il s'est construit à partir de cette triple révélation mystérique dont nous avons parlé : le tragique grec, la volonté schopenhauerienne et l'art wagnérien ; il est le symptôme d'une détresse du présent dans laquelle Nietzsche tente d'embarquer Wagner et Schopenhauer (un histrion et un mort) pour énoncer d'une commune voix : « Nous, les inactuels, nous appelons à un peuple à venir » ; il est enfin ce peuple lui-même, qui n'existe donc pas, et qui fera de Nietzsche, en dernière instance, un posthume vivant et un préjugé[59]. Mais ce « nous » revêt encore une autre signification, qui me semble-t-il articule l'inactualité à l'actualité. Il faut renvoyer ici au célèbre petit texte de Foucault, « Qu'est-ce que les Lumières[60] ? », qui commente un texte de Kant portant le même titre. Selon Foucault, Kant y interroge la signification du « nous », c'est-à-dire l'appartenance à sa propre actualité, à une communauté actuelle, pour en dégager le sens et la singularité : qu'est-ce que cet événement qui fait que nous pouvons énoncer un « nous » ? Foucault qualifie cette question kantienne d'« ontologie critique du présent », qui consiste à la fois à définir l'espace de nos discours et de nos pratiques (en tracer les limites), mais aussi bien à dégager de cet espace du présent les possibilités de franchissement de ces limites : « Il s'agit en somme de transformer la critique dans la forme de la limitation nécessaire en une critique pratique dans la forme du franchissement possible[61]. » C'est là un *ethos* philosophique, quelque chose comme une vie philosophique qui consiste en une « attitude limite », non pas un rejet du présent, mais un positionnement d'équilibriste sur la ligne de frontière, dont Foucault fait l'hypothèse que c'est peut-être cela, la modernité. Kant a pour cette attitude une consigne : *sapere aude* ! Ose savoir, et un objectif : passer de l'état de minorité (au sens de tutelle), dont notre paresse et notre lâcheté sont responsables, à celui d'une majorité, entendue comme autonomie. Et s'il est une rupture dans la démarche de Nietzsche entre les Inactuelles et *Humain, trop humain*, c'est le franchissement d'une frontière autorisé par un courage de savoir, et la recomposition de ce « nous » inactuel si problématique en une formation individuelle autonome, qui sera « l'esprit libre ». Sur ce chemin, l'énonciation se déplace forcément pour prendre une autre forme et interpeller non seulement la paresse et la lâcheté du présent, mais, tout à la fois, la potentialité de son autonomie. Ce nouvel énoncé du nous sera le suivant : « *Nous autres, modernes.* » Nous n'affirmons pas par là que Nietzsche cesserait d'être inactuel pour devenir moderne ; mais il acquiert le courage du franchissement, de la mobilité absolue sur la ligne de crête ou de frontière, il tire toutes les conséquences de la « bâtardise » fondamentale de l'inactuel. Et ce n'est pas par un arbitraire lexical que Foucault nomme actualité ce qui correspond chez Nietzsche à l'inactualité : l'un et l'autre terme impliquent une question commune, que Deleuze et Guattari sont parvenus à formuler au plus juste : « Quels devenirs nous traversent aujourd'hui, qui retombent dans l'histoire mais qui n'en viennent pas, ou plutôt qui n'en viennent que pour en sortir[62] ? »

Pour poser à sa manière cette question, Nietzsche aura eu besoin d'articuler le pressentiment d'une connaissance mystérique, la nécessité d'un sens historique juste et les possibilités d'une éducation supérieure. Pour y répondre, il lui faut mener une critique conjuguée de la limite et du dépassement, c'est-à-dire porter à incandescence le rapport entre ce que nous pouvons et ce que nous savons, entre ce que nous vivons et ce que nous énonçons, la manière dont nous sommes maîtres ou esclaves de nos « vérités ». Cette incandescence est proprement ce dont peut jaillir un *événement* pur, un devenir-révolutionnaire. Je crois qu'il n'est ni abusif ni anachronique d'appliquer le concept de devenir-révolutionnaire à l'exigence nietzschéenne de chauffer à blanc ces rapports spécifiques de la puissance et de la connaissance d'une part, du devenir et de l'histoire d'autre part, qui ensemble forment la modernité. La Troisième Inactuelle (§ 4) en énonce frontalement le problème : aucun événement politique ne règle le problème de l'existence ; or, l'État est aujourd'hui la fin suprême de l'existence. C'est non seulement une sottise, mais un danger. Car notre époque est double : sous la faiblesse de la personnalité moderne bouillonnent des forces sauvages, forces de chaos et de destruction. Et Nietzsche de formuler dans un même geste effarant un constat et une question :

> La révolution ne peut plus être évitée, la révolution atomique. Mais quels sont les éléments insécables les plus petits de la société humaine[63] ?

C'est cela, la ligne d'interprétation qui parcourt tous les degrés et formations de puissance du suprapersonnel le plus grand à l'infrapersonnel le plus minuscule, avec cette mobilité que seul permettra le concept de volonté de puissance. Cette prodigieuse confrontation de Nietzsche avec la modernité est aussi l'élaboration opiniâtre d'un « nous », qui est encore potentiellement le nôtre ; il a encore, hésitant entre la paresse et l'effort, entre la lâcheté et le courage, toute l'indétermination d'un événement possible. Nietzsche oblige à questionner quelle forme de composition, « nous autres modernes », nous sommes, et par quelles décompositions et recompositions nous pouvons être amenés à passer. L'horizon de la question est double : d'une part, pour le dire en termes foucaldiens, quels « modes de subjectivation » sommes-nous, et lesquels pouvons-nous ? D'autre part, de quelle « révolution atomique » sommes-nous capables, ou, pour le dire avec Guattari, de quelles révolutions moléculaires[64] ? Et nous avons besoin de Nietzsche pour éprouver notre courage et notre lâcheté, sonder les formations infra- et supra-individuelles qui y correspondent, et esquisser pour notre compte « l'attitude limite » qui à la fois nous installe sur et nous expulse hors de cette ligne de crête de la « modernité ».

DEUXIÈME PARTIE

MODERNITÉ

Et qu'est-ce qui pourrait me déranger dans ma course ? Même les influences hostiles sont maintenant utiles et heureuses, car elles m'éclairent toujours plus rapidement que les influences amicales : et je ne désire rien davantage que d'être éclairé au sujet de tout ce système extrêmement développé d'antagonismes, dont se compose le « monde moderne ». D'une façon heureuse, toute ambiguïté sociale ou politique me fait défaut, de sorte que je n'ai aucun danger à craindre de ce côté, rien qui puisse me détourner ou me forcer à des transactions ou à des égards ; bref, je *peux* dire ouvertement ce que je pense et je veux une fois éprouver jusqu'à quel point nos contemporains fiers de leur liberté de pensée supportent les pensées libres[1].

Chapitre IV

LA DÉTRESSE DES MODERNES

La « modernité » a étrangement vieilli. Il suffit de prêter l'oreille à la litanie des préfixes pour comprendre que les discours contemporains sur la modernité, en l'objectivant, l'ont évacué. Moderne, antimoderne, postmoderne, ultramoderne, hypermoderne : comme les révolutions, la modernité finit toujours par mal tourner. C'est pourquoi il faudrait distinguer là encore entre un « devenir moderne » comme événement, et la « modernité » comme retombée dans l'histoire. Révolution et modernité ont d'ailleurs des affinités évidentes : c'est le passé qu'on renverse pour se promettre un avenir ; c'est le présent, asphyxié sous le poids des anciennes traditions, que l'on ébranle pour le rendre plus léger ou lui donner un autre poids ; il s'agit toujours de créer les conditions de nouvelles législations qui puissent fonder, ici et maintenant, un nouveau point de départ pour l'avenir. S'il paraît que nous sommes postmodernes, c'est essentiellement parce que nous considérons déjà la modernité comme une tradition. À ceux qui ne les font plus, les révolutions elles-mêmes semblent un passé pesant, lourd de valeurs devenues impossibles à porter ou d'espoirs impossibles à tenir. La modernité a vieilli parce que nous ne l'éprouvons plus comme devenir, mais comme histoire. Nous sommes ainsi condamnés à en faire l'histoire, bien convaincus que nous appartenons de toute façon à la « posthistoire », et nous reconduisons la production de grands récits en répétant jusqu'au dégoût que notre époque n'en produit plus. L'histoire de la modernité est peut-être ce que nous faisons de mieux, et nous connaissons admirablement la modernité de nos ancêtres. Nous sommes encore des historicistes. Paradoxalement, prendre au sérieux la dimension anhistorique de tout « devenir moderne », comme événement toujours possible, ferait de nous des inactuels. Même Habermas est inactuel quand il considère que la modernité est un projet inachevé. Ainsi, nous nous trouvons, face à Nietzsche, dans une position extrêmement difficile : pour lui, la modernité fut le poids le plus lourd, ce moment très actuel où tout le fardeau du passé menace, non d'être renversé, mais de nous écraser. Il a redouté et méprisé cette lourdeur de l'histoire en train de retomber, et, en ce sens, il a été passionnément antimoderne. Mais, en réalité, la modernité qu'il désigne est bien celle qui s'est stratifiée dans la très longue accumulation des révolutions qui ont mal tourné : Nietzsche a une conscience très aiguë de la différence entre l'événement et l'histoire. Chaque fois, il pressent le moment précis où la légèreté de l'événement « tourne mal » et se charge du fardeau d'un idéalisme, qui est le propre de la productivité historique : par exemple, il dévoile *in ovo* la tension prodigieuse qu'il y a entre l'aristocratisme de Platon et le plébéianisme de Socrate, entre la douceur du Christ et la haine de saint Paul, entre le raffinement de la Renaissance et la lourdeur paysanne de la Réforme, entre l'audace de Voltaire et la mauvaise foi de Rousseau, entre le coup de génie de la critique de la raison pure et le succès de théologien de la raison pratique, etc. Antimoderne, Nietzsche s'est pourtant tenu en équilibre sur la crête d'un « devenir moderne », bien décidé à alléger le présent historique par la quête opiniâtre d'événements à naître. Or, il est toujours là qui porte pour nous le stigmate d'un début ou d'une fin, d'une rupture avec ou dans la modernité. Lui-même, il est vrai, a participé à se marquer ainsi, se présentant comme fin et début de quelque chose, comme point de rupture : « Car je suis assez fort pour casser en deux l'histoire de l'humanité[1]. » Bruyante menace, que nuance un travail de sape beaucoup plus silencieux, et infiniment plus subtil. Et s'il est arrivé à Nietzsche de se prendre pour de la dynamite, il s'est bien plus souvent comparé à une taupe, à un foreur, à un mineur rongeant discrètement les fondations d'un très vieil édifice[2]. Là où beaucoup ont vu la modernité s'inaugurer par des ruptures éclatantes puis s'effondrer dans des ruptures tout aussi grandioses (parmi lesquelles la philosophie de Nietzsche elle-même), Nietzsche flaire au contraire la très longue agonie de quelque chose qui n'a peut-être jamais cessé d'être moribond. Et chaque fois qu'il évoque la modernité comme rupture, il place ce dernier terme entre guillemets[3] : c'est-à-dire qu'il sacrifie ironiquement à l'usage commun. Car pour lui il ne s'agit pas de rupture — image pour historicistes, elle-même une « idée moderne ».

À vrai dire, la notion de modernité nous intéresse surtout par le type d'affectivité dont elle est toujours déjà porteuse. Pour parodier les traités des passions du XVIIe siècle, on pourrait en donner cette première définition : « représentation du temps présent accompagnée de détresse ». Et je ne pense pas seulement aux antimodernes acharnés — ils ne sont au fond qu'une sous-catégorie des modernes, au même titre que tous ceux qui articulent leur réflexion sur le présent avec une inquiétude, une incertitude, un espoir ou une crainte[4]. Que de la frustration, du ressentiment ou de la haine en surgissent, c'est une possibilité qu'il ne faut pas exclure, et qu'on pourrait même observer abondamment. Ce n'est pas le moindre danger que nous fasse courir l'idée de modernité. Nietzsche en fut conscient :

> Si j'ai écrit autrefois sur mes livres le terme d'« inactuelles », que de jeunesse, d'inexpérience et d'isolement exprime encore ce terme ! Aujourd'hui je comprends qu'avec ce genre de plainte, d'enthousiasme et d'insatisfaction je faisais précisément partie des plus modernes d'entre les modernes[5].

Nietzsche rédige cette note à l'époque de la rédaction de *Par-delà bien et mal* (1886), un livre qui devait présenter, « pour l'essentiel, une *critique de la modernité*[6] ». L'inactualité lui apparaît rétrospectivement comme l'expression d'une affectivité qui n'a pas été elle-même interrogée : le triple rapport au tragique grec, à la métaphysique schopenhauerienne et à l'art wagnérien s'est constitué sur le mode de la frustration et de l'espoir, c'est-à-dire, aussi bien, en réaction à une détresse instinctive du présent. Or cette détresse n'a pu elle-même être soumise à une perspective inactuelle : le sentiment de la perte, la prise en charge de la souffrance et le désir de rédemption sont déjà l'effet d'une « conscience malheureuse » typiquement moderne, c'est-à-dire non pas un affranchissement du présent mais un symptôme de son poids. C'est le sens de la remise en cause de Schopenhauer et de Wagner, qui devront être eux-mêmes démasqués comme symptôme et non alternative libératoire — passage nécessaire pour une prise de distance avec sa propre détresse. Car si cette détresse du présent n'a pu être interrogée comme telle, c'est que le présent lui-même n'est pas un objet, mais un milieu qui produit lui-même les affects nourris à son égard, qu'ils soient d'assentiment ou de rejet, de divinisation ou de relativisation. Bien qu'il ait tenu la vénération satisfaite du présent pour un vice du philistinisme moderne, Nietzsche a acquis le sentiment que la détresse est plus « moderne » encore que la satisfaction, et qu'elle est un problème plus profond que le simple culte du présent. C'est pourquoi une critique du présent ne peut suffire, car elle ne trouve pour adversaire que l'autosatisfaction obscène des philistins ; c'est la critique même de la détresse qui peut seule ouvrir une voie à une pensée de l'affranchissement. L'inactuel pourra alors devenir esprit libre, et l'esprit libre pourra en appeler au philosophe de l'avenir. Le mouvement initié par *Humain, trop humain* est la tentative d'une sortie de la détresse et, partant, d'une investigation plus libre de la modernité. Pour le dire grossièrement, Nietzsche aura eu le sentiment que tout ce qui, chez lui, reste du ressort de la détresse, fait de lui un moderne ; et que tout ce qui trouve le chemin d'une libération de cette détresse l'expulse de la modernité. C'est une autre manière d'exprimer la bâtardise de l'inactuel.

Évidemment, comme le note par exemple Martuccelli, la modernité est « indissociable d'un questionnement de nature historique[7] ». Elle est la manière de poser la question du « nous » sous un rapport historique, c'est-à-dire de chercher la signification existentielle de notre présence collective dans sa relation au passé et d'en extraire un différentiel qui fasse sens : en quoi sommes-nous devenus aujourd'hui différents d'hier ? Mais la reconnaissance d'une différence implique toujours déjà un jugement de valeur, et le questionnement est moral : sommes-nous devenus meilleurs ou pires ? Et surtout : que valons-nous ? La modernité n'échappe jamais à la question de la valeur. La réponse à cette question détermine en outre le troisième terme du questionnement historico-moral : étant donné le sens et la valeur de notre histoire jusqu'ici, qu'en sera-t-il de l'avenir ? Que vaudrons-nous ? Où l'on voit déjà l'indécision extrême de la notion de modernité, et surtout son lien intime à une pensée du processus, quand partout elle semble parler de rupture : la modernité, ce peut être la décadence ou le progrès ; ce peut être une promesse ou une menace, une mise en garde ou un encouragement. Une fois repéré le mouvement même de la modernité, on peut bien vouloir le suivre, l'accélérer ou le freiner, le considérer inéluctable ou corrigible, en fonction du jugement de valeur qui a été porté sur la position du « nous » dans le processus historique. Ainsi, on peut dire que la modernité est la forme historique que prend le questionnement moral ; et si elle est bien, selon une définition usuelle, une conscience historique, elle ne se dit qu'en tant qu'évaluation : il s'agit moins d'une historicisation de la morale que d'une moralisation de l'histoire — ou, plus profondément, de l'articulation profonde entre historicité et un certain type de morale. Et c'est là que Nietzsche nous prend sur le vif : l'historicisation est toujours déjà une affaire morale, on acquiert une conscience historique pour la simple raison qu'émerge un certain type de morale. On n'a pas toujours conçu la morale comme une conscience historique. C'est même l'un des aspects de *La Généalogie de la morale* que de montrer que « la morale des maîtres » est géographique et non historique. C'est toujours une morale de conquérants. La « morale des esclaves » est au contraire une morale issue de l'impossibilité pour les vaincus de se reconnaître dans la morale géographique de leurs maîtres : pour des questions de survie, ce qui est bon doit impérativement être expulsé du présent territorial, déplacé à la fois vers le passé (l'Alliance fondatrice) et vers l'avenir (le Salut). C'est pourquoi Nietzsche verra dans le judaïsme (en réaction à la domination égyptienne) et le christianisme (en réaction à la domination romaine) un renversement moral qui entraîne avec lui, *comme sa conséquence*, sa propre historicisation. La *terre* est promesse d'avenir chez les uns, le ciel est refuge d'après la mort chez les autres : dans tous les cas, l'espace devient temporel. Le procès que Nietzsche veut intenter à la modernité ne vise pas tant l'historicisation de la conscience que le renversement moral qui la présuppose. C'est pourquoi, à partir d'*Humain, trop humain*, il peut proposer de faire une « histoire des sentiments moraux » ; parce que c'est un autre type d'« histoire », qui ne vise pas en dernière instance, comme le croient les modernes, l'avènement de la conscience historique, mais l'origine et le devenir de valeurs morales : ce qu'il appellera « généalogie ». Or — et c'est toute la difficulté de la démarche de Nietzsche —, la généalogie semble historiciser la morale alors qu'elle dégage et définit des forces anhistoriques (« instincts », « vie »,

« puissance ») à l'œuvre dans l'origine et le devenir de la morale. C'est pourquoi il lui faut non seulement passer par l'inactualité comme dégagement de puissances vitales irréductibles à l'historicité, mais encore s'affranchir de la détresse qu'implique toute historicité pour se rendre capable d'interroger les puissances vitales elles-mêmes dans leur devenir. C'est une autre forme de conscience historique, c'est même une compétence historique nouvelle, que Nietzsche revendique sous l'expression de « sens historique juste ». Nietzsche cherche une conscience historique non moderne de la modernité. C'est une affaire très compliquée, parce qu'il est évident que Nietzsche se meut fatalement dans l'élément de la modernité, et qu'à la fois il l'accompagne, lui résiste et cherche à la surmonter. Il ne cesse de signaler ces déclinaisons, toutes les fois qu'il utilise le « nous ». Mais ce qu'il entend montrer, et que nous ferions bien de prendre en compte, c'est que quelque chose de beaucoup plus profond que la condition moderne s'exprime quand s'énonce ce « nous », que la modernité est un masque, un mot entre guillemets, une manière de penser qui se condamne à ce dont elle se plaint ou se félicite. La fatalité de la modernité — comme celle de tout concept — consiste en ce qu'elle se dresse devant quelque chose d'inconnaissable et d'incommunicable, mais qui cherche impérieusement à s'exprimer. La modernité ne cesse jamais d'être connectée avec ce qui est anhistorique en elle, comme la distance interne, la tension prodigieuse au cœur de tout ce qui devient. La modernité n'est rien d'autre que la détresse de l'homme devant l'énigme mystérique.

Une précision encore. L'exigence de Nietzsche est fragile ; elle se meut à la limite de ce qu'il est possible d'affirmer : nous le surprendrons mille fois en flagrant délit d'être « moderne » selon sa propre définition. Mais ce sont pour ainsi dire des rechutes récurrentes, parce que la modernité historique est toujours ce dans quoi l'on retombe. D'où la nécessité de la critique, comme tenue sur la ligne de crête, autant que possible. Ce n'est pas le « sens » qui est en crise, la modernité n'est pas une « crise du sens », comme on s'évertue à le répéter en geignant depuis les retranchements de nos préfixes. Le « sens » est en lui-même essentiellement et toujours une crise, il est la manière dont sans cesse nous avons à trancher dans les tensions du devenir (dans l'énigmatique) sous la forme de nos jugements de valeur, c'est-à-dire sous le rapport de l'activité de nos instincts face à l'absolument inconnaissable (« vie », « puissance »). La modernité n'est pas en elle-même ce fragile maintien en équilibre sur la ligne de crête à quoi nous défierait « la crise du sens », mais au contraire un système très rigide de jugements de valeur portés par des instincts qu'une morale d'« esclaves » a exacerbés, épuisés, retournés au point que nous en sommes devenus presque intégralement « historiques », c'est-à-dire aussi bien *acritiques*. On sera peut-être surpris de l'assimilation de l'historicité au caractère acritique des jugements de valeur. On lit presque toujours le contraire. Pourtant, c'est bien cette impuissance critique qui suscite l'historicité : elle est incapable en effet de maintenir la polarité au niveau de tension constitutive du réel comme énigme. On l'a vu, elle fait du devenir un processus « significatif » de contradictions qui tendent toujours à leur résolution synthétique, c'est-à-dire en vérité à la négation finale de la différence de potentiel. Moderne, antimoderne, postmoderne :

voilà une bien jolie caricature de dialectique hégélienne. Il y a là un *refus de la puissance* comme telle. La modernité est la détresse devant l'infinie différentiation de la puissance.

Le terme *Modernität* n'apparaît chez Nietzsche qu'une petite quarantaine de fois, et seulement dans les textes de 1888 ; il n'a pas recours au substantif *Die Moderne*, employé pour la première fois par Eugen Wolff à propos de l'histoire de l'art, en 1886 seulement. Avec *Modernität*, Nietzsche traduit plutôt le terme français *modernité* (tel que Chateaubriand puis surtout Baudelaire l'utilisent dans les années 1850) à un moment où il lit beaucoup les Français et rapproche significativement Baudelaire de Wagner. Le substantif abstrait de « modernité » prend alors son essor en Europe, et ce n'est pas un hasard si c'est à partir de cette époque, et jusqu'à aujourd'hui, qu'on commence à ne pas savoir exactement de quoi l'on parle. En revanche, l'adjectif « moderne » (*modern*) a une histoire beaucoup plus longue[8], et le jeune Nietzsche le recueille déjà qui charrie une vieille tradition, voire un certain bric-à-brac inévitable. Il lui faudra du temps et du travail pour comprendre lui-même ce qu'il désigne par ce terme d'abord employé par un évident réflexe de détresse. À partir du printemps 1886 apparaît, dans des notes obsessionnellement répétitives, le projet d'une histoire de « l'assombrissement moderne » (*moderne Verdüsterung*).

Mais quand commence la modernité ? Quand avons-nous commencé à nous « assombrir » ? Cherchant une réponse auprès de ceux qui se préoccupent de la question de l'avènement de la modernité, on se heurte à un véritable fétichisme de la datation et de la périodisation[9]. Il est légitime, ou du moins inévitable, que chaque interprétation historique définisse les cadres temporels qui correspondent à *son* problème et lui permettent de le poser. Le préalable est déjà un élément de réponse. La difficulté de toute périodisation, c'est qu'elle transforme la perspective en *fait*, et que sa facticité est précisément ce qui n'est pas interrogé dans la question : « Si quelqu'un dissimule quelque chose derrière un buisson, puis le cherche à cet endroit et finit par le trouver, il n'y a pas grand lieu de se glorifier[10] », dirait Nietzsche. Définir historiquement la modernité, c'est déjà s'être donné une certaine idée de ce que *fait* l'histoire, de la façon dont elle procède, comme processus significatif. Vieille critique, certes, et que nous avons déjà vu abondamment à l'œuvre chez Nietzsche. Et pourtant, sans scrupule apparent, Nietzsche semble sacrifier au fétichisme de la datation. Sauf que, ce faisant, il brouille les pistes, multiplie les marqueurs chronologiques et réaffirme par-là une nécessaire mobilité interprétative. On le voit ainsi se réclamer de diverses chronologies établies avant lui, autour de lui, et qui seront encore reconduites tout au long du xxe siècle. Mais sa stratégie vise un but étrange, provoquant une inflation irrépressible de la période visée, et du « nous » qui lui correspond.

Les modernes, ce sont d'abord « les gens de maintenant », comme dirait Molière[11]. Les actuels, ceux qui vivent en même temps que Nietzsche. C'est David Strauss, qui mourra quelques mois après la publication de la Première Inactuelle qui l'éreintait, et que Nietzsche regrettera d'avoir attaqué personnellement si peu de temps avant qu'il trépasse. Les gens de maintenant sont toujours déjà un peu plus vieux que Nietzsche (est-ce ce pour cela qu'il en appelle à la jeunesse ?) ; c'est plutôt la génération de 1848, et puis les posthégéliens, les historicistes et les positivistes des années 1850. Eux-mêmes ont été jeunes. Il faudra donc élargir : la modernité, c'est tout le XIXe siècle. « Mon œuvre doit contenir un *aperçu d'ensemble* sur notre siècle, sur toute la modernité, sur le degré *atteint* de "civilisation"[12]. » Comment donner cet aperçu d'ensemble sur le siècle ? Comment le résumer ? Ce sera finalement le rôle de Wagner. Wagner sera la voix la plus intime de la modernité, le fil d'Ariane du siècle, son *résumé*[13]. Si Wagner résume le XIXe siècle qui s'achève, quand ce siècle a-t-il donc commencé ? Wagner est né en 1813, au moment de la guerre de libération des États allemands contre Napoléon, en plein romantisme. En 1886, Nietzsche s'aperçoit, à propos de la « musique moderne », qu'il lui avait manqué jusque-là une « explication *historique* suffisante », une « compréhension historico-culturelle » pour repérer la « source de l'assombrissement moderne » : « L'essence du romantisme se révéla à moi[14]. » Mais là encore, le romantisme, c'est à la fois la seconde moitié du siècle (Wagner, Baudelaire, Delacroix) et son tout début, l'époque glorieuse du premier romantisme allemand. Ce premier romantisme, c'est d'abord l'enthousiasme pour la Révolution française et Napoléon, puis la réaction contre l'un et l'autre (mais Napoléon, contrairement à la Révolution, n'est *pas* moderne[15]). C'est le « naïf » et le « sentimental » schillérien inspiré de Rousseau, ce moderne typique[16]. Nous voilà avançant à reculons vers le XVIIIe siècle, « à qui l'on doit tout ce en quoi notre XIXe siècle a travaillé et souffert[17] ». Car la modernité du XIXe siècle est un « degré atteint », il n'est qu'une marque résultative. C'est pourquoi Nietzsche remonte encore, non seulement à Descartes (ce « grand-père de la Révolution[18] »), mais au XVIe siècle : non pas celui de la Renaissance, mais de la *réaction* à la Renaissance : la Réforme[19]. Et Nietzsche continue, élargit la définition de la modernité à tout le devenir d'une culture « alexandrine », née avec la mort de la tragédie, avec Socrate et Platon, avec l'orientalisation de l'hellénité. Le christianisme est déjà un résultat de l'avènement de la modernité. En réalité, Nietzsche avait commencé par cette conclusion, et ce n'est que par jeu que nous reconstituons cette chronologie à rebours. Depuis *La Naissance de la tragédie*, la modernité pour Nietzsche trouve son origine chez les Anciens, l'Antiquité étant conçue comme cette origine toujours double, cette tension interne qui initie le mouvement de l'historicité dans la défaite de Dionysos. Nietzsche toujours rejoue la Querelle des Anciens et des Modernes, mais n'oppose pas deux époques, un avant et un après. Il définit une tension fondamentale entre deux types de forces, qui ont été d'abord exprimées en termes métaphysiques (à l'époque schopenhauerienne de *La Naissance de la tragédie*) puis conçues plus précisément comme instincts et lutte d'instincts. De même que la réalité est toujours déjà un complexe pulsionnel dont la dynamique est de créer de l'apparence, de même que l'histoire est la retombée des luttes en devenir dans le travail processuel apparent, la modernité est elle-même l'apparence historique que prend la défaite d'un certain type de forces, et la victoire de forces qui leur sont antagonistes. Ainsi, bien que Nietzsche joue le jeu des dates (celles-là mêmes que les théoriciens de la modernité convoquent toujours concurremment

— sauf que Nietzsche les convoque toutes ensemble), il neutralise en réalité toute périodisation. Il ne se satisfait pas de dire que le siècle de la modernité, « notre siècle », est un *résultat* — et, pour cause, le présent vu comme résultatif reste fondamentalement un réflexe historiciste. Il déjoue l'historicisme par une méthode en plusieurs étapes : premièrement, il contrecarre la notion de progrès en lui opposant celle de déclin ou de décadence. Il s'évite ainsi les dangers tout à la fois de la dialectique hégélienne, de l'idéalisme et du positivisme, de toute forme d'assomption présente ou future d'une histoire téléologique. Mais la décadence chez Nietzsche n'est pas la simple image inversée du progrès, elle n'est pas une forme concurrente de téléologie. Là encore, la difficulté de la pensée de Nietzsche réside en ce qu'il interprète sans cesse des processus de décadence, mais, paradoxalement, sans jamais les inscrire dans une téléologie. S'il critique l'idée de progrès, que ce soit dans sa version idéaliste en général ou positiviste en particulier, s'il s'indigne de l'incroyable présomption hégélienne qui consiste à voir dans le présent une assomption, Nietzsche ne s'en remet pas pour autant à une conception apocalyptique d'une décadence définitive, qui serait, elle, le « sens de l'histoire ». Les détresses décadentistes sont sans doute l'une des marques des « antimodernes », hier comme aujourd'hui ; mais si jamais Nietzsche peut être déclaré antimoderne, ce n'est certainement pas à cause du sens qu'il donne à la notion de décadence. Elle est chez lui une certaine qualité du devenir, et non un sens de l'histoire. Les « modernes », sans doute plus subtils que leurs adversaires, voient plutôt dans le présent une époque de *transition*, qu'elle ait la ténuité impalpable de quelque chose qui n'est pas encore déterminé ou la force inquiétante d'une crise ou d'une rupture. Mais, une fois encore, Nietzsche renvoie dos à dos modernes et antimodernes, progressistes et réactionnaires, optimistes et pessimistes : il n'y a non seulement aucun privilège du présent à incarner un début ou une fin, mais pas non plus de vocation de notre époque à faire *épochè*, à être *le* moment qui sépare l'avant et l'après. Le présent peut être pensé de manière anhistorique précisément parce qu'il reconduit éternellement cette position transitoire entre le passé et l'avenir, et c'est *à tout moment* que le présent est chargé de tout le passé et de tout l'avenir. Éternellement, quelque chose décline et autre chose croît, en même temps :

> Une époque de transition c'est ainsi que tout le monde appelle notre époque, et tout le monde a raison. Mais non dans le sens où ce terme conviendrait mieux à notre époque qu'à n'importe quelle autre. Où que nous prenions pied dans l'histoire, partout nous rencontrons la fermentation, les concepts anciens en lutte avec les nouveaux, et des hommes doués d'une intuition subtile que l'on appelait autrefois prophètes mais qui se contentaient de ressentir et de voir ce qui se passait en eux — le savaient et s'en effrayaient d'ordinaire beaucoup. Si cela continue ainsi, tout va tomber en morceaux, et le monde devra périr. Mais il n'a pas péri, dans la forêt les vieux fûts se sont brisés mais une nouvelle forêt a toujours repoussé : à chaque époque il y eut un monde en décomposition et un monde en devenir[20].

À tout moment des forces sont en train d'être vaincues et se décomposent, tandis que d'autres forces sont en train de vaincre et croissent. Mais il n'y a aucun processus significatif (téléologico-rationnel) qui puisse fonder la défaite ou la victoire d'un certain type de forces et en faire un résultat définitif ou une transition nécessaire[21]. Ainsi, loin de supposer à l'histoire un sens (qu'il fût de progrès infini ou accompli, de décadence programmée ou consommée), Nietzsche se demande *qui* donne sens à l'histoire, selon ses valeurs et ses concepts, selon sa position de vaincu ou de vainqueur. Les vainqueurs verront nécessairement dans la victoire un progrès, les vaincus un déclin. Comment définir les vainqueurs et les vaincus ? Par une typologie des hommes que déterminent les forces en jeu dans le jeu des dominations, sous la forme de leurs *instincts*. Il faut pouvoir définir l'essence d'une culture en fonction du type d'homme *dominant*. Or le type dominant se donne toujours pour le seul type, il a prétention à valoir pour le tout de « l'homme », il légifère seul sur la valeur et le concept d'« homme ». La modernité, c'est une certaine victoire de cette valeur et de ce concept. Or Nietzsche entend montrer que cette valeur et ce concept sont de terribles armes d'autodestruction : les vainqueurs actuels, pour remporter la victoire sur ceux qui les dominaient jadis (ils étaient les esclaves de leurs premiers maîtres, aux époques de la morale « géographique »), ont lutté contre la puissance elle-même, leur volonté de puissance a retourné la puissance contre la puissance, la vie contre la vie, le monde contre le monde. Pour que cette victoire fût possible, il fallut inventer des fictions prodigieuses, des puissances et des mondes imaginaires, pour vaincre *en pensée*, avec l'arme des concepts et des valeurs. Nietzsche, interprétant la modernité, entend faire le long récit de la victoire des *faibles*, de la vengeance de la faiblesse sur la force, de la volonté de néant sur la volonté de vie. En faisant ce récit, Nietzsche ne fait pas tant le constat factuel d'une vérité historique qu'un contre-récit, une nouvelle interprétation, pour la défense des vaincus : « Il faut toujours armer les forts contre les faibles[22]. » Nous autres modernes, sommes esclaves de nos fictions, nous avons par le concept même d'« homme », et par la constellation des valeurs qui le composent, créé un universel fictif qui épuise notre réalité, c'est-à-dire notre puissance ; nous haïssons jusqu'aux puissances que nous sommes, par idolâtrie pour des valeurs hostiles à toute puissance ; nous refusons et nions toute différentiation de la puissance ; nous vivons et pensons dans un système de règles contradictoires qui mine toute puissance, nous maintient dans le chaos de la lutte anarchique de nos instincts et nous empêche — nous le verrons — de nous constituer en *individus*. La modernité, c'est l'*impotentia*. Mais qu'est-ce qui, fondamentalement, autorise Nietzsche à affirmer que ce sont les « faibles » qui ont vaincu, et à produire ce sombre récit de notre défaite, de notre assombrissement ? C'est précisément — notre détresse.

Lorsque Nietzsche écrit « nous », de *La Naissance de la tragédie* aux *Considérations inactuelles*, il l'oppose au fond à un « vous » et à un « eux ». Nous, ce sont les inactuels, dont la détresse critique, face au monde moderne, doit reformuler la question de l'avenir ; nous, c'est d'abord Nietzsche lui-même, et ses maîtres Schopenhauer et Wagner : c'est-à-dire les quelques rares initiés à une connaissance mystérique qui, par la compréhension du mystère grec, l'intuition métaphysique du monde comme volonté et l'expérience musicale d'une transfiguration esthétique de la *physis*, ont fait éclater de l'intérieur l'évidence du processus historique et la confiance en nos formes de connaissance. Les initiés sont des tragiques : ils expriment un pessimisme de la force qui les élève loin au-dessus des modernes, ces optimistes de la faiblesse que sont les « philistins de la culture ». Ces derniers sont désignés par un « ils », ce sont « eux » qui règnent sur la culture, la politique, l'art et la science. Entre « nous » et « eux », l'enjeu est un « vous », dont le destin dépendra de ceux — soit nous, soit eux — à qui ils s'en remettront : c'est la jeunesse, dont l'indétermination inhérente à son âge peut la conduire à s'élever en un peuple à venir aussi bien qu'à retomber dans la masse présente. Ce qui donne espoir au Nietzsche de cette première période, c'est la détresse de la jeunesse à la croisée des chemins, prise entre les deux feux de l'ascension et du déclin ; c'est le sentiment qu'il y a une communauté possible entre la détresse inconsciente de la jeunesse et la détresse consciente des inactuels. Le coup de force, qui aura lieu de manière spectaculaire dans *Humain, trop humain* mais qui se préparait patiemment dans les textes précédents, consiste à ne plus faire de la détresse seulement le signe positif de ceux qui se sentent inactuels dans le présent, mais de l'élargir à un symptôme général de la modernité. Nietzsche sent bien que sa propre détresse était un symptôme de la morbidité moderne. S'affirme désormais l'idée que c'est au cœur même de la détresse commune qu'il faut discriminer les forces et les faiblesses, les signes d'avenir et de déclin. Car un même symptôme peut cacher des maux différents, et parfois plusieurs à la fois. Le philosophe doit se faire médecin : l'ambiguïté des symptômes, qui fait de ces derniers quelque chose qui doit être interprété, est elle-même conséquence de la conflictualité insurmontée (*anarchie*) des instincts conçue comme facteur d'affaiblissement, c'est-à-dire de morbidité. La santé, au contraire, est formation d'alliances instinctuelles sous la domination d'une volonté, ou instinct supérieur (*hiérarchie*), conçue comme facteur d'accroissement de la puissance. Santé et maladie, faiblesse et puissance deviendront les critères privilégiés du philosophe-médecin pour évaluer l'homme et la culture, à partir de l'analyse de la détresse — détresse psychique, mais aussi bien physiologique, comme on parle de « détresse cardiaque ». Pourquoi Schopenhauer et Wagner s'avèrent-ils de mauvais médecins de l'homme et de la culture ? Certes, ils ont eu une excellente intuition du diagnostic par leur extrême sensibilité à la détresse de l'homme, et en comprenant que la détresse provient des conflits chaotiques de la volonté avec elle-même ; mais le premier n'a finalement cherché qu'à anesthésier l'homme souffrant par une abolition de la volonté, le second à l'enivrer par une extase. Dans leur obsession pessimiste du palliatif, aucun d'eux n'a songé à *guérir* l'homme, c'est-à-dire à lui rendre une volonté, ou mieux encore à lui en proposer une telle qu'elle n'a encore jamais été pensée. Et si les optimistes nient qu'il y ait seulement une maladie, les pessimistes la jugent incurable. Nietzsche renvoie dos à dos optimistes et pessimistes[23] parce qu'il estime que, jusqu'à lui, personne n'a compris ce qu'il convient de comprendre pour traiter la détresse : la nature réelle de la « volonté ». Il faut pour cela la disséquer, et discriminer la pluralité des instincts qui la composent. Or la modernité est le terrain rêvé d'une telle « dissection[24] », puisque les instincts exhibent leur pluralité dans la détresse de leurs épuisants conflits. Patiemment, avec un regard endoscopique, l'œuvre de Nietzsche entreprend un diagnostic circonstancié de cette maladie qu'est la détresse, par dissection des instincts. C'est pourquoi *Humain, trop humain* revendique dès lors la pratique de « l'observation psychologique », et la revendique comme activité du « moraliste », au sens des moralistes français du XVIIe siècle. Vincent Lacombe[25] remarque qu'*Humain, trop humain* pratique, ce faisant, deux déplacements : le premier consiste à substituer l'observation psychologique à l'observation morale. Celle-ci se contente de décrire des rapports entre des entités dont l'essence n'est pas questionnée : la « volonté » aurait pour objet, par essence, le « Bien » et le « Vrai » ; la faiblesse de la volonté consisterait à se tromper d'objet ou à ne pas savoir l'atteindre ; une volonté malade commettrait donc des erreurs et des fautes. Il s'agirait donc, pour agir et connaître, d'être dans un rapport juste avec l'essence du Vrai et du Bien en eux-mêmes. Cet idéalisme remonte à Platon. Le génie des moralistes français a été de suspendre, en un siècle pourtant éminemment « moral » au sens idéaliste, l'évidence de la nature des « Idées » (ou valeurs) au profit d'une observation immanente des rapports internes de la volonté à elle-même, qui les obligent à établir une pluralité conflictuelle d'instincts, ou, dans le vocabulaire de l'époque, de *passions*. C'est déjà de la psychologie. C'est pourquoi le véritable moraliste, comme psychologue, est en réalité un immoraliste — second déplacement —, car c'en est fini pour lui de l'évidence des « idées », ou valeurs morales. Les moralistes du XVIIe ont franchi le premier pas vers l'immoralisme en ce sens que le Vrai et le Bien leur sont devenus infiniment problématiques. C'est le privilège aristocratique propre aux grands pessimistes chrétiens : la misère de l'homme est immense parce que le Vrai et le Bien se sont infiniment retirés du monde — *Deus absconditus*. Il y a dans le mépris que nourrissent les moralistes pour l'homme quelque chose que Nietzsche appellera, en parlant de son propre livre, une « école du soupçon[26] », c'est-à-dire aussi bien du mépris, du courage, de la témérité. Mais voilà, le soupçon des moralistes français est né de la détresse même du pessimisme chrétien, de l'orgueil de cette faiblesse radicale (la « misère ») que représentent le péché originel, la corruption et la vanité du monde d'ici-bas. Pas de santé possible, la puissance est tout entière du côté de l'Au-delà. L'idéalisme se retourne contre lui-même et remord dans sa chair indéfiniment. Dépassant le XVIIe siècle, le Nietzsche de *Humain, trop humain* entend alors « reprendre le drapeau des Lumières[27] », qui consiste à assurer, premièrement, la victoire de la philosophie historique sur la philosophie dogmatique : il s'agit de traiter l'origine des sentiments moraux et non de décrire l'essence de la morale, puisque l'essence elle-même est problématique. Et par conséquent, deuxièmement, il convient de refuser l'évidence d'une articulation substantielle entre la volonté et ses objets. Nietzsche n'aura de cesse de distinguer la force de la volonté et la véracité de ses objets ; il est inconséquent de prétendre que le Vrai et le Bien sont prouvés par le désir de les atteindre, ou que toute volonté du Faux et du Mal seraient erreur et faute. Bien et Mal, Vrai et Faux ne sont pas des objets extérieurs à la volonté, mais des représentations par lesquelles la volonté affirme et justifie sa propre intensité, qui n'est rien d'autre qu'une tension vers la puissance. C'est en ceci que consiste l'immoralisme : substituer l'immanence de la volonté de puissance à la transcendance de ses objets.

Cela suffit-il à faire de nous ces « esprits libres » auxquels appelle *Humain, trop humain* ? Non, pas tant que la philosophie historique restera prisonnière de l'historicisme, et que l'immoralisme favorisera le chaos de la volonté ainsi mise à nu. Pas tant que la modernité se réduira d'un côté à reconduire en optimiste une téléologie — fût-elle immanente, c'est-à-dire sécularisée ou réalisable — de la connaissance et de la morale, de l'autre à nier en pessimiste toute valeur possible, ou à faire de cette négation la seule valeur possible. Il ne suffit pas de dire que la modernité est un processus de sécularisation des valeurs ; il faut encore comprendre qu'elle a travaillé à leur égalisation, à leur universelle équivalence. Entre les Lumières et le XIXe siècle, la Révolution française a fait son œuvre : séculariser et égaliser. Ces deux traits de la modernité sont inhérents l'un à l'autre. Mais il en est un troisième qui génère cette contradiction de l'homme moderne et le voue à la détresse de ce qu'on a beaucoup appelé, depuis Max Weber, le « désenchantement du monde », et que Nietzsche évoque dans le recul de la métaphysique et de la religion : le bon vieux « besoin métaphysique[28] » demeure, que la science et l'art tentent tant bien que mal de compenser. À vrai dire, ce besoin métaphysique n'est *pas* à l'origine des religions et des systèmes métaphysiques, il croît plutôt à proportion de leur disparition[29]. Le trop célèbre « Dieu est mort[30] » ne sera pas un cri de victoire, ce sera un constat rempli d'horreur, et qui nous a rendus fous parce que nous ne nous en sommes pas aperçus, et que pourtant nous avons tout dépeuplé. L'homme a tué Dieu non pour s'affranchir, mais pour se faire souffrir plus encore, se reléguer lui-même au désert, dans cette solitude aux horizons infiniment plats des valeurs arasées. C'est, en des termes qu'*Humain, trop humain* n'utilise pas encore, la complicité morbide de l'idéalisme et du nihilisme qui torture l'homme moderne : celui-ci est le terrain où s'affrontent une volonté de connaissance qui entend déchirer ce voile d'illusion et de mystère par quoi la nature, pourtant, ne se montre ni se cache, et une volonté d'être trompé, de s'enivrer dans l'extase de sa misère, de son espérance et de sa foi. De cette analyse, Nietzsche tire, dans les paragraphes 26 et 27 d'*Humain, trop humain*, des conséquences en deux temps, qui témoignent d'une volonté « thérapeutique » pratique et d'un sens historique nouveau. En effet, le désenchantement brutal produit par le progrès de la science est dangereux pour la vie, même s'il est à terme le but de la philosophie : affaiblir, détruire, supprimer les besoins métaphysiques. Il s'agit en premier lieu de détourner le désir des objets et représentations que lui ont fournis l'idéalisme religieux et métaphysique, pour *satisfaire* autrement le besoin métaphysique, par exemple au moyen de l'art (d'où l'importance renouvelée des problèmes esthétiques même après que Nietzsche a renoncé à sa « métaphysique d'artiste »). On n'arrivera à rien avant d'avoir rendu justice à ce besoin, dont la négation est négation d'une activité vitale. Dans cette mesure, Schopenhauer, par exemple, a fait progresser la *justice*[31] en réactivant contre la science désenchanteresse une métaphysique souveraine qui désenchantait la science elle-même. C'est ce que le paragraphe 26 résume en ce paradoxe apparent : « De la réaction, nous aurons fait un progrès. » C'est ensuite seulement que peu à peu, par « transition », la philosophie pourra se faire « réellement libératrice », c'est-à-dire modifier l'activité même de la vie au profit de son propre accroissement. Jamais il ne s'agit d'abolir le désir, la volonté, la puissance. Il faut d'abord reconnaître leur nature et distinguer le contenu des valeurs qu'ils se donnent pour objets et l'activité même d'attribuer de la valeur. Si la santé de l'idéalisme consiste en sa puissance de produire une hiérarchie de valeurs, sa morbidité consiste à produire un type de hiérarchie qui affaiblit la puissance même qui la crée ; si la santé du nihilisme est de mettre à bas les valeurs hostiles à la puissance forgées par l'idéalisme, sa morbidité consiste en son impuissance à produire une quelconque hiérarchie susceptible d'affirmer la volonté. Voilà le réseau inextricable de l'*impotentia* moderne, « tout ce système extrêmement développé d'antagonismes, dont se compose le "monde moderne"[32] ».

Inextricable est aussi le mode d'exposition auquel nous oblige notre tentative de reconstruction de la méthode nietzschéenne : du programme « thérapeutique » nous déduisons sans cesse à rebours l'observation et le diagnostic. Et il est vrai que Nietzsche lui-même tisse toujours ensemble l'observation et la prescription, le constat et le programme. C'est sans doute parce que toute description est déjà jugement de valeur, et que l'objectivité scientifique du « psychologue » est un masque pour l'intuition éthique du moraliste. Si, comme on l'a souvent lu, *Humain, trop humain* se met à revaloriser la science, c'est en un sens qui n'a rien de commun avec la systématicité inductive de la science classique ni avec la mécanique déductive de la science moderne ; la science que revendique Nietzsche désigne plutôt une certaine puissance de juger, c'est-à-dire d'établir activement des liens difficilement visibles entre sphères apparemment hétérogènes[33]. N'oublions pas cette dimension moraliste de « l'observation psychologique », qui est bien plus que simplement descriptive, et qui dresse des portraits de l'homme moderne comme autant de « caractères ». Ainsi, nous voudrions revenir à ce que, concrètement, Nietzsche entend par *détresse* et comment il la représente — nous risquerions de nous y reconnaître un peu. Nous avons parlé de besoins et de désirs : rappelons qu'en allemand le mot que nous traduisons par « détresse » (*Noth*) renvoie aussi bien à l'idée d'une intériorité souffrante affectée par un effet d'extériorité, qu'à cette extériorité elle-même : la « nécessité » (également *Noth*) qui nous prive de ce dont nous avons besoin. La détresse moderne est avant tout une détresse de *nécessiteux*.

La détresse n'a pas toujours été intérieure. À l'époque de *La Naissance de la tragédie*, Nietzsche ne cessait de souligner la différence de réaction entre les Anciens et les Modernes face à la détresse, face aux souffrances infligées par la nécessité extérieure. L'enjeu était devenu manifeste dans le malentendu sur la fameuse « sérénité » des Grecs et leur talent pour « l'harmonie » ; les admirateurs modernes des Grecs sont aveugles à l'extériorité radicale de la nécessité : « Une *harmonie* dans une détresse intérieure, sans un arrière-fond effrayant — voilà ce que nos "Grecs" cherchent chez les Anciens[34] ! » C'est un double refus qui caractérise l'idéalisme : refus de plonger le regard dans les abîmes de Dionysos, et refus de regarder Apollon en face, c'est-à-dire refus tout à la fois d'affirmer la souffrance et l'apparence ; en échange de quoi, nous avons cru à l'existence d'un Vrai et d'un Bien en soi, et qu'on pouvait y atteindre. Complicité fatale de la morale, de la science et de l'histoire, qui n'ont aboli ni la souffrance ni l'apparence. Et c'est la persistance de la souffrance et de l'apparence envers et contre tout notre idéalisme qui a fini par faire de nous des nihilistes : *fiat veritas, pereat vita*[35]. L'apparence est restée pour ainsi dire extérieure, « s'aplatissant » et se dévalorisant du même coup, et la souffrance s'est intériorisée et « approfondie » ; leur articulation essentielle a été niée, démantelée, au profit d'une nouvelle faille, imaginaire et fallacieuse, entre l'intériorité et l'extériorité. La Deuxième Inactuelle, sur l'Histoire, fait de l'homme moderne une description à laquelle Nietzsche restera fidèle avec une extraordinaire constance :

> L'homme moderne finit par avoir l'estomac chargé d'une masse énorme de connaissances indigestes qui, comme il est dit dans le conte, se heurtent et s'entrechoquent dans son ventre. Ce bruit révèle la caractéristique la plus intime de cet homme moderne : la remarquable opposition — inconnue aux peuples anciens — entre une intériorité à laquelle ne correspond aucune extériorité et une extériorité à laquelle ne correspond aucune intériorité. Le savoir, dont on se gave sans, le plus souvent, en éprouver la faim, parfois même malgré un besoin contraire, n'agit plus comme une force transformatrice orientée vers le dehors, il reste dissimulé dans une certaine intériorité chaotique, que l'homme moderne désigne avec une singulière fierté comme sa "profondeur" spécifique. On dit alors qu'on possède le contenu, et qu'il ne manque plus que la forme ; mais c'est là, pour tout être vivant, une opposition totalement inappropriée[36].

Ne nous y trompons pas : le cliquetis des connaissances dans notre estomac est aussi bien celui de nos valeurs, car Nietzsche ne parle jamais du savoir sans entendre en même temps la morale, puisque connaître, c'est toujours déjà évaluer. « En termes de morale, écrit-il dans le paragraphe suivant, vous ne réussissez plus à fixer le sublime. » L'instabilité interne interdit par ailleurs la fixation externe de forme. À l'hétéroclite intérieur correspond un extérieur sans unité :

> Pour ce qui est de l'extérieur, on remarque combien l'extirpation des instincts par l'histoire a presque transformé les hommes en ombres et en pures abstractions : personne n'ose plus être soi-même, chacun se cache derrière un masque d'homme cultivé, de savant, de poète, de politicien. Si l'on s'en prend à de tels masques en croyant avoir affaire à des personnes réelles et non à de simples fantoches — car ils affichent tous le plus grand sérieux — on ne se retrouve, soudain, qu'avec des guenilles et des oripeaux bariolés entre les mains. Aussi ne doit-on plus se laisser abuser, aussi doit-on leur crier : « Quittez vos manteaux ou bien soyez ce que vous paraissez être[37] !

L'image du costume bariolé, de la bigarrure (*Buntheit*), pour désigner l'homme moderne, intervient dans toute l'œuvre de Nietzsche, des premiers aux tout derniers textes[38]. Elle s'oppose à sa définition précoce de la culture comme unité du style. Cet assemblage carnavalesque dont nous nous revêtons renvoie à une absence de style, de goût, de maîtrise des formes ; à une pratique de l'emprunt sauvage, sans choix ni sélection. La bigarrure moderne caractérisera aussi bien la littérature que la musique, les sciences historiques et naturelles que la mode, le journalisme et la politique. Ces analyses sont bien connues. Ce qui nous importe ici est cette figure de carnaval que dessine la bigarrure culturelle de la modernité. L'Inactuelle sur *Schopenhauer éducateur* lui taillait — littéralement — un costume :

> Il n'existe pas dans la nature de créature plus sinistre et plus répugnante que l'homme qui s'est dérobé à son propre génie et qui louche maintenant à droite et à gauche, en arrière et de tous les côtés. On n'a même plus le droit à la fin d'attaquer un tel homme car il n'est qu'extérieur sans noyau, vêtement bouffant, teint et usé, fantôme chamarré qui ne peut inspirer la peur et moins encore la compassion. Et si l'on dit avec raison du paresseux qu'il tue le temps, il faut s'occuper sérieusement de tuer une bonne fois le temps d'une période qui place son salut dans les opinions reçues, c'est-à-dire dans les paresses privées, je veux dire qu'il faut l'effacer de l'histoire de la véritable émancipation de la vie[39].

La paresse, le conformisme, les idées reçues et les opinions toutes faites, tout cet art de caméléon qui nous fait ressembler à tous les autres, ce désir affolé d'arborer tout ce qui a cours, pour se fondre dans le paysage : voilà notre réaction apeurée face à la double souffrance de la profondeur et de l'apparence. La critique semble remâchée, tous les moralistes se plaignaient de la frivolité de la mode, la rengaine sur notre caractère superficiel et conformiste orne même encore nos conversations de comptoir. N'empêche : les causes en sont aussi abyssales que les conséquences. Nous l'avons dit, la cause en est la complicité morbide de l'idéalisme et du nihilisme, qui se manifeste dans notre incapacité à créer des valeurs qui ne nous vident pas de notre puissance, et la mauvaise conscience, la détresse de cette impuissance ; la conséquence, nous dit Nietzsche, c'est que nous sommes devenus « des semblants d'hommes », nous n'assumons pas « la responsabilité de notre apparition dans l'existence ». Ce que les Inactuelles appellent encore du nom emphatique de « génie » restera pour Nietzsche, sous le terme plus décisif d'*individuum*, l'enjeu essentiel de la critique de la modernité : nous sommes des individus incomplets, c'est-à-dire *inhumains*. Entre « l'inhumain » et le « trop humain », c'est le concept même d'*homme* qui doit être entièrement repensé. Notre conception de l'humanité est idéaliste et nihiliste. Qu'on le nomme humanité supérieure ou surhumanité, le but de Nietzsche restera l'urgente nécessité de nous *compléter*.

Pour nous compléter, il faut comprendre ce qui nous manque, comprendre en quoi nous sommes nécessiteux, et donc interroger la nature de notre détresse. Nous avons commencé à le dire, tout se joue dans un certain rapport entre l'intériorité et l'extériorité, ou pour le dire autrement, comment le type « homme » s'est déterminé dans un certain rapport au monde. Ce qu'il faut distinguer d'abord, ce sont deux types de « bigarrure ». Il y a celle de l'homme, caractérisée négativement comme absence de style, d'unité, de complétude, dans nos valeurs morales comme dans nos actions[40]. Et puis il y a la bigarrure du monde, qui est une tout autre multiplicité. Déjà *La philosophie à l'époque tragique des Grecs* (1873) soulignait que nous écartons comme fantasme et apparence « toute la diversité et la bigarrure du monde connu par l'expérience, son changement qualitatif[41] ». *Le Gai Savoir* (1882) en fera le nécessaire objet d'une joyeuse affirmation[42]. Car tout bigarrés que nous sommes, nous n'avons absolument pas le courage d'un regard sur la bigarrure réelle du monde, son perpétuel devenir, son absence de sens, sa créativité fondamentale. Notre bigarrure est le résultat paradoxal de l'extrême réduction idéaliste (rationnelle et morale, « théorique ») de la surabondance colorée du monde, réduction commandée par notre détresse :

> Mais en tant que savant dans le domaine des sciences de la nature, on devrait savoir sortir de son réduit humain : dans la nature ce n'est point la détresse qui *règne*, mais l'abondance, le gaspillage, même jusqu'à l'absurde[43].

Dans ce paragraphe 248 du *Gai Savoir* consacré à la critique du darwinisme, Nietzsche explique que la conservation de soi (dont participe l'instinct théorique) est déjà un signe de détresse en tant qu'elle est une restriction commandée à l'extension de la puissance. La science est toujours déjà un rabougrissement instinctif face à la bigarrure du monde, surabondante, incontrôlable, inconnaissable. Nietzsche dit ainsi que notre tendance à nous uniformiser nous a conduits au plus ridicule hétéroclite. Ce n'est un paradoxe qu'apparemment : l'uniformisation (ou convention) nous oblige à nous emprunter tous les uns les autres nos valeurs et concepts créés par instinct de conservation, et, pour nous protéger du monde, à nous parer de tout ce qui circule déjà dans l'ordre de la science et de la morale. Cette bigarrure d'emprunt contredit la bigarrure réelle du monde et nous condamne, comme l'exprimait déjà la Troisième Inactuelle :

Ils se cachent derrière les coutumes et les opinions. Au fond tout homme sait très bien qu'il n'est au monde qu'une fois, à titre d'*unicum*, et que nul hasard, même le plus étrange, ne combinera une seconde fois une multiplicité aussi bizarrement bariolée dans ce tout unique qu'il est : il le sait, mais il le cache comme une mauvaise conscience[44].

L'*unicum*, combinaison unique d'une multiplicité non réitérable : voilà l'objet de la grande détresse de l'homme face à la nature et à lui-même. Sa grande paresse, ou pis encore, sa profonde lâcheté. Contre ce monstre qu'est l'infinie singularité, ou le pur événement, ou l'absolu devenir, l'homme inventera l'universalité. On voit d'ores et déjà pourquoi Nietzsche doit se donner une définition si extensive de la modernité comme production d'universel. Pour anticiper sur le chapitre suivant, disons dès à présent que la modernité sera coextensive à l'invention de la rationalité et de la subjectivité, par quoi se dit l'universalité de l'homme ; mais précisons aussi qu'il ne s'agit de rien moins que l'histoire de « l'homme », qui ne se comprendra que par une généalogie de la morale. Et cette histoire est, répétons-le, l'histoire d'une effarante détresse.

Cette histoire, Nietzsche la commence sérieusement dans *Aurore* (1880), précisément au moment où se dessine le concept de volonté de puissance, encore cerné par des expressions diversifiées comme « sentiment de puissance » ou « désir de domination ». L'articulation de la détresse et de la volonté avait déjà été établie par Schopenhauer, et Nietzsche l'avait reprise dans ce pessimisme silénien de l'individuation qui sous-tendait *La Naissance de la tragé-*

die. Plus profondément, *Aurore* articule désormais une série qui s'enchaîne : la volonté de dominer le monde extérieur (par la morale et la connaissance), l'impuissance face à la souffrance extérieure, et par là même la condamnation du monde, et enfin le repli sur soi. Ce dernier processus de rejet de l'extériorité et d'intériorisation du désir de puissance, Nietzsche le nomme *spiritualisation* : l'esprit (ou conscience, ou instinct de connaissance) devient l'instance dominante ; mais, exerçant une domination imaginaire sur un monde en réalité indomptable, elle se venge en se retournant contre le corps propre, constitué lui-même, comme le monde, d'instincts multiples, bigarrés, violents, sensuels, passionnés, cruels, dispendieux ; devenu lui-même extériorité, le corps devient l'objet des tortures de l'esprit. Autant dire que l'esprit ne fait alors rien d'autre que se torturer lui-même, et « le préjugé de l'"esprit pur" », dépréciant le monde, déprécie en réalité les autres instincts, le corps, soi-même, suscitant hypernervosité, extase, signes avant-coureurs de la démence[45]. Le sentiment de puissance que confère cette domination délirante de l'esprit sur lui-même élève à des états extatiques, qui apparaissent comme le moi authentique, toute rechute causant détresse et désespoir, conçus par les hommes qui les éprouvent comme une « *répercussion de "ce qui leur est extérieur"* » ; ainsi pensent-ils à leur entourage, leur époque, leur monde tout entier avec un appétit de vengeance[46] ». On l'aura compris, Nietzsche a entamé l'histoire du christianisme, de la spiritualisation typiquement chrétienne qui a pris la main sur la culture. Elle a fait des passions (les instincts, les désirs, tous liés à l'accroissement de la puissance sur le monde) une source de détresse intérieure : « N'est-il pas effrayant de transformer des sensations nécessaires et normales en une source de détresse intérieure et de vouloir rendre à ce point la détresse intérieure nécessaire et normale *chez tout homme*[47] ! » Comment a procédé cette morale d'esclaves pour inscrire la détresse au cœur de l'homme ? En instillant la haine de toute puissance, la haine de sa propre puissance, et le rêve d'une unique puissance capable d'abolir toute autre puissance : ce que *La Généalogie de la morale* nommera respectivement le ressentiment, la mauvaise conscience et l'idéal ascétique. En articulant l'impossibilité de la vertu avec le miracle immérité de la rédemption, sous la forme d'une dette infinie. Ces analyses sont bien connues, nous ne nous y attarderons pas. En revanche, il faut tenter d'embrasser du regard ce que Nietzsche est par là en train de décrire : il s'agit certes de l'histoire du christianisme, son plus explicite ennemi. Mais l'interprétation généalogique nietzschéenne n'aura de cesse de comprendre le lien du christianisme au judaïsme, et du judaïsme à l'hellénité ; de chercher les éléments d'« orientalisation » de la culture grecque, de tisser des liens avec l'ascétisme indien. Nous résumons grossièrement, et les analyses de Nietzsche, toujours extrêmement différenciées et nuancées, souffriraient de ces raccourcis ; mais ce qui nous importe ici, c'est l'inflation évidente de l'analyse historique à un champ qui en réalité embrasse toute l'histoire de l'homme. Car il y va de la genèse même de la conscience intellectuelle (*Bewußtsein*) comme de la conscience morale (*Gewissen*), que toujours Nietzsche a articulées ensemble, dans la mesure où connaître, c'est toujours déjà évaluer. Or l'histoire de l'homme, selon Nietzsche, montre que le développement de la connaissance (langage, concepts, valeurs) a tout à voir avec la *convention*, c'est-à-dire un processus de sociabilisation, de vie en communauté qui tente de maintenir la paix, c'est-à-dire de protéger de la souffrance infligée par l'extériorité. Les conséquences politiques de cette analyse sont immenses, nous le verrons. Mais, pour l'heure, retenons que le christianisme n'a fait que pousser à bout, en une victoire aussi cruelle que sublime, ce qui en l'homme était, depuis le lent et rampant surgissement de sa conscience, voué à la détresse. Car notre « conscience », dans le processus même d'hominisation, s'est vouée à devenir « mauvaise conscience », c'est là *notre* maladie. Et *La Généalogie de la morale*, en des lignes saisissantes[48], n'hésitera pas à remonter à la naissance de l'homme *en tant qu'homme* pour y faire surgir la source de notre détresse et l'origine de notre maladie.

Quel statut accorder, dans ces conditions, à la notion de modernité chez Nietzsche ? Nous autres modernes, n'avons fait que déployer jusqu'à ses extrêmes conséquences un devenir humain qui ne cesse de nous faire toujours plus souffrir intérieurement, d'augmenter notre détresse, d'autant plus grande qu'elle repose sur plus de représentations imaginaires et d'impuissances réelles. Les modernes ne sont pas plus « mauvais » ; au contraire, nous sommes même moins cruels, plus inoffensifs et plus doux — Nietzsche dit parfois que nous sommes moralement « meilleurs ». Nos sciences et nos vertus ont quadrillé le monde, lui donnant un air plus rassurant. Non que le monde soit plus heureux et plus juste. Mais nous le jugeons à l'aune de nos sciences et de nos vertus, notre intériorité règne sur tout, nous avons pour chaque malheur, chaque injustice, chaque mystère, une image compensatoire de bonheur, de justice, de science. Nous nous sommes bariolés d'autant de valeurs nécessaires à repousser de notre conscience chaque fragment de destin, chaque bloc de souffrance. Notre bonne conscience est le dernier avatar de la mauvaise, une intériorisation extrême d'un idéalisme hétéroclite et carnavalesque qui ne supporte rien du monde. Ne nous y trompons pas : nous ne *tolérons* aucune souffrance, aucune intensité, aucun *fatum*. Nous avons honte des résidus de cette puissance que nous avons sabordée. Notre hyperexcitabilité a érodé nos nerfs, et nous nous croyons sensibles parce que nous souffrons de la moindre intensité, aveugles au fait que nous ressentons en réalité toutes les intensités de la même façon, ne hiérarchisons ni les puissances ni les souffrances, ni nos valeurs ni nos connaissances, ni en nous-mêmes ni parmi les autres hommes. Et si avec cela notre détresse était moins grande ! Mais nous continuons d'être nécessiteux, et de balancer dans notre détresse entre l'ivresse et l'acédie.

La « modernité » n'est pas une époque historique, c'est une manière de penser et de sentir que Nietzsche a décelée partout où il a perçu, *à la source d'une détresse*, une vaste entreprise de réduction de la multiplicité du monde au nom de l'esprit, et une inflation de l'intériorité spirituelle au détriment de l'extériorité de ce monde. Rien d'extraordinairement original jusque-là : nous sommes dans ce que la plupart des théoriciens de la modernité, qu'ils s'en félicitent ou le déplorent, étudient comme son double processus de *rationalisation* et de *subjectivation*, comme l'avènement de la Raison et du Sujet en réponse au problème de la connaissance et de la morale. Mais ici la contribution singulière de Nietzsche est : premièrement, d'interpréter ce qui, dans la réponse rationaliste et subjectiviste, relève d'une complicité morbide entre l'idéalisme et le nihilisme, c'est-à-dire d'une entreprise d'appauvrissement, de dévalorisation, de condamnation du monde et de l'homme au profit de représentations imaginaires hostiles à la vie (« la vie » n'étant pas ici critère d'un jugement apodictique, mais position d'un problème) ; deuxièmement, et conformément à ce qui précède, de faire de l'idéalisme et du nihilisme des types d'évaluation exprimant un certain rapport pathologique des instincts entre eux, engendrant des pathologies de la puissance — et donc une détresse ; troisièmement, par conséquent, d'exiger de l'homme qu'il fasse l'expérience, pour l'avenir, d'une reconfiguration radicale du rapport de ses instincts entre eux, c'est-à-dire la tentative d'une destruction des anciennes valeurs et de la création de valeurs nouvelles, afin de déterminer à nouveau le sens de la connaissance et de la morale — c'est-à-dire, concrètement, d'inventer de nouvelles manières de penser et de sentir, capables, peut-être, de surmonter la détresse et d'atteindre à une plus haute « santé ».

Chapitre V

LA RAISON, LE SUJET ET LA VOLONTÉ DE PUISSANCE

Peut-être notre obstination à définir la modernité par l'avènement de la rationalité et de la subjectivité est-elle un signe supplémentaire que nous prenons les dernières conséquences pour des assomptions, ou les effets secondaires pour des ruptures. Si Nietzsche entend lui aussi établir une histoire de la rationalité et des formations de subjectivité qui en découlent, non seulement il privilégie le temps long — jusqu'à s'aventurer sur le terrain périlleux de l'origine du langage —, mais il entend encore produire une double articulation : celle qui lie la généalogie de la rationalité à celle de la morale, et, partant, celle qui lie le destin du rationalisme et celui de l'idéalisme. Vaste entreprise, donc, qu'il convient de restituer rapidement avant d'en dégager les implications pour le concept nietzschéen de modernité.

Il faut remonter à un petit texte de 1873, *Vérité et mensonge au sens extra-moral*[1], qui apparaît en quelque sorte comme le pendant anthropologique de *La Naissance de la tragédie*. Nietzsche y reprend la genèse de l'homme théorique de la culture socratique, type qu'il avait opposé à celui de l'homme tragique de la culture dionysiaque ; mais il la fonde désormais sur l'origine et le développement du langage. Il ne se place plus dans un passé historique repérable, mais au niveau d'une fondation conceptuelle qui réactive « l'état de nature » des philosophes classiques. On trouve d'ailleurs certaines affinités inavouées avec l'essai de Rousseau sur l'origine des langues. Nietzsche ne modifiera quasiment plus sa théorie du langage, ce qui fait de cet opuscule un texte effectivement fondateur. Il faut retenir que le langage naît en *réaction* à la « bigarrure » du monde, à la proliférante multiplicité de tous ses éléments singuliers, à la différentiation infinie au cœur de la phénoménalité. Nous reconnaissons la théorie « vraie, mais mortelle » du « devenir universel ». C'est bien parce que le devenir universel est mortellement périlleux pour son instinct de connaître (c'est-à-dire sa volonté de domination et d'appropriation du monde), que l'homme va dégager une prodigieuse puissance créatrice pour saisir l'insaisissable, et nommer l'innommable. Nietzsche reste résolument kantien lorsqu'il affirme que l'en-soi est inconnaissable, et que la phénoménalité dépend des conditions *a priori* de la sensibilité. Mais chez lui la sensibilité est déjà une puissance active que l'homme tient de l'essence même de la vie, qui est appropriation, assimilation, création : faute de pouvoir connaître cet « x énigmatique » qu'est l'en-soi (à propos duquel, du reste, il conviendrait d'observer un silence éléatique), l'homme *traduit*. La perception sensible est déjà traduction active d'une sphère à une autre, entre sphères absolument hétérogènes entre elles. L'excitation nerveuse est traduite en image mentale. Et le langage sera traduction sonore de l'image. Le langage est ainsi une traduction de traduction, saut au carré entre sphères hétérogènes, sans aucune certitude quant au texte de départ[2]. La « vérité », comme connaissance « vraie » de la « chose en soi », est radicalement écartée (comme l'en-soi lui-même est évacué), au profit d'une interprétation, d'un processus de traduction créative immanent à l'apparence. Le langage sera donc conçu comme phénomène esthétique en deux sens, puisqu'il repose exclusivement sur une théorie de la perception sensible et se réclame d'un modèle de création artistique. Cela signifie aussi qu'« à l'origine » le langage est essentiellement sensible et ne se fonde sur aucune intelligibilité. Il n'est pas *logos*, mais *pathos*. C'est pourtant du langage que va naître la raison, « de façon déraisonnable », et voilà une énigme qu'il s'agira de déchiffrer[3]. *Vérité et mensonge* évoquera donc le passage, dans la constitution du mot, de l'ordre métaphorique (sensible) à l'ordre conceptuel (intelligible) : nouvelle traduction, nouveau saut dans l'hétérogène, nouvelle création. En toute rigueur, chaque perception singulière devrait déclencher une traduction correspondante, et donc un mot singulier. Il y aurait alors un mot différent pour chaque feuille différente dans la forêt, et même un mot différent pour la feuille perçue le matin et la « même » feuille perçue le soir. Mais la puissance perceptive et créatrice de l'homme n'est pas assez étendue pour recueillir, traduire et inventer autant de singularités qu'il en existe dans la bigarrure de ce monde héraclitéen, jamais identique à soi. Car nos perceptions sont toujours locales, nous sommes déjà une sphère perceptive limitée, à l'extérieur de quoi rien n'existe pour nous ; devant l'infinie multiplicité du monde, notre sensibilité opère une réduction active, ce que Nietzsche appelle souvent une « simplification du monde », et dont il fera encore l'activité propre du génie[4]. Nous comparons, mesurons, identifions, classons de telle sorte à ramener toujours l'inconnu au connu, le multiple à l'un, la différence à l'identité. Le seul concept de « feuille » suffira à désigner toutes les feuilles de la forêt, et de toutes les forêts du monde, à chaque instant. Nous voici franchissant un pas de plus dans la traduction, et surtout dans l'éloignement, non seulement de l'en-soi présumé, mais encore et surtout de l'apparence elle-même. Ce que décrit ici Nietzsche, c'est la production créatrice, par une puissance d'appropriation, d'une chaîne qui mène de la perception à l'image, de l'image au langage, du langage à la raison, en cascade, comme autant de processus exponentiels. *Pathos, Poïesis, Logos*. La « vérité », que notre instinct de connaître, finalement constitué en raison, se donnera pour sublime objet, n'est ainsi elle-même rien d'autre que le résultat de notre passion d'appropriation du monde selon notre seule perspective, le produit à la fois d'une hétérogénéité radicale d'avec l'en-soi posé comme x et d'une réduction drastique du phénomène. L'instrument de notre puissance, voilà ce qu'est la vérité en un sens « extra-moral », c'est-à-dire comme activité créatrice et non comme croyance. Car la « vérité » au sens moral (le seul sens que nous lui connaissions encore) advient lorsque nous nous mettons à *croire* au langage[5]. La raison est à proprement parler la croyance dans le fait que notre langage a un rapport nécessaire et naturel au monde, donc que le monde est intelligible, et que la vérité est possible. Et cette croyance vient d'une double nécessité : d'une part, de l'aveuglement de notre passion, qui nous fait croire que nous dominons réellement ce que nous brûlons de nous approprier — orgueil prodigieux, que nous avons en commun avec la mouche[6] ; d'autre part, de la domination exercée par des hommes sur d'autres hommes, consistant à imposer à tous la même croyance, ce que l'on appelle la communication ou la vie en société : la rationalité représente tout un travail de mise au pas, qui épuise à la longue l'activité créatrice au profit de la *convention*. Il faut citer ce passage célèbre :

> Qu'est-ce donc que la vérité ? Une multitude mouvante de métaphores, de métonymies, d'anthropomorphismes, bref une somme de relations humaines qui ont été rehaussées, transposées, et ornées par la poésie et par la rhétorique, et qui après un long usage paraissent établies, canoniques et contraignantes aux yeux d'un peuple : les vérités sont des illusions dont on a oublié qu'elles le sont, des métaphores usées qui ont perdu leur force sensible, des pièces de monnaie qui ont perdu leur effigie et qu'on ne considère plus désormais comme telles mais seulement comme du métal. Nous ne savons toujours pas d'où provient l'instinct de vérité car jusqu'à présent nous n'avons entendu parler que de la contrainte qu'impose la société comme une condition de l'existence : il faut être véridique, c'est-à-dire employer les métaphores usuelles ; donc, en termes de morale, nous n'avons entendu parler que de l'obligation de mentir selon une convention établie, de mentir en troupeau dans un style que tout le monde est contraint d'employer. À vrai dire, l'homme oublie alors que telle est sa situation. Il ment donc inconsciemment de la manière qu'on vient d'indiquer, se conformant à des coutumes centenaires... Et c'est même *par cette inconscience-là*, par cet oubli qu'il en arrive au sentiment de la vérité[7].

Souvenons-nous de ce que la Deuxième Considération inactuelle disait de la mémoire et de l'oubli, et, partant, de la conscience et de l'inconscient : conscience et mémoire sont les instruments d'une activité vitale inconsciente d'oubli sélectif, organes préhensifs de notre instinct de connaître comme volonté de s'approprier le monde selon ce que peut en prélever notre puissance. Trop de mémoire, trop de conscience, au sein d'un monde inconnaissable en soi et qui s'offre dans une bigarrure infinie, paralysent les forces vitales en les saturant, et se retournent contre elles. Le problème est le même pour la raison, que d'ailleurs Nietzsche assimile parfois simplement à la conscience et à la mémoire. C'est, une fois encore, affaire de *dosage*. Car la raison est un extraordinaire instrument de lutte contre le chaos des images, l'anarchie de l'imagination[8]. Nietzsche n'a pas de mépris pour la raison, il y admire la puissance d'un instinct, le travail de sélection, de hiérarchisation et de création qui s'y effectue. Ce qu'on a appelé sommairement la période « rationaliste » de Nietzsche, à l'époque d'*Humain, trop humain*, n'est rien d'autre que le moment d'une analyse visant à évaluer et à rétablir le juste dosage de la « raison » et de l'« imagination », l'équilibre dans le « rapport de forces » entre la bigarrure du monde et notre passion de connaître. À cette fin, et selon une méthode constante chez lui, Nietzsche dessine des types qui doivent incarner les différents dosages. C'est ainsi que, dans *Vérité et mensonge*, apparaissent pour se compléter « l'homme intuitif » et « l'homme rationnel » (ou « théorique »), dans lesquels on reconnaît une variante du Grec dionysiaque et du Grec apollinien, ou encore de l'artiste et du savant. Dès 1873, Nietzsche refuse d'établir une supériorité quelconque d'un type sur l'autre ; et tandis que *La Naissance de la tragédie* déplorait encore la disparition de la culture tragique au profit de la culture théorique, la soumission de l'art à la science, la conclusion de *Vérité et mensonge*, préfigurant *Humain, trop humain*, laisserait presque entendre la nécessité d'une coexistence des deux pour former une culture supérieure.

D'où vient alors la violence de la critique qu'adresse Nietzsche, non à la raison, mais au rationalisme ? Précisément de la rupture d'un équilibre, dont la philosophie est responsable. Il ne s'agit pas tant de dénoncer une prédominance excessive que de débusquer dans cette domination croissante du rationalisme l'expression d'une *détresse*, et donc d'une impuissance. C'est exactement à ce tournant de l'analyse que débute chez Nietzsche la critique de la modernité. La fin de *Vérité et mensonge* fait allusion, chez l'homme rationnel, à la « peur de l'intuition ». Un texte contemporain, *La Philosophie à l'époque tragique des Grecs*, développe ce point essentiel. Quand Héraclite était le seul à affirmer souverainement la « bigarrure » du monde, ou doctrine du devenir universel, les autres philosophes grecs en ont au contraire entrepris la vaste négation, et par là même, ont développé une hostilité à la vie. Il semble même que cette entreprise ait débuté *avec* la philosophie. En postulant, par exemple, que l'eau serait l'élément originel et matriciel de toutes choses, les premiers philosophes grecs ont franchi un pas délirant dans la réduction de l'hétérogénéité du monde. C'est ce que fit Thalès, en réduisant d'un coup l'infinie multiplicité du monde à un principe moniste, *contre toute expérience*[9]. C'est ainsi que la raison naît du « déraisonnable », par un saut radical du multiple à l'un. Mais une telle radicalité est encore l'expression d'une puissance extraordinaire de l'imagination, le surgissement d'une image unique embrassant tout, et qui est de l'ordre de *l'intuition mystique*[10]. De même Schopenhauer ébloui par l'intuition d'une Volonté unique derrière l'infini des représentations. C'est encore une philosophie religieuse et artiste, à qui « l'espoir et le pressentiment (...) donnent des ailes[11] ». Mais les choses se compliquent avec Parménide, qui rejette le devenir du côté du non-être. Non plus, comme chez Thalès, un principe unique embrassant amoureusement le tout de l'apparence bigarrée des choses, mais un rejet radical de toute apparence, comme illusion et fantasme, erreur et folie — la vie devient un « crime universel contre la logique[12] ». La bigarrure, pour la première fois, est *condamnée*. Et avec elle, la perception des sens, l'intuition, l'imagination :

> En séparant tout d'un coup brutalement les sens et la faculté de penser abstraitement, c'est-à-dire la raison, comme s'il s'agissait de deux facultés parfaitement distinctes, il [Parménide] a détruit l'intellect lui-même et poussé à cette division tout à fait erronée entre l'« âme » et le « corps » qui, principalement depuis Platon, pèse comme une malédiction sur la philosophie. Au verdict de Parménide, toutes les perceptions des sens ne produisent que des illusions, et la principale illusion qu'elles suscitent est précisément de faire croire que le non-être lui aussi existe, que le devenir lui aussi a un être. Toute la diversité et la bigarrure du monde connu par l'expérience, son changement qualitatif, l'ordre qui préside à sa croissance et à son déclin sont impitoyablement écartés comme pures apparences et fantasmes.

On retrouvera intact ce jugement de Nietzsche sur l'avènement de « la "raison" dans la philosophie » tout au long de son œuvre, et jusque dans *Crépuscule des idoles* (1888) : l'idiosyncrasie propre des philosophes consiste en une « haine contre l'idée même de devenir[13] ». Il est remarquable de constater à quel point Nietzsche inscrit le développement du rationalisme dans une observation des passions, une analyse de l'amour et de la haine en jeu dans l'élaboration des systèmes philosophiques. Et c'est en toute logique que la connaissance sera qualifiée d'instinct et la vérité de passion, puisqu'il a fait émerger la rationalité à partir du langage comme *pathos*. Et ce faisant, si aimer et haïr sont le fond même de toute activité *évaluatrice* de l'homme, déterminant ce qu'il faut affirmer et ce qu'il faut nier, ce qui est désirable et ce qui est condamnable, c'est bien à une genèse commune qu'il faut renvoyer le rationalisme et la morale. C'est alors que la figure de Socrate joue un rôle essentiel, là encore avec une constance remarquable. Socrate, en effet, pose une équation fatale pour l'avenir : raison = vertu = bonheur. Dès la conférence de février 1870 sur « Socrate et la tragédie[14] », et jusqu'au *Crépuscule des idoles*[15], Nietzsche caractérisera le rationalisme socratique par cette équation délirante, née de la crainte de l'instinct et de l'inconscient, et révélatrice d'une profonde détresse. Que la connaissance procède du désir de vérité, que l'action vertueuse procède de la connaissance vraie, que le bonheur, enfin, découle d'une vie adéquate à la vertu, voilà le premier système de la raison. À vrai dire, c'est un prodigieux système, qui permet de fonder une culture irréfutable où la connaissance vraie et l'action juste acquièrent enfin une totale homogénéité avec l'être. Mais il repose sur deux préjugés, les deux préjugés rationalistes analysés avec éclat dans *Crépuscule des idoles*. Le premier, on l'a vu, est un préjugé contre le devenir. Le second, qui en découle, est une propension irrépressible à « confondre ce qui vient en premier et ce qui vient en dernier. Ce qui vient à la fin — malheureusement, car cela ne devrait même jamais venir ! —, les notions "les plus hautes", c'est-à-dire les plus générales, les plus vides, les dernières vapeurs de la réalité volatilisée, ils [les philosophes] le rangent au commencement, et en tant que commencement[16] ». On voit bien le problème : les extraordinaires transformations que l'homme fait subir à la bigarrure du monde en la traduisant successivement en sensations, images, métaphores, concepts, et finalement en valeurs, c'est-à-dire en lois de la connaissance et de l'action, ces transformations sont réinterprétées en sens inverse : l'Être, ce résultat tardif d'une parfaite et pure spiritualisation du monde, se retourne en *cause première*. C'est l'Être qui *légifère*. Comment ce législateur suprême ne serait-il pas Esprit, Volonté, Raison, Sujet ? Le dieu des philosophes (qu'on l'appelle Dieu, Substance, Être, Esprit, ou Raison) est finalement la version souverainement abstraite du dieu anthropomorphe des religions[17]. Il recueille tout le processus de formation subjective qui mène du *pathos* au *logos*, de la sensibilité à l'intellect, pour l'élever au rang de loi ontologique rationnelle, et en retourner la marche : la « redescente » du *logos* au *pathos* se fera déperdition d'Être, rechute dans l'odieuse bigarrure.

Il faut tirer plusieurs conclusions de cette généalogie du rationalisme. La première, c'est que la critique, chez Nietzsche, visera à la fois, et selon une même méthode, le monothéisme, la morale et la métaphysique, dont l'*idéalisme* est le dénominateur commun, ou croyance dans la réalité objective de

La raison, le sujet et la volonté de puissance 213

valeurs inscrites dans l'Être. La deuxième, c'est que l'idéalisme repose fondamentalement sur une foi inconsidérée dans l'objectivité du langage, c'est-à-dire, en d'autres termes, sur la croyance que les lois de la sémiologie découlent directement de l'essence de l'Être. La troisième, c'est la croyance que l'Être est une conscience, puisqu'il est conçu sur le modèle linguistique du sujet. On connaît les analyses du *Crépuscule des idoles*, qui concentrent l'essentiel de l'argumentation nietzschéenne sur ce point, analyses couronnées par ce célèbre et singulier raccourci : « Je crains que nous ne puissions nous débarrasser de Dieu, parce que nous croyons encore à la grammaire[18]... » De ce cercle vicieux par quoi la subjectivité de l'Être et l'objectivité du Sujet ne cessent de se fonder *réciproquement* (c'est-à-dire : vainement), se dégage un problème crucial de la philosophie de Nietzsche, qui concerne à la fois la science et la morale : celui de la causalité dans la volonté, c'est-à-dire de la *nature de la volonté*. Car la science conçoit tout objet comme causé par la volonté d'un sujet. Et la morale conçoit toute action comme un tel objet. Éternelle complicité de la morale et de la science enferrées dans ce cercle vicieux de l'idéalisme, aux conséquences incalculables. Un seul philosophe, selon Nietzsche, a commencé à briser le cercle : Kant. La santé de la critique kantienne fut de réaffirmer l'indépassable hétérogénéité à l'œuvre dans l'activité de connaître, et de dévoiler l'effrayante présomption qui consiste à croire que cette activité pût remonter à l'en-soi selon une série homogène d'opérations intellectuelles. De l'en-soi, la science ne peut rien dire, elle bute contre l'*x* énigmatique et doit être refoulée au domaine qui est le sien : le phénomène. La « raison pure » est une activité toujours déjà législatrice, il n'y a de loi que de la puissance de connaître. En termes schopenhaueriens (car Nietzsche approche d'abord Kant par l'entremise de Schopenhauer), « le monde est ma représentation ». En dehors de l'apparence, rien. Ou le silence. Naturellement, l'empirisme kantien est retombé dans le cercle vicieux de l'idéalisme : pour Nietzsche, la faiblesse de Kant ne fut pas tant de s'être contenté d'une critique de la raison par elle-même (idée « un peu absurde », mais cela reste une « question subsidiaire[19] ») que d'avoir réintroduit avec éclat l'en-soi dans le domaine de la morale. La « raison pratique » devait reconduire la vieille législation de l'Être, la vieille croyance qui assimilait l'Être, le Vrai et le Bien. Nietzsche, qui faillit bien être disciple de Kant, ne le lui pardonnera pas. Car la morale, cette « Circé des philosophes[20] », se remit à exercer sa fatale séduction et à élever jusqu'au ciel ses « majestueux édifices moraux ». Voilà Kant infecté par Rousseau, tandis que Robespierre saignait la France pour réaliser concrètement l'ouvrage, et « fonder sur la terre l'empire de la sagesse, de la justice et de la vertu ». Modernité des Lumières kantiennes ? Non, juste une manière rusée de séparer la science et la morale, le sujet de la science et celui de la morale, à seule fin de « rendre le "domaine moral" invulnérable » et de réinjecter l'Être, l'Absolu dans le sujet. « Succès de théologien[21]. » Mais Nietzsche avait placé beaucoup d'espoirs dans la critique kantienne de la science, et, au moins, c'eût été une étape importante. C'est pourquoi il éprouve comme un effarant scandale la rechute de son siècle dans l'idéalisme *au sujet de la science même*. Évidemment, Nietzsche vise Hegel. Raison et Sujet y célèbrent leur apothéose : la Raison et l'Être ne font plus qu'un, le Sujet et l'Absolu ne font plus qu'un, l'Esprit est tout. Il lui faut juste lui laisser le temps de se réaliser, mais c'est pour bientôt : l'Histoire, dans sa rationalité, y pourvoit. De même que Nietzsche sait ce qu'il doit à la critique kantienne de la science, il sait bien, non sans une certaine fascination, que Hegel a eu la prodigieuse intuition de la « doctrine du devenir universel ». Mais pourquoi, une fois, encore, fallait-il que ce courage pâlît devant les séductions de l'idéalisme ? Pourquoi faire à nouveau du Devenir le négatif de l'Être, un simple passage hors de soi sur le chemin de l'Absolu ? Encore et toujours l'Être pensé sur le modèle du sujet, « en soi » devenant « pour soi », et toujours cette réduction fatale de la bigarrure du monde sous l'extraordinaire rouleau compresseur de la dialectique menant au *savoir absolu*. Modernité de Hegel ? Non, là aussi, un succès théologique — et politique, de surcroît, à la gloire des puissances établies.

Habermas a raison de dire : « Nietzsche procède à un nivellement frappant. La modernité perd son privilège, elle ne constitue plus qu'une ultime époque dans la grande histoire de la rationalisation qui commence par la dissolution de la vie archaïque et le déclin du mythe[22]. » Or, quel est ce privilège de la modernité que Nietzsche ignore ou feint d'ignorer ? C'est la grande tâche qui consiste à articuler l'autocritique de la raison et l'autofondation du sujet[23]. Le désenchantement du monde provoqué par l'activité objectivante de la science a du même coup libéré la subjectivité, qui a pu, dans l'ordre de la connaissance, pratiquer l'auto-objectivation et se fonder comme réflexivité, et, dans l'ordre de la morale, se réclamer de l'inconditionné pour se fonder comme liberté. Il s'agit d'une extraordinaire tentative des Lumières pour désenclaver le sujet du passé, des mœurs et de la tradition, une manière de s'affranchir radicalement du conditionnement du monde en vue d'une autonomisation sans reste. En ce sens, il faut mesurer ce qui se joue entre Kant et Hegel. Pour Hegel, Kant et les Lumières incarnent le noyau de la modernité ; mais les dangers de la scission ainsi imposée au sujet n'ont pas été pris en compte. Hegel entend répondre au *besoin* qui oblige à comprendre l'époque moderne comme problème historique de l'abandon du passé au profit d'une autofondation. Et c'est pourquoi la philosophie doit, par le concept d'absolu, relayer la religion pour réunir ce qui a été défait. L'idéalisme subjectif moderne ne peut produire lui-même le concept qui le définit : la raison est une puissance conciliatrice dont le déploiement dans l'histoire devrait seul pouvoir surmonter la détresse du sujet séparé, par l'assomption d'un savoir absolu. Habermas note que le jeune Hegel a considéré un moment, comme Hölderlin et Schelling, la possibilité d'accorder ce pouvoir réconciliateur au mythe et à la poésie, avant de produire ce concept qui fut le sien propre : celui de marche de la raison vers le savoir absolu. Mais ce fut au prix d'une conception *subjective* du devenir universel comme Esprit passant d'une conscience de soi, en soi, à une conscience de soi, pour soi. Quelles en furent les conséquences ? Habermas distingue deux types de réponse, exemplairement incarnées par les « jeunes hégéliens », posthégéliens de gauche et posthégéliens de droite. Les uns et les autres ont eu en commun de se trouver devant l'obligation de rattraper ce qui avait été escamoté par Hegel : le *poids de l'existence*, c'est-à-dire la contingence, l'actualité, le passé comme perte et l'avenir comme problème. Dans les deux cas, la philosophie devait concurrencer l'historicisme pour récupérer et sauver la référence à la rationalité dans l'histoire, tout en sortant de l'alternative entre subjectivisme absolu et téléologie objective. Dans les deux cas, il s'agit d'affirmer l'existence et la permanence de modèles structurels et processuels inscrits dans la subjectivité même, et qui lui restent inconscients aussi longtemps qu'elle en reste à l'autoréférence. Les hégéliens de gauche, dit Habermas, y emploieront l'idée de révolution, les hégéliens de droite l'idée de rationalité objective de l'ordre établi. Les premiers travailleront à l'émancipation réelle du sujet social, par opposition à la liberté abstraite du sujet citoyen ; les seconds travailleront à séparer la modernité sociale conçue comme rationalité fonctionnelle de l'économie capitaliste, et la modernité culturelle comme compensation de l'unité perdue, rabattue sur la conservation mémorielle du passé culturel. Révolutionnaires et réactionnaires. Radicaux et néoconservateurs. Encore une fois, Habermas a raison lorsqu'il écrit :

> Nous serions tous prêts à croire que ce discours, dans son ensemble, est loin de nous, et à déclarer obsolète toute cette mise en scène du XIXe siècle. Mais bien nombreuses sont encore les entreprises qui tendent à renchérir, *une fois de plus*, sur le jeu des surenchères réciproques. On reconnaît facilement de semblables tentatives au « post » dont elles préfixent leurs néologismes. Cela étant, ne serait-ce que pour des raisons de méthode, je crois que nous ne pouvons ni prendre, vis-à-vis du rationalisme occidental, le point de vue de Sirius — qui nous permettrait en toute neutralité, comme à des ethnologues fictifs, de considérer comme un objet ce qui fait notre pré-

sent —, ni sortir purement et simplement du discours de la modernité[24].

Habermas considère que Nietzsche fut une « plaque tournante[25] » pour l'entrée dans la postmodernité. Parce qu'il a renvoyé dos à dos révolutionnaires et réactionnaires, et renoncé à procéder à une critique de la raison *par la raison* : il a cherché à fonder la critique sur un « Autre » de la raison, et à démanteler dans l'idéalisme à la fois l'autonomie du sujet et la rationalité de l'histoire. C'est-à-dire qu'il s'agit, rappelons-le, de sortir de ce cercle vicieux par lequel le sujet se fonde en absolu réflexif sur le modèle de l'Être, lui-même fondé réflexivement sur le modèle d'un sujet absolu. Quel est cet Autre de la raison, ce « Dehors » dans lequel Foucault voyait, chez Nietzsche notamment, l'éclatement de l'expérience de l'intériorité et le décentrement du langage hors de la réflexivité de la conscience[26] ? C'est la *volonté de puissance*, comme modèle dynamique d'un devenir non réflexif, principe de l'émergence de tout ce qui advient, tout événement étant l'issue d'un conflit de forces (pulsions, instincts), résultat d'une victoire et d'une défaite, d'une domination et d'une soumission, d'un édifice pulsionnel hiérarchisé où s'organisent de manière très complexe le commandement et l'obéissance. Les événements sont longs à émerger, il faut du temps pour que les forces s'inscrivent dans les corps, forment des types de perceptions et d'évaluations dominantes, des manières de penser et de juger, des mœurs et des types d'individus correspondants. Ce devenir, qui ne s'origine dans aucun « en soi » et ne conduit à aucun « pour soi », est une histoire lente mais discontinue, faite de hasards, de contingences, de retournements, de résistances, qui fabrique des identités précaires et des atavismes tenaces. « Ce qu'on trouve au commencement historique des choses, écrit Foucault, ce n'est pas l'identité encore préservée de leur origine — c'est la discorde des autres choses, c'est le disparate[27]. » C'est la méthode généalogique qui est chargée de trouver ce disparate, et c'est le concept de volonté de puissance qui seul peut exprimer « l'unité » de ce disparate : non une unité ontologique, mais une unité linguistique et intellectuelle : c'est une perspective cognitive, une hypothèse, un *Versuch*. Avec l'alliance du dionysiaque et de l'apollinien, Nietzsche s'exprimait dans le langage du mythe ; avec la volonté de puissance, il formule une hypothèse *dans le langage de la raison*, parce qu'elle serait sinon indicible, ou en tout cas inaudible. La tâche de formuler l'hypothèse de la volonté de puissance est extrêmement difficile, car Nietzsche ne cesse par ailleurs de dénoncer la croyance en la causalité, et la fausse unité de ce que nous nommons « volonté ». Et c'est dans le fameux paragraphe 36 de *Par-delà bien et mal* qu'on admirera l'extrême prudence méthodologique de Nietzsche dans la formulation de cette hypothèse[28]. Les guillemets, le conditionnel, toutes les modalisations y sont des manières de prendre le langage avec des pincettes, de peur de toujours réintroduire malgré soi de l'essence objective. Et on n'y arrive pas. Nietzsche le sait, qui a formulé par avance sa propre limite par l'exposé de sa conception du langage. C'est pourquoi il n'est pas tout à fait juste de dire que Nietzsche convoque un « dehors » de la raison pour produire la critique de cette dernière, ou que la volonté de puissance est « l'Autre » de la raison. La tentative de Nietzsche est *historique* de part en part (en ce sens nouveau qui dépend du « sens historique juste ») : il cherche des « pré-formes », des provenances, des émergences, dont les traces sont inscrites dans la matière même des choses, dans le corps même des hommes. Un « dehors » ou un « Autre » réintroduirait toujours une sorte de transcendance, d'extériorité. Or la critique nietzschéenne fouille la terre et les corps, elle cherche à voir le monde « de l'intérieur », c'est-à-dire dans un effort très exigeant d'immanence. La rationalité et le sujet ne sont plus conçus comme des autoproductions inconditionnées possédant leur propre finalité *par-dessus* la contingence de la nature conditionnée, et contraignant cette dernière au sens et à la finalité en lui donnant une *loi* ; elles sont elles-mêmes part de la nature dont la seule « loi » est la volonté de puissance, c'est-à-dire justement la contingence, le devenir, l'histoire des forces en lutte pour la domination. Une généalogie de la rationalité et de la subjectivité modernes ne consiste pas, comme semble l'affirmer Habermas, à convoquer un Autre de la raison et du sujet qui prétendrait acquérir à son tour le privilège métaphysique de l'autofondation, absolu inconditionné qui conditionnerait la raison et le sujet, mais au contraire à en faire l'histoire la plus probe possible, c'est-à-dire en se dispensant de toute idée d'autofondation, mais pourtant *de l'intérieur*. On reste dans le cercle (de l'immanence), mais il n'est plus vicieux, parce qu'il repose enfin sur le seul « donné », le monde « empirique », « sensible », celui des corps et des instincts, des désirs et des pulsions, des dominations et des obéissances effectives. La raison et la subjectivité redeviennent *nature*, non par un retour mythique aux origines, mais par un geste de probité méthodologique, de reflux maximal possible (jamais intégral, de par la nature même du langage) des productions de *fictions* conceptuelles. Et comme la production de fiction est inhérente à la volonté de puissance, il s'agira du moins de savoir quels types de fictions nous voulons, selon qu'elles affirment ou nient les contenus et la forme de l'immanence. L'hypothèse est donc tout à la fois prudence méthodologique et décision morale, et pourrait se formuler ainsi : si l'on admet, eu égard à notre *expérience* du monde et de nous-mêmes, que l'on ne puisse conclure qu'à une nature pulsionnelle et multiple de la réalité dont le principe est une sorte de désir de domination de forces sur d'autres forces (qu'on appellera, *par abus de langage*, « volonté[29] »), comment se fait-il que des forces aient pu *se retourner contre* l'expérience même et que ce soient elles qui dominent sous la forme de nos valeurs ? Et si notre détresse est bien une preuve que nos valeurs nous ont rendus contradictoires avec le monde de l'expérience, il faut *retourner* la volonté de puissance pervertie, en faveur de l'expérience (inversion des valeurs).

Les enjeux de l'hypothèse de la volonté de puissance sont de taille, et — c'est la grande affaire de Habermas — potentiellement *dangereux*. D'une part, le concept de volonté de puissance, dans sa dimension épistémologique, soulève une série de difficultés théoriques qui pourraient bien trahir des apories. D'autre part, dans sa dimension éthique, il implique une série de difficultés pratiques qui pourraient bien être funestes pour l'homme, la société et les mœurs. Enfin, dans sa dimension historique, il nous oblige à nous interroger sur ce qu'il fait de et à la modernité, produisant une rupture ou un tournant communément qualifié de « postmoderne ». Il y va de *nous*, de notre temps et de notre avenir. Si nous avons besoin ici d'une confrontation avec Habermas, c'est précisément parce que ce philosophe majeur de l'époque contemporaine a fait le pari de la raison et du sujet à nouveaux frais, *en toute conscience* de son opposition à tout ce qui, depuis Nietzsche, s'est réclamé de la fin de la raison et du sujet, et s'est soutenu, au contraire, de ce que Habermas appelle « une théorie du pouvoir ». Il s'agit pour lui, évidemment, de prendre place dans l'arène de l'histoire de la philosophie, contre ou en face de Nietzsche, Heidegger, Horkheimer et Adorno, Bataille et Foucault notamment. Mais il s'agit ce faisant d'une défense active d'un certain nombre de valeurs, qui doivent refonder la connaissance, la morale, le droit et la politique en vue d'une réaffirmation du vrai, du bien et du juste à travers la reconquête de l'autonomie d'un sujet rationnel *libre*. On connaît bien les concepts habermassiens de raison et d'action communicationnelles, d'éthique de la discussion, de démocratie délibérative notamment. Ils se veulent autant de remparts contre la détresse postmoderne, non seulement contre ce que Foucault a appelé « la mort de l'homme », mais contre les *perversions* désastreuses de la raison réduite à l'état d'instrument du pouvoir brut, sous couvert de nouveaux mythes. Ni le XXe siècle ni ce début de XXIe siècle ne peuvent donner tout à fait tort au projet de Habermas. Resterait à savoir à quel prix. Au prix de quelles fictions reconduites, de quel déni de notre expérience du monde, du langage, de nous-mêmes et de nos corps. Se peut-il que la société policée par la rationalité intersubjective et communicationnelle que réclame Habermas trahisse un nouvel idéalisme, c'est-à-dire un monde conceptuel

La raison, le sujet et la volonté de puissance 223

imaginaire qui n'est rassurant que pour autant qu'il *nie* ce qu'il croit surmonter ?

L'opposition de fond qui sépare Habermas et Foucault[30] est absolument exemplaire d'enjeux décisifs qui, aujourd'hui encore, nous viennent de Nietzsche et nous confrontent à lui. Il n'est pas question ici de « résumer » la pensée de Foucault, complexe et infiniment différenciée, encore moins de l'assimiler univoquement à une « illustration » ou à une « application » de la philosophie de Nietzsche. Il s'agit à peine de rendre compte d'un héritage, tant les processus d'hérédité philosophique sont complexes. Du reste, Foucault a suffisamment documenté lui-même les éléments de sa dette à l'égard de Nietzsche. Et cette dette, que nous ne traiterons pas pour elle-même, est convoquée par Habermas non seulement pour rendre compte de son histoire de la modernité philosophique, mais pour prendre position par rapport à ce qu'il considère comme le fait majeur du tournant postmoderne : la substitution épistémologique de complexes de pouvoir aux structures de la rationalité. L'émergence de la pensée de Foucault est à considérer dans le contexte de la crise des sciences historiques des années 60. Nous avons déjà exprimé notre surprise du temps qu'il a fallu aux historiens pour entendre le problème qui s'était noué dans la Deuxième *Inactuelle*. Il leur fut douloureux de prendre conscience que le discours historique exerce sur le passé et la mémoire les contraintes de sa propre structure, que ces contraintes sont capables de nier l'éclatement, le désordre, l'incertitude, l'hétérogénéité impliqués par toute expérience vécue, que le discours historique enfin s'articule toujours comme mise en *ordre*. Foucault fut l'un de ceux dont l'oreille fine crut entendre dans le murmure du monde des voix ordonnatrices, et dans « l'ordre du discours » la perpétuation du murmure réprimé. Cet ordre historique, qui se soutient de critères de scientificité, de moralité et de normalité, dépend d'un ordre plus vaste, celui-là même de la rationalité mise en œuvre par des machines à gouverner rationnellement la société : l'État, la Science, l'Église, etc. L'archéologie que propose Foucault consiste à faire resurgir l'archive du quotidien, les traces modestes, basses ou infâmes des applications de cet ordre. Ordre discursif qui s'applique sur les corps et ses pratiques. La généalogie correspondante que propose Foucault consiste à renoncer, comme Nietzsche avant lui, à la majesté de l'origine et de la fondation (le vrai, le bien, le juste, la souveraineté, etc.), pour fouiller les bas-fonds, retrouver l'accidentel, les tentatives et les échecs, les détours et les solutions de rechange, dans l'exercice matériel des pouvoirs discursifs sur les corps et les pratiques. La prétention à l'autonomie rationnelle d'une institution est un formidable pouvoir de clôture et d'exclusion, mais aussi et surtout d'intégration et de normalisation[31]. Il s'agit moins pour Foucault de promouvoir une prétendue authenticité supérieure de la déraison ou de la marginalité (tant elles sont toujours déjà définies par la rationalité et la normalité dominantes) que de mettre à nu la prétention à la vérité, le contrôle de sa représentation et l'exercice de son pouvoir sur les corps. Qu'il y ait une *volonté de savoir* implique nécessairement une puissance qui cherche à s'exercer dans cette volonté : c'est ce qui oblige à penser la volonté de vérité comme une expression de la volonté de puissance, et le savoir comme exercice d'un pouvoir. S'il y a pour Foucault une histoire possible des complexes qui articulent le savoir et le pouvoir (les *epistemaï*, et, plus tard, les dispositifs), c'est parce que la clôture intégrale d'un discours n'est jamais atteinte, l'opacité entre le langage et le monde doit être intégrée en fonction de types de problèmes propres à une époque. Car la domination de dominants sur des dominés est le corrélat d'un exercice de domination sur l'existence, sur le type d'existence d'une époque. C'était déjà, chez Nietzsche, la démarche de *La Naissance de la tragédie* dans son abord du problème de la souffrance chez les Grecs, et de la manière dont les Grecs ont tenté de le dominer. De là la discontinuité d'une histoire généalogique, qui prend en compte la discontinuité de l'exercice de la domination, la discontinuité des conditions d'existence qui en sont le terrain, et la discontinuité des formations discursives qui en résultent. Pour autant, l'histoire n'est pas un carrousel où discours et pratiques feraient un petit tour et puis s'en iraient. L'*incorporation* d'un pouvoir exercé, les manières de penser, de sentir et de vivre qui en résultent sont des processus extrêmement longs. Pour qu'une représentation contrôlée et imposée devienne instinct, qu'un instinct détermine un certain type de corps, il faut du temps, beaucoup de temps ; et de même, pour qu'une représentation en remplace une autre, pour qu'un nouvel instinct en remplace un ancien. C'est cela que Nietzsche appelle l'atavisme ou l'hérédité (c'est d'ailleurs ce qui lui permet de parler quelquefois de *race* — non sans une méfiance souvent exprimée pour le terme —, notion que Foucault avait le projet d'investiguer à son tour). La vérité a une histoire lente, qui est celle à la fois des incorporations dans la chair et des consolidations dans les institutions : « La *force* des connaissances ne réside pas dans leur degré de vérité, mais dans leur ancienneté, dans leur degré d'assimilation, dans leur caractère de condition de vie[32]. » Cette lenteur est si extrême que Habermas semble finalement la prendre pour de la permanence. Il dénonce, dans cet exercice de domination dont Nietzsche et Foucault font ensemble l'hypothèse, une sorte de substrat caché derrière le devenir :

> Le généalogiste explique ces hauts et ces bas [des formations discursives] à l'aide d'événements innombrables mais au moyen d'une hypothèse unique — celle selon laquelle ce qui perdure dans sa singularité, c'est le pouvoir qui, dans le changement des procédures de maîtrise, avance toujours sous des masques nouveaux (...). Ce que la puissance synthétique de la conscience transcendantale devait produire jusqu'ici d'expérience possible pour l'univers, un et général, des objets, cette synthèse se décompose maintenant dans la volonté a-subjective d'un pouvoir qui trouve son efficience dans les hauts et les bas contingents et désordonnés des formations discursives[33].

Le problème est double, à la fois métaphysique et politique. Rappelons une fois encore, avant de développer ces points, qu'il n'est pas question pour nous d'écraser la singularité de Nietzsche et celle de Foucault sous une analyse qui les réduirait à une équivalence ; il s'agit simplement de montrer que le problème que Foucault pose à Habermas est un problème *nietzschéen*, que Habermas n'aurait pu poser en ces termes dans le cadre d'une confrontation directe avec Nietzsche : car Habermas, en historien de la philosophie, *replace* Nietzsche dans cette histoire, et, ce faisant, il a pu en quelque sorte en désamorcer la bombe, prendre — comme on dit —

du recul ; mais, face à son contemporain Foucault (dont la mort prématurée, en 1984, ne sera pas sans le déstabiliser[34]), Habermas se bat plus âprement, car les enjeux rallumés sont brûlants pour le présent et l'avenir. Ce détour nous permet de ne pas laisser *tiédir* Nietzsche.

Habermas voit dans l'analyse foucaldienne une « théorie naturaliste de la société[35] », et une prétention à en finir avec la métaphysique moderne. En assimilant la « volonté de savoir » à une « volonté de puissance », et en la généralisant comme moteur historique, Foucault croit produire un concept descriptif innocent et une critique de la raison par l'analyse empirique. Mais le concept moderne de volonté de savoir vient précisément du concept critique de raison et ne peut être arraché aux conditions synthétiques *a priori* de sa définition, même si l'on met à sa place celui de relation de pouvoir — c'est au fond une simple temporalisation du transcendantal. Si la modernité posait que le savoir détermine les structures de pouvoir et que, donc, la théorie opère dans la praxis, la « postmodernité », selon Habermas, ne fait que permuter les termes, pour affirmer que la praxis opère dans la théorie, et que le pouvoir détermine les structures du savoir. Dans cette volonté de *validité*, la volonté demeure, et la subjectivité de même. Ce qui demeure surtout, et que tait Foucault, c'est la constitution *nécessaire* de complexes de pouvoir tendant *effectivement* à l'émancipation rationnelle de la subjectivité moderne (démocratie, État de droit). Ce point est naturellement central pour Habermas. Mais la critique est triple : premièrement, Foucault n'interroge pas sa propre position dans le dispositif dont il dépend, ce qui le menace d'un assujettissement acritique au présent[36] ; deuxièmement, il est menacé par un relativisme postmoderne qui le rattache au « pessimisme bourgeois de Hobbes à Nietzsche[37] » ; troisièmement, il flirte avec un certain « cryptonormativisme » défini par la défense systématique des savoirs disqualifiés[38], par une alliance avec les « dominés » et les discours contestataires, sans toutefois avoir pu dégager un engagement politique clair et dépasser un certain ascétisme de la subjectivité comme construction stoïcienne de soi. En résumé :

> Foucault ne peut pas traiter, de manière satisfaisante, les problèmes récurrents que lui posent à la fois l'accès au domaine d'objet par une compréhension du sens, la contestation autoréférentielle des prétentions à la validité universelle et la justification normative de la critique[39].

Les soupçons que Habermas fait peser sur la « théorie du pouvoir » chez Foucault sont lourds, car la justesse de telles accusations signifierait l'échec épistémologique, éthique et politique d'un certain courage de la pensée qui, contre l'antique dignité de l'être, de l'histoire et du sujet rationnels, s'est donné pour mission de renverser le temple de la métaphysique, du sens et de l'homme, et de porter ce renversement jusqu'à ses dernières conséquences, tout en luttant — et justement pour lutter — contre le nihilisme, c'est-à-dire contre l'épuisement de la pensée, la vanité de l'action et la haine de vivre ensemble. Pour des raisons largement liées à l'histoire du totalitarisme au XXe siècle, C'est à cette triple menace « postmoderne » que sont renvoyées les pensées qui font le choix de la puissance. Il est frappant que les trois aspects de la critique adressée par Habermas à Foucault renvoient finalement aux trois objections majeures que l'on n'a pas manqué d'opposer au concept nietzschéen de volonté de puissance : par la substitution de l'interprétation par la volonté de puissance à l'autoréférentialité de la raison critique, Nietzsche sort-il vraiment de la métaphysique occidentale qu'il entend dépasser, et même n'en achève-t-il pas le nihilisme, comme le pense Heidegger ? Par le choix de ce perspectivisme interprétatif, peut-il échapper à un relativisme radical qui l'empêcherait de produire une véritable critique de sa propre position épistémologique ? Enfin, peut-il justifier la supériorité normative qu'il accorde à l'interprétation selon la volonté de puissance, et celle-ci ne fait-elle pas que radicaliser le subjectivisme éthique en le rendant toutefois incapable de penser l'émancipation réelle ? En un mot, Nietzsche n'est-il pas resté idéaliste, nihiliste et réactionnaire ? On le sent bien, ce qui ne cesse d'être problématique et dangereux, à proprement parler le point d'incandescence de cette philosophie, réside dans le concept de volonté de puissance, et il n'est pas évident de devoir le lui accorder sans broncher.

Si la volonté de puissance était l'Être, Nietzsche ne serait-il pas idéaliste et nihiliste ? À ce questionnement au fond nietzschéen, mais retourné contre Nietzsche, Heidegger apporte la réponse la plus conséquente, ou plus exactement la plus lourde de conséquences[40]. On ne peut ici qu'en effleurer le contenu et la portée, mais il n'est pas non plus possible de la taire. Heidegger dégage une étonnante continuité entre Platon, Descartes et Nietzsche. Lorsque Nietzsche se flatte d'avoir renversé le platonisme (c'est-à-dire d'avoir accordé plus de *valeur* au monde sensible qu'au monde intelligible, plus de réalité au simulacre qu'à l'Idée), il n'est pas certain que le renversement soit un dépassement ; il se peut même que c'en soit l'accomplissement, l'achèvement. Renverser ce à quoi l'on s'oppose participe de cela même qu'on renverse sans en sortir[41]. Car la question de savoir ce qui *vaut* mieux est encore une question platonicienne. Platon, le premier, a fait dépendre l'Être du Bien (*agathon*), c'est cette valeur suprême qui donne à l'Être sa vérité[42]. Or, la valeur est une visée de la *volonté*. Avec Platon s'inaugure en métaphysique le refoulement du caractère subjectif de la valeur, valeur se substituant à la pensée de l'Être, qui, lui, est proprement oublié. La modernité que fait triompher Descartes consistera dans le retour conscient de la subjectivité évaluatrice et constitutive de la vérité. La « juste valeur[43] » a pour source déterminante l'*ego cogitans*, elle est fondée par la *certitude*. La question de l'Être disparaît entièrement sous la connaissance de soi du sujet connaissant, toute vérité ne pouvant être fondée que sur cette connaissance de soi, sur la science réflexive. C'est ce que Heidegger appelle la *métaphysique de la subjectivité* : la vérité réclame l'assentiment de la volonté. Or, que fait Nietzsche ? En reconnaissant de la volonté de puissance partout où il y a de la vie, en faisant même de la vie un cas particulier de la volonté de puissance (ce qui exclut une détermination biologique), il ne fait pas de la volonté de puissance un attribut, mais l'essence même de ce qui est. Et cette essence est métaphysique en ce que, si elle détermine la vie, elle n'est elle-même déterminée par rien d'autre, et ressortit à de l'inconditionné : « Il n'y a plus rien *en tant que quoi* la volonté serait encore déterminable[44]. » Dans l'expression « volonté de puissance », volonté et puissance ne sont qu'une seule et même chose, dans la mesure où la volonté est toujours de puissance, et la puissance, toujours volonté. Heidegger croit pouvoir s'autoriser de cette détermination réciproque pour affirmer que la volonté de puissance est *volonté de volonté* (ou, aussi bien, puissance de la puissance, mais ce serait considérer l'essence non réflexive de la volonté de puissance, ce que Heidegger ne peut envisager). Ainsi, la volonté de puissance n'est pas seulement autofondation métaphysique, elle est *subjective* en tant que son essence est d'*évaluer*, perspective ou point de vue sur la totalité de l'étant. Heidegger peut alors conclure : « La volonté de puissance se dévoile en tant que la subjectivité par excellence qui pense en valeurs[45]. » C'est exactement ce qui se passait déjà chez Platon : substituer au Bien la puissance, ce n'est pas dépasser le platonisme. La valeur change, mais c'est toujours le concept de valeur qui fonde l'Être et sa vérité. En revanche, le pas décisif franchi par Nietzsche, selon Heidegger, c'est qu'il ne se contente pas de faire dépendre la vérité de la valeur, il supprime la vérité au profit de la valeur, il la résorbe entièrement dans l'idée de la volonté de puissance comme évaluation. C'est tout le processus de la métaphysique occidentale qui s'en trouve accompli : Nietzsche parachève la longue transformation de la vérité en valeur, et, par là même, fait triompher la *subjectivité inconditionnée*, c'est-à-dire l'oubli total de l'Être, radicalement absorbé par un sujet tout-puissant.

Nietzsche et Heidegger sont d'accord sur un point : le nihilisme n'est pas seulement un symptôme des temps modernes, il est « le fait fondamental de l'aventure de l'histoire occidentale[46] », se confond avec l'historicité même, en un point de bascule que l'un et l'autre placent à l'époque tragique des Grecs. Mais là où Nietzsche interprétait en termes de valeurs la victoire du nihilisme dans l'histoire (comme une certaine qualité *dominante* de la volonté de puissance évaluant selon des valeurs hostiles à la vie ou retournées contre elle-même), Heidegger repère l'essence du nihilisme dans le processus général de transformation de la pensée de l'Être en pensée de la valeur, *quelles que soient* les valeurs adoptées :

> La Volonté de puissance est en tant que l'essence même de la puissance l'unique valeur fondamentale selon laquelle apprécier tout ce qui doit avoir de la valeur ou ce qui ne saurait en revendiquer aucune (...). Quant à ce pourquoi l'on combat, conçu et désiré en tant que but intrinsèque, voilà qui est d'un intérêt secondaire. Les buts et les mots d'ordre quels qu'ils soient ne sont jamais autre chose que des moyens de combat. Ce pourquoi l'on combat est décidé à l'avance : c'est la puissance même, qui n'a besoin d'aucun but. Elle est sans but autant que la totalité de l'étant est sans valeur. Cette absence de but relève de l'essence métaphysique de la puissance[47].

Cette séparation entre la pensée de l'Être et celle de la valeur, cet oubli de l'Être dans une métaphysique de la volonté de puissance conduisent à une valorisation extrême de la puissance pour ellemême, dont toute autre valeur, tout autre visée n'apparaissent que comme les instruments. Or l'essence de la volonté de puissance, selon Heidegger, n'est pas simplement de vouloir *toujours plus de puissance* (ce *toujours-plus*, que nous retrouvons par ailleurs dans les critiques du capitalisme, de la plus-value marxienne au plus-de-jouir lacanien), mais de se vouloir elle-même comme *volonté de volonté*. Cette essence est l'essence même de la *technique*, qui, totalitaire, « arraisonne » l'homme à « commettre » intégralement la nature[48]. Si nous comparons la critique heideggérienne à celle adressée par Adorno et Horkheimer à la raison instrumentale par quoi triomphe la modernité (« La Raison est totalitaire[49] »), nous voyons bien comment volonté de puissance, technique et raison instrumentale ne forment plus, finalement, qu'un seul et même phénomène : le nihilisme absolu de la métaphysique accomplie.

Toutefois, Heidegger s'expose à un danger bien grand : toute pensée de la valeur ayant été assimilée à l'oubli de l'Être, il est impossible d'articuler en aucune façon l'ontologie et l'éthique. J'ai déjà fait allusion au problème de « l'éthique originelle » chez Heidegger, qui confine, en pratique et en théorie, à une neutralité axiologique. Fondamentalement, une « éthique » de l'attente de l'Être ou de l'ouverture à l'Être, le pastorat de l'Être *ne sont pas* une éthique. Ce qui s'ouvre dans l'attente, c'est peut-être un très bel amour[50], mais ce qui se ferme, c'est la possibilité même de l'action. Il y a fort à penser que le problème réside justement dans la dimension *technique* de l'*ethos*, nous aurons à y revenir. En tout cas, qu'il s'agisse du fantasme inavoué de la suspension de toute action dans l'attente de l'Être, ou d'une pensée de l'Être affranchie de toute évaluation de l'action, je ne vois pas comment la position heideggérienne ne serait pas un nihilisme. Et un redoutable danger politique. C'est qu'en réalité la lecture que fait Heidegger de Nietzsche, pour profonde et décisive qu'elle soit, est rendue nécessaire par la distinction *préalable* qu'il a faite entre l'ontologique et l'ontique. On a beau trouver de troublantes affinités entre l'Être chez Heidegger et le dionysiaque chez Nietzsche (le mystère, l'abîme, le jeu héraclitéen), Heidegger reste un penseur opposant l'étant et l'Être, là où Nietzsche, soucieux de corriger sur ce point *La Naissance de la tragédie*, n'avait eu de cesse d'en surmonter l'opposition. Ce que devient Dionysos, *sous l'effet* du concept de volonté de puissance justement, c'est la possibilité d'invalider l'opposition — en termes heideggériens — entre l'ontologique et l'ontique. Cette possibilité n'accomplit pas l'oubli de l'Être comme l'affirme Heidegger, elle démasque l'opposition elle-même comme fondamentalement *idéaliste*. De quelle mémoire Heidegger se soutient-il pour affirmer un oubli de l'Être ? De quel savoir peut-il se réclamer pour affirmer un retrait de l'Être ? Quel nihilisme est toujours déjà entré dans cette évaluation en termes d'oubli et de retrait ?

Laissons là le jeu périlleux d'une critique nietzschéenne de Heidegger. En tout cas, interpréter la volonté de puissance comme oubli de l'Être, c'est faire preuve, comme dirait Nietzsche, d'un « manque de philologie », et prendre curieusement les choses à l'envers. Il faut revenir à ce que Nietzsche dit de la volonté de puissance[51]. Il est notamment impossible d'affirmer que celle-ci, comme « volonté de volonté », soit un principe inconditionné portant à sa dernière extrémité[52] la métaphysique du sujet réflexif. Rappelons un élément de la critique nietzschéenne : la métaphysique invente, en le surajoutant à ce qui est donné, l'*inconditionné*[53]. Il ne peut y avoir, fût-ce sous la forme de la volonté de puissance, de principe inconditionné (et donc auto-fondé) à la source de ce qui est ; par là même, pas de réflexivité de ce principe, sur un mode subjectif ;

et, partant, pas d'*unité*. C'est un point central d'opposition avec Schopenhauer, qui obligera Nietzsche à s'éloigner de sa métaphysique. Le monde comme volonté n'est pas un en-soi, et la volonté n'est pas unitaire. On l'a dit, Nietzsche reproche à la métaphysique de confondre les causes et les effets ; de même qu'elle place l'inconditionné à la source du conditionné (au lieu de voir que ce dernier est inventé par la pensée *à partir du* conditionné), elle présuppose une unité originelle dont découlerait la pluralité (au lieu de prendre acte de l'activité unificatrice — et mystificatrice — de la pensée à partir du divers). Toute unité n'est qu'un effet d'« organisation et jeu d'ensemble », c'est-à-dire une « formation de domination[54] ». Il faut distinguer deux types d'utilisation de la notion d'unité chez Nietzsche : l'« unité supérieure » qui qualifie l'organisation hiérarchique du divers selon des forces qui attaquent et des forces qui résistent, et l'unité linguistique ou conceptuelle, qui oblige à dire, au singulier, *la* volonté de puissance, ou *le* monde. C'est cette dernière unité, fictive, qui nous fait croire que l'unité est à l'origine, que le « supérieur » est originel. Alors pourquoi Nietzsche continue-t-il de dire : *la* volonté de puissance ?

Il faut prendre très au sérieux la « fatalité » du langage dans la philosophie de Nietzsche. Ce que l'on a souvent pris pour des contradictions et des faiblesses argumentatives internes à l'œuvre renvoie en réalité à des impasses où se trouve le langage même, et dont Nietzsche ne cesse de rendre compte avec la plus grande précision. Il a soin de thématiser et de justifier sa méfiance envers le langage, ce qui oblige le lecteur à exercer cette méfiance dans le langage même que Nietzsche est *forcé* d'utiliser.

On ne peut reprocher à Nietzsche de ne pas avoir constamment mis en garde son lecteur contre cette fatalité, et de ne pas avoir donné tous les signes, stylistiques et conceptuels, d'une nécessaire circonspection. Utiliser le singulier dans « *la* volonté de puissance » ne veut pas dire qu'elle *soit* une unité réelle[55]. Bien souvent d'ailleurs, Nietzsche emploie le pluriel (*les* volontés de puissance) ou l'indéfini (*de la* volonté de puissance, exprimé en allemand par l'absence d'article). Nommer les choses, et les définir, est déjà l'expression d'une formation de domination, qui tend à généraliser et universaliser *son* emploi du langage[56]. Le problème linguistique se retrouve aussi dans l'expression de la causalité. La définition ne peut jamais *expliquer* les choses par leur cause, mais seulement les *décrire* comme données[57]. Or, la description est déjà un acte de détermination et donc d'appropriation, une manière d'interpréter « la *formulabilité* de ce qui arrive en tant que conséquence d'une nécessité régnant sur ce qui arrive[58] ». Comme le rappelle Müller-Lauter, la volonté de puissance est l'unique qualité que l'on puisse découvrir dans la réalité ; elle ne peut avoir vocation à *fonder* la réalité, mais seulement à la décrire, c'est-à-dire à l'interpréter. Nietzsche considère donc non seulement que la volonté de puissance est une qualité de la réalité, mais qu'elle est elle-même, en tant que qualité *formulable*, une activité d'interprétation, c'est-à-dire évaluation des forces en présence dans les formations de domination[59]. Le concept de force est l'unité linguistique minimale (*une* force) pour dire ce qui se joue dans la pluralité ; mais il n'est pas de force qui ne soit elle-même un complexe, « organisation et jeu » d'éléments inférieurs, et une force pensée pour elle-même n'a pas de sens ; une force ne se dit que du rapport à une autre force. La « dualité », inscrite dans l'origine de toute réalité, est un schéma lui aussi minimal, linguistique et logique, pour désigner le multiple dans l'origine. On pourrait dire : à l'« origine », il y a toujours *au moins* deux forces en lutte. En réalité, il faudrait se contenter d'un pluriel indéfini : il y a *des* forces. Cela suppose d'abord chez Nietzsche une pensée de l'infiniment petit et des *quanta* d'énergie qui l'écarte de toute conception atomistique et matérialiste de la réalité[60], pour affirmer de celle-ci non seulement une irréductible multiplicité, mais une nature fondamentalement énergétique (il n'y a pas de « choses »), et, partant, une imprévisibilité des formations d'organisation, une absence de déterminisme qui donne au hasard et au chaos une fonction pleinement génétique. Pour le dire rapidement, les intuitions fondamentales de Nietzsche ne sont pas sans anticiper sur un certain nombre de résultats de la physique quantique — parenté qui a été relevée[61] mais attend d'être encore investiguée plus avant. Ensuite, et surtout, cela veut dire que s'il y a « de l'Être », il est *relation* : la volonté de puissance n'est pas identique à la force, elle est « l'essence relationnelle » (Montebello[62]) qui configure toutes les organisations et jeux de forces, ou encore « l'élément différentiel de la force » (Deleuze[63]). Si Montebello insiste à juste titre sur le caractère relationnel de tout ce qui est, les termes qu'il emploie — « essence » (relationnelle) et « être comme relation » — ne doivent pas nous tromper : nous ne pouvons affirmer de l'être à partir de la relation, parce que la relation est toujours déjà *apparence*, un monde *pour nous*[64]. La « relation » est déjà une manière de penser (d'interpréter) la régularité dans les rapports des forces entre elles ; elle est, elle aussi, un concept et non une substance : la volonté de puissance est mode de connaissance[65]. Il n'y a pas, comme chez Simondon par exemple, de « réalisme de la relation ». En revanche, chez Nietzsche comme chez Simondon, les termes ne préexistent pas à leur relation (ce qui obligera l'un et l'autre à développer une conception radicalement nouvelle de l'*individu*). L'avantage de la définition de Deleuze (« élément différentiel de la force ») consiste en ce que, d'une part, le terme « élément » ne préjuge pas d'une substantialité du concept, et que, d'autre part, dans l'idée de différence sont déjà contenues les qualités de la force — l'attaque et la résistance, le commandement et l'obéissance, l'action et la réaction — et l'organisation ou hiérarchie, comme principe de différentiation. C'est ainsi que Nietzsche peut reprendre à Schopenhauer le terme de « volonté » tout en invalidant fondamentalement sa métaphysique : il n'y a aucune unité du vouloir, tout vouloir est déjà pris dans une relation, il est *différence*. Nous avons donc affaire, avec le concept de volonté de puissance, à une évacuation radicale de tout substantialisme (mais aussi de tout hylémorphisme : la volonté de puissance n'est pas une forme qui actualiserait une matière). Surtout, elle n'est pas volonté émanant d'un sujet, et dont l'objet serait la puissance ; c'est elle au contraire qui fait « apparaître » des objets et des sujets comme états d'un certain rapport des forces entre elles. « Sujet » et « objet » sont évidemment ici des manières de dire, ou plus précisément un certain type de formation de volonté de puissance comme mode de connaissance : l'*apparence* qu'il y a une unité qui veut, et une unité voulue. Nous l'avons plusieurs fois annoncé, la volonté de puissance permet de poser la question de la nature de l'individu, non en termes d'entité (et d'identité) subjective, mais en termes d'organisation et de hiérarchie, selon des échelles de grandeur beaucoup plus nombreuses, différenciées et variables que ne le permet aucun subjectivisme. À strictement parler, ce qui intéresse Nietzsche n'est pas le sujet mais l'organisme — conçu largement comme formation d'une unité supérieure du vivant dans un complexe de rapports hiérarchisés. Aussi Nietzsche peut-il parler du corps humain comme « collectivité inouïe d'êtres vivants, tous dépendants et subordonnés, mais en un autre sens dominants et doués d'activité volontaire[66] » (et qui sont eux-mêmes des formations complexes d'unités inférieures, et ainsi de suite, régressivement, jusqu'à cette pure multiplicité énergétique de pulsions en lutte qui constitue le devenir, le chaos ou le hasard — en tout cas l'indéterminabilité quantique de l'infiniment petit). Il nous faudra revenir sur cette conception du corps humain, car il est le secret de la morale : « Notre vie n'est possible que grâce au jeu combiné de nombreuses intelligences de valeur très inégale, donc grâce à un perpétuel échange d'obéissance et de commandement sous des formes innombrables — ou, en termes de morale, grâce à l'exercice ininterrompu de nombreuses *vertus*. » Il y a chez Nietzsche l'idée très étrange de « vertus inconscientes » infiniment petites et singulières, insubsumables sous des qualités générales et qui ne seraient visibles que sous un « microscope divin[67] ». Pour l'heure, il nous suffit de comprendre que la conscience et la volonté subjectives sont des synthèses pratiques d'une multiplicité de « consciences » et de « volontés » infra-subjectives, que la raison du sujet est le résultat concerté de rationalités inférieures constituées au niveau pulsionnel, comme moyen de connaissance, c'est-à-dire d'appropriation et de subjugation — de volonté de puissance. Est-ce qu'une conception pulsionnelle de la rationalité est un irrationalisme ? Une lutte contre le pouvoir de la raison ? Cela est loin d'être acquis, et, d'une certaine manière, Nietzsche donne plus d'épaisseur, de réalité, de pouvoir à la raison en l'arrachant au ciel des idées, au domaine transcendantal ou à l'absolu. Il y a bien un concept de raison chez Nietzsche, qui se distingue aussi bien du concept de l'idéalisme allemand que de celui de l'utilitarisme anglais. Il y a même une « grande raison » — et c'est *le corps* : « Il y a plus de raison dans ton corps que dans ta meilleure sagesse[68]. » On pressent bien qu'il y a chez Nietzsche, fondamentalement, une politique rationnelle du corps, et des corps (à condition de prendre acte de ce qu'il entend par raison et par corps). Qu'elle ne dépend pas d'une « théorie du pouvoir » — dans laquelle le pouvoir serait un substrat planant au-dessus de l'histoire ou le concept inconditionné, c'est-à-dire vide, d'une législation transcendantale, ni même un fonds mythique tapi sous l'apparence — mais d'une *pratique des puissances*, d'une éthique concrète de l'évaluation. Il ne s'agit pas de rabaisser la majesté de la raison au rang de pulsion aveugle et sans autre but que le pouvoir totalitaire — la pulsion n'est pas aveugle, et la volonté de puissance n'est pas totalitaire, parce que l'une et l'autre impliquent, dans chaque formation de puissance, des *évaluations*, c'est-à-dire la prise en compte de la résistance et la jouissance à ce qui résiste, le respect de l'adversaire et de soi (comme on dit « tenir en respect », à « distance respectueuse »), la perception de ces distances et des différences, le calcul permanent des rapports de puissance : une *ratio* au sens strict, ou art de mesurer les rapports[69]. La grande raison du corps est cette sagesse des rapports et le principe d'accroissement de leur organisation.

Pour autant, il est impossible de soutenir que Nietzsche reconduise simplement une métaphysique subjectiviste, et encore moins qu'il l'accomplisse. Le renversement de l'interprétation de l'ensemble des rapports génétiques de la réalité ne produit pas ici une image en miroir de la métaphysique occidentale, il invalide son système tout entier (et l'idée même de système, au passage) dans un geste de destruction et de construction sur des bases nouvelles, qui consistent principalement dans les résultats suivants : explication de la connaissance par une dynamique d'accroissement de puissance (qui contient en elle-même *aussi* une pulsion d'ignorer et d'être trompé[70]) ; conception « constructiviste » de l'unité comme élaboration progressive à partir de la multiplicité, et non comme principe originel et causal (substantiel ou logique) ; définition de l'activité essentielle de l'homme comme activité inconsciente et présubjective, et non comme causée par le sujet conscient, et par là conception de la conscience comme fonction tardive et superficielle du corps[71] ; démantèlement du concept même de volonté, à quoi ne s'attache ni unité, ni subjectivité, ni causalité, ni libre arbitre[72] ; réduction du corps et de l'esprit à un même modèle énergétique de la puissance qui ne soit ni spiritualiste ni matérialiste, ni liberté inconditionnée ni déterminisme mécanique, mais fondé sur l'indéterminabilité « quantique » de l'infiniment petit.

Et *même si* l'on tient absolument, comme Heidegger, à penser la philosophie de Nietzsche comme achèvement de la métaphysique occidentale — peu importe après tout —, à quoi nous avance la mauvaise conscience d'avoir totalement oublié l'Être ? Qu'a-t-on fait, une fois dit que la technique a intégralement arraisonné la terre ? Demandons-nous plutôt quelle santé nouvelle cet « oubli » rend possible, et quels dysfonctionnements, quelles souffrances, quels leurres la « technique », c'est-à-dire notre rapport à la terre, peut-elle *réparer* ? Pourquoi substituer la « valeur » à « l'Être » serait notre malédiction ? Ce qui est sûr, en tout cas, c'est que les valeurs de la métaphysique nous ont rendu la vie impossible, elles ont été nos plus extraordinaires instruments de torture. Au fond, que veut Nietzsche ? Il est, malgré ses apostrophes bruyantes, étonnamment plus modeste qu'on ne pense (et certainement plus que ne l'était Heidegger[73]). Il veut quelque chose comme une *guérison*, il attend un *philosophe médecin* capable de lever un « malentendu sur le corps ». Nietzsche veut faire une histoire des « corps », c'est-à-dire de notre seule expérience, et en tirer des conclusions pour la santé de l'homme. Car cette histoire, c'est celle des douleurs et des plaisirs, des souffrances et des extases, des contraintes et des affranchissements, des châtiments et des récompenses, etc. Ce sont, perpétuellement, des variations d'intensité et la perception de ces variations (entre « sentiment de puissance » et « sentiment d'impuissance[74] », ou de « soumission[75] »), autrement dit des points de vue réciproques sur la santé et la maladie. C'est aussi une histoire de la *cruauté*, c'est-à-dire une évaluation de l'intensification du sentiment de puissance dans les souffrances que l'on inflige et que l'on s'inflige, et la *spiritualisation* qui en résulte. Cette histoire des corps, pour Nietzsche, se confond presque entièrement avec celle de la moralité des mœurs, qui est aussi bien la constitution d'une « morale de la souffrance volontaire[76] ».

Et Habermas refuserait à Nietzsche, comme il le refuse à Foucault qui voulut lui aussi produire une telle histoire des corps, la pertinence de cette expérience, dont nos corps ne cessent de témoigner, et qui font la chair même de la politique et de l'éthique, et cela sous le chef d'accusation d'un « pessimisme bourgeois » ? Ce serait refuser de considérer que la lente constitution de l'homme par lui-même en sujet conscient, libre et rationnel, est un ensemble de longues pratiques culturelles d'intensification et de spiritualisation de ces intensités, et que cette sublime élévation au-dessus de l'animalité a contenu en elle-même le danger d'un épuisement morbide ; que le « pessimisme bourgeois » est lui-même la forme moderne de cet épuisement. Et que c'est précisément la *haine* des épuisés envers la puissance qui grève toute possibilité d'autres formes d'élévation et menace d'un retour à l'animalité. Car jamais il ne s'agit pour Nietzsche de chercher la régression à cette animalité de la puissance (la bête est d'un côté du pont, dans notre dos, et grimace comme un singe) ; l'inconscience et l'irrationalité ne sont pas des buts. En revanche, reconnaître que cette préhistoire de l'homme travaille encore en lui comme *nature* est le seul moyen d'inventer des pratiques nouvelles, une plasticité nouvelle en vue d'une élévation non épuisante, d'une transfiguration « réussie » de la *physis*, c'est-à-dire menée à partir de l'expérience immanente que nous en avons vraiment. Seule l'hypothèse des volontés de puissance permet d'envisager à la fois des pratiques et des valeurs nouvelles, et une nouvelle « image de la pensée » : la conscience comme conscience des perspectives, la liberté comme pratiques concrètes d'accroissements de puissance, la raison comme grande raison des corps. Est-ce là un « programme » scandaleux, inaudible ? En tout cas, il n'est pas juste de l'invalider, comme le fait Habermas, sous prétexte qu'il serait relativiste et cryptonormatif. Ce seront les deux derniers points que nous relèverons dans l'opposition à une « théorie du pouvoir », dont on aura compris qu'elle vise en réalité, fondamentalement, le concept même de volonté de puissance.

Il faut préalablement remarquer que la double accusation de relativisme et de normativisme a quelque chose de contradictoire : ou bien toutes les valeurs se valent, ou bien certaines valeurs sont plus normatives que d'autres. La critique consiste à dire, d'une part, que substituer, dans l'ordre de la connaissance, l'exercice de dominations réelles à celui de facultés transcendantales relativise tout critère stable de vérité et donc toute connaissance possible ; d'autre part, à dire que la prétention à dénoncer, dans l'ordre de la connaissance, des dominants et des dominés (pratiques et discours dominants réprimant des pratiques et des discours dominés) revient de fait à accorder, par esprit de justice ou par esprit de soupçon, plus de *véracité* aux dominés qu'aux dominants. La « théorie du pouvoir » relativiserait d'un côté ce qu'elle norme de l'autre. Repartons de l'affinité qui lie Nietzsche et Foucault (et répétons, ce faisant, qu'affinité ne signifie pas identité). Foucault, dans un entretien essentiel donné à Gérard Raulet au printemps 1983[77], apporte un certain nombre d'éclairages sur ce problème, et

— ce n'est pas un hasard — précise, par ailleurs, à la fois ce qu'il « doit » à Nietzsche et ce qui l'oppose à Habermas. En premier lieu, l'hypothèse de volontés de puissance n'est pas une « théorie du pouvoir » :

> J'aimerais revenir tout à l'heure à cette question [sur la dissémination du pouvoir], parce que j'avais commencé à dire deux ou trois choses. La première, c'est que, en étudiant la rationalité des dominations, j'essaie d'établir des interconnexions qui ne sont pas des isomorphismes. Deuxièmement, quand je parle de ces relations de pouvoir, des formes de rationalité qui peuvent les régler et les régir, ce n'est pas en me référant à un Pouvoir (avec un grand P) qui dominerait l'ensemble du corps social et qui lui imposerait sa rationalité. En fait, ce sont des relations de pouvoir, qui sont multiples et qui ont différentes formes, qui peuvent jouer dans des relations de famille, à l'intérieur d'une institution, dans une administration, entre une classe dominante et une classe dominée, des relations de pouvoir qui ont des formes spécifiques de rationalité, des formes qui leur sont communes. C'est un champ d'analyse, ce n'est pas du tout la référence à une instance unique. Troisièmement, si j'étudie ces relations de pouvoir, je ne fais pas du tout la théorie du pouvoir, mais, dans la mesure où ma question est de savoir comment sont liés entre eux la réflexivité du sujet et le discours de vérité, si ma question est : « Comment le sujet peut-il dire vrai sur lui-même ? », il me semble que les relations de pouvoir sont l'un des éléments déterminants dans ce rapport que j'essaie d'analyser.

Ainsi, cette « théorie du pouvoir » qui n'en est pas une, parce qu'elle ne fait qu'interpréter la multiplicité des pratiques de rapports de domination par quoi toute théorie se constitue, n'introduit pas une nouvelle normativité. À aucun moment, il n'est question de dire ce qu'est le Pouvoir, ni de déterminer s'il est bon ou mauvais en soi. C'est en revanche ce qu'ont fait, d'une part les intellectuels universalistes de gauche (avec l'idée qu'ils seraient, comme conscience claire du prolétariat, défenseurs des dominés, et producteurs d'une vérité et d'une justice pour tous), et d'autre part les intellectuels pragmatiques de droite (avec l'idée qu'ils seraient, comme conscience claire des « états de fait » dominants, défenseurs de leur nécessité, et producteurs d'une vérité et d'une justice reflétant ces états de fait). Or, la position de Foucault, refusant ce clivage, consiste précisément à vouloir dénouer *à la fois* la nécessité de ce qui est et l'universalité de ce qui devrait être :

> Et je dirais que le travail de l'intellectuel, c'est bien en un sens de dire ce qui est en le faisant apparaître comme pouvant ne pas être, ou pouvant ne pas être comme il est. Et c'est pourquoi cette désignation et cette description du réel n'ont jamais valeur de prescription sous la forme « puisque ceci est, cela sera » ; c'est pourquoi aussi il me semble que le recours à l'histoire — l'un des grands faits dans la pensée philosophique en France au moins depuis une vingtaine d'années — prend son sens dans la mesure où l'histoire a pour fonction de montrer que ce qui est n'a pas toujours été, c'est-à-dire que c'est toujours au confluent de rencontres, de hasards, au fil d'une histoire fragile, précaire, que se sont formées les choses qui nous donnent l'impression d'être les plus évidentes. Ce que la raison éprouve comme sa nécessité, ou ce que plutôt les différentes formes de rationalité donnent comme leur étant nécessaire, on peut parfaitement en faire l'histoire et retrouver les réseaux de contingences d'où cela a émergé ; ce qui ne veut pas dire pourtant que ces formes de rationalité étaient irrationnelles ; cela veut dire qu'elles reposent sur un

socle de pratique humaine et d'histoire humaine, et puisque ces choses-là ont été faites, elles peuvent, à condition qu'on sache comment elles ont été faites, être défaites[78].

Mais la sortie de l'alternative, que nous décrivons grossièrement comme celle opposant la gauche et la droite, entre l'universalisme normatif et le pragmatisme relativiste, est-elle pour autant une sortie de celle qui oppose l'universel et le particulier, le nécessaire et le contingent ? L'hypothèse des volontés de puissance, refusant à la fois nécessité et universalité, ne norme-t-elle pas à nouveau la justice et la vérité comme « défense » de la singularité contingente, quelle qu'elle soit, pourvu qu'elle soit justement singulière et contingente ? C'est notamment la critique formulée par Vincent Descombes[79], et elle pèse d'un point particulier sur la politique de la volonté de puissance comme politique « postmoderne ». Ainsi, la singularité, la multiplicité et la contingence accéderaient au rang de nouvelles normes, c'est-à-dire qu'on en arriverait à ce résultat étonnant d'un *relativisme normatif*, qui ne verrait que de la volonté de puissance partout, mais distinguerait deux types de forces, des « bonnes » et des « mauvaises » : d'un côté, les mauvaises forces d'universalisation et, de l'autre, les bonnes forces de singularisation. La volonté de puissance n'empêcherait donc pas qu'il y ait une norme du bon et du mauvais. Et de fait, comme disait Nietzsche à propos de son « mot d'ordre dangereux » : « *Par-delà bien et mal...* Ce qui du moins ne veut pas dire : "Par-delà bon et mauvais"[80]. » Le glissement du couple d'opposition bien / mal vers celui de bon / mauvais manifesterait le privilège accordé au singulier sur l'universel : le bien et le mal doivent se définir *pour tous*, le bon et le mauvais se définissent *pour moi, pour quelques-uns, pour certains*. C'est quelque chose comme *le goût*, « le oui et le non du palais » du fameux paragraphe 224 de *Par-delà bien et mal*, qui caractérise « les hommes d'une civilisation aristocratique ». Bien et mal, vrai et faux, juste et injuste seraient ainsi écrasés sous la contingence de multiples singularités évaluant pour elles-mêmes. Attention cependant : même dans ce cas, il ne s'agirait pas d'un relativisme vulgaire qui s'épuiserait dans la formule « À chacun sa vérité ». Car les singularités évaluatrices ont toujours vocation à évaluer aussi *pour les autres*, à leur imposer leurs valeurs, et c'est même la définition de la domination qu'elles exercent sur eux. C'est de leur position dominante que des singularités tendent à universaliser. Nous l'avons dit, c'est à tous les niveaux que la volonté de puissance aspire à universaliser ses valeurs : un continent cherche à régner sur le monde, mais aussi bien un groupe d'instincts dominants cherche à régner sur l'individu. Chacun de nous est un peuple régi par une aristocratie. Mais cette aristocratie instinctuelle de l'individu dépend elle-même de déterminations exercées aux autres niveaux, de valeurs imposées par des unités sociales supérieures à l'individu : famille, classe, nation, etc. Et à nouveau se réduit le relativisme de la singularité contingente : de quel niveau d'unité faire dépendre l'évaluation du bon et du mauvais ? Qu'est-ce qui est bon, et pour qui ? Les valeurs occidentales sont-elles bonnes pour le monde entier ? La nation allemande a-t-elle vocation, comme elle l'a cru longtemps, à régner sur l'Europe ? L'État éduque-t-il ses citoyens aux valeurs bonnes pour lui ? L'enfant reçoit-il de sa famille celles qu'il lui faut ? En dernier lieu, mon goût, mon idiosyncrasie sont-ils bon pour moi ? Mon cerveau l'est-il pour mon estomac (ou l'inverse — nous ne savons pas exactement qui gouverne l'autre...) ? Ces cascades de questions d'apparence naïve sont de part en part *politiques*. Elles articulent profondément une *physiologie* de la volonté de puissance à ce que Foucault appellera une *biopolitique*. Et le questionnement nietzschéen concerne effectivement quelque chose comme la *gouvernementalité* foucaldienne, c'est-à-dire l'ensemble des techniques de domination exercées sur la vie (ou, par métaphore, « par la vie sur elle-même ») à tous les niveaux. « J'appelle "gouvernementalité", précise Foucault, la rencontre entre les techniques de domination exercées sur les autres et les techniques de soi[81]. » Il y a certes chez Nietzsche une continuité de nature, pour ainsi dire de l'infiniment petit à l'infiniment grand[82], des formations de domination — une sorte d'isomorphisme que Foucault, pour sa part, récusera[83]. Toutefois, l'isomorphisme de toutes les échelles d'exercice de la volonté de puissance ne signifie pas, chez Nietzsche non plus, l'irrigation pyramidale d'un principe général (le Pouvoir avec un grand P) vers les niveaux inférieurs ; au contraire, rappelons-le, ce sont les dominations inférieures qui édifient des unités supérieures et aspirent au sommet[84]. Mais justement, en vertu de l'intuition d'une dimension infinitésimale de la volonté de puissance, et par probité méthodologique, Nietzsche ne peut déterminer, pour la domination, de degré de référence qui serait bon en soi. S'il y a une insurmontable difficulté à une politique nietzschéenne, ce serait précisément à cause de cette indéterminabilité de l'échelle où l'exercice de la volonté de puissance serait bon ou juste. À moins que Nietzsche, comme nous croyons qu'il le fait, ne s'appuie très exactement sur cette impossibilité de *fixer* un niveau normatif de « gouvernementalité », pour pouvoir évaluer le bon et le mauvais rapportés aux différents niveaux d'« organismes » ou d'« unités ». Revenons en effet aux deux vecteurs, d'universalisation et de singularisation. Le premier, qui tend à former des unités toujours plus grandes (le « toujours-plus de puissance » dont Heidegger faisait un principe métaphysique), contient en lui-même un élément fictif et mensonger : l'universalisation infinie, l'infini atteint de l'universalité — ou *absolu*. La forme philosophico-politique de l'absolu, c'est *l'Humanité*, comme unité supérieure « maximale » ; et son vecteur est l'Histoire. Or, pour Nietzsche, les « derniers organismes » sont les peuples, les États, les sociétés[85] ; « l'"Humanité" n'avance pas, elle n'existe même pas[86]... ». Ailleurs, il précise :

> Partant de l'esprit de la fonction, les philosophes songent désormais au moyen de transformer l'humanité en un organisme unique — c'est le contraire de *ma propre* tendance. Elle affirme au contraire *le plus grand nombre possible* d'organismes *changeants*, de *différentes sortes* qui, parvenus à leur *maturité* et à leur *pourriture*, laissent choir leurs fruits ; soit les individus dont la plupart périssent, mais dont seul le petit nombre importe[87].

Ne nous laissons pas (encore) effrayer par la dernière phrase de ce passage, qui naturellement fait frémir. Notons pour le moment que « l'humanité » comme organisme global est pour Nietzsche une idée absurde. La volonté de puissance ne se laisse pas totaliser, elle n'a pas d'unité en elle-même, encore moins une unité qui se réaliserait comme sa téléologie.

Le vecteur de singularisation contient lui aussi un principe fictif ou mensonger. Car si la « tendance » de Nietzsche consiste à privilégier « le plus grand nombre possible d'organismes », il a soin de préciser que la plupart de ces organismes individuels n'importent pas, et que seul importe « un petit nombre ». Il y a là une difficulté, mais éclairante. Pourquoi la plupart des individus n'importent-ils pas ? Parce que se poursuit en eux, au niveau *infra-individuel*, la dynamique vectorielle de la singularisation. Ce vecteur détruit les unes après les autres les unités formées par la volonté de puissance. Nous retrouvons très exactement le diagnostic porté sur l'homme moderne : la détresse de son chaos intérieur. Le paragraphe 224 de *Par-delà bien et mal* fournit à cet égard une piste décisive. Nietzsche, qui n'a cessé de revendiquer ce sens historique juste qui consiste dans « la capacité de deviner rapidement la hiérarchie des jugements de valeur selon laquelle une nation, une société, un homme ont vécu, l'"instinct divinatoire" qui saisit les relations de ces jugements de valeur, le rapport qui lie l'autorité des valeurs à l'autorité des forces agissantes », en formule ici la critique, et inclut sa propre démarche généalogique dans cette critique de la modernité :

> Ce sens historique dont nous, Européens, nous enorgueillissons comme de notre caractère spécifique, nous est venu à la suite de la fascinante et folle *semi-barbarie* où la confusion démocratique des classes et des races a précipité l'Europe. Il faut attendre le xixe siècle pour voir surgir ce sens nouveau, ce sixième sens. Par suite de ce mélange, le passé de chaque

forme et de chaque genre de vie, le passé de civilisations qui se sont côtoyées ou superposées confluent dans nos « âmes modernes » ; nos instincts régressent désormais dans toutes les directions, nous sommes devenus nous-mêmes une sorte de chaos ; finalement, nous l'avons dit, l'« esprit » tire son profit d'une telle situation. Du fait de la semi-barbarie de nos aspirations, nous nous sommes ouverts partout des accès clandestins, dans une mesure qu'ont ignorée les siècles de raffinement ; nous avons accédé surtout au labyrinthe des civilisations inachevées et à toutes les semi-barbaries qui ont jamais existé sur la terre ; de sorte que, la majeure partie de la civilisation humaine n'ayant encore été que semi-barbare, le sens historique se confond à peu près avec le sens et l'instinct de toutes choses, le goût et l'appétit de toutes choses : ce qui révèle aussitôt la *roture* d'un tel sens.

La méthode généalogique contient en elle-même quelque chose de bas et de vil, qui la rapproche des historiens ouvriers que critiquait Nietzsche dans sa jeunesse (Foucault relèvera très justement que « la généalogie est grise[88] »). Le généalogiste se qualifie souvent de taupe, d'« être souterrain[89] ». C'est pourquoi, dans les textes — nombreux — où Nietzsche, au contraire, revendique la hauteur, la distance, la grandeur de sa tâche, il faut considérer qu'entrent là en jeu d'autres critères d'évaluations, nécessaires à compléter la méthode généalogique[90]. Car la généalogie, interprétant l'activité de la volonté de puissance sur toute la ligne qui va de l'infiniment petit à l'infiniment grand, rencontre aux deux extrémités concevables (nos *maxima* perceptibles) précisément ce qui menace la volonté de puissance : le fanatisme de la totalité et celui du chaos, par quoi, dans les deux cas, la volonté de puissance se retourne contre elle-même et devient nihiliste. Or, le fanatisme, décrit dans le magnifique paragraphe 347 du *Gai Savoir*, se caractérise par un besoin de croyance, un désir de certitude qui est la marque d'un « instinct de faiblesse », ou « conviction qu'il faut subir un commandement », ou encore « asthénie de la volonté ». « Bon » se dira donc certes de l'instinct de commander et « mauvais » du besoin d'obéir, mais pas seulement : toute absolutisation de l'un ou de l'autre revient à un même besoin de croyance. La croyance en une puissance absolue ou celle en une servitude totale paralysent également les forces : car l'une et l'autre *nient* la nature multiple, conflictuelle et hiérarchique des formations de la volonté de puissance. L'instinct « totalitaire » est incapable de composer avec la résistance, d'éprouver la hiérarchie comme formation d'unités différenciées : il a besoin de la nier et de la détruire, et croit que c'est cela, commander ; l'instinct servile est, quant à lui, incapable de former une unité à partir de son chaos et de s'intégrer dans les processus de différentiations hiérarchiques, il a besoin de se nier et de se détruire, et croit que c'est cela, obéir. L'un et l'autre *croient* en la puissance comme totalité, et s'y aliènent totalement. La morbidité du vivant provient de cette croyance aliénée en l'unité *imaginaire* d'une volonté conçue comme toute-puissance. En ce sens, Heidegger a raison d'articuler métaphysique de la volonté et nihilisme occidental — mais il se méprend sur la nature de la volonté de puissance chez Nietzsche. Encore une fois, de l'*inconditionné* ne sort jamais rien de bon : le commandement et l'obéissance sont eux-mêmes toujours conditionnés, pris dans des relations concrètes dont on ne peut les abstraire sans en pervertir le sens et la nature. L'enjeu de la philosophie de l'avenir, on le pressent, sera de *s'affranchir* de la croyance en l'inconditionné de la puissance, parce que cette croyance, qui retourne la volonté de puissance contre elle-même (« volonté de volonté », postulait Heidegger), aliène. Il y a donc chez Nietzsche un concept tout à fait singulier de liberté, sur lequel nous aurons à revenir longuement, mais dont on peut dire déjà qu'il suppose l'affirmation de la volonté de puissance toujours à la fois comme commandement *et* obéissance conditionnés, et non comme certitude et croyance inconditionnées. C'est à ce prix seulement que l'on peut faire l'expérience d'une *autodétermination* :

> Le fanatisme est en effet l'unique « force de volonté » à laquelle puissent être amenés aussi les faibles et les incertains ; en tant qu'il hypnotise en quelque sorte la totalité du système intellectuel qui repose sur la perception du monde sensible, il provoque l'hypertrophie d'un point de vue conceptuel et affectif particulier qui prédomine désormais — ; le chrétien le nommera sa *foi*. Dès qu'un homme en vient à la conviction foncière qu'il lui *faut* subir un commandement, il devient « croyant ». En revanche, une joie et une force de la détermination de soi seraient concevables, une *liberté* du vouloir, à la faveur desquels un esprit congédierait toute croyance, tout désir de certitude, exercé qu'il serait à se tenir en équilibre sur des possibilités légères comme sur des cordes, et même à danser de surcroît au bord des abîmes. Pareil esprit serait le *libre esprit par excellence*[91].

Comment concilier la détermination de soi et la contrainte des unités supérieures ? Quel est le « bon » rapport, le « juste » milieu entre les forces d'universalisation et les forces de singularisation, comment s'y tenir en équilibre comme sur des cordes ? Bref, comment articuler les rapports de commandement et d'obéissance à l'autodétermination, la hiérarchie à la liberté ? C'est un des problèmes les plus délicats que nous pose la politique nietzschéenne. Car Nietzsche n'a pas voulu, comme l'ont fait selon lui les Lumières, subordonner les rapports de commandement et d'obéissance à un concept abstrait de l'homme : *commencer* par poser l'universalité d'un sujet autonome, c'est-à-dire poser l'égalité universelle de toutes les volontés libres se donnant à elles-mêmes leur propre loi rationnelle, pour *ensuite*, à partir de cet inconditionné, former des unités supérieures (contrat social, volonté générale, souveraineté populaire), c'est adopter un fondement fictif par un mensonge éhonté, qui trahit encore une hostilité envers ce que font réellement les puissances d'accroissement de l'homme et de la culture. C'est là pour Nietzsche un symptôme supplémentaire de ressentiment et d'épuisement, un ultime avatar de l'idéalisme et du nihilisme, et, en dernier lieu, un obstacle à l'affranchissement. Sa confrontation avec la démocratie était ainsi inévitable. Il serait aussi vain que malhonnête de chercher à apaiser l'*inquiétude* que suscite la critique nietzschéenne de la démocratie chez tout lecteur qu'anime un affect démocratique. Je ne suis pas moi-même apaisé sur ce point. Pour autant, je considère comme suspect tout adversaire de la démocratie que la lecture de Nietzsche conforte ou réconforte. C'est, face à Nietzsche, l'inquiétude du démocrate qui m'importe. Celle des antidémocrates contemporains est, dans le meilleur des cas, risible. Et Nietzsche lui-même prévoyait ce ridicule :

> Il n'en est pas moins possible qu'un jour la postérité se rie de notre peur, et pense à l'œuvre démocratique d'une suite de générations à peu près comme nous à la construction de digues de pierre et de murs de défense — activité qui répand nécessairement beaucoup de poussière sur les vêtements, les visages, et sans doute aussi rend inévitablement les ouvriers quelque peu stupides ; mais qui souhaiterait pour autant que ce travail ne se fît pas[92] !

On est condamné à juger trop unilatéralement l'antidémocratisme de Nietzsche si on l'isole de sa volonté d'éradiquer ce qui oblitère la possibilité de l'affranchissement et de l'accroissement. Il faut déterminer ce que Nietzsche vise dans la démocratie, et mesurer la redoutable force de frappe de sa critique. Car, en attaquant ce qu'il appelle avec mépris les « idées modernes », Nietzsche touche quelque chose de très vivant en nous, quelque chose de si vivant que son interpellation nous est presque inaudible : notre *détresse* dans le rapport infiniment complexe que nous autres démocrates entretenons à la démocratie.

Chapitre VI

LES « IDÉES MODERNES »

La plus mauvaise question, pour commencer, serait de se demander quelles furent les « opinions politiques » de monsieur Nietzsche. Souvent posée par ceux qui ne se préoccupent guère de Nietzsche à ceux qui s'en occupent un peu trop, cette méchante question vous attend au tournant. Et doublement. Rarement naïve, elle enveloppe en secret le souvenir, ravivé par une vague culture générale, d'un long scandale : Nietzsche n'était-il pas un peu réactionnaire, protofasciste, prénazi, ou alors libertaire, anarchiste, révolutionnaire, voire pire — quelque chose comme un apolitique élitiste et esthétisant ? Rarement tournée vers son seul objet, la question vous enveloppe dans son adresse, et vous somme en sous-main de vous positionner, d'avouer avec lequel de ces démons vous avez pactisé en pactisant avec Nietzsche. La version édulcorée en serait peut-être : êtes-vous un nietzschéen de droite, un nietzschéen de gauche ? Il n'y a vraiment pas lieu de considérer avec mépris cette méchante question lorsqu'on constate que les commentateurs continuent de dépenser une prodigieuse énergie à s'en justifier, que les nietzschéismes de gauche et de droite (y compris d'extrême gauche et d'extrême droite) sont un fait historique repérable, et que, pour soi-même, on n'évite pas ces questions à la lecture des textes. En ce qui concerne les textes, précisément, l'artifice inévitable des citations prélevées *pro et contra* a durablement démontré que Nietzsche venait toujours nous fournir ce dont nous avions besoin en matière de slogans politiques multicolores — où l'on se dit qu'il avait bien raison de voir dans la bigarrure du florilège notre habit typiquement « moderne ». L'idée selon laquelle le philosophe aurait tout dit et son contraire n'en n'est pas la moindre conséquence (mais, à la limite, ce préjugé de la versatilité des opinions de Nietzsche ne plaiderait-il pas chez lui en faveur d'une certaine tendance démocratique, telle qu'il en a dépeint lui-même les caractères ?). Bref, quelles furent les « opinions politiques » de monsieur Nietzsche ? La question est méchante, mais la réponse l'est aussi : si l'on accepte de dire que la notion de *doxa* ne reçoit son sens que dans un réseau de valeurs qui soit toujours déjà un objet de créance commune, que les variations des positions individuelles ou groupusculaires, dans leur conflictualité même, impliquent ce système commun, qu'à chaque position correspondent, comme dit Bourdieu, « des présuppositions, une *doxa*, et [que] l'homologie des positions occupées par les producteurs et leurs clients est la condition de cette complicité[1] », et qu'enfin cette homologie recèle toujours un arrière-goût d'absolu[2], alors nous ne trouverons pas d'opinion, pas de *doxa* nietzschéenne dans les textes de Nietzsche. Une preuve *a posteriori* en est l'extrême difficulté qu'il a eue à se communiquer, à se faire comprendre. C'est précisément cette complicité doxique, qui est le plan où peuvent se déployer ou s'expliquer les opinions, qui lui a fait le plus défaut. Pour autant, nous n'avons évidemment pas affaire à une pensée *pure* de tout plan doxique (même si les préoccupations « hygiéniques » du dernier Nietzsche, justement articulées aux difficultés de son « commerce avec les hommes », trahissent ce désir[3]), car ce plan, qui est déployé par la nature même du langage et des pulsions évaluatrices, ne serait aboli que par une sorte de silence éléatique — autre désir de Nietzsche. (Ce n'est pas un hasard si le premier philosophe à engager une critique de la *doxa* fut précisément Parménide.) Le plan doxique sera donc chez Nietzsche le champ de bataille sur lequel, dérobant ses armes à l'ennemi, la philosophie combattra sous plusieurs masques, dont celui de l'opinion. Ainsi, contre la *doxa*, Nietzsche pourra pratiquer le *paradoxe*, au sens où l'entend Deleuze[4], c'est-à-dire un ébranlement multidirectionnel initié par un élément rebelle dans un ensemble préstabilisé d'identifications univoques, en d'autres termes : des attaques de l'intérieur contre l'alliance du bon sens et du sens commun. C'est pourquoi le « débat » politique que mène Nietzsche dans ses textes, se débattant avec lui-même, mais surtout avec le présent, le passé et l'avenir, ne se laisse pas fixer en opinions. Chaque fois que Nietzsche a effleuré la question de ses propres opinions politiques, son attitude a consisté à marquer toute absence de communauté avec ceux qui en avaient, et à afficher un scepticisme, voire un indifférentisme, qu'on peut effectivement qualifier d'apolitique. Mais en conclure que sa philosophie ne possède pas les caractères d'une politique, comme l'ont fait certains commentateurs, ce serait là un faux pas. Il y a bien une politique nietzschéenne, qui une fois encore ne ressortit pas à l'opinion, mais à la redoutable dynamique de sa philosophie : logique *paradoxale*, qui incorpore à la pensée cet élément rebelle à la *doxa*. Les conséquences en sont des *stratégies* de provocation du sens commun et d'insulte au bon sens, avec la dureté suicidaire d'une trop conséquente probité. Évidemment, leur corollaire stylistique peut bien être un jeu avec la rhétorique de l'opinion, tout un jeu d'« opinions et sentences mêlées ». C'est que le texte nietzschéen joue la violence de l'opinion contre elle-même, ce qui peut sans doute expliquer le caractère scandaleux de ses assertions politiques. Par exemple l'apologie de l'esclavage de modèle antique comme condition d'affranchissement de la culture — nous y reviendrons — reste une « opinion politique » aussi absurde qu'intolérable aussi longtemps que nous ne mesurons contre quelle *doxa* elle se dresse avec férocité : dans ce cas, la « dignité du travail » en tant que fiction commune à l'exploiteur et à l'exploité, homologie de valeurs qui, *de facto*, reconduisent et renforcent l'asservissement à un nouvel esclavage dont les formes modernes semblent pires encore que les formes antiques.

Il s'agira donc d'étudier ici par quels paradoxes Nietzsche entend miner la *doxa* démocratique, mais aussi bien la *doxa* antidémocratique. Toutefois, pour être tout à fait honnête avec la méchante question concernant les « opinions politiques » de monsieur Nietzsche, je voudrais auparavant proposer quelques éléments de réponse. J'aurai l'occasion ailleurs de développer une analyse plus strictement biographique des contextes d'opinion où s'est déployée et débattue la pensée de Nietzsche. Mais un bref rappel doit ici servir à repositionner la question, et à y réarticuler les enjeux philosophiques qui s'y attachent.

Chez le tout jeune Nietzsche, jusque vers 1868 environ, on trouve un mélange étrange entre l'influence libérale du Vormärz et une borussophilie conventionnelle. En 1866, la guerre de Bismarck contre l'Autriche suscite son enthousiasme, ainsi que, de manière générale, la politique d'annexion de la Prusse, qui entend surmonter l'atomisation de l'Allemagne. Paradoxalement, le nationalisme unificateur prussien a été pour Nietzsche le premier terreau d'où croîtra sa revendication d'une entité politique supranationale et européenne. Mais, à cette époque précoce, le malentendu et les illusions sont encore grands sur la nature des formations d'unité supérieure. C'est ce que Nietzsche comprend très vite, dès 1869, notamment sous l'influence de son nouveau maître Jacob Burckhardt : le succès de l'État et celui de la culture sont deux choses différentes, et leur croissance est même inversement proportionnelle, ce qui sera affirmé au début de la Première Inactuelle. Les années 1870 sont donc marquées pour Nietzsche par un net primat de la culture sur la politique, par l'opposition alors largement répandue en Allemagne entre la *Kultur* et la *Zivilisation*. (Thomas Mann encore, dans les *Considérations d'un apolitique*, en 1918, opposera avec passion l'unité spirituelle et artistique de la *Kultur* allemande à l'unité matérielle, institutionnelle et technocratique de la *Zivilisation* française.) Ce qui est certain, c'est que Nietzsche est largement tributaire d'une idéologie de régénération de la culture allemande par la résurrection de la grécité, idéal que le classicisme allemand nourrissait déjà autour de 1800. Conjuguant ce classicisme à l'influence de Wagner, il articule encore la renaissance de type grec aux espoirs d'un « esprit allemand ». Cette pensée nationale, pourtant, n'est déjà plus nationaliste et réclame un élargissement au cosmopolitisme, qui sera chez Nietzsche toujours plus marqué. On voit bien que dans ce second débat intérieur entre la spécificité allemande (le fameux et fatal *Sonderbewußtsein*) et le cosmopolitisme, qui est la conséquence d'un premier débat entre la culture et la politique, se joue un progressif arrachement à une *doxa* qui entravait la dynamique philosophique. Dans cette prise de distance que Nietzsche présente (et perçoit peut-être lui-même) comme posture apolitique, ce n'est pas le politique qui est évacué, mais bien le plan doxique dominant où le nationalisme allemand et le culte de l'État cherchent des légitimations métaphysiques, combinant l'idéalisme ancien à un cynisme nouveau.

Le dégagement des plans doxiques (que Nietzsche attaque notamment sous leur forme manifeste dans la mode et le journalisme) conduit inévitablement à préciser les conditions de ce qu'il réclame tout à la fois des philosophes, des scientifiques et des artistes : l'affranchissement de l'esprit. C'est le rôle, à partir d'*Humain, trop humain* (1878-1880), de la figure de « l'esprit libre », et de la référence non seulement aux Lumières, mais au libre jeu de la philosophie, de la science et de l'art sur la voie de l'affranchissement. Ce qu'on a appelé la période « positiviste » ou « éclairée » de Nietzsche n'est ni une volte-face ni une accalmie entre l'enthousiasme métaphysique des débuts et l'exaltation visionnaire de la fin, c'est l'approfondissement conscient et nécessaire de la critique de toute *doxa*, la mise au jour de la structure foncièrement *dogmatique* de l'humain (en ce sens, *trop* humain) dans son rapport moral à la « vérité », et le parcours des possibilités de désenclaver la pensée du *rigor mortis* des dogmes. La tâche est immense, et le courage nouveau avec lequel Nietzsche plonge dans la forge des opinions politiques *en cours* (démocratiques, socialistes, anarchistes, libérales, capitalistes, etc.) doit dégager la forme « pure » des formations doxiques ; c'est pourquoi, nous le verrons, il les articule toujours plus précisément aux formations religieuses (christianisme) et métaphysiques (idéalisme), parce que leur matrice, leur « doxogenèse », lui apparaît commune. *Aurore* (1881), sous cet aspect, mène un remarquable travail de désenclavement, c'est-à-dire de libération des forces à l'œuvre dans la formation doxique ou formation de *croyance*. Le sous-titre d'*Aurore* annonce très explicitement la démarche : « Pensées sur les préjugés moraux ». On l'a vu, c'est le désir ou le sentiment de puissance qui sont la clé de cette plastique de la croyance dans le devenir humain. Dès lors, et durablement, l'écriture de Nietzsche trouvera une même plasticité, mais concurrente, pour sculpter, dévier, intensifier ou affiner les énergies de puissance du lecteur. Le durcissement ou, plus précisément, l'intensification énergétique de la confrontation nietzschéenne avec le politique doivent être lus dans le cadre de ces tentatives stratégiques de reconfiguration des forces doxiques. Et si Nietzsche avait bien le pressentiment que ce travail, en vertu de la nature même de la volonté de puissance, était surdimensionné, voué à s'efforcer des années, des siècles, voire des millénaires, il se trouve confronté de plein fouet à la possibilité de simplement échouer dans un combat perdu d'avance. Le pas franchi par *Ainsi parlait Zarathoustra* (1883-1885) est alors incommensurable. Non que le projet change de nature ou de dessein, mais parce que les moyens mis en œuvre doivent être *démesurés*. C'est ainsi que l'on est en droit d'interpréter la distance toujours plus grande qui se creuse au cœur même de la première personne employée par Nietzsche dans ses textes, qui s'affirme avec le personnage de Zarathoustra et culminera comme on sait dans *Ecce Homo*. À elle seule, la prise de vitesse de l'élément rebelle lancé sur le plan doxique comme dans un jeu de quilles mondial permet déjà de comprendre pourquoi l'élaboration de la « grande politique » nietzschéenne recourt à des énoncés si radicaux. Le « sujet » de ces énoncés n'est plus, depuis longtemps, monsieur Nietzsche affublé de ses opinions politiques extrêmes. Il n'y a pas, de toute façon, d'opinion extrême : l'extrémisme politique ou religieux ne se tisse que de préjugés communs, moyens et conventionnels ; ce qui est extrême, c'est toujours la tension psychophysiologique accumulée jusqu'à l'épuisement sur certains points du plan doxique, qui menace de déchirer son tissu quelque part au milieu, ou de le dévitaliser localement dans un processus morbide. L'extrémisme est la morbidité aiguë du médiocre, ce qui est extrême en lui est le degré de violence déchargée par le verrouillage total de l'identitaire en un point fixe — mais médian — du plan doxique, c'est-à-dire par une *impotentia* de la pensée. Ou ressentiment. Or, au contraire, il s'agit chez Nietzsche d'une prodigieuse mobilité de l'identité subjective sur tous les points du plan (une autre manière de désigner le perspectivisme), comparable à celle de l'électron libre qui n'est attaché à aucun atome, ou à l'élément rebelle multidirectionnel dont parle Deleuze à propos du paradoxe. Il faut encore noter que la forme « prophétique » ou « visionnaire », ou encore « évangélique » d'*Ainsi parlait Zarathoustra*, de quelque manière qu'on l'ait désignée, n'est absolument pas un saut en dehors de la sphère politique. La preuve en est qu'il a été possible à Nietzsche, dans *Par-delà bien et mal* (1886), de « *dire les mêmes choses* que [son] Zarathoustra, mais différemment, très différemment[5] ». Or, *Par-delà bien et mal* est peut-être l'œuvre la plus frontalement politique du Nietzsche de la maturité. Ces deux ouvrages sont les deux faces — l'une qui dit *oui*, l'autre qui dit *non*[6] — d'un même projet civilisationnel et anthropologique d'une monstrueuse envergure : initier le mouvement millénaire d'une nouvelle législation, portée par une nouvelle éducation (conçue comme élevage d'un nouveau type) et sans doute des « guerres » sans précédent, en vue d'une nouvelle souveraineté planétaire. Le livre III de *Zarathoustra* devait représenter « le *passage* du libre-penseur et de l'ermite au devoir-*dominer*[7] ». Suite à ce passage, Nietzsche décidera très manifestement de passer à l'offensive : on connaît — mais nous les rappellerons — les exigences de sa « grande politique[8] ». Les déflagrations que le philosophe entend produire aux foyers stratégiques du champ de bataille des plans doxiques sont assourdissantes. C'était sans doute trop solliciter le labyrinthe des petites oreilles, et la chambre d'écho fut sur-réverbérante. Car la « grande politique » est soumise, pour nous aujourd'hui, à de multiples phénomènes d'amplification.

D'une part, nous sommes toujours tributaires d'un certain nombre de foyers d'opinions qui sont précisément visés par les attaques de la philosophie de Nietzsche : des valeurs démocratiques, égalitaires, humanitaires. Toute la difficulté est de déterminer sur ce plan ce qui est de l'ordre de l'opinion ou croyance et ce qui est capable de se transformer en élément rebelle et paradoxal, et de devenir soi-même pensée de nouvelles législations pour une culture supérieure. Je veux dire que l'instinct démocratique doit absolument se tenir sur la ligne de crête du devenir, ne pas retomber dans l'histoire, préserver ou conquérir sa puissance de scandale[9], se faire lui-même dynamite. Or cette exigence, et seulement elle, a le pouvoir de se mettre en débat avec les exigences nietzschéennes, au point d'articulation essentiel de la question d'une vie affranchie. En d'autres termes, la *doxa démocratique* ne veut et ne peut entendre ce que lui assène la scandaleuse « grande politique » nietzschéenne, mais il y a un niveau de *pensée-vie démocratique* qui est capable d'entrer en débat et en résonance avec elle. Dans cette rencontre, il y a fort à penser qu'on trouverait la possibilité paradoxale d'un front commun contre les formes contemporaines de la *doxa* antidémocratique, ces expressions diverses de la « haine de la démocratie » que révèle notre modernité, ou — si l'on tient à ses prérogatives — notre postmodernité.

D'autre part, la « grande politique » entre en résonance sur-réverbérante avec le traumatisme totalitaire du xxe siècle, et la très grande imprudence de Nietzsche aura été de surestimer la douceur crépusculaire de la modernité, de croire que son aspiration dominante était le bonheur, la paix, le déclin. Il a cru la cruauté moderne plus *spiritualisée* qu'elle n'était. Contre cette vieille modernité chrétienne, il a finalement armé à trop grand bruit, avec le vocabulaire de la guerre, de la sélection, de la hiérarchie, de la puissance. Dans sa solitude, il a clairement mésestimé la violence pulsionnelle de l'homme moderne, il a pensé que son chaos l'avait épuisé. Sa lutte contre le préjugé démocratique aurait dû lui faire pressentir que ce seraient précisément les forces les plus réactives qui s'empareraient de la guerre, de la sélection, de la hiérarchie et de la puissance, et non l'esprit libre. Ce n'est pas faute pourtant d'avoir longuement expliqué que la culture était le contraire de l'État, que les races et les nations étaient des fictions absurdes, que l'antisémitisme était une indignité, que le darwinisme social avait compris la sélection à l'envers, que les hiérarchies devaient être longues, que la morale du ressentiment était une révolte d'esclaves et que toute croyance avait un fond de fanatisme. Ce n'est pas faute non plus d'avoir mis en garde contre les Allemands. Nietzsche savait pourtant que notre plus grand défaut moderne était un manque de philologie, et que nous ne saurions pas *lire* avant longtemps — le pillage posthume de ses écrits en témoigne. Nous ne referons pas l'histoire, mais il est important de dire que chaque concept nietzschéen, précisément parce qu'il est *paradoxal* au sens deleuzien, présente des tranchants multidirectionnels : il tranche toujours à la fois dans la chair démocratique et dans la viande totalitaire, dans la carcasse de l'Église universelle et dans l'armure de l'État total. C'est pourquoi la lecture aiguisée des multiples stratégies antidoxiques des textes de Nietzsche est essentielle. Le traumatisme du totalitarisme qui exacerbe, encore aujourd'hui, notre hypersensibilité à certains textes de Nietzsche devenus intolérables doit aiguiser notre lecture et non l'éroder. À vrai dire, les enjeux contemporains d'une lecture de Nietzsche dessinent plutôt, dans l'ensemble, des conflictualités intrademocratiques. Ils tracent, reconduisent ou déclinent des lignes de partage entre les nietzschéismes « de gauche » et

« de droite », élargis à l'ensemble du spectre bordé par les démocrates radicaux d'un côté et les néo-conservateurs de l'autre, et définissent les « anti-nietzschéismes » qui leur correspondent. C'est peut-être très bien ainsi, pour peu qu'on n'émousse pas le double tranchant extra-démocratique d'une lecture de Nietzsche : il engage *dans le même temps* la lutte contre la morbidité fanatique et la lutte contre la détresse démocratique. Dans tous les cas, il s'agit de faire jouer l'élément rebelle de la pensée dans et contre des plans doxiques par définition *dominants*. D'interroger et de défier, à chaque instant, ce qui commande et ce qui obéit. Et de déterminer, dans l'inextricable complicité de la connaissance et de la croyance, « *dans quel sens nous aussi sommes encore pieux*[10] ».

Dernière sur-réverbération enfin, celle que produisent les dernières exclamations de la « grande politique » entre les murs de l'enfermement pathologique. Il est manifeste que les expressions les plus intolérables du projet politique nietzschéen côtoient l'effondrement de Turin, et se durcissent à son approche. L'appel à la plus grande guerre de l'histoire, préparée par l'idée d'un tirage propagandiste de millions d'exemplaires de *L'Antéchrist*, le ralliement international des officiers et du grand capital juif en vue d'une condamnation à mort surhumaine et de l'anéantissement du christianisme, et avec lui de « toutes les races *intellectuellement* dégénérées » (nous soulignons), l'espoir de conquérir « le gouvernement de la terre — *y compris la paix universelle* » (nous soulignons), bref, tout le programme apocalyptique de la « grande politique » tel qu'il se décharge dans la lettre de décembre 1888 à Brandes, quelques semaines avant l'effondrement psychique, sombre dans les ténèbres en cherchant le grand jour. Pour autant, Nietzsche ne dit pas *n'importe quoi* : il intensifie en réalité jusqu'au seuil d'intolérabilité, avec une implacable logique, ce qu'il avait engagé depuis longtemps. Et depuis longtemps il avait prévenu le lecteur que ses pensées devenaient inaudibles, intolérables, et source d'insupportables souffrances, y compris pour lui-même. Il avait prévenu que son courage et sa probité le menaçaient de démence. Il faut prendre acte de la dynamique propre de l'élément rebelle en augmentation exponentielle de vitesse sur le plan doxique. On ne sait pas ce que l'onde de choc peut produire, et, si l'on tente d'en mesurer les effets, c'est sur le lecteur, sur nous-mêmes qu'il faut expérimenter. Nietzsche a opéré à la racine commune de la contemplation et de l'action[11] (et en cela il est resté platonicien), c'est-à-dire au niveau de la production des images qui forment un monde. Il est absurde de se demander si la « grande politique » est un jeu de métaphores inoffensives, un dangereux programme idéologique ou un fatras de délires psychotiques, car il y a un élément d'isomorphisme dans *toute* production d'images, de la contemplation du sage à la vision du fou, en passant par l'image du but que se propose l'homme d'action. En ce sens, inventer un monde, le produire et l'expérimenter sont une seule et même chose, qui est de l'ordre de la production pulsionnelle de représentations[12]. L'élément discriminant doit opérer dans la diversité des pulsions qui produisent les images et de celles qui s'en emparent et les réinterprètent. Nous sommes ainsi toujours renvoyés à nous-mêmes et à nos productions d'images, à notre monde, et par là même à notre politique. En d'autres termes, la question, face au dernier

Nietzsche, est de savoir quels agencements peuvent encore se composer entre notre « grande raison » et sa « grande politique », et à quelle vitesse l'élément rebelle et paradoxal de la pensée peut encore y circuler. Il n'est question que de cela. Pour le reste, qu'on se rassure : la maladie prit soin de le faire taire à temps, dans un mutisme apathique qui fut comme le double grotesque d'un silence éléatique.

Au fond, en quoi la question des opinions politiques de monsieur Nietzsche est-elle « méchante » ? C'est que, derrière le préjugé assez répandu qu'il a été protofasciste, qu'il a dit tout et son contraire et que de toute façon il était fou, se dissimule un soupçon autrement plus décisif : qu'est-ce donc qui peut légitimer la monstrueuse prétention du philosophe, de tout philosophe, à trôner au-dessus du règne de l'opinion, dans l'élément de la « pensée », et à prononcer des oracles directement branchés sur la « vérité » ? Le sentiment de supériorité que partage Nietzsche avec tout philosophe, mais qu'il a eu au moins la probité d'avouer avec la plus éclatante immodestie, qu'est-ce qui peut seulement le justifier ? Et si Nietzsche a ébranlé le concept même de vérité comme aucun autre philosophe, n'a-t-il pas été contraint sans cesse de se référer à une certaine hiérarchie des valeurs dans laquelle le haut est *préférable* au bas, le noble au vil, le sain au morbide ? Qu'est-ce qui distingue cette *préférence* d'une opinion, ce *goût* d'une conviction ? Il ne faut pas croire que Nietzsche se soit abstenu d'interroger ce problème. Au contraire, il n'a cessé de s'y attacher comme engageant la question de la connaissance elle-même, et c'est à le traiter que sert tout particulièrement la notion de volonté de puissance. Or, ce problème est d'emblée *politique* (et il concerne toujours déjà la démocratie), dans la mesure où la philosophie a toujours prétendu lutter contre la *doxa*, et qu'elle est, à vrai dire, née de cette lutte. Dans ces conditions, on ne sera pas étonné qu'il faille en revenir à Platon. En outre, ce « plus beau rejeton de l'Antiquité[13] » a représenté pour Nietzsche une véritable double contrainte, lui lançant des injonctions paradoxales qui l'ont comme obligé à formuler sa grande politique[14].

L'un et l'autre ont un point de départ commun : ce qui est premier, ce n'est pas la connaissance. Il y a en elle quelque chose de tardif et de contre nature, à quoi la nature, *epithumia* ou pulsions, n'est pas préparée et résiste. Ce qui est donné, ce sont les erreurs et illusions nécessaires à la vie pulsionnelle, dont le principe est la *créance*. Croire que l'on sait, voilà ce qu'est pour Platon la *doxa*. Et Nietzsche d'écrire, dans *Humain, trop humain* : « Ce sont les *passions* qui donnent naissance aux opinions ; la *paresse d'esprit* les fige en *convictions*[15]. » L'un et l'autre ont une réponse commune : « Les convictions sont des ennemis de la vérité plus dangereux que les mensonges[16]. » Lorsqu'il s'en prend aux convictions, Nietzsche n'hésite pas à s'en référer à la *vérité*. Mais, quoique pris dans la double contrainte platonicienne, il sait ce qu'il fait. Le raisonnement s'en trouve dans *Humain, trop humain*, disséminé à travers différents paragraphes qu'il faut renvoyer l'un à l'autre. À cette période, cela a été souvent répété, Nietzsche défend le modèle scientifique. Que dit-il exactement ?

> Par les images et les comparaisons, on convainc, mais ne démontre pas. C'est pourquoi on a, dans la

science, une telle horreur des images et des comparaisons ; là, on ne veut justement *pas* ce qui entraîne conviction et *créance* et on provoque plutôt la plus froide méfiance, ne serait-ce que par le style et les murs nus, la méfiance étant, pour l'or de la certitude, la pierre de touche[17].

Il commence par rapporter la conviction et la créance à ce qui les génère : la *persuasion*, par quoi il dégage le rapport de commandement et d'obéissance qui s'y crée. Persuader est une forme de la domination ; croire et être convaincu, c'est déjà obéir. Les termes allemands *überreden* et *überzeugen* (persuader, convaincre), par leur préfixe commun, expriment tous deux une prise de pouvoir sur (*über-*). *Überreden*, c'est vaincre par le discours (*reden*, discourir) ; *überzeugen*, vaincre par le témoignage (*zeugen*), c'est-à-dire par ce qu'on montre (*zeigen*). Il s'agit bien d'une domination par l'image. Platon, dans le *Timée*, dégage lui aussi l'aliénation propre à l'opinion, toujours « jointe à une sensation » que suscite une image : celle-ci, produite « par le moyen de la persuasion », (...) peut être modifiée par elle » ; or, « une image, en effet, du moment que ne lui appartient pas cela même dont elle est l'image, et qu'elle est toujours le fantôme fugitif de quelque chose d'autre, ne peut pour ces raisons que venir à l'être en quelque chose d'autre et acquérir ainsi une existence quelconque, sous peine de n'être rien du tout[18] ». Contre cette prise de pouvoir, il convient d'exercer une *méfiance*, et par ce mouvement d'affranchissement, acquérir l'autonomie d'une *certitude*. C'est, chez Platon, la tension qui oppose le sophiste, ce merveilleux producteur d'images et de comparaisons, et le dialecticien, dont la méfiance édifie peu à peu des certitudes. Le pendant nietzschéen du sophiste, dans *Humain, trop humain*, est le penseur qui « se prend et se donne pour un génie » : celui-ci est un « ennemi de la vérité[19] ». Contre le « feu des convictions », Nietzsche dresse la « froide méfiance », cette « pierre de touche » pour « l'or de la certitude ». Or, comme l'a relevé Monique Dixsaut[20], cette double image vient directement du *Gorgias* (486d), dans le débat que mènent Socrate et Calliclès, et qui oppose la rhétorique (« ouvrière de persuasion ») à la philosophie. La pierre de touche d'une âme en or serait, pour l'ironique Socrate, que l'impérieux Calliclès fût *d'accord* avec lui : « Je suis sûr que toutes les opinions de mon âme avec lesquelles tu seras d'accord, seront, dès ce moment-là, des vérités[21]. » L'accord s'obtient comme on sait par le dialogue dialectique ; or il faut rappeler que, dans *Humain, trop humain*, Nietzsche, ce grand adversaire de Socrate et de la dialectique, donne de la recherche de la vérité un modèle dialectique, et de la dialectique, un modèle agonistique[22]. Il est tout à fait significatif que Nietzsche reprenne ce modèle cher à Socrate, dont la constante préoccupation est de confronter les *prétendants*, c'est-à-dire ceux qui sont concurremment convaincus de posséder une compétence à exercer un pouvoir. Les artistes, les philosophes et les politiques se prennent et se donnent pour des génies, mais il est une autre forme de génie, celui de la *justice*, que Nietzsche évoque dans un texte qui suit de près le paragraphe cité ci-dessus :

> Il y a aussi, il est vrai, une espèce toute différente de génie, celui de la justice ; et je ne peux du tout me résoudre à l'estimer inférieur à quelque autre forme

de génie que ce soit, philosophique, politique ou artistique. Il est de sa nature de se détourner avec une franche répugnance de tout ce qui trouble et aveugle notre jugement sur les choses ; il est par suite *ennemi des convictions*, car il entend faire leur juste part à tous les êtres, vivants ou inanimés, réels ou imaginaires — et pour cela, il lui faut en acquérir une connaissance pure ; aussi met-il tout objet le mieux possible en lumière, et il en fait le tour avec des yeux attentifs. Pour finir, il rendra même à son ennemie, l'aveugle ou myope « conviction » (comme l'appellent les hommes : pour les femmes, son nom est « la foi »), ce qui revient à la conviction — pour l'amour de la vérité[23].

Il est une forme de lutte plus haute que celle qui fait rage entre les convictions : celle qui doit être menée contre les convictions par l'amant de la vérité. L'emploi positif, chez Nietzsche, de l'expression « connaissance pure » a ici de quoi surprendre. Cette concession procède ici précisément de la nature agonale que Nietzsche reconnaît à la connaissance. La « pureté » de celle-ci consiste avant tout dans la méfiance à l'égard de toute obéissance, de toute créance, mais elle doit être *juste* dans son évaluation des rapports de puissance, et rendre justice à ce qu'est la conviction dans sa prétention à dominer. Un scientifique reste modeste jusqu'à la servilité tant qu'il se contente de lutter contre les convictions par la certitude. La certitude elle-même est une conviction, le résultat de luttes *personnelles* ; elle oppose les penseurs entre eux, le penseur à la tradition, et surtout le penseur à lui-même. On n'est jamais assuré de qui remporte la victoire, on ne l'apprend que par le moyen d'une « dialectique » psychologique qui interroge et soupèse les pulsions à l'œuvre. Ce rare génie de la justice, c'est avant tout la méfiance elle-même, cet instinct qui ne veut pas obéir. Mais que signifie la justice pour l'instinct de méfiance ? Rendre justice à ce qui, dans la méfiance, procède encore de la conviction comme volonté de dominer. Il se dégage ainsi, chez Platon comme chez Nietzsche, une forme supérieure de la conviction, qui n'est ni croyance ni certitude. Étrange concept. Pour le résumer d'une formule, on pourrait dire qu'elle est la *passion de l'incertitude*. Elle est au fond l'Éros socratique, qui s'élève depuis cette distance creusée à l'intérieur de ce qui est : « je sais que je ne sais rien », cette conviction amoureuse que ni l'opinion ni la certitude n'aiment la sagesse[24]. Chez Nietzsche, elle est cet esprit libre, qui est un mixte agonal de feu et de glace, un perpétuel glissement de la pensée sur les surfaces doxiques, au nom de la justice :

> Ce sont les *passions* qui donnent naissance aux opinions ; la *paresse d'esprit* les fige en *convictions*. Mais qui se sent l'esprit *libre* et d'une infatigable vivacité peut empêcher ce figement par de constantes variations ; et s'il est à tout prendre une boule de neige pensante, ce ne sont pas du tout des opinions qu'il aura dans la tête, mais rien que des certitudes et des probabilités exactement mesurées. — Quant à nous, qui sommes de nature mixte, tantôt portés à incandescence par le feu, tantôt transis par le froid de l'esprit, nous plierons le genou devant la Justice, la seule déesse que nous reconnaissions au-dessus de nous. *Ce feu* qui nous habite nous rend d'ordinaire injustes et, aux yeux de cette déesse, impurs ; jamais il ne nous sera permis en cet état de prendre sa main, jamais alors ne descendra sur nous le grave sourire de sa faveur. Nous vénérerons en elle l'Isis voilée de notre vie ; dans notre contrition, nous lui offrirons notre

> douleur en expiation et sacrifice chaque fois que le feu nous brûlera et menacera de nous dévorer. C'est *l'esprit* qui nous sauvera d'être entièrement consumés et calcinés ; lui qui nous arrachera de temps en temps à l'autel de la Justice, ou nous enveloppera dans un tissu d'asbeste. Alors, délivrés du feu, nous nous avancerons, poussés par l'esprit d'opinion en opinion, traversant la variété des partis, en nobles *traîtres* de toutes choses susceptibles en fin de compte d'être trahies — et pourtant sans aucun sentiment de coulpe[25].

L'Antéchrist donnera la clé de cette mixité que partagent Socrate et l'esprit libre comme le paradoxe fondamental de la pensée : la passion de l'incertitude, ou le *scepticisme*. C'est le scepticisme qui affranchit l'esprit, lui fait prendre appui sur la multiplicité toujours mouvante et traître des « cinq cents convictions » qu'on traverse sans s'y laisser prendre, pour s'élever à la liberté et à la souveraineté[26]. Il y a, chez Platon et chez Nietzsche, un même rapport entre, d'une part, le personnage de Socrate et celui du philosophe-roi, et, d'autre part, le personnage de l'esprit libre et celui du philosophe de l'avenir. Socrate et l'esprit libre sont marqués par une « dominante » sceptique et apolitique, tandis que philosophe-roi et philosophe de l'avenir révèlent une « dominante » dogmatique et politique : celle de la *souveraineté législatrice*. C'est en quelque sorte la bâtardise de leur inactualité, mais c'est surtout pourquoi l'auteur de la *République* et des *Lois* et le penseur de la « grande politique » ont en commun l'usage paradoxal d'un régime mixte de *persuasion* qui prend pour moyen à la fois le scepticisme et la foi, la méfiance et la conviction, la puissance de l'illusion et la passion de la vérité[27].

Le « platonisme inversé[28] » de Nietzsche n'est

pas ce renversement métaphysique dont Heidegger croyait pouvoir s'autoriser pour dire que Nietzsche reste *dans* la métaphysique en la renversant ; c'est un renversement « psychologique », une interprétation de Platon qui opère par méfiance *et* conviction : lorsqu'il place le monde des Idées comme horizon de la cité idéale, Platon *fait croire* que ce monde existe et qu'il s'agit de s'y conformer ; il assoit son autorité de législateur sur un mythe, un mensonge efficace nécessaire à former le monde qu'il *veut*, ce monde aux longues hiérarchies qu'exigent son instinct aristocratique, son pathos de la distance[29]. C'est pourquoi Nietzsche retrouve Platon sur la question politique, dans ce qu'il considère comme un même rapport intempestif au contemporain, et comme une même conviction supérieure de la mission législatrice de la philosophie, c'est-à-dire de la possibilité pour l'esprit libre d'accéder à l'affirmation d'une souveraineté de la volonté de puissance : cette souveraineté, Nietzsche la nommera tardivement « morale des maîtres » et « grande politique ». Mais, très tôt, cette *vision mystérique* qui est à la racine de l'inactualité, et qui oblige à communiquer par des voies exotériques une doctrine ésotérique, Nietzsche l'avait reconnue chez Platon, et elle était déjà fondamentalement *politique* :

> La *cité idéale* de Platon apparaît d'après ces considérations comme quelque chose d'évidemment plus grand que ne le croient même les plus fervents de ses admirateurs, sans parler de l'attitude de supériorité de nos érudits « historisants » lorsqu'ils refusent un si beau fruit de l'Antiquité. Une intuition poétique et un pinceau vigoureux révèlent la fin véritable de l'État, l'existence olympienne, la création toujours renouvelée et la formation du génie face à quoi tout autre

être n'est qu'instrument auxiliaire et condition de possibilité. Le regard de Platon est allé au-delà de la colonne d'Hermès affreusement mutilée, image de la vie politique de cette époque, et y a néanmoins perçu la présence d'un élément divin. Il a cru qu'on pouvait abstraire ce modèle divin et que cette apparence extérieure dévastée par la rage et la barbarie n'appartenait pas à l'essence de l'État : toute la ferveur et la noblesse de sa passion politique se sont pleinement données à cette foi, à ce désir, se sont consumées dans cette ardeur. Que Platon n'ait pas placé le génie — dans son acception universelle — au sommet de sa cité parfaite mais seulement le génie de la sagesse et du savoir, qu'il ait surtout exclu de son État le génie artistique, c'est là une dure conséquence du jugement socratique sur l'art, jugement que Platon avait fait sien non sans avoir lutté avec lui-même. Cette lacune superficielle et presque contingente ne doit pas nous empêcher de reconnaître, dans la conception d'ensemble de l'État platonicien, le hiéroglyphe extraordinaire d'une *doctrine ésotérique sur la relation entre l'État et le génie*, doctrine profonde et qui restera toujours à déchiffrer[30].

Quels que soient les importants déplacements qui, entre ce texte de 1872 et la grande politique de la fin des années 1880, affecteront la position nietzschéenne (et notamment les notions de génie et d'État), il n'en demeure pas moins un élément fondamental, que partagent Nietzsche et Platon : leur politique est une anthropologie. C'est de types humains qu'elles déduisent des modèles politiques, c'est de la nature des désirs, de la volonté et de la connaissance que dépendent les formations sociales, c'est d'une pédagogie de l'individu qu'émerge la possibilité d'une éducation de la communauté. Le même mouvement qui arrache l'individu au chaos des instincts en concurrence et au fanatisme des croyances doxiques extrait aussi la cité idéale de l'anarchie des hommes désirants en concurrence et de la tyrannie des opinions individuelles. Platon et Nietzsche se soutiennent de cette même analogie pour diagnostiquer la morbidité sociale et prescrire en médecins des protocoles thérapeutiques. Ce qui veut dire aussi que la compétence politique réclame une *psychologie*[31]. On connaît la tripartition qui permet à Platon de définir une hiérarchisation des parties de l'âme dans le processus de constitution de l'individu juste. Il faut remarquer que la nature de ces éléments est *pulsionnelle* (l'âme rationnelle elle-même est désirante), et que la multiplicité des pulsions oblige à une hiérarchisation, sous peine de destruction. La structure hiérarchique n'est pas une homéostasie, et, si Platon et Nietzsche font usage d'un modèle organiciste pour évaluer le social, ils n'entendent pas tant l'équilibre nécessaire à la conservation de soi que les conditions d'une augmentation et d'une élévation du type humain. Le mouvement qui pousse le philosophe à sortir de la caverne, dans la *République* comme dans *Zarathoustra*, initie ce mouvement d'élévation ; et, s'il exprime la difficulté de l'inactuel à vivre « parmi les hommes » (détresse du présent), il est indissociable de la nécessité de *revenir parmi eux* pour les éduquer (volonté d'avenir). Il faut être augustinien pour vouloir que la « cité de Dieu » soit inaccessible avant la parousie, qui est une fin du monde. La cité idéale ou la culture supérieure échoueront peut-être à se réaliser, mais elles ne sont pas intrinsèquement irréalisables, elles dépendent d'une transformation anthropologique, d'une mutation du rapport des pulsions entre elles, et sont donc l'objet d'une *paideia*, dont l'objet est lui-même l'*arété* ou la *virtus*. C'est un but immanent, un idéal réalisable, ce qui ne veut pas dire, loin s'en faut, qu'il ne puisse faire autrement que se réaliser. Contre tout déterminisme, l'instinct philosophique commun aux inactuels Platon et Nietzsche (alliance de la méfiance et de la conviction, de la détresse du présent et de l'amour d'un avenir juste) fait d'eux des hérauts du philosophe de l'avenir, des *voyants du possible*. Et, lorsque Zarathoustra prétend voir « ce qui nécessairement viendra[32] » — l'affranchissement du vouloir —, il ne fait que formuler sa vision en termes exotériques (car le déterminisme *persuade*), mais il désigne aussitôt cet affranchissement du vouloir comme volonté de s'affranchir du déterminisme même. Ou, comme l'enseigne Zarathoustra : « Le vouloir est créateur », et « cette volonté (...) est volonté de puissance ». On ne fera sans doute pas de Platon un penseur de la volonté de puissance, mais si, comme nous le croyons, sa politique se soutient d'une psychologie des pulsions et de l'exigence de leur hiérarchisation en vue d'une élévation de l'homme et d'une possibilité de cité idéale, il y a fort à penser que la doctrine ésotérique de la politique platonicienne concerne les puissances démiurgiques de l'homme, et que le mythe du monde intelligible ne serve qu'à enclencher et justifier une dynamique anthropologique d'accroissement. En tout cas, c'est ce « hiéroglyphe extraordinaire » que Nietzsche aspire à déchiffrer chez Platon, et à incorporer à sa propre doctrine politique.

Une chose au moins est sûre : si une politique aspire à la possibilité d'un avenir où la volonté serait affranchie, et si elle implique une pédagogie de la hiérarchisation des pulsions à cette fin, c'est qu'elle repose sur le constat, accompagné de détresse, que le présent manifeste l'impuissance du vouloir et l'anarchie des pulsions. C'est le plus petit dénominateur commun que l'on trouvera à Platon et Nietzsche. Mais il suffit à comprendre pourquoi « l'âme démocratique », chez l'un, et « les idées modernes », chez l'autre, caractérisent la terrifiante *impotentia* du présent. Sans doute le terme de constat est-il inadéquat, ou insuffisant : car le constat, la détresse et le questionnement ne font qu'un ; constater, c'est toujours déjà questionner (parce que toute connaissance est interprétation), et le questionnement anthropologique de Nietzsche se formule toujours en même temps dans l'urgence du constat (en ce sens aussi il est foncièrement *politique*) :

> En vérité, je marche au milieu des hommes comme au milieu de fragments dispersés et de membres d'hommes. Voilà ce qui est le pire pour mon œil, trouver l'homme réduit en décombres et dispersé comme sur un champ de bataille ou dans un abattoir. Et mon regard fuit-il de maintenant à jadis, il trouve toujours la même chose : des fragments, des membres dispersés et d'horribles hasards — mais pas d'hommes ! Le maintenant et le jadis sur terre — ah ! mes amis — ; c'est cela pour moi la chose *la plus insupportable* ; et je ne saurais plus vivre si je n'étais un voyant de ce qui viendra[33].

« L'homme réduit en décombres et dispersé comme sur un champ de bataille », c'est aussi bien l'homme démocratique décrit par Socrate dans la *République*. On sait que l'ouvrage retrace le processus de « dégénérescence » qui affecte la cité prise dans l'histoire. Aristocratie, timocratie, oligarchie, démocratie et finalement tyrannie s'enchaînent en apparence comme autant de déplacements et de dégradations des valeurs dont se réclament les dirigeants ou les prétendants au pouvoir. C'est la notion de vertu qui se disqualifie peu à peu, les « meilleurs » s'affranchissant du critère du Bien pour glisser vers la recherche des honneurs, la considération s'assimilant finalement à la possession de richesses. L'oligarchie décrite par la *République* est en réalité une ploutocratie, tant Socrate y insiste sur l'argent comme facteur de corruption. La valeur devient valeur d'échange, système d'équivalences et non de proportions. L'argent est le symbole même du malentendu sur la valeur : car toute équivalence invalide la valeur. La démocratie naît de la concurrence généralisée pour la richesse, quand aucun autre critère de valeur ne vient discriminer les savoirs sur les valeurs. La *polis* accomplit sa métamorphose en *oikia*, économie domestique, maison. Vouloir posséder et vouloir le pouvoir par la possession, cela nécessite de prendre, de ravir, de dépouiller, et il faut pour cela de la force brute. Pour Platon, comme plus tard pour Rousseau, Proudhon ou Marx, la propriété c'est le vol, le pillage et la guerre. La proportion géométrique, modèle de la justice de l'être, devient somme arithmétique, désir tyrannique d'un cumul sans fin. Ce qui nous importe pour la lecture de Nietzsche, c'est cette dimension psychopolitique de la *République*. Il y va en effet d'une certaine qualité de la « volonté de puissance » qui s'assimile et se réduit au *désir d'avoir*. Ce désir n'est pas spécifique à tel ou tel régime, il traverse littéralement toute la succession des régimes et se gonfle comme une hydre, jusqu'à tout engloutir. Platon effectue une véritable généalogie du désir de pouvoir, où la psychologie du type tyrannique se trahit déjà *in ovo*. Pour Nietzsche, tout désir est tyrannique, la pulsion est toujours désir d'appropriation et de conquête. La force est *quantité* de puissance, il y a tout un commerce des pulsions entre elles, qui est aussi bien une guerre économique. Pour autant, Nietzsche ne perd jamais de vue l'interprétation de la *qualité* de la puissance, que permet une évaluation des *représentations* en jeu dans le vouloir, c'est-à-dire des manières d'évaluer des pulsions elles-mêmes : quelque chose est-il affirmé ou nié dans la conquête, l'appropriation est-elle assimilation ou indigestion, accroissement ou affaiblissement ? Cela dépend beaucoup de la qualité des représentations que se donnent les pulsions, et renvoie donc au problème de la connaissance. Or, pour Nietzsche, l'argent, valeur conventionnelle et consensus doxique par excellence, est un exemple de superstition et de fanatisme tout aussi fascinant que les morales religieuses[34]. Dès *Humain, trop humain*, Nietzsche développe une psychologie de la vanité, de l'orgueil, de la cupidité, qui le rapproche non seulement des moralistes du XVIIe siècle, mais aussi de la psychologie politique de Platon. Car le fond de l'affaire, c'est alors la puissance des simulacres, la distinction entre le sentiment de puissance et la puissance elle-même, entre l'illusion de puissance et la puissance effective. Posséder la richesse et les honneurs, par exemple, est un malentendu sur la puissance, et, en ce sens, Nietzsche ne se distingue guère de toute une tradition moraliste d'un mépris des biens et propriétés imaginaires, véritables idoles du dieu Mammon. Zarathoustra s'inscrit encore dans une morale du don, qui oppose la prodigalité de la vertu à l'égoïsme qui vole[35] ; et il est significatif que sa plainte sur la pauvreté du vol débouche aussitôt sur sa prière d'une fidélité à la Terre, car celle-ci a été trahie et transformée en *oikia*[36]. Il faut comprendre comment s'articulent la critique du désir de possession et celle de la production de représentations imaginaires pour converger dans l'analyse de « l'âme démocratique ». Pour Platon, l'oligarchie suscite la guerre civile entre riches et pauvres : tout pauvre veut devenir riche, et rien ne s'améliore si les pauvres deviennent riches à la place des riches. Ce qui demeure toujours, c'est le conflit de tous contre tous ; mais, plus encore, cette conflictualité se situe au niveau des *epithumia*, des appétits ou des besoins, que Platon juge inférieurs, et situe dans le bas-ventre. Nietzsche ne reprend pas cette hiérarchie des parties de l'âme, pour lui l'esprit même est un estomac, la volonté de vérité une faim, la connaissance une nutrition et une digestion. La « bassesse » est inhérente à toutes les pulsions à leur racine, sans exception : *o pudenda origo*[37]. Ce qui est discriminant, c'est la nature des *représentations* dont se soutiennent les pulsions, le type de valeurs et de connaissances qu'elles produisent pour parvenir à leur fin, et par lesquelles elles se *spiritualisent*.

Or, « l'âme démocratique », dans le conflit généralisé des *epithumia* pour la possession, se soutient de deux valeurs décisives, qui seules peuvent justifier l'universelle concurrence des volontés d'appropriation : la liberté et l'égalité. C'est la seule unité dont le *demos* puisse se réclamer pour affirmer la multiplicité qui le compose, pour définir la légitimité de l'ensemble comme somme des prétentions égales de chacun à s'approprier et à posséder. Tandis que dans le régime oligarchique, Socrate distinguait encore les dirigeants corrompus par leur désir de possession et le reste du corps social subissant les effets morbides de cette corruption, il fait surgir avec la critique de la démocratie une sorte d'individu synthétique, à la fois dirigeant et dirigé, né de la somme intériorisée de toutes les prétentions égales : l'âme démocratique contient toutes les âmes, elle veut tout et son contraire[38], parce qu'elle revendique à tout moment la liberté de vouloir également tout ce que chacun de tous les autres prétendants peut vouloir. Dans cet affolement aliénant de la multiplicité de désirs interchangeables, l'âme devient inconséquente, elle est incapable de persister en elle-même et se barre le chemin de l'élévation[39]. Elle est devenue un assemblage composite, un *vêtement bariolé*.

> Il y a des chances, dis-je, que cette constitution [démocratique] soit la plus belle de toutes. Comme un manteau bigarré, orné de toutes les couleurs, ce gouvernement bariolé de tous les caractères semblerait être le plus beau. Et sans doute, ajoutai-je, cette constitution, à l'image des ornements bigarrés qui subjuguent les enfants et les femmes, fait-elle l'admiration du grand nombre[40].

On sait à présent d'où vient l'image nietzschéenne de la bigarrure de l'homme moderne... Mais surtout, on peut comparer l'analyse platonicienne du passage de l'oligarchie à la démocratie, et de la démocratie à la tyrannie, à ce que nous avons dit précédemment des dangers inhérents aux formations d'unité de la volonté de puissance sur la ligne qui va, dans les deux sens, de la singularisation chaotique à l'universalisation totalitaire. La démocratie, pour Platon comme pour Nietzsche, est ce moment où un régime contient tous les régimes, où l'âme contient toutes les âmes ; le régime démocratique révèle en réalité *à la fois* l'essence de l'anarchie et celle de la tyrannie, parce qu'il révèle la dynamique « naturelle » de la pulsion, qui est essentiellement contradictoire et autodestructrice : elle veut à la fois le chaos et le pouvoir absolu, engendre l'un en voulant l'autre. Chaque pulsion veut la liberté de s'approprier (ce qui fait d'elle un tyran) et doit postuler *au moins* son égalité avec les autres tyrans (ce qui fait d'elle un chaos) ; de même, chaque homme du corps social est en puissance un anarchiste et un tyran, et la démocratie ne se soutient que de l'annulation réciproque de ces deux caractères, de leur *épuisement*. Si Nietzsche reste « naturaliste », c'est en ce sens qu'il a la conviction que la « nature » est toujours déjà discriminante, hiérarchisante, et qu'elle ne laisse à la pulsion singulière aucune « autonomie » — et pour cause, puisque nous avons vu que la notion même de force ne peut être pensée que dans une multiplicité complexe de contraintes et de résistances réciproques. Ce qui veut dire que l'âme démocratique produit des représentations imaginaires, mensongères et contradictoires pour permettre une compatibilité entre la multiplicité et l'absence de résistance contraignante : les concepts de liberté et d'égalité sont de telles représentations. Il n'est pas étonnant que la démocratie grecque ait été le règne des sophistes : le langage, comme la démocratie, est fondamentalement producteur d'identités et d'équivalences fictives, il participe de cette « erreur vitale » qu'est la passion de la connaissance. Ainsi donc, si l'instinct démocratique se niche jusque dans le langage et les sciences (la logique elle-même est égalitaire[41]), c'est qu'il est possiblement « le propre de l'homme connaissant », et c'est pourquoi, encore une fois, l'histoire de la modernité se confond presque avec l'histoire de la connaissance. Cela oblige Nietzsche à aller plus loin que Platon. Celui-ci avait fait reposer la démocratie sur le caractère cumulatif, arithmétique du désir ignorant la vérité, qui est justice géométrique. Mais il a continué à articuler ensemble l'accession à la connaissance parfaite et la constitution de la cité idéale, parce qu'il n'a pas interrogé la perfection de la connaissance en elle-même ; il n'a pas planté l'erreur au cœur même de la « vérité », et c'est pourquoi il n'a pas pu ou voulu se défaire de l'équation (de l'*équivalence*) fondamentale entre le vrai et le bien, entre le bien et le bonheur. C'est son mythe législateur le plus personnel, mais c'est aussi un marché de dupes — ou un « délit d'initié ». Car la démocratie n'est pas seulement une erreur du point de vue de la connaissance (les volontés ne sont ni libres ni égales) ; elle trahit encore une complicité morbide *entre la connaissance et le bonheur*. Et si le régime démocratique n'en a pas l'exclusivité, cette complicité toutefois est *plébéienne*. Socrate reste un plébéien. La généalogie de la morale, à quoi Nietzsche articule et subordonne l'histoire de la connaissance et l'histoire tout court, démasque une maladie bien plus insidieuse, qui est la *volonté de bonheur* elle-même : elle fait des hommes un *demos* ou une *ekklesia* — dans tous les cas, un *troupeau*. Nous ne comprendrons la politique nietzschéenne (et elle nous sera du même coup encore plus étrangère et problématique) que si nous avons le courage de la voir comme une critique fondamentale de l'*eudémonisme*. Socrate avait bien tenté de disqualifier l'hédonisme (notamment contre Calliclès dans le *Gorgias*, qui soutenait qu'il fallait céder à tous ses désirs et en réaliser le plus possible — ce qui implique une complicité entre le tyran et le démocrate), mais il n'a pas questionné l'eudémonisme. Et si Nietzsche, comme Platon et bien d'autres, siffle la vieille mélodie de « l'argent ne fait pas le bonheur », il entonne un air bien plus inquiétant : *ni la vie, ni la connaissance, ni la puissance ne veulent le bonheur*. En tout cas, pas ce qu'on a appelé jusqu'ici le bonheur, qui, dans toutes les philosophies, les religions et les théories politiques, a toujours eu quelque chose d'une visée ataraxique, une volonté d'en finir avec le chaos et la contradiction des désirs. Derrière la critique de l'homme bariolé, siège chaotique de la guerre des pulsions, se dresse un spectre plus dangereux, un pâle et tardif héritier de ce Grec démocratique intempérant qui, lui, était encore plein de vigueur et d'humeur querelleuse : c'est l'homme en détresse qui veut le repos et la paix. Le Nietzsche de l'époque de la « grande politique » ne craint pas le chaos de l'homme contradictoire, il craint seulement son épuisement, son incapacité croissante à *vouloir* la contradiction et la guerre :

> L'homme d'une époque de dissolution qui mélange toutes les races, l'homme qui recèle dans son corps l'héritage d'une ascendance composite, autrement dit des instincts et des jugements de valeur contradictoires, sinon plus, lesquels s'affrontent entre eux et le laissent rarement en repos, cet homme des civilisations tardives et de la clarté déclinante sera en gros un individu plutôt débile ; son vœu le plus profond sera de mettre fin une bonne fois à la guerre qu'il est lui-même ; son bonheur s'accordera à la médecine sédative qui est le fond de la pensée épicurienne ou chrétienne, par exemple, et lui apparaîtra comme un repos, un état de satiété que rien ne dérange, une réconciliation définitive comme le « sabbat des sab-

bats » du saint rhéteur Augustin, qui fut lui-même un homme de ce genre. — Lorsque, au contraire, les oppositions et les conflits agissent sur de tels individus comme un aiguillon *de plus*, comme une incitation à vivre davantage, lorsque, d'autre part, ils ont hérité et cultivé en eux, à côté de leurs instincts vigoureux et irréconciliables, une authentique maîtrise dans l'art de se combattre, donc de se dominer et de ruser avec eux-mêmes, alors on voit paraître ces hommes fascinants, insaisissables, insondables, ces êtres nés pour vaincre et pour séduire dont Alcibiade et César constituent les plus belles expressions (j'y ajouterais volontiers le *premier* Européen qui réponde à mon goût, le Hohenstaufen Frédéric II), et parmi les artistes peut-être Léonard de Vinci. Ces hommes apparaissent aux époques mêmes où le type débile et son aspiration au repos se généralisent : les deux types sont solidaires et procèdent des mêmes causes[42].

On voit que la frontière est ici ténue entre le déclin et l'élévation, et cette possibilité même de *deux types* d'hommes contradictoires et composites obligera à nuancer la critique nietzschéenne de la démocratie. La critique de la modernité, chez Nietzsche, ne se limite pas à la dénonciation traditionnelle de la liberté et de l'égalité démocratiques (même si celle-ci est une part importante de celle-là) ; elle vise plus encore le lien illusoire que l'instinct démocratique, mais pas seulement lui, a établi entre la morale, la politique et le bonheur. Cette articulation est propre à toute l'histoire de la modernité. C'est pourquoi il ne faudra pas attendre de Nietzsche une critique très différenciée des courants politiques émancipateurs de son époque[43] : démocratisme, socialisme, anarchisme — tout cela : des « idées modernes ». Il a cherché à en gommer les différences, pour insister sur ce qu'ils ont de commun : la volonté d'abolir la souffrance et de réaliser « le bonheur du troupeau pour tout le monde, le bonheur du troupeau qui pâture sa prairie, dans la sécurité, le bien-être, l'universel allègement de l'existence[44] ».

« Morale du troupeau » et « instinct grégaire » : notions célèbres, et particulièrement irritantes, dont Nietzsche savait bien ce qu'elles avaient de pénible[45]. Tout le travail du premier livre d'*Aurore* consiste à montrer comment la moralité des mœurs se forme originairement à partir de la crainte de souffrir des conditions extérieures et, pour la conjurer, de la satisfaction d'une pulsion d'obéissance inconditionnée[46]. On n'obéit pas à ce qui est bon, on définit comme bon ce à quoi on s'est contraint à obéir, dieu ou maître, par crainte de sa puissance. La sécurité réelle ou imaginaire d'une société ne s'affirme que de la fictive égalité de chacun dans l'obéissance, toute puissance individuelle, tout dérèglement individuel (audace, invention, crime ou démence) devenant mauvais en soi. La liberté n'est plus alors qu'une universelle égalité dans l'obéissance inconditionnelle, comme Kant n'a fait que le formaliser, tardivement, avec son impératif catégorique. C'est donc à partir de l'obéissance que se définit peu à peu le bonheur commun, dont le but est l'absence de souffrance et, plus encore, l'absence de crainte. Comme la souffrance et la crainte n'en sont pas pour autant abolies effectivement, la marche vers leur abolition devient le principe téléologique du *progrès*. *Par-delà bien et mal* permettra d'articuler cette origine de la morale à la grégarité des idéologies démocratiques modernes :

Les « idées modernes »

> La morale grégaire, la morale de la peur touche ainsi à ses ultimes conséquences. S'il était possible de supprimer le danger, le mobile de la crainte, on supprimerait du même coup cette morale : elle ne serait plus nécessaire, elle ne *se tiendrait plus elle-même* pour nécessaire ! Celui qui scrute la conscience de l'Européen moderne, décèlera dans les mille replis et recoins de la moralité le même, sempiternel impératif, celui de la crainte grégaire : « Nous voulons, un jour, n'avoir *plus rien à craindre*. » Un jour. La volonté et la voie qui mènent à ce point s'appellent aujourd'hui, dans toute l'Europe, le « progrès »[47].

Le problème, pour Nietzsche, n'est pas tant qu'il existe une morale du troupeau, mais bien plutôt qu'il n'y en ait pas d'autre, qu'il n'y ait pas une pluralité de morales, que toute possibilité d'une extériorité soit fondamentalement grevée : non seulement tout individu cherchant à s'affranchir du troupeau par avidité d'indépendance est ravalé au rang de *brebis égarée*, mais les dirigeants eux-mêmes sont des membres du troupeau, comme l'est au fond tout *pasteur*[48]. L'obéissance est devenue *autonome*, elle ne correspond plus à aucun commandement qui en serait l'autre pôle, le pôle des « maîtres » ; l'autre pôle n'est plus qu'une fiction vide, sans lieu sur la terre, machine imaginaire à produire la dynamique du progrès ou de la rédemption. C'est en ce sens qu'on comprend l'affinité profonde, pour Nietzsche, entre l'idéal démocratique et le christianisme : « ... la religion aidant, cette religion qui a fait siennes les ultimes aspirations du troupeau et les a flattées, les choses en sont venues au point que les institutions politiques et sociales expriment elles-mêmes cette morale d'une manière toujours plus évidente : le mouvement *démocratique* est l'héritier du mouvement chrétien[49] ». Le choix nietzschéen de parler de l'humanité en termes de troupeau et de pasteur s'ancre dans une problématique anthropologique fondamentale. Acceptons provisoirement l'analogie pastorale, et envisageons trois possibilités pour le troupeau : il peut être gardé par de « bons pasteurs », par de « mauvais pasteurs », ou par aucun pasteur du tout (le « troupeau autonome »). La question de savoir si les pasteurs sont bons ou mauvais est une question platonicienne. Dans *Le politique*, Platon interroge les critères d'un art pastoral, discriminant comme à son habitude entre les différents prétendants, et aboutit à la définition de l'art royal du pastorat par une nouvelle analogie, celle d'un tisserand capable de tisser ensemble les différents caractères humains en vue d'une cohésion parfaite du tissu social. Inutile de répéter que ce tissage est une formation hiérarchique. Les deux principaux caractères humains évoqués par Platon, et qui doivent être bien tissés ensemble, sont les « fougueux » et les « modérés », ceux que leur « bravoure » détermine plutôt à l'action et à la vie publique, et ceux que leur pondération porte plutôt à la réflexion et à la vie privée, pour le dire rapidement. Un poids excessif accordé à la bravoure conduit à des sociétés guerrières et destructrices, celui accordé à la modération défait le tissu social en individus méditatifs et solitaires, reclus chez eux[50]. (Notons que cette alternative correspond aux préoccupations nietzschéennes de l'équilibre entre *vita activa* et *vita contemplativa*. C'est un dilemme constant chez Nietzsche, et qu'il ne résoudra pas : l'appel à des guerres sans précédent et à l'action planétaire est sans cesse freiné par un idéal de retraite privée sur le mode épicurien, ou de solitude radicale sur le mode anachorétique.) En tout cas, et en vertu de l'analogie entre les parties de l'âme et les parties du corps social, le mauvais pasteur est celui qui ne sait pas ou ne veut pas tisser la pluralité pulsionnelle des hommes, qui exacerbe et tyrannise certaines pulsions de son troupeau pour obtenir ce qu'il veut. Par exemple, tendre la pulsion de « bravoure » jusqu'à son point de rupture, par la contamination extrême de toute vie privée par la vie publique, par l'exaltation de l'héroïsme guerrier jusqu'à la guerre totale. C'est ce que fit le « pasteur » Hitler, guide absolu d'un troupeau absolu. Sa dernière volonté aura été, devant la défaite, de vouloir la destruction même du peuple allemand, de le sacrifier à l'absolu dont il avait instauré le culte. Tout tyran finit par vouloir la destruction, non seulement de tous ses ennemis, mais de *son* propre troupeau. Néron met le feu à Rome. Les dictateurs tirent sur leur peuple. Le gourou organise le suicide collectif de sa secte. Or, cela, à la lettre, *n'est pas un pastorat*. Dans une tyrannie, aucun pasteur ne veille plus sur le troupeau, et on a bien plutôt affaire à un sacrificateur avide d'égorger le bétail au nom d'une divinité obscure, celle de l'autorité absolue, inconditionnée, dont nous avons dit quel malentendu elle constitue sur la puissance. Qu'est-ce donc qu'un pasteur transformé en sacrificateur ? C'est, fondamentalement, encore un *prêtre*. La grande usurpation des prêtres fut, de tout temps, de se faire passer pour des bergers quand ils étaient des sacrificateurs. Mais aucun sacrifice sanglant (pas même la Croix[51]) n'est un argument en faveur de la vérité :

> De signes sanglants ils jalonnèrent la route qu'ils suivaient, et leur folie enseigna que par le sang se

prouve la vérité. Or de la vérité le sang est le plus mauvais témoin ; le sang infecte la plus pure doctrine pour en faire un délire encore et une haine des cœurs[52].

La charge nietzschéenne contre la « morale du troupeau » doit être avant tout rapportée à une critique de la *tyrannie sacerdotale* en tant qu'elle s'est toujours donnée pour un pastorat. Nietzsche se félicitait d'avoir livré, dans *La Généalogie de la morale*, « la première psychologie du prêtre[53] ». Or, la définition de l'idéologie démocratique comme morale du troupeau *autonome*, du troupeau sans pasteur, ne se comprend que comme le résultat d'une longue pratique de domestication de l'homme par des prêtres-pasteurs, dont le succès s'est si bien inscrit dans les corps *qu'il n'est même plus besoin de prêtre*. Mais cela est encore une victoire de prêtre. Le prêtre est celui qui exacerbe et organise la crainte de la puissance et de la souffrance que toute domination entraîne avec soi, celui qui substitue aux fluctuations historiques des rapports de force, aux établissements locaux de dominations et de soumissions, une obéissance inconditionnelle définitive. Tout rapport hiérarchique s'en trouve par là neutralisé et, finalement, vaincu. Le pasteur lui-même n'a plus de raison d'être. Mais demeure la psychologie sacerdotale, celle du *ressentiment* à l'égard de la puissance et de la souffrance qu'elle engendre, celle de la *vengeance* contre toute puissance et sa puissance de faire souffrir. C'est une psychologie des dominés, une morale d'esclaves. Mais, fondamentalement, c'est une extraordinaire ruse de *l'instinct de conservation*, de l'égoïsme individuel. Ce sont précisément l'altruisme, l'amour du prochain, la pitié (autant de pratiques morales d'*égalisation* des hommes devant la puissance et la souffrance) qui servent de redoutable instrument à la survie de l'individu. On comprend alors le lien que Nietzsche établit entre l'instinct de conservation, la morale des esclaves et la décadence, sous la forme complexe d'un antidarwinisme, ou plus exactement d'un darwinisme renversé[54] : l'histoire de la culture est bien un évolutionnisme sélectif — sélection non pas des *plus forts*, mais des *plus faibles*.

> Bien que le christianisme ait placé au premier plan la doctrine du désintéressement et de l'amour, sa véritable influence historique reste *l'intensification de l'égoïsme*, de l'égoïsme individuel poussé à sa dernière extrémité : cet extrême, c'est la croyance en une immortalité individuelle. L'individu était devenu si important que l'on ne pouvait plus le *sacrifier* : devant Dieu, toutes les « âmes » étaient égales. Mais cela revient à mettre en cause, et de la manière la plus dangereuse, la vie de l'espèce : cela favorise une *praxis* qui est à l'opposé de l'intérêt de l'espèce. L'altruisme du christianisme est une conception *mortellement dangereuse* : elle place chacun sur un pied d'égalité. Or, cela aboutit à bouleverser le cours naturel de l'évolution... et toutes les *valeurs* naturelles[55].

On voit bien que la modernité démocratique n'a fait que mener cette évolution à son « terme » (tout terme est provisoire), évolution qui ne devint révolution qu'à partir du moment où la victoire de la faiblesse pouvait enfin se passer des prêtres qui l'avaient remportée. À cet égard, Nietzsche accorde une importance marquée à la Réforme luthérienne. Dans le paragraphe 358 du *Gai Savoir*, il en vient à faire un éloge étonnant de l'Église romaine, qui, après tout, fut l'expression « d'une méfiance méridionale à l'égard de la nature, de l'homme et de l'esprit », un « aristocratique scepticisme, ce *luxe* de scepticisme et de tolérance, que s'accorde toute puissance victorieuse, sûre d'elle-même[56] ». L'Église catholique n'avait pas aboli toute hiérarchie ; elle avait bien distingué le troupeau des pasteurs, dans un système à deux étages : égalitarisme universel du troupeau au-dessous, aristocratisme interne des pasteurs au-dessus. Et les pasteurs régnaient en maîtres, organisant leur propre hiérarchie de manière toujours plus différenciée. Or, le génie de Luther, dans sa lutte contre la hiérarchie catholique, fut d'affranchir le troupeau de ses maîtres, de lui offrir l'autonomie ; c'est une révolution *démocratique* (un « soulèvement de paysans »), dont le mot d'ordre fut : « *Chacun est son propre prêtre.* » Grâce à la Réforme luthérienne, « se développèrent la mobilité et l'inquiétude de l'esprit, sa soif d'indépendance, sa croyance au droit d'être libre, son "naturel" ». Notons au passage cette admirable particularité qu'a Nietzsche de toujours reconnaître, avec fascination, ses affinités avec cela même qu'il critique : de même que, contre toute attente, il reconnaît au catholicisme quelque chose d'aristocratique, il reconnaît en Luther la possibilité de l'émergence de l'esprit libre, cet esprit mobile, inquiet, indépendant — *moderne* (il exprimera la même affinité complexe avec les Lumières). Mais la grande erreur de Luther fut sa méconnaissance de la nature de la puissance, et surtout son *ressentiment*, sa « haine sans fond » envers la puissance : il a agi « sans discernement, en étourdi, dans toutes les questions cardinales de la puissance, en homme du peuple surtout, à qui faisait défaut toute hérédité d'une caste dominante, tout instinct de puissance », et s'est mis à « délier, déchirer avec une franche colère, là même où la vieille araignée [l'Église catholique] avait le plus laborieusement, le plus patiemment *tissé* » (nous soulignons : les pasteurs sont bien des tisserands...). Les mêmes mots pourraient être employés pour les acteurs de la Révolution française.

Nous voici donc bien arrivés à ce point où pasteurs et troupeaux ne font plus qu'un, où chaque individu étant son propre prêtre, l'ensemble devient un troupeau autonome. Nietzsche décrit des processus historiques que l'on retrouvera bientôt communément dans les analyses des historiens de la modernité : en particulier, la concaténation de la sécularisation[57], de la démocratisation, et de « l'esprit du capitalisme » (que Nietzsche, avant Weber, associe à l'éthique protestante, en particulier en raison de la méfiance luthérienne à l'égard de la *vita contemplativa*, alors privilège de la hiérarchie catholique conçue comme domination spirituelle[58], et de la réhabilitation protestante de la *vita activa*[59]). La démocratisation sera la traduction politico-juridique des nouveaux rapports de puissance au sein du troupeau autonome, c'est-à-dire l'égalisation fictive des puissances individuelles. Il faut se rappeler ce que nous avons dit de la double activité de la volonté de puissance, sur la ligne parcourue dans les deux sens : vecteur de formation d'unités supérieures d'une part, vecteur de singularisation de l'autre. Le choix nietzschéen de la hiérarchie ne se comprend que si l'on admet que l'accroissement de puissance ne s'effectue pas dans une seule direction, et que le maximum de puissance ne se trouve pas à l'un des deux bouts (les extrêmes sont toujours le lieu des puissances les plus faibles), mais dans la dynamique même du parcours de la ligne, le long de « longues hiérarchies ». Or, Nietzsche suggère parfois que le *milieu* démocratique, par son absence même de hiérarchie, pourrait être propice à l'émergence de puissances singulières, mues par « l'égoïsme individuel » et avides de hiérarchiser. C'est la possibilité propre à un chaos immanent d'appeler la volonté de puissance à réenclencher des processus plastiques : « Je vous le dis, pour pouvoir engendrer une étoile qui danse, il faut en soi-même encore avoir quelque chaos[60]. » Le milieu démocratique pourrait bien être un milieu potentiel d'*individualisation*. Napoléon a été une telle étoile, surgie du chaos de la Révolution française. Mais la *réaction* l'a ravalé. Zarathoustra craint qu'il ne soit trop tard, et que ne soit proche « le temps où de l'homme ne naîtra plus aucune étoile », le temps des derniers hommes. Car la question est, comme toujours chez Nietzsche, de savoir *à quel prix* s'est répandu ce chaos, et à quel degré d'épuisement il a mené les hommes. Or, avec l'individualisme démocratique, l'homme a payé sa liberté et son unité d'une importante amputation de sa puissance. Ce qui se modifie et s'affaiblit, c'est le type individuel réclamé par la démocratisation :

> L'*individualisme* est une forme modeste et encore inconsciente de la « volonté de puissance » : là il semble qu'il suffise à l'individu particulier de *s'émanciper* à l'égard d'une suprématie de la société (soit celle de l'État ou de l'Église...). Il ne s'oppose *pas en tant que personne* mais en tant que particulier : il représente tous les particuliers contre la totalité. C'est-à-dire : il se pose instinctivement *à égalité avec chaque particulier* : ce qu'il acquiert en luttant, il se l'acquiert non pas en tant que personne mais en tant que *particulier* contre la totalité[61].

Ce qui veut dire trois choses : d'abord, que dans le *milieu* démocratique, la volonté de puissance travaille dans les deux sens : ligne de totalisation (le troupeau autonome) et ligne d'individualisation (contre la totalité) ; ensuite, que l'homme démocratique n'obtient sa liberté qu'au prix d'une réduction de son individualité réelle (le *quantum* de puissance qu'il est[62]) à une particularité abstraite (égalité fictive de tous les *quanta* de puissance) ; et donc, que cette liberté est une réduction de sa puissance réelle d'agir, qu'elle n'est donc pas une liberté. Il semble contradictoire à Nietzsche que la démocratie puisse poser à la fois l'universalité de l'égalité et celle de la liberté. Une liberté se conquiert toujours *sur* quelque chose, elle génère toujours une inégalité avec autrui, une hiérarchie. L'égalisation ne peut au contraire que retrancher de la puissance et affaiblir l'instinct de liberté. Ce qui signifie donc que, pour Nietzsche, *il y a davantage de liberté dans la hiérarchie que dans l'égalité*. Ce paradoxe ne se comprend que dans la mesure où Nietzsche non seulement assimile « l'instinct de liberté » à la volonté de puissance[63], mais distingue des degrés différents de la volonté de puissance (qui en changent la *qualité*), selon lesquels différents types anthropologiques peuvent être distingués. Et s'il y a bien des types anthropologiques distincts, il y a donc aussi plusieurs qualités de la liberté.

C'est sans doute à Tocqueville, que Nietzsche a lu et admiré[64], que nous devons la compréhension la plus profonde de l'homme démocratique comme nouveau type anthropologique, par opposition à l'homme aristocratique ou hiérarchique. Les différentes formes de régimes hiérarchiques ne sont que des variations d'un type anthropologique fondamentalement caractérisé par l'inégalité des conditions. La démocratie, quant à elle, n'est pas tant un régime qu'un milieu anthropologique, et se confond entièrement avec une égalité des conditions. Il existe ainsi deux définitions, et surtout deux expériences distinctes de la *liberté*. Dans son article intitulé *État social et politique de la France avant et depuis 1789*[65], Tocqueville écrit : « La liberté peut en effet se produire à l'esprit humain sous deux formes différentes. On peut voir en elle l'usage d'un droit commun ou la jouissance d'un privilège », et il poursuit, à propos de la liberté-privilège : « Cette notion aristocratique de la liberté produit chez ceux qui l'ont reçue un sentiment exalté de leur valeur individuelle, un goût passionné pour l'indépendance. Elle donne à l'égoïsme une énergie et une puissance singulières. Conçue par des individus, elle a souvent porté les hommes à des actions extraordinaires ; adoptée par une nation tout entière, elle a créé les plus grands peuples qui fussent jamais. » Et Tocqueville prend pour exemple les Romains. Au contraire, « la notion moderne, la notion démocratique, et j'ose le dire la notion juste de la liberté, chaque homme étant présumé avoir reçu de la nature les lumières nécessaires pour se conduire, apporte en naissant un droit égal et imprescriptible à vivre indépendamment de ses semblables, en tout ce qui n'a rapport qu'à lui-même, et à régler comme il l'entend sa propre destinée (…). Chacun ayant un droit absolu sur lui-même, il en résulte que la volonté souveraine ne peut émaner que de l'union des volontés de tous. Dès lors aussi l'obéissance a perdu sa moralité, et il n'y a plus de milieu entre les mâles et fières vertus du citoyen et les basses complaisances de l'esclave ».

Obéir et commander à autrui est, pour l'homme aristocratique ou hiérarchique, également vertueux ; pour l'homme démocratique, qui ne commande et n'obéit qu'à lui-même, obéir et commander à autrui devient immoral. Or, comme le note Pierre Manent dans son commentaire de Tocqueville, « la grande majorité des citoyens a beaucoup plus d'occasions d'obéir que de commander ; elle obéit donc à ce qu'on ordonne en son nom alors même qu'elle ne reconnaît pas la moralité de l'obéissance. Elle tend donc à la servilité à l'égard du pouvoir central, de la volonté nominale de la majorité, parce qu'obéir est plus facile que commander ou désobéir, et parce que l'obéissance au pouvoir de la majorité est la seule qui lui permette d'entretenir l'illusion qu'elle obéit à sa propre volonté[66] ». C'est exactement sur ce point qu'achoppe Nietzsche : l'homme démocratique continue d'obéir en se donnant l'illusion de commander, et obéit tout en trouvant immorale l'obéissance. Sa liberté et sa puissance sont des *préjugés* qui compensent sa servitude et sa faiblesse, sa morale est une morale d'esclave.

Pour autant, il ne faut pas croire que toute « volonté de puissance » se soit retirée de l'homme démocratique. Au contraire, Nietzsche analyse la manière dont les vecteurs d'unification et de singularisation s'y combinent et y travaillent. Que « l'individualisme [soit] le degré le plus modeste de la volonté de puissance » indique seulement que des rapports de puissances recommencent à s'établir, que quelque chose se reforme. (Pour Nietzsche, en cela disciple de Burckhardt, les grandes puissances historiques n'atteignent jamais un état définitif : l'ascension d'un type anthropologique se fait au prix de l'inhibition de forces d'autres types ; à son apogée, il se donne pour le seul type possible, mais les forces inhibées fermentent en vue de la création d'un nouveau type[67]). Ce quelque chose qui recommence, c'est l'éternel jeu plastique de la volonté de puissance, logé cette fois dans « l'égoïsme individuel » du « particulier » :

> Dès que l'on a acquis une certaine indépendance, on veut davantage : la *séparation* s'affirme selon le degré de force : le particulier ne se pose plus sans discussion à égalité avec autrui, *mais il recherche son égal* — il se distingue des autres. À l'individualisme succède la formation de *membres* <et> d'*organismes* : les tendances apparentées s'articulant et s'exerçant en tant que puissance, entre ces centres de puissance, guerre, reconnaissance mutuelle des forces respectives, conciliation, rapprochement, fixation d'un *échange des réalisations*. Finalement : une *hiérarchie*[68].

Il est très significatif que, dans ce fragment où Nietzsche décrit la manière dont une hiérarchie resurgit à partir de l'individualisme démocratique, il décrive très précisément ce qu'il définit par ailleurs comme l'origine même de la *justice*.

Le paragraphe 92 d'*Humain, trop humain* explique « l'origine de la justice » par une volonté de négociation entre « hommes jouissant d'une *puissance* à peu près *égale* » qui, ne parvenant pas à reconnaître une supériorité nette de l'une des parties, et conscients des pertes inutiles que générerait la poursuite du conflit, s'entendent sur un échange, « chacun [donnant] satisfaction à l'autre en recevant lui-même ce dont il fait plus grand cas que l'autre ». Cette conception de la justice comme *échange* entre puissances *équilibrées* est loin d'être propre à Nietzsche :

il la reprend non seulement des théoriciens classiques du contrat, mais aussi des économistes et des physiciens de son époque, dont la théorie dynamique de l'équilibre des puissances était devenue la vulgate des politiques, notamment dans le domaine des relations internationales. La théorie de la justice et du droit telle qu'elle apparaît dans *Humain, trop humain* est plus précisément inspirée par les travaux d'Eugen Dühring, que Nietzsche lit assidûment à cette période[69]. (Notons-le dès à présent, car ses attaques ultérieures contre Dühring révéleront le cœur du problème.) Mais, par cet emprunt, il poursuit un but très singulier, qui lui permettra de dégager la nature de la volonté de puissance (dont le concept n'est pas encore constitué), de la distinguer des forces « naturelles » et, surtout, de l'articuler avec la justice. Nietzsche, comme Hobbes, considère que « l'état de nature » est un état de guerre, où des forces égoïstes et avides de domination s'affrontent et s'entre-détruisent. Mais Hobbes voyait la différence des forces s'annuler dans l'impossibilité même d'aucune victoire définitive, et dut en conclure à une égalité *naturelle* des forces humaines obligeant finalement les hommes à passer entre eux un contrat social, pour sortir du conflit et inaugurer un état civil. Toutefois, Hobbes n'est pas naïf : s'il *doit* poser cette égalité naturelle, il se garde bien de nier qu'il y ait des différences physiques et intellectuelles entre les hommes. Il estime seulement que, toute force destructrice pouvant être à son tour détruite, le concept de supériorité s'annule en toute logique. Si la supériorité est indécidable, l'égalité naturelle doit être, sinon reconnue, du moins *admise*[70]. Nietzsche, tout en considérant qu'il n'y a pas d'égalité naturelle (sans *différentiel* de force, la force reste un concept vide), est cependant hobbésien en ce qu'il pose la nécessité d'une égalité *estimée* par les parties adverses pour pouvoir conclure un contrat. C'est un point essentiel pour la volonté de puissance, et sa distinction d'avec la force : la volonté de puissance est ce qui *estime*, *évalue* les rapports de force. Une force n'est qu'un substrat théorique sans la *mesure* des rapports de forces qui forment la réalité, on l'a déjà dit. C'est pourquoi *Aurore* marquera le pas décisif vers le concept de volonté de puissance, parce que Nietzsche y introduit la notion de *sentiment de puissance*. Une force se ressent elle-même, dans le rapport où elle est toujours prise, comme sentiment de soi et de l'autre. La puissance est *évaluation relationnelle* de la force, elle est calcul, « reconnaissance mutuelle des forces respectives » — origine de la justice. C'est l'instinct de conservation qui produit ce calcul (du moins, à l'époque d'*Humain, trop humain*[71] — nous verrons qu'y joue encore un autre instinct), et ce calcul mutuel, qui est l'entente de deux perspectives sur le rapport, est de l'ordre de l'interprétation : il nécessite *reconnaissance* et *crédibilité*. Cela veut dire en premier lieu qu'il n'y a pas de *droit* du plus fort, que le droit ne peut naître que de la représentation d'une certaine égalité et de la croyance en cette représentation, en vue de l'accord. À proprement parler, le droit est même issu *du plus faible*, dans la mesure où celui-ci parvient à poser les conditions de sa conservation, à faire croire à la nécessité de cette conservation, et à faire établir des droits que le plus fort trouvera avantage à maintenir. « À l'origine, le *droit* va *exactement jusqu'au point* où l'un *paraît* à l'autre précieux, essentiel, inamissible, invincible, et ainsi de suite[72]. » Ce qu'on appelle abusivement droit naturel[73] n'est que la formalisation juridique de la puissance de l'instinct de conservation à s'imposer, non par la force brute, mais par la ruse subtile d'une représentation crédible de son utilité pour le rapport lui-même : il est la reconnaissance que le plus faible doit être épargné pour que le rapport inégalitaire puisse être affirmé, la hiérarchie entérinée et la puissance augmentée. Si les citoyens athéniens avaient massacré leurs esclaves, c'est la cité tout entière qui aurait péri. C'est pourquoi Nietzsche peut affirmer qu'« il existe aussi des droits entre esclaves et maîtres[74] ». L'instinct de conservation se donne ici comme assurance d'une activité future, c'est-à-dire une promesse ou une responsabilité. C'est l'activité générique de la culture[75]. La justice est une puissance de la volonté qui, se pérennisant, transfigure la *physis*. Cette volonté, Nietzsche l'appelait dans sa jeunesse une « volonté magique ». Dans *L'État chez les Grecs*, en 1872, il évoquait la manière dont les Grecs (qui se représentaient, de fait, le droit des gens comme droit du plus fort[76]) avaient transfiguré la violence en une sorte de « lien social » :

> Si l'on considère la grandeur et la puissance illimitées de tels conquérants, on devine qu'ils ne sont que les instruments d'un dessein qui se révèle à travers eux et pourtant se dissimule à leurs propres yeux. Tout comme si une volonté magique émanait d'eux, des forces plus faibles s'y rallient avec une mystérieuse rapidité et, devant le déferlement soudain de ces avalanches de violence et sous le charme de ce noyau créateur, elles se métamorphosent miraculeusement en une affinité inconnue jusqu'alors[77].

En effet, apparaît ici, non pas tant un droit du plus fort, qu'une mystérieuse subjugation des vaincus par les vainqueurs, un attrait de l'esclave même pour la puissance qui s'affirme contre lui, et un désir d'y lier son destin. Cette *affinité* du plus faible avec le plus fort, qui seule permet la reconnaissance mutuelle et la création d'un droit, fût-il réduit à son plus strict minimum (plutôt vivre en esclave que mourir), est la matrice de ce qui sera conçu plus tard par Nietzsche comme naissance de la justice en tant que hiérarchie, par quoi la volonté de puissance se distingue de la force, par quoi elle *transfigure* la force. C'est primordial pour l'ensemble de la critique nietzschéenne de la culture, et la compréhension de sa distinction entre morale des maîtres et morale d'esclaves. Car la volonté de puissance se dit des deux qualités de la force, elle *est* ce différentiel des deux qualités de la force : force active et force réactive, puissance spontanée et puissance adaptative, conquête et conservation de soi. Non que l'une soit historiquement première par rapport à l'autre (une force s'exerce toujours déjà sur une force en résistance), mais c'est cette distinction qualitative des forces qui seule permet de comprendre leurs rapports. Et elle oblige à interpréter la culture, la morale, la justice, de *deux points de vue* au moins. Or la décadence, dont participe encore la modernité, vient de ce que notre culture, notre morale, notre justice interprètent la puissance *du seul point de vue de l'esclave*, qu'elles ont nié, par ressentiment envers toute puissance, le point de vue du maître, celui de la puissance active, affirmatrice, conquérante, dans la constitution de toute réalité. À cet égard, Dühring est exemplaire. C'est à cause de sa conception tronquée, amputée de tout autre point de vue possible, qu'il sera violemment rejeté par Nietzsche, après qu'il lui aura tant emprunté. Dühring, en effet, voyait dans l'origine de la justice l'expression de l'instinct de conservation qui subit un préjudice, et qui réclame *compensation*, c'est-à-dire vengeance. Son moteur est le *ressentiment*. L'égalité de droit est compensation d'un dommage par égalisation (ou la loi du talion comme forme originelle du droit : un œil vaut un œil). Nietzsche commence par suivre Dühring sur ce point, rapportant l'origine de la justice à une activité d'équilibrage de forces inégales, et donc d'échanges compensatoires. Mais qui subit un préjudice ? Qui éprouve du ressentiment et veut se venger du dommage causé[78] ? C'est le plus faible, le vaincu, l'esclave. Le besoin de reconnaissance, de crédibilité, et finalement la *croyance* en l'égalité par la *représentation* d'une puissance, seul l'esclave en a besoin[79]. À la lecture de la *Généalogie de la morale*[80], on mesure le chemin parcouru depuis *Humain, trop humain*. Si Nietzsche y prend le contre-pied de Dühring et donc d'un certain nombre de ses propres thèses passées, il ne s'agit pas d'une volte-face, mais de l'ouverture vertigineuse à un autre point de vue, celui de « sentiments véritablement *actifs* ». Que se passe-t-il dans la genèse du droit ? Pour qu'une certaine égalité puisse être reconnue entre le plus fort et le plus faible, il faut que, d'un côté, le faible se soit représenté la puissance de l'adversaire comme plus faible qu'elle n'est, qu'il ait dévalué sa supériorité, qu'il en ait finalement nié la réalité ; de l'autre, que le plus fort ait eu l'indulgence d'affirmer l'existence même de l'adversaire, qu'il aime assez la puissance pour négocier au lieu de détruire, s'approprier la puissance inférieure de l'autre pour accroître la sienne propre dans le contrat, évaluer l'ensemble du rapport de force et, au lieu de se gaspiller dans l'anéantissement, s'accroître en *hiérarchisant*. C'est ce que Nietzsche appelle « la noblesse et la clarté, l'objectivité aussi profonde qu'indulgente du regard juste, du regard *qui juge* ». C'est cette justice supérieure que Nietzsche à ses débuts cherchait déjà dans le sens historique juste. Mais il va plus loin : le ressentiment, dans son besoin de déprécier, de nier, trahit une volonté de *destruction* bien plus avide que celle du conquérant — plus avide encore, parce qu'il lui manque la puissance de détruire. Vouloir et ne pas pouvoir, c'est le drame de la faiblesse dans tout conflit. Alors que le fort, dans la négociation, pourrait détruire et ne le fait pas, le faible détruirait s'il le pouvait. C'est pourquoi la maîtrise du maître est toujours une domination et une conscience plus justes, à la fois d'autrui, de soi et du rapport[81], qui seules le rendent capable de promettre, et de *tenir* ce qu'il promet dans le contrat : la justice supérieure est ce complexe de puissance, de liberté et de connaissance supérieures qui seules peuvent contracter vraiment et établir une souveraineté véritable :

> ... *l'individu souverain*, celui qui n'est semblable qu'à lui-même, qui s'est affranchi de la moralité des mœurs, l'individu autonome et supra-moral (car « autonome » et « moral » s'excluent), bref l'homme qui a sa volonté propre, indépendante et durable, l'homme qui *peut promettre* — et une conscience fière vibre dans tous ses muscles, c'est la conscience de tout ce qu'il a fini par conquérir et qui est devenu corps en lui, conscience véritable de sa puissance et de sa liberté, sentiment de l'accomplissement de l'homme. Cet homme devenu libre qui *peut* vraiment promettre, ce maître de la volonté *libre*, ce souverain — comment pourrait-il ignorer quelle supériorité il possède ainsi sur tout ce qui ne peut pas promettre

ni se porter garant de soi, comment ne saurait-il pas quelle confiance, quelle crainte et quel respect il inspire — il « *mérite* » tout cela — et comment ne saurait-il pas que par cette maîtrise de soi il possède nécessairement aussi la maîtrise des circonstances, de la nature et des hommes peu sûrs et de peu de volonté[82] ?

L'esclave, en revanche, ne cesse de produire des représentations falsifiées (de l'égalité, de la puissance, de la liberté) ; il a absolument besoin d'y croire et d'y faire croire, et, dans son acte d'échanger (*tauschen*), en réalité il trompe (*täuschen*). Or dans l'histoire, le triomphe mensonger de l'esclave consiste en ce qu'il a universalisé son point de vue, a fait oublier la réalité du rapport des puissances pour y substituer son intérêt, et en a érigé les moyens au rang de valeurs universelles[83] : égalité, liberté, altruisme, pitié, etc. Il n'y a pas de justice en soi, elle n'advient que dans l'événement exceptionnel d'une affirmation de tout ce qui est, force et faiblesse, lutte de puissances inégales, affirmation qui a assez de hauteur pour vouloir, à partir de ce réel agonal, créer et non détruire, former des unités supérieures et non décomposer.

> Parler de justice et d'injustice *en soi* n'a pas de sens, en soi l'infraction, la violation, l'exploitation, la destruction ne peuvent évidemment pas être « injustes », puisque la vie procède *essentiellement*, c'est-à-dire dans ses fonctions élémentaires, par infraction, violation, exploitation, destruction, et qu'elle ne peut être pensée sans cela. Il faut même s'avouer quelque chose de plus grave : du point de vue biologique le plus élevé, le droit ne peut être qu'un *état d'exception*, une restriction partielle de la volonté de vie propre-

ment dite, laquelle vise la puissance, et il ne peut que se subordonner au but général de cette volonté de vie, comme l'un de ses moyens particuliers, à savoir comme moyen de créer des unités de puissance *plus grandes*. Un ordre juridique souverain et universel, conçu non pas comme instrument de lutte entre des complexes de puissance, mais comme arme *contre* toute lutte, répondant à peu près au cliché communiste de Dühring, selon lequel toute volonté devrait considérer toute autre volonté comme égale, cet ordre serait un principe *hostile à la vie*, un agent de destruction et de dissolution de l'homme, un attentat à l'avenir de l'homme, un symptôme de fatigue, un chemin détourné vers le néant[84]...

La résistance que nous opposons à la politique de Nietzsche vient de celle, inscrite dans notre type anthropologique, que nous manifestons à l'égard d'une alternative radicale à l'universalisme congénital de nos modes de pensée. Mais, pour Nietzsche, le type humain ne s'élève pas par un concept universel d'homme. Il faut déjà qu'une culture soit capable de créer des individus *plus libres*, *plus puissants*. Ne serait-ce que *pour l'exemple*. L'exemple autorisera déjà à dire d'une culture qu'elle est supérieure, plus libre et plus puissante, parce que l'exemple fait « jurisprudence[85] », et constitue une *promesse*. Il suffit qu'un événement advienne une fois, qu'une réalité nouvelle émerge quelque part, plus libre et plus puissante, pour que l'ensemble de la réalité se trouve enrichie, accrue de ce type, tendue vers l'avenir et promise à un avenir, l'exemplaire prouvant par son existence que le type est *possible*, et donc qu'il peut *être voulu*[86]. Le plus difficile pour nous est de prendre acte de l'opposition dure entre une pensée de l'universalité et une pensée de l'exemplarité, ou typologique. Le primat du type peut avoir pour effroyable conséquence la soumission, voire le sacrifice, d'un grand nombre d'hommes à la création d'un exemplaire supérieur. Et de fait, Nietzsche ne cessera, avec le temps, de durcir le ton en revendiquant la nécessité de sacrifier du matériau humain en vue de la sculpture ou de l'élevage d'un type supérieur. On n'atténuera pas le radicalisme effrayant de nombreux textes. Mais pour l'heure il faut garder à l'esprit que la proposition nietzschéenne se trouve en *concurrence* avec l'idéal démocratique pour augmenter la liberté et la puissance de l'homme. Si Nietzsche récuse la démocratie, c'est parce qu'il ne peut admettre que l'universalité puisse produire un individu libre et puissant (« complet »), un *quantum* réel et non pas une autoreprésentation abstraite, où chacun représente également tous les autres. À force de refuser que quelques-uns soient réellement plus libres et plus puissants, que quelques-uns *au moins* soient réellement des individus, l'idéal démocratique refuse secrètement *à tous* la liberté et la puissance. L'homme auto-amputé devient le seul type possible, mais, à proprement parler, *le sujet démocratique n'est pas un individu*. Il y a là pour Nietzsche un ressentiment secret de l'homme à l'égard de l'homme, et l'expression reconduite d'un très ancien nihilisme de la tyrannie sacerdotale contre la puissance et la liberté de l'individu. C'est une fois que l'homme démocratique *croit* à l'égalité, à la liberté, à l'universalité, et qu'il est devenu ce *sujet* qu'a sculpté sa croyance, que les dominations et les obéissances politiques, sociales, économiques peuvent d'autant mieux s'exercer, et trahir la nature des tyrannies qui s'y effectuent contre la puissance et la vie mêmes. Encore faut-il pouvoir entendre ce que les « idées modernes » disent des complicités secrètes de la modernité avec le nihilisme, et de leurs manières à elles de sacrifier du matériau humain en vue de la création d'un type qui se donne pour devoir être le seul et le dernier.

La présence conjuguée, chez Nietzsche, des plus dures revendications inégalitaires et des injonctions émancipatoires les plus radicales nous plonge dans un certain désarroi. Ces « contradictions », on le sait, ont été une malédiction pour sa postérité. Mais il ne faut pas confondre contradiction et double feu. Pour cela, il faut comprendre que Nietzsche attaque le « préjugé démocratique » par deux côtés : celui-ci, d'une part, repose sur des prémisses fausses ; d'autre part, il est l'instrument des plus bas degrés de la puissance. Il n'est pas seulement un malentendu sur la vie et sa nature foncièrement hiérarchique, mais l'arme de forces hostiles à la vie qui font triompher, sous couvert d'égalité universelle, des contre-hiérarchies mortifères. D'une part donc, contre le préjugé démocratique, Nietzsche s'est réclamé d'une « immoralité » fondamentale de la nature, qui n'a cure ni du droit, ni de l'universel, ni de l'altruisme, ni de l'égalité entre les hommes. Contre une morale émancipée des inégalités *naturelles*, c'est-à-dire surnaturelle ou dénaturée, Nietzsche revendique un *naturalisme moralisateur*[87]. On comprend de ce fait sa fascination pour le darwinisme, qui consacrait la victoire et le succès des mieux conformés. Bonne et mauvaise conformation (*Wohlgeratenheit* et *Missgeratenheit*) sont chez Nietzsche des critères d'évaluation constants. On connaît bien la violence de ses propos contre les maladifs, les ratés, les malvenus. Nietzsche exigera qu'ils soient tenus à *distance* des natures réussies afin de ne pas les contaminer, et exprimera à plusieurs reprises un glaçant désir d'éradication. Encore faut-il déterminer ce qui engendre les natures ratées : tout le travail de Nietzsche, qui s'affirmit à partir d'*Aurore* et culmine dans *La Généalogie de la morale*, consiste précisément à en faire porter la responsabilité à l'idéalisme nihiliste ou idéal ascétique, c'est-à-dire à la morale des prêtres tyrans. Bien sûr, la nature produit des êtres vivants faibles, maladifs, contrefaits d'un point de vue biologique, mais ce n'est pas la biologie qui est capable de leur conférer une *valeur*, supérieure ou inférieure. Elle peut éventuellement *calculer* des degrés de force ou de faiblesse sur la base de ses critères propres (exclusivement fonctionnels), mais jamais elle ne peut dire ce qui est préférable. Aucune science n'a en main des valeurs antagonistes à la contre-nature de la morale[88], et le darwinisme lui-même, s'il peut définir des bonnes et de mauvaises conformations biologiques, est incapable de faire porter ces différences sur la question de la valeur, sauf à confondre la morale et la science — ce que fera de manière éhontée le darwinisme social. En réalité, Nietzsche fait exactement l'inverse du déterminisme biologique : ce n'est pas la biologie qui fixe le sens des valeurs, ce sont les valeurs qui fixent le sens de la biologie. Nietzsche appelle « naturalisme » une morale qui évalue la nature comme volonté de croître, et cette volonté comme plus haute que celle de décliner. L'idéalisme veut le contraire, et évalue cette volonté de croître comme mauvaise. Et, à force de déprécier, on rend les choses mauvaises. C'est pourquoi il ne faut pas croire non plus que, chez Nietzsche, les modes d'expression qui impliquent des critères biologiques, ou plus précisément psychophysiologiques, ne soient que des métaphores. Si nous sommes désormais déterminés par notre nature à être forts ou faibles, sains ou malades, bien conformés ou contrefaits — en un mot préférables ou non —, c'est parce que la longue activité de la culture, de la moralité des mœurs, s'est inscrite dans nos corps. « Tout esprit finit par devenir physiquement visible[89]. » La défense nietzschéenne des natures fortes et réussies ne vient qu'à l'issue d'une longue et patiente généalogie de la morale, qui est aussi une psychologie de la joie et de la détresse. Dès *Aurore*, Nietzsche commence à analyser la manière dont les ivresses de l'idéalisme engendrent peu à peu des détresses psychologiques et physiologiques, la manière dont au contraire le plaisir de la conquête et du commandement engendre lentement des corps et des esprits éclatants. Le naturalisme de Nietzsche est un naturalisme de la « seconde nature[90] ».

« Je ne veux pas qu'on me mêle à ces prêcheurs de l'égalité et que l'on me confonde avec eux. Car c'est ainsi que la justice me parle *à moi* : "Les hommes ne sont pas égaux." Et il ne faut pas non plus qu'ils le deviennent ! Qu'en serait-il de mon amour du surhumain, si je tenais un autre langage[91] ? » Cet aveu de Zarathoustra indique que l'inégalité de fait n'est rien sans la décision éthique qui s'y articule et peut seule lui conférer un sens. C'est en fin de compte la justice et non la nature, l'avenir et non le passé qui fondent l'inégalitarisme de Nietzsche. Mais Zarathoustra sous-entend aussi que les hommes ne sont pas encore égaux, et c'est bien pour cette raison qu'il se trouve des prêcheurs pour appeler de leurs vœux l'égalité entre les hommes. L'énoncé « les hommes sont égaux » est un énoncé purement performatif, et qui, en outre, effectue très mal ce qu'il énonce. Aujourd'hui encore (et il est à craindre que ce soit pour longtemps), la *déclaration* universelle des droits de l'homme est un performatif en lutte contre des inégalités de fait dont on ne cesse de constater qu'elles se creusent toujours davantage. Or, on a bien compris que Nietzsche est tout le contraire d'un défenseur du fait contre la performativité. Zarathoustra prêche aussi. Et s'il redoute que les hommes puissent bien devenir ce qu'on dit qu'ils doivent être, il « performe », quant à lui, des hiérarchies qui n'existent pas encore. Ce sont des contre-hiérarchies, dont l'énoncé doit effectuer la tache démesurée, et peut-être impossible, de renverser les hiérarchies existantes (et non pas de détruire une égalité qui, de toute façon, ne s'effectue pas). C'est pourquoi le discours nietzschéen est à la fois inégalitaire et émancipatoire. On ne peut se défaire du soupçon que Nietzsche, devant l'ampleur du renversement à effectuer, ait exagérément radicalisé ses énoncés, qu'il les ait portés à un degré de violence, ou de détresse, qui les rend inaudibles. Mais ils n'en luttent pas moins contre les inégalités de fait et contre l'aliénation ou amputation effective de l'individu, celles-là mêmes qui font souffrir les hommes démocratiques que nous sommes. Nous devons avoir le courage de regarder en face, dans sa radicalité même, la puissance rebelle de l'élément de la pensée sur le plan doxique.

J'en voudrais prendre un exemple, et tenter le courage de choisir le plus inaudible. Parmi tous les modèles de sociétés hiérarchiques convoqués par Nietzsche pour illustrer son inégalitarisme (le plus souvent l'Antiquité et l'Ancien Régime), je sauterai directement ici à sa formulation la plus tardive

— et la plus extrême (au point qu'elle est souvent lue comme s'approchant dangereusement de l'effondrement psychique prochain). Dans une lettre de mai 1888 à Peter Gast[92], Nietzsche rend compte de sa découverte des *Lois de Manou*, qui énoncent à la fois les principes cosmologiques et les prescriptions pratiques fondant le système de castes de l'hindouisme, y compris dans le détail des plus horribles châtiments pour qui contrevient à leur séparation. *Crépuscule des idoles* et *L'Antéchrist* prendront acte de cette découverte. Et ils ne tariront pas d'éloges pour ce modèle. Or que dit Nietzsche exactement dans les paragraphes du *Crépuscule des idoles* consacrés à Manou[93] ? Qu'une morale ou une religion pratique toujours soit un apprivoisement (*Zähmung*), soit un élevage (*Züchtung*) : on apprivoise une bête sauvage, mais on élève ou cultive un certain type d'homme. Le danger qu'on veut ainsi prévenir n'est pas le même. Le christianisme a *apprivoisé* « la bête humaine » de sorte à affaiblir et à neutraliser la « brute blonde », c'est-à-dire la forme sauvage et barbare de l'humain conquérant. La morale indienne, sous le nom de « Lois de Manou », a, quant à elle, *élevé* quatre races[94] à la fois, et cette organisation sociale, qui « avait elle aussi besoin d'être *terrible* », visait non pas à combattre la brute bestiale, mais à lutter contre le type du *tchandala* (terme qui désigne le « sang-mêlé » né d'un Shudra et d'une Brahmane, union considérée comme le comble de l'impureté). Il est clair dans le texte que le *tchandala* renvoie plus largement au « grand nombre », au troupeau, c'est-à-dire à l'humain lui-même tel qu'il a été arraché par la moralité des mœurs à l'animalité. « Il est visible que nous ne sommes plus chez les dompteurs de fauves : il faut un type d'homme cent fois plus doux et raisonnable pour pouvoir seulement concevoir un tel programme. » Il faut déjà « l'homme bon » pour inventer de si inédites cruautés. La stratégie de Nietzsche, pour déployer la grosse artillerie d'un antichristianisme presque forcené, n'en est pas moins la mise en œuvre très consciente d'un contre-mouvement radical à la constitution du seul type humain que nous connaissions. D'après la logique serrée du texte, et si par ailleurs, comme l'enseigne Zarathoustra, l'homme est bien un pont entre la bête et le surhumain, alors les individus définis par les castes de Manou *ne sont pas* à proprement parler « humains ». L'éloge nietzschéen de ce système ultra-hiérarchique est une propédeutique à la compréhension d'une culture qui vise autre chose que la bête et autre chose que l'humain : il contribue, avec une pédagogie particulièrement violente, à la très délicate tâche de faire comprendre ce que serait le surhumain. Excès pour excès, ou mensonge contre mensonge, pour faire exploser le plan doxique qui nous constitue. Car Nietzsche révèle dans le même temps ce qui est commun à toutes les morales, qu'elles soient d'apprivoisement ou d'élevage :

> La morale de l'*élevage* et celle de *l'apprivoisement* se valent bien quant aux moyens qu'elles emploient pour s'imposer. Nous pouvons poser en principe que pour *faire* une morale, il faut délibérément vouloir son contraire. C'est là le grand problème, le problème *inquiétant*, celui que j'ai médité le plus longtemps : la psychologie de ceux qui veulent « amender » l'humanité. Un petit fait, modeste en apparence, celui de ce qu'on appelle « pia fraus », m'a mis le premier sur la bonne voie : le *pieux mensonge*, l'apanage de tous les philosophes et prêtres qui ont « amendé » l'humanité... Ni Manou, ni Platon, ni Confucius, ni les Pères

du judaïsme et du christianisme n'ont jamais douté de leur *droit* à mentir... Il y a bien d'autres droits dont ils n'ont pas douté non plus... On pourrait dire, pour recourir à une formule : jusqu'ici, *tous* les moyens par lesquels l'humanité devait être rendue « morale » ont été foncièrement *immoraux*[95].

Nietzsche veut-il lui aussi « amender » l'humanité ? Le terme allemand est *verbessern*, « améliorer, rendre meilleur ». L'homme meilleur ne se comprend qu'à partir de l'idée de l'homme bon, et c'est une idée de prêtre. Nietzsche est-il lui aussi un prêtre ? Mais « par-delà bien et mal », cela veut dire deux choses : premièrement, que l'homme n'est plus à apprivoiser, puisqu'il n'est plus un animal sauvage. Une rétroversion de l'activité générique de la culture vers la bestialité serait absurde : autant vouloir, à coups de fouet, faire d'un chat un lion, d'un chien un loup — ou d'un homme un singe. Inversement, vouloir faire progresser l'élevage vers un homme toujours meilleur, toujours plus universel, plus moral, plus égal, c'est parachever le type humain que nous sommes, épuisé, amputé, séparé de sa puissance. *Aurore*, évoquant la volonté d'autodivinisation de l'humanité, barrait les deux chemins, celui de l'origine et celui de la destination. Derrière nous, le singe ; devant nous, le dernier homme[96]. Deuxièmement, et puisqu'il ne reste plus qu'à trouver une autre forme d'élevage, « par-delà bien et mal » signifie comprendre l'élevage en d'autres termes que ceux d'une *amélioration* de l'homme. Zarathoustra enseigne que l'homme est quelque chose qui doit être non amélioré, mais *surmonté*, c'est-à-dire élevé sur la base d'une perception elle-même surmontée, une perception non idéaliste, non morale, non mensongère du monde : une perception du monde comme volonté de puissance. Le contraire du mensonge n'est pas la vérité, mais la *probité* de la perception, qu'on pourrait appeler aussi *affirmation*, ou refus de laisser le préjugé de ce qui doit être précéder la perception de ce qui est, et par là nier tout ou partie de cette perception.

Mais revenons à Manou. Il s'agit en effet de déplier les implications de ce système hiérarchique terrifiant (et particulièrement inactuel) comme instrument de lutte contre l'homme moderne, son préjugé égalitaire et ses hiérarchies réelles. La preuve de l'instrumentalisation pédagogique des Lois de Manou se trouve dans le déplacement que leur fait subir *L'Antéchrist*[97]. Nietzsche n'y parle plus, comme dans *Crépuscule des idoles*, des « quatre races », mais seulement de trois classes : les philosophes, les guerriers et les masses. Nous ne sommes plus en Inde, mais à nouveau dans la cité platonicienne ! À la notable différence près, cependant, que Nietzsche ne confère pas ici la royauté aux philosophes. La plus haute classe, « le petit nombre », se distingue par la supériorité de *l'esprit* — nous allons y revenir — mais elle ne gouverne pas : le soin du gouvernement est laissé aux seconds, « les gardiens de la loi, les serviteurs de l'ordre et de la sécurité », et « avant tout le roi, image la plus haute du guerrier, du juge, et du mainteneur de la loi ». La classe dirigeante est « le "pouvoir exécutif" des seigneurs de l'esprit, ceux qui les approchent de plus près, ceux qui font à leur place tout ce qu'il y a de *grossier* dans le métier de régner ». Si le philosophe n'est pas roi, il est *législateur*, et c'est l'esprit en lui qui légifère. Mais cette législation n'est pas la liste des prescriptions et des interdits, elle est une manière d'être, de sentir et de connaître, c'est-à-dire l'éthique d'une certaine *vie philosophique*, telle que Nietzsche la poursuit depuis toujours, depuis qu'une vision tragique lui a enjoint de rechercher une connaissance mystérique et d'affirmer la perfection de cette vision :

> « *Le monde est parfait* » — ainsi parle l'instinct de cette élite de l'esprit, l'instinct qui dit *oui* : « l'imperfection, tout ce qui est *au-dessous* de nous, les distances, la passion de garder ses distances, le *tchandala* même, tout cela relève de la même perfection ». Les hommes supérieurs par l'esprit, qui sont les plus forts, trouvent leur bonheur là où d'autres trouveraient leur perte : dans le labyrinthe, dans la dureté envers soi-même et les autres, dans l'épreuve ; leur plaisir est de se dominer ; l'ascétisme devient chez eux nature, besoin, instinct. La tâche la plus malaisée est à leurs yeux un privilège, se jouer de fardeaux qui écrasent les autres, un *délassement*... La connaissance — une des formes de l'ascétisme. Ils sont l'espèce d'hommes la plus digne de respect : cela n'exclut pas qu'ils soient la plus gaie aussi, la plus aimable. Ils règnent, non parce qu'ils veulent, mais parce qu'ils *sont* : ils ne sont pas libres d'être les seconds[98].

La caste la plus haute est une caste d'ascètes contemplatifs, pratiquant au plus haut degré la domination de soi. Il faudra comprendre pourquoi. Mais auparavant il faut dire que Nietzsche — et, répétons-le, c'est le problème qui lui a coûté le plus — ne peut pas se permettre de rejeter la vie active, à la fois parce qu'il ne peut feindre d'ignorer la réalité de l'activité générique de la culture, et parce qu'il ne peut se couper des autres déterminations de la volonté de puissance, qui sont la domination des choses et des autres. C'est pourquoi il a besoin de défendre une société hiérarchique : non seulement pour éduquer des philosophes contemplatifs comme sommet de la puissance, de l'indépendance et de la liberté de l'esprit, mais aussi pour que tout ce qui n'est pas eux, tout ce qui est *au-dessous* d'eux, c'est-à-dire les hommes de la *vita activa*, reçoivent leur loi de la *vita contemplativa* : la puissance, l'indépendance, la liberté, la connaissance. Or, la deuxième et la troisième classe de la société hiérarchique décrite par Nietzsche sont précisément les deux formes de la vie active : l'action sur les hommes et l'action sur les choses. Ou, pour le dire autrement : la politique et l'économie. En vérité, entre des modèles sociaux parfaitement inactuels (la République platonicienne, les Lois de Manou) et la modernité, la ligne tracée par Nietzsche est redoutablement directe. La fonction critique de l'utopie d'une législation de l'esprit libre sur la société tout entière touche de plein fouet la réalité du XIXᵉ siècle occidental : une Europe chrétienne d'États-nations industriels, capitalistes, nationalistes et militaristes, une Europe malade de la puissance à ses plus bas degrés, socialisme et anarchisme compris. Il y a une tension extrême, dans la pensée de Nietzsche, entre l'immobilisme ou le conservatisme propre à toute société hiérarchique et l'irrépressible mouvement émancipatoire qu'implique pour les classes actives le fait de recevoir leur loi de la souveraineté de l'esprit libre. On trouvera aisément dans les textes les expressions glaçantes d'un programme politique « réactionnaire[99] », et il est clair que le dernier Nietzsche a considérablement durci le ton depuis l'époque d'*Humain, trop humain*. Dans *Crépuscule des idoles* notamment, évoquant la « question ouvrière », il voit, dans le fait même qu'on en fasse une *question,* un signe de « dégénérescence de l'instinct ». Et il conclut :

On a, par un aveuglement irresponsable, radicalement détruit les instincts grâce auxquels le travailleur est possible en tant que classe sociale, et *possible à ses propres yeux*. On a fait de l'ouvrier un conscrit apte à porter les armes, on lui a donné le droit d'association, le droit de vote politique... Faut-il s'étonner si aujourd'hui l'ouvrier ressent déjà sa condition comme une calamité (ou, en termes de morale, comme *injuste*) ? Mais, que *veut*-on, au fait ? C'est la question que je persiste à poser. Si l'on veut une fin, il faut aussi en vouloir les moyens : si l'on veut des esclaves, il faut être fou pour leur donner une éducation de maîtres[100].

Toutefois (et ce « toutefois » n'est pas un adoucissement), il faut observer attentivement la démarche qui préside à ces lignes. « Si l'on veut une fin », « si l'on veut des esclaves » : ces conditionnelles renvoient à la logique interne de la volonté de puissance, qui a besoin de se donner des buts et de dominer. C'est une formulation à proprement parler *cynique*, parce que Nietzsche, tel un nouveau Diogène, la lanterne à la main, cherche des hommes et n'en trouve pas. Il n'y a pas encore d'*individus* (ce que suggère le paragraphe qui suit immédiatement celui que nous venons de citer[101]). Comment alors insulterait-on la « dignité de l'homme » ? Et ce cynisme nietzschéen, on le trouve dès *Humain, trop humain*, précisément associé à la « question ouvrière » :

> Nous accordons plus de valeur à la satisfaction de notre vanité qu'à tout le reste de notre bien-être (sécurité, places, plaisirs de tous ordres), on le voit bien jusqu'au ridicule dans le fait que tout le monde (en dehors de toute raison politique) souhaite l'abo-

lition de l'esclavage et a la pire horreur de réduire les gens à cette condition ; mais tout le monde doit pourtant bien se dire que les esclaves mènent à tous égards une existence plus sûre et plus heureuse que l'ouvrier moderne, que le travail servile est peu de chose comparé à celui du « travailleur ». On proteste au nom de la « dignité humaine » : or, c'est là, sous l'euphémisme, cette même vanité chérie qui vous fait trouver que le sort le plus dur est de n'être pas traité en égal, d'être publiquement estimé inférieur. — Le cynique pense autrement à ce sujet, parce qu'il méprise l'honneur : — et c'est ainsi que Diogène fut un temps esclave et précepteur domestique[102].

Cette dénonciation de la condition ouvrière comme un état pire encore que l'esclavage, Pierre Rosanvallon a montré qu'elle a largement nourri, au XIXe siècle, la critique par les progressistes de l'exploitation bourgeoise[103]. Mais là où saint-simoniens ou démocrates chrétiens se fondaient sur la dignité de l'homme (qui fonde l'égalité), Nietzsche, au contraire, part de son absence, parce que la dignité n'est pas donnée (ce qui est donné, c'est la vanité), mais s'acquiert par la souveraineté de l'esprit et la grandeur de l'action. Les conditionnelles : « si l'on veut une fin », « si l'on veut des esclaves », sont elles-mêmes conditionnées par la question persistante : mais, que *veut*-on, au fait ? La nécessité demeure d'interroger la valeur et le type de volonté de puissance qui s'expriment dans les classes dirigeantes et leurs valeurs dominantes. Car si les travailleurs sont moins que des esclaves, les classes dirigeantes sont loin d'être une caste de maîtres. Encore une fois, les bergers ne se distinguent pas du troupeau. Diogène, même esclave, était un maître. Il est vrai que Nietzsche donne souvent pour critère l'antiquité d'un lignage, conformément au modèle d'Ancien Régime qu'il revendique de manière récurrente[104]. Mais ce primat de la longue durée (la lente *incorporation* des valeurs) se joue entre la deuxième et la troisième caste, entre les gouvernants et les travailleurs ; il n'a pas encore de sens pour la caste des aristocrates de l'esprit : ni Diogène, ni les présocratiques, ni aucun grand philosophe ou artiste ne s'appuient sur leur hérédité. Non seulement ils ne viennent de nulle part, mais ils ne fondent pas non plus de lignées, ces « philosophes-comètes ». Ils sont des hasards heureux. Qui est « prédestiné » à la souveraineté, si ce n'est ceux, cités plus hauts, qui sont capables de se constituer en individus complets, « dans le labyrinthe, dans la dureté envers soi-même et les autres, dans l'épreuve », dans la domination *de soi*. Et comment fonde-t-on une « race » à partir de ces solitaires sans postérité autre que hasardeuse ? Et c'est la question centrale pour les philosophes de l'avenir et la grande politique. Rien n'est *fixé* pour l'avenir de l'homme. Et c'est cela, l'émancipation radicale qui émerge de la volonté de hiérarchies nouvelles.

Si l'on considère les trois castes que Nietzsche appelle de ses vœux (philosophes, gouvernants, travailleurs), on voit que la hiérarchisation est bien un mouvement de spiritualisation toujours plus grand, une victoire progressive de la pensée, une transfiguration spirituelle de la *physis* : l'économie, la politique et la philosophie semblent les trois degrés d'élévation de la culture au-dessus de la nature. Leur évaluation dépend de la qualité de la volonté de puissance qui s'y exprime, force de désagrégation ou composition d'unités supérieures. Si l'économie objective l'existence et le monde, machinise l'homme et saccage la Terre ; si la politique défend

Les « idées modernes »

les intérêts de cette économie égoïste et utilitariste des possédants ; si la philosophie est au service des pouvoirs en place et des valeurs dominantes, alors nous sommes en présence d'une décadence de l'esprit, d'un vaste processus de barbarisation — et cela, au nom même de la dignité de l'homme et de la dignité du travail. Pour Nietzsche, la lutte des classes et l'injustice sociale dissimulent très mal une solidarité obscure entre les oppresseurs et les opprimés, qui repose sur une violence commune, une commune bestialité, issues de la soif de possession et d'objectivation de tout ce qui est — c'est-à-dire du plus bas degré de la puissance. Et c'est pourquoi, dans un passage étonnant d'*Humain, trop humain*, Nietzsche suggère que l'émancipation à venir devra être un très lent renversement de la très ancienne bestialité dont nous sommes encore les héritiers :

> Quand les socialistes démontrent que, dans l'humanité actuelle, le partage de la propriété est la conséquence d'injustices et de violences sans nombre, et qu'ils déclinent en bloc toute obligation à l'égard de cette chose au fondement si injuste, ils ne voient qu'un détail. Tout le passé de l'ancienne civilisation est fondé sur la violence, l'esclavage, la tromperie, l'erreur ; mais nous, héritiers de toutes ces situations, concrétions de ce passé tout entier, nous ne pouvons nous en désolidariser par décret, ni même nous permettre d'en distraire une seule parcelle. L'esprit d'injustice est chevillé aussi dans l'âme des non-possédants, ils ne sont pas meilleurs que les possédants et n'ont aucun privilège moral, car leurs ancêtres ont été à quelque moment des possédants aussi. Ce ne sont pas des partages nouveaux et violents, mais des changements d'esprit progressifs qui nous font besoin, c'est chez tous la justice qui doit grandir, l'esprit de violence s'affaiblir[105].

Esprit de violence et esprit de justice s'opposent ici explicitement. Possédants et exploités partagent un même atavisme de l'instinct de propriété, cet instinct qui entraîne toujours la violence, l'exploitation et l'injustice, et reconduit infiniment l'état de guerre de tous contre tous. En elle-même, cette activité pulsionnelle n'est ni juste ni injuste, parce qu'elle est un caractère fondamental de la vie. Que l'exploitation est au fondement de la vie, c'est encore l'enseignement redoutable du paragraphe 259 de *Par-delà bien et mal* (d'ailleurs souvent cité pour étayer la thèse fragile d'un Nietzsche chantre du capitalisme). Et de fait, il conclut ainsi :

> L'« exploitation » n'est pas le propre d'une société vicieuse ou d'une société imparfaite et primitive : elle est inhérente à la vie dont elle constitue une fonction primordiale, elle découle très exactement de la volonté de puissance, qui est la volonté de la vie. — À supposer que cette théorie soit nouvelle, cette réalité est le *fait premier* de toute l'histoire : ayons donc l'honnêteté de le reconnaître !

Mais voilà, un « fait premier », une « fonction primordiale » ne constituent pas un but, et ne répondent jamais à la question « à quelle fin ? ». Or c'est la vie pulsionnelle de l'esclave qui a triomphé, chez les vainqueurs et les vaincus, chez le possédant comme chez l'exploité. Nous ne connaissons que les plus bas degrés de la volonté de puissance : l'état social qui caractérise notre civilisation est encore incapable de s'élever au-dessus des conditions de la vie pulsionnelle de l'esclave, de la morale du troupeau sans bergers, et c'est en cela qu'il est injuste au sens d'une justice supérieure qui est transfiguration de la *physis*, élévation et anoblissement des qualités de la volonté de puissance. Derrière la volonté de bonheur, de justice et de paix qui est la nôtre, derrière les fictions de l'égalité et de la dignité universelles (c'est-à-dire derrière la volonté d'abolir la vie comme puissance au lieu de la transfigurer) se cachent encore les qualités les plus basses de la puissance. L'économie ne s'arrache pas aux conditions de la barbarie, elle exacerbe l'anarchie des pulsions voulant, chacune pour son compte, se satisfaire à l'infini, elle décompose les hiérarchies pour leur substituer un système clos, aveugle et sans but, sous couvert de fictions morales telles que la sécurité, le bonheur, la fin du besoin et du désir, la liberté libérale, l'égalité des prétentions, la dignité du travail, le progrès, l'universalité de l'*homo oeconomicus*. Son effet est le rapetissement de l'homme et de sa maison (*oikos*). Mais ses buts restent la guerre, l'exploitation, la domination, la possession, l'avilissement de l'homme, la fuite en avant dans les deux directions à la fois, sur les vecteurs de singularisation et d'universalisation qui forment la dynamique multiple de la volonté de puissance. Cet écartèlement pathologique de la dynamique des puissances est proprement insensé, et, surtout, il se solde par une impuissance de fond, la stagnation au milieu ou *médiocrité*. Le capitalisme est proprement barbare en ce qu'il universalise l'intérêt égoïste de l'animal, paie sa valeur de « liberté » et d'« individu » au prix fort et contradictoire de l'exploitation universelle ; le socialisme ne l'est pas moins, en ce qu'il interprète le bonheur d'un point de vue économique, comme abolition de l'intérêt, de la domination et de l'exploitation qui sont au fondement de la vie comme volonté de puissance — et cela par la violence même qui en est le plus bas degré. Deux visages pour le même nihilisme.

Mais comment affranchir et élever l'homme sans affaiblir la volonté de puissance, sans nier la violence et l'« injustice » fondamentale de la vie ? Comment surmonter à la fois la fiction des « états de fait » qui soutiennent les pouvoirs historiques en place et celle des dimanches de l'histoire, du progrès, de l'égalité et de la liberté universels qui inspirent les révolutionnaires ? Nietzsche est pris dans un problème presque impossible à résoudre. Il procède alors de manière étrange et qui semble, à première vue, non seulement effrayante, mais étonnamment dialectique. Le changement progressif des esprits évoqué dans *Humain, trop humain* devient, dans un fragment de l'automne 1887, un contre-mouvement qui ne sera possible que lorsqu'on sera allé jusqu'au bout de l'exploitation économique, qu'on aura fait de la planète une maison et de l'humanité une machine. Il faut parcourir le vecteur de totalisation jusqu'à son extrémité, afin que, de ce nouveau plan d'une immanence intégralement totalisée, puisse émerger un vecteur inverse, de différenciation intégrale. Ce mouvement antagoniste devra forcément s'initier, en vertu de la dynamique fondamentalement différentielle de la volonté de puissance, qui est à la fois appropriation et donation d'un sens :

> Démontrer qu'une consommation de plus en plus économique de l'être humain et de l'humanité, qu'une « machinerie » des intérêts et des réalisations de plus en plus étroitement enchevêtrés, *implique* la *nécessité d'un contre-mouvement*. Je désigne celui-ci en tant

qu'*élimination d'un luxe excédentaire de l'humanité* : en elle, une espèce *plus forte*, un type plus élevé doit surgir à la lumière, ayant d'autres conditions de formation et de conservation que l'homme moyen. Mon concept, ma *parabole* de ce type est, comme l'on sait, le terme « surhomme ».

Sur cette première voie qui, maintenant, est totalement prévisible, se forment l'adaptation, le nivellement, le « chinoisisme » supérieur, la modestie de l'instinct, la satisfaction dans le rapetissement — une sorte de *stagnation du niveau de l'être humain*. Une fois que nous aurons en main cette gestion globale de l'économie de la Terre, qui interviendra inévitablement, alors l'humanité *pourra* trouver son meilleur sens en tant que machinerie au service de cette économie : comme un énorme engrenage de roues de plus en plus fines, de plus en plus subtilement « adaptées » ; comme un devenir-superflu toujours croissant de tous les éléments qui dominent et commandent ; comme une totalité d'une force énorme dont les facteurs isolés représentent *des forces et des valeurs minimales*. À l'opposé de ce rapetissement et de cette adaptation des êtres humains à une utilité spécialisée, il est besoin d'un mouvement inverse — la création de l'être humain *qui synthétise, totalise et justifie*, pour qui cette machinalisation de l'humanité constitue la condition préalable de son existence en tant que le support sur lequel il puisse inventer *sa forme supérieure d'être*...

Il lui faut d'autant plus l'*antagonisme* de la masse des « nivelés », le sentiment de distance dans la comparaison avec eux ; il se tient sur eux, il vit d'eux. Cette forme supérieure de l'*aristocratisme* est celle de l'avenir. — En termes moraux, cette machinerie globale, la solidarité de tous les rouages représente un maximum dans *l'exploitation de l'être humain* : mais elle suppose de ces êtres par qui cette exploitation ait un *sens*. Dans le cas contraire, elle ne serait effectivement rien qu'un rétrécissement global, un rétrécissement de la *valeur* du *type* humain — un *phénomène régressif* du plus grand style.

— On voit que ce que je combats, c'est l'optimisme *économique* : comme si, avec les frais croissants *de tous*, devait nécessairement croître aussi le profit de tous. Le contraire me semble être notre cas : *les frais de tous se soldent par un déficit global* ; l'être humain devient *moindre* : — si bien que l'on ne sait plus seulement *à quelle fin* a bien pu servir cet énorme processus. À quelle fin ? un *nouveau* « à quelle fin » — voilà ce qui est nécessaire à l'humanité[106]...

Si l'exploitation est condition fondamentale de la vie, la vie comme volonté de puissance ne croît et ne s'élève pour créer une culture supérieure (transfiguration de la *physis*) qu'en créant des exemplaires supérieurs, un type d'homme qui seul peut donner un sens et légiférer au-dessus des conditions primaires de l'exploitation. Nous avons dit que le « surhumain » était quelque chose d'autre que l'humain, mais c'est seulement au sens où il diffère de l'humain *tel que nous n'en connaissons qu'un seul type*, que nous appelons « l'Homme ». La surhumanité n'est pas une essence distincte de l'essence de l'homme, elle est « sa forme supérieure d'être ». Et il faut entendre très précisément le comparatif dans *supérieur* : non pas un saut dans une sphère hétérogène, non pas une essence autre, mais un développement par degré, une élévation sans *discontinuum*, un mouvement plastique de la matière humaine elle-même. La nature ne fait pas de saut[107]. C'est le propre des hiérarchies, des longues hiérarchies, d'élever sans « décrocher », de transfigurer progressivement sans avoir besoin de poser des essences distinctes et des hiérarchies d'essences — ce qui est la grande activité de la fiction idéaliste. Par ailleurs, le mouvement de spiritualisation qui monte de l'économique (comme anarchie des forces) vers le philosophique (comme souveraineté de l'esprit) sélectionne et hiérarchise, mais ne surmonte pas les contradictions de manière dialectique, parce que ce n'est pas l'universel ou l'absolu qui se dépasserait soi-même pour se réaliser. Il n'y a pas de *Aufhebung* du Tout à travers la négativité, il n'y a que des *Selbstaufhebungen* ou *Selbstüberwindungen* locales chez certains hommes capables d'affirmer en même temps l'exploitation comme fondement et la liberté comme but, un type d'homme incapable de négation. S'il y a quelque chose du Marx des *Manuscrits* de 44 dans l'idée nietzschéenne d'un jusqu'au-boutisme de l'aliénation pour qu'émerge un type supérieur, il n'y a pas d'émancipation universelle parce qu'il n'y a pas de liberté sans domination, parce que la liberté *est* domination. Pour Nietzsche, l'émancipation ne peut concerner qu'une caste, afin qu'aucun des degrés de la volonté de puissance ne soit nié dans le dépassement, et parce que l'idée d'un auto-dépassement du Tout n'a pas de sens. Il n'y a pas de dialectique historique, fût-elle matérialiste.

On le voit, lorsque Nietzsche réclame l'exploitation et l'aliénation intégrale de l'homme, il formule les conséquences extrêmes d'une interprétation généalogique (la logique interne de l'excédent infini), mais il leur refuse tout sens en elles-mêmes. C'est l'insensé qu'il parachève en pensée, ou le nihilisme. Une fois que l'on a posé la fin des grands récits dialectiques, l'immanence de la mondialisation comme processus de « gestion globale de la Terre », on n'a encore rien fait, et on n'a certainement pas congédié la modernité avec un préfixe. En ce sens, la « postmodernité » de Nietzsche n'est pas la nôtre. Et si nous autres postmodernes ne pouvons plus être communistes, nous ne pourrons bientôt plus être capitalistes, parce que le capitalisme mondial, qui certes porte le masque de la volonté de puissance, n'est qu'un premier masque, un très bas degré de la puissance, un « phénomène régressif du plus grand style ». Il faut pouvoir entendre l'injonction nietzschéenne à se donner des buts, à trouver un nouveau « à quelle fin », l'injonction de Zarathoustra à donner un sens à la Terre, à rester « fidèles à la Terre[108] ». Certes, si Zarathoustra est prompt à embrasser la totalité de la planète, Nietzsche a, quant à lui, une extrême difficulté à penser le tout social. On a pu parler, à propos de sa politique, d'une forme d'holisme[109]. C'est largement vrai si l'on considère le modèle que Nietzsche, à travers un système aux longues hiérarchies, oppose à l'individualisme moderne et au type de l'*homo oeconomicus*. Mais, on le voit bien dans le § 259 de *Par-delà bien et mal* dont nous n'avons cité que la fin, Nietzsche a besoin de diviser, de séparer, d'opposer. Dans ce paragraphe, il discrimine un corps social formé de *pares*, et un autre parfaitement extérieur, composé des plus faibles voués à être opprimés et exploités. Le modèle n'est plus du tout celui de longues hiérarchies, il est étonnamment binaire. Or, il est très difficile de déterminer si ce dernier groupe, qui est le plus grand nombre, est intégré au modèle social aristocratique (car la volonté de puissance « englobe ») ou s'il en est rejeté comme un simple matériau ou carburant nécessaire. Ou plutôt, s'il ne fait pas simplement fonction de résistance, dans la mesure où, comme l'explique le FP 10[17] de l'automne 1887 cité plus haut, le corps aristocratique a besoin de *l'antagonisme* de la masse des nivelés. Encore une fois, il n'y a pas de dialectique historique dans la formation du corps aristocratique. La formation d'unités supérieures ne peut atteindre à la totalité sans se nier ; la culture aristocratique ne peut être que locale, et par définition minoritaire, engendrée *contre* ce qui n'est pas elle, dans le rapport toujours multiple des forces en lutte. C'est même seulement lorsque la majorité domine que peuvent émerger des forces de résistance, des « devenirs-minoritaires », des exceptions, exemples ou *événements* qui forment la jurisprudence dans l'expérience de la pensée. Et il y a fort à penser que le concept nietzschéen de communauté aristocratique soit très précisément l'élément rebelle de la pensée contre le plan doxique. La logique conséquente mais inaudible de la grande politique a besoin de poser un matériau humain *réactif* (au sens deleuzien et au sens chimique) pour pouvoir faire émerger son modèle d'affranchissement et de justice. Nietzsche ne se fait naturaliste que pour pouvoir affirmer des conditions d'émergence (l'exploitation comme fondement de la vie et comme généalogie), non pas des buts. La difficulté est qu'il joue sur deux fronts : celui de l'histoire, qui prouve le caractère factuel, voire intangible, de l'exploitation, et celui de la logique de l'interprétation, qui oblige à poser l'exploitation comme condition théorique. C'est une ambiguïté comparable à celle du concept d'état de nature dans les philosophies classiques, à la différence qu'ici l'état de nature n'est pas relevé par l'établissement du contrat social ; il n'est même pas seulement ce dans quoi l'homme peut retomber en cas de rupture du contrat, il est ce dont l'état social ne peut jamais sortir intégralement, sauf par *exception*. En posant l'exploitation comme condition, Nietzsche déploie ainsi une démarche à double détente. D'une part, il contrecarre toute fiction politique universalisante (il n'y a rien qui puisse être « principe fondamental de la société »), qu'elle soit de type capitaliste, communiste, ou même totalitaire, toujours liée à un « optimisme économique » : il n'y a pas de totalisation possible du bien-être, du bonheur, de la sécurité — ces conquêtes sont toujours l'exception. D'autre part, il oblige la modernité à regarder en face l'exploitation et l'aliénation qu'elle continue inlassablement de produire, voire d'augmenter, dans ce processus qu'il annonce d'une gestion globale — et sans but — de la Terre. Il n'y a pas d'économie, fût-elle alliée à la démocratie, qui puisse se glorifier d'avoir aboli l'exploitation et l'aliénation de l'homme, et prétendre qu'elle y parviendra. Aucune ne leur a non plus trouvé le moindre *but*. L'affirmation du caractère vital et nécessaire de l'exploitation est scandaleuse, mais c'est parce qu'elle nous renvoie à nos fictions et à nos mensonges. La seule manière que Nietzsche ait trouvé d'être probe sur la généalogie de l'homme et, à la fois, de poser des buts émancipatoires a consisté à affirmer la volonté de puissance *comme liberté et comme violence*. C'est cela qui l'oblige à discriminer. C'est le *sacrifice* qu'il a été prêt à faire à sa pensée.

Sous ses allures grandiloquentes et souvent agressives, la grande politique de Nietzsche a quelque chose de très modeste : en réalité, elle ne sait travailler que *localement* — ce qui veut déjà dire sacrifier le tout et le reste, l'idée de l'Homme et le matériau humain. Mais, sous son langage exotérique bruyant, une vision ésotérique se dit en secret. On le voit bien dans la neuvième partie de *Par-delà bien et mal*, intitulée « Qu'est-ce qui est aristocratique ? » (*Was ist vornehm ?*) : les premiers paragraphes consacrés à la glorification des castes et à la justification de l'exploitation, de lecture pénible, glissent peu à peu vers un extraordinaire portrait psychologique du solitaire, du séparé, de celui qui a beaucoup souffert, pudique, taciturne, doué pour l'amitié, le respect et le silence. Nietzsche ne décrit plus alors une caste aristocratique, mais une âme distinguée[110]. Tout son arsenal politique vise à préparer le terrain planétaire pour y cultiver un type psychologique plus fort qui a toujours existé, mais par hasard, à titre d'exception[111]. Et c'est un type contemplatif, un modèle de spiritualité de la force. *Par-delà bien et mal* ne cesse de réitérer l'articulation délicate entre la grande politique planétaire et une micropolitique de l'âme contemplative. Le paragraphe 61 effectue un décroché prodigieux, par lequel une caste dominante, grâce au levier de la religion elle-même et sous le masque d'un ordre sacerdotal, donne au reste de la société sa loi — la législation de l'esprit —, et se décharge de l'exercice de la « domination *grossière* » des hommes et des choses pour se consacrer à une vie spirituelle :

> Pour les forts, les individus indépendants, préparés et prédestinés au commandement, pour les hommes en qui s'incarnent la raison et l'art d'une race dominante, la religion est un moyen de plus pour vaincre les résistances et être en mesure de dominer ; c'est un lien qui unit les maîtres et les sujets ; qui dévoile et livre à ceux-là les consciences de ceux-ci, leur intimité cachée qui aimerait se soustraire à l'obéissance ; et s'il est des individus de cette nature aristocratique qui se consacrent, par leur haute spiritualité, à une vie plus retirée et contemplative et se réservent pour le

mode le plus raffiné de domination, en s'entourant de disciples choisis ou de frères de leur ordre, la religion elle-même peut leur être un moyen de se tenir à l'écart du bruit et des tracas de la domination *grossière*, un moyen de se garder purs de la souillure *nécessaire* que comporte toute politique pratique. Ainsi le comprirent les brahmanes, par exemple : à l'aide d'une organisation religieuse, ils se donnèrent le pouvoir de nommer des rois pour le peuple, tandis qu'eux-mêmes se tenaient et se sentaient en dehors de ces contingences, comme des hommes voués à des tâches plus hautes et plus que royales[112].

Avec une remarquable constance du début à la fin de son œuvre, l'aspiration fondamentale de Nietzsche demeure l'expérience contemplative d'une petite communauté d'amis, de frères, de compagnons, de disciples. Il s'agit de la traduction psychologique, éthique, sociale et politique de l'expérience mystérique qui l'a fait entrer en philosophie. Toutes les difficultés de l'élaboration d'une pensée de la culture supérieure et d'une politique de la grandeur proviennent de l'extraordinaire tension qui existe entre l'homme contemplatif et l'homme d'action comme expressions et degrés de la volonté de puissance. Or, nul plus que Nietzsche n'a cru en la puissance de la vie contemplative : elle légifère par son existence même, elle est l'événement par excellence, transfigurant la *physis* et irriguant d'en haut tous les degrés inférieurs de la domination. C'est pour cette raison que la *Généalogie de la morale* aboutit finalement à la psychologie du prêtre et de l'idéal ascétique : c'est en ce point nodal que réside l'enjeu d'une conversion des valeurs, un retournement et un dépassement internes à la vie de la pensée (à la pensée comme vie et volonté de puissance). On ne comprend qu'ainsi l'acharnement quasi obsessionnel de Nietzsche à lutter contre le christianisme, à se présenter comme avocat du diable et Antéchrist. Car c'est du type de spiritualité d'une civilisation que dépend l'ensemble de ses manifestations, de ses rapports de puissances et de leurs qualités. La spiritualité est la législation de l'esprit, ou création des valeurs vouées à dominer. Les castes sacerdotales ont toujours été les laboratoires où se forgent les mondes, les foyers les plus purs de la volonté de puissance. C'est par elles que s'effectue l'incorporation des valeurs, ou moralité des mœurs ; et leur puissance a été telle que, même affaiblies ou disparues, elles règnent encore dans la modernité depuis leur place vide, sous la forme du troupeau sans bergers ou de la morale d'esclaves. C'est donc dans ce laboratoire même qu'il faut conquérir une morale de maîtres, inverser la vapeur des machines à produire l'homme, établir la forge du « surhumain ». Non plus une caste de prêtres, mais une communauté d'esprits libres qui serait capable, de sa position suprême et par sa seule existence, d'irriguer l'ensemble d'une culture, voire la surface de la Terre. Si la critique généalogique de Nietzsche a pu jusqu'ici s'imposer comme une méthode impérieuse et une expérience décisive pour l'idée que nous nous faisons de l'homme, de la culture et de l'histoire (et jusque dans les malentendus qu'elle a suscités, puisqu'elle a largement contribué à faire de nous des « postmodernes »), il est une chose qui nous reste parfaitement obscure chez lui, et dont nous ne savons absolument pas si ce fut son plus terrible échec ou son secret le plus lourd d'avenir : comment une telle communauté contemplative peut-elle irriguer la Terre ? Quels sont les relais entre la souveraine indépendance de l'esprit et tous les degrés inférieurs de la volonté de puissance ? Pour le concevoir, sans doute faut-il avoir une prodigieuse *foi* dans le fait que de nouvelles manières de penser et de sentir sont en elles-mêmes de grands *événements*. Cela, à supposer que ce soit vrai, est si mystérieux que Zarathoustra l'apprend à « l'heure la plus silencieuse » :

> Alors quelque chose de nouveau me parla sans voix : « Qu'importe leur moquerie, tu es de ceux qui ont désappris l'obéissance : maintenant tu dois commander ! Ne sais-tu pas qui est celui qui est le plus nécessaire à tous ? celui qui ordonne de grandes choses. Accomplir de grandes choses est difficile : mais ce qui est plus difficile encore, c'est d'ordonner de grandes choses. Voilà ce qui en toi est le plus impardonnable : tu as la puissance et tu ne veux pas, dominer. » Et je répondis : « Il me manque la voix du lion pour tout commandement. » Alors, encore, quelque chose me parla comme un murmure : « Ce sont les paroles les plus silencieuses qui amènent la tempête. Des pensées qui viennent sur des pattes de colombe mènent le monde[113]. »

Les déflagrations de la grande politique ne sont pas des métaphores innocentes, elles ne sont pas non plus le bréviaire criminel d'hommes d'action aux projets dictatoriaux. C'est une des manières — sous la forme du cri dont parlait Heidegger — d'exprimer la portée incommensurable des événements de la pensée, foudre et lourd nuage au-dessus des humains[114]. C'est-à-dire un élément rebelle sur le plan doxique, une tempête sur les « idées modernes ». Une nouvelle manière de penser et de sentir se nourrit toujours d'une profonde détresse du présent : « J'aime celui qui justifie ceux qui viendront dans l'avenir et qui délivre ceux qui sont venus dans le passé : car il veut périr de ceux qui sont présents aujourd'hui[115]. » C'est l'événement proprement nietzschéen qu'il nous faut saisir, ce portrait éthique d'un individu et d'une communauté à venir qui se dessine silencieusement à travers les sacrifices annoncés de la grande politique. Nous serons confrontés à ce que, de Nietzsche, nous ne voulons ou ne pouvons entendre, c'est-à-dire à ce que cette pensée produit comme reste ou reliquat, et qui lui est sacrifié. Mais il est nécessaire d'explorer ce laboratoire où se fomente cet événement de la pensée, et le type de vie qui s'en dégage ; de contempler, un instant, comme un but possible, cet « individu complet » que Nietzsche a dégagé de l'histoire, où il se rencontre à titre de hasard heureux, dit-il, et que nous n'avons encore jamais *voulu* ; enfin, de faire l'épreuve, sur le terrain même de notre « postmodernité », des conditions de possibilité de cette volonté, des points de conversion où quelque chose de nouveau peut se produire. Il pourrait bien se faire que ces points soient d'étranges petits foyers où, pour parler avec Spinoza, « nous sentons et nous expérimentons que nous sommes éternels[116] ».

TROISIÈME PARTIE

ÉTERNITÉ

Comment il faut se pétrifier. Durcir lentement, lentement, comme une pierre précieuse — et rester finalement là, tranquille, pour la joie de l'éternité[1].

Chapitre VII

L'ÉTERNEL DERNIER HOMME

> L'homme, destiné à rester immobile, comme sursinge, image du dernier homme qui est l'homme éternel[1].

Il faut avoir été seul bien longtemps pour arriver sur la place publique et lancer d'une voix forte : « *Je vous enseigne le surhumain. L'homme est quelque chose qui doit être surmonté. Qu'avez-vous fait pour le surmonter*[2] ? » Étrange amour des hommes que celui de Zarathoustra, qui a cru pouvoir les éveiller en s'adressant à leur mépris d'eux-mêmes : l'homme est une honte douloureuse, il y a en lui du ver de terre, du singe, assemblage disparate tenant de la plante et du fantôme ; je vous aime en tant que vous êtes une transition et un déclin, et qu'en vous un grand mépris *veut* que vous décliniez et soyez surmontés. La foule a ri de Zarathoustra. Alors, ravalant son étonnement, il s'est adressé à leur fierté : vous pouvez encore faire quelque chose de votre chaos, votre volonté est encore assez fertile pour qu'on y ensemence la graine du surhumain, qui fera de votre déclin une création et un enfantement.

Mais attention : il sera bientôt trop tard, bientôt vous ne pourrez plus rien enfanter, et alors viendra *le dernier homme*. Lorsque Zarathoustra a décrit ce que serait ce dernier homme, la foule l'a acclamé : « Donne-nous le dernier homme, ô Zarathoustra, s'écrièrent-ils, fais-nous devenir ce dernier homme ! Et nous te faisons grâce du surhomme[3] ! »

Et, en effet, les derniers hommes sont ceux qui ont trouvé le bonheur, la paix, la sécurité. Ils sont un modèle d'instinct de conservation, ils sont prudents et économes, sociaux et égaux autant qu'il leur est possible. Ils ne méprisent plus rien, savent presque tout, digèrent le passé et unifient le divers, réconcilient les contradictions. Ils rétrécissent tout ce qui est grand pour le ramener à leurs propres dimensions, ils habitent de petites maisons, la terre est leur village, ils y exercent de petites vertus, de petits travaux, et s'accordent de petits divertissements. Ils sont petits, mais durables : chef-d'œuvre d'adaptation de l'espèce, ce type humain vit le plus longtemps. Ainsi *fixé*, le dernier homme sera peut-être même éternel. Fin de l'histoire.

Comment les hommes de la place du marché n'auraient-ils pas applaudi à une telle perspective ? Peut-on attendre des hommes qu'ils sacrifient le bonheur, la paix, la sécurité à l'hypothétique grandeur d'un descendant dont l'enfantement les surmontera et les fera périr par leur propre décision ? En somme, la venue du dernier homme serait une bonne nouvelle, une douce forme d'éternité. Zarathoustra a cru exaspérer la fierté des hommes, et il leur a montré en fait la forme achevée de leur idéal. Nietzsche n'est pas dupe de la maladresse de son personnage : si son message avait été audible, Zarathoustra n'aurait pas recherché une pensée plus haute encore que celle du surhumain, une pensée qui revendique aussi l'éternité, mais d'une tout autre sorte. Non pas comme fin du temps ou de l'histoire, mais comme perfection de l'instant ou de l'événement : éternel retour. Surtout, il n'aurait pas cherché si longtemps à savoir *à qui* finalement adresser son enseignement, ou plutôt *avec qui* partager l'expérience d'une pensée nouvelle — non pas tant des disciples que des compagnons. Zarathoustra n'en trouvera que parmi ses animaux[4]. Comme tous les livres de Nietzsche, *Zarathoustra* reste un prélude, une antichambre, et d'une certaine manière un échec. La critique de la modernité devra être poursuivie, approfondie, répétée sous le plus de formes et de langages possible.

Le « dernier homme » est un personnage conceptuel au même titre que le surhomme, dont il est le pendant ou le contraire[5]. Ou, plus exactement, l'un et l'autre sont les termes d'une évaluation à produire, un oui et un non, un regard d'en haut et un regard d'en bas : « Je vous apporte un nouvel amour et un nouveau mépris : le surhomme et le dernier des hommes[6]. » Il s'agit donc, non de prophéties, mais de *perspectives évaluatrices*. Or l'impasse du dernier homme, c'est qu'il est précisément incapable de mépriser[7], de se mépriser, de se regarder d'en haut : c'est la condition de son égalité, et de son universalité. Et pourtant, il se réclame d'une justice universelle, il est « le bon et le juste » par excellence, comme Zarathoustra ne cesse de le répéter. Aux derniers hommes, Nietzsche s'adresse en réalité depuis des années. Ainsi dans les lignes suivantes de la Deuxième Inactuelle :

> Demandez-vous seulement s'il serait en votre pouvoir d'être justes, quand vous le voudriez. Vous devriez,

comme juges, être supérieurs à ceux que vous jugez — or vous n'êtes pas supérieurs, vous êtes seulement venus plus tard. Il est juste que les derniers venus, dans un banquet, reçoivent les dernières places — et vous voudriez, vous, avoir les premières ? Faites au moins quelque chose de grand et de sublime, peut-être alors vous fera-t-on place, bien que vous soyez arrivés les derniers. *C'est seulement à partir de la plus haute force du présent que vous avez le droit d'interpréter le passé* ; c'est seulement dans l'extrême tension de vos facultés les plus nobles que vous devinerez ce qui, du passé, est grand, ce qui est digne d'être su et conservé. L'égal ne peut être connu que par l'égal ! Autrement, vous réduirez le passé à votre mesure[8].

Ce dernier homme, nous l'avons rencontré il y a déjà bien longtemps, et il semble se confondre avec le moderne. Mais alors, quel élément nouveau apporte-t-il dans la méthode critique de Nietzsche ? En tant que personnage conceptuel, il n'est ni l'image de l'homme futur ni la réalité du moderne actuel : il est, dans l'élément de la pensée, la dramatisation de l'absence d'alternative, de différence, de potentialité, qui sourd au cœur de la modernité et la menace. Il est simplement le contenu ou l'objet de ce mépris et de cette honte par lesquels, au même titre qu'un amour et qu'une fierté, une évaluation est seule possible. Le christianisme avait bien, lui aussi, implanté dans la culture, en même temps que « l'amour du prochain », un mépris et une honte : le mépris de ce monde, la honte d'être pécheur. Selon Nietzsche, il aurait presque pu parvenir à faire de ce mépris et de cette honte les corrélats nécessaires à un amour véritable : cette tentative fut la vie du Christ lui-même, qui voulut son propre déclin : « J'aime ceux qui ne savent vivre, dit Zarathoustra, à moins qu'ils ne vivent dans le déclin et le franchissement. J'aime ceux qui sont pleins d'un grand mépris, parce que ce sont eux qui vénèrent et qu'ils sont des flèches du désir vers l'autre rive[9]. » Tout s'est joué, au pied de la croix, entre le grand mépris du Christ et la redoutable haine de Paul[10]. Avec un nouvel amour, un nouveau mépris et une nouvelle honte, Nietzsche entend rejouer l'Évangile[11], renouveler l'alternative et le choix de la justice au carrefour du sacrifice d'un dieu : la lacération de Dionysos, contre la Crucifixion. Jamais dans ce pathos évangélique n'est suspendue l'activité critique qui consiste à remettre en branle le devenir dans une époque menacée d'un éternel présent, à concurrencer, par inversion, l'amour et le mépris christique pour donner un nouvel *avenir* à l'homme avant qu'il ne soit le dernier. De tels moments critiques ont déjà eu lieu dans l'histoire. À chaque époque de décadence, les vainqueurs s'enivrent du fantasme d'éternité de leur présent, et les vaincus trouvent toujours un moyen de se venger de cette ivresse : c'est ce que fit le premier christianisme contre Rome[12]. L'Empire romain tout-puissant s'était éprouvé *aere perennius*, plus durable que l'airain : fin de l'histoire, grande araignée victorieuse épuisant toute force, toute croissance, tout avenir possible. L'idéologie de la *pax romana*, l'aptitude infinie de Rome à absorber les extériorités géographiques et les passés historiques, les rites et les mœurs des esclaves conquis, tous ces éléments romains renvoient à une autre figure de dernier homme — un dernier maître aristocratique, certes, mais *fixé* — et donc déjà décadent. Contre cette fin de l'histoire, le christianisme imagina une fin du monde, qui au contraire ouvrirait seule à nouveau un avenir. Il inventa un nouvel amour, un nouveau mépris, une nouvelle honte, pour renverser l'éternel dernier homme sous sa forme romaine. Ce fut une victoire d'esclaves, une vengeance d'esclaves, mais elles réalisèrent l'inversion des valeurs dominantes d'une modernité ancienne qui avait le sentiment d'être parvenue à la fin de l'histoire et de tout événement possible. Finalement, l'historicisme n'est jamais le dernier mot de la modernité, elle cherche toujours à élever sa construction éternelle, *aere perennius*. Or, si la modernité telle que nous la définissons aujourd'hui a été avènement de l'histoire, pensée du progrès, processus de rationalisation, d'universalisation, d'égalisation de l'homme, elle ne cesse pourtant de trahir sa volonté d'en finir avec l'histoire, et ce n'est peut-être rien d'autre que son succès qu'on appelle le monde « postmoderne », « posthistorique » que nous éprouvons aujourd'hui comme le nôtre. Nous sommes « encore pieux » mais, contrairement aux premiers chrétiens qui y aspiraient, c'est précisément de la fin du monde que nous avons le plus peur. Nous aussi réclamons la venue du dernier homme, nous non plus ne voulons pas entendre parler de surhumanité et de mépris de l'homme pour l'homme. Les dernières représentations que nous en avons, les pires et les seules, sont celles que nous avons été contraints d'hériter de l'horreur totalitaire du xxe siècle. La honte d'être un homme est notre dernière expérience historique, et il n'est pas indifférent que la « posthistoire » soit née de ses décombres. Mais, nous l'avons déjà dit, le totalitarisme fut une extraordinaire victoire d'esclaves. Traumatisés que nous sommes par *cette* victoire, mais aussi convaincus d'avoir vaincu les vainqueurs et surmonté cette horreur par une prise de conscience sans précédent et une farouche volonté de ne pas oublier, par l'engagement des meilleurs d'entre nous pour la démocratie et la dignité humaine, il nous manque aujourd'hui la pensée d'un nouveau mépris, d'une nouvelle honte, et aussi bien d'un nouvel amour et d'une nouvelle « surhumanité ». L'assimilation de Nietzsche au nazisme n'a pas seulement été une malhonnêteté intellectuelle — peut-être était-elle historiquement inévitable —, elle a été un obstacle fatal à la compréhension du « nouveau mépris » de l'homme proposé trop bruyamment par Zarathoustra. Le dernier homme nietzschéen est d'autant plus un défi pour notre époque que, précisément, notre amour pour la dignité de l'homme nous empêche, nous qui sommes en ce sens bons et justes, de produire toute autre évaluation, toute mobilité entre un point de vue d'en haut et un point de vue d'en bas. Notre amour est encore celui du chrétien pour les persécutés, notre mépris est encore celui du chrétien envers la dictature d'un *imperium* de mille ans. Et je le dis fermement : nous avons le devoir de produire cet amour-là et ce mépris-là car nous aurons, ce faisant, déjà surmonté en nous l'esclave totalitaire qui, au XXe siècle, a frôlé la victoire définitive. Trop de dictatures souillent encore la terre. Pour autant, nous n'aurons remporté qu'une demi-victoire, car nous ne sommes pas assurés de n'être plus des « esclaves ». C'était l'unique détresse de Nietzsche : que la volonté de paix, de bonheur, de sécurité, de pérennité nous empêche de croître et de devenir, que l'absence de mépris et de honte pour notre victoire éternise l'esclave en nous. Détresse d'un éternel présent.

Nous ne savons pas évaluer autrement, nous n'avons peut-être même encore aucune idée de ce qu'est pour Nietzsche une philosophie de l'avenir. Mais lire Nietzsche aujourd'hui exige de nous la tentative de nouvelles évaluations. Une fois de plus, « aujourd'hui » est une notion fragile et périlleuse, et plus précaire encore la question de savoir qui est désigné par ce « nous ». On n'échappe pas à la nécessité de lui donner un cadre, fût-il réducteur : j'entendrai ici par « nous » la figure d'un humain contemporain éthiquement et politiquement déterminé par les valeurs de dignité, de liberté et d'égalité de tous les hommes — disons, l'homme démocratique, fût-il critique de la démocratie (par opposition à ceux qui nourrissent une haine fanatique à l'encontre des valeurs démocratiques ; comme disait Rancière, non sans une fière désinvolture : « La violence de cette haine est certes d'actualité. Ce n'est pourtant pas elle qui fait l'objet de ce livre, pour une simple raison : je n'ai rien en commun avec ceux qui la profèrent, donc rien à discuter avec eux[13] »). Une fois posée cette communauté minimale du « nous », cherchons là où pourraient se trahir dans l'éthique de l'homme démocratique contemporain des indices de la figure nietzschéenne du « dernier homme », ou plus exactement, si l'on m'a compris, de l'avant-dernier homme, celui qui aspire au dernier homme comme à sa finalité : « Donne-nous le dernier homme, ô Zarathoustra ! » Il me semble que, malgré d'infinies variations, il n'y a aujourd'hui que deux manières de poser la question de l'avenir. La première vient de ceux dont l'existence est intolérable, bloquée par des dispositifs d'oppression verrouillés ou des effets d'extériorité trop grands ; ceux-là demandent : « Qu'allons-nous *devenir* ? » Pour eux, devenir est une question de vie ou de mort parce que être ce qu'ils sont ne peut pas durer.

Que vont-ils devenir ? Des esclaves, des bêtes, des cadavres ? Des martyrs, des héros, des révolutionnaires ? Trouver une issue ou disparaître est leur seule alternative. La seconde manière de poser la question de l'avenir serait au contraire : « Comment allons-nous nous *maintenir* ? » C'est la question de ceux qui ont à préserver la continuité de leur existence, à entretenir la domesticité de leur espace, par des mesures de conservation. Ceux-là ne sont pas devant une alternative mortelle, mais au carrefour de choix technologiques nombreux, desquels dépendra le succès de corrections permanentes et locales ; pour eux, améliorer signifie maintenir. On l'aura déjà compris, la seconde question est celle qui caractérise l'avant-dernier homme. Pour lui, la question du devenir n'a pas de sens, et la différence entre l'avant-dernier homme et le dernier homme n'est pas affaire de devenir, mais de fixation. À proprement parler, sa question n'en est pas une, c'est une réitération. Or, si l'on observe comment, dans le monde, se répartissent ces deux formes de questions de l'avenir, on voit bien que la seconde, « comment allons-nous nous maintenir ? », est bien celle de *l'homme de la démocratie libérale*. Et il y a même fort à penser que la volonté de ceux qui sont pris dans l'alternative fatale de devenir ou de disparaître, soit celle de devenir les hommes d'une démocratie libérale. L'hypothèse est fragile dans sa généralité, et elle ne voudrait ni postuler un déterminisme historique ni trahir un préjugé idéologique. Je dis simplement que, depuis la fin de la guerre froide, le libéralisme ressemble à un horizon mondial : les démocraties libérales cherchent à maintenir ou à améliorer leur modèle, et à en imposer universellement l'adoption ; nombre de régimes autoritaires sont si aspirés par le libéralisme économique qu'ils prennent le risque, contrôlé ou non, de libéralisations politiques ; plusieurs États théocratiques subiront ou subissent déjà les coups de boutoir du reste du monde ou de leurs propres peuples, au nom de la démocratie libérale. À vrai dire, il n'est même pas besoin que l'hypothèse recouvre une domination mondiale de fait : le libéralisme est déjà la *voix* qui domine, discours axiologique qui force les autres voix à l'imiter, à crier ou à se taire, et qui finalement parle *pour* ceux qui ne peuvent parler. À leur adresse et plus encore à leur place.

Or, le libéralisme[14] est un système de maintien et de défense d'*acquis* par la production permanente de correctifs. Que toute libéralisation politique ou économique exige des conquêtes juridiques, cela ne change rien à l'affaire : le progrès libéral repose sur le concept d'inaliénabilité, qui implique par définition une propriété toujours déjà acquise — propriété à la fois comme possession et comme qualité (mais dans la pensée libérale, une qualité est toujours ce que l'on possède : le travail, la liberté, la dignité même sont conçus comme propriétés[15]). Tout progrès libéral, fût-ce sous la forme d'une révolution, consiste en un *recouvrement de propriétés inaliénables*. C'est pourquoi le libéralisme économique, fondé sur la propriété et le libre-échange, a lié son destin au capital : la croissance des richesses reste fondamentalement un processus cumulatif — or, tout cumul est volonté de maintien, toute croissance croît sur elle-même dans une réitération infinie de son principe ; le capitalisme ne devient pas, il se corrige[16]. Mais surtout, le libéralisme philosophique, dont l'histoire se confond presque avec celle de la modernité, est la seule pensée de l'individu que nous connaissions encore, en tant que sujet de droit ; il est un système de valeurs qui s'est imposé à « nous » comme le seul propre à dire la dignité de notre type en tant que chaque sujet en est le propriétaire ; ses efforts ne visent qu'à lutter contre tout ce qui, dans le monde, menace de faire reculer ou de détruire la définition de ce type humain ; ils ne visent qu'à corriger et à améliorer tout ce qui, dans l'histoire, produit des écarts entre l'homme et sa définition. Au sens strict, le libéralisme est désormais la seule axiologie de l'homme qui se puisse trouver. Les alternatives ou les adversaires sont évidemment de taille : mais ce sont des axiologies qui ne commencent ni ne finissent avec l'homme. Or, si le libéralisme fait subir à la puissance de l'homme de profondes amputations pour en faire un sujet de droit, c'est par un calcul visant à le maintenir comme un certain degré de puissance qu'il *est*, un *quantum* qui a été défini. Et il y a fort à penser que ce qu'on appelle la mondialisation, la globalisation — non pas seulement de l'économie, mais de toute l'axiologie de l'homme —, est le signe de la domination historique du libéralisme. Il est capable d'englober ses alternatives et ses adversaires dans sa propre axiomatique : il s'en est donné les moyens, jusque dans les valeurs du pluralisme, du multiculturalisme — son « relativisme » même est englobant, mondialisant ; il est *déclaration universelle*. En ce sens, la connaissance de l'homme, la critique de son type et la philosophie de l'avenir ne peuvent s'adresser qu'au libéralisme, en tant qu'il a fixé le *quantum* de puissance de l'homme. Et les deux seules formes sous lesquelles peut se poser la question de l'avenir (« qu'allons-nous devenir ? » et « comment allons-nous nous maintenir ? ») expriment toujours la détresse face à l'avenir de ce *quantum*. Nietzsche critique de la modernité ne se contente pas de dire à ceux qui veulent se maintenir qu'ils feraient mieux de se poser la question de l'avenir sous son autre forme, il leur montre qu'à proprement parler la question du maintien de l'homme n'est pas une question, n'est pas un avenir ; un des succès du nihilisme est d'avoir nié la question en la formulant comme maintien. Nietzsche veut transformer la question consubstantielle à l'homme moderne en une question du devenir : *qu'allons-nous devenir, nous qui voulons nous maintenir ?* Il veut montrer que, faute de se surmonter en se transformant en question du devenir, la question du maintien sera la dernière, le triomphe complet du nihilisme. Or, ce faisant, il n'exclut pas de la question ceux qui sont bloqués entre trouver une issue ou disparaître, ces « damnés de la terre » dont la question est de vie ou de mort. Au contraire, il pressent que ceux-là même qui veulent se maintenir sont des damnés qui s'ignorent, et que l'humanité entière est prise dans l'unique alternative de l'issue ou de la disparition. Et il pressent que se maintenir, c'est déjà disparaître. L'épouvante dernière du nihilisme ne réside pas dans la volonté de disparition elle-même (ce serait la sagesse de Silène), mais dans l'ignorance que la volonté de se maintenir est déjà une disparition. Le « dernier homme » et le « surhomme » sont les personnages conceptuels de cette alternative de la volonté : se maintenir, c'est-à-dire disparaître, ou se surmonter.

Et pourtant, il y a une étrange et paradoxale parenté — ou alliance — entre Nietzsche et le libéralisme classique. Nous avons commencé à le dire, celle-ci s'établit, sous sa forme la plus générale, autour d'une pensée de l'individu comme *quantum* de puissance. La thèse fondamentale du libéralisme est qu'il y a en l'homme quelque chose qui demeure indépendant du social et lui permet de lui résister ou de le transformer. Dégagé de la subordination « naturelle » qui caractérise le mode de pensée holiste, l'individu est placé à la source de l'activité de *légiférer*, c'est-à-dire d'effectuer sa volonté considérée comme puissance. Cette puissance inaliénable définit un complexe pulsionnel qui le détermine à la fois à la conservation et à l'expansion (tout se jouera, pour l'évaluation nietzschéenne, dans les proportions du rapport entre ces deux déterminations, mais ce rapport est un problème *libéral*, celui-là même que Hobbes posera au libéralisme, qui est presque tout entier une tentative de dépasser la réponse absolutiste hobbésienne). Nietzsche a bien l'intuition que la méthodologie libérale a eu besoin de poser un préalable naturaliste pour définir l'homme, et que ce préalable joue en faveur de l'immanence : il en voit déjà l'origine chez les Grecs[17]. Cette forme première de l'individualisme libéral a suscité de grandes difficultés, et les craintes qui s'y attachent : comment produire des unités supérieures (société, culture) alors qu'on a d'abord atomisé le social en volontés indépendantes, en une multitude d'individus conçus comme *quanta* naturels de puissance ? La réponse dépend d'une nouvelle conception du sujet, et c'est le mérite du libéralisme anglais d'avoir surmonté la clôture atomistique du sujet cartésien, de l'avoir désubstantialisé. Pour Hume, l'identité personnelle se constitue dans la fluidité d'un « faisceau de perceptions », « flux et mouvement perpétuels »[18] ; la conscience de soi, ou plus précisément le sentiment de soi, englobe dans son écoulement, de proche en proche, le monde extérieur ; la collection de perceptions d'autrui que je *suis* me multiplie dans l'ami, le concitoyen, et finalement l'humanité. Et cette multiplicité, cette division fluide entre moi et autrui et qui est mon identité, se *renégocie* à tout moment. L'individualisme libéral anglais invente ainsi un *self* inédit, dont le *Selbst* nietzschéen est initialement tributaire[19]. Dans cette ouverture nouvelle de l'individu, Locke peut déplacer le fondement du sujet de la substance réflexive à l'interaction avec le monde et sa transformation : sociabilité et travail. Le moi n'est plus une substance, mais une entité juridique requise pour pouvoir imputer une action à un agent[20]. Le libéralisme classique, à partir de l'amoralisme d'un égoïsme naturel, peut alors récupérer les conditions d'une moralité : le *self* ne peut tenir son ouverture au monde que d'être composé d'affects bidirectionnels : l'amour de soi et la sympathie, l'égoïsme et l'altruisme ; et c'est cette combinaison qui fonde son sens moral. L'identité personnelle est agent responsable, et l'action vertueuse (comme puissance d'agir responsable et bénéfique sur soi et autrui, régulée par la raison calculatrice de l'intérêt entre égoïsme et altruisme) fait *plaisir* au faisceau de perceptions que nous sommes. Quelles que soient les différences d'accent portées par les diverses tendances libérales sur l'un ou l'autre aspect (responsabilité, plaisir, intérêt, utilité), le noyau du libéralisme réside dans l'idée que la coopération sociale, le bien commun et la justice reposent sur l'équilibre, garanti par l'État de droit (qui reconnaît, protège et régule la pulsion de conservation et d'expansion de *chacun*), des puissances d'agir et de réagir de l'individu. Il n'est pas absolument vrai de dire que le libéralisme est foncièrement optimiste quant à l'altruisme pulsionnel de l'homme, il a généralement trop conscience des puissances égoïstes d'expansion (c'est la leçon du grand pessimiste Hobbes) ; en revanche, on observe dans l'histoire du libéralisme un optimisme foncier concernant leur *régulation*, et la spontanéité de l'équilibre obtenu : des contre-pouvoirs du constitutionnalisme classique anglais aux pouvoirs séparés de Montesquieu, de « la main invisible » de Smith au principe récent de « la passion compensatrice[21] », la détermination du degré de spontanéité de la régulation définira les degrés d'intervention et de puissance coercitive de l'État libéral. Or, la grande erreur du libéralisme, selon Nietzsche, aura été d'avoir fait le pari que l'équilibre social et moral des puissances individuelles pouvait être obtenu par le concours des pulsions altruistes, génératrices d'égalité. Ce pari n'était qu'une surenchère chrétienne de la part du moralisme anglais à la John Stuart Mill, une surchristianisation[22]. C'est là que commencent les difficultés entre Nietzsche et le libéralisme, qui sont partiellement des difficultés *internes* au libéralisme même. Il faut d'abord rappeler que Nietzsche part lui aussi des rapports de puissances individuelles et de leur équilibrage[23] ; il reconnaît la pertinence du sensualisme et de l'utilitarisme, appuyant lui-même sa généalogie du social et du juridique sur le *calcul* des plaisirs et des peines et de l'intérêt bien compris. En revanche, il refuse l'intervention de pulsions altruistes, ce qui le place d'une certaine manière dans la tradition des libéraux les plus « pessimistes », mais ne le fait pas encore sortir du libéralisme. Ainsi un fragment du début des années 1870 :

> Toute honnêteté et tout droit, en revanche, proviennent d'un équilibre des égoïsmes : engagement mutuel à ne pas se nuire. Résultent donc d'un calcul. Sous la

> forme de principes fermement établis, cela se présente
> encore autrement : comme *fermeté* de caractère. Anti-
> thèse de l'amour et du droit : culmine dans le sacrifice
> pour le monde. C'est l'anticipation d'un déplaisir pos-
> sible qui détermine l'action de l'homme respectueux
> des lois : il connaît par expérience les suites d'un tort
> fait à son prochain : mais aussi d'un tort fait à soi-
> même. À l'opposé on trouve l'éthique chrétienne : elle
> repose sur l'identification de soi avec son prochain,
> faire du bien à autrui signifie ici se faire du bien à
> soi-même, la compassion avec autrui équivaut à sa
> propre souffrance. L'amour est lié à un désir d'unité[24].

On voit bien que l'intervention de l'altruisme fait partie des processus d'égalisation universelle qui trahissent la méfiance profonde à l'égard de la puissance individuelle. Or, il n'est pas inutile de rappeler que le libéralisme classique a longtemps accordé plus de valeur à la liberté qu'à l'égalité (pour la raison même qu'il est fondamentalement une pensée de l'individu comme puissance) et que l'articulation entre liberté et égalité reste le problème le plus complexe et le plus dramatique du libéralisme. Catherine Audouard rappelle justement le caractère aristocratique du libéralisme classique : celui-ci, pour pouvoir croire en la vertu de l'équilibre social (l'association, l'échange, la coopération), a besoin d'hommes intelligents, aisés, déjà instruits et déjà libres, et de caractère noble[25]. Il a une crainte instinctive de la tyrannie démocratique telle que la redoutait déjà Platon, et qui ne laissera pas non plus Tocqueville en paix. Même Mill reconduit cet aristocratisme dans son essai *Du gouvernement représentatif*, en des termes que Nietzsche saura reprendre[26]. C'est même pour ainsi dire au nom d'un libéralisme foncier que Nietzsche rejette l'égalité, comme le montre de manière frappante ce fragment contemporain d'*Aurore* :

> Le progrès de la morale consisterait dans la prédominance des instincts altruistes sur les instincts égoïstes et des jugements universels sur les jugements individuels ? C'est aujourd'hui le *locus communis*. *Je* vois au contraire croître l'individu qui défend ses intérêts bien compris contre d'autres individus (justice entre égaux dans la mesure où cela permet de reconnaître et d'encourager l'autre individu *en tant que tel*) ; je vois les jugements s'individualiser et les jugements universels devenir de plus en plus plats et stéréotypés. Je vois les instincts altruistes garder leur plus grande force dans le grossier égoïsme des animaux (c'est une sorte d'affirmation de sa propre joie), l'instinct altruiste est un *obstacle* à la reconnaissance de l'individu, il veut voir dans l'autre notre égal ou le rendre tel. Je vois dans la tendance étatique et sociale un obstacle à l'individuation, une élaboration de *l'homo communis* : mais si l'on souhaite des hommes ordinaires et égaux, c'est parce que les faibles redoutent l'individu fort et préfèrent un affaiblissement général à un développement dirigé vers l'individuel. Je vois dans la morale actuelle un artifice flatteur pour dissimuler l'affaiblissement général tout comme le christianisme voulait affaiblir et ramener à l'égalité les hommes forts et intelligents. *La tendance de la morale altruiste la porte vers la bouillie douceâtre, le sable mou de l'humanité.* La tendance des jugements *universels* va vers la communauté des sentiments, vers leur pauvreté et leur langueur. C'est la tendance qui mène à la *fin de l'humanité*. Les « vérités absolues » sont l'instrument du nivellement, elles dévorent les formes caractéristiques[27].

Remarquons tout de suite que l'élément qui conduit au dernier homme (la « fin de l'humanité ») est ici, chez l'homme de la démocratie libérale, davantage le démocratisme que le libéralisme. Mais il faut aller plus loin dans l'hypothèse d'un « libéralisme » de Nietzsche. Pour cela, il faut bien comprendre, au risque de se répéter, la différence, mais aussi la complémentarité, entre la « grande politique » et l'interprétation généalogique. La grande politique, quelle que soit sa dureté, est revendiquée *à partir des* résultats de la généalogie ; la démarche régressive de celle-ci (vers les instincts égoïstes, la cruauté de la volonté de puissance, et jusqu'à la barbarie) est méthodologique, non apologétique. Nous l'avons dit, la conversion des valeurs n'est pas un retour en arrière, l'avenir doit être un dépassement de soi, c'est-à-dire *à partir de* ce que l'homme est aujourd'hui inéluctablement. Or Nietzsche s'appuie sur le type d'individuation qui est le nôtre, sur tout ce qui dans ce type est encore susceptible d'avoir la puissance de se surmonter. Nietzsche distingue et sélectionne avec une immense précision, en vertu de son évaluation des forces en présence, les qualités multiples de la volonté de puissance qui concourent à l'histoire et à la moralité. Cette démarche très différenciée est sans aucun doute la source principale des erreurs de lecture dont souffre la philosophie de Nietzsche[28] : car dans chaque formation de culture s'effectuent ces différentes qualités, et il y a de quoi, pour favoriser l'accroissement et l'affranchissement, faire feu de tout bois, même dans l'idéalisme, le nihilisme, le christianisme, le démocratisme, le socialisme et mille autres bêtes noires de Nietzsche. Et c'est pourquoi il fait du libéralisme un allié tout particulier, là où il trouve en lui la possibilité de dégager, de libérer la puissance par quoi l'individu s'est constitué, et bien que cette puissance en ait payé le prix. Il prélève ce qui, du libéralisme, peut encore effectuer les puissances d'accroissement et d'affranchissement de l'individu, et entend le dépouiller de ce qui, en lui, participe encore de l'affaiblissement et de l'asservissement.

Il en va ainsi de l'analyse nietzschéenne du *droit* et du *désir de reconnaissance*, et c'est pourquoi il faut relire avec autant de nuance que possible ce que nous en avons dit jusqu'ici à la lumière des positions libérales. Cette analyse présente en effet de forts éléments libéraux, qui intéressent non seulement l'histoire de la philosophie, mais aussi les problèmes qui se posent aujourd'hui encore à l'homme de la démocratie libérale. De ce point de vue, le paragraphe 94 d'*Humain, trop humain*, intitulé « Les trois phases historiques de la moralité », est particulièrement éclairant :

> Le premier signe que l'animal est devenu homme, c'est quand ses actes ne se rapportent plus à un bien-être momentané, mais durable, que l'homme donc se tourne vers *l'utilité, l'opportunité* : c'est là que commence à se manifester le libre empire de la raison. Un degré plus élevé encore est atteint lorsqu'il agit suivant le principe de *l'honneur* ; grâce à lui, il se discipline, se soumet à des sentiments communs, et cela l'élève bien au-dessus de la phase où il n'était guidé que par l'utilité, entendue au sens personnel ; il a des égards et veut que l'on en ait pour lui, c'est-à-dire : il conçoit l'utile comme dépendant de l'opinion qu'il a des autres et les autres de lui. Enfin, au degré le plus élevé de moralité *que nous connaissions à ce jour*, il agit d'après son échelle *personnelle* des choses et des êtres, c'est lui-même qui, pour soi et pour les autres, décide de ce qui est honorable ou utile ; il est désormais le législateur des opinions, conformément à sa notion de plus en plus développée et élevée de l'utile et de l'honorable. La connaissance le rend apte à faire

> passer la plus grande utilité, c'est-à-dire l'intérêt général et durable, avant la sienne propre, l'estime et le respect de valeur générale et durable avant ceux d'un moment ; il vit et agit en individu collectif.

Nous avons ici affaire à une démarche complexe, et typique de la méthode nietzschéenne, qui nous mettrait bien en peine de fixer « l'opinion de monsieur Nietzsche », et qui procède pourtant avec une extrême précision. Il s'agit ici de la constitution morale et politique de l'homme conçue comme une *élévation*, un accroissement, ce qui veut dire que l'analyse est à la fois descriptive et normative : l'homme *doit* s'élever et croître, et, *de fait*, c'est ce qui s'est produit dans l'histoire de la moralité. Or, il s'est élevé en vertu d'un calcul utilitariste, rationnel et libre, qui le conduit à devenir responsable ; cette responsabilité, qui fait l'honneur de l'homme, s'articule à un désir de reconnaissance mutuelle ; responsabilité et reconnaissance contribuent ensemble à un degré supérieur d'élévation, qui est l'estime, le respect de soi et d'autrui, et finalement la volonté du bien commun qui définit le citoyen (« l'individu collectif »). On voit bien d'une part que Nietzsche peut se dispenser de tout altruisme compassionnel (de tout « sentiment moral ») pour construire cette séquence de socialisation et de moralisation comme élévation — égoïsme animal, calcul rationnel, responsabilité, désir de reconnaissance, respect, estime et intérêt général —, puisque cette séquence se déroule par étapes dans la plus stricte immanence de dépassements internes du désir de puissance. Or, cela est une séquence descriptive et normative à la fois profondément *libérale* et tout à fait nietzschéenne, en ce qu'elle aboutit à ce que l'individu évalue « d'après son échelle *personnelle* des choses et des êtres » et se fait *législateur*. Et c'est en ce point précis que peut s'effectuer la bascule vers la grande politique, comme étape suivante immanente dans le dépassement de soi. Ce paragraphe place l'homme sur la corde du funambule, et la description du « degré le plus élevé de moralité *que nous connaissions à ce jour* » implique déjà l'exigence normative d'un degré d'élévation supérieure[29]. Car, sur cette corde, l'homme aura derrière lui le singe, et devant lui le surhomme. Il peut reculer, avancer ou tomber et se briser. Généalogie et grande politique s'interpénètrent à la pointe de cette décision, et plus encore de notre connaissance.

C'est pourquoi l'évaluation des puissances d'abaissement ou d'affaiblissement doit toujours être menée parallèlement. Nietzsche diagnostique parfaitement, dans le libéralisme, le point de bascule par quoi flanche l'élévation, lorsque la liberté laisse l'égalité prendre la main, et plus encore lorsque l'élévation cède le pas à la volonté de maintien (bonheur et sécurité) — aspiration du dernier homme. C'est là encore un diagnostic interne au libéralisme, incarné magistralement par Tocqueville, témoin perplexe du passage d'un « libéralisme de la liberté » à un « libéralisme du bonheur », fracture durable qu'observent et tentent de surmonter certains libéraux contemporains, John Rawls notamment[30]. Car le libéralisme classique anglais[31], pour convaincre du fait que les libertés individuelles ne représentaient pas une menace pour la société, avait dû assimiler l'inaliénabilité de cette liberté à celle du bonheur privé (offert par l'exigence de non-interférence dans la sphère personnelle), de la sécurité (garantie par l'État de droit) et de la prospérité (assurée par la liberté économique).

Or, Nietzsche n'entend faire aucune concession sur le préalable amoral du libéralisme, pour la bonne raison que la puissance est *toujours* une interférence dans une sphère étrangère, et une insécurité permanente dans ces rapports mutuels d'interférence. La théorie nietzschéenne du droit prend très précisément en compte cette conception de la puissance, sans lâcher l'exigence de justice et d'équité :

> Nos devoirs — ce sont les droits que d'autres ont sur nous. Comment les ont-ils acquis ? En ce qu'ils nous ont considérés comme des êtres responsables, susceptibles de conclure des contrats, nous ont posés comme égaux et semblables à eux et nous ont fait confiance à ce titre, en ce qu'ils nous ont éduqués, réprimandés, soutenus. Nous accomplissons notre devoir — cela veut dire : nous justifions cette idée de notre puissance qui nous a valu toutes ces faveurs, nous rendons dans la mesure où l'on nous a donné. Ainsi c'est notre fierté qui nous ordonne de faire notre devoir, — nous voulons rétablir notre souveraine autorité en opposant à ce que les autres firent pour nous quelque chose que nous faisons pour eux — car ils sont intervenus dans la sphère de notre puissance et ils y exerceraient une emprise durable si nous ne procédions grâce au « devoir » à une restitution, c'est-à-dire à une intervention violente dans leur puissance. Les droits des autres peuvent uniquement se rapporter à ce qui est en notre puissance ; il serait déraisonnable de leur part de vouloir de nous quelque chose qui ne nous appartiendrait pas en propre. Il faudrait dire plus précisément : uniquement à ce qu'ils croient être en notre puissance, en admettant que ce soit la même chose que ce que nous croyons aussi en notre puissance. Il serait fort possible que des deux côtés l'erreur soit la même : le sentiment du devoir suppose que nous ayons, touchant l'étendue de notre puissance, la même *croyance* que les autres : à savoir

que nous *puissions* promettre certaines choses, nous y engager (« liberté de la volonté »). — Mes droits : ce sont cette partie de ma puissance que les autres non seulement m'ont accordée, mais où ils veulent même me maintenir. (...) Ainsi naissent les droits : degrés de puissance reconnus et garantis. Si les rapports de puissance subissent une modification essentielle, des droits disparaissent et il s'en forme de nouveaux, — ce que prouve le droit des gens, avec ses disparitions et ses naissances perpétuelles. (...) Le droit des autres est une concession faite par notre sentiment de puissance au sentiment de puissance de ces autres. Si notre puissance se montre profondément ébranlée et brisée, nos droits cessent : par contre, si nous sommes devenus beaucoup plus puissants, les droits que nous avions accordés aux autres jusque-là cessent d'exister pour nous. — L'« homme équitable » a constamment besoin d'une balance très sensible pour évaluer les degrés de puissance et de droit qui, selon la nature éphémère des choses humaines, ne s'arrêtent qu'un court instant dans un équilibre instable et s'effondrent ou s'élèvent la plupart du temps : — être équitable est par conséquent difficile et exige beaucoup d'exercice, beaucoup de bonne volonté et beaucoup de très bon *esprit*[32].

Ce qui a manqué au libéralisme, c'est une conception de la puissance individuelle qui ne soit pas un *quantum fixe*, mais une perpétuelle variation de puissance, faite de diminutions et d'accroissements très subtils ; il lui a manqué « une balance très sensible pour évaluer les degrés de puissance et de droit », il lui a manqué à la fois probité méthodologique et finesse psychologique, parce qu'il ne s'est pas dépris du seul point de vue de la puissance déjà neutralisée, imposé par la morale de l'esclave. C'est pourquoi il faut revenir au problème du désir de reconnaissance. Fortement marquée par la dialectique hégélienne du maître et de l'esclave, cette notion reste au cœur des questions politiques et éthiques contemporaines. C'est, là encore, une question profondément libérale, que Nietzsche traite de façon tout à fait singulière. Dans un long fragment de l'été 1875[33], Nietzsche distingue un concept « négatif » et un concept « positif » de la reconnaissance. Le premier correspond à l'honneur et définit la justice : « Les atteintes à l'honneur, les offenses sont des atteintes à la justice, des interventions dans la sphère d'une volonté étrangère[34]. » Définition libérale en ce qu'elle pose la justice comme reconnaissance de l'individu comme sphère d'une volonté ; mais pourquoi est-ce un concept négatif ? Parce que la reconnaissance consiste ici à *s'abstenir* d'intervenir dans cette sphère, pour la raison qu'a été reconnue l'équivalence de principe de chaque volonté individuelle. La reconnaissance « positive » ou « objective » est en revanche toute différente :

> L'honneur, qui demeure exposé à l'offense, est un concept négatif. — Complètement distincte de cela, la reconnaissance de privilèges et de mérites particuliers — quelque chose de positif ! Elle traverse avec sa magie tous les âges de la vie. La représentation de l'opinion que les autres ont de nous a sur notre comportement une puissance extrême. Cet honneur n'est rien d'autre que l'approbation que notre façon d'être et d'agir trouve chez d'autres. Tout le monde s'efforce de l'obtenir : au degré suprême, l'extraordinaire a besoin d'une reconnaissance objective : même sous la forme de la renommée posthume (...) *nous nous sentons élevés* [je souligne] quand nous obtenons de l'assentiment[35].

C'est un concept différentiel : reconnaissance d'un privilège, c'est-à-dire d'une valeur supérieure que le sentiment de soi (la sphère propre) revendique et pour laquelle elle cherche l'assentiment d'autrui (la sphère étrangère) afin de *sentir une élévation*. C'est exactement ce que Nietzsche appellera, dans le paragraphe 113 d'*Aurore*, « l'aspiration à se distinguer ». Notons tout de suite que ce paragraphe suit directement celui que nous avons cité plus haut sur « l'histoire naturelle des droits et des devoirs », qui définissait le droit comme reconnaissance mutuelle des degrés de puissance, et réclamait une évaluation très fine des modifications de ces degrés. C'est en effet dans ce paragraphe 112 que Nietzsche bascule de l'équilibre des puissances comme règne du droit (loi) à leur déséquilibre comme reconfiguration du droit (ou législation). La loi est en dernière instance un concept négatif (s'abstenir), tandis que l'activité de légiférer est un concept positif (agir ou créer). Ce changement de point de vue est absolument décisif. Ce qui veut dire que dans le paragraphe 113, « l'aspiration à se distinguer » définit implicitement l'activité même de toute législation. Or, quelle est cette définition ?

> L'aspiration à se distinguer a constamment l'œil sur le prochain et veut savoir ce qu'il ressent : mais la participation émotionnelle et intellectuelle nécessaire à la satisfaction de cette pulsion est bien loin d'être innocente, ou compatissante, ou même bienveillante. Nous tentons plutôt de percevoir ou de déceler comment le prochain *souffre* intérieurement et extérieurement à notre contact, comment il perd le contrôle de lui-même et cède à l'impression que font sur lui notre bras ou notre simple vue ; et même lorsque celui qui aspire à se distinguer fait et voulait faire

> une impression joyeuse, exaltante ou rassérénante, ce dont il jouit dans ce succès, ce n'est pas d'avoir réjoui, exalté ou rasséréné son prochain, mais d'avoir laissé son *empreinte* sur l'âme d'autrui, d'en avoir modifié la forme et de l'avoir gouvernée à sa volonté. L'aspiration à se distinguer est une aspiration à subjuguer le prochain, ne fût-ce qu'une subjugation très indirecte et seulement ressentie ou même rêvée. Il y a toute une série de degrés dans ce désir secret de subjugation, et leur nomenclature complète équivaudrait presque à une histoire de la culture, depuis la première barbarie encore grimaçante jusqu'aux grimaces du raffinement excessif et de l'idéalité morbide[36].

Nous avons ici un spécimen exemplaire d'interprétation généalogique. Il ne s'agit pas de dire qu'il y a deux formes objectives de désir de reconnaissance, le désir d'être reconnu égal et le désir de se distinguer ; il s'agit de regarder ce désir par deux côtés (« négatif » et « positif »), et de voir qu'il s'interprète différemment selon qu'on se place du point de vue d'un *quantum* fixe de puissance, ou de celui d'un *quantum* variable : doctrine idéaliste de l'Être *versus* doctrine (« vraie mais mortelle ») du Devenir. Le point de vue du *quantum* variable est décisif parce qu'il ne dialectise plus, dans le devenir de l'*élévation* de l'homme, la contradiction des désirs de reconnaissance du maître et de l'esclave, mais qu'il rapporte déjà *tout* désir de reconnaissance et de justice à la volonté de se distinguer, d'interférer dans la sphère d'une volonté étrangère, de subjuguer — c'est-à-dire de faire souffrir. C'est à la *Généalogie de la morale*[37] qu'il revient de présenter une genèse du droit à partir des négociations des désirs de faire souffrir : originellement, la compensation réclamée pour une offense (une « injustice ») se rémunère par une « contre-jouissance » de cruauté, c'est par le châtiment que l'offensé « participe au droit des maîtres ». La compensation (« justice ») est une « invitation et un droit à la cruauté ». La théorie de la justice comme vengeance réclamée par le ressentiment, telle que Nietzsche la trouve chez Dühring, peut bien être valide pour une époque de décadence, pour une morale d'esclaves, mais elle ne fonde pas l'origine de la justice, car « la vengeance renvoie au même problème : "comment faire souffrir peut-il être une satisfaction ?" ». Il y a une innocence originelle de la cruauté, qui fait de la justice une simple économie des plaisirs et des peines. Ce n'est qu'ultérieurement que les catégories morales ont fixé définitivement les rapports du débiteur et du créancier : *devoir* est devenu sacré, et les dettes — les souffrances non compensées — sont devenues des fautes (*Schulden*). L'innocence de la cruauté s'est perdue. Cette déclaration d'innocence ne vaut pas, chez Nietzsche, apologie : « C'est une dure vérité, mais une vieille, puissante, capitale vérité humaine — trop humaine, à laquelle d'ailleurs les singes souscriraient peut-être aussi. » Comme toute la *Généalogie de la morale* s'acharnera à le répéter aux sourdes oreilles, la cruauté n'est pas l'apanage des « brutes blondes », et les premiers maîtres n'étaient guère plus que des bêtes. Simplement cette cruauté, commune aux maîtres et aux esclaves, aux forts et aux faibles, aux égaux et aux inégaux, s'exerce chez l'esclave par les moyens spécifiques de la faiblesse : démunie du soutien de la force physique, asservie dans le rapport, associée au ressentiment face à l'impossibilité de la compensation à armes égales, la cruauté de l'esclave *se spiritualise*, et par là même *s'intensifie*. La moralisation de la souffrance a redoublé la cruauté, jusqu'à inventer une dette infinie et une nature mauvaise. Donner mauvaise conscience est un acte de cruauté ; avoir pitié, des méchants comme des souffrants, est un formidable détour de la cruauté. Nietzsche n'a jamais fantasmé le retour à une innocence barbare (et l'innocence nouvelle à laquelle il aspire est une spiritualisation de plus, pas une régression) ; il s'agit pour lui de mettre au jour la puissance des processus amoraux qui président à l'élévation morale de l'homme : c'est presque « l'histoire de la culture, depuis la première barbarie encore grimaçante jusqu'aux grimaces du raffinement excessif et de l'idéalité morbide[38] ». Dans tous les cas, c'est encore le singe en nous qui grimace ; et, si les premiers maîtres étaient à peine un peu plus que des singes, l'esclave moderne, le dernier homme, se fixe définitivement en sursinge[39].

La variété et la variation, nombreuse et subtile, des degrés de ce désir-plaisir de faire souffrir, de cette *libido dominandi*, font presque toute la « psychologie » telle que l'entend Nietzsche. Pour chaque qualité et quantité de forces en présence, il revêt un nom différent : susciter la crainte, le respect, l'admiration, l'amour, l'adoration, et aussi bien l'envie, le dégoût, le mépris ou la haine, rapprocher ou tenir à distance, etc., c'est toujours réussir à faire passer la représentation de sa valeur dans l'imagination de l'autre, c'est-à-dire — à la lettre — l'*impressionner*. Des blessures sanglantes infligées au corps par un tortionnaire à l'opinion fugitive qui se forme dans l'esprit d'un passant à votre aspect, toute « interaction » est une modification, de la plus violente à la plus imperceptible, d'un rapport de commandement et d'obéissance, un pâtir et un faire pâtir, une souffrance et une cruauté. Le rapport, fût-il capable de configurer temporairement une égalité des *quanta* de puissance (la possibilité des compensations), doit toujours être généalogiquement interprété selon son devenir, c'est-à-dire selon son différentiel ou encore son potentiel de déséquilibre. Qui commande, qui obéit ? Qui agit, qui réagit ? Comment une force agie parvient-elle à faire tout de même pâtir une force agissante ? Ces questions[40] seraient essentielles à la possibilité d'une « psychologie politique » de l'individu et des groupes, à une interprétation renouvelée du fait juridique, et de ce qui anime les débats contemporains autour du « désir de reconnaissance ».

Or, que fait le libéralisme de la *libido dominandi* ? Si le désir de reconnaissance lui a toujours posé — et sans doute toujours davantage — un problème insoluble, c'est qu'il est le symptôme de contradictions qu'il n'est pas capable de lever entièrement. Leur expression a connu toutes les formes : qu'il s'agisse de l'opposition entre état de nature et état civil, entre égoïsme et altruisme, entre volonté individuelle et volonté générale, entre droit naturel et droit positif, entre liberté négative et liberté positive, etc., ces articulations sont toujours des tentatives de déjouer les périls d'un indépassable constat : il n'y a pas d'autonomie sans hétéronomie, toute conquête de liberté produit de l'asservissement, toute indépendance s'alimente de dépendances. C'est le processus même de toute législation, de tout gouvernement, des autres et de soi. C'est le problème de la *cruauté* fondamentale de toute puissance. L'idéalisme kantien avait radicalement découplé l'autonomie de l'hétéronomie, mais il lui avait fallu procéder à un incroyable tour de force : convoquer tout l'en-soi pour fonder l'autonomie, l'inconditionné pour fonder la loi morale. Toute l'hétéronomie (des pathologies de la sensibilité aux souverainetés politiques) continuait tranquillement à régner sur la phénoménalité. Si l'on doit à Hegel puis à la sociologie (Durkheim, Dilthey, Weber) d'avoir dépassé le caractère inconditionné de l'autonomie kantienne, au profit d'une conception dynamique, historique, relationnelle, d'une individuation toujours à la fois « naturelle » et « sociale » (éthique de la *Bildung*), on ne comprend toujours pas comment il est possible de penser la cruauté inhérente à toute liberté. Les plus pessimistes et les plus relativistes des libéraux en ont rabattu sur les prétentions à la liberté positive, mais n'ont rien lâché sur la liberté négative comme nécessité de diminuer les souffrances de l'homme (on pense notamment à Isaiah Berlin ou à Karl Popper). Il s'agit toujours de lutter contre la cruauté de la puissance. La paix, la sécurité, la prospérité en sont les mots d'ordre. « Donne-nous le dernier homme ! »

On risque de se méprendre fatalement sur « l'éloge » nietzschéen de la guerre et du danger, et plus généralement sur sa « réhabilitation » de la cruauté, si on ne les replace pas à l'extrême pointe de l'analyse généalogique, là où la détresse du présent fait appel d'air et enclenche la nécessité d'une grande politique. Sans équivoque possible, la cruauté pour Nietzsche est barbare, et la « pseudo-culture » moderne est encore cruelle. Toute l'histoire de la culture, toute la moralisation de l'homme est processus de spiritualisation de la cruauté, ce qui n'enlève rien à sa barbarie. Au contraire, cette cruauté spirituelle est plus barbare encore, et nous manquons de sensibilité pour la percevoir[41]. Depuis l'époque de Nietzsche, sans doute notre sensibilité s'est-elle un peu affinée ; nous disposons désormais davantage de concepts propres à penser la cruauté spiritualisée : nous commençons désormais à savoir rapporter les souffrances psychiques aux rapports de domination et y déceler par exemple la *frustration*, mot magique de la psychologie et de la politique pour parler des cruautés infligées par et dans le *socius* au sentiment de puissance, conçu comme désir de reconnaissance. Inutile d'ajouter qu'il n'est pas même certain que la quantité de souffrances physiques, de tortures infligées aux corps, ait globalement diminué, ni même que nous y soyons aussi sensibles que l'affirme Nietzsche dans le paragraphe 77 d'*Aurore* cité en note. Boltanski[42] montre bien que, dans le monde contemporain, le problème de la souffrance s'articule encore, et toujours davantage, aux questions centrales du libéralisme : d'une part la tension entre universalisme et particularisme, d'autre part la tension, interne au « soi », entre égoïsme et altruisme. Ce qui chez Nietzsche ressemble vaguement à un éloge de la cruauté est en réalité, une fois encore, une interprétation qui rétablit, dans la pensée des rapports de puissance, le devenir, les variations, les luttes, les dominations et les asservissements ; il montre que l'équilibre désiré par le dernier homme (égalité, paix, sécurité, bonheur, etc.) est encore l'effet de cruautés de la puissance sur la puissance. Il y a des puissances hostiles à la puissance (ressentiment) et donc, finalement, *à elles-mêmes* (mauvaise conscience). C'est ce qu'il appelle l'hostilité à « la vie » ou le nihilisme. La franche cruauté des dictatures (qu'elles soient politiques ou économiques, prises au sens strict ou large) trahit une barbarie grossière. Mais, depuis le droit naturel classique à se conserver au concept contemporain de liberté négative, notre libéralisme foncier exerce une barbarie très subtile, très spirituelle, sur les puissances d'accroissement et d'affirmation. C'est ce que nous appelons pudiquement la crise des démocraties. Nietzsche oppose cruauté à cruauté, souffrance à souffrance : et si toute puissance souffre et fait souffrir, qu'au moins la cruauté et la souffrance nous affranchissent, plutôt que de nous asservir.

Il est temps de se résumer. Au pire, le libéralisme méconnaît la nature de la volonté de puissance ; au mieux, il se heurte avec elle à des problèmes insolubles. Et cela de trois manières : il espère que la pure coopération rationnelle des individus peut libérer le monde social des rapports de domination, alors que toute coopération rationnelle implique toujours déjà des rapports de domination ; il croit que le conflit des passions se résout dans leur neutralisation mutuelle, alors qu'il se stabilise temporairement dans des coordinations hiérarchiques ; il soutient que, selon le principe d'utilité, l'intérêt individuel et l'intérêt social s'harmonisent spontanément, alors que l'individu et la société ne se maintiennent ensemble que dans des rapports temporaires de domination (y compris rationnels) et l'équilibre précaire de leurs coordinations. Or, nous arrivons à un point essentiel de la pensée politique de Nietzsche. Nous avons fait l'hypothèse d'un « libéralisme » de Nietzsche tout en analysant la critique radicale qu'il lui adresse. Ce n'est pas une contradiction, et encore moins une dialectique. Le « libéralisme » de Nietzsche est profondément reconfiguré par le concept de volonté de puissance et, donc, par le point de vue généalogique sur le *quantum* de puissance qu'est l'homme. La liberté s'en trouve repensée, non comme autonomie inconditionnée, mais comme conquêtes locales d'indépendance prises sur (et immanentes à) l'hétéronomie ; non comme marche dialectique de l'histoire mais comme événement fragile et hasardeux surgi du devenir ; non comme sortie de la cruauté des rapports de domination mais comme intensification des luttes entre la cruauté qui affranchit et celle qui asservit. Que l'on nomme comme on veut cet inaudible « antilibéralisme libéral » (ou inversement) : toute *conquête* libérale prolonge des instincts antilibéraux ; tout *acquis* libéral mine les instincts libéraux. La doctrine du devenir est mortelle, mais vraie.

> Les institutions libérales cessent d'être libérales dès qu'elles sont acquises : ensuite, rien n'est plus systématiquement néfaste à la liberté que les institutions libérales. On ne sait que trop à quoi elles aboutissent : elles minent la volonté de puissance, elles érigent en système moral le nivellement des cimes et des basfonds, elles rendent mesquin, lâche et jouisseur — en elles, c'est l'animal grégaire qui triomphe toujours. Libéralisme : en clair, cela signifie *abêtissement grégaire*... Ces mêmes institutions produisent de tout autres effets aussi longtemps que l'on se bat pour les imposer ; alors, elles font puissamment progresser la liberté. À y regarder de plus près, c'est la guerre qui provoque ces effets, la guerre *pour obtenir* des institutions libérales, qui, en tant que guerre, prolonge l'existence des instincts *antilibéraux*. — Et la guerre est une école de liberté. Car qu'est-ce que la liberté ? C'est d'avoir la volonté d'être responsable de soi-même. (...) Les peuples qui eurent une certaine valeur, qui *acquirent* une certaine valeur ne le firent

> jamais sous des institutions libérales : c'est le *grave péril* qui fit d'eux quelque chose qui mérite le respect, le péril qui seul nous permet de connaître nos moyens, nos vertus, nos armes et nos défenses, notre *esprit*, — bref qui nous *oblige* à être forts... *Premier principe* : il faut avoir besoin d'être fort : autrement, on ne le devient jamais. Ces pépinières d'hommes forts, ces serres chaudes d'où sortit l'espèce d'hommes la plus forte qu'il y ait jamais eu, les communautés aristocratiques à la manière de Rome et de Venise, entendaient la liberté exactement au sens où je prends ce mot : comme quelque chose que l'on a et que l'on *n'a pas*, que l'on *veut*, que l'on *conquiert*[43]...

Nous voilà bien embarrassés. Certes, nous avons commencé à comprendre pourquoi le concept nietzschéen de liberté, pensé comme pulsion d'affranchissement, comme volonté de puissance, ne pouvait définir une propriété, mais bien plutôt un complexe de résistances et de conquêtes en devenir. Nous retrouvons le même type de proposition chez Deleuze, lorsqu'il distingue révolution et devenir-révolutionnaire : que l'histoire des révolutions tourne mal, cela ne change rien au devenir-révolutionnaire des gens. Il y a loin entre la conception téléologique de la liberté (ou de la révolution) comme marche de l'histoire vers un but idéal et le devenir des affranchissements et des soumissions, qui font de chaque conquête de liberté un événement, aussi précaire qu'irrépressible, arraché aux rapports établis des forces en présence. Mais notre embarras a une autre source. Car la tradition libérale a associé la liberté au droit ; le droit pacifie et sécurise ; le bonheur se dit de cette paix et de cette sécurité — et le bonheur lui-même nous semble désormais un droit. Cette séquence explique partiellement le passage du libéralisme de la liberté à celui du bonheur. Or, dans ce dernier, la guerre, fût-elle école de liberté, devient proprement intolérable. Nous ne savons pas si le dernier homme vivra dans une paix perpétuelle, mais l'avant-dernier vit dans une douloureuse contradiction : il exècre la guerre, même celle qu'il mène pour la liberté. Les démocraties libérales contemporaines sont incapables d'évaluer la valeur des guerres qu'elles font, parce que leur conscience de soi implique une parfaite intériorité (celle, paisible, sûre, heureuse, de cette petite maison qu'est la Terre), elles ne pensent instinctivement leur suprématie globalisée qu'en termes d'équilibre achevé des puissances. Or, la guerre toujours les renvoie à leur extériorité, une extériorité impensable bien qu'elles ne cessent d'y être rappelées. (La démocratie libérale a d'ailleurs de puissants moyens pour que la guerre reste une extériorité impensable[44].) Cette contradiction éclate dans la notion, prononcée du bout des lèvres, de *guerre juste*, qu'elle s'applique à l'évaluation des révolutions démocratiques (qui sont, formellement, des guerres civiles) aux débats autour du droit d'ingérence (qui légitime, formellement, des guerres d'agression). On trouve un exemple frappant de la conscience de cette contradiction dans l'allocution du président Obama à Stockholm lorsque lui a été remis le prix Nobel de la paix en 2009[45]. Placé dans la situation extrêmement délicate d'être distingué pour avoir œuvré à la paix en tant que « commandant en chef d'une nation engagée dans deux guerres », il parvient à souligner l'essentiel des contradictions où est pris le libéralisme, dans un discours qui s'appuie explicitement sur la grande tradition libérale classique[46]. Partant d'une vision pessimiste de l'histoire et de l'homme (existence du mal, résurgence de conflits producteurs d'un chaos sans issue, conscience du monde tel qu'il est, nécessité de la violence, reconnaissance des imperfections de l'homme et des limites de la raison), Obama y arrache l'expression d'une croyance au progrès de valeurs universelles et idéales (liberté, autodétermination, égalité, règles du droit). Il revendique l'utilitarisme (les États-Unis ont assumé le fardeau de la guerre, « non parce que nous cherchons à imposer notre volonté, mais en raison de notre intérêt éclairé ») et exprime ses espoirs d'une paix perpétuelle sous la forme d'une coopération politique et économique mondiale, fondée sur l'universalité irréductible de la nature humaine[47], et soutenue par l'amour du prochain et la foi dans le progrès humain. Enfin, il formule un vœu limpide, celui du dernier homme : « Au fur et à mesure que le monde rapetisse, on pourrait penser qu'il est plus facile aux êtres humains de reconnaître à quel point ils sont semblables ; de comprendre que nous voulons tous essentiellement la même chose ; que nous espérons tous avoir la chance de vivre notre vie dans une certaine mesure de bonheur et de réalisation de nos aspirations et de celles de nos familles. » La vertu qui rapetisse, l'homme comme semblable, un seul et même objet pour toute volonté, le bonheur domestique — c'est exactement ce qui avait effrayé Zarathoustra chez le dernier homme : « Je passe au milieu de ce peuple et je garde les yeux ouverts : ils sont devenus *plus petits* et ils deviennent toujours plus petits — *mais cela provient de leur dogme du bonheur et de la vertu*. Car ils sont modestes aussi dans leur vertu, — car ils veulent le bien-être[48]. » Et que ce vœu soit exprimé par l'un des chefs d'État les plus puissants de la terre ne change rien à l'affaire :

« "Je sers, tu sers, nous servons" — c'est ainsi que prie l'hypocrisie de ceux qui ont le pouvoir —, et malheur si le premier maître n'est *que* le premier serviteur[49] ! » Il ne s'agit pas de dénoncer ici l'hypocrisie des dirigeants, mais bien de déceler celle de la volonté de puissance chez l'avant-dernier homme. Peu importe qu'Obama soit bien intentionné ou non (je crois même qu'il l'est davantage que ses prédécesseurs), c'est au niveau pulsionnel que se joue « l'hypocrisie », dans les mensonges et les ruses des puissances dominantes pour créer les conditions d'un certain type d'effectuation : le pouvoir du législateur revêt le masque d'une obéissance à une universalité, feignant par là même de se nier, quand toute législation est une *pax romana*, fantasme d'une domination éternelle ; de même, cette domination prend le masque de *retrouvailles* avec la paix et le bonheur éternels, avec l'homme éternel, comme prochain et comme semblable, alors qu'elle veut imposer la loi de son type, et *l'éterniser*. Ne nous y trompons pas : éterniser son type est la volonté de toute volonté de puissance. La détresse de Nietzsche face à la décadence moderne n'est pas le constat éploré de la fin de la volonté de puissance, de l'agonie de l'homme faible ; c'est au contraire une détresse face à une extraordinaire et terrible volonté de puissance qui veut s'éterniser comme paix, bonheur, égalité et universalité de l'homme, qui a en haine ses propres guerres, ses propres destructions, et aspire au règne de l'éternelle équivalence de l'homme avec lui-même. L'idéalisme est l'assimilation de la législation à l'universel ; le nihilisme est le désir, tapi au fond de l'idéalisme, d'assimiler l'universel à l'éternité de l'homme, afin d'y neutraliser le devenir. C'est pourquoi c'est une volonté de néant, ou plus précisément *d'en finir* avec le devenir de l'homme, avec la guerre qu'*est* toute législation, toute création. Les derniers mots du discours d'Obama citant Martin Luther King sont admirables, en ce sens qu'ils montrent comment s'est radicalement retourné le sens même du « devenir » de l'homme : le progrès moral comme seule forme du devenir, c'est-à-dire comme réalisation de l'universel qui, lui, ne devient pas : « Comme Martin Luther King l'a dit en cette occasion il y a tant d'années, "je refuse d'accepter le désespoir comme réponse ultime aux ambiguïtés de l'histoire. Je refuse d'accepter l'idée que 'l'être' de la condition actuelle de l'homme le rend moralement incapable de tendre vers le 'devenir' éternel qui l'interpelle toujours". »

Si j'ai distingué le dernier homme de l'avant-dernier, c'est parce nous sommes, à strictement parler, toujours avant le dernier homme, et devant lui comme notre but. Nous continuons à devenir, à légiférer, à faire la guerre. L'avant-dernier homme est celui qui *veut* le dernier homme. Celui-ci est encore une figure de l'idéal, et c'est pourquoi, dans *Zarathoustra*, il est une parabole critique et non une prophétie. Si je convoque le discours d'un président américain contemporain, ce n'est pas pour l'accuser, lui et son peuple, de tous les maux du libéralisme décadent. C'est au contraire pour mettre en lumière le vieux fond « romain » de toute démocratie libérale, et le vieux masque de « premier chrétien » de toute domination moderne. Il est évident que, d'une certaine manière, les États-Unis sont une force d'expansion de la liberté, et c'est précisément pour cette raison qu'ils sont une nation belliqueuse et dominatrice — la guerre comme école de liberté.

Il n'y a pas de liberté sans *impérialisme*. Mais attention : « l'hypocrisie » (ou la volonté de puissance retournée contre elle-même) que Nietzsche entend démasquer dans notre conception de la liberté, il faut la révéler également dans la notion même d'impérialisme. Car nous ne connaissons que des impérialismes d'esclaves, des guerres de troupeaux. Nietzsche a vécu à l'époque du triomphe des États-nations impérialistes (l'Allemagne au premier chef), qui ont éprouvé la puissance militaire comme signe de culture supérieure, l'État comme réalisation de l'Esprit dans l'histoire. Et Nietzsche avait en horreur cet impérialisme-là, où « l'esprit » n'avait que faire[50]. Il est devenu francophile du jour où la Prusse a gagné la guerre contre la France. Aujourd'hui, comme le notait Obama, les guerres ont changé de visage : l'échelle des luttes pour les formations d'unités supérieures s'est déplacée (dont on ne sait pas exactement, d'ailleurs, s'il s'agit d'une réduction ou d'une extension), qu'on nomme cela particularisme, communautarisme ou terrorisme[51]. Fondamentalement, cela ne change pourtant rien au type idéaliste et nihiliste de la modernité en guerre : lorsque les grandes démocraties luttent contre les forces de décomposition de l'universel, c'est le libéralisme contemporain qui lutte contre lui-même, retourné contre lui-même, fût-il aux prises avec des extériorités culturelles ou des minorités internes.

La contradiction est mise à nu lorsque le discours libéral convoque lui-même la figure du dernier homme. Il ne faut pas manquer cette occasion. Je pense à un livre qui a fait beaucoup de bruit en son temps (au début des années 90) : il s'agit de *La fin de l'histoire et le dernier homme*, de Francis Fukuyama[52]. (Certes, l'exemple est une fois encore américain ; mais on pourra se consoler en faisant un bref détour par la vision que Nietzsche se fait des États-Unis[53].) Sautant par-dessus Marx, l'économiste et politologue alors néoconservateur (mais rallié depuis à Obama) en revient à Hegel (*via* Kojève), avec une foi tenace dans la téléologie historique et l'avènement de l'État libéral universel : « Est-il raisonnable pour nous, en cette fin de XXe siècle, de continuer à parler d'une histoire de l'humanité cohérente et orientée, qui finira par conduire la plus grande partie de l'humanité vers la démocratie libérale ? La réponse à laquelle j'arrive est positive[54]. » Le chemin pour y arriver se fait chez Fukuyama en deux temps. D'une part, en utilisant le progrès technologique, industriel et militaire que suppose le capitalisme comme mécanique produisant de la démocratisation : l'accumulation infinie des richesses et, partant, la satisfaction progressive de tous les besoins et la culture de consommation universelle homogénéisent toutes les sociétés humaines dans le sens du libéralisme politique et économique. Mais, précise l'auteur, cette tendance constatée empiriquement ne peut fonder le caractère *nécessaire* de cette relation. C'est pourquoi il faut se tourner vers un mode d'explication « non matérialiste », fondé sur la nature humaine (« l'homme en tant qu'homme », est-il répété à satiété), sur une réalité transhistorique et non empirique qui seule peut donner son sens à l'histoire et à l'expérience. C'est pourquoi il faut s'en remettre à Hegel, qui nous apprend que ce qui fait de l'homme un homme, c'est son désir de reconnaissance. On trouve alors chez Fukuyama une reprise simplifiée de la dialectique du maître et de l'esclave, à laquelle il ajoute une dimension platonicienne commode : le désir de reconnaissance n'est autre en effet que le *thymos* dont Platon avait fait l'une des trois parties de l'âme. On assiste ainsi à une double dialectique, qui puise simultanément dans le projet éducatif et politique de la *République* de concilier la raison et le *thymos*, et dans la marche hégélienne de l'homme vers la liberté dans le dépassement de la relation entre le maître et l'esclave, dialectique mixte dont il ressort finalement que « la démocratie libérale remplace le désir irrationnel d'être reconnu comme plus grand que d'autres [que l'auteur appelle *mégalothymia*] par le désir rationnel d'être reconnu comme leur égal [*isothymia*][55] ». Or, selon Fukuyama, cette métamorphose a eu lieu, et nous ne pouvons que nous en réjouir : « De fait, nous nous attendons tellement à ce que le futur nous apporte des nouvelles catastrophiques à propos de la santé et de la sécurité des politiques démocratiques que nous avons parfois du mal à reconnaître les bonnes nouvelles lorsqu'elles arrivent. Et pourtant, la bonne nouvelle est arrivée[56]. » Derrida[57] remarque que l'évangélisme de Fukuyama place son discours dans une position intenable : d'un côté, les grandes catastrophes du xxe siècle (dictatures fascistes et communistes) ne peuvent servir d'objection à la marche du progrès historique, car elles sont empiriques, et donc contingentes, quand la marche de la démocratie libérale est, elle, idéale (« non matérialiste ») et nécessaire ; de même, aucune des dictatures actuelles, aucun fanatisme nationaliste, ethnique ou religieux ne pourra infléchir profondément le sens de l'histoire, pas même les crises internes graves que subissent les systèmes démocratiques, parce que les solutions se trouveront dans la démocratie même. De l'autre côté, la fin de l'histoire est réalisée, la « bonne nouvelle » de la victoire inconditionnelle de la démocratie libérale et du capitalisme mondial est *arrivée*. Nous ne saurons pas, à la fin de son ouvrage, si l'auteur constate ou prophétise, et, comme l'écrit Derrida, « faute de réélaborer une pensée de l'événement, Fukuyama oscille confusément entre deux discours inconciliables[58] ». En tout cas, il apparaît entre les lignes que, dans les deux cas, le but de la démonstration est atteint : le marxisme est évacué, puisque l'effondrement des régimes communistes qui s'en sont réclamés prouve à la fois son erreur et leur contingence — évacuation sous-tendue par l'idée qu'il est en revanche inenvisageable que la démocratie libérale et le capitalisme puissent jamais s'effondrer à l'échelle mondiale ; les vraies contradictions sont derrière nous, le présent et l'avenir ne seront faits que de sursauts sur la voie (réalisée ou presque) de l'État libéral universel, et c'est en ce sens que nous sommes parvenus (ou en passe de l'être) à la *fin de l'histoire*. Il y a alors chez Fukuyama un raisonnement très étrange : le recours à Hegel a été revendiqué pour dépasser le mécanisme utilitariste, purement économique, de la satisfaction des besoins matériels ; c'est la nécessité de s'élever à une dimension « non matérialiste » de l'Histoire qui oblige à voir dans le désir de reconnaissance, considéré comme le propre de « l'homme en tant qu'homme », le moteur de l'histoire ; ce faisant, l'auteur prend soin de préciser que cette dimension « thymotique » propre à l'humain est irrationnelle. Or s'il est vrai que le *thymos* est le propre de l'homme, et si par ailleurs il est irrationnel, il n'est pas du tout certain que sa rationalisation et sa satisfaction « isothymotiques » aient totalement réussi, ni surtout définitivement. Et c'est tout l'objet de la cinquième partie de l'ouvrage, intitulée fort à propos : « Le "dernier homme" ». Fukuyama corrige finalement l'hypothèse selon laquelle la démocratie aurait définitivement résolu le problème de la reconnaissance en remplaçant la relation du maître et de l'esclave par la reconnaissance universelle et égale, et, plus hardiment encore, que tous les besoins économiques auraient été satisfaits. Il se demande si cette satisfaction est satisfaisante, et reconnaît que c'est l'objection principale qu'on puisse lui faire. Sa thèse, écrit-il, est attaquable par deux côtés, par « la gauche » et par « la droite »[59]. La critique de gauche relève naturellement la contradiction entre l'universalité de droits égaux et les inégalités réelles : le capitalisme génère toujours fatalement des reconnaissances inégales, et la démocratie libérale continue de fait à reconnaître inégalement des gens égaux en droit. Mais la réponse « de droite » est « plus pernicieuse », et elle « a trouvé son porte-parole le plus brillant avec le philosophe Frédéric Nietzsche[60] ». Nous y voilà donc. Car il n'a pas suffi à Fukuyama d'avoir assimilé le *thymos* platonicien au besoin de reconnaissance hégélien, il lui a fallu encore assimiler l'un et l'autre à la volonté de puissance nietzschéenne. (Passons sur les confusions conceptuelles créées par ces assimilations.) La victoire rationnelle de l'*isothymia* ne serait-elle pas le triomphe vengeur des esclaves et de leur morale servile ? Le citoyen de la démocratie libérale ne serait-il pas le « dernier homme » annoncé par Zarathoustra ? Si le propre de l'homme, transhistorique et naturel, est le *thymos* irrationnel, sa rationalisation sous la forme de l'*isothymia* n'est-elle pas tout à la fois historiquement contingente et contre nature ? Ce qui est irréductible en l'homme, et qui pourtant a été réduit — le *thymos* sous sa forme mégalothymotique —, ne menace-t-il pas de *faire retour*[61] ? Si l'on est téléologien, ce retour ne serait-il pas le sens de l'histoire, qui aurait traversé le moment isothymotique comme son négatif ? Si l'on croit au recommencement de l'histoire (et l'auteur convoque ici Aristote, évitant au moins le danger de convoquer l'éternel retour nietzschéen), ne risque-t-on pas de voir les « derniers hommes » redevenir des « premiers hommes », c'est-à-dire des bêtes[62] ? Pour s'en sortir, Fukuyama tente de retrouver une « neutralité axiologique » :

> Platon prétendait que, si le *thymos* était le fondement des vertus, il n'était en lui-même ni bon ni mauvais, mais devait être formé et entraîné de sorte qu'il pût servir au bien commun. En d'autres termes, le *thymos* doit être gouverné par la raison, et transformé en allié du désir. (...) Le meilleur des régimes était celui qui satisfaisait le mieux les trois parties de l'âme simultanément. Selon ce critère, si on la compare aux alternatives historiques qui nous sont accessibles, il semblerait que ce soit la démocratie libérale qui offre les meilleures perspectives aux trois parties. Si elle ne peut se qualifier comme le plus juste des régimes « en théorie », elle pourrait être dite le meilleur « en pratique » (...). Si le *thymos* n'est pas entièrement préservé dans ses manifestations premières, il n'est pas non plus entièrement nié. En outre, aucune société libérale existante n'est fondée exclusivement sur l'*isothymia* ; toutes doivent autoriser un certain degré de *mégalothymia* sûre et domestiquée, même si cela va à l'encontre des principes en lesquels elles proclament leur croyance[63].

Quel est ce degré, sûr et domestiqué, de *mégalothymia* autorisée par la démocratie libérale ? La réponse est édifiante : l'esprit d'entreprise, la carrière politique, la compétition sportive, formes modernes de l'accomplissement des « natures ambitieuses ». Le chef d'entreprise, le politicien et l'athlète comme types aristocratiques[64]. De manière significative, Fukuyama parle à ce propos d'« exutoire » pour la *mégalothymia* domestiquée et rendue inoffensive. Car, si ces activités sont inextricablement liées à des données économiques, elles restent des luttes de prestige, des guerres sublimées et non des guerres réelles. Elles appartiennent de plein droit à « la vie communautaire ». Mais le déclin de celle-ci (l'individualisme, la course au seul profit matériel, la société de consommation, le vide culturel, toute une déploration que Fukuyama reprend soudain du discours pessimiste ordinaire) pourrait menacer gravement la démocratie libérale et finir par ébranler le joug salutaire des puissances domestiquées. « Combien de temps la *mégalothymia* se satisfera-t-elle de guerres métaphoriques et de victoires symboliques[65] ? » demande notre auteur. La véritable menace pour l'*isothymia* résiderait de nos jours, certes dans le fanatisme théocratique, issu des marges contingentes de la démocratie mondiale en marche vers sa réalisation prochaine, mais plus encore dans la lassitude que les démocraties occidentales éprouveront elles-mêmes de vivre dans la paix et la satisfaction. Il faut songer à un exutoire plus efficace : la guerre, la vraie. « Une démocratie libérale qui pourrait mener une guerre courte et décisive, chaque génération ou presque, *pour défendre sa liberté* [je souligne], serait bien plus saine et bien plus satisfaisante qu'une société qui ne connaîtrait rien d'autre qu'une paix continuelle[66]. » Il est évident que, de ce point de vue, les États-Unis, et l'Europe dans leur sillage, ont trouvé dans le terrorisme théocratique un parfait argument pour mobiliser et galvaniser une nation en crise par de régulières guerres « pour la liberté », jetant un voile d'héroïsme, moins sur l'ennui doré des hommes libres que sur les graves dysfonctionnements sociaux provoqués par l'ultracapitalisme. (Reconnaissons à Obama le mérite d'avoir reconnu cette « hypocrisie »-là.) On pourrait faire une analyse semblable pour certains pays d'Europe dont le durcissement autoritaire et même parfois belliciste s'est fait au nom de la « sécurité », en France notamment. C'est sans doute la part la plus perverse du raisonnement de Fukuyama que d'associer la nécessité de l'héroïsme national au caprice de l'ennui des hommes libres. Si l'on parle de lassitude, il faut l'entendre en un sens beaucoup plus violent : comme épuisement et ressentiment des épuisés. Ce n'est pas l'ennui qui épuise l'homme démocratique, c'est l'impuissance. Or c'est exactement cette *impotentia* moderne, en quoi se retournent la liberté et l'égalité démocratiques, que vise l'antilibéralisme de Nietzsche. La plus grande faiblesse de Fukuyama, bien au-delà des imprécisions conceptuelles et d'un certain archaïsme téléologique, c'est qu'il reste optimiste, eudémoniste et iréniste quand bien même il parle de tragédie, de malheur et de guerre. Chez lui, de manière symptomatique, le *thymos*, même sous la forme de la *mégalothymia*, reste fondamentalement conçu du point de vue d'une volonté de puissance épuisée et impuissante[67]. Cette réduction de la perspective compromet la distinction entre *mégalothymia* et *isothymia* qui fait la base de son analyse, faute d'avoir reconnu que celle-ci n'est qu'une expression de celle-là, et qu'il n'y a, dans la volonté de puissance, de distinction qu'entre la volonté de déclin et la volonté d'ascension. Si l'on acceptait de continuer, à nos risques et périls, à mêler l'arsenal conceptuel nietzschéen et celui de Fukuyama, on dirait que le couple même *mégalothymia-isothymia* doit lui-même être interprété différemment selon qu'il est agi par la volonté de déclin ou la volonté d'ascension.

C'est en ce sens qu'a travaillé Sloterdijk dans *Colère et temps*[68]. Il a d'abord l'élégance de rendre hommage au travail largement décrié de Fukuyama, qui a su selon lui réintroduire la thèse thymotique comme condition de « la reconquête d'une psychologie politique authentique », et note que Derrida, focalisé sur la thèse de la « fin de l'histoire », a expressément ignoré le motif thymotique de l'auteur américain[69]. Sloterdijk, repartant de la colère héroïque et sacrée d'Achille — qui nous est désormais définitivement incompréhensible —, fait la tentative d'une généalogie qui prenne en compte les profondes transformations historiques et culturelles de l'affect thymotique. De Nietzsche, il reprend l'idée que la culture occidentale est l'histoire du ressentiment à l'égard d'affects comme « l'indignation, la colère, l'ambition, la volonté élevée d'affirmation de soi et de combativité », pulsions appelées égoïstes et considérées comme « symptômes » par « le partisan de la culture thérapeutique » (figure qui va du prêtre au psychanalyste)[70]. Ce que Nietzsche appelait la victoire des esclaves désigne la puissante force de contamination du ressentiment : jusqu'ici, les thérapeutes de la culture ont rendu l'homme malade, et nous ne connaissons plus la colère que sous la forme morbide du ressentiment et de la vengeance des impuissants. Pour Sloterdijk, cette contamination continue a été rendue possible par un renversement des valeurs thymotiques en valeurs érotiques : de la pitié chrétienne à la théorie psychanalytique de la libido, en passant par la sociologie (tributaire d'une théorie essentiellement libidinale de l'intersubjectivité) et jusqu'à l'érotodynamique fondamentale du capitalisme, l'énergie thymotique a été transformée en une économie du désir et du manque[71]. Précisément parce que le désir de reconnaissance est devenu besoin d'être aimé, parce que le désir de puissance a été assimilé à la satisfaction impossible d'un manque essentiel, le *thymos* ne peut plus désormais se dire que du ressentiment des besoins contre l'humiliation infligée par le manque. La psychanalyse a tout au plus constaté que l'ambition et la fierté pouvaient reprendre le dessus lorsque la libido restait insatisfaite ; et elle a su prévoir dans ce cas un redoutable « plan B » : la sublimation[72] (qui, soit dit en passant, nous fait retrouver l'exutoire sûr et domestiqué évoqué par Fukuyama). Et Sloterdijk a raison de dire par ailleurs que l'eudémonisme économique critiqué par Nietzsche renvoie bel et bien à l'érotomanie capitaliste et à la honte de son insatiabilité, qui ont de profondes affinités avec l'économie chrétienne de la dette infinie[73]. L'essentiel de son ouvrage consistera à analyser dans l'histoire de l'Occident ce qu'il appelle les agences ou banques de collecte de la colère, en d'autres termes, les idéalismes qui ont été capables de mobiliser et de canaliser le ressentiment : christianisme, révolution, communisme, guerre froide, intégrismes religieux, etc. Comme dirait Nietzsche, « c'est presque l'histoire de la culture ». Or, pour Sloterdijk, « Dieu est mort, cela signifie, à la lumière de notre expérience : nous vivons à une époque où l'absorption de la colère par un au-delà rigoureux et exigeant le respect fait de plus en plus défaut[74] ». Ce qui manque fondamentalement à la culture érotisée, c'est *l'alliance de la colère et de l'esprit*, c'est l'absence de tout moyen pour répondre à l'exigence du *ira quaerens intellectum*[75] en vue de créer des perspectives mondiales. Le désengagement politique, la désolidarisation, la situation de multi-égoïsmes érotomanes, la culture de masse et jusqu'au déconstructivisme théorique, tout cela forme une symptomatologie de « l'éparpillement de la colère », c'est-à-dire de l'*impotentia* moderne, dont la mission est « de ne pas toucher à l'existant » :

> Son moyen pour y parvenir est l'invocation incessante du rêve d'un monde pire, à côté duquel la réalité existante apparaît comme utopie réalisée digne d'être défendue par tous les moyens. (...) Par le mot « Être », il faut désormais entendre les forces d'attraction du milieu homogène. Peut être considéré comme réel ce qui a la force de tirer vers le bas[76].

Voilà un portrait du « dernier homme » autrement plus frappant que le libéral malade de la paix décrit par Fukuyama à la fin de l'histoire. À la suite de Nietzsche, Sloterdijk en appellera, en conclusion de son ouvrage, à une nouvelle thérapeutique, celle qui consisterait à dégager radicalement le *thymos* du ressentiment et de l'esprit de vengeance — conclusion d'ailleurs décevante, ou plus précisément déceptive, qui s'interrompt là où commençait l'exigence nietzschéenne de la grande politique ; mais conclusion importante en ce qu'elle esquisse à nouveau, et pour son compte, ce qui nous intéresse au plus haut point pour la suite de notre réflexion : l'idée que *la grande politique est un exercice spirituel*.

Les enjeux de ce programme de formation sont élevés. Il s'agit de la création d'un *code of conduct* pour des complexes culturels multiples. Un schéma de ce type doit avoir une charge admise suffisante pour venir à bout du fait que le monde comprimé ou globalisé demeure jusqu'à nouvel ordre multimégalomaniaque et interparanoïaque. On ne peut intégrer par le haut un univers composé d'acteurs énergiques et irritables d'un point de vue thymotique, on peut uniquement le maintenir en équilibre par des relations de force à force. La grande politique ne se fait que sur le mode d'exercices d'équilibre. S'exercer à l'équilibre, cela signifie n'esquiver aucun combat nécessaire et n'en provoquer aucun de superflu. (...) le temps essentiel est le temps de se civiliser. Quand on veut seulement faire « l'Histoire », on retombe en deçà de cette définition. Le mot « exercice » ne doit pas faire oublier que l'on s'exerce toujours en vue d'un danger réel afin d'empêcher que le pire survienne. Les erreurs ne sont pas autorisées bien qu'elles soient vraisemblables[77].

Ainsi, ce n'est qu'en s'efforçant de penser l'alliance de la colère et de l'esprit qu'on a une chance de comprendre l'éloge nietzschéen de la « guerre ». Il ne faut jamais oublier que l'histoire de la culture se confond presque essentiellement, chez Nietzsche, avec une l'histoire des *spiritualisations* de la volonté de puissance et une généalogie des types spirituels par quoi seul on peut interpréter « l'homme ». C'est pourquoi, encore et toujours, il faut absolument distinguer l'évaluation de la guerre dans l'histoire jusqu'ici, et la notion supérieure de « guerre » dans la grande politique de l'avenir, qui est elle aussi une spiritualisation de plus, mais dans le sens de la « volonté d'ascension », qui doit être capable de renverser les valeurs de la « volonté de déclin ». L'évolution de la pensée de Nietzsche sur la question de la guerre et de son rapport à l'État est redevable, avec la plus extrême conséquence, aux obligations conceptuelles générées par l'entreprise généalogique. Ainsi, chez le jeune Nietzsche, en particulier dans *L'État chez les Grecs* (dont nous avons aussi évoqué plus haut l'influence platonicienne), on trouve sur ce point des éléments encore nettement influencés par Hegel[78]. Sa critique du libéralisme moderne (individualisme, optimisme, utilitarisme, eudémonisme et pacifisme) dénonce une « peur de la guerre » et un « manque d'instinct de l'État »[79]. L'État n'est pas un simple moyen de satisfaire les besoins individuels de la société civile, mais il est à lui-même une fin[80]. Une fin veut dire ici une *objectivation* — objectivation de l'Esprit chez Hegel, « objectivation de l'instinct[81] » chez Nietzsche. Or, si de son côté Hegel a fini par renoncer à définir la politique par la guerre tout en substituant à cette dernière la nécessité d'un patriotisme unificateur de la nation, Nietzsche devra mener l'interprétation de l'État aux ultimes conséquences de la spiritualisation de l'instinct, et ce à une échelle supranationale. Le renversement est clair : là où Hegel raisonne en termes de réalisation de l'Esprit absolu dans l'histoire, Nietzsche fait au contraire la généalogie de l'esprit comme ensemble de processus historiques de spiritualisation des instincts : ce « naturalisme » est déjà présent dans le texte de jeunesse, et relativise l'idée pourtant avancée de l'État comme « fin en soi » : « Nous voyons là de nouveau avec quelle impitoyable opiniâtreté la nature s'est forgé — pour parvenir à la société — le cruel instrument qu'est l'État, c'est-à-dire ce *conquérant* à la main de fer qui n'est rien d'autre que l'objectivation de l'instinct que nous venons de décrire[82]. » L'histoire de l'État est cette manière qu'a la « nature » de s'élever, de se transfigurer, c'est-à-dire de se spiritualiser. L'État comme fin en soi est en réalité une expression archaïque du politique, une formation « magique » de la volonté de conquête ; et même l'État libéral moderne possède encore cette dimension magique qui dépasse l'individu sous la forme du patriotisme national : « Aujourd'hui, l'État est considéré avec la même ferveur comme le but et la fin suprême des sacrifices et des obligations de chaque individu. Tout cela exprime la formidable nécessité de l'État ; sans lui, la nature ne saurait parvenir, par le biais de la société, à sa libération dans l'éclat et le rayonnement du génie[83]. » En 1872, la formule pour l'affranchissement de l'esprit (comme transfiguration de la nature) est encore le « génie ». C'est l'ensemble du travail nietzschéen de réévaluation de l'esprit, de la connaissance, de l'art, et de l'individu même — il s'agit, fondamentalement, de la substitution du concept de volonté de puissance à celui de nature —, qui permettra de dépasser, dans les processus d'objectivation, l'échelle de l'individualité géniale mais aussi du génie national. L'objectivation et la spiritualisation de l'instinct dépendent de la *qualité* ou du *type* d'instinct à l'œuvre dans la culture. Ainsi, génie et nation seront impitoyablement renvoyés à des motifs romantiques, idéalistes et nihilistes (comme en témoigne la germanophobie croissante de Nietzsche, et la double confrontation avec le génie Wagner et le nationalisme prussien). C'est à ces conditions seules que l'on peut interpréter le rôle de la guerre dans la philosophie de Nietzsche : en fait de volonté d'ascension en lutte contre l'épuisement de l'individu, *nous ne connaissons jusqu'ici rien d'autre que* la guerre, selon une formule restrictive très récurrente chez lui. Il faut lire précisément le fameux paragraphe 477 d'*Humain, trop humain* sur « la guerre indispensable » :

> C'est un songe creux de belles âmes utopiques que d'attendre encore beaucoup de l'humanité dès lors qu'elle aura désappris à faire la guerre (voire même de mettre tout son espoir en ce moment-là). *Pour l'instant, nous ne connaissons pas d'autre moyen* [nous soulignons] qui puisse communiquer aux peuples progressivement épuisés cette rude énergie du camp, cette haine profonde et impersonnelle, ce sang-froid de meurtrier à la bonne conscience, cette ardeur cristallisant une communauté dans la destruction de l'ennemi, cette superbe indifférence aux grandes pertes, à sa propre vie comme à celle de ses amis, cet ébranlement sourd, ce séisme de l'âme, les leur communiquer aussi fortement et sûrement que le fait n'importe quelle grande guerre : ce sont les torrents et les fleuves alors déchaînés qui, malgré les pierres et les immondices de toutes sortes roulés dans leurs flots, malgré les prairies et les délicates cultures ruinées par leur passage, feront ensuite tourner avec une force nouvelle, à la faveur des circonstances, *les rouages des ateliers de l'esprit* [nous soulignons]. La civilisation ne saurait du tout se passer des passions, des vices et des cruautés. — Le jour où les Romains parvenus à l'Empire commencèrent à se fatiguer quelque peu de leurs guerres, ils tentèrent de puiser de nouvelles forces dans les chasses aux fauves, les combats de gladiateurs et les persécutions contre les chrétiens. Les Anglais d'aujourd'hui, qui semblent en somme avoir aussi renoncé à la guerre, recourent à un autre moyen de ranimer ces énergies mourantes : ce sont ces dangereux voyages de découverte, ces navigations, ces ascensions, que l'on dit entrepris à des fins scien-

tifiques, mais qui le sont en réalité pour rentrer chez soi avec un surcroît de forces puisé dans des aventures et des dangers de toute sorte. On arrivera encore à découvrir quantité de ces succédanés de la guerre, mais peut-être, grâce à eux, se rendra-t-on de mieux en mieux compte qu'une humanité aussi supérieurement civilisée, et par suite aussi fatalement exténuée que celle des Européens d'aujourd'hui, a besoin, non seulement de guerres, mais des plus grandes et des plus terribles qui soient (a besoin, donc, de rechutes momentanées dans la barbarie) pour éviter de se voir frustrée par les moyens de la civilisation de sa civilisation et de son existence mêmes.

La guerre est « indispensable » précisément parce que la modernité n'est encore qu'une barbarie, fût-elle épuisée, et que les « exutoires » de la cruauté portent témoignage de cet épuisement. L'urgence est alors de sortir cette barbarie cruelle et vicieuse de son propre épuisement, car elle n'a été jusqu'ici spiritualisée, civilisée que par la volonté de déclin. La « rechute momentanée » n'est pas une régression réactionnaire (ou alors, « nous aurons fait de la réaction un progrès[84] »), elle est la réactivation par électrochoc de la liberté comme conquête ; elle est la réhabilitation du libéralisme de la liberté tel que Nietzsche le trouvait dans la Rome antique ou les républiques italiennes de la Renaissance. Or, si de ce point de vue, une nation en guerre peut surmonter l'épuisement de l'individu eudémonique (qui est aussi l'homme du ressentiment) par une extraordinaire tension de la volonté et une objectivation des instincts qui obligeront certaines personnalités d'exception à se spiritualiser sous la forme de l'héroïsme et du génie, Nietzsche voit très bien qu'au niveau international chaque nation se comporte encore comme une unité individuelle de ressentiment : sous le masque libéral du droit international régissant des souverainetés nationales qui protègent leur bonheur et leur sécurité, le *nationalisme* reconduit, à l'échelle supérieure, la haine et la servilité du désir de reconnaissance. On le sait, Nietzsche n'aura jamais de mots assez durs pour le *rabies nationalis*[85], dont l'Allemagne de son époque lui donnait un exemple répugnant : la puissance économique et militaire se faisant passer pour culture, la pureté raciale se substituant à la grandeur spirituelle : autant de mensonges d'esclaves se faisant passer pour des maîtres. (Il faudrait rappeler que l'une des voies prises par le libéralisme, sur une ligne qui va de Locke à Herder, a été celle d'une substantialisation de la notion de peuple et de ses « propriétés inaliénables », et que le relativisme historiciste qui en a découlé au XIXe siècle devait fatalement glisser de l'affirmation du génie propre à chaque nation à la supériorité raciale de certaines[86].) *Humain, trop humain* livre une sentence dont l'histoire n'a cessé de confirmer la justesse : « La guerre abêtit les vainqueurs, rend méchant le vaincu[87]. » Il ne sert à rien que les États en guerre puissent objectiver les instincts et surmonter l'individualisme si les relations internationales sont à leur tour marquées par l'individualisme nationaliste et un désir de reconnaissance d'esclaves. Au dernier homme correspondrait la « dernière nation », voulant *éterniser* son type :

> Nous préférons de beaucoup vivre sur les montagnes, à l'écart, « inactuels », dans des siècles passés ou à venir, rien que pour nous épargner la colère silencieuse à laquelle nous serions condamnés en tant que témoins d'une politique qui rend l'esprit allemand

stérile en le rendant vaniteux, et qui de surcroît est une *petite* politique : — pour que sa propre création ne se décompose aussitôt, ne lui faut-il pas la situer entre deux haines mortelles ? Ne *faut*-il pas qu'elle vise à éterniser le morcellement de l'Europe en petits États[88] ?....

C'est pourquoi la possibilité d'une Europe supranationale est au centre des préoccupations nietzschéennes : l'élévation à une échelle supranationale fait partie des conditions décisives de l'affranchissement. L'esprit libre est un sans-patrie, un cosmopolite ; et Nietzsche, lui-même nomade et apatride, trouve dans le présent les « signes indubitables où se manifeste *le désir d'unité de l'Europe*. Tous les hommes vastes et profonds de ce siècle aspirèrent au fond, dans le secret travail de leur âme, à préparer cette *synthèse* nouvelle et voulurent incarner, par anticipation, l'Européen de l'avenir[89] ». Et n'oublions pas qu'à côté des grandes individualités supranationales (il cite alors en exemple : Napoléon, Goethe, Beethoven, Stendhal, Heine, Schopenhauer) Nietzsche considère les Juifs comme une telle synthèse, et un espoir pour l'Europe : la conception judaïque de « peuple » est une formation d'unité supérieure infiniment plus spiritualisée que celle des peuples nationaux européens, qui est parvenue à éterniser son type de manière beaucoup plus profonde que n'importe quelle nation moderne, et même que l'Empire romain :

> Ce qu'aujourd'hui nous nommons une « nation » en Europe, cette entité de fait plutôt que de nature (quand elle ne ressemble pas à s'y méprendre à une fiction), est dans tous les cas une réalité en devenir, jeune, fragile, pas encore une race, moins encore un

aere perennius comme le peuple juif ; ces « nations » donc devraient se garder soigneusement de toute concurrence et de toute hostilité irréfléchie[90].

On comprend pourquoi, pour Nietzsche, le triomphe de l'État-nation libéral correspond à une formidable barbarisation : non seulement l'esprit d'un peuple s'est fixé en entité juridique (et donc fictive), mais il a encore *naturalisé* cette entité par un mensonge : le racialisme biologique sera l'extrême pointe du nationalisme, de cette déspiritualisation de la culture. Et s'il existe pour Nietzsche un atavisme des races, c'est dans le sens de longues et profondes incorporations de caractères spirituels, c'est-à-dire de valeurs morales. Ainsi, il est sans doute le seul Allemand de son temps qui ait le front d'écrire : « Les Juifs constituent sans aucun doute la race la plus forte, la plus résistante et la plus pure qui existe actuellement en Europe[91]. » Et lorsqu'il aspire à une « purification de la race[92] » européenne, ce n'est pas pour retrouver de prétendues qualités biologiques originaires, mais au contraire dans l'espoir que les métissages sauront se synthétiser, c'est-à-dire que les caractères nationaux sauront se spécialiser au service d'une unité spirituelle supérieure (exactement sur le modèle pulsionnel que Nietzsche se donne de l'individu).

Avec une perspicacité certaine (pour ne pas dire « visionnaire »), Nietzsche reconnaît dans le libéralisme économique une force d'unification de l'Europe et du monde, leur globalisation[93]. Mais la manière dont il se figure le « bon Européen », selon une expression célèbre et fréquemment répétée, nous fait retrouver les plus dures de ses revendications hiérarchiques :

Je viens de toucher à ce qui me tient à *cœur*, au « problème européen » tel que je l'entends, à la sélection d'une caste nouvelle appelée à dominer l'Europe[94].

Dans ce contexte, le modèle d'une telle volonté de domination sur l'Europe restera pour Nietzsche la figure de Napoléon. Selon lui, l'événement napoléonien a été un arrachement radical à la violente atomisation démocratique de la Révolution française, avec son extraordinaire charge de ressentiment ; et, de même, sa défaite a été due à une puissante *réaction* du ressentiment nationaliste européen (et allemand en particulier). Mû par ce libéralisme de la liberté, guerrier et conquérant, du républicanisme antique et renaissant, Napoléon a incarné une prodigieuse volonté de synthèse culturelle et d'autodépassement de la modernité :

> Au milieu de ce vacarme [la Révolution française] se produisit la chose la plus inattendue, la plus énorme : avec une magnificence jusqu'alors inconnue, l'idéal antique lui-même se présenta *en chair et en os* au regard et à la conscience de l'humanité, — et de nouveau, mais plus fortement, plus simplement, de façon plus insistante que jamais, face au vieux mot d'ordre mensonger du ressentiment publiant le *privilège de la majorité*, face à la volonté de bassesse, d'humiliation et de nivellement, de déclin de l'homme, retentit le mot d'ordre contraire, effrayant et enchanteur, du *privilège de la minorité*. Comme une dernière flèche indiquant l'*autre* chemin apparut Napoléon, le plus singulier, le plus tardif des hommes, et avec lui le problème incarné de *l'idéal aristocratique en soi* — considérez bien *quel* problème c'est là : Napoléon, cette synthèse de l'*inhumain* et du *surhumain*[95]...

Napoléon, qui tenait la civilisation avec ses idées modernes pour une ennemie personnelle, s'est affirmé par cette hostilité comme l'un des plus grands continuateurs de la Renaissance ; c'est lui qui a ramené au jour tout un morceau de nature antique, le morceau décisif peut-être, le morceau de granit. Et qui sait si ce morceau de nature antique ne parviendra pas à reprendre le dessus également sur le mouvement national, pour hériter et continuer au *sens positif* l'effort de Napoléon : — lui qui voulait une seule Europe, comme on sait, et cela en tant que *maîtresse de la Terre*[96].

On voit la manière dont Nietzsche trace dans sa pensée, avec une implacable logique, les degrés d'élévation du type « homme » en même temps que ceux des formations d'unité supérieure. Et cela sur la base d'un modèle « inactuel » d'éternisation de type antique, qui aurait la dureté du granit. Le dépassement de l'homme démocratique par des personnalités d'exception (« héros » ou « génie »), et la mission supranationale des personnalités d'exception en vue d'une unité européenne sont des étapes vers une nouvelle domination de la Terre. Car l'Europe a bien vocation, dans de nombreux textes de Nietzsche, à devenir « maîtresse de la Terre ». Il est indéniable que cet européocentrisme peut être inscrit dans le contexte historique parfaitement identifiable de l'époque. Mais nous n'avons encore rien dit de son originalité tant que nous le rabattons sur le milieu des opinions communes. Car l'européocentrisme nietzschéen est le point de contact très singulier entre la généalogie et la grande politique : c'est précisément parce que l'Europe a imposé au monde, durant des millénaires, le type humain décadent (selon la séquence qui enchaîne l'homme socratique, chrétien et démocratique) comme un type progressivement universel, et jusqu'à devenir le seul type *possible*, qu'elle est seule placée devant l'alternative de périr ou de se surmonter, entraînant l'élévation ou la perte de l'humanité tout entière. Nietzsche peut bien, à la fin du XIXe siècle, qualifier ce type d'« européen » — il nous suffirait de l'appeler aujourd'hui l'homme de la démocratie libérale, sans que nous parlions fondamentalement d'autre chose. Que voulons-*nous* et que pratiquons-*nous*, sinon l'universalité mondiale de ce type ? Nietzsche sait très bien que toute universalité est un préjugé et un mensonge, et chaque fois qu'il voudra humilier la prétention européenne à l'universalité, il saura convoquer d'autres parties du monde : la Russie, la Chine, évidemment l'Inde, et même le monde islamique[97].

Contre le bellicisme nationaliste dont le droit international ne peut dissimuler le ressentiment fondamental, Nietzsche fait donc jouer un impérialisme antique ou napoléonien, qui, s'il était victorieux, serait la possibilité d'une nouvelle *législation*, d'une nouvelle élévation de l'homme et de la transformation de son type en *homo hierarchicus*. Cet impérialisme-là surmonterait la dangereuse charge explosive de l'équilibre international libéral, l'intensification permanente du ressentiment qu'il produit[98]. À des guerres de type nouveau doit correspondre un nouveau type de paix. « Que votre paix soit une victoire[99] », réclame Zarathoustra qui cherche des guerriers et ne voit que des soldats. C'est pourquoi la domination de la Terre se conçoit comme un nouveau pacifisme supranational, obtenu par la victoire d'une humanité assez forte pour enfin, *affranchie du ressentiment*, pouvoir déposer les armes. Dès *Le Voyageur et son ombre*, Nietzsche dessine les conditions d'une culture mondiale où le désir de reconnaissance, dans les relations internationales, serait radicalement découplé du ressentiment qui en est jusqu'ici la source énergétique, seule condition d'une « paix véritable » :

> Voilà comment tous les États se font actuellement face : ils postulent les mauvaises dispositions du voisin et chez eux-mêmes les bonnes dispositions. Mais ce postulat est un trait d'*inhumanité*, aussi grave et plus grave que la guerre ; il est même déjà au fond une incitation à la guerre, une cause de conflit, puisque, comme on l'a vu, il impute l'immoralité au voisin et semble par là même provoquer l'hostilité de ses sentiments et de ses actes. On doit renoncer à cette doctrine de l'armée considérée comme un moyen de légitime défense aussi radicalement qu'aux désirs de conquête. Et un grand jour viendra peut-être où un peuple, insigne par ses guerres et ses victoires, par la suprême perfection de son organisation et de son génie militaires, et habitué à faire les plus lourds sacrifices en ces domaines, s'écriera spontanément : « *Nous brisons l'épée* » — et détruira jusqu'en ses fondements la totalité de ses forces armées. *Renoncer aux armes alors que l'on était le plus vaillant sous les armes*, par *élévation* de sentiment, voilà le moyen d'une paix *véritable*, qui ne peut jamais reposer que sur la paix des esprits ; alors que la paix armée, comme on l'appelle, celle qui gagne maintenant tous les pays, est le fait d'une âme inquiète qui n'a confiance ni en soi ni dans le voisin et, moitié par haine, moitié par peur, ne veut pas déposer les armes. Plutôt périr que haïr et craindre, et *plutôt périr deux fois que se faire haïr et redouter*, telle devra être un jour la maxime suprême de toute société politiquement organisée. Nos députés libéraux n'ont pas le temps, on le sait, de réfléchir à

> la nature de l'homme ; sinon, ils sauraient qu'ils travaillent en vain en travaillant pour une « diminution progressive des charges militaires ». C'est bien plutôt lorsque cette sorte de misère sera à son comble que sera aussi la plus proche l'espèce de Dieu qui peut seule ici porter secours. L'arbre des gloires guerrières ne saurait être abattu que d'un seul coup, par la chute d'un éclair ; mais l'éclair, vous le savez, vient d'en haut[100].

La très grande difficulté de la politique nietzschéenne vient de la radicalité extrême avec laquelle il subordonne toute politique aux processus de spiritualisation *et* d'incorporation. Une conception pulsionnelle de la réalité oblige à penser toujours en même temps ces deux phénomènes : en l'absence de tout dualisme, l'esprit n'est que la pointe extrême du corps pulsionnel, mais aussi bien le corps ne cesse d'être pris dans des processus de spiritualisation, et ne s'en distingue pas fondamentalement. À l'échelle de la culture, le problème est exactement le même : les « corps » politiques et culturels, dans la réalité physique des luttes et des dominations, sont en même temps des formations pulsionnelles, c'est-à-dire en voie de spiritualisation. La conversion des valeurs doit travailler à de nouvelles formes de spiritualisations *et* d'incorporations. Or, les exigences nietzschéennes pour l'élévation de l'esprit produisent des images de « corps » politiques qui sont insoutenables (par exemple ici, un peuple guerrier et parfaitement organisé militairement, qui dominerait la Terre ; ailleurs l'esclavage, etc.) ; mais, à l'inverse, ces représentations corporelles d'une grande violence impliquent ou libèrent des images de la pensée qui viennent, légères et « comme sur des ailes de colombe », déstabiliser infiniment leur dureté d'acier. On le voit dans l'extrait ci-dessus, la victoire physique contient en même temps la plus extrême fragilité du vainqueur face à son adversaire : *plutôt périr deux fois que se faire haïr et redouter*. La puissance de l'esprit affranchi du ressentiment *expose* les puissances physiques à une incroyable vulnérabilité. C'est pourquoi la politique nietzschéenne est fondamentalement une politique de l'esprit : non que ses contenus pragmatiques soient de simples métaphores inoffensives, mais parce qu'il n'y a pas de puissance réelle sans cette puissance libératoire de l'esprit qui désenclave la vie des fixations mortifères des seules forces physiques. Nous verrons que la nouvelle « physiologie » réclamée par Nietzsche ne peut être pensée sans la plus extrême décharge de liberté spirituelle. C'est pourquoi la guerre et la paix sont chez lui des événements philosophiques sans précédent, des éclairs de la pensée, venus d'en haut.

Que la guerre, la victoire, la paix soient des événements de la pensée, que l'arbre des gloires guerrières soit abattu par la chute d'un éclair, cela ne doit pas être compris comme de simples délires poétiques, mais comme des images de la genèse même du *sens*, la conversion spirituelle et volitive qui seule arrache à la violence de l'histoire la puissance de l'événement non historique et en fait une volonté d'ascension : c'est « l'éclair lumineux surgi au sein de cette nuée enveloppante » dont parlait déjà la Deuxième Inactuelle[101]. Et l'on pense irrésistiblement à la « bataille » comme essence de l'événement chez Deleuze :

> La bataille *survole* son propre champ, neutre par rapport à toute ses effectuations temporelles, neutre et impassible par rapport aux vainqueurs et aux vain-

cus, par rapport aux lâches et aux braves, d'autant plus terrible pour cela, jamais présente, toujours encore à venir et déjà passée[102].

Puis, citant Joë Bousquet (« À mon goût de la mort, dit celui-ci, qui était faillite de la volonté, je substituerai une envie de mourir qui soit l'apothéose de la volonté »), Deleuze écrit :

> De ce goût à cette envie, rien ne change d'une certaine manière, sauf un changement de volonté, une sorte de saut sur place de tout le corps qui troque sa volonté organique contre une volonté spirituelle, qui veut maintenant non pas exactement ce qui arrive, mais quelque chose dans ce qui arrive, quelque chose à venir de conforme à ce qui arrive, suivant les lois d'une obscure conformité humoristique : l'Événement. C'est en ce sens que l'*Amor fati* ne fait qu'un avec le combat des hommes libres[103].

Nous autres contemporains, nous sommes déjà le fruit d'une victoire guerrière, qui est le fait de la démocratie libérale elle-même, et dont l'éclair a foudroyé une énorme quantité de ressentiment : la victoire, en 1945, remportée sur l'Européen totalitaire, et qui a généré cette tragique mais salutaire honte d'être un homme qu'évoque Primo Levi. Ce n'est pas un hasard si des nations européennes ont été capables, à l'issue de cette guerre *mondiale*, de déposer les armes et d'engager tant bien que mal la construction d'une union supranationale, ou tout au moins un concert pacifié des nations. Mais ce fut au prix de nouvelles productions de ressentiment qui causèrent une formidable polarisation. La chute des régimes communistes offrit une nouvelle possibilité de briser l'épée de Damoclès au-dessus du monde bipolarisé, affranchissant là aussi la « civilisation mondiale » de prodigieuses quantités de ressentiment. Mais, comme l'indiquait Sloterdijk, la démocratie libérale et le capitalisme, dans leur prétention mondiale, ont continué à rendre leurs ennemis méchants ; ils n'ont pu atteindre à cette paix des esprits qu'évoque Nietzsche, précisément parce que l'esprit n'a pas fait sa révolution thymotique, le ressentiment ne s'est pas converti à la « volonté d'ascension », et semble continuer de vouloir le déclin à trop souhaiter se maintenir. Oui, la philosophie de Nietzsche en appelle à la guerre armée pour autant que son langage exotérique s'adresse encore à des troupeaux d'esclaves semi-barbares ; pour ceux qu'elle espère pouvoir commencer à initier, pour les « esprits libres » qu'elle invoque, sa dimension ésotérique en appelle à une guerre des esprits, en vue d'une nouvelle forme de paix encore impensable. Un langage pour tout le monde et pour personne. Il ne faut pas se lasser de laver Nietzsche de tout soupçon de bellicisme militariste, et rappeler (outre les nombreux passages explicitement antimilitaristes et antinationalistes de son œuvre) la stratégie *métaphorique* de son langage[104]. Mais encore faut-il ajouter que l'écriture métaphorique renvoie à cette double activité d'incorporation et de spiritualisation à laquelle ce langage ne cesse de travailler. Nous n'avons eu et n'aurons que les guerres qui correspondent au type de volonté de puissance qui est le nôtre, et au degré de spiritualisation et d'élévation que nous saurons atteindre. (Sloterdijk a bien pressenti que le fond de la conversion thymotique consiste en un *exercice spirituel* décisif.) Les victoires guerrières de Nietzsche ne sont pas simplement métaphoriques, elles suivent une ligne ascendante de spiritualisation (des pulsions) — incorporation (des valeurs), pour devenir les formes culturelles d'une volonté de vie affranchie. La vraie guerre, celle de la grande politique, se jouera « entre montée et déclin » :

> J'apporte la guerre. *Pas* entre peuple et peuple : je n'ai pas de mots pour exprimer mon mépris pour la maudite politique d'intérêts des dynasties européennes, qui, de l'exaspération des égoïsmes et des vanités antagonistes des peuples, fait un principe, et presque un devoir. *Pas* entre classes. Car nous n'avons pas de classes supérieures, et, par conséquent, <pas> d'inférieures : ce qui, dans la société d'aujourd'hui, est tout en haut, est physiologiquement condamné, et en outre — ce qui le prouve — si appauvri dans ses instincts, devenu si incertain, que cela professe sans scrupule le *principe opposé* d'une espèce supérieure d'h<omme>
> J'apporte la guerre, une guerre coupant droit au milieu de tous les absurdes hasards que sont peuple, classe, race, métier, éducation, culture : une guerre comme entre montée et déclin, entre vouloir-vivre et *désir de se venger* de la vie, entre probité et mensonge sournois[105]...

Ne croyons pas nous être tirés d'affaire à moindres frais en citant à notre tour ce célèbre fragment qui, de fait, exclut de la grande politique les seules guerres que nous connaissions jusqu'ici : les guerres entre peuples, classes, races, métiers, éducations, cultures. Car ce fragment a une suite. Et cette nouvelle « guerre des esprits[106] » encore inouïe est aussi une guerre *physiologique* (en vertu même de la double activité d'incorporation-spiritualisation qui produit l'homme et la culture) ; c'est une guerre vitale entre « croissance » et « dégénérescence » (en vertu des qualités de la volonté de puissance). Voici donc la suite :

Après avoir traité pendant deux millénaires l'Humanité à coups d'absurdités physiologiques, il *faut* bien que la déchéance, que le caractère contradictoire des instincts aient pris le dessus. N'est-elle pas à faire frémir, l'idée que ce n'est que depuis vingt ans à peu près que sont traitées avec rigueur, avec sérieux, avec probité, les questions les plus *immédiatement importantes* : celles de l'alimentation, de l'habillement, de la cuisine, de la *santé*, de la procréation.

Premier principe : la grande politique veut faire de la physiologie[107] la reine de toutes les autres questions : elle veut créer une puissance assez forte pour *faire l'élevage* de l'Humanité comme un tout et quelque chose de supérieur, avec une dureté sans ménagement, contre tout ce qu'il y a de dégénérescent et de parasitique dans la vie, — contre ce qui corrompt, empoisonne, calomnie, ruine... et voit dans l'anéantissement de la vie l'emblème d'une espèce supérieure d'âme.

Deuxième principe : Guerre à mort contre le vice : est vicieuse toute espèce de contre-nature. Le prêtre chrétien est l'espèce d'homme la plus vicieuse : car il *enseigne* la contre-nature.

Deuxième principe : créer un parti de la vie, assez fort pour la *grande* politique : la *grande* politique fait de la physiologie la reine de toutes les autres questions, — elle veut *faire l'élevage* de l'Hu<ma>nité comme un tout, elle mesure le rang des races, des peuples, des individus, d'après leur (...), d'avenir, d'après la garantie de vie que comporte leur avenir, — elle met impitoyablement fin à tout ce qui est dégénéré et parasitaire.

Troisième principe. Le reste en découle[108].

Les problèmes, on le voit, ne font que commencer. La guerre menée par cette grande politique ne sait se dire que dans un langage devenu pour nous inaudible, parce que nous y reconnaissons un spectre épouvantable. Et de fait, le vocabulaire se coule très dangereusement dans des formes qui deviennent, à la fin de ce XIXᵉ siècle biologisant et racialiste, de plus en plus opiniâtres : celles de l'eugénisme, dont nous ne savons que trop bien à quel avenir il a été promis. Ce langage est condamné, et pèse comme une malédiction sur le texte nietzschéen. Le problème n'est pas nouveau. Mais nous sommes loin de l'avoir réglé. Non seulement parce que la question de la *physiologie* nietzschéenne, au-delà des stratégies « métaphoriques », doit faire l'objet d'approches très minutieuses, et que son traitement ne peut s'effectuer que dans un rapport rigoureux à la complexité de la constellation conceptuelle qui lui confère sa place, mais encore parce que, au milieu du vacarme assourdissant que génère fatalement l'histoire de l'eugénisme (une histoire largement inachevée), nous ne devons pas renoncer à tendre l'oreille pour y percevoir le murmure continué d'une *politique du vivant*.

Chapitre VIII

GRANDE POLITIQUE
ET GRANDE SANTÉ

> Mais les hommes peuvent en pleine conscience décider d'orienter leur évolution vers une civilisation nouvelle, alors que jusqu'ici ils se développaient inconsciemment et au hasard : ils peuvent aujourd'hui créer des conditions meilleures pour la procréation des hommes, leur alimentation, leur éducation, leur instruction, gouverner l'économie de la terre en totalité, d'une manière générale mettre en œuvre et en balance les énergies humaines. Cette civilisation nouvelle, consciente, tuera l'ancienne qui, envisagée dans son ensemble, a mené une vie inconsciente d'animal et de végétal[1]. »

Créer un « parti de la vie », lui donner des règles d'action issues de principes physiologiques, pratiquer l'élevage et la sélection d'une humanité supérieure au niveau mondial, hiérarchiser les formations humaines en fonction de leur capacité d'avenir, lutter contre les formes de vie dégénérées et parasitaires : voilà la manière dont se formule la « grande politique » chez le dernier Nietzsche. À quoi donc aura servi l'invention d'une méthode philologique et généalogique qui avait fait de la nuance, du scepticisme, de la mobilité des perspectives un art philosophique inédit ? Où sont passées l'admiration pour l'adversaire (y compris pour le génie du christianisme), la gratitude pour tout ce qui devient, la conscience subtile que la décadence, la morbidité, le nihilisme même œuvrent aussi à l'élévation de l'esprit ? Qu'est-il advenu du *lento* de l'interprétation, des pattes de colombe de la pensée ? Les énoncés ultimes de Nietzsche sur la grande politique trahissent un incontestable durcissement, mais aussi un caractère d'urgence panique, semble-t-il jusqu'à la précipitation. Comme s'il n'était plus temps de nuancer, de contempler, de rire, de danser — en un mot d'avoir l'esprit libre. Pourtant, il ne suffit pas de dire que ce sont là des propositions odieuses. Et l'on n'arrivera à rien si l'on se contente de reconduire les résultats des lectures nietzschéennes les plus communes : la grande politique comme métaphore provocatrice de contenus en réalité innocents ; la grande politique comme prophétie fasciste promise à un coupable avenir ; la grande politique comme délire irresponsable d'un homme en train de devenir fou. Ces jugements, bien connus, ne sont ni vrais ni faux, mais simplement plats. Ils n'interprètent rien, parce qu'ils ne sont pas une lecture. Il faut continuer à pratiquer l'art de bien lire, c'est-à-dire avec patience, retenue, avec cette *ephexis* que réclame Nietzsche dans *L'Antéchrist*[2] : non point tant une suspension du jugement qu'une *hésitation*.

C'est avant tout affaire de méthode. Et si nous décidions de définir la grande politique de Nietzsche en termes d'eugénisme biologique, il ne faudrait pas se dispenser d'un certain nombre de questions préalables : pourquoi se donner la physiologie comme principe directeur, alors que Nietzsche a radicalement remis en cause les prétentions de la science à la vérité ? Quelles « préférences » ou valeurs fondamentales Nietzsche a-t-il investies dans l'individu biologique, alors qu'il a démantelé le sujet métaphysique ? Pourquoi vouloir procéder à une politique du vivant, à une régulation consciente et artificielle de la vie, alors que c'était son devenir non téléologique et l'ensemble du divers qu'il s'agissait d'affirmer ? C'est à ces conditions seules qu'on pourra comprendre pourquoi, à côté des propositions tonitruantes de la grande politique, s'énonce, presque à voix basse, une exigence de « grande santé » pour l'individu, l'une des plus admirables que Nietzsche ait formulées.

Le premier problème soulevé par la grande politique est un problème épistémologique : faisant de la physiologie « la reine de toutes les autres questions », Nietzsche semble fonder une axiologie sur la biologie comme science de la vie. On ne connaît que trop bien ce fantasme fatal inventé par le XIXe siècle positiviste, qui conduit tout droit du scientisme au biologisme, du biologisme au darwinisme social et à l'eugénisme. « Organiser scientifiquement l'humanité, tel est le dernier mot de la science moderne, telle est son audacieuse mais légitime prétention » : de cette célèbre formule de Renan[3] à l'eugénisme nazi se dessine une histoire qui est celle d'un effarant fourvoiement de l'esprit humain. Or, le scientisme, et notamment le biologisme qui nous intéresse ici, trahit une confusion épistémologique qui subordonne l'axiologie aux résultats d'une science expérimentale ou supposée telle, et prétendument capable de dégager des systèmes de lois universelles. Il faudrait être de fort mauvaise foi pour prétendre que Nietzsche ait cédé aux sirènes du scientisme, une fois dit qu'il a passé son temps à faire exactement le contraire. Le problème, c'est qu'il a cédé aussi peu aux sirènes de la philosophie spéculative, et qu'il a bel et bien reposé la question du sujet métaphysique dans les termes biologiques du corps vivant. Mais Nietzsche ne *fonde* aucune axiologie sur la biologie, parce qu'il n'y a au contraire aucune certitude scientifique sans une axiologie qui la sous-tende : « La question des valeurs est *plus fondamentale* que la question de la certitude : cette dernière ne devient sérieuse qu'à la condition que la question de la valeur ait déjà trouvé réponse[4]. » C'est sans doute à Heidegger que l'on doit la première tentative sérieuse d'invalider le « prétendu biologisme » de Nietzsche[5]. Peu importe ici que son but ait été de montrer que Nietzsche ne sortit pas de la métaphysique, et même qu'il l'acheva. Le fait est que la science a toujours besoin d'une détermination préalable à son domaine : le concept et l'essence des phénomènes qu'elle étudie, elle les reçoit d'autre chose qu'elle-même, et c'est de la « méditation philosophique » qui lui fournit des « propositions métaphysiques ». Un biologiste qui décide ce qu'il convient d'appréhender sous le terme de « vie » décide en métaphysicien, non en biologiste : « La science et la méditation sur son domaine sont toutes deux fondées historialement sur la prédominance (à chaque fois) d'une certaine interprétation de l'Être et se meuvent toujours dans la sphère où prédomine une certaine conception de l'essence de la vérité[6]. » Et Heidegger voit bien, en 1961, que les conceptions du monde qui prétendent être scientifiquement fondées sont les symptômes d'un

« confusionnisme intellectuel » typique du siècle et catastrophique dans ses conséquences. Si Nietzsche a besoin de concepts biologiques, c'est que ceux-ci contiennent déjà des décisions philosophiques qui ne doivent en réalité rien à la biologie, mais dépendent d'une préférence fondamentale pour un certain concept de l'Être pensé comme Vie (conception qui marque, selon Heidegger, l'achèvement nietzschéen de la métaphysique occidentale comme oubli de l'Être). Mais il n'est pas même besoin d'invoquer la métaphysique pour critiquer le scientisme, et c'est même une critique de la métaphysique qui entraînera avec elle celle de la science : l'épistémologie, la philosophie des sciences et l'histoire des sciences, depuis la seconde moitié du XXe siècle, ont vu naître un questionnement nouveau, que Pierre Macherey formule ainsi à propos de Canguilhem : *Que veut la science*[7] ? Or cette question est une question nietzschéenne : « "Qu'est-ce, à vrai dire, que *je fais* ? Qu'est-ce que je veux atteindre par là, *moi*, précisément ?" — telle est la question de la vérité que l'on n'enseigne pas dans notre culture d'aujourd'hui et que, par conséquent, l'on ne pose pas non plus, pour laquelle on n'a pas le temps[8]. » N'imaginons pas que Nietzsche n'ait pas pris le temps de poser cette question aux biologistes qu'il convoque, ni surtout de se poser la question à lui-même. Il sait ce qu'il veut, et pressent très bien ce que veut la biologie, dans chaque cas, pour chacun des biologistes convoqués, à un moment précis de leur argumentation : il fera d'eux tour à tour des alliés ou des adversaires, prenant ce dont il a besoin et rejetant ce qui le conduirait à des conclusions qu'il ne *veut* pas. Ce sera évidemment le cas avec Darwin, Haeckel, Spencer, Rütimeyer, Roux, Rolph ou Nägeli[9]. Ni la dénonciation d'un préjugé scientiste ni l'excuse d'un emploi métaphorique de la biologie ne peuvent rendre compte de ce que Nietzsche cherche à *rencontrer* dans la biologie. Il faudrait, plus largement, refaire le trajet des rencontres, échos ou correspondances, dans leur hétérogénéité même, entre la philosophie, l'art et la science, qu'ont admirablement analysés Deleuze et Guattari dans *Qu'est-ce que la philosophie*[10] ? En aucun cas, donc, Nietzsche ne synthétise ou n'identifie la philosophie et la science (pas plus d'ailleurs que la philosophie et l'art — la thèse de « l'esthétisme » de Nietzsche devrait subir la même critique que celle de son « biologisme ») ; en aucun cas il ne croit *fonder* ses valeurs sur la science, la volonté de puissance sur la biologie, la grande politique sur la physiologie. En revanche, il pratique en effet des *hétérogénèses* (autre « métaphore » biologique) qui courent bel et bien les deux dangers extrêmes évoqués par Deleuze et Guattari : celui de retomber sur le plan doxique qu'il voulait ébranler, et celui de se briser au contact du chaos qu'il voulait affronter. Ce second danger renvoie à la possibilité d'une aporie redoutable où se sont peut-être brisées les dernières pensées de Nietzsche. Le premier, celui de la rechute doxique, doit être examiné dès à présent.

Il est évident que la constellation lexicale des énoncés mis en œuvre par Nietzsche dans son axiologie de la hiérarchie et de la sélection présente de très fortes similitudes avec les idéologies évolutionnistes de son temps, celles du darwinisme social et de l'eugénisme[11] : fort et faible, supérieur et inférieur, sain et malade, guerre, lutte, sélection, aptitude, hérédité, races, etc. On connaît la panoplie. Le cas des théories eugénistes, tout au moins à leurs débuts (dans les années 1880), est assez différencié. Mais, quant au darwinisme social, on sait aujourd'hui qu'il a été, du milieu du XIXe au début du XXe siècle, beaucoup plus étendu et dominant qu'on ne l'admettait généralement, effet d'une vaste naturalisation de la société, d'ailleurs largement transversale aux oppositions idéologiques traditionnelles. Or, comme le rappelle André Pichot, s'il est vrai qu'on a assisté à une véritable biologisation de la sociologie et de l'économie politique, il faut dire en même temps, et surtout, que la biologie a subi une véritable sociologisation de ses contenus :

> Contrairement aux apparences, le darwinisme social n'est pas simplement l'importation d'une doctrine biologique en sociologie. C'est d'abord le darwinisme biologique qui a été l'importation en biologie d'une doctrine sociologique (celle de l'économie politique bourgeoise, comme l'explique Dumont). Le darwinisme social, lui, n'a guère été que le retour de cette doctrine (« naturalisée » par son passage par la biologie) dans son champ d'origine, où elle ne pouvait que réussir. Darwin a lui-même reconnu que sa théorie était, au moins partiellement, la transposition en biologie de principes appartenant à la sociologie et à l'économie (il se réfère nommément à Malthus[12]).

C'est sans doute pour cette raison que le darwinisme social a eu bien plus de succès que le darwinisme biologique, qui a rapidement trahi ses insuffisances scientifiques, refoulées par une époque qui *voulait* être darwinienne. Mais la dépendance de la biologie à l'égard de l'idéologie se lit encore dans des rapports plus subtils, comme le montre Canguilhem[13] à propos de la biologie cellulaire (domaine qui a particulièrement retenu l'attention de Nietzsche à partir du début des années 1880) : la « cellule » est d'emblée une métaphore issue du domaine politique et social, sa mise en œuvre scientifique dépend fondamentalement de la conception que les biologistes se font de l'individu et de son rapport à son environnement et à la société ; les querelles scientifiques (par exemple entre vitalisme et mécanisme) reproduisent des oppositions idéologiques (comme entre holisme et individualisme) qui leur préexistent. Etc.

Une fois constaté platement que Nietzsche produit des énoncés eugénistes et biologisants, il resterait à déterminer la nature et le fonctionnement des genèses d'énoncés qui articulent les unes aux autres les sciences humaines et sociales, les sciences de la nature, l'idéologie et l'axiologie. Ce travail, d'inspiration peut-être foucaldienne, dépasserait le cadre du présent ouvrage, et aussi nos forces, sans aucun doute. Pourtant, seule une telle entreprise permettrait de mieux percevoir ce qui, dans la constellation des énoncés nietzschéens, ressortit à la singularité de sa philosophie ou retombe sur le plan doxique et idéologique d'une époque. Tout au plus ai-je tenté plus haut (deuxième partie, chapitre 5) d'esquisser la manière dont la philosophie de Nietzsche se constitue comme élément rebelle sur le plan doxique de la modernité. Ce qui est certain, en revanche, c'est que, au sein de cette nébuleuse idéologique où il semble évoluer et s'exprimer *avec* un large pan de son siècle, Nietzsche ne cesse de produire, *à partir* d'opinions dominantes et *contre* elles, des concepts singuliers irréductibles au plan doxique où ils ont pourtant parfois tout l'air de s'inscrire. Son rejet du concept métaphysique et libéral de sujet autonome, hérité des Lumières idéalistes et reposant selon lui sur une compréhension erronée de la puissance, trahit sa préférence, *à tout prendre*, pour la nébuleuse idéologique où la puissance se dit en termes holistiques, hiérarchiques, organicistes, biologisants et eugénistes : c'est en ce sens qu'il en exploite les constellations d'énoncés, où il trouve des résonances avec ses concepts de puissance, d'individu et de culture, et surtout d'utiles alliés. Mais la philosophie de Nietzsche est trop solitaire et trop conséquente pour se satisfaire d'une alliance inconditionnée avec les nébuleuses doxiques. Ainsi, il s'opposera avec force au darwinisme biologique et social, lui opposant pied à pied des arguments contraires : l'évolution, la conservation de soi, la lutte, la sélection, la nature, la puissance et la vie mêmes sont des concepts qui, dans le darwinisme, marchent sur la tête, ou à reculons. En revanche, l'eugénisme biologique, avec ses projets de sélection artificielle, représentait une alliance beaucoup plus fructueuse dans sa recherche d'une transfiguration de la *physis*. Mais, dans tous les cas, c'est avec la biologie elle-même qu'il fallait avoir le courage de provoquer une rencontre philosophique, qui puisse aider à dégager des modèles pertinents pour la volonté de puissance et à dépister avec opiniâtreté tous les malentendus sur elle.

Pourquoi faire de la physiologie la « reine de toutes les autres questions » ? Parce que la fonction « organisme » des biologistes tentait de répondre à sa manière aux mêmes problèmes que le concept « sujet » des philosophes ; et parce qu'en reconfigurant différemment le champ du problème la biologie ouvrait à Nietzsche des perspectives fécondes. On pourrait reprendre un par un les problèmes que nous avons rencontrés et les trouver reconfigurés par la biologie. La difficulté majeure du libéralisme philosophique, portée à son sommet par le kantisme, était l'articulation de l'autonomie et de l'hétéronomie du sujet métaphysique : la biologie se donnera pour tâche de comprendre les rapports de l'organisme à lui-même et à son milieu, rencontrant les mêmes difficultés pour déterminer les rapports entre sa passivité et son activité. Le point de rencontre entre l'activité et la passivité du sujet se situait bien, du point de vue de la philosophie politique classique, dans la détermination du *quantum* de puissance qu'est l'individu dans l'état de nature : le problème de la liberté, repris tel quel par Nietzsche dans *Aurore* comme interférence dans la sphère d'une volonté étrangère, la biologie le traite à sa manière dans cette détermination des rapports du vivant à son milieu, et il faudra l'invention de la biologie cellulaire contemporaine de Nietzsche pour dépasser les apories de l'atomisme, et renouveler profondément la question de la possibilité de la croissance (l'augmentation de puissance), dans une combinaison nouvelle des interactivités et « interpassivités » avec le milieu, et des autorégulations. Au fond, la double question que nous avons rencontrée au cœur de la problématique anthropologique de Nietzsche (« comment allons-nous nous maintenir ? » et « qu'allons-nous devenir ? »), la biologie la posait pour son compte, mettant à l'épreuve les apories de la notion d'autoconservation dans l'évolutionnisme darwinien, confrontant l'évolutionnisme à la pensée nouvelle de l'individuation comme croissance en devenir, telle que l'a formulée la biologie cellulaire. Comment on devient ce que l'on est, c'était bien la grande question de la physiologie.

Barbara Stiegler[14] montre que Nietzsche a trouvé le point d'articulation entre philosophie du sujet et biologie de l'organisme dans *L'Histoire du matérialisme* d'Albert Lange[15], l'une de ses lectures décisives. L'idée de Lange était en effet que les physiologistes, en déplaçant les conditions de possibilité de la connaissance chez le sujet sur celles de la perception dans l'organisme, reconduisaient l'insurmontable contradiction d'une perception créatrice, spontanée ou active : le transcendantal demeurait. Or c'est ce problème, laissé sans réponse par Lange, que Nietzsche reprend, et précisément sur le terrain de l'organisme. En 1884, au plus tard, il pose un nouveau départ méthodologique, avec un but bien précis : « Partir du *corps* et de la physiologie : pourquoi ? — Nous obtenons ainsi une représentation exacte de notre unité subjective[16]. » De Kant, Nietzsche hérite la nécessité de penser ensemble la diversité absolue des états du sujet pris dans le flux permanent des représentations, son activité synthétique consistant à unifier en permanence le divers, et l'unification subjective de soi qui procède de ce rapport passivité-activité. Nous ne cessons d'interpréter le divers du monde perçu dans le sens de l'identité, et de nous inventer nous-mêmes dans le sens d'une identité à soi[17]. Or, il ne s'agit pas simplement de dire, après Lange et Schopenhauer, que les conditions *a priori* de la sensibilité et de la pensée sont des systèmes de production d'identités fictives, il faut encore comprendre que ces productions sont la condition même du vivant, ce que Nietzsche appelle des falsifications ou erreurs vitales. Pour obtenir une subjectivité vivante, celle du corps, il faut comprendre l'utilité de ces falsifications pour la vie. Pour ce faire, Nietzsche convoque la théorie cellulaire de Virchow[18], la première tentative biologique de rendre compte de la production de cette unité par le corps, et plus encore, à partir de 1881, les travaux de Wilhelm Roux[19], un élève du précédent, qui vont lui permettre de dégager une continuité du corps et de la pensée, un véritable modèle organique pour la pensée. Or ce modèle, que Nietzsche fera profondément sien, c'est celui de l'*assimilation* et de l'*appropriation* : rendre similaire, rendre identique ou égal (*gleichmachen*), c'est la manière dont l'organisme s'empare de l'altérité et se l'incorpore[20]. Dès 1873, dans *Vérité et mensonge au sens extra-moral*, Nietzsche avait conçu la connaissance sur le modèle d'une assimilation de l'inconnu au connu, du divers à l'identique : perception active et prédatrice jetant sa toile d'araignée sur les choses. Désormais, il peut en faire, non sans une nette dramatisation dans le sens de la violence et de la guerre, l'essence même de la vie comme volonté de puissance. Et surtout, en vertu d'un principe méthodologique d'économie qui autorise l'hypothèse d'une isomorphie de la volonté de puissance à tous les niveaux de formations d'unités supérieures, il applique ce modèle à la nature du social :

> Vivre, c'est essentiellement dépouiller, blesser, dominer ce qui est étranger et plus faible, l'opprimer, lui imposer durement sa propre forme, l'englober et au moins, au mieux, l'exploiter (...). Tout corps au sein duquel, comme nous l'avons admis, les individus se traitent en égaux — et il en va ainsi dans toute aristocratie saine — est aussi obligé, s'il est vivant et non pas moribond, de faire contre les autres corps tout ce dont les individus qui le composent s'abstiennent dans leurs relations réciproques : il devra être une volonté de puissance incarnée, il voudra croître, s'étendre, accaparer, dominer, non pas par moralité ou immoralité, mais parce qu'il vit et que la vie est volonté de puissance[21].

On voit comment Nietzsche peut désormais, avec la complicité de la biologie, trouver une issue à la triple impasse du sujet métaphysique de Kant, du corps physique de la biologie mécaniste, et de l'individu social du libéralisme classique. On l'a dit, cet isomorphisme ne va pas de soi, qui conçoit la cellule dans l'organisme comme un individu dans la société et inversement, dans un va-et-vient entre la politisation de la biologie et la biologisation de la politique. Il y a fort à penser que ces sauts entre sphères hétérogènes soient bien l'effet dangereux de l'idéologie — à moins qu'elles ne soient précisément l'effet de l'activité falsificatrice fondamentale de la connaissance : l'analogie comme assimilation du divers. Mais de telles analogies s'expliquent par le fait que, pour Nietzsche comme pour nombre de ses contemporains, philosophes, sociologues et scientifiques, c'est une seule et même question qui domine : celle de l'*individuation* du vivant[22]. Or cette question qui, sous une forme puissamment dramatisée, était au cœur de la réponse schopenhauerienne à la métaphysique kantienne ne cesse de tourmenter Nietzsche. Et j'emploie à dessein le terme « tourmenter », avec le *pathos* qu'il implique : car Nietzsche, après Schopenhauer, a conçu et éprouvé l'individuation comme *guerre et souffrance*. Et contre la détresse existentielle que suscite cette révélation précoce, il emploiera toutes ses forces à l'affirmer, au lieu de tenter de l'abolir comme l'avait entrepris l'éthique de son premier maître.

En quoi la biologie pouvait-elle aider à cette tâche ? Le *struggle for life* darwinien, qui offrait un utile pendant au *bellum omnium contra omnes* hobbésien, était naturellement une hypothèse séduisante. Mais, nous l'avons vu, l'instinct de conservation présentait de graves défauts : le darwinisme ne pouvait dire ce qu'il advenait de la volonté dans l'individuation. L'individu, identique à soi, se trouvait le jouet d'une sorte de finalité interne de l'espèce qui, pour être sans volonté, n'était pas sans projet, reconduisant avec la sélection naturelle du plus adapté une véritable théologie naturelle[23] ; mais surtout, le darwinisme ne rendait pas compte de l'activité de subjugation, d'interférence dans une sphère étrangère, de législation et de création de formes nouvelles, qui caractérise la vie comme puissance. Or cette critique, en 1881, le biologiste Wilhelm Roux la menait avec force : le pseudo-mécanisme darwinien était incapable d'expliquer la spontanéité et l'inventivité des réponses adaptatives du vivant. Cette faculté de créer des formes, Roux l'explique par la constitution biologique même de l'individu, qu'il définit comme « lutte des parties dans l'organisme ». On connaît désormais l'importance de cette thèse de Roux pour Nietzsche, tout particulièrement depuis les travaux de Wolfgang Müller-Lauter[24]. Mais retenons-en ici l'essentiel pour notre propos : l'activité organique n'est pas seulement l'autorégulation homéostatique d'un « milieu intérieur » telle que l'envisageait par exemple Claude Bernard[25], elle est une véritable autoformation (*Selbstgestaltung*) qui, parce que le vivant est perpétuellement traversé par l'altérité, s'effectue dans un constant effort d'assimilation vers un devenir-soi, que Roux interprète comme lutte, et que Nietzsche complétera nécessairement par l'idée de hiérarchisation[26]. Être assimilé, être *incorporé*, c'est entrer sous le commandement des parties dominantes de l'organisme ; devenir nourriture, fonction, organe, c'est obéir à l'activité hiérarchisante du vivant. Mais nous retrouvons dans l'organisme cet élément essentiel de la conception nietzschéenne de la hiérarchie : soumettre n'est pas anéantir, et ce qui est soumis ne disparaît pas.

> Ce n'est pas une lutte pour l'existence que mènent entre elles les représentations et les perceptions, mais une lutte pour la domination : — la r<eprésentation> vaincue n'est pas *anéantie*, mais seulement *refoulée* ou *subordonnée*. Il n'y a pas d'anéantissement dans le domaine spirituel[27]...

Cela veut dire plusieurs choses : d'abord que l'incorporation est une modification réciproque entre le même et l'autre. L'altérité soumise est en même temps aliénée ou *falsifiée* par l'organisme, mais l'organisme lui-même est désormais investi de l'intérieur par de l'altérité qui n'est pas supprimée. C'est pourquoi il n'y a jamais d'identité à soi constituée, mais une lutte sans cesse inachevée entre un devenir-soi et un devenir-autre, qui est le moteur même du devenir (et donc, nous le verrons, l'enjeu fondamental de l'*avenir*). D'autre part, le terme de *refoulement*, qui nous est bien connu de la psychanalyse (Nietzsche emploie le verbe *zurückdrängen*, et Freud : *verdrängen*), doit nous alerter : car c'est bien en effet toute l'économie de la mémoire et de l'oubli qui est à nouveau en jeu, comme condition du vivant. La position forte de la Deuxième Inactuelle sur la mémoire comme faculté active discriminant ce qui doit être retenu conscient et ce qui doit être oublié selon un critère *d'utilité* pour la vie, Nietzsche la retrouve dans les années 1880 au cœur de la problématique biologique[28] : non seulement il existe une mémoire organique, mais toute mémoire est processus organique, et la condition de possibilité même du vivant. Cette idée ne permet pas seulement à Nietzsche de réaffirmer la nature organique du spirituel[29], mais plus profondément, de mener à ses ultimes conséquences l'intuition fondamentale qui est la sienne quant à l'articulation de la vie, de la connaissance et de la volonté : au lieu de dire simplement que la connaissance et la volonté sont des modalités de la vie, c'est la vie elle-même qui est mode de connaissance, et la connaissance est volonté de puissance ; vivre est la seule *représentation* de « l'Être » (perception, assimilation, domination de *ce* qui est représenté) que nous connaissions, et cette représentation ne peut se dire que de la volonté de puissance, seul accès que nous ayons à ce qui est, seule hypothèse possible d'un accès à l'être du devenir[30]. Or cet accès conditionné de l'individu au monde suppose un type d'ouverture, ou plus exactement de perméabilité à la fois passive (« endosmose ») *et* active (« intussusception »)[31], qui seule permet l'accroissement individuant qui le caractérise : en lui s'accumule non seulement tout l'assimilé, mais aussi une prodigieuse réserve d'altérité refoulée, mais exerçant des *résistances*[32]. Or, dans le vivant comme lutte interne, l'assimilation génère du *plaisir* (ce que Nietzsche appelle aussi la cruauté), et la résistance génère de la *douleur*. On comprend comment Nietzsche peut désormais rejouer à un tout autre niveau d'interprétation la révélation fondatrice, que nous avions appelée mystérique, de l'individuation comme *souffrance*. Ce qui était encore, dans *La Naissance de la tragédie*, douleur de l'individuation déchirant le voile de Maïa et mettant à nu l'Un originaire devient ici la condition même de l'organique. La vie est mode de connaissance, aussi bien cela veut dire que *la souffrance est interprétation* : « Ainsi, *comprendre* est originellement une sensation de douleur et reconnaissance d'une puissance étrangère[33]. » L'excitabilité de l'organisme préoccupe la plupart des biologistes de l'époque : car l'activité assimilatrice ne se déclenche qu'à la suite d'une excitation, que Virchow définit comme « altération *passive* (passio, pathos) que l'élément vivant éprouve par une influence étrangère suffisante pour troubler son arrangement interne. À la suite de cette modification passive se développe un processus *actif*, preuve palpable des propriétés vitales de l'élément[34] ». Or, dans la séquence action-passion-réaction, Nietzsche veut sortir d'un rapport mécanique de causalité, dont la succession dans le temps n'est pas une preuve suffisante. Il entend trouver, au cœur même de la passivité de l'organisme affecté, une véritable *activité* : la perception est toujours déjà une interprétation active de l'action étrangère, et c'est *métaphoriquement* que nous établissons un rapport de cause à effet. La perception est en réalité la rencontre de deux *pouvoirs*, celui d'affecter et celui d'être affecté ; nous ne reconnaissons pas la paradoxale *spontanéité* qui se loge dans une réaction. Cette intuition est présente chez Nietzsche depuis le début des années 1870[35] ; dix ans plus tard, et désormais nourri de ses lectures biologiques, il peut définir la nature active de l'affection comme *interprétation* :

> À Schopenhauer, j'oppose les thèses suivantes : premièrement, pour que la volonté naisse, une représentation du plaisir et du déplaisir est nécessaire. Deuxièmement : qu'une excitation violente puisse être ressentie comme plaisir ou déplaisir, revient à

une *interprétation* de l'intellect qui, dans la plupart des cas sans doute, nous travaille en cela de façon inconsciente ; la même excitation *peut* être interprétée en tant que plaisir ou déplaisir[36].

Or que sont le plaisir et le déplaisir ? Le premier est « sentiment de force *débordant* qui doit se manifester », le second est « inhibition du sentiment de puissance qui doit se libérer ou se compenser »[37]. Autrement dit, quelle que soit la nature de l'affection, elle correspond toujours à un besoin de décharger de la puissance, elle augmente la puissance assimilatrice. Inspiré ou confirmé dans son intuition par les thèses de Roux sur le rôle, par exemple, de la lésion organique dans l'activité régénératrice des tissus, Nietzsche peut affirmer que la *blessure* augmente la puissance[38]. Plus l'organisme est « évolué », plus il s'expose aux altérations ; plus il est exposé, plus il est actif dans ses réactions et développe son autoconstitution[39]. La théorie nietzschéenne de l'« évolution » a sa manière à elle de placer l'organisme humain au sommet : les organismes inférieurs travaillent à préserver une identité à soi par la clôture maximale du milieu intérieur (Claude Bernard) ; c'est en l'homme que l'ouverture à l'altérité est la plus grande, et que la lutte pour devenir soi est la plus vaste, la plus prospective, la plus tendue vers l'avenir. Mais en l'homme même, l'identité ou égalité à soi est l'état vital le plus faible ; une excitabilité minimale implique une croissance minimale. Au contraire, la vitalité la plus forte se dit du maximum possible d'ouverture à l'altérité, condition dangereuse d'une conquête permanente de soi.

On commence à mieux comprendre la distinction entre le fort et le faible. Et on comprend en outre pourquoi le fort est aussi le plus fragile, et le faible le plus durable. Cette conclusion se répercute très fortement sur la position de Nietzsche à l'égard du darwinisme. Et s'il est vrai que les circonstances extérieures contraignent les espèces à s'adapter pour survivre, cette sélection naturelle ne vise qu'une seule dimension du vivant, précisément celle de la *faiblesse durable* : « L'utile qui se rapporte à l'accélération du tempo du développement est un "utile" différent de celui qui se rapporte à la stabilisation et à la durée optimales du développé[40]. » La reconnaissance d'une telle « accélération » s'oppose pied à pied au darwinisme : l'accent est mis sur des processus de croissance dont la notion de conservation ne peut rendre compte ; les modifications du vivant sont conçues comme extériorisations de forces internes, et non à partir de la pression des contraintes externes sur le vivant[41] ; contre l'idée darwinienne d'un développement graduel et moyen, un rôle majeur est attribué à l'*exception*, monstrueuse et critique, dans les possibilités d'innovation de l'évolution[42] ; enfin, la soumission instinctive de l'individu isolé à l'intérêt de l'espèce (procréation, descendance) est contestée : l'instinct sexuel est une « suprême extériorisation de puissance » de l'individu, et par conséquent « son suprême intérêt »[43].

Ces quatre éléments de critique antidarwinienne sont essentiels, car ils nous permettront de comprendre l'articulation exacte entre l'interprétation généalogique de la sélection naturelle et les contenus de la sélection artificielle. La généalogie interprète l'évolution du vivant selon les critères d'évaluation de la volonté de puissance, c'est-à-dire selon les points de vue : de la croissance, de l'intérieur, de l'exception, de l'« égoïsme » (pour ce dernier,

Nietzsche a soin de préciser : « Naturellement, en jugeant non à partir de la conscience mais du centre de toute l'individuation[44] »). Voilà un cas pratique très clair de renversement des valeurs. Or, le renversement du darwinisme qu'effectue Nietzsche ici, pour réinterpréter en profondeur l'évolution biologique, il l'a effectué très exactement de la même manière, point par point, contre l'historicisme pour réinterpréter l'évolution de la vie historique (c'était une décennie plus tôt, et il ne s'était pas encore donné le concept de volonté de puissance), et contre l'idéalisme pour réinterpréter l'évolution de la vie morale. Au moment même où Nietzsche semble ne plus s'intéresser qu'à la biologie, il ne cesse en réalité de poursuivre, en même temps et inséparablement, le renversement de toute l'interprétation de l'homme[45]. Il faut s'entendre sur la nature et la méthode de tels renversements, car leur formulation présente une ambiguïté. Dans le cas de la critique du darwinisme, Nietzsche dit tantôt que les darwiniens se trompent, et expliquent à l'envers ; tantôt il oppose leur interprétation de surface (de l'extérieur, selon l'apparence) à la sienne, en profondeur (de l'intérieur, selon la réalité pulsionnelle). Entre les deux énoncés, on passe déjà d'un régime de vérité à un régime d'interprétation, à un changement de perspective. Mais plus importante encore, comme toujours chez Nietzsche, est la possibilité d'une *mobilité* des perspectives. Pour avoir une chance de saisir le tout de l'existence, il faut pouvoir penser en même temps l'activité et la passivité, la croissance et la dégénérescence, l'individu et l'espèce. Le cas du paragraphe 224 d'*Humain, trop humain*, « Ennoblissement par dégénérescence », est particulièrement frappant. Tous les éléments de la critique antidarwinienne énoncés plus haut s'y trouvent présents, ainsi que l'intuition que la puissance s'accroît par les blessures et les poisons. Dans ce texte, Nietzsche nomme « forts » les éléments durables, stables et sains d'une communauté culturelle ; et « faibles » les éléments mutilés, lésés, dégénérescents. Mais ce sont ces derniers qui sont « capables de tentatives nouvelles, d'expériences multiples ». Et si, le plus souvent, ils périssent à cause de leur faiblesse, ce sont bien eux qui permettent le développement : « Les natures les plus fortes *maintiennent* le type, les faibles concourent à le *développer*. » Et il en tire des conclusions pour l'éducation :

> Un peuple qui commence à se gangrener et s'affaiblir en quelque point, mais reste fort et sain dans l'ensemble, est capable de soutenir l'infection de la nouveauté et de la tourner à son avantage en l'absorbant. Pour l'individu, telle sera la tâche de l'éducation : lui procurer une assiette si sûre et si ferme qu'il ne puisse absolument plus, dans l'ensemble, être détourné de sa voie. Mais alors l'éducateur aura le devoir de lui infliger des blessures, ou de mettre à profit les blessures qu'il a reçues du destin, et une fois la douleur et le besoin nés de la sorte, quelque élément de nouveauté et de noblesse pourra lui être inoculé par ses plaies. Toute sa nature l'absorbera et donnera son ennoblissement à sentir dans les fruits qu'elle portera plus tard[46].

Notons tout d'abord que c'est ici aux faibles que Nietzsche attribue la capacité d'innovation, d'expérimentation, d'ennoblissement, en vertu de l'indispensable vulnérabilité à l'altérité ou extériorité qui caractérise les organismes supérieurs. Les forts, eux, se maintiennent, imperméables et fermés, aussi bêtes qu'un bacille, de cet abêtissement « qui accompagne toujours la stabilité comme son ombre[47] ». Il ne s'agit pas d'une contradiction avec ce que nous avons vu précédemment, même si la mobilité déroutante de la qualification de « fort » et de « faible » complique considérablement toute l'affaire. Le fait est qu'il n'y a jamais chez Nietzsche de fort et de faible en soi, mais que l'un et l'autre sont pris dans des rapports relatifs ou relationnels, qui ne peuvent être définis qu'en fonction de l'évaluation du point exact et variable où activité et passivité s'articulent, le degré exact et variable d'ouverture et de fermeture à l'extériorité qui permet d'éviter la dégénérescence. Ainsi, « fort » peut se dire soit de la stabilité, soit de la croissance ; mais « faible » peut se dire soit de la dégénérescence, soit de cette même stabilité. C'est toute la difficulté de l'usage nietzschéen du lexique de la force et de la faiblesse : car si l'on comprend facilement que croître, c'est se renforcer, et que dégénérer, c'est s'affaiblir, il devient beaucoup plus difficile de *savoir si la stabilité est force ou faiblesse*. C'est le point nodal de la généalogie : la stabilité (qu'on l'appelle comme on veut : persévérance dans l'existence, durée, être, éternité) ne doit être pensée ou interprétée qu'à partir de l'accroissement ou de l'affaiblissement de la puissance, c'est-à-dire de la qualité de son devenir. Selon la qualité de ce « devenir », « l'être » ou « la vérité » recevront un sens différent, seront différemment évalués. Nous en revenons toujours à la question du dosage : *évaluer et doser sont une seule et même chose*, et l'éthique qui s'en dégage consiste à expérimenter, chaque fois, les seuils exacts où altération et assimilation sont l'une et l'autre dosées à un *maximum* tel que ni la dégénérescence ni la stabilisation ne peuvent prendre le dessus. Ce seuil lui-même n'est donc plus un point d'équilibre stable, il est la dynamique même de la croissance ou *élévation*. *Ecce Homo* formulera finalement la question centrale : « Quelle dose de vérité un esprit sait-il *supporter*, sait-il *risquer* ? Voilà qui, de plus en plus, devint pour moi le vrai critère des valeurs[48]. »

Toute sa vie, Nietzsche n'a presque fait que travailler à l'évaluation de ces dosages : qu'il s'agisse de l'apollinien et du dionysiaque dans *La Naissance de la tragédie*, de l'homme intuitif et de l'homme théorique dans *Vérité et mensonge*, de la mémoire et de l'oubli dans la Deuxième Inactuelle, etc., toujours Nietzsche interroge les manières dont les corps perçoivent, traduisent, s'approprient, s'incorporent, assimilent le monde ; mais aussi comment ils développent des réactions de rejet, de résistance ou de refoulement ; et encore comment ils présentent des blessures, et dans quelle mesure celles-ci sont capables de cicatriser. En d'autres termes : comment, sous la pression de tout ce qui devient, les corps croissent, se stabilisent ou dégénèrent. Le philosophe-médecin lit dans les corps ce que fait de nous la vérité. C'est pourquoi c'est un diagnostic toujours à la fois de l'homme et de la vérité, des types d'homme et des types de vérité. Et de ce que l'un et l'autre deviennent dans leur rapport ; car, comme dit Deleuze, « à mesure que quelqu'un devient, ce qu'il devient change autant que lui-même[49] ». Dire que la « vérité en soi » est inconnaissable n'est pas suffisant : elle est toujours déjà l'objet *négatif* de ce qui est voulu dans la volonté de puissance : ce qui, du monde, n'est connu que falsifié dans l'incorporation ; ce qui est activement non voulu dans la dégénérescence ; ce qui est passivement non voulu dans la stabilisation. Volonté d'affirmation de l'homme qui veut être surmonté, volonté de néant de « l'homme qui veut périr », néant de volonté du « dernier homme »[50]. C'est pourquoi la « vérité » telle que la conçoit Nietzsche ne peut être un en-soi, mais le point ou degré d'intensité où le vivant individué se *blesse* au contact du monde, et le devenir de cette blessure : guérison ou aggravation morbide. Et ce qui mesure ce degré est la volonté de puissance, elle est elle-même l'intensité et le devenir de la blessure.

L'une des métaphores favorites de Nietzsche pour le philosophe n'est pas le biologiste, mais le *médecin*. Et s'il lui a paru peu à peu évident que la philosophie ne pouvait s'occuper que du vivant, et qu'elle était elle-même une certaine manière d'être vivant, il ne s'agissait pas de proposer un système de plus, fût-il de modèle biologisant. La vocation fondamentalement *pratique* du philosopher chez Nietzsche exigeait l'union indéfectible du diagnostic et du traitement de la « blessure ». À l'interprétation généalogique de la volonté de puissance s'enchaîne nécessairement la prise en charge du devenir de l'homme. Pour le dire grossièrement, au fur et à mesure que le diagnostic s'est affiné et approfondi (ce serait presque l'histoire génétique du concept de volonté de puissance), Nietzsche a proposé des figures, des types (largement fictifs) d'individus plus sains à partir de quoi il pourrait établir des critères ou des directions à la guérison : l'inactuel, l'esprit libre, le maître, le surhomme, etc. Plus que des images idéales de la santé, ce sont des personnages conceptuels exprimant des rapports entre la santé et la maladie, chaque fois dosés différemment, mais qui ont tous en commun de tenter de définir les dosages *maximaux* d'altération et d'assimilation où dégénérescence et stabilisation ne peuvent prendre le dessus sur la croissance. C'est qu'entre le corps comme « origine » pulsionnelle et « l'image » nouvelle du corps (qu'on pourrait aussi bien appeler, avec Deleuze, « image de la pensée ») fixée comme but, il y a évidemment une décision singulière prise en fonction d'une préférence fondamentale propre à Nietzsche. Pourquoi préférer la santé à la maladie, la croissance à la dégénérescence, l'élévation au déclin ?

On pourrait répondre un peu naïvement : parce que c'est « naturel ». Le médecin veut soigner, le malade veut guérir. Or, ni la question « que *veut* Nietzsche ? », ni surtout la question « que *veut* l'homme ? » n'ont une réponse évidente. La préférence et la décision correspondante sont loin d'être univoques. D'une part, la « passion de la connaissance » qui caractérise la philosophie suscite pour la maladie, la dégénérescence, le déclin, un intérêt profond qui est plus qu'une fascination morbide : le généalogiste sait que la morbidité est elle-même un moyen de connaissance, c'est-à-dire un rapport d'intensification entre la vie et la connaissance. Nietzsche insistera toujours sur ce point :

> Être malade est instructif, nous n'en doutons pas, plus instructif encore qu'être en bonne santé — *rendre malade* nous paraît aujourd'hui plus nécessaire même que guérir ou « sauver »[51].

> Que sont finalement ces deux millénaires ? Notre expérience *la plus instructive*, une vivisection de la vie même[52]...

D'autre part, apparaît quelquefois chez lui la tentation de ne rien faire contre la décadence moderne, et d'*attendre*[53] : laisser le nihilisme européen se développer jusqu'à ses extrêmes conséquences permettrait de parvenir à un nécessaire point de conversion, de retournement. Le renversement des valeurs a besoin de l'accomplissement du nihilisme. Il ne s'agit pas d'une téléologie providentielle ou de l'effet magique d'une dialectique historique : c'est une lente et patiente préparation à l'action, une accumulation d'énergies dans l'esprit, qui lui donnera assez de forces pour vouloir un autre avenir. On pourrait situer dans l'œuvre de Nietzsche l'un des moments décisifs où s'annonce l'articulation entre le diagnostic et la prise en charge, entre la généalogie et la grande politique : il s'agit de la préface de *Par-delà bien et mal*, où le philosophe, ayant donné à l'Europe les moyens méthodologiques d'une réévaluation généalogique de la « vérité », compte, pour poser de nouveaux buts, sur une alliance avec les prodigieuses tensions de l'esprit accumulées pendant deux millénaires par l'histoire occidentale de l'idéalisme. Ce vivier de forces, cette *vivisection* qui n'a cessé d'entretenir la blessure et puisé ses énergies dans la souffrance, c'est bien ce que Nietzsche appelle la *détresse moderne*. Encore une fois, pour comprendre le caractère effarant des buts de la grande politique, il faut la mesurer à la non moins effarante détresse qui s'est accumulée dans la constitution du type humain que nous connaissons. Car la question « que veut l'homme ? », et plus précisément « qu'a-t-il voulu jusqu'ici ? », n'appelle pas de réponse « naturelle » : car il est manifeste que l'homme a *préféré* la maladie à la santé, la dégénérescence à la croissance, le déclin à l'élévation. Il faut revenir pour cela à ce que nous avons dit des processus d'intériorisation et de spiritualisation à l'œuvre dans l'histoire de l'homme. Car ce qui a fini par distinguer l'homme de l'animal, c'est le redoublement des processus physiologiques de réparation des blessures par une nouvelle instance : la *conscience*. Celle-ci a fourni l'essentiel du travail de sécurisation de l'homme face à l'altérité, l'extériorité, la multiplicité du monde (synthèse du divers et synthèse de soi comme sujet), elle a été la forme d'individuation propre au type humain. La conscience a été le puissant instrument d'une économie de la blessure, en vue d'une stabilisation homéostatique. Mais ce que Nietzsche a montré, dans le style saisissant de *La Généalogie de la morale*, c'est que cette sécurité extérieure s'est payée d'une prodigieuse somme de souffrances nouvelles, intériorisées :

> L'homme qui, manquant d'ennemis extérieurs et de résistances, pris dans l'étroitesse oppressante et la régularité des mœurs, se déchirait, se persécutait, se rongeait, se harcelait, se maltraitait impatiemment lui-même, cet animal que l'on veut « apprivoiser » et qui se blesse aux barreaux de sa cage, cet être privé de tout et consumé par la nostalgie du désert, qui a dû faire de lui-même une aventure, une chambre de torture, une contrée sauvage et dangereuse — ce fou, ce prisonnier plein de désirs et de désespoirs devint l'inventeur de la « mauvaise conscience ». Mais avec elle est apparue la maladie la plus grave et la plus inquiétante, dont l'humanité n'est pas encore guérie, l'homme souffrant *de l'homme, de soi-même*[54].

C'est à ce point qu'intervient chez Nietzsche la figure du *prêtre*[55]. Car il est celui par qui l'homme ne veut plus guérir, et aspire même à l'aggravation continuée de ses blessures : « Quand il se *blesse*, ce maître de la destruction et de l'autodestruction — c'est ensuite sa blessure elle-même qui le contraint à *vivre*⁵⁶. » Le prêtre ascétique entend bloquer l'autorégulation entre le souffrir et l'agir, ou, pour le dire selon la formule célèbre de Deleuze, il sépare les forces de ce qu'elles peuvent : « Tant physiologiquement que psychologiquement, l'instinct de *réparation* [en français dans le texte] et de reconstitution ne fonctionne plus⁵⁷. » Ainsi prolifère à l'infini la plaie purulente, entraînant la dégénérescence et la décadence de l'homme. Ces pages sur le prêtre, parmi les plus inspirées de l'œuvre de Nietzsche, sont bien connues. Mais il faut souligner deux choses : d'abord, ce que nous avons dit plus haut⁵⁸ du prêtre doit être relu à la lumière du gain inestimable que représente la décision nietzschéenne de faire de la physiologie « la reine de toutes les autres questions », sans quoi nous n'aurions aucune chance de comprendre cette économie très particulière de la blessure. Mais ensuite, et surtout, la figure du prêtre reconfigure entièrement l'idée de sélection artificielle prônée par la grande politique. Car « l'eugénisme » nietzschéen ne procédera pas seulement comme réponse à la mésinterprétation darwinienne de la sélection naturelle, il opposera son propre artifice à un type contraire de sélection artificielle, celle accomplie depuis deux millénaires par le christianisme. Naturellement, ce combat sur un double front complique considérablement la lecture de cet eugénisme : car Nietzsche, contre le darwinisme, fera jouer *l'artifice* (la nécessité de compenser par une action volontaire « l'abêtissement » naturel causé par la sélection naturelle : arasement des exceptions novatrices et formation de troupeaux stables), tandis que, contre le christianisme, il fera de plus en plus jouer la *nature* (car le christianisme est désigné, de manière toujours plus véhémente avec les années, comme une « contre-nature »). Le fait est qu'il faut replacer les stratégies argumentatives dans les contextes différenciés de leur application, et que sans une compréhension fine de ce que permettent les rapports entre incorporation et spiritualisation, instincts et conscience, vie et connaissance (sous-tendus par l'hypothèse de la volonté de puissance), nous n'avons aucune chance de saisir la complémentarité fonctionnelle entre évocation de la « nature » corrigeant une « contre-nature », et l'exigence d'un « art » corrigeant la « nature ». (En réalité, la psychophysiologie nietzschéenne est une étape anthropologique majeure dans la remise en question radicale de deux dualismes fatidiques et complices : celui de l'âme et du corps, et celui de la nature et de la culture. Et, malgré les apparences, nous sommes loin d'en avoir fini avec eux[59].)

Stigmatisant, dans les énoncés les plus tardifs de la grande politique, la « contre-nature », la « dégénérescence » et le « parasitisme », Nietzsche fera de plus en plus servir le pire vocabulaire eugéniste de son temps à prôner l'éradication physique des éléments vitaux les plus faibles, contaminés et contagieux : régulation ou interdiction de la procréation, euthanasie thérapeutique et autorisation du suicide volontaire, etc.[60] Ce durcissement, sans aucun doute exacerbé par la surtension d'une détresse, est certainement sa tentative la plus dangereuse, et peut-être la plus inconsidérée (mais cela, on ne le sait qu'*a posteriori*, une fois que les pires malades se seront fait passer pour les plus sains, les pires esclaves pour les maîtres suprêmes — on ne sait jamais où s'arrête le nihilisme). Ces passages, dont il est difficile d'invoquer l'innocence métaphorique, ont quelque chose d'accablant. Toutefois, il ne faut pas sous-estimer certains éléments importants, que la probité intellectuelle devrait empêcher de prendre pour des excuses. D'une part, on ne peut ignorer *l'ironie* méchante déployée tout spécialement contre le christianisme : en effet, dans tous ces textes, la liste désignant les malades et les dégénérés aboutit toujours à la mention des chrétiens. En réalité, les handicaps physiques et mentaux, les classifications racistes, les catégories socioprofessionnelles, les comportements sexuels et sociaux dits pervers, qui étaient et seront l'obsession du biologisme eugéniste, n'intéressent pas Nietzsche. Et si la pathologisation du type « chrétien », qui découle de l'interprétation psychophysiologique, fine et complexe, de la volonté de puissance, aboutit à des mesures thérapeutiques eugénistes grossières, c'est que Nietzsche opte étrangement pour une tactique de *vulgarisation* : en effet, en disant « dégénéré », il pense « chrétien » ; en disant « chrétien », il pense « platonicien » (comme l'explique la préface de *Par-delà bien et mal* : « Le combat contre Platon, ou pour parler en termes plus compréhensibles et accessibles au "peuple", le combat contre l'oppression millénaire de l'Église chrétienne — car le christianisme est un platonisme pour le "peuple" »). Il y a fort à penser qu'en reprenant les énoncés du darwinisme social et de l'eugénisme ambiants pour poursuivre la lutte contre la métaphysique idéaliste il continue de traduire « pour le peuple » le projet de renversement des valeurs[61]. On sait très bien que, depuis *Zarathoustra*, Nietzsche souffrait de s'être rendu incompréhensible et incommunicable. *Par-delà bien et mal* devait dire autrement ce qui venait d'être dit dans *Zarathoustra*. Il est évident que Nietzsche, dans les toutes dernières années de sa vie consciente, a l'ambition de parler fort et de se faire comprendre. Car il ne faut pas croire que ce soit par ses envolées eugénistes que Nietzsche ait pensé choquer ses contemporains : l'époque est brutale, et largement convaincue des bienfaits de la discrimination eugéniste[62]. Ce qui est véritablement provocant, c'est sa manière très « inactuelle » de définir les malades qui doivent être éradiqués : là où ses contemporains stigmatisent les pauvres, les criminels, les pervers, les handicapés mentaux et physiques, et évidemment les Juifs, Nietzsche leur parle de platonisme, de christianisme, d'idéalisme, de scientisme, d'historicisme, de nationalisme, d'antisémitisme, etc. À vrai dire, que signifierait appliquer à la lettre des mesures d'enfermement, de stérilisation, d'euthanasie aux sujets atteints de ces « perversions »-là ? Cela n'a pas de sens, ne serait-ce que parce que les pouvoirs politiques, médicaux, psychiatriques, judiciaires sont *en tant que tels* toujours déjà infectés par la décadence que vise Nietzsche, marqués qu'ils sont par des régimes grégaires ou serviles de « vérité ». Le diagnostic généalogique de Nietzsche est trop redoutablement complexe et précis pour qu'il ait manqué de voir cette contradiction-là. La question qui demeure est celle de sa compromission possible avec une certaine vulgarité odieuse des formes de discours dominants. Le problème avait été le même avec le grossier camouflage des énoncés pangermaniques du tout début de sa carrière, alors que s'articulait déjà secrètement un tout autre type d'énoncé. Nietzsche a toujours pris le risque dangereux d'une stratégie d'écriture dont nous avons relevé depuis le début la double face : ésotérique et exotérique. Pour la masse, et pour quelques-uns, peut-être à venir.

Ou, comme le dit le sous-titre de *Zarathoustra* : « pour tous et pour personne ».

Le discours eugéniste de Nietzsche a lui-même deux faces. L'une, vulgaire et vulgarisée, reprend les formes de ce qu'on appelle l'eugénisme négatif, qui consiste en l'éradication des éléments faibles ou dégénérés ; l'autre, qui s'adresse à un petit nombre susceptible d'être initiés, est un eugénisme positif, qui réclame de favoriser ou de créer des individus plus forts et plus sains. Il faut dire tout de suite que cet eugénisme positif, dans l'œuvre de Nietzsche, est quantitativement bien plus présent et apparaît beaucoup plus tôt que l'eugénisme négatif, dont les expressions sont somme toute minoritaires et tardives. C'est que l'expression d'un eugénisme positif apparaît de manière très cohérente dans le prolongement d'une *politique éducative de l'exception* qui, on l'a vu, occupe Nietzsche depuis le début des années 1870. Le renouvellement de cette question qu'a permis le traitement physiologique du problème de l'individuation amène tout naturellement Nietzsche à s'intéresser aux théories eugénistes de Galton[63]. Les travaux de Galton sur l'hérédité l'avaient conduit à affirmer que l'évolution détruit les exceptions. Contre tout darwinisme social, mais aussi contre Haeckel, Galton conteste radicalement que la sélection naturelle soit jamais la sélection des meilleurs. Étudiant les instincts grégaires naturels, il ne voit de solution pour les contrecarrer que dans une éducation eugénique ayant pour but de protéger et de développer l'exception contre la brutalité de la sélection biologique. Or Nietzsche avait eu, avant même sa lecture de Galton, la même intuition :

> Des individus qui éprouvaient de manière essentiellement autre les lointains et la profondeur de l'espace, la lumière et la couleur, etc., ont été refoulés à l'écart et ont dû se reproduire malaisément. Cette manière de ressentir *autrement*, il faut qu'on l'ait éprouvée et évitée en tant que « *la folie* » même, durant des millénaires. On ne pouvait plus s'entendre, on laissa l'« exception » dépérir à l'écart. Une formidable cruauté a existé depuis le début de la vie organique, éliminant tout ce qui « *ressentait autrement* ». — La *science* n'est peut-être qu'un prolongement de ce processus éliminatoire, elle est totalement inconcevable si elle ne reconnaît pas l'« homme normal » en tant que la « mesure » suprême, à maintenir par tous les moyens[64] !

Les exceptions constituent des expérimentations du vivant sur lui-même qui ne seront pas retenues par l'hérédité dans l'évolution de l'espèce ; elles sont, du point de vue de la science grégaire, des *monstres* ; mais, du point de vue de la vie, elles sont la pointe extrême de la puissance d'individuation, elles sont la « vérité » de ce que fait toute individuation. « Il faut toujours armer les forts contre les faibles[65] », cela veut dire alors forcer l'hérédité à prendre acte et mémoire de ces formes supérieures (supérieures parce que plus hautement, plus puissamment individuées), cela veut dire protéger l'exception pour qu'elle ait un avenir, et que cet avenir soit une élévation. C'est presque toute la définition de l'eugénisme de Nietzsche. Tout cela n'est pour lui qu'une autre manière de dire ce qui se disait déjà dans son précoce culte du génie, puis dans l'appel à une communauté des esprits libres : « Les esprits libres expérimentent d'*autres façons* de vivre, inappréciable ! Les gens moraux laisseraient le monde se dessécher[66]. » Ce dessèchement du monde, ou décadence, n'est même pas, en réalité, l'effet d'une sélection naturelle. Celle-ci n'est que la fable par laquelle la science a tenté d'entériner le fait accompli, fait *accompli* par la culture sur des millénaires : la formation de troupeaux, et l'instauration d'une préférence pour le troupeau. Une victoire de la morale ascétique et sacerdotale, rusée, fine, spirituelle, qui a bloqué la puissance de réparation des blessures, la puissance d'individuation elle-même, qui a obtenu la stabilisation psychophysiologique du plus grand nombre au prix de l'individu : sentir, vivre, penser autrement se paya aussitôt de la plus grande souffrance de la conscience, de la sanction immédiate de la mauvaise conscience. Abêtis-toi ou souffre : ce fut le chantage le plus cruel jamais imaginé, par quoi toute personnalité exceptionnelle a été domptée et conduite au désespoir (exemple : Pascal).

S'il y a un eugénisme nietzschéen, il doit se dire *en amont* de la grande politique comme nouvelle sélection et nouvelle hiérarchie des types humains. Car l'idée de la généalogie, c'est d'abord que *toute morale, toute culture est un eugénisme*. Elle veut savoir ce qu'une moralité des mœurs, c'est-à-dire une histoire de la culture humaine, *fait* au corps vivant de l'homme pour créer un type : c'est-à-dire, comment elle pratique *l'apprivoisement* et *l'élevage* de l'homme. Ces deux termes zoologiques (*Zähmung* et *Züchtung*[67]), et donc assez peu humanistes, apparaissent fréquemment sous la plume de Nietzsche. De même que pour le « troupeau », on doit comprendre ce réseau analogique à partir de contextes différents, mais convergents. D'une part, la question de la domestication de l'animal, de l'élevage du bétail et de la culture des plantes (*Züchtung* se dit de l'un et de l'autre) avait été au centre des études de Darwin sur la variation, l'évolution et l'hérédité du vivant, destinées à illustrer sa théorie[68]. Le modèle et le lexique afférent, appliqués à l'homme, se sont rapidement propagés parmi les tenants du darwinisme social et les théoriciens eugénistes : les premiers pour justifier les politiques répressives à exercer sur les masses, les seconds pour proposer des politiques sélectives inspirées des pratiques agricoles. Cette analogie convergeait à merveille avec les réflexions des sociologues sur les instincts grégaires comme forme privilégiée de la sociabilité humaine. Mais, d'autre part, ce modèle avait — on l'a vu — une longue et prestigieuse ascendance, puisque Platon avait, dans la *République* et *Le Politique*, travaillé sur l'analogie entre l'art de gouverner et la compétence des pasteurs et des éleveurs, et que l'Église chrétienne avait investi, quant à elle, les images du bon pasteur et des brebis de Dieu, brebis égarées comprises. Pour Nietzsche, se réapproprier tous ces contextes ne fait ainsi aucune difficulté, pour la raison que la généalogie met justement en lumière une préhistoire de l'homme qui place la domestication des instincts animaux de l'humain au centre de l'activité de la moralité des mœurs. Depuis *Aurore*, il travaille sur la manière dont les valeurs morales s'inscrivent dans les corps, pour dompter de dangereuses pulsions sauvages et rendre possible l'élevage d'un certain type d'homme inoffensif. Cette inscription s'effectue avec tous les moyens du dompteur : la douleur du châtiment et la peur qu'elle inspire, la répression des instincts jusqu'à leur épuisement, la force de l'habitude. L'apprivoisement est un ensemble de techniques d'affaiblissement ou d'éradication de puissances dangereuses en vue d'obtenir leur innocuité. Une fois l'animal humain domestiqué, on peut passer à des programmes positifs d'élevage, c'est-à-dire à des techniques d'amélioration de certaines caractéristiques, en vue du « progrès » de l'humanité. Il est entendu que l'apprivoisement appartient essentiellement au passé de l'homme, car c'est ce par quoi s'est constituée son humanité même. Une forme d'apprivoisement continue d'intervenir dans certains cas particuliers, précisément aux moments où des exceptions émergent et présentent un caractère dangereux : du fou ou du criminel, la société veut rétablir l'innocuité, mais c'est le plus souvent par les moyens les plus brutaux du domptage. L'élevage de l'homme a eu lieu lui aussi dans le passé, donnant pour résultat le type humain que nous connaissons aujourd'hui, mais il n'en est pas moins une activité continue, reconduite et ajustée de génération en génération (le type doit être maintenu) ; or, en tant que programme positif, c'est-à-dire déterminé par certaines préférences, il est susceptible d'être remis en question ou concurrencé, surtout si l'époque contemporaine présente les symptômes d'un extrême épuisement qui pourrait signer l'échec du programme. C'est sur cette possibilité que compte Nietzsche pour envisager un autre type d'élevage de l'homme. Ainsi, si l'on tient à parler d'eugénisme (terme qui n'est, rappelons-le tout de même, jamais employé par Nietzsche), il faut bien voir que Nietzsche n'oppose pas un eugénisme biologique à une culture humaniste, mais qu'il oppose un eugénisme psychophysiologique à un autre, dénonçant précisément la morbidité de celui exercé jusqu'ici par la culture sur les puissances de l'homme. Cela veut dire plusieurs choses : d'abord, répétons-le, qu'il ne peut s'agir chez Nietzsche d'une rebarbarisation, de l'apologie d'une brute blonde qu'il conviendrait de déchaîner à nouveau par-delà les antiques apprivoisements, car c'est au contraire d'une nouvelle et plus stricte domination et hiérarchisation des pulsions qu'il attend l'augmentation de puissance ; ensuite, et par conséquent, que la nouvelle sélection et le nouvel élevage se présentent eux aussi comme une *éducation*. Depuis l'époque des Inactuelles et de *L'Avenir de nos établissements d'enseignement*, la position de Nietzsche n'a pas fondamentalement changé : l'éducation (qu'il lui arrivait déjà d'appeler *Zucht* : élevage) doit mener une politique de l'exception et de l'élévation, elle a à charge de protéger et de favoriser les puissances ascendantes de l'individuation contre les forces de grégarisation, qui entraînent toujours des forces de désagrégation. Mais désormais le terme « éducation » est devenu trop étroit, il renvoie trop hypocritement au mensonge de l'idéalisme, qui a tout entrepris pour faire oublier le corps vivant sur lequel il avait exercé son propre eugénisme, pour faire croire à l'esprit pur capable d'assimilation infinie, à l'autoréalisation paradoxale de l'homme universel toujours égal à lui-même, alors qu'il avait réprimé avec une violence inouïe et inaudible la nature même de l'individuation comme croissance. Une fois que les processus psychophysiologiques de la modernité sont diagnostiqués, que les quantités de forces y sont évaluées et les qualités de la volonté de puissance interprétées, la généalogie ainsi conduite jusqu'à ses extrêmes conséquences autorise Nietzsche à parler de la culture comme élevage sélectif de l'homme et à formuler l'exigence d'un programme opposé. Le renversement des valeurs, par définition, oppose morale à morale, culture à culture. S'il y a un eugénisme nietzschéen, il ne peut être ni la correction artificielle d'une nature prétendument mauvaise, ni le renforcement artificiel d'une sélection prétendument naturelle, ni le rétablissement prétendu de la nature contre une contre-nature. Il n'y a tout simplement pas de valeur naturelle, il n'y a pas de nature en soi — cela, c'est une naïveté de biologiste. En revanche, comme le souligne une remarque de la *Généalogie de la morale*, toutes les sciences (physiologie, médecine, mais aussi linguistique, histoire, etc.) doivent concourir à multiplier les perspectives sur les valeurs (donc à les désenclaver de l'en-soi) et permettre à la philosophie de légiférer sur des préférences nouvelles :

> La question de savoir ce que *vaut* telle ou telle table de valeurs, telle ou telle morale demande à être posée sous les perspectives les plus diverses ; notamment, on n'analysera jamais avec assez de scrupule la question « bon *pour quoi ?* ». Par exemple une chose qui aurait une valeur évidente du point de vue des chances de durée d'une race (ou du point de vue d'une augmentation de ses forces d'adaptation à un climat déterminé ou d'une conservation du plus grand nombre) n'aurait aucunement la même valeur s'il s'agissait d'élaborer un type plus vigoureux. Le bien-être de la majorité et le bien-être de la minorité sont des critères d'évaluation opposés : croire que le premier est *en soi* d'une valeur supérieure, c'est ce que nous abandonnerons à la naïveté des biologistes anglais. *Toutes* les sciences ont désormais à préparer la tâche future du philosophe, cette tâche étant ainsi entendue : le philosophe doit résoudre le *problème de la valeur*, il doit déterminer la *hiérarchie des valeurs*[69].

Nietzsche s'est donné une tâche considérable : celle de trouver une réponse au problème de l'individuation tel qu'il l'avait reçu de la métaphysique. Ce que Nietzsche appelle, sans doute imprudemment, un « parti de la vie » est bien davantage une éthique qui a travaillé à désenclaver l'individuation à la fois de l'Être, de l'en-soi et de l'universel, pour la rapporter à ce que *fait* la vie organique comme puissance individuante : c'était lui offrir, selon Nietzsche, sa seule chance de se garantir un avenir. Certes, la philosophie de l'avenir entend proposer un autre type de morale, de culture et d'homme, et en toute conséquence elle expose pour ce faire les conditions d'un autre type d'individuation psychophysiologique ; mais on aurait tort de croire que son caractère essentiel soit celui d'une nouvelle fixation, d'un nouveau blocage des puissances d'individuation. Il est absolument indéniable que nombres d'énoncés nietzschéens tendent à revendiquer la nécessité de cette fixation et de ce blocage, par un appel à des hiérarchies d'airain, à des castes immuables, à la destruction de tout ce qui menace cette fixité. Mais cette revendication reste un mode de communication exotérique, sous la forme d'un bras de *fer* avec l'époque, dans l'arène de la modernité, conséquence extrême et risquée de la bâtardise initiale de l'inactuel. Répétons-le, la grande erreur de Nietzsche aura été de ne pas mesurer le risque essentiel de tout énoncé exotérique : parce qu'il emprisonne toujours déjà la fluidité de la pensée dans la contrainte d'une communication (c'est-à-dire d'un mot d'ordre), c'est toujours sur lui que s'exercent les puissances de récupération, de fixation, de verrouillage, qui sont le propre du plan doxique (dont la récupération des énoncés nietzschéens par l'idéologie nazie a été le résultat le plus grossier et le plus fatal : elle n'a été que le verrouillage démultiplié de la compromission exotérique de Nietzsche avec son époque, effectué par la génération suivante, dans un processus de grégarisation, de vulgarisation et d'abêtissement exponentiels). « Surtout, ne me prenez pas pour un autre » : cette mise en garde d'*Ecce Homo* n'aura servi à rien, et d'avance Nietzsche le savait, avouant dans le même livre : « Je n'ai jamais eu l'art de prévenir contre moi[70]. » Mais, comme j'ai essayé de le montrer jusqu'ici, l'activité fondamentale de la philosophie de Nietzsche — sa dimension ésotérique, c'est-à-dire réclamant une *initiation* qui ne peut passer que par une « *ephexis* dans l'interprétation » — consiste en une tentative forcenée de désenclavement du corps vivant, d'affranchissement des puissances d'individuation. L'ensemble des efforts libératoires de Nietzsche n'aurait aucun sens s'il ne s'agissait que de renverser tout un monde autour de son axe axiologique pour le fixer à nouveau dans l'étau d'airain de hiérarchies éternelles, stabiliser à toute force la vie à une hauteur prétendument maximale (tout maximum, même supérieur, contredit l'élévation) et remplacer l'incessante purulence de la blessure par une cuirasse d'insensibilité à toute blessure. L'image de ce monde d'airain, fictive, apparaît effectivement dans l'œuvre de Nietzsche mais, comme toute utopie, elle est essentiellement fonctionnelle, et on en méconnaît la signification si l'on prend le moyen pour le but : ce monde utopique effrayant dont Nietzsche propose l'image n'est pas ce à quoi il faut parvenir, il est la représentation instrumentale — une espèce de marteau frappant les idoles — par laquelle les nouvelles puissances d'individuation ont une chance de se libérer du vieux monde où la vie est emprisonnée. Le « surhumain » n'a rien à voir avec une nouvelle espèce d'inspiration darwinienne, un nouveau type de sainteté ou d'héroïsme, bref un nouvel idéalisme symétrique du premier[71], c'est la *parabole* du mouvement même qui permet de se fixer de nouveaux buts, c'est un jet de flèche et non un ordre nouveau. Nietzsche ne cesse de le répéter. Ce qui prime, ce qui est l'objet même de l'enseignement nietzschéen, c'est la condition de possibilité de toute législation et de toute création, contre la fixité éternelle de la loi et de la créature — encore une fois : l'affranchissement des puissances d'individuation.

Le plus frappant est la stricte immanence de ce mouvement, et qu'il n'invente aucune réalité qui n'existe déjà. Si l'individuation ne produisait toujours déjà des types plus puissants, si l'existence des exceptions ne prouvait toujours déjà qu'il y a de fait une lutte et une concurrence des modes d'individuation, le nouveau vouloir réclamé par Nietzsche ne serait qu'une nouvelle fiction, un nouvel idéalisme, c'est-à-dire la fixation d'un but impossible à atteindre, et dont le caractère impossible serait précisément le critère d'évaluation (de dévaluation) du monde. Le renversement des valeurs exige un nouveau vouloir, une nouvelle préférence parmi ce qui est, c'est-à-dire une nouvelle prise de parti, dans le combat des types existants, pour le type vaincu jusqu'ici, le type qui n'a pas jusqu'ici été *voulu* :

> Quel type prendra-t-il un jour la relève de l'Humanité ? Mais ce n'est là qu'idéologie de darwiniste. Comme si une espèce avait jamais été remplacée ! Ce qui m'intéresse, c'est le problème de la hiérarchie au sein de l'espèce humaine, au progrès de laquelle, d'une manière générale, je ne crois pas, le problème de la hiérarchie *entre types humains qui <ont> tou-*

jours existé et qui existeront toujours [je souligne]. Je distingue un type de la vie montante et un autre du déclin, de la faiblesse. Croirait-on que cette question de la hiérarchie entre les deux types, il faille encore la poser ? *Ce type plus fort a déjà souvent existé mais à titre de hasard heureux, à titre d'exception, jamais parce que voulu* [je souligne]. Bien au contraire, c'est justement lui que l'on combattait le mieux, que l'on entravait le plus, il a toujours eu contre lui le grand nombre, l'instinct de toute espèce de médiocrité, mieux, il a eu contre lui la ruse, la finesse, l'esprit des faibles et par conséquent la "vertu". Il fut jusqu'à maintenant à peu près tout ce qui est redoutable et c'est la crainte qu'il inspirait qui amena à vouloir, à élever, à obtenir le type opposé : l'animal domestique, l'animal grégaire, l'animal malade, le chrétien[72].

Mais nous approchons désormais du problème le plus difficile posé par le nouveau vouloir nietzschéen : comment une exception pourrait-elle être autre chose qu'un « hasard heureux » ? Comment surgirait-elle autrement que dans la précarité de son opposition au plus grand nombre ? Et plus encore : comment l'affranchissement des puissances d'individuation peut-il se dire d'un programme volontaire et concerté ? Leur autodétermination suppose par définition une puissance préalable d'indétermination, et il n'y a de singularité exceptionnelle de la croissance que prise dans un rapport d'opposition à la généralité stabilisée qui permet qu'elle soit seulement perceptible. La caractéristique du type faible est de n'être que *voulu*, de n'avoir pour vouloir que celui d'être voulu[73]. Comment le type fort et exceptionnel peut-il être voulu ? Qui se place au-dessus de lui pour en faire l'objet de ce nouveau vouloir ? Il y a chez Nietzsche une redoutable difficulté dans la volonté de légiférer sur le type du législateur ; et plus encore : si, comme nous l'avons vu, l'individuation comme augmentation de puissance nécessite cette balance extrêmement subtile et chaque fois singulière entre la santé et la maladie, l'ouverture et la fermeture, l'autodéfense et le risque, l'assimilation et le rejet (en somme, entre le oui et le non), comment un nouvel élevage sélectif serait-il à même de hiérarchiser sans immobiliser la balance, sans qu'une nouvelle table des valeurs ne vienne fatalement généraliser la singularité ? Cette contradiction a été qualifiée par Barbara Stiegler d'aporie finale dans la pensée de Nietzsche, comme impossibilité définitive de penser ensemble la grande politique et la grande santé[74].

On peut formuler le problème autrement : il y a dans la conception nietzschéenne de la vie pulsionnelle une tension extrême entre la décharge et l'intensification, entre l'affranchissement et la contrainte, l'indétermination et l'autodétermination — ou pour le dire en termes traditionnels : entre la liberté et la puissance. On a vu plus haut le paradoxe de la liberté antilibérale : « La liberté exactement au sens où je prends ce mot : comme quelque chose que l'on a et que l'on *n'a pas*, que l'on *veut*, que l'on *conquiert*[75]. » C'est avant tout, au fond, un problème de méthode. Nous verrons que c'est un problème double, qui concerne à la fois la méthode de Nietzsche et celle de l'individuation humaine elle-même. Car, d'un point de vue méthodologique, on pourrait dire qu'il y a un *conflit entre l'expérimentation et la synthèse*.

D'un côté, l'affranchissement des contraintes d'une culture stabilisée ne peut intervenir que comme un ébranlement, une nouvelle mobilité, une nouvelle incertitude :

> Le problème est le suivant : à un moment donné de l'existence d'un peuple, la couche la plus intelligente de ce peuple déclare close la somme de l'expérience en fonction de laquelle on a, ou n'a pas, le droit de vivre. Son but est de rapporter, des longues périodes d'expérimentation et des *mauvaises* expériences, la moisson la plus riche et la plus complète possible... Ce qui doit alors être évité avant tout, c'est de nouvelles expériences, c'est vouloir continuer à essayer et à choisir : à cela on oppose un double rempart : 1) la *révélation*, 2) la *tradition*. Les deux sont de *saints mensonges* : la classe intelligente qui les a inventés les comprend aussi bien que Platon les comprenait[76].

La généalogie démasque la stabilité close (la « vérité ») comme *volonté* de ne plus essayer, de ne plus expérimenter, de ne plus avoir à choisir. La critique généalogique a donc pour pendant ce qu'on appelle souvent chez Nietzsche une philosophie du *Versuch*, de la tentative, de l'essai, de l'expérimentation, par quoi seul peut se dégager une préférence de la volonté et un pouvoir de choisir. Il s'agit de cette indétermination dont nous avons dit qu'elle est le nécessaire préalable à toute autodétermination, ou plus encore — sa dynamique même. Or, cette indétermination est précisément l'ouverture de l'organisme au monde, son irritabilité et sa puissance de souffrir, ce que Nietzsche appelle par ailleurs *l'affirmation*. Le oui et le non ne peuvent se dire que d'un oui préalable ou supérieur, de la dynamique d'indétermination que suscite l'affirmation de tout ce qui est :

Se défendre de ce qui est étranger, ne pas laisser agir de manière *constructive* l'attirance — avoir au contraire la peau dure, y opposer un sentiment hostile : pour la plupart, une *nécessité* de leur conservation. Mais *le saint le plus riche* vit parmi les criminels comme dans son élément. — la liberté d'esprit de la morale touche à sa limite lorsque quelqu'un ressent comme étant seulement *nuisible* l'attirance pour ce qui est étranger, et non comme un *stimulant*. Qui est riche de sa sainteté vit parmi les plus méchants comme chez lui : et tout refus est le fait des indigents[77].

De l'autre côté, Nietzsche conçoit cette « grande santé », c'est-à-dire l'augmentation affirmative des puissances d'individuation, comme formation d'unités supérieures, c'est-à-dire comme activité de *synthèse* organique. La question centrale de la « grande politique » est de savoir comment réaliser la plus grande synthèse possible de forces, ou encore « la création de l'être humain *qui synthétise, totalise et justifie*[78] ». Et c'est en ce sens que le surhumain est la parabole d'une « gestion totale de l'économie de la terre[79] », portée par le philosophe de l'avenir selon Nietzsche, « le philosophe tel que nous le comprenons, nous esprits libres, l'homme de la plus vaste responsabilité, qui se sent responsable de l'évolution totale de l'humanité[80]... ». La grande politique aristocratique suggère donc l'établissement de nouveaux rapports entre l'expérimentation et la synthèse, entre l'exception et le plus grand nombre. Il est évident que le plus grand danger couru par Nietzsche — à la fois sa méthode la plus bizarre, sa solution la plus bancale et son idée la plus effrayante —

consiste dans la tentation d'imaginer *deux cultures coexistantes*, celle des maîtres et celle des esclaves. Mais il imagine encore deux types de coexistence entre ces deux cultures, et qui, de manière paradoxale, ne font qu'un chez lui : certains textes prônent un rapport d'*exploitation économique maximale* de la culture servile par la culture aristocratique[81] ; d'autres revendiquent une *séparation* radicale entre les deux sphères, en vertu du pathos aristocratique de la distance. Le fragment suivant formule même l'exigence combinée du rapport d'exploitation et de l'absence de rapport :

> L'*égalisation* de l'homme européen est aujourd'hui le grand procès irréversible : on devrait encore l'accélérer.
>
> De ce fait, la nécessité de *creuser un fossé*, la nécessité d'une *distance*, d'une *hiérarchie* sont données ; *non point* la nécessité de ralentir ce processus.
>
> Cette espèce *égalisée*, dès qu'elle sera réalisée, exige une *justification* ; elle réside dans le fait de servir à une espèce souveraine, laquelle repose sur la précédente et ce n'est que basée sur elle qu'elle peut s'élever à sa propre tâche.
>
> Non pas seulement une race de maîtres dont la tâche s'épuiserait à gouverner ; mais une race ayant *sa propre sphère de vie*, un excédent de force pour la beauté, le courage, la culture, les manières jusque dans ce qu'il y a de plus spirituel ; une race *affirmative* qui peut s'accorder tout grand luxe... assez puissante pour n'avoir besoin ni de la tyrannie de l'impératif de vertu, ni de la parcimonie, ni de la pédanterie, par-delà bien et mal : formant une serre de plantes rares et singulières[82].

L'image botanique de la serre commence à trahir la nature du rêve nietzschéen (car nous approchons peu à peu de contenus exprimant des désirs philosophiques fondamentaux, de concepts formalisant une vision) : la création d'un laboratoire expérimental pour une culture supérieure, une sphère de vie suffisamment séparée et protégée des processus grégaires de stabilisation et de clôture pour avoir le luxe ou le loisir de l'ouverture au monde, pour prendre le risque de se tenir à la pointe du dosage entre l'irritabilité maximale et l'assimilation maximale. Nous avons affaire à la transposition à grande échelle de la communauté des inactuels, à la version mondialisée du couvent des esprits libres. Nul doute que la biographie de Nietzsche ne joue ici un rôle important : les espoirs qu'il n'a cessé de placer dans les tentatives d'une vie communautaire philosophique et expérimentale — avec les Wagner à Triebschen, avec Malwida von Meysenbug et Paul Rée à Sorrente, avec Rée et Lou von Salomé en divers lieux — trahissent un idéal contemplatif qui rejoint les aspirations les plus fières de la vie ascétique d'antiques communautés philosophiques ou religieuses. Devant leur échec répété, c'est dans la solitude que Nietzsche lancera ses appels à une communauté à venir. *Zarathoustra* naît de cet échec, il témoigne de cette solitude et de cet appel. Il semble que la source profonde de ce désir d'une vie séparée soit encore la volonté de créer les conditions favorable à l'apparition d'une vision mystérique dévoilant le tout de l'existence. Mais tout le travail effectué depuis l'époque de *La Naissance de la tragédie* a considérablement reconfiguré ce désir : la nécessité absolue de se déprendre de la métaphysique de l'inconditionné et de la transcendance des arrière-mondes, la conscience aiguë du caractère morbide des ascèses pratiquées jusqu'ici, et du risque que court toujours la détresse du présent de rester le trait majeur de la modernité décadente, tout cela oblige Nietzsche à tenter de concevoir le paradoxe d'une *vie séparée immanente*, à « creuser un fossé » à l'intérieur du monde, une distance interne dont la polarité puisse enclencher le mouvement d'élévation sans recourir à un monde supérieur, c'est-à-dire sans avoir besoin d'inventer une fiction qui déprécie ce monde-ci. C'est la psychophysiologie, et plus largement l'hypothèse de la volonté de puissance (« le monde vu de l'intérieur ») qui permettent de percevoir et de comprendre ce qui constitue les mouvements immanents d'élévation, les flux qui circulent entre l'inférieur et le supérieur, le faible et le fort : la hiérarchie comme mouvements de la vie même, et non contre la vie, ou hors d'elle. Les images, fréquentes chez Nietzsche, des sommets montagneux et des abîmes souterrains, de la mobilité alcyonienne entre le ciel et l'océan, illustrent l'immanence des polarités de la terre, c'est à cette « fidélité à la terre » qu'en appelle Zarathoustra[83].

La grande politique est la version économique et gestionnaire de l'immanence des vies séparées : c'est cette volonté d'immanence qui pousse Nietzsche à définir le rapport entre deux sphères comme rapport d'exploitation maximale, c'est-à-dire comme la forme économique globale de l'échange organique : la culture grégaire conserve, stabilise, capitalise, dans un mouvement inverse de celui que produit l'exception, car « toute exception représente un gaspillage de force (quelque chose qui détourne, séduit, rend malade, isole). Une culture de l'exception, de l'expérimentation, du risque, de la nuance — une *culture de serre* pour les plantes exceptionnelles n'a droit à l'existence que lorsqu'il y a assez de force pour que même le gaspillage devienne "économique"[84] ». Le modèle économique traduit ici l'exigence d'immanence terrestre. Mais pour que l'ensemble ne soit pas rabattu sur la domesticité propre à l'*oîkos*, que la culture de serre ne soit pas contaminée par l'inévitable rapetissement des maisons[85], de la terre comme « village global », il faut isoler la serre, l'insulariser de façon à abstraire et à protéger la culture de l'exception du cercle économique. Là se trouve l'aporie. Elle est d'ordre économico-politique, car il n'y a pas d'économie sans cercle, et pas de politique globale sans calcul d'un total. Comment imaginer, dans la séparation des sphères, un type d'homme qui « synthétise, totalise et justifie » ? La synthèse est organique, la somme totale est économique[86]. Qu'en est-il de la *justification* ? Cette dernière exigence est, pour l'instant, d'une complexité sans fond : en réalité, elle assure une profonde continuité avec la justification esthétique de l'existence telle qu'elle s'exprimait dans *La Naissance de la tragédie*, et qui fera toujours de Dionysos, jusque dans les derniers textes, le dieu rédempteur. Le fait qu'à partir du milieu des années 1880 les déterminations d'Apollon, le dieu de l'*actio in distans*, ont été absorbées en Dionysos indique que Nietzsche a tenté de penser une immanence de la séparation, c'est-à-dire cette chose étrange et paradoxale que serait un *dionysiaque de l'individuation*. Cette pensée redoutable, absolument indicible en termes économiques, *doit* effectuer le saut vers une méditation et une pratique individuelles indifférentes à l'économie, pensée avant tout préoccupée de comprendre sa propre vie comme affirmation pratique de la vie en tant qu'elle est toujours immanence de la distance à soi, mouvement de croissance et d'élévation. Il est un fragment étonnant, qui trahit le décroché abrupt entre la gestion économique de la terre et l'affirmation méditative du devenir-soi, dans un geste ascétique d'*indifférence* :

> *Mon* exigence : créer des êtres qui se tiennent au-dessus de tout le genre « humain » : et pour ce but, se sacrifier soi-même, ainsi que les « prochains ».
> La morale avait jusqu'alors des limites qui correspondaient à celles de l'espèce : toutes les morales passées étaient utiles afin de donner à l'espèce *d'abord* une résistance absolue : *une fois* celle-ci acquise, le but peut être placé plus haut.
> Le *premier* mouvement est inconditionné : nivellement de l'espèce, grands édifices de fourmis, etc. (considérer Dühring comme étant extraordinairement indigent et typiquement étroit, malgré ses phrases pathétiques).
> *L'autre* mouvement : le mien : est inversement l'aggravation de toutes les oppositions et failles, évacuer l'égalité, la création de surpuissants.
> Le *premier* crée le dernier homme. Le *mien*, le surhomme.
> Ce n'est *absolument* pas le but que de concevoir les derniers comme les maîtres des premiers : mais : deux espèces doivent exister, l'une en même temps que l'autre — le plus possible séparées ; l'une, tels *les dieux d'Épicure, ne se préoccupant pas de l'autre*[87].

Dans un fragment extraordinaire de l'époque du *Gai Savoir*[88], Nietzsche considère ce qu'il appelle la « philosophie de l'indifférence » comme l'avant-dernière étape d'une véritable *initiation*. Cette étape, qui vient après l'incorporation des erreurs, des passions et de la connaissance, est celle du plus grand allégement nécessaire à accueillir le poids de la vision mystérique (celle du nouveau centre de gravité que sera la doctrine de l'éternel retour). La doctrine de l'éternel retour, dont nous n'avons jusqu'ici — à dessein — presque rien dit, sera la justification et l'affirmation suprême, mais elle n'a de sens, comme pensée la plus haute, que par le mouvement initiatique de transformation de l'homme qu'elle autorise, et dont l'indifférence est une conquête essentielle. Rappelons que le § 16 du *Voyageur et son ombre* expliquait « en quoi l'indifférence est nécessaire » pour l'esprit libre, indifférence corrélative à la passion de l'incertitude dont nous avons parlé plus haut[89]. L'indifférence est aussi ce que la modernité a atteint de meilleur, sous l'aspect de l'esprit scientifique (c'est-à-dire « impartial », dégagé de l'économie de l'avantage et du désavantage), permettant cette forme d'incorporation qu'est la passion de la connaissance[90]. La physiologie-reine initie à l'incorporation de la connaissance comme passion, erreur comprise[91] ; la politique hiérarchique, qui permet l'économie de l'exploitation en vue des plus hauts dosages possibles d'incorporations, protège la vie séparée des indifférents qui ne vivent que pour la connaissance et les initient à la contemplation :

> ATTENDRE pour voir jusqu'à quel degré le *savoir* et la *vérité* se peuvent INCORPORER — et dans quelle mesure une métamorphose de l'homme intervient, dès qu'enfin il ne vit plus que *pour connaître*. (...) l'indifférence a profondément agi en nous et aussi la jouissance que nous prenons à la contemplation. De même, la misère de l'humanité future ne doit-elle nous concerner *en rien*. Mais savoir si *nous autres voulons vivre* encore voilà la question : et comment[92] !

La contemplation, sommet de la passion de la connaissance, ne cesse pas d'être une activité organique d'incorporations individuantes ; elle est l'ensemble des pratiques ascétiques expérimentales d'un devenir-soi, qui forment la quête de la « grande santé », la tentative de faire de l'homme un *individuum* complet, c'est-à-dire ascendant. Ce que permettrait la « culture de serre » réclamée par la grande politique, ce serait une micropolitique expérimentale de l'homme contemplatif comme pratiques organiques d'un autodépassement :

> Bref : peut-être est-ce, dans toute l'évolution de l'esprit, du *corps* qu'il s'agit : c'est l'*histoire perceptiblement* en *devenir* du fait qu'un *corps supérieur est en train de se former*. L'organique gravit encore des niveaux supérieurs. Notre désir de connaître la nature n'est que le moyen par lequel le corps veut se parfaire. Ou au contraire : on fait des milliers d'expériences pour modifier l'alimentation, l'habitat, le mode de vie du corps : la conscience et les jugements de valeur qui s'y effectuent, toutes les formes de goût et de dégoût ne sont que les *signes de ces changements* et de *ces expériences. En fin de compte, ce n'est plus de l'homme qu'il s'agit. Il faut le dépasser*[93].

Cette micropolitique, qui est une forme de l'ascèse, fera l'objet de notre dernier chapitre, car elle pourrait bien être le noyau de l'éthique nietzschéenne. Mais il reste à répondre de l'aporie que représenterait la tentative d'articuler la grande politique et la grande santé, la détermination volontariste d'un programme biologique de type eugéniste et l'indétermination d'expérimentations spirituelles de type ascétique. Telle que cette aporie est analysée par Barbara Stiegler, elle est de fait insurmontable, et grève la dernière philosophie de Nietzsche du poids triplement fatal de l'inaudible, de l'impraticable et de l'intolérable. Je fais l'hypothèse que, sans sa réintégration dans le mouvement initiatique de la pensée nietzschéenne, la grande politique reste un ensemble d'énoncés incompréhensibles. Cette vaste économie politique des incorporations organiques doit être conçue comme une *marche* sur le chemin ascendant qui conduit vers l'esprit libre, l'homme de la contemplation expérimentale, préparé à accueillir la vision dionysiaque. Restant une étape inférieure ou préalable, elle s'énonce encore par définition en des termes largement exotériques, qui nous mettent à l'épreuve de les retraduire dans le cadre du perfectionnement ésotérique qui les justifie. Car, de fait, la grande politique ne justifie rien, elle a besoin d'être justifiée, et toute la difficulté consiste en ce que la sphère séparée de l'initié qu'elle exprime est cela seul qui peut la justifier. Et lorsque je dis « justifier », je ne parle pas d'une fin qui justifierait un moyen dans la temporalité d'une action programmatique ; je parle d'énoncés plus hauts qui donnent leur signification à des énoncés plus bas. La chronologie des textes nietzschéens ne permet pas de faire de la grande politique une étape qui serait dialectiquement dépassée par une synthèse effectuée par la grande santé : les notions coexistent, se complétant ou se faisant concurrence. Le propre de l'écriture nietzschéenne est précisément l'expérimentation, le risque, la nuance, le travail sans cesse réitéré qui consiste à toujours dire autrement ce qui, d'une vision indicible, essaie de se dire malgré tout. Nietzsche décrit souvent la sphère aristocratique comme une domination politico-économique impitoyable et absolue. Mais comment ne pas entendre ce qu'il énonce avec autant d'insistance ? D'une part, que cette sphère est fragile, incertaine, dangereuse pour elle-même ; d'autre part, que cette fragilité même rivalise, incarne un contre-mouvement, qu'elle est un concept pour un laboratoire expérimental des résistances et des créations, des espaces d'indéterminations et des formations de singularité. Le règne mondial du surhumain est la forme exotérique d'un événement ésotérique de la pensée, qui est la proposition initiatique d'une nouvelle *vie philosophique*. Vertigineuse tactique, extrêmement risquée, qui est vraisemblablement toujours la cause d'un malentendu fondamental, peut-être nécessaire et inévitable, à propos de Nietzsche.

Chapitre IX

MICROPOLITIQUE DE L'ÉTERNITÉ

> Ne pas regarder vers de lointaines, d'inconnues béatitudes, *bénédictions* et *grâces*, mais vivre de telle sorte que nous voulions vivre encore une fois et voulions vivre *ainsi* pour l'éternité ! — Notre tâche nous réclame à chaque instant[1].

Peut-être ne faut-il pas conclure trop vite de l'opacité d'une articulation au caractère aporétique du problème qu'elle pose. Nietzsche a dû s'interrompre au moment où il mettait en place des représentations polarisées à l'extrême. D'une part, une grande politique holistique et hiérarchique étendue aux dimensions d'une gestion globale de l'humanité ; d'autre part, une grande santé élevant l'individu à un mode d'existence plus libre et plus puissant. La grande politique elle-même se divisait encore en deux formes concurrentes : soit une humanité structurée dans son ensemble par de longues hiérarchies, soit la coexistence de deux sphères culturelles ou modes d'existence séparés, séparation elle-même définie tantôt par une indifférence absolue de la sphère supérieure envers la sphère inférieure, tantôt par une exploitation intégrale de celle-ci par celle-là. De même, l'individu supérieur est tantôt conçu comme solitaire, contemplatif et entièrement tendu vers son propre autodépassement, tantôt il est amené, actif et exemplaire, à légiférer en vue d'un dépassement général de l'humanité. La concaténation de ces couples d'alternatives est l'image d'un mode de pensée, la dernière livrée par Nietzsche, devant laquelle nous restons interdits, parce qu'elle présente une position de problème sans résolution explicite. Le philosophe s'effondre, et sa philosophie reste en suspens, nous léguant des problèmes que nous jugeons aporétiques, parce que le mouvement de pensée qu'ils manifestent s'est interrompu. Ce n'est pas une aporie, c'est une image immobilisée que nous avons à charge de remettre en branle, pourvu que nous y déchiffrions le fonctionnement d'éléments moteurs de la pensée qui survivent au point d'arrêt imposé par son effondrement.

Étant dit que la vie affirmative est la tendance du vivant à lutter pour s'organiser en rapports de commandements et d'obéissances capables d'intensifier sa puissance au point que, surabondante, celle-ci se décharge en actes de création de valeurs nouvelles et d'invention de formes supérieures, par quoi la vie se surmonte (la liberté étant cette décharge créatrice de la puissance rendue possible par la contrainte qu'elle exerce sur elle-même pour s'intensifier), Nietzsche en applique les conséquences simultanément ou alternativement à un niveau phylogénétique et à un niveau ontogénétique, en vertu du principe d'économie méthodologique lié à l'hypothèse de la volonté de puissance. Appliquer des conséquences, c'est livrer toutes les perspectives permettant de donner une même image de cette pensée à des niveaux différents : les chaînes d'analogies, on l'a dit, se déroulent tout le long de toutes les échelles de multiplicité en lutte pulsionnelle pour l'organisation hiérarchisante, de l'infra-individuel au suprapersonnel. La grande santé et la grande politique ne sont que deux images prises sur le vif, image nouvelle de l'homme et image nouvelle de la terre. Nietzsche y insiste particulièrement et saisit ces deux images, parce que ce sont les deux échelles capitales et problématiquement articulées que lui a léguées l'histoire de la philosophie : l'individu et le monde. Mais il ne cesse d'interpréter de nombreux autres niveaux, le plus souvent par unités discrètes assurant une continuité maximale du devenir (« la nature ne fait pas de sauts »). Les hiérarchies et séparations grossières (c'est-à-dire macroscopiques) dessinées par la grande politique impliquent toujours déjà la compréhension des échelles microscopiques où s'inscrit pour Nietzsche le problème du vivant et de sa santé. Il faut donc être prudent avec l'idée d'une aporie de cette dernière philosophie nietzschéenne. Toute l'histoire de la philosophie est faite de ces transformations potentielles d'impasses en nouvelles voies. Aujourd'hui encore, nous sommes face à de telles difficultés, par exemple dans l'analyse des conflits entre bioéthique et biotechnologies : comme le remarquait Frédérick Keck dans un article de 2003, les biotechnologies exercent un pouvoir « sur une nouvelle forme de vie, non plus le corps vivant d'un individu ou d'une population, mais des parties de corps qui n'ont pas encore trouvé d'existence politique (…). Les biotechnologies inventent des objets pour lesquels il n'y a pas de discours préalable. Dans cette forme étrange de biopouvoir, le pouvoir déjà existant court après des formes de vie qui lui échappent et inventent leurs propres formes de pouvoir (...). Tout le problème est alors de savoir à quelle modalité de la vie s'adresse cette forme de résistance qu'est le discours bioéthique[2] ». La dimension exotérique de la philosophie de Nietzsche s'attaque à des unités macroscopiques, qu'on ne fait exploser qu'à la dynamite ; sa dimension ésotérique fouille dans le tréfonds des unités discrètes, des formes de vie qui « inventent leurs propres formes de pouvoir ». Et ces pouvoirs, encore sans existence politique, sont ceux de *l'individuation*. Depuis le début, Nietzsche tourne autour de ce problème, et ce n'est pas par hasard qu'il a dû, pour en livrer les premières images, s'appuyer à la fois sur le couple Apollon — Dionysos et sur le *principium individuationis* de Schopenhauer. L'individuation est à proprement parler la politique de la vie, c'est-à-dire ce par quoi la vie accroît sa puissance, conquiert sa liberté et forme des unités supérieures ; elle n'est rien d'autre que cette activité infra-individuelle qui invente et hiérarchise de l'individualité. Toute la difficulté est de *dire* ce mystère à tous les niveaux du vivant. Nietzsche est allé très loin en ce sens, et avec une extrême conséquence, explicitant, grâce à la méthode généalogique et au concept de volonté de puissance, la manière dont une psychophysiologie pulsionnelle permet de reformuler une philosophie de la culture. Ce qu'il n'a pas explicité, c'est la nature du rapport qui l'autorise finalement à fixer simultanément, en deux points très différents, ces deux images contradictoires, malgré leurs symétries, que sont la grande politique et la grande santé ; surtout, il n'a pas eu l'art de prévenir contre lui, et de faire entendre, malgré ses efforts, *pour qui* il fixait l'une et l'autre : « pour tous et pour personne », ou « pour quelques-uns », c'étaient des indications insuffisantes — sans doute parce qu'il formait, dans le même temps, l'image de lecteurs qui n'existaient pas encore.

Depuis, quelques-uns sont apparus. J'ai déjà montré que ce qu'on nomme abusivement la « théorie du pouvoir » chez Michel Foucault est une réactivation décisive de la méthode généalogique et de l'hypothèse de la volonté de puissance. À Alessandro Fontana qui l'interrogeait, à la fin de sa vie (1984) sur la question de savoir si toute son entreprise n'avait pas été, au fond, une nouvelle généalogie de la morale, Foucault répond : « N'étaient la solennité du titre et la marque grandiose que Nietzsche lui a imposée, je dirais oui[3]. » Or, il est tout à fait frappant que la pensée de Foucault ait en quelque sorte consisté à déployer dans le temps de son évolution ce qui, chez Nietzsche, semblait se présenter simultanément : chez Foucault, on peut observer le lent passage d'une polémologie à une biopolitique, et d'une biopolitique à la question du gouvernement de soi et des autres, pour aboutir finalement à l'esquisse d'une « esthétique de l'existence » qui est aussi une politique de l'individuation, impliquant dans sa forme un type d'ascèse, et dans son questionnement, resté lui-même inachevé, le problème éthique central de l'articulation entre puissance et liberté[4]. Comme on sait, la généalogie du « pouvoir », d'abord élaborée à partir d'un modèle polémologique (lutte et guerre), a conduit Foucault à dégager les concepts de biopouvoir et de biopolitique, s'inspirant notamment de l'interprétation de la vie par Canguilhem comme activité individuante et créatrice de normes (de valeurs). Si l'assujettissement fabrique de la subjectivité en un sens tout à fait nietzschéen, le modèle polémologique est insuffisant pour rendre compte du fait que l'exercice du biopouvoir sur l'espèce (ou population) est toujours en excès sur l'assujettissement : il est un pouvoir individualisateur qui suscite de la résistance là où il opprime, de l'action là où il incite, de la liberté là où il commande. Le dégagement d'une articulation profonde entre l'activité et la passivité, d'une puissance commune à commander et à obéir (telle que nous l'avons déjà rencontrée chez Nietzsche) oblige à dépasser une conception passive du sujet comme seul objet d'un pouvoir, pour lui substituer une pensée des « différents modes de subjectivation de l'être humain dans notre culture[5] ». À partir de l'étude du pouvoir pastoral — un écho évident au pouvoir sacerdotal analysé par Nietzsche —, Foucault avait pu montrer que le biopouvoir *moderne* était ce type de pouvoir qui transformait l'individu en sujet, c'est-à-dire en objet d'assujettissement. Ou, chez Nietzsche, comment triomphe l'asservissement dans une morale d'esclaves. Mais cette historicité de la subjectivité comme assujettissement impliquait qu'une autre question fût possible : à quelles conditions et dans quelle culture l'activité de l'individu a-t-elle pris ou peut-elle prendre le pas sur la passivité du sujet, dans d'autres rapports de dosage entre agir et être agi (ou, chez Nietzsche : quelles sont les conditions d'une culture supérieure) ? Après 1976, Foucault sent que le concept de sujet comme simple effet de disciplines, de procédures et de normes ne peut absolument pas expliquer comment un individu rend celles-ci effectives, comment il se rend capable d'apprendre, d'être réceptif aux procédures de pouvoir pour devenir un sujet, c'est-à-dire comment l'individu se rapporte à lui-même selon des *techniques de soi* qui s'articulent toujours aux techniques de domination et de dressage. Ainsi, en 1982, ce n'est plus le sujet passif qui est thématisé en fonction du pouvoir, mais la biopolitique en fonction de l'individu actif. La généalogie (chez Nietzsche comme chez Foucault) avait permis une désubstantialisation radicale du sujet, devenu simple effet et objet de techniques de pouvoir ; mais les techniques de soi, qui seules permettaient de comprendre comment l'assujetti devient sujet (c'est-à-dire comment il se rapporte à lui-même), permettaient par là même d'esquisser d'autres types possibles de rapport à soi, où la proportion entre vie agie et vie agissante s'inverse au profit de cette dernière, par quoi la vie *s'élève*. C'est le concept de gouvernementalité qui, chez Foucault, va permettre un début de réponse à cette question, dans la mesure où la gouvernementalité est le point de rencontre entre les techniques de domination et les techniques de soi, comme l'indique le nécessaire « et » dans l'intitulé des cours de Foucault au Collège de France en 1982-1983 : « Gouvernement de soi *et* des autres ». De manière très générale, la gouvernementalité foucaldienne est ce qui permet de comprendre comment des actions sur des actions sont possibles ; elle est l'exercice permanent du double pouvoir d'affecter et d'être affecté ; elle implique et fonde les rapports de commandements et d'obéissances qui vont de la maîtrise de la pulsionnalité infra-individuelle à celle des collectivités politiques. On l'a vu, Nietzsche a un autre mot pour cela : la volonté de puissance.

Mais, dans l'inversion des valeurs ou conquête de nouveaux rapports de proportion entre vie agie et vie agissante, la difficulté essentielle reste la question de savoir comment interpréter l'analogie entre la domination de soi et la domination des hommes, de sorte que, pour l'individu et pour l'espèce, une éthique et une politique puissent se dire l'une de l'autre. Or, chez Nietzsche, l'articulation entre grande santé (comme gouvernement supérieur de soi) et grande politique (comme gouvernement supérieur des autres) serait aporétique s'il s'agissait de deux énoncés de même nature, c'est-à-dire si leur rapport d'analogie désignait une identité sans reste. Il faudrait pour cela que la volonté de puissance, hypothèse commune qui autorise l'analogie, soit un principe d'identification qui réduise partout le divers au même. Mais dire que la volonté de puissance est à l'œuvre partout, ce n'est pas dire que tout est le même, puisque, au contraire, partout elle crée de la différentiation, de la distinction, de la distance. La « vérité » de la grande politique et celle de la grande santé ne sont pas identiques, et, lorsque je dis que la première est exotérique et la seconde ésotérique, cela signifie que l'une est déjà supérieure à l'autre, qu'elle est la « vérité » de l'autre. On sait par exemple que toute une tradition philosophique a conçu la politique sur un modèle organiciste, mais pour que cela fût possible, il fallait en même temps concevoir l'organisme sur un modèle politique : c'est pour ainsi dire le degré zéro de l'analogie, en ce que ces deux modèles se renvoient l'un à l'autre dans une fausse identité, c'est-à-dire dans un cercle vicieux aporétique. Au contraire, chez Nietzsche (comme chez Platon articulant la partition de l'âme et celle de la cité), l'analogie est paradoxalement différentielle : le rapprochement sépare, et il faut comprendre ce paradoxe pour pouvoir penser ensemble le choix méthodologique d'un seul principe, la volonté de puissance, et le « pathos de la distance » qui est au cœur de ce principe. Nous y sommes aidés par la manière dont Philippe Descola[6] définit, sous le terme d'*analogisme*, ce mode de connaissance qu'il repère comme dominant en Occident jusqu'à l'aube du naturalisme, notamment dans la Grèce antique[7]. Il le résume ainsi, à l'occasion d'un cours au Collège de France :

> Il faut entendre par [analogisme] un mode d'identification qui fractionne l'ensemble des existants en une multiplicité d'essences, de formes et de substances séparées par de faibles écarts, parfois ordonnées dans une échelle graduée, de sorte qu'il devient possible de recomposer le système des contrastes initiaux en un dense réseau d'analogies reliant les propriétés intrinsèques des entités distinguées. Il faut souligner que l'analogie n'est qu'une conséquence de ce fractionnement initial dans la mesure où elle ne devient possible et pensable que si les termes qu'elle met en rapport son bien distingués à l'origine. *Dans l'identification analogique, c'est la différence infiniment démultipliée qui est l'état ordinaire du monde, et la ressemblance le moyen espéré de le rendre intelligible et supportable*[8] [je souligne].

Nous retrouvons presque exactement ce que nous savons de la conception nietzschéenne de la connaissance (pourvu que l'on remplace les essences par des forces, ce qui représente un pas de plus dans l'intuition de la différence infinie), et qui seule peut justifier l'identification analogique. Malgré son caractère effrayant pour nous, l'image de la grande politique est un « moyen espéré » de rendre intelligible et supportable le monde de la différence infiniment multipliée — mais à qui ? Précisément aux « faibles », aux assujettis, aux esclaves, à tous ceux dont le mouvement d'individuation a été inhibé par la morale grégaire : la grande politique parle à la détresse des modernes. Elle leur donne une image de l'affirmation intégrale de la différence et de la hiérarchie à l'œuvre dans toute différenciation individuante. La grande santé est la « vérité » de la grande politique parce qu'elle enseigne la manière dont l'homme peut *se surmonter* et, partant, ne plus avoir besoin de l'image radicale de la grande politique, qui répond à la question de savoir comment l'homme peut *être surmonté*. Dans la grande politique, la coexistence ou l'alternance d'un modèle de domination mondiale et de celui de deux sphères séparées trahit déjà les signes de ce que l'analogie entre domination de soi et domination des autres doit en réalité discriminer entre l'humain comme sujet et comme individu. Car il est frappant de voir combien Nietzsche, souvent, répugne à jeter des ponts entre la domination de soi et la domination des autres : celle-ci n'est qu'un enseignement « pour tous », dont Zarathoustra a fait les frais sur la place du marché. Un fragment de 1880 est explicite à cet égard :

> Je ne parle pas aux faibles : ils veulent obéir et se précipitent partout dans l'esclavage. Face à la nature impitoyable, nous ne laissons pas de nous éprouver aussi nous-mêmes comme nature impitoyable ! — Mais j'ai trouvé la force là où on ne la cherche pas, chez des <gens> simples, doux et affables, sans la moindre inclination à dominer — et inversement, l'in-

clination à dominer m'est souvent apparue comme un signe interne de faiblesse ; ils redoutent leur âme d'esclave et la drapent dans un manteau royal (ils finissent pourtant par devenir les esclaves de leurs disciples, de leur renommée, etc.). Les n<atures> puissantes *dominent*, c'est une nécessité, elles ne remueront pas le petit doigt. Et même si elles s'enterrent toute leur vie dans un pavillon au fond du jardin[9] !

L'étrange « nécessité » de la domination doit elle-même être enseignée. Car ce que ce fragment indique, c'est que si la puissance est bien toujours domination, la domination des autres, en revanche, nous rend le plus souvent esclaves ou nous trahit comme tels. Il ressort que la puissance supérieure, celle du maître ou de la grande santé, est la domination de soi, c'est-à-dire un mode d'existence où la conscience, cet instrument de l'instinct de connaître, prend acte du *soi* comme hiérarchisation de la différence infiniment multipliée que nous sommes. « Connais-toi toi-même », cela veut dire apprendre à dominer, mais à dominer là où nous obéissions, c'est-à-dire transformer le *moi* du sujet assujetti en *soi* de l'individu complet. C'est se rapprocher d'une « vérité » plus vraie, c'est-à-dire de la vision mystérique par quoi la distance interne qui creuse le monde se montre et se cache, et à quoi Nietzsche aspire depuis l'établissement précoce du couple Apollon-Dionysos. Si nous voulons avoir une chance de dessiner les contours d'une politique nietzschéenne, il est absolument indispensable de les faire apparaître à partir du noyau éthique que représente la très inactuelle domination de soi antique, qui s'atteint par des techniques de soi, c'est-à-dire par une *ascèse*[10]. Je fais l'hypothèse que, par la compréhension de ce mode d'existence ou vie philosophique de type nietzschéen, il est possible de surmonter l'image de la grande politique elle-même, et que ce dépassement est contenu dans la dynamique de la pensée nietzschéenne, qui est fondamentalement d'*auto*dépassement, et pour laquelle, pourtant, la coordination interne « optimale » (ascendante) du commandement et de l'obéissance chez l'individu peut devenir en retour le levier d'un dépassement éthique et politique des coordinations intersubjectives (d'assujettissement mutuel), dans le sens d'un rapport ascendant entre individus « complets ».

Il faut le dire ou le redire : rien n'est moins évident que de vouloir faire émerger une politique à partir de la question de l'individualité comme gouvernement de soi. Il apparaît tout d'abord clairement que la grande santé nietzschéenne est prise dans un mouvement de *séparation* qui emporte l'individu vers la solitude et la contemplation ; et s'il est tout aussi évident que Nietzsche donne tous les signes qu'un autre mouvement pousse l'individu supérieur vers « l'autre » — dans une acception, nous le verrons, qui lui est très propre —, le rythme (qui est quasi d'alternance) et la finalité de ce double mouvement sont difficiles à décrypter, parce que celui-ci relève d'une sorte de *double bind*, c'est-à-dire d'une contrainte fondamentalement ambivalente. Ensuite, on observe chez des philosophes « ascétiques » tels que Foucault (mais aussi Deleuze), outre cette même ambivalence, une difficulté récurrente à affirmer à la fois la vie philosophique d'exception et la vie démocratique commune, sur laquelle pourtant, contrairement à Nietzsche, ils ne transigent jamais au profit d'une quelconque politique hiérarchique.

Enfin, si l'on se réfère aux grands philosophes ascétiques de l'Antiquité (non chrétienne), on constate une même ambivalence, qui toutefois s'est toujours soldée par un échec dans l'ordre politique. (Malheureusement, les ascètes chrétiens étaient beaucoup plus doués pour la politique, comme le prouve le triomphe inégalé du pouvoir sacerdotal et pastoral.) Je reviendrai sur la profonde difficulté inhérente à l'articulation entre gouvernement de soi et des autres, entre individualité et communauté, sur laquelle pourtant, en effet, on ne peut transiger. Pour ce faire, il faut commencer par clarifier ce dont il est question lorsqu'on parle d'ascèse. Ce que Nietzsche définit comme « idéaux ascétiques » dans la troisième dissertation de la *Généalogie de la morale* est en fait le contenu de la toute première « psychologie du prêtre[11] ». Il s'agit de l'instrument de leur puissance, la puissance la plus considérable connue jusqu'ici dans l'histoire de la culture. Nous avons déjà fait longuement connaissance avec cet instrument, la plus cruelle et violente contradiction en soi : l'hostilité de la vie à l'encontre de la vie, de la puissance à l'encontre de la puissance, la rédemption par la condamnation, la jouissance par la torture, la plus grande force de la plus profonde faiblesse. Dans son principe, l'idéal ascétique est une *horror vacui*, l'ultime recours de ceux qui n'ont plus de volonté pour vouloir encore quelque chose : plutôt la volonté de néant que pas de volonté du tout[12]. L'idéal ascétique fait presque toute la définition du nihilisme, de la puissance du nihilisme. Dans son fonctionnement, il met en branle des processus psychophysiologiques de retournement contre soi : mauvaise conscience, mortification, mépris de soi, valorisation de tout ce qui est faible et en voie de dégénérescence (on ne comprend la cruauté de la pitié que rapportée à cet idéal). Quant à son but, il vise, chez le prêtre, la domination absolue de l'humanité malade (la majorité des hommes, précise Nietzsche), sa transformation en troupeau (en « Église ») et son entretien morbide sous le joug du mépris du corps : pauvreté, humilité, chasteté sont la triade éprouvée de pratiques psychophysiologiques d'une contention extrême des pulsions jusqu'à l'épuisement, l'hystérie et la démence. Il suffira d'observer un instant les gestes, les paroles, les regards de quelque fanatique pour comprendre très exactement de quoi il s'agit.

Mais pour reprendre une méthode interprétative typique de Nietzsche, et dont il donne, dans la *Généalogie de la morale*, un exemple éclatant à propos du châtiment[13], il faut distinguer dans un « fait » un élément stable et durable : l'usage, la rigueur des procédures, et un élément fluide : l'attente, le but qui s'attache à ces procédures, et qui varie selon *qui* s'empare d'elles. Dans l'expression « idéal ascétique », c'est le terme *idéal* qui porte l'essentiel de la charge critique. Car, en tant que procédure, l'ascèse (« exercice », en grec) signifie une multitude de choses, c'est-à-dire presque rien[14]. C'est chez le type sacerdotal que l'ascèse prend la forme d'une puissance morale et politique monstrueuse et dommageable à l'humanité, mais il est bien d'autres types : chez le saint, déjà, qui ne vise qu'à une forme de gouvernement de soi, l'ascèse est un « sommeil hivernal », un « repos dans le néant ». Chez l'artiste, l'ascèse n'a aucun sens, elle est un masque d'emprunt qui trahit un manque d'indépendance à l'égard des puissances établies (cas de Wagner se soumettant volontairement au nihilisme schopenhauerien puis chrétien, sans que jamais la sensualité inhérente à son art s'éteigne sous les grimaces de la chasteté, au contraire). Il y a aussi l'ascèse des masses laborieuses, des esclaves modernes : « l'activité machinale » ou « sanctification du travail »[15], forme d'ascèse conservatrice d'un degré minimal stable de la vie (on se souviendra de la question : comment se maintenir ?). Et pour les philosophes, qu'est-ce que l'idéal ascétique ? « Quelque chose comme un flair ou un instinct pour les conditions les plus favorables à une haute spiritualité[16]. » Nous commençons à glisser vers un tout autre type de signification et d'intérêt que dans le cas du prêtre : même si l'idéal ascétique sacerdotal est bien lui aussi une forme de spiritualisation, il vise à domestiquer, à assujettir l'homme : il est une forme spiritualisée de barbarie. Chez le philosophe, ce n'est pas une contention qui abaisse, mais qui *élève*. En ce sens, le philosophe est plus proche du saint que du prêtre, sauf que le repos et le sommeil recherchés sont des préalables à la contemplation, à la « pure connaissance » non du néant, mais de ce qui est. Le masque sacerdotal d'un Parménide, par exemple, vise en réalité l'exact contraire du prêtre : même s'il invente un concept d'Être comme immobilité (à l'instar du saint, il cherche le repos), il réfute toute possibilité d'un Être du Néant, et donc d'un quelconque arrière-monde qui condamnerait celui-ci[17]. Ce qui est anesthésié dans l'ascétisme du philosophe, ce n'est pas la vitalité des pulsions, mais leur chaos, c'est-à-dire la cause de l'épuisement. De même, dans la lâche ataraxie des épicuriens, dans le rationalisme fanatique des stoïciens, le désintéressement fallacieux de l'esthétique kantienne, et jusque dans la suspecte négation de la volonté chez Schopenhauer, quelque idéalisme mensonger que trahissent toutes ces philosophies (et Nietzsche est loin de les épargner), toutes visent toujours le *contraire* de l'idéal sacerdotal : « "Que signifie cela, un philosophe rendant hommage à l'idéal ascétique ?" Voici au moins une première indication : il veut *se délivrer d'une torture.* » Il y a donc loin entre le prêtre et le philosophe, entre vouloir redoubler infiniment la souffrance et vouloir s'en délivrer[18]. Que le nihilisme de la philosophie ascétique ait consisté jusqu'ici à vouloir *nier* la souffrance constitutive de la vie fait d'elle l'adversaire naturel de l'ascétisme sacerdotal, qui la multiplie avec une cruauté sans égale. La philosophie a, par nature, toujours un pas d'avance sur la religion dans la possibilité du renversement des valeurs, et c'est ce qui permet à Nietzsche d'affirmer *sa* position cruciale dans l'histoire de ce renversement, qui, on le comprend, doit précisément prendre pour point d'articulation le nihilisme lui-même, le nihilisme se surmontant lui-même[19]. Le renversement des valeurs n'est justement possible que si une valeur est par définition mobile (l'élément fluide), par quoi une nouvelle interprétation peut toujours s'emparer de l'élément stable. Or l'élément stable de l'ascèse, son système de procédures, n'est rien d'autre qu'un ensemble de disciplines (contraintes et hiérarchisations) appliquées au « corps », c'est-à-dire à un ensemble psychophysiologique pulsionnel, en vue de l'action :

> La connaissance ou la foi la plus assurée est incapable de donner la force et l'habileté nécessaires à l'action, elle est incapable de remplacer l'exercice préalable de ce mécanisme subtil et complexe, exercice indispensable pour qu'un élément quelconque

Micropolitique de l'éternité

d'une représentation puisse se transformer en action. D'abord et avant tout les œuvres ! C'est-à-dire l'exercice, l'exercice, l'exercice ! La « foi » adéquate s'ajoutera d'elle-même, soyez-en sûrs[20].

Cet élément stable de l'ascèse, en lui-même presque neutre ou insignifiant, Nietzsche l'appelle, dans la *Généalogie de la morale*, d'un terme aussi vulgaire que moderne (c'est-à-dire — anglais !) : le *training*[21]. Ce « fait ethnologique universel », qui est même un phénomène biologique répandu[22], est constitutif de toute individuation : les « pratiques de soi », comme les appelle Foucault, sont une détermination du vivant, et c'est en ce sens que cette universalité est toujours articulée à une évaluation du vivant par lui-même (« volonté » de conservation, d'élévation, de déclin). L'ascèse changera donc de sens et verra sa valeur radicalement renversée si elle est investie par une volonté de vie ascendante et d'autodépassement, par la grande santé.

L'importance de l'ascèse chez Nietzsche se dit donc fondamentalement de la conception qu'il se fait de l'activité propre de la vie telle que nous l'avons analysée plus haut ; mais plus qu'une conséquence prescriptive découlant de l'hypothèse de la volonté de puissance, l'ascèse est même sans doute plutôt l'un des éléments d'observation et d'analyse qui ont permis à Nietzsche de dégager cette hypothèse. Car il a rencontré l'ascèse partout, chez les philosophes grecs, dans le christianisme et le bouddhisme, chez les artistes et les scientifiques, dans le monde du travail et celui des contemplatifs ; et surtout, Nietzsche n'a cessé d'organiser sa propre vie en fonction de pratiques ascétiques, et cette vie « en exercice » a été, à même le corps propre, son premier et ultime laboratoire des évaluations de la santé et de la maladie, de l'ascension et du déclin. On doit à Sloterdijk d'avoir consacré tout un ouvrage à une véritable « ascétologie générale » : *Tu dois changer ta vie*[23] n'affirme pas seulement que Nietzsche a été le premier à formuler une conception globale de l'existence en exercice, mais encore qu'il est essentiel pour nous de comprendre l'idée même de culture comme système d'exercices, ensemble de procédures anthropotechniques. « En sa qualité d'acteur et de médium d'une Antiquité comprise différemment, Nietzsche devient le découvreur des cultures ascétiques dans leur immense extension historique (...). Nietzsche se situe de manière fatidique, au bon sens du terme, au début des ascétologies modernes, non spiritualistes, avec leurs annexes de physiotechniques et de psychotechniques, de diétologies et d'entraînements autoréférentiels, et donc de toutes les formes d'exercice autoréférentiel et de travail de sa propre forme vitale, que je regroupe sous le mot "anthropotechnique"[24]. » Or, il est tout à fait significatif que Sloterdijk, revendiquant avec force l'exigence méthodologique d'une généalogie « sous le signe de l'exercice[25] », se trouve par là même en mesure de produire une interprétation critique de l'époque contemporaine qui suive avec une cruelle pertinence une voie proprement *nietzschéenne*. Sloterdijk montre comment le retour, vers 1900, de l'*athlétisme* et la « refondation » des jeux Olympiques par Pierre de Coubertin[26], sous le signe de l'hygiénisme, peuvent être lus comme le coup d'envoi d'une somatisation ou une déspiritualisation décisive de l'ascèse. Depuis, « la modernité, qui n'a jamais pu être que radicale, sécularise et collectivise la vie en exercice en faisant sortir brutalement les ascèses traditionnelles de leurs contextes spirituels pour les dissoudre dans le fluide des sociétés d'entraînement, de formation et de travail[27] ». L'Occident devient alors un vaste camp d'entraînement[28] pour les intensifications humaines : « L'ascèse déspiritualisée s'appelle le *training* et correspond à une forme de réalité qui exige de l'individu la *fitness* en général. » Dans un contexte de prestation de service généralisée, le concept clé actuel en est l'*enhancement*, qui trahit un passage de l'ancienne intensification de soi ascétique (*métanoïa*) à « l'élévation chimique, biologique et chirurgicale de profils individuels de performance[29] ». Le terme même d'élévation n'est plus adéquat, et le terme de *progrès* lui conviendrait mieux : on ne s'élève pas, on avance, on évolue. Cette horizontalisation ou aplatissement de l'ascèse se fait dans le glissement d'une compétence de soi à une compétence mandatée des formateurs-prestataires (enseignants, entraîneurs, inventeurs, entrepreneurs, médecins, psychothérapeutes, etc., bref : la figure générale du *coach*), en vue de soulager la vie de la tension verticale qu'implique toute activité de la vie pulsionnelle, toute spiritualité du « corps » lui-même, telles que les entend Nietzsche. En des pages saisissantes[30], Sloterdijk analyse la formule typique : « se faire opérer », à travers laquelle l'*anesthésie* générale devient l'image de la « compétence à la passivité », cette forme moderne de l'impassibilité. Est-il besoin de préciser que nous sommes ici en présence d'une image contemporaine forte du Dernier Homme de Nietzsche[31] ?

Même si les stoïques de l'Antiquité peuvent avoir consacré leur vie à la tentative d'édifier en eux, par un exercice constant, la statue qui, dans le marbre invisible, dégageait le meilleur d'eux-mêmes, les modernes se présentent comme la sculpture achevée de l'inertie et s'exposent dans le parc des identités, qu'ils choisissent l'aile ethnique ou privilégient le terrain en plein air individualiste (...). L'identité fournit donc le super-habitus pour ceux qui veulent être tels qu'ils sont devenus en raison de leurs imprégnations locales, et estiment que c'est une bonne chose. De cette manière, les identiques s'assurent d'être hors de portée sonore, au cas où, à l'improviste, on entendrait de nouveau quelque part l'impératif « Tu dois changer ta vie ! »[32].

Sloterdijk reconnaît en Foucault, après Nietzsche, le penseur le plus conséquent de la vie en exercice, celui qui a donné une impulsion décisive à une science de l'avenir, qui serait une « science de la discipline considérée comme une encyclopédie des jeux de capacités[33] ». Ce n'est pas un hasard que Foucault ait eu lui aussi à repasser par l'étude des auteurs et des pratiques de soi antiques, et à reverticaliser ou respiritualiser le champ des rapports de pouvoir. Foucault n'avait-il pas avoué, pour rendre compte du mixte d'évolution et de constance à l'œuvre dans son travail : « On croyait s'éloigner et on se trouve à la *verticale* de soi-même[34] » ? Ce qui, chez Nietzsche, advient pour la pensée dans l'interstice qui sépare grande politique et grande santé, il me semble permis d'en retrouver le fil conducteur dans ce qui articule, chez Foucault, les techniques de domination aux techniques de soi, et, chez Sloterdijk, ce qui éclaire le passage d'une anthropotechnique comme dressage et domestication à une théorie générale de l'ascèse[35]. Sloterdijk a, à propos de Foucault, une formule admirable : « Foucault avait compris que le dionysien échoue si l'on n'implante pas en lui un stoïcien[36]. » Elle synthétise, avec un certain panache d'inactualité, ce qui caractérise à la fois le problème grec, le problème nietzschéen, et celui de l'époque contemporaine : si l'homme est par nature un exerçant, il n'a aucune chance de surmonter la détresse du présent dans l'horizontalité d'ascèses déspiritualisées. Ce faisant, il s'agit à présent de comprendre ce que peut bien signifier une éthique et — difficulté surajoutée — une politique fondées sur des *exercices spirituels*.

La critique nietzschéenne vise donc deux adversaires à la fois[37]. D'une part, l'ascèse spirituelle de type chrétien : « Je veux *renaturaliser* également *l'ascétisme* ; au lieu de l'intention de négation, l'intention de *renforcement*[38]. » D'autre part, l'ascèse déspiritualisée de type moderne : « Toute attitude antispirituelle, toute vulgarité vient de l'incapacité de résister à une sollicitation : on est *contraint* de réagir, on obéit à chaque impulsion[39]. » Comme l'indique Sloterdijk[40], est spirituel tout exercice qui vise à désactiver pareille contrainte. Cette incapacité de résister de quelque manière à toute impulsion, à toute sollicitation de l'extérieur, du nouveau et de l'inhabituel (ce que Nietzsche appelle hyperexcitabilité des modernes) est un caractère morbide, qu'on parle ici de morale ou de biologie. Il se manifeste à la fois dans le « spontanéisme » moderne et dans la passivité de modèle anesthésique, celle-ci n'étant que la solution d'urgence compensatrice à l'excès de celui-là, le moyen sans douleur de se laisser modifier (« se faire opérer ») au plus vite sous la pression incessante des effets d'extériorité. Face à ces deux adversaires, l'ascétisme qui dit toujours non et le *training* qui dit toujours oui, il faut développer un type d'exercice spirituel extrêmement délicat, qui vise précisément à cet équilibre presque impensable entre la résistance et l'ouverture, que Nietzsche avait trouvé toujours à l'œuvre dans la croissance organique, et qu'il reformule comme programme en des pages célèbres d'*Ecce Homo*[41] :

> Ne pas voir, ne pas entendre bien des choses, ne pas laisser venir à soi bien des choses, première sagacité, première preuve que l'on n'est pas un hasard, mais une nécessité. Le mot courant pour définir cet instinct d'autodéfense est celui de *goût*. Son impératif n'ordonne pas seulement de dire non, là où un oui serait une preuve d'« abnégation de soi », mais aussi de *dire non aussi peu que possible*. S'écarter, se couper de tout ce qui nécessiterait sans cesse un non. Ce qui fait la raison de cette attitude, c'est que les dépenses défensives, même minimes, si elles deviennent la règle, l'habitude, provoquent un appauvrissement extraordinaire et parfaitement inutile. Nos *grosses* dépenses sont les menues dépenses les plus fréquemment répétées. Se défendre, ne pas laisser venir à soi, c'est une dépense — qu'on ne s'y trompe pas —, c'est de la force *gaspillée* à des fins négatives. On peut, uniquement dans la constante détresse d'avoir à se défendre, devenir trop faible pour pouvoir encore se défendre. — Supposons qu'en sortant de ma maison, je trouve, au lieu de l'aristocratique et calme Turin, la petite ville allemande : mon instinct devrait alors se barricader pour repousser tout ce qui, de ce monde veule et plat, l'assaillirait. Ou bien que je trouve la grande ville allemande, ce vice de pierre, où rien ne pousse, où chaque chose, bonne ou mauvaise, est importée de l'extérieur... Ne devrais-je pas alors me faire *hérisson* ? — Mais, avoir des piquants, c'est là un gaspillage, et même un double luxe, alors que l'on pourrait avoir non des piquants, mais des mains

ouvertes... Une autre sagacité et autodéfense consiste à réagir *aussi rarement que possible* et à se soustraire aux situations et aux circonstances où l'on serait condamné à suspendre pour ainsi dire sa « liberté », son initiative, et à devenir simple agent réactif[42].

Cet équilibre exigeant est ce qui se dégage des exercices spirituels antiques tels que les a étudiés Pierre Hadot[43], notamment dans le platonisme, le stoïcisme et l'épicurisme. Or, Hadot, à propos de Nietzsche, nourrit trois pressentiments majeurs : que celui-ci a pratiqué la philosophie dans l'esprit profond de l'Antiquité, qui accorde le primat, sur la systématicité spéculative des discours philosophiques, à l'exercice spirituel comme condition essentielle d'une *vie philosophique* ; que l'exercice spirituel, dans la philosophie antique *et* dans celle de Nietzsche, est en dernier ressort motivé par une volonté de dépassement vers ce que Hadot désigne de manière récurrente comme une « conscience cosmique » (qu'on l'appelle dionysiaque, expérience mystique ou révélation mystérique), conscience qu'il juge plus vaste que ce que le dernier Foucault — qu'il admire — a bien voulu révéler dans l'accent porté sur le seul souci de soi et l'esthétique de l'existence[44] ; enfin, que cette conception de la vie philosophique est potentiellement capable d'offrir un enseignement à l'époque actuelle et à venir, qu'elle possède une portée universelle (nous dirions suprahistorique ou inactuelle) pour les hommes d'aujourd'hui et de demain.

Nietzsche et Hadot déplorent d'une seule voix la réduction de la philosophie à des discours purement spéculatifs, tous réfutables et interchangeables ; c'est une marque de décadence inaugurée par la prétention du christianisme à valoir pour *la* philosophie[45], lorsqu'il eut d'un côté annexé et adapté les ascèses antiques à ses propres fins, et, plus tard, relégué les contenus des écoles philosophiques au service servile de la théologie, dans les universités. Les discours et les pratiques se sont radicalement scindés, et les philosophes ne sont plus que des professeurs de philosophie. Au contraire, l'acte philosophique antique, avant d'être l'élaboration de discours abstraits et théoriques, est un art de vivre, un style de vie qui engage tout le « soi », une transformation radicale de la manière d'être. Les systèmes philosophiques émergent d'options existentielles fondamentales et ne visent qu'à fournir les lois qui régiront la vie du philosophe et auront autorité sur ses disciples : dans une vie qui s'exerce au service de la connaissance, c'est d'abord la connaissance qui s'est mise au service de la vie, par quoi la vie se donne sa propre loi. Ainsi, elle s'affermit, se rend capable de promettre, et, dans sa probité, sa sérénité et sa constance, devient exemplaire pour tous les siècles[46]. J'ai évoqué dans la première partie de cet ouvrage cette ambition renouvelée du jeune Nietzsche pour la philosophie ; mais il est remarquable que, tout au long de son œuvre et de sa vie, le problème essentiel qu'il ait eu à résoudre soit resté le même : comment articuler la « vie » et la « connaissance » pour qu'une vie philosophique soit à nouveau possible, et comment s'y exercer. Il est évident que, eu égard au caractère inédit et complexe de son interprétation de la vie, de la connaissance et de leurs rapports, eu égard à la radicalité de son exigence de probité, ce problème est devenu particulièrement énigmatique et redoutable. C'est ce qui s'exprime sans cesse dans son insistance à qualifier la vie philosophique de *dangereuse*.

Quelles que soient les réponses apportées par les différentes écoles philosophiques antiques, la position du problème est toujours la même, et se décompose en trois questions : celles du rapport à soi, du rapport aux autres, et du rapport à l'univers[47]. Chaque fois, il s'agit d'une exigence double pour la connaissance *et* pour la vie : la connaissance de soi et la conduite de soi ; la connaissance de la justice et la vie en société ; la connaissance de la nature et notre place dans le tout[48]. Ou, pour le dire autrement : l'éthique, la politique et la « physique[49] ». Or, la progressivité apparente de ces trois exigences de la vie philosophique ne doit pas tromper ; non seulement les hiérarchies d'importance entre ces trois dimensions peuvent varier, mais, le plus souvent, le philosophe pratique des décrochés, des sauts abrupts. Il semble même que le propre et l'origine de la philosophie consistent en l'éclair d'un court-circuit violent entre soi et le tout, dont tout système, toute dialectique, toute hiérarchie ne seront que les conséquences et les tentatives d'expression, et dont toute politique et toute science ne dépendront que par après[50]. Ce regard du philosophe sur le tout du monde, pressenti dans l'intuition mystique, est un regard qui peut se reconquérir ; il s'apprend, s'éduque et s'exerce. C'est une constante des exercices spirituels antiques, qui gardera chez Nietzsche toute sa force. *Schopenhauer éducateur*, qui, bien au-delà de l'hommage au maître, est un programme complet de vie philosophique, y trouve des accents vibrants :

> Mais il est des moments *où nous comprenons cela* : alors les nuages se déchirent, et nous voyons comment nous-mêmes avec la nature tout entière nous nous empressons vers l'homme comme vers quelque chose d'élevé au-dessus de nous (...). [La nature] se transfigure avec cette connaissance, et sur son visage s'épand une douce lassitude du soir, cela que les hommes appellent « beauté ». Ce qu'elle exprime maintenant par ces mines transfigurées, c'est la grande *lumière* jetée sur l'existence ; et le vœu suprême que puissent formuler les mortels, c'est de participer durablement, les oreilles grandes ouvertes, à cette lumière (...). Monter aussi haut que jamais penseur n'est monté, s'élever dans l'air pur des Alpes et des glaciers, là où il n'y a plus ni voiles ni brumes, là où la constitution fondamentale des choses s'exprime avec rudesse et rigidité, mais aussi avec une inexorable clarté ! Ce n'est qu'en pensant cela que l'âme devient solitaire et infinie ; mais si son vœu allait s'accomplir, si le regard tombait soudain sur les choses abruptement, comme un rayon de lumière, si la pudeur, l'angoisse et le désir s'abolissaient — de quel nom alors nommer son état, ce nouvel et énigmatique émoi sans émotivité, dans lequel, pareille à l'âme de Schopenhauer, elle reposerait, couchée sur les prodigieux hiéroglyphes de l'existence, sur la doctrine pétrifiée du devenir, non pas semblable à la nuit, mais à la lumière ardente et rutilante, inondant l'univers[51] ?

Ne croyons pas qu'une telle exaltation soit le seul effet d'une période « romantique », « esthétique » ou « métaphysique » du jeune Nietzsche ; si son regard apprendra à voir dans cette contemplation d'autres « vérités » cosmiques que celles auxquelles on a cru jusqu'à présent, le mouvement même de son élévation radicale demeurera absolument intact. La hauteur de perspective, au sommet des montagnes ou dans le vol d'un oiseau au-dessus des mers, l'atteste dans tous les textes de la maturité. Le *Gai Savoir* est une telle école devenue toujours plus dangereuse, du regard porté « sur l'horizon de l'infini[52] ». Le paragraphe 109 révèle que la connaissance acquise par ce regard est celle que le tout n'est ni un organisme ni une machine, mais que « le caractère de l'ensemble du monde est de toute éternité celui du chaos », et que c'est cette absence de loi qui est la nécessité. C'est une nouvelle « physique » : « Quand aurons-nous totalement dédivinisé la nature ? Quand nous sera-t-il permis de nous *naturaliser*, nous autres hommes, avec la nature pure, nouvellement découverte, nouvellement libérée ? » Cette nouvelle *physis*, *affranchie*, entraîne avec soi une nouvelle éthique, qui ne peut absolument plus se dire en termes de morale du jugement : « Comment oserions-nous blâmer ou louer le tout ! » Cette éthique (en exercice) culminera dans l'*amor fati* et la volonté de restaurer une « innocence du devenir[53] ». Nous aurons encore à dire, évidemment, *ce que* Nietzsche a vu dans ce nouvel infini, cette nouvelle éternité et cette nouvelle innocence. Mais en tout cas, à toutes les époques de sa vie, on observe chez lui la présence impérieuse de ce regard cosmique, et, à toutes les époques, ce regard interroge l'articulation immédiate entre le rapport à soi et le rapport au tout, puisque, par définition, le regard est *perspective*, et que le soi ne s'anéantit pas dans le tout, mais en devient comme le foyer rétinien mobile et porté à une intensité maximale. Telle est « l'exigence de toute grande philosophie, qui, comme totalité, ne dit toujours que : "Telle est l'image de toute vie, déduis-en le sens de la tienne." Et inversement : "Déchiffre seulement ta vie et tu comprendras les hiéroglyphes de la vie universelle[54]." » On le voit, dans ce rapport de réciprocité spéculaire, la dimension « intermédiaire » — le rapport aux autres hommes, la vie en société ou politique — menace d'être exclue ou ignorée. Qu'une politique soit rendue hautement problématique par un tel court-circuit, cela ne veut pas dire qu'elle ne soit pas la tension inhérente à cette polarité. En ce qui concerne les présocratiques et Platon, Giorgi Colli[55] a magistralement éclairé ce problème comme un problème typiquement grec (et qu'il rattache d'ailleurs à la tension entre pulsion politique de l'apollinien et pulsion mystique du dionysiaque).

> Les Grecs ressentent comme inéluctable le besoin d'exprimer leur « expérience vécue intime » de manière si claire et si définitive que les hommes sont contraints de l'accepter et donc de se comporter politiquement dans la vie sur la base de ces nouvelles connaissances. Dans la solitude, ils sont parvenus à des sentiments suprêmes sans images et sans rationalité, et tellement éloignés des idées et des sentiments communs de l'humanité qu'ils ne sauraient pas même les traduire en paroles ; et quand ils y parvinrent, jamais ils ne firent en sorte qu'elles soient accessibles à l'intelligence humaine. Mais parvenus à cette nouvelle phase, dans laquelle ils sentent qu'ils devront s'épandre dans le monde à partir de cette intériorité, qu'ils devront créer, ils trouvent leur mode d'expression en se tournant vers l'univers et en proférant leurs vérités, non en parlant de manière immédiate de leurs intuitions, mais en se servant de symboles cosmiques qu'ils ont devant eux, et en donnant naissance à la science de la nature et à la rationalité (...). Ils doivent donc renoncer à exprimer de manière immédiate ce que leur solitude leur a offert de plus précieux, comme à la joie de révéler leurs intuitions divines ; ils sont alors contraints à s'objectiver et à s'exprimer de manière claire et distincte. C'est ce que les mystiques

modernes ne surent pas faire, parce qu'ils n'avaient pas été formés à la vie politique des Grecs ; Giordano Bruno dans les *Fureurs héroïques*, et Nietzsche dans *Zarathoustra*[56]...

On ne saurait dire si l'échec, patent historiquement et toujours possible à nouveau, de la communication entre Nietzsche et ses lecteurs vient de ce que Nietzsche n'était pas assez grec, ou de ce qu'il l'était encore trop pour nous. Dans *Schopenhauer éducateur*, déjà, il mesure la difficile nécessité de comprendre comment la vision où se rencontrent le philosophe et le tout à des hauteurs inaccessibles peut être retraduite en termes éthiques et éducatifs : « Le plus difficile reste à faire : dire comment se dégage de cet idéal un nouveau cycle de devoirs et comment l'on peut avec un but aussi transcendant se mettre en relation avec une activité régulière, bref montrer que cet idéal *éduque*[57]. » Le problème paradoxal de l'éducation comme activité nécessaire à la *polis*, c'est qu'elle semble travailler contre la *polis* elle-même : c'est ce qu'Athènes ne pardonnera pas à Socrate, car celui-ci inversait le rapport de précellence entre l'action sur soi et l'action dans la cité. Ce sont les mots d'Alcibiade : « Socrate me contraint à m'avouer à moi-même que, alors que je suis si déficient sur tant de points, je persiste à ne pas me soucier de moi-même et à m'occuper seulement des affaires des Athéniens[58]. » Toute l'*Apologie de Socrate* sera pour Platon la tentative de faire comprendre la nécessité de cette inversion, par celui-là même qui, dans la *République*, revendiquera pour les philosophes la place suprême dans la cité. Or, de manière presque inattendue, le jugement qu'émet Nietzsche sur la dialectique socratique, dans le tardif *Crépus-*

cule des idoles, souligne son essence politique, la manière dont elle traduit l'affect proprement politique des Grecs :

> Rien n'est moins grec que des ratiocinations d'anachorète, l'*amor intellectualis dei* à la manière de Spinoza. La philosophie selon Platon se définirait plutôt comme une joute érotique, développant et intériorisant l'ancienne gymnastique agonale et les *conditions* qu'elles présupposent... Qu'est-il en fin de compte sorti de cet érotisme philosophique de Platon ? Une nouvelle forme artistique de l'*agon* grec, la dialectique[59].

Or, par ailleurs, c'est bien *en vertu même* de la nature de ce qui a été vu dans la vision cosmique que le rapport à soi socratique peut être défini comme une gymnastique et une agonistique, puisque, aussi bien, ces caractères définissent la nature même de la *physis*, qu'on le dise dans les termes du *polemos* héraclitéen ou dans ceux de la volonté de puissance, dans les termes de l'individuation biologique, de la physiologie des pulsions ou de la vision esthétique du monde. Si déjà, en 1874, s'impose dans *Schopenhauer éducateur* la nécessité de définir les « devoirs », les « remèdes » et l'« activité régulière » qui doivent découler de la vision mystique, Nietzsche devient, dès *Aurore* (« L'exercice, l'exercice, l'exercice ! », § 22), et toujours davantage dans *Le Gai Savoir*[60], très clair sur la nécessité de la vie en exercice. C'est une nécessité *thérapeutique*, comme elle l'était pour la philosophie antique[61]. Comme le rappelle Pierre Hadot, la vie philosophique est pour l'homme grec un mouvement d'élévation, qui « le fait passer d'un état de vie inauthentique, obscurci par l'inconscience, rongé par le souci, à un état de vie authentique, dans lequel l'homme atteint la conscience de soi, la vision exacte du monde, la paix et la liberté intérieures[62] ». Or, l'exercice spirituel est précisément l'instrument de cette thérapeutique qui a pour objet le chaos des passions, leur propension à s'aliéner à des représentations vides et à proliférer en elles (l'espoir dans l'irréalisable, la crainte de l'inévitable, la haine de ce qui est plus puissant que soi, etc., tout ce que Spinoza nommera les passions tristes, et dont Nietzsche donnera la formule générale : le ressentiment ou hostilité à la vie). Cela veut dire que cette thérapeutique a pour but de soigner de la haine de la vie, et d'apprendre à l'*aimer*. Et cela correspond alors exactement à l'*amor fati*, rencontré à l'autre bout de la connaissance philosophique, dans l'éclair de l'intuition cosmique.

Pierre Hadot recommande de distinguer nettement le sens de l'ascèse dans la philosophie antique de son emploi chrétien : pour les philosophes grecs, l'*askesis* désigne uniquement des exercices spirituels, c'est-à-dire « une activité intérieure de la pensée et de la volonté » ; l'ascèse chrétienne (et avant elle, certes, certaines ascèses cyniques et néoplatoniciennes) étend, quant à elle, la rigueur des exercices au domaine des pratiques corporelles, sous la forme d'abstinences ou de restrictions concernant l'alimentation, le sommeil, les biens matériels, et tout spécialement la sexualité[63]. Que cette distinction soit un peu trop tranchée, cela se comprend dans le contexte méthodologique de l'article où elle apparaît ; on pourrait aussi l'expliquer par les changements profonds introduits par le christianisme dans le rapport au corps. Mais ce qui nous intéresse ici est l'impossibilité où nous sommes, en ce qui concerne Nietzsche, de trancher définitivement entre ce qui relève de l'exercice spirituel et de l'ascèse corporelle. Et pour cause : il y a va de la reconfiguration profonde des rapports entre le « corps » et l'« esprit » dans sa philosophie. On l'a vu, la définition de toute réalité comme intégralement *pulsionnelle* interdit toute conception spiritualiste de la pensée indépendamment du corps, mais aussi bien toute conception matérialiste ramenant l'esprit à une simple matérialité corporelle. Le langage, métaphysique par essence, n'est pas le moindre obstacle pour parler du corps et de l'esprit, et Nietzsche ne s'en sortira que par l'emploi constant de métaphores corporelles pour l'esprit, et de métaphores spirituelles pour le corps, renvoyant indéfiniment l'un à l'autre, ôtant au lecteur toute possibilité de jamais stabiliser la réciprocité analogique en un point définitif. Dans ce contexte, on a souvent cru voir dans l'un des derniers textes de Nietzsche, *Ecce Homo*, une réduction dommageable de l'exercice spirituel à un vade-mecum hygiéniste (alimentation, lieux de vie, climats, loisirs, etc.) qui ne recule pas devant les conseils pour une bonne activité gastrique au petit déjeuner[64]. N'en déplaise aux purs esprits, Nietzsche n'a aucune raison de ne pas être absolument conséquent dans son traitement des processus permanents de spiritualisations et d'incorporations qui façonnent les hommes et les cultures, et l'on devrait avoir compris désormais en quel sens la morale est affaire de « physiologie ». (Pour ces purs esprits, qui sans doute ne veulent renoncer ni au café ni à la bière, on conseillera plutôt la forme purement spirituelle du programme nietzschéen de l'exercice : « Il faut apprendre à *voir*, il faut apprendre à *penser*, il faut apprendre à *parler* et à *écrire* : le but de ces trois disciplines est une culture raffinée[65]. ») Dans l'ampleur de sa conception de ce qu'il appelle les « échanges organiques », jamais Nietzsche n'horizontalise l'exercice, et l'on ne trouvera aucun magazine de *wellness* où se formule une exigence si radicale d'élévation spirituelle « à la verticale de soi-même », une telle motricité ascensionnelle de l'activité hiérarchisante du « corps » :

> La question de l'alimentation est en lien étroit avec celle du *lieu* et du *climat*. Il n'est donné à personne de pouvoir vivre à sa guise n'importe où : pour qui doit résoudre de grandes tâches qui requièrent toute sa force, le choix est même très limité. Si grande est l'influence du climat sur les *échanges organiques*, qu'il ralentit ou accélère, qu'il suffit d'une erreur dans le choix du lieu et du climat pour non seulement rendre quelqu'un étranger à sa tâche, mais même la lui cacher : elle reste toujours hors de sa vue. Le *vigor* animal n'est chez lui jamais assez grand pour atteindre à cette liberté qui déferle sur les plus hautes facultés intellectuelles et qui permet à quelqu'un de se dire : *cela*, je suis seul à pouvoir le faire[66]...

C'est que le rapport entre thérapeutique et symptomatologie est complexe pour le philosophe-médecin. Il ne suffit pas de prescrire des exercices pour modifier un type, et les techniques de soi ne sont pas régies par des procédures objectives dont il dépendrait du libre arbitre de les mettre en œuvre pour obtenir un résultat prévisible. Nos idéologies contemporaines du *coaching* ne font que reconduire de la manière la plus plate l'une des « quatre grandes erreurs » dénoncées par le *Crépuscule des idoles* : la confusion entre la cause et l'effet. On n'est pas libre des exercices qui nous sont néces-

saires, et c'est notre type psychophysiologique, notre
« idiosyncrasie » qui toujours détermine un type de
régime[67]. Le philosophe-médecin interprète les types
d'ascèse en fonction des types d'humains qui les
pratiquent, parce qu'un régime de vie est toujours
déjà le résultat d'une interprétation par la « vie »
des conditions d'exercices dans lesquelles elle se
rend possible. C'est toute l'évaluation des cultures
et des hommes quant aux qualités ascendantes ou
décadentes de leur puissance qui est sans cesse
requise pour pouvoir parler seulement d'un régime
alimentaire ou d'un exercice spirituel. C'est tout
le potentiel d'« erreurs » de la métaphysique et de
l'idéalisme, langage compris, qui doit être convoqué
pour pouvoir seulement dire quelque chose d'une
« bonne » manière de vivre. C'est par là seulement
que l'on peut comprendre la double analogie sans
cesse pratiquée par Nietzsche, qui consiste à évaluer
la spiritualité en termes physiologiques de santé et
de maladie, et la physiologie en termes spirituels
de culture supérieure et de culture décadente. On a
beaucoup écrit sur l'importance de l'expérience de la
maladie dans la vie de Nietzsche, et sur le caractère
central de la polarité entre « sain » et « malade »
pour sa pensée. J'ai souligné, après d'autres (je pense
surtout à Canguilhem et, à sa suite, à Foucault),
combien cette polarité, loin de représenter deux
états du vivant, ne pouvait se comprendre que dans
le cadre immanent et mobile de l'activité normatrice
de la « vie », dans une perspective dont la pensée
nietzschéenne du caractère pulsionnel de toute réalité a ouvert, la première, la voie. La maladie est
pour Nietzsche l'occasion inespérée (mais chèrement payée) d'une *expérimentation*, en deçà même
de toute élucidation conceptuelle, des rapports de

force dans la volonté de puissance. Car ce sont ces mêmes rapports qui génèrent pensées et visions du monde[68]. Et *Ecce homo* est explicite sur ce point, c'est à cela que Nietzsche s'est *exercé* le plus longtemps : la périodicité de la maladie et de la guérison et la mobilité des perspectives qu'elle autorise sont seules les conditions d'un possible renversement des valeurs[69]. On ne saurait être plus clair sur la portée considérable de la pratique de soi jusque dans sa dimension physiologique pour accéder à une conversion du regard sur le monde ; mais à l'inverse, c'est l'intuition de la vision cosmique (« dionysiaque ») qui seule permet de réévaluer le sens de l'expérimentation de soi par soi dans la périodicité des « états » sains et morbides. Il faut avoir *à l'esprit* l'image complète du « monde vu de l'intérieur », comme volonté de puissance. Or, la forme la plus générale pour désigner l'éthique adéquate à cette vision et à cette expérimentation du monde comme pouvoir macro- et microcosmique d'affecter et d'être affecté, c'est *le oui et le non*. Non seulement ce double geste fondamental d'accepter et de refuser, d'ouvrir et de fermer, est au fondement de tout rapport de commandement et d'obéissance, d'activité et de passivité, de santé et de maladie, mais il se distribue à tout moment à tous les niveaux de l'exigence philosophique concernant le rapport à soi, aux autres et au monde. C'est la forme fondamentale de l'*exercice*, conscient *et* inconscient, qui constitue toute réalité, comme complexe d'action et de non-action, de réaction et de non-réaction. C'est une forme, mais pas une formule ni une recette. Rien n'est plus complexe et mouvant chez Nietzsche que les dosages du oui et du non. Leur alternance est une nécessité méthodologique, comme l'indique

Ecce Homo : « La tâche des années qui allaient suivre [*Ainsi parlait Zarathoustra*, c'est-à-dire à partir de *Par-delà bien et mal*] était tracée d'avance avec toute la rigueur possible. Une fois résolue la partie de cette tâche qui consistait à dire oui, restait celle de dire non, de *faire non* : la conversion des valeurs en cours jusqu'ici, la grande guerre[70]. » Or on a vu que ce même *Ecce Homo* définirait aussi l'art de « dire non aussi peu que possible », et d'avoir « les mains ouvertes ». Pour débrouiller cette difficulté, on n'invoquera pas seulement une alternance méthodologique du oui et du non, mais davantage une transformation, par cette mobilité même, dans la nature de l'affection : il s'agit de neutraliser l'immédiateté ou contiguïté entre ce qui affecte et ce qui est affecté, qui *contraint* à réagir, qu'il s'agisse d'un oui ou d'un non, et cela n'est possible qu'en creusant une *distance*, en s'exerçant à une *sélection* de ce qui aura le droit ou non de parvenir jusqu'à soi. Si être affecté est aussi une puissance, sa maîtrise doit pouvoir contenir la possibilité de ne pas se laisser affecter. C'est très exactement le sens du célèbre « pathos de la distance », expression paradoxale, à y bien regarder, puisque le *pathein* exige d'ordinaire cette contiguïté du contact qui caractérise l'*impression*. Il y a un par-delà du oui et du non que Nietzsche effleure parfois, et qui nous rappelle ses pulsions de silence éléatique : « Mon goût, qui peut passer pour le contraire d'un goût indulgent, est bien éloigné d'accepter tout en bloc, de dire oui à tout ; il n'aime au fond guère dire oui, il aime encore mieux dire non, mais il aime surtout ne rien dire du tout[71]... » Il y a surtout une pulsion de liberté ou d'indépendance qui exige de s'exercer à vivre dans des conditions telles que l'on ait à *réagir* le moins possible, par quoi le pouvoir d'agir et de dire oui croît à proportion. « S'écarter, se couper de tout ce qui nécessiterait sans cesse un non[72] », voilà en quoi consiste le secret de l'exercice spirituel nietzschéen.

Dans la recherche de cet équilibre aussi subtil que précaire, il était inévitable que Nietzsche rencontrât à nouveau les pratiques antiques de l'ascétisme que sa formation lui avait rendues familières, pour s'y confronter, les peser à l'aune de la méthode généalogique, en dégager les alliances, les différends et les concurrences avec sa propre recherche. Certes, l'ascèse chrétienne fut la cible inévitable, la pierre de touche évidente d'un renversement des valeurs de la vie en exercice ; elle suscita par là même une dangereuse fascination, en raison des troubles parentés que Nietzsche y trouva (en particulier chez Pascal) avec sa propre tendance à dévoyer l'exercice de la souffrance, dévoiement rendu toujours possible précisément par la précarité de l'équilibre recherché. Mais les exercices spirituels antiques se trouvaient en rapport direct avec le renouvellement nietzschéen de l'ascèse par le simple fait qu'ils ne reposaient pas sur des programmes de souffrance *imaginaire* destinés à redoubler la souffrance réelle : « On se représente l'ascèse comme quelque chose de surhumain, en oubliant que toutes les morales antiques, y compris la morale épicurienne, avaient leur ascèse[73] » (où l'on remarque que « surhumain » est employé ici dans un sens idéaliste et chrétien qui s'oppose aux réalités « humaines, trop humaines »). Nietzsche a littéralement « pioché » dans les morales antiques pour y éprouver ses propres pratiques et leur mobilité :

> Pour ce qui est de la pratique : je considère les différentes écoles de morale en tant que lieux d'expériences où l'on médite un certain nombre de secrets du savoir-vivre et s'y exerce à fond : les résultats de toutes ces écoles et de toutes leurs expériences *nous* appartiennent et nous n'adopterions pas moins volontiers un secret stoïcien, parce que nous nous en serions approprié d'autres, épicuriens. Cette *partialité* des écoles était fort utile, elle était même indispensable à établir ces expériences. Par exemple, le stoïcisme démontrait que l'homme se pouvait donner délibérément une peau plus dure et pour ainsi dire une sorte d'urticaire : c'est de lui que j'ai appris à dire en pleine détresse, en pleine tempête : « Qu'importe *cela* ? Qu'importe de moi-même ? » À l'épicurisme j'empruntai la disponibilité à la jouissance et le regard pour toutes circonstances où c'est la nature elle-même qui nous convie à sa table[74].

Dans cette pratique du « savoir-vivre » (ou vie philosophique), stoïcisme et épicurisme auront un rôle central, rôle longtemps négligé et désormais mieux connu[75]. Les fluctuations et révisions dans le jugement de Nietzsche sur ces deux écoles, comme sur beaucoup d'autres points, semblent aboutir à des contradictions déroutantes. Mais, une fois de plus, seuls les axiomes s'excluent, et non pas les interprétations, qui dépendent toujours des qualités et des relèves des forces qui s'emparent d'un « fait » : l'analyse des changements d'évaluation ou même de la simultanéité d'évaluations contradictoires dans l'appréciation du stoïcisme et de l'épicurisme reviendrait à dessiner exactement la nécessaire mobilité, chez Nietzsche, de la recherche des équilibres entre le oui et le non, la santé et la maladie, l'ouverture et la fermeture, le pouvoir de réagir et celui de ne pas réagir. Comme l'a montré Richard Roos[76], ces fluctuations suivent pour une part celles de la biographie de Nietzsche, et on ne s'en étonnera pas, puisqu'il est précisément question de pratiques de vie, et dans ce cas d'une vie marquée par l'alternance de la maladie et des rémissions ; mais dans le même temps elles attestent, de la manière la plus conséquente et par leur mobilité même, la grande stabilité des concepts de vie, de connaissance et de puissance dans la philosophie nietzschéenne, et tout autant la constance du mouvement d'élévation à une vision supérieure dont tout exercice spirituel est le moyen.

Il apparaît que Nietzsche a fait de la morale stoïcienne un élément constitutif de l'héroïsme, chaque fois que la souffrance et la *lutte* contre la souffrance lui ont semblé dominer une période de la culture, de la vie d'un homme ou de la sienne propre. L'excès des agressions, la versatilité des effets d'extériorité, la violence des rapports intersubjectifs obligent l'homme fort à se faire hérisson[77], à se faire une peau dure : « Pour des hommes avec lesquels le destin improvise, pour de tels qui vivent au milieu d'époques violentes, dans la dépendance d'hommes brusques et changeants, le stoïcisme peut être fort recommandable[78]. » Le stoïcisme est bien une manière de réagir aussi peu que possible, de se soustraire à la contrainte de la réaction. Mais le soupçon de Nietzsche à son endroit est, dans l'ensemble, constant, et se durcira avec le temps. Les raisons en sont épistémologiques, morales, et psychophysiologiques. Dès *Vérité et mensonge au sens extra-moral*, l'activité de « l'homme théorique », qui produit de la conceptualité rationnelle à proportion de sa nécessaire propension à réduire l'inconnu au connu, le divers à l'unité, est conçue comme constitution d'illusions vitales par mesure de protection contre le malheur ; cette attitude s'oppose à celle de l'homme « intuitif » (l'artiste dionysiaque), trop ouvert au monde, souffrant davantage, mais pour cela capable d'embrasser d'un seul regard le spectacle esthétique du monde dans des fulgurances intuitives (métaphoriques). Or, dans les toutes dernières lignes de ce texte, l'homme rationnel ou théorique se voit tout naturellement assimilé au stoïque. Ce qui fait la force du stoïcien est aussi ce qui le condamne du point de vue de la connaissance, et, dans un même geste, du point de vue moral et physiologique : dissimulateur, masqué, attentif à son image marmoréenne, il est un comédien, et ce soupçon d'histrionisme ne cessera de se renforcer avec le temps. Mais le résultat est plus qu'un manque de probité : le stoïcien sous-estime la douleur et la passion, et son insensibilité volontairement obtenue est un engourdissement, une pétrification qui, à force de nier le pouvoir d'être affecté, n'est plus préparée à recevoir la vie comme pouvoir d'affecter : « *Il n'écarte plus aucun état de détresse*, pour avoir tué la sensation des états de détresse[79]. » La tension extrême dans laquelle se fige le stoïcien le vulnérabilise et l'affaiblit. La domination de soi entraîne une « singulière maladie », l'irritabilité méfiante, le risque de s'effondrer d'un seul coup, l'appauvrissement de l'expérience et la fermeture à tout enseignement[80]. Et cela s'appellerait « vivre en accord avec la nature » ?

> La vérité est bien différente : alors que vous vous exaltez en affectant de lire votre loi dans le livre même

> de la nature, vous visez en fait le contraire, étranges
> comédiens qui vous trompez vous-mêmes ! Votre
> orgueil entend régenter jusqu'à la nature et lui incul-
> quer votre morale et votre idéal ; vous exigez que ta
> nature soit « conforme à la doctrine du Portique » et
> vous voudriez que toute existence ressemble à l'image
> que vous vous en faites, qu'elle glorifie à jamais,
> immensément, votre propre stoïcisme devenu par
> vos soins doctrine universelle ! En dépit de tout votre
> amour de la vérité, vous vous contraignez si longue-
> ment, si obstinément, si rigidement à voir la nature
> sous un aspect *erroné* — stoïcien — que vous n'êtes
> plus capables de la voir autrement. Et je ne sais quel
> insondable orgueil vous dispense en fin de compte
> l'espoir insensé que *parce que* vous vous entendez à
> vous tyranniser — le stoïcisme c'est l'autotyrannie —
> la nature se laissera tyranniser à son tour[81].

Contre la tyrannie *exercée* sur soi, sur la connaissance et sur le monde, l'épicurisme sera souvent pour
Nietzsche la réponse la plus adéquate, comme l'exercice d'une détente après une surtension, une paix
après une lutte, une guérison après une maladie. La
biographie et la philosophie de Nietzsche coïncident
ici pour situer ce moment après 1876 (remise en
question de Schopenhauer, rupture avec Wagner,
congé définitif de l'université de Bâle), quand la crispation autour du pessimisme héroïque, l'angoisse
devant les sombres abîmes de la souffrance dionysiaque ont *dû* se relâcher au profit d'une mobilité
plus grande, de vérités plus modestes et, surtout,
d'une reconquête sereine de l'apparence apollinienne, la santé même en dépendant aussi urgemment que la probité. Richard Roos a repéré une
couleur épicurienne, en même temps que la louange
explicite d'Épicure, tout au long de la période dite

médiane de Nietzsche, entre 1878 et 1882, d'*Humain, trop humain* au *Gai Savoir*. Les préfaces de 1886 rédigées par Nietzsche pour la réédition de ses ouvrages antérieurs témoignent rétrospectivement de ce changement, de cette convalescence et de cette guérison[82]. Mais sans doute faudrait-il distinguer la convalescence de la guérison. La guérison, celle que marque le *Gai Savoir* de manière éclatante, donnera aussitôt le courage de renouveler l'aventure dangereuse de la pensée, du risque et des plongées dans l'abîme. Elle a profondément à voir avec la « vision » de l'Éternel Retour de 1881, qui aboutira aux inquiétudes vertigineuses de *Zarathoustra*. J'y reviendrai. Mais jusqu'à *Aurore*, dominent la sereine mélancolie des après-midi d'automne, le bonheur nostalgique devant la beauté arcadienne de la nature (Sorrente et l'Engadine y contribuent largement). Or cette couleur est souvent associée par Nietzsche à une tonalité épicurienne, qu'il qualifie d'« idylle héroïque[83] », et dont Roos le premier a étudié les enjeux. Sous sa forme la plus générale, on pourrait décrire cette évolution comme le passage d'une position de *lutteur* à celle de *spectateur*. La maladie contraint à l'oisiveté, à cet *otium* valorisé par l'Antiquité et les cultures aristocratiques et qui offre l'occasion d'une conscience plus claire de soi, tout en arrachant l'esprit libéré à l'inquiétude moderne, celle de l'agitation des savants rivalisant avec les hommes d'action[84]. *Ecce Homo* rappellera encore combien la maladie, à cette époque de rupture avec les maîtres, les idéaux d'emprunt et les contraintes sociales, avait *détaché* Nietzsche de « cette habitude de céder, de faire-comme-tout-le-monde, de [s]e-prendre-pour-un-autre », réveillant un « soi » enseveli qui se remit à parler[85]. Or, substituer l'investigation des profondeurs pulsionnelles du « soi » aux fantasmes idéalistes d'une exploration des profondeurs du « monde en soi », du « monde comme volonté », ou de l'« Un originaire », implique une conversion radicale de la *vision cosmique* : refermer le « voile de Maïa » et accepter de voir ce que l'on voit, c'est redécouvrir la beauté de l'apparence, la vérité de la surface, mais aussi réinterpréter la profondeur du « soi » comme perméabilité, contact, échanges organiques entre l'intérieur et l'extérieur. Le développement de la physiologie nietzschéenne, dont on a vu qu'elle travaille à l'interface exacte du pouvoir d'affecter et de celui d'être affecté, ouvre sur une conscience de soi et du monde comme *épiderme*. C'est autour de l'épaisseur d'une peau, des dilatations et rétractions des pores que se jouent les questions du oui et du non. Et ici, sans le dire, Nietzsche rejoint la sagesse de la *physiologia* épicurienne, dont le but était la paix de l'âme (la destruction des craintes imaginaires, celles des dieux et de la mort), et dont la méthode consistait en une confiance dans la connaissance comme perception naturelle et patiente (éphectique) de la nature, c'est-à-dire des *simulacres* subtils qui s'arrachent de la surface des choses pour pénétrer par la surface de celui qui l'observe[86]. C'est une manière de vivre et de penser[87] que Nietzsche a comprise des Grecs (ces fameux *superficiels* par profondeur) et fini par admirer chez Épicure, cet enfant tardif d'une culture vespérale qui avait déjà cessé sa lutte tragique. Elle exerce et convertit le regard, dans l'unité d'une physiologie, d'une esthétique et d'une éthique de l'existence :

> *Épicure*. Oui, je suis fier de sentir le caractère d'Épicure autrement que n'importe qui peut-être, et dans

tout ce qu'il m'est donné d'entendre ou de lire de lui, de jouir du bonheur vespéral de l'Antiquité : — je vois ses yeux contempler une mer vaste et argentine, par-delà les falaises du rivage sur lesquelles repose le soleil, tandis que de grands et de petits animaux s'ébattent dans sa lumière, aussi sûrs et calmes que cette lumière et ce regard. Pareil bonheur, seul quelqu'un qui souffre sans cesse a pu l'inventer, le bonheur d'un œil au regard de qui la mer de l'existence s'est apaisée, et qui n'arrive à se repaître assez du spectacle de sa surface et de cet épiderme océanien bigarré, délicat et frissonnant : il n'y eut jamais auparavant pareille modestie de la volupté[88].

Mais qu'est-ce donc qui est encore *héroïque* dans cette modestie de l'« idylle héroïque » ? Il faut d'abord comprendre que cette nouvelle vision cosmique, pour être contemplation des surfaces, n'*aplatit* pas — au contraire, elle *élève*. La « porosité » de l'apparence anéantit toute opposition avec la « réalité en soi », parce que c'est l'apparence qui acquiert une profondeur (et donc une hauteur), comme une infinité de masques ou de simulacres superposés. Jusque-là, l'héroïsme ne pouvait se concevoir que dans la reconduction d'une forme de transcendance, avec laquelle Nietzsche jouait encore dangereusement (tout en essayant de s'y soustraire) dans l'opposition (empruntée) de la « volonté » et de la « représentation ». Or, paradoxalement, le héros qui se bat pour son idéal est contraint de se jeter dans la mêlée des concurrences d'idéaux, il renforce, dans sa volonté même d'élévation, la course horizontale de l'héroïsme agonal — voilà une autre manière de dire la bâtardise de l'inactuel : la concurrence dans l'élévation. Dans la nouvelle vision strictement immanente, l'héroïsme se transfigure, se purifie des compromissions de la lutte, comme l'événement immatériel dressé à la verticale au-dessus de la bataille ou comme un séjour au désert[89]. L'articulation entre la contemplation de l'apparence et la connaissance des profondeurs du « soi » renouvelle, hors de toute structure dualiste (transcendante) possible, l'union d'Apollon et de Dionysos, telle la lumière pénétrant dans les labyrinthes, et définit un nouvel héroïsme, celui de l'esprit libre :

> Il y a dans sa manière de vivre et de penser un *héroïsme raffiné* qui dédaigne de s'offrir, comme son frère plus grossier, à la vénération des foules, et traverse le monde aussi silencieusement qu'il en sort. Par quelques labyrinthes qu'il passe, entre quelques rochers que son cours ait souffert de s'encaisser parfois, dès qu'il vient au jour il reprend sa course limpide, légère et presque sans bruit, et laisse les rayons du soleil se jouer jusque dans sa profondeur[90].

Or, comme toujours avec Nietzsche, c'est précisément la victoire d'Épicure qui va signer sa condamnation. Pour des raisons qui, à n'en pas douter, sont liées à la nature *inquiète* de Nietzsche, à sa défiance à l'égard des causes victorieuses, des repos stabilisés, soupçonnant que quelque chose de l'ordre de la connaissance est toujours sacrifié dans le « bonheur » et le « repos ». Mais aussi et surtout parce que, si la lumière apollinienne d'Épicure est capable d'éclairer les labyrinthes, la probité oblige à y pénétrer. Le soleil épicurien est rasant, c'est une lumière du soir encore trop horizontale. La passion de la connaissance a besoin d'un soleil de midi, à la verticale, sondant les profondeurs. Ce sera le « Grand Midi » d'*Ainsi parlait Zarathoustra*, où le soleil le plus lourd, tombant à pic, éclaire sans ombre le Portique de l'instant, qui sera celui de l'éternité[91]. Déjà le *Voyageur et son ombre* pressentait le caractère « inquiétant » des midis de la connaissance[92]. Il faut prendre le *risque* de descendre au labyrinthe, de s'y retrouver ou de s'y perdre. Au-delà de la maîtrise du commandement et de l'obéissance, par quoi l'exercice spirituel trouve le « soi », il faut se perdre au labyrinthe[93], ou, tel Christophe Colomb, larguer les amarres et quitter la terre. En 1877, encore, Nietzsche considérait que nul n'avait surpassé la sagesse d'Épicure, et que nous avions même reculé par rapport à lui[94]. *Le Voyageur et son ombre*, en 1880, détache Épicure de son époque, pour en faire le chiffre d'une attitude philosophique éternelle, allégée et affranchi du nom propre[95]. Mais c'était déjà autant de signes qu'Épicure, comme nouveau masque de Nietzsche lui-même, n'était que le nom pour une étape, un pas dans l'initiation, une promesse d'avenir. S'enterrer au fond du jardin, vivre caché, c'est seulement faire de soi un trésor capitalisé pour servir à une action *à venir*[96]. Nietzsche n'a pas manqué d'être très clair sur les raisons pour lesquelles il a été « épicurien », pourquoi aussi il a voulu le *paraître* et s'est donné l'épicurisme comme exercice spirituel en vue d'un dépassement. Un paragraphe du *Gai Savoir* intitulé « Pourquoi nous paraissons épicuriens[97] » articule l'épicurisme non seulement au dosage subtil des oui et des non, mais encore à cette passion de l'incertitude, à cette méfiance des convictions, que nous avons évoquée plus haut. Nietzsche avait prévenu : les différentes écoles morales doivent devenir des outils parmi lesquels on choisit tour à tour ceux qui sont nécessaires à l'exercice. Aussi bien, ces outils sont des masques, et voilà pourquoi il peut *paraître* épicurien au moment où il s'exerce au plus courageux scepticisme, de même qu'une apparence épicurienne peut masquer un exercice de type stoïcien. Car le souci de soi, comme expérience de la porosité des échanges « organiques » entre l'intérieur et l'extérieur, impose *à la fois* d'embrasser le caractère agonistique de l'existence et d'exercer une puissance de législation qui crée le droit et les conditions de la justice et de la paix supérieures que j'ai évoquée dans la deuxième partie. Dès 1880, en pleine « idylle héroïque », Nietzsche analyse avec une redoutable précision la complexité de sa démarche, coupant court par avance au soupçon vulgaire que ses « contradictions » seraient l'effet de son inconséquence :

> Pour que quelqu'un se voue sincèrement à la justice supérieure envers les hommes et les choses, il faut qu'ait lieu en lui un événement exemplaire : il doit sentir la lutte de deux forces ou même de plus, sans souhaiter la défaite d'aucune, pas plus que la continuation du combat. Il éprouve ainsi en lui la nécessité d'un traité où les diverses forces se confirment leurs droits respectifs et en outre un plaisir à être juste fondé sur l'habitude et le respect de ces droits. Son expérience intime rayonne vers l'extérieur. Peut-être quelqu'un peut-il aussi, par un mouvement inverse de l'extérieur vers l'intérieur, atteindre un tel sens de la justice. La pratique de la justice est indulgence : voir beaucoup de choses en refusant de les remarquer, en supporter beaucoup, mais, pour l'amour de la paix universelle, considérer cela d'un œil joyeux cela peut devenir un stoïcisme qui a l'air d'un épicurisme[98].

On sait avec quelle sévérité croissante Nietzsche, dans ses œuvres publiées, s'exprimera contre l'épicurisme, allant dans *L'Antéchrist* jusqu'à qualifier

Épicure de « décadent typique » (§ 30), tout en multipliant dans ses notes et correspondances privées les traces d'une admiration intacte (les derniers mois de Nietzsche semblent même à nouveau marqués par la tonalité de l'idylle héroïque). Sans doute la condamnation est-elle moins violente que ne l'a suggéré Roos, qui par ailleurs repère judicieusement tous les signes durables de l'admiration. Mais peu importe, au fond, puisque Épicure était un masque, l'exercice d'un masque. Un masque de Nietzsche, celui de la sérénité de la contemplation, de l'absence de lutte dans la vision cosmique. Mais aussi un masque d'Épicure lui-même, celui du bonheur d'un « être continuellement souffrant » :

> La souffrance profonde ennoblit ; elle isole. Un des déguisements les plus subtils est l'épicurisme et un certain courage ostentatoire qui prend la souffrance avec légèreté et se défend contre tout ce qui est triste et profond. Il est des « hommes joyeux » qui se servent de leur gaieté pour qu'on les comprenne mal : ils *veulent* être mal compris (...) la bouffonnerie elle-même est quelquefois le masque d'un savoir douloureux et trop lucide[99].

La réconciliation avec l'apparence, avec les surfaces, implique, quel que soit le bonheur qu'on y trouve, qu'on approfondisse ce savoir plus sûr, qui est celui de la réalité pulsionnelle de toute chose, du monde comme volonté de puissance : non pas une vérité derrière l'apparence, mais l'apparence « vue de l'intérieur », c'est-à-dire présentant cette porosité de l'épiderme qui fait de la blessure, au point de contact entre le pouvoir d'affecter et celui d'être affecté, une *intensification* de la vie, et donc de la joie *et* de la souffrance. Quels que soient les écoles d'exercices spirituels de l'histoire de la morale et de la science, aucune n'a posé la nécessité de cette double intensification.

> Qu'est-ce à dire ? La fin dernière de la science serait de procurer à l'homme le plus de plaisir possible et de lui éviter le moins de déplaisir possible ? Mais qu'en sera-t-il, dès lors que le plaisir et le déplaisir se trouveraient ne former qu'un seul nœud, si bien que quiconque *veut* avoir le plus de plaisir possible doit souffrir au moins autant de déplaisir — que quiconque veut apprendre à « jubiler jusqu'au ciel » doit se préparer à « être triste jusqu'à la mort » ? Et ainsi en est-il peut-être ! Les stoïciens du moins le croyaient, et ils étaient conséquents dans la mesure où ils désiraient le moins de plaisir possible pour avoir de la vie le moins de déplaisir possible. (...) En réalité à l'aide de la *science* on peut favoriser l'un comme l'autre but ! Peut-être est-elle davantage connue aujourd'hui par les puissants moyens qu'elle a de priver l'homme de ses joies, de le rendre plus froid, plus semblable à une statue, plus stoïque. Mais il se pourrait bien qu'un jour elle se révélât être la *grande pourvoyeuse de la douleur* ! — Et alors peut-être découvrirait-on simultanément sa force contraire, l'immense pouvoir de faire luire de nouvelles constellations de la joie[100] !

Le *Gai Savoir*, puis *Zarathoustra* travailleront chacun à sa manière à dégager cette science nouvelle. Elle consiste en la pratique de l'exercice spirituel le plus difficile qui soit : intensifier à la fois la douleur et la joie, incorporer et spiritualiser les deux forces contraires, fondamentales et inséparables qui constituent la vie comme puissance d'affecter et d'être affecté. Être homme de la connaissance, aventurier de l'esprit, explorateur d'horizons inconnus, disciple de Dionysos, c'est pour Nietzsche s'engager et engager l'humanité dans la mission la plus haute :

créer une aptitude supérieure à l'affirmation de tout ce qui est en tant que souffrance et joie, destruction et création ; affirmation supérieure du oui et du non, de l'éternité du oui et du non : *amor fati*, ou la joie tragique. Tenir cette double contrainte, et l'exprimer, oblige à un langage (au moins) double, qui semble diviser la pensée de Nietzsche de manière presque schizophrénique, en tout cas oxymorique. Et de fait, on reconstituera à l'envi (et toute l'histoire de sa réception le prouve : chacun l'a fait pour son propre compte) la figure d'un Nietzsche du mépris, de l'agression, de la guerre, de la destruction, de l'ironie, du cynisme, un Nietzsche méphistophélique, un « esprit qui toujours nie ». Ou au contraire la figure d'un Nietzsche de l'amour, de la paix, de la création, de la pudeur, de la retenue, un Nietzsche presque christique, qui dit toujours oui, un rédempteur de l'homme. Si l'on devait absolument formuler grossièrement une implication manifeste de ce Nietzsche *bifrons*, on dirait que, dans la dernière partie de son œuvre, cette duplicité du langage et de la figure se cristallise dans cette répartition : la grande politique doit intensifier la souffrance (d'où son caractère insupportable, inaudible pour nous) et la grande santé doit intensifier la joie. On pourrait en rester là ; mais alors, si les plus subtils d'entre nous tentent de pratiquer à l'horizontale (c'est-à-dire compris sous leur forme exotérique) ces deux types d'exercices spirituels, ils présenteront bientôt ces symptômes dont souffrent les meilleurs des « postmodernes », ceux d'un insupportable *double bind*, une sorte de trouble bipolaire — peut-être le diagnostic le plus pertinent pour caractériser ce que notre époque peut avoir de morbide. (Pour la petite histoire, les psychobiographes de Nietzsche n'auront pas manqué de détecter chez lui, non sans raison, des signes nets de cette bipolarité, ce qui en ferait à n'en pas douter un enfant de *notre* siècle...) Quant aux plus vulgaires des « lecteurs » de Nietzsche, s'ils sentent confusément l'injonction à une vie en exercice, ils finissent (ont fini, ou finiront) toujours par retomber dans l'une des deux ornières abjectes qui bordent cette ligne de crête : un Nietzsche pour les paranoïaques fascisants ou un Nietzsche pour les hystériques du développement personnel. Il me semble que, pour approcher la nature de l'exercice spirituel proprement nietzschéen, il faudrait pouvoir définir l'unité de ce qui s'exerce (c'est-à-dire tout à la fois sa mobilité et sa constance) tout le long de la verticalité immanente qui relie, dans les deux sens, la nouvelle intuition de l'ipséité et la nouvelle vision cosmique. Entre ces deux pôles, dans cette « bipolarité » non morbide, se dessine un exercice qui exige non pas deux mais quatre pratiques de « dosage » simultanées et combinées : non pas seulement le pouvoir d'affecter et celui d'être affecté, pas seulement non plus un oui et un non, mais le oui et le non de chacun de ces pouvoirs : vouloir affecter, ne pas vouloir affecter, vouloir être affecté et ne pas vouloir être affecté. Toute la « psychologie » vise à investiguer la multiplicité et l'unité de ces processus, toute la « généalogie » vise à démasquer l'historicité de ces dosages, toute la « philosophie de l'avenir » consiste à exiger d'en redéfinir la pratique. Elle engage, sur le modèle antique, l'unité de la connaissance pratique de soi, des autres et du monde, non donc comme vérité métaphysique, mais comme activité vitale, éthique et politique. Une manière de formuler cette activité serait de dire qu'il s'agit peut-être de quelque chose comme une *micropolitique de l'éternité*.

On voit bien en tout cas que l'idée étrange d'une micropolitique de l'éternité telle que je la suppose chez Nietzsche se propose de surmonter une *détresse du présent*, comme possibilité de sa transfiguration. Contre le pessimisme et l'hypertrophie de la sensibilité (pessimiste *et* optimiste) du temps présent, Nietzsche ne recule pas devant la mise en détresse de la détresse elle-même[101] : qu'aujourd'hui nous puissions encore parler d'« éternité » dans un monde hypersensible à l'éphémère (y compris les néolibéralismes et les millénarismes comme abréactions), et de « micropolitique » à l'époque des politiques de la globalité mondiale (y compris les individualismes et les communautarismes comme dommages collatéraux), cela ne serait pas la moindre cause de nouvelles détresses et de nouvelles ignorances. Ce faisant, il faut se confronter, avec prudence et circonspection, à la possibilité d'un type d'homme initié à cette micropolitique de l'éternité : pour reprendre les termes de Nietzsche, je dirais que « ce type plus fort a déjà souvent existé mais à titre de hasard heureux, à titre d'exception, jamais parce que voulu[102] ».

On le sent bien, le problème va être celui de l'Éternel Retour. On me dira qu'il était temps. Mais, d'une part, la pensée de l'Éternel Retour et sa *fonction* sont incompréhensibles si l'on ne s'est pas d'abord donné le temps de déterminer la connexion des trois problèmes auxquels elle tente de répondre : l'exigence d'un nouveau rapport de la vie à l'historicité sous la forme d'une inactualité dont puisse émerger un sens historique nouveau ; l'articulation, sous le concept de modernité, d'une certaine détresse du présent à une très ancienne morbidité de la subjectivité et à la victoire historique d'un certain type humain ; enfin la possibilité d'un dépassement de ce type et d'une refonte de l'historicité en vertu de la plasticité pulsionnelle de l'individuation psychophysiologique, elle-même conditionnée par une conception du devenir comme exercice de la volonté de puissance. D'autre part, l'Éternel Retour revêt un statut extrêmement ambigu dans la mesure où il est certes un événement majeur de la pensée de Nietzsche à partir de 1881 et jusqu'à la fin, mais que son traitement et sa divulgation ont causé les plus grandes difficultés au philosophe. Annoncé discrètement dans le *Gai Savoir*, il tente une sortie éclatante dans *Zarathoustra*. Mais cette œuvre met en scène, tout autant que sa révélation au penseur, l'échec de sa divulgation. Après quoi, c'est à proportion de sa présence ténue dans l'œuvre publié qu'il prolifère encore dans les fragments posthumes, sous les formes presque affolées de questions, d'hypothèses, de déclinaisons méthodologiques diverses, de nombreux plans d'ouvrages qui ne verront pas le jour. Entre les commentateurs qui refusent d'accorder à la pensée de l'Éternel Retour une importance réelle dans la philosophie de Nietzsche et ceux qui en font son pivot central, la littérature secondaire a déployé des efforts considérables pour répondre d'une manière ou d'une autre de la présence de cette pensée. Pour ma part, je n'y apporterai qu'une contribution modeste, constituée par les trois hypothèses suivantes :

— Si Nietzsche s'efforce de faire de sa *vision* de l'Éternel retour en 1881 une pensée puis un enseignement, cette vision elle-même est subordonnée à une intuition antérieure et inaugurale de sa philosophie, qu'on peut appeler vision mystérique du dionysiaque, et qui avait, dès lors, déjà engendré la dynamique d'une pensée et d'un enseignement. Or cette première intuition était elle-même, on l'a vu, la cristallisation seconde d'un triple problème posé à Nietzsche par la philosophie, l'art et la culture : la cosmologie postkantienne de Schopenhauer, le problème esthético-éthique grec et le projet artistique et culturel de Wagner. Cela pose donc la question des rapports génétiques entre la vision et le problème, entre l'intuition et la formation d'une pensée philosophique. Il y a fort à penser qu'aucune vision ne jaillisse qui ne soit déjà le résultat d'un problème, la décharge subite d'une tension extrême de la pensée philosophique au sein d'un complexe pulsionnel. Une vision ne se communique ni ne s'enseigne ; en revanche, elle doit faire l'objet d'une généalogie, c'est-à-dire d'une reconstruction de ses conditions d'apparition comme point où les rapports entre la pensée et la vie ont fini par trouver une intensité maximale. Cette reconstruction peut s'enseigner, et se pratiquer.

— Pour cette raison même, il me semble que dans l'Éternel Retour, c'est la question de *l'Éternel* qui est centrale, et qui forme le point où se nouent le problème de la connaissance et celui de la vie. Le *Retour* n'est « que » l'une des formes hypothétiques ou expérimentales d'un *exercice* ou ascèse de la pensée et de la vie philosophiques en vue de répondre au problème de l'éternité.

— Enfin, en vertu de la distinction que je fais entre l'Éternité comme problème et le Retour comme l'une des formes de son exercice, le plus important me semble de comprendre sous quelles conditions, pour nous aujourd'hui, il serait possible de dégager de la pensée de Nietzsche une implication du problème de l'éternité dans l'exercice d'une vie philosophique : « La valeur d'un peuple — comme du reste d'un homme — ne se mesure précisément qu'à sa capacité d'imprimer à sa vie le sceau de l'éternité[103]. »

Mais qu'entend-t-on ici par éternité ? En premier lieu c'est un mot, que l'on emploie *faute de mieux*, limités que nous sommes par les conditions indépassables et falsificatrices du langage tel que le conçoit Nietzsche : « Un monstre de longueur de temps, pour lequel nous autres pauvres en langage ne disposerions plus d'aucun mot — il nous faudrait dire alors : une petite éternité de temps[104]. » L'éternité ne s'oppose pas au temps, elle est d'abord le superlatif d'un temps dont la longueur monstrueuse est irreprésentable, ce mot est un saut dans une positivité, l'affirmation de quelque chose d'incommensurable et qui pourtant est une quantité (« petite » éternité). Dans la plupart des fragments posthumes consacrés à l'Éternel Retour[105], Nietzsche répète à satiété l'argument logique selon lequel rien n'empêche d'affirmer que le temps est infini dans les deux sens, vers le passé et vers l'avenir : si le temps avait dû surgir de l'Être ou du Néant (c'est-à-dire surgir de ce qui n'est pas lui), il n'aurait jamais commencé, et, s'il devait s'achever (c'est-à-dire replonger dans l'Être ou le Néant), il aurait déjà atteint cet état final. Par un argument somme toute banal et déjà connu des Grecs, Nietzsche balaie d'un seul geste créationnisme et eschatologie, transcendance et téléologie, substantialité de l'Être et du Néant[106]. Corrélativement, non seulement le temps ne peut être pensé à partir de l'espace, mais Nietzsche, affirmant avec Kant le caractère subjectif de l'espace, a tendance à revendiquer contre lui une substantialité du temps : « L'espace est, comme la matière, une forme subjective. *Pas* le temps[107]. » Il s'agit donc d'affirmer la *durée* infinie comme seule réalité, et par là même qu'il n'y a rien en dehors du *devenir*. C'est dire en d'autres termes que l'éternité se dit essentiellement du devenir, et que le devenir à son tour n'est pensable qu'en tant qu'il est éternel. Ainsi, il faut d'abord faire participer le concept nietzschéen d'éternité de la démarche qui consiste, on l'a vu, à arracher le devenir à l'historicité : contre les erreurs de l'historicisme et la morbidité de la culture historique qui le sous-tend, Nietzsche cherche un mode de connaissance qui se dise du point de vue du devenir, c'est-à-dire de l'éternité. *Sub specie aeterni*, comme il le signale volontiers[108].

Or, ce point de vue de l'éternité que Nietzsche avait décelé très tôt comme *vision* dans la philosophie présocratique et la culture tragique grecque, on le retrouve dans les morales antiques plus tardives sous forme d'un *exercice* à la dimension cosmique de la vision. Car pour le platonisme, le stoïcisme ou l'épicurisme, ce point de vue se *conquiert*, et en des termes très proches des exercices pratiqués par Nietzsche pour l'élévation à la vie philosophique. Ainsi, il y va tout d'abord d'une thérapeutique, qui consiste à se délivrer de ces passions que Spinoza appellera « tristes » : la crainte et l'espérance liées au passé et à l'avenir, toutes les formes de ressentiment et de détresse, de fictions et de mensonges appliquées au sens de la durée. Stoïciens et épicuriens ont en commun de s'exercer à la concentration sur l'instant présent, et, à travers lui, de s'élever à une conscience cosmique où s'appréhende l'infinité de l'instant[109]. Cette élévation, qui prend chez les

Anciens comme chez Nietzsche la forme métaphorique d'un survol, d'une contemplation depuis les hauteurs, articule l'infinité de l'instant à la totalité du monde[110]. Pour la sagesse antique comme pour Nietzsche, la vision de la plénitude de l'instant est une condition du bonheur, et fait du monde, pour le sage, une fête[111]. Souvenons-nous que, dans la Deuxième Inactuelle, Nietzsche avait fait dépendre la plénitude du bonheur et le moteur de l'action de la possibilité de l'oubli, d'un arrachement à l'histoire pour se tenir « sur le seuil de l'instant ». Mais alors, ce que l'instant permettait d'oublier, c'était précisément que tout est devenir :

> Représentez-vous, pour prendre un exemple extrême, un homme qui ne posséderait pas la force d'oublier et serait condamné à voir en toute chose un devenir : un tel homme ne croirait plus à sa propre existence, ne croirait plus en soi, il verrait tout se dissoudre en une multitude de points mouvants et perdrait pied dans ce torrent du devenir : en véritable disciple d'Héraclite, il finirait par ne même plus oser lever un doigt[112].

Or Nietzsche, qui se dira bien disciple d'Héraclite, entend précisément partir à la conquête du devenir au cœur même de l'instant : il s'agit de pulvériser la stabilité de l'instant, l'unité du présent, pour y déceler que tout n'y est encore que multiplicité, passage, écoulement. Ce faisant, Nietzsche n'a pas la naïveté de croire que cette perception immédiate et plénière du devenir soit possible : pas plus que le langage, la conscience n'est capable de saisir l'absoluité du devenir dans l'instant, et il est dans sa nature de falsifier le devenir pour en faire une succession de points stables qui ne sont jamais assez infinitésimaux pour être réels. Le point de vue de l'instant (*Augenblick*, une sorte de « coup d'œil ») est encore une fixation fictive : le contemplatif qui se fait une fête du spectacle du monde s'imagine se tenir debout au bord du fleuve, quand il est en réalité toujours emporté par son flot, au risque de se noyer. Célébrer l'apparence est la première étape de l'exercice spirituel. Mais reconnaître l'illusion entretenue par cette falsification, douter radicalement de l'unité réelle du spectateur comme du spectacle, en est la seconde. Où l'on voit que plus l'exercice élève, plus il devient dangereux. Car l'épreuve de cette contemplation peut non seulement paralyser l'action, mais faire perdre à la pensée tout point d'appui, et ne lui révéler que du non-sens, et la douleur éternelle de ce non-sens. Le pessimisme tragique qui sourd au fond de cette révélation est la première épreuve de l'éternité : c'est pourquoi il faudra pouvoir distinguer le « pessimisme de la force » des présocratiques et des tragiques grecs du pessimisme de la faiblesse que Nietzsche soupçonnera chez les stoïciens et les épicuriens, et dont il sera certain chez les modernes : la mort de Dieu, cela signifie non seulement l'effondrement de tout créationnisme et de toute eschatologie, mais aussi de toute consistance de l'instant (Descartes avait encore besoin d'un Dieu pour créer à chaque instant, continûment, l'instant qui passe). Mais les meilleurs des modernes, les pessimistes, ont perdu pied dans le torrent du devenir, le chaos insensé qu'ils attribuent au monde n'est que le reflet de leur impuissance à s'exercer au devenir. Le pessimisme moderne est l'effet du chaos des instincts, non de la force qui permet de contempler celui du monde. Il est un caprice d'enfant gâté qui, incapable de s'organiser, de se discipliner, de hiérarchiser, de résister aux sollicitations, projette sur le monde l'impuissance de sa complexion pulsionnelle en train de s'effondrer. Il faut se méfier du narcissisme des chantres du non-sens et du « tout est vanité », ils placent leur propre inanité au principe du monde, dernier effet de notre anthropomorphisme. Le pessimisme que cherche Nietzsche est au contraire, tout à fait comme celui des sagesses antiques[113], un exercice de la force, et, dans un premier temps, une méthodologie critique pour lutter contre l'anthropomorphisme. L'élévation au point de vue de l'éternité rabaisse d'autant la durée et la signification de l'homme, sa prétention à l'immortalité, et plus encore sa prétention à la connaissance[114].

> Le devenir traîne à sa suite l'avoir été : pourquoi ferait-il dans ce spectacle éternel une exception en faveur d'une vague planète, et ensuite de la vague espèce qui l'habite ! Assez de ce genre de sentimentalité[115] !

Si l'optimisme (du salut, du progrès, ou de quelque autre forme de foi en une signification du tout transcendante au devenir) pèche par son ignorance des falsifications vitales à l'œuvre dans le langage, la connaissance et la conscience, le pessimisme aux yeux dessillés est toujours, quant à lui, menacé d'abdiquer devant le devenir, de ne pas tirer parti de l'éternité de sa force plastique, et de ne pas reconnaître, dans le langage, la connaissance et la conscience mêmes, ces forces éternellement productrices, y compris de falsifications. L'optimisme ne peut élever l'homme parce qu'il le croit plus fort que le devenir ; le pessimisme ne peut l'élever parce qu'il tend à lui refuser toute force de devenir. C'est pourquoi Nietzsche a un rapport beaucoup plus intime au pessimisme qu'à l'optimisme. L'optimisme a toujours tort du point de vue de la connaissance, et il est toujours faible du point de vue de la puissance. Mais le pessimisme, plus subtil, est à double tranchant : désillusionné de l'Être, il est à la croisée des chemins — vouloir le néant, ou vouloir le devenir. L'épreuve de l'éternité est une épreuve pour le nihilisme. Elle doit discriminer le pessimisme de la force de celui de la faiblesse, pousser le nihilisme dans ses derniers retranchements, atteindre le point où il s'autodétruira à force de détresse, ou bien renouvellera sa force dans un retournement radical. C'est exactement à mettre en œuvre cette épreuve que sert l'introduction du *retour* dans l'intuition de l'éternité. Le retour doit mettre en détresse la détresse même du nihilisme. C'est un pari, un pile ou face dont les enjeux pèseront le plus lourdement sur l'homme : la pensée de l'Éternel Retour est « le poids le plus lourd », comme l'annonce le fameux § 341 du *Gai Savoir* pour la première fois dans l'œuvre publié (même si d'autres aphorismes préparaient déjà implicitement son introduction). Nietzsche en a eu la « révélation » un an plus tôt, en août 1881, sur les bords du lac de Silvaplana, en Haute-Engadine, et en fera la « conception fondamentale » du *Zarathoustra*[116]. Tout cela est bien connu, abondamment documenté par les commentateurs, et par Nietzsche lui-même. Il m'importe à vrai dire de ne prélever ici de cette formidable et inquiétante aventure de l'esprit que ce qui fait d'elle l'ascèse la plus difficile, la plus « athlétique » que Nietzsche ait tenté pour son compte, et la proposition de vie philosophique en exercice la plus téméraire qu'il ait soumise à l'homme moderne en vue de sa transformation et de son autodépassement. Certes, Nietzsche a placé très haut, démesurément haut, les effets qu'il attendait d'une telle pensée qu'il a appelée doctrine ou enseignement (*Lehre*) : il a nommé surhumain l'homme qui aura été transformé par cette pensée, il a nommé innocence du devenir, fidélité à la terre et retour de Dionysos le monde ainsi transformé par cette culture supérieure, surhumaine. Mais la nature ne fait pas de saut, et, derrière la dramatisation extrême de l'Éternel Retour dans *Zarathoustra* (qui contraint Nietzsche à un bond stylistique et doctrinal d'une vertigineuse amplitude), se révèle tout un laboratoire patient et minutieux, toute une chimie microscopique des processus psychophysiologiques, bref, toute une anthropotechnique au long cours qui met en branle, à travers la mise en place de nouveaux « jeux de vérité » ou de nouveaux « agencements », une tentative pratique d'*incorporation* de valeurs nouvelles et de désincorporation des valeurs anciennes de l'idéalisme morbide. Thérapeutique qui est aussi une épreuve et une sélection — ce qui ne tue pas rend plus fort — spécialement adaptées au tableau clinique de la décadence, et qui devrait décider du destin du nihilisme. Nietzsche a risqué, dans *Zarathoustra* surtout, un coup de théâtre, avec le danger de passer pour un comédien, un bouffon ou un fou (« Je ne veux pas être un saint, plutôt encore un guignol[117] »). Mais, fondamentalement, son geste est celui du philosophe-médecin, assez psychologue pour avoir mesuré l'effet — fût-il possiblement placebo — des « vérités » sur nos corps, et assez probe pour s'être pris d'abord lui-même comme cobaye. La vision d'août 1881 a été vécue par Nietzsche avec une violence émotionnelle qu'attestent ses notes et lettres. Des larmes de joie, des accès d'exaltation, mais aussi des moments de détresse et de découragement : longtemps il s'est demandé s'il résisterait seulement au poids écrasant de cette pensée[118]. Je ne spéculerai pas sur la nature exacte de cette vision, par définition incommunicable, mais me contenterai de rappeler qu'elle présente bien des traits communs avec la vision cosmique obtenue extatiquement dans les pratiques mystiques grecques et à laquelle aspiraient les sagesses contemplatives antiques, via la *physiologia*. Il faut replacer ce climax survenu soudainement à la pointe du rocher pyramidal de Surlej dans un temps d'élaboration beaucoup plus long. En amont, nous savons que la forme de pensée cyclologique est familière à Nietzsche depuis longtemps, et à travers des sources aussi marquantes que multiples. Cette préhistoire serait plutôt l'objet d'une autre étude, mais relevons simplement ici que la tradition védique, l'hindouisme et le bouddhisme, la mythologie et l'historiographie gréco-romaines, l'héraclitéisme, l'orphisme et le stoïcisme[119], la théorie de la culture de Burckhardt[120], la philosophie de Schopenhauer[121], et même l'esthétique musicale[122], etc., ont lentement préparé le terrain (auquel, il faut le dire, Nietzsche semble prédisposé depuis sa jeunesse[123]). Notons que ce complexe de traditions touche tour à tour ou simultanément la cyclicité individuelle (métempsycose), culturelle (théorie des âges de l'humanité) et cosmique (palingénésie), et qu'elle a donc des implications pour le gouvernement de soi, des autres, et du monde. L'Éternel Retour gardera chez Nietzsche ces trois dimensions complémentaires : une éthique individuelle, une politique civilisationnelle et une théorie cosmique. Plus importants, par conséquent, sont les effets en aval de cette révélation « subite », la manière dont

Nietzsche va longuement, laborieusement reconstruire la vision en pensée efficace, c'est-à-dire en l'exercice de son incorporation.

Une pensée est toujours d'abord un coup de dé, une représentation déchargée par une certaine combinaison des pulsions à un moment donné, et, le plus souvent, les pensées restent inconscientes dans le laboratoire du corps. Une pensée qui accède à la conscience atteste déjà la force de la décharge pulsionnelle qui y est à l'œuvre ; si cette décharge est extrême, si elle procède d'une longue concentration pulsionnelle de tout le « soi », alors la pensée se donne comme vision, en un éclair et une foudre. L'émotion suscitée par la vision est bouleversante en un sens très précis : elle expose tout l'individu à une recombinaison nouvelle, elle l'*ouvre* à la possibilité de reconfigurations pulsionnelles. Pour autant, la pensée ainsi déchargée est fragile, non seulement parce que la vision soudaine peut disparaître à nouveau dans les abîmes du soi, mais surtout parce que cette explosion crée aussitôt une indétermination, une ouverture menaçant l'individu d'un chaos pulsionnel inédit. La vision somme ainsi l'individu de la retenir, d'en être responsable par le travail d'exercices de reconfigurations. Car le corps se défend, veut oublier, travaille instinctivement à se restabiliser, les forces de l'habitude et la rigidité des préjugés, qui ont mis tant de temps à s'incorporer, veulent réduire et refermer l'indétermination. Pour Nietzsche, l'inscription d'une pensée dans un corps (c'est tout le travail de la culture) nécessite un temps très long, peut-être des millénaires. Donc la vision n'est rien, la pensée est impuissante sans la patiente prise en charge, pour l'avenir, de l'éclair fragile d'indétermination qu'elle suscite. C'est à ses conditions seulement que Zarathoustra peut dire : « Ce sont les mots les plus silencieux qui amènent la tempête. Des pensées qui viennent sur des pattes de colombes mènent le monde[124]. » La responsabilité démesurée que Nietzsche s'attribue pour l'avenir n'est pas l'expression d'une mégalomanie, elle est le fruit d'une conception très conséquente du travail millénaire des pensées dans la culture découvert dans la généalogie. À ses débuts, toute pensée est infiniment précaire, elle n'accroît sa puissance que si elle parvient à s'incorporer peu à peu et à restructurer lentement les complexes pulsionnels individuels et collectifs, grâce au relais des rapports de puissance ; mais alors, elle peut se révéler surpuissante, et déterminer à terme toute la moralité des mœurs d'une civilisation. Le courage de Nietzsche, qui a sans doute été aussi sa principale « faute » (sous la forme d'une véritable *hybris*), a consisté à vouloir embrasser, à la fin de sa vie, l'ensemble du processus d'incorporation qui nécessiterait des millénaires. La précipitation, l'urgence et la détresse suscitées par la vision *et* la connaissance des processus d'incorporation l'ont poussé parfois à vouloir *dire*, à l'échelle d'une seule vie individuelle, l'énormité des conséquences d'une pensée encore embryonnaire. C'est en ce sens qu'on peut dire de Nietzsche qu'il s'est fait *visionnaire* : non pas qu'il ait cru prévoir l'avenir (il était trop conscient de l'imprévisible chaos rendu possible par l'indétermination nouvelle), mais parce qu'il a tenté de formuler l'ensemble des possibles ouverts par une pensée. Mais cela reste une formulation exotérique, c'est-à-dire une tentative de communiquer l'incommunicable à des lecteurs encore incapables, et pour cause, de rentrer dans ce nouveau rapport de communication. D'où le puissant paradoxe dont Nietzsche était parfaitement conscient : écrire pour des lecteurs qui n'existent pas encore. C'est pourquoi il ne faut pas se laisser impressionner par cette *hybris* qui finit toujours par rendre le dernier Nietzsche inaudible, et revenir patiemment à la fragilité première de toute pensée nouvelle, à l'indétermination qu'elle provoque et, donc, à la responsabilité future qu'elle réclame. Car Nietzsche, dès 1881, immédiatement après la « vision », a précisément mesuré la lenteur extrême des effets possibles d'incorporation de cette pensée. Et cela avec une modestie et une patience qu'on néglige parfois.

> Examinons la façon dont agissait jusqu'alors *la pensée que quelque chose se répète* (l'année, p. ex., ou les maladies périodiques, l'état de veille et le sommeil, etc.). Pour peu que la répétition cyclique ne soit qu'une probabilité ou une possibilité, même la *pensée d'une possibilité* peut nous ébranler et nous transfigurer, pas seulement des émotions ou certaines attentes ! Quel n'a pas été l'effet exercé par la *possibilité* de la damnation éternelle[125] !

On voit dans ce fragment que Nietzsche réduit aussitôt l'excès cosmique de la vision à la forme la plus ténue de son principe : lorsque quelque chose se répète (et la vie organique est pleine de ces répétitions), comment agit la pensée de cette répétition, comment elle *affecte* le corps au même titre qu'une émotion ? Ce modeste examen applique à une pensée refoulée ou vaincue (la cyclicité naturelle et sa traduction dans les cyclologies archaïques païennes) la même méthode généalogique utilisée par Nietzsche pour analyser la pensée victorieuse des derniers millénaires : l'eschatologie chrétienne, qui a terrassé à la fois le sens des répétitions organiques (témoignage de son mépris des corps) et les effets de toute pensée de la répétition, au profit d'un ordre théologico-politique fondé sur une téléologie encore à l'œuvre dans les pensées pseudo-laïques du progrès et du sens de l'Histoire. Il s'agit donc de concurrencer une morale deux fois millénaire en repartant à la source, en misant sur la précarité de toute pensée à ses débuts[126]. Et la damnation éternelle, avant d'amener la tempête des passions tristes (violence du ressentiment, de la mauvaise conscience, de la crainte et de l'espérance) a été elle aussi, à un moment donné, une pensée fragile. Une pensée discrète n'a pas besoin d'être « vraie » pour produire à terme des cataclysmes, il suffit qu'un jour on commence à se dire qu'elle est *possible*. La vérité n'est rien d'autre que la puissance exercée par la représentation d'une possibilité, et c'est pourquoi toute vérité est fondamentalement une croyance. À la différence près (et elle est de taille) que la pensée d'une possible cyclicité éternelle travaille toujours déjà *contre* la croyance elle-même, elle est la pensée à laquelle ne peut aboutir que le plus sceptique, celui qu'anime cette passion de l'incertitude qui caractérise l'esprit libre :

> Êtes-vous désormais *préparés* ? Il vous faut avoir vécu tout degré de scepticisme, vous être baignés avec volupté dans des courants glacials — autrement vous n'auriez aucun droit à cette pensée ; je me défendrai volontiers contre des croyants superficiels et des enthousiastes ! Ma pensée, je saurais à l'avance la *défendre !* Elle doit être la religion des âmes les plus libres, les plus gaies, les plus sublimes — une aimable vallée verdoyante entre du fer doré et le ciel pur[127] !

Car la pensée de l'Éternel Retour est capable de déjouer tout affect triste : elle interdit par sa logique même toute espérance — puisque tout revient de toute façon — et toute crainte, puisque chaque acte n'est sanctionné que de l'intérieur, par sa répétition même, et non par l'instance externe d'un jugement. L'immoralisme de Nietzsche n'est pas une invitation à se permettre n'importe quoi, il est d'abord un grandiose effort « pour en finir avec le jugement[128] », pour penser la justice en dehors de toute doctrine du jugement, ce « moyen d'asseoir la tyrannie des prêtres[129] ». La pensée d'un possible éternel retour de toutes choses est susceptible de modifier les affects qui sont à l'origine de toute notre conception de la justice, c'est-à-dire du type de signification que nous donnons à un « fait ». C'est que la pensée de l'Éternel Retour réinvestit toute modification psychophysiologique en effectuant un glissement du sens attribué à chacun de ces micro-événements : pensée, émotion, acte, toute décharge quelconque de puissance. Notons une fois encore que Nietzsche généalogiste distingue un élément stable et un élément fluide dans tout « fait » : la force de la décharge pulsionnelle qu'il est toujours, et le sens de la dynamique interprétative qui s'en empare :

> La plus puissante pensée consomme beaucoup de forces qui antérieurement obéissaient à d'autres buts, ainsi elle agit de façon *transfiguratrice*, elle crée de nouvelles lois dynamiques, non point de force nouvelles. Or c'est en cela que réside la possibilité de déterminer et d'ordonner d'une façon nouvelle les êtres particuliers dans leurs passions[130].

On sait que toute morale, fût-elle élevée aux dimensions d'un système cosmique, ne cesse de travailler sur les plus infimes modifications pulsionnelles :

dans le christianisme, la moindre excitation corporelle, l'émotion la plus fugitive, la demi-pensée la plus évanescente, la seule esquisse de volonté ou d'action sont aussitôt investies et recodées par l'ensemble du système du jugement — un regard peut être déjà un péché, son sens est soumis au tribunal du confesseur ou de la conscience. D'où l'importance d'une répétition éternelle des événements les plus infimes, cette araignée-là et ce clair de lune. La pensée de l'Éternel Retour est micropolitique en ce sens qu'elle exige de donner un sens nouveau à chaque micro-événement, et d'y attacher une signification nouvelle, déprise de tout jugement mais investie par une puissance maximale. Cette signification a deux faces inséparables : l'incorporation du plus infime et l'éternisation du plus fugitif :

> Comment donner de l'importance à ce qui est immédiat, petit, fugitif ? A) en le concevant en tant que racine des habitudes B) en tant qu'éternel et conditionnant aussi ce qui est éternel[131].

Mais pourquoi donc vouloir donner de l'importance à ce qui est immédiat, petit, fugitif ? Volonté à première vue surprenante pour un philosophe du dépassement, de la distance aristocratique, de la grandeur « héroïque ». C'est pourtant la « modestie » propre à Nietzsche, et elle est l'effet d'une probité en lutte contre les mensonges de notre incommensurable orgueil : contre le mensonge idéaliste, celui des « contempteurs du corps » qui abhorrent notre nature pulsionnelle et inventent fallacieusement le sujet pur de la connaissance et de la morale ; contre le mensonge anthropomorphique qui fait de notre condition humaine le sens et le but de l'univers tout entier ; contre le mensonge métaphysique de l'Être ; contre les arrière-mondes, l'absoluité des valeurs et de la vérité, et tout le système du jugement. Ces mensonges sont intimement liés les uns aux autres, ils trahissent notre impuissance maladive à penser et à vivre l'immanence totale du devenir, c'est-à-dire à la fois son éternité et son innocence. Contre tout ce redoutable système de doctrines, Nietzsche fait le pari d'une nouvelle doctrine, qui par nature ne *peut* être métaphysique, et ne saurait accomplir la métaphysique en la renversant. À Heidegger et à sa déploration d'un prétendu oubli de l'Être, Nietzsche, par avance, oppose notre ignorance du devenir, qui n'est pas un oubli, mais un mensonge et une haine, une volonté de néant qui se cache sous une volonté de l'Être. Ce nihilisme est le contraire de la justice : à force de nous traîner toujours devant le tribunal de l'Être et de nous condamner immanquablement comme des « devenants » erratiques, ignorants et menteurs par rapport à l'absolu du bien et du mal, du vrai et du faux, à force de nous assommer à coups de responsabilité, de dignité, de liberté et d'universalité comme définitions de cet « Homme » que nous ne sommes jamais, l'idéalisme a fait de nous des esclaves, des fantômes, des ombres. Lorsque Nietzsche en appelle à la conquête de l'immoralisme et de l'irresponsabilité, il n'entend pas faire de l'homme une brute blonde ou un monstre brun, mais établir une justice nouvelle, infiniment supérieure, qui consiste à nous rendre responsables, non devant le tribunal de l'Être absolu, mais devant l'innocence du devenir éternel. Nietzsche n'aurait pas eu besoin de donner à l'éternité la forme du retour si nous n'avions incorporé, depuis des millénaires, les formes de vie et de pensée inverses : la destination inatteignable, l'origine et le but extra-mondains, la culpabilité de ne faire que passer, la dette infinie. Tout cela vide l'immanence de sa substance, de sa puissance, de son sens, et c'est ce vide qui est la véritable et scandaleuse irresponsabilité de l'homme, son infidélité à la terre. C'est presque une affaire de gravitation, contre l'apesanteur fantomatique de l'idéalisme. Le « poids le plus lourd » de l'Éternel Retour, c'est d'abord conférer à l'homme un nouveau centre de gravité, sans lequel l'élévation n'a pas de sens :

> *Le nouveau centre de gravité : l'éternel retour de l'identique.* L'infinie importance de notre savoir, de notre errement, de nos habitudes et manières de vivre, pour tout ce qui est à venir. Que faisons-nous du *reste* de notre vie — nous autres qui avons passé la majeure partie de celle-ci dans la plus essentielle ignorance ? *Nous enseignons la doctrine* — c'est le moyen le plus puissant de nous l'*incorporer* à nous-même. Notre genre de félicité, comme docteur de la plus grande doctrine[132].

Mais comment le déterminisme radical d'une répétition éternelle peut-il ouvrir une indétermination nouvelle, créer un nouveau vouloir, et plus libre ? Indéfiniment nous nous heurtons à l'opposition entre le déterminisme et la liberté, entre la nécessité et le hasard, entre la loi et le jeu. La philosophie n'a cessé de s'épuiser à vouloir répondre à ces questions, la science contemporaine y travaille encore. Mais nous resterons prisonniers de la métaphysique tant que nous croirons que ces qualités exclusives les unes des autres sont le caractère des choses, et tant que nous penserons que la volonté elle-même est une chose. Déterminisme ou liberté, nécessité ou hasard, loi ou jeu, ces qualités ne sont pas des qualités des choses, mais les formes que prennent l'affirmation et la négation de ce que nous percevons comme le monde des choses. Le « criticisme » nietzschéen est sans appel : il n'y a pas de monde *pour nous* sans cette éternelle appropriation par un oui et un non ; la plus sommaire perception est déjà un oui et un non. Il est absurde de projeter dans le monde « en soi », si ce concept a encore un sens, la puissance d'affirmer et de nier[133]. Ce serait en faire le sujet absolu d'une volonté inconditionnée, c'est-à-dire un monde anthropomorphique. Ce que nous « savons » du monde, c'est simplement qu'il y a de la création et de la destruction, éternellement. (Et Nietzsche postulera que l'énergie investie dans ce dynamisme est, *summa summarum*, limitée et constante : c'est pourquoi tout événement doit bien finir par revenir[134].) Affirmer et nier sont des modes, propres à la vie (ce cas particulier et précaire de la puissance), de s'inscrire dans l'ensemble des rapports d'affection, c'est-à-dire de les évaluer et de les interpréter. Ce que nous appelons « volonté » n'est jamais une cause, ce n'est qu'un mot (une erreur vitale) pour désigner ce qui se passe dans l'effectuation des puissances : affirmation et négation ne sont pas l'objet d'une volonté, le oui et le non ne sont pas des jugements subjectifs sur les choses, c'est l'acte même de la puissance non subjective s'effectuant sans cesse, éternellement. Ce que l'homme appelle son vouloir, c'est la quantité de puissance investie dans ses rapports d'affection, pouvoir d'affecter et d'être affecté. Ce qu'il appelle hasard ou nécessité est le résultat de sa puissance d'affirmation et de négation de ces affections. C'est pourquoi Nietzsche peut dire que le hasard est la seule loi d'airain de l'univers, qu'affirmer le hasard, c'est déjà le transformer en nécessité, lui parler en maître, le faire cuire dans la marmite de sa volonté[135]. L'Éternel Retour n'est pas la vérité de l'Être, il est l'épreuve de la volonté, c'est-à-dire le principe qui va discriminer la puissance d'affirmer. On peut dire oui en esclave, c'est le oui des animaux porteurs de fardeaux, l'âne et le chameau. On peut dire oui et périr de ce oui. C'est pourquoi la pensée de l'Éternel Retour est le poids le plus lourd, dont le pouvoir de transfiguration (d'allègement de l'existence) ne vient que par après : le déterminisme, la nécessité, la loi sont les formes de l'écrasement, de l'oppression exercée par la puissance sur la volonté ; la liberté, le hasard, le jeu sont les formes de son allègement, par quoi *vouloir affranchit*. Il y a une *ironie* profonde dissimulée dans la doctrine de l'Éternel Retour : vous voulez connaître le sens de l'existence et la destination de l'univers ? Soit. Je vous assomme avec la pensée la plus terrible : tout revient, éternellement, pas moyen d'y échapper, la répétition insensée et aveugle neutralise toute signification, toute direction, toute destination. L'affaire est entendue. Et maintenant, comment vous sentez-vous ? C'est la question du démon du § 341 du *Gai Savoir*. Nietzsche espère que le choc de cette pensée la plus cruelle provoquera une affirmation transfiguratrice, la *joie* d'« être soi-même l'éternelle volupté du devenir[136] ». Mais il pénètre au cœur de ce processus de transformation et décrit un premier moment de suspens, en deçà de l'affirmation et de la négation, un moment étrange, éphectique, d'*indifférence*. La répétition éternelle est une pensée si cruelle, si absurde, qu'elle paralyse un instant la volonté en la soumettant à une soudaine indifférenciation de toutes choses[137] : un complexe pulsionnel confronté à l'impossibilité d'une interprétation va encore affirmer cette absence de différence par une décharge affective d'indifférence, une sorte de *so what ?* qui pourra bientôt sombrer dans le nihilisme (tout se vaut) ou exploser de joie (la voie est donc libre). Cet état pulsionnel qui précède la décision est une danse aléatoire, un frémissement de la volonté contemplant l'horizon infini d'une table rase. Le principe sélectif de l'Éternel retour est le suivant : crouler comme un chameau exténué dans ce nouveau désert, ou se mettre à jouer avec le sable, comme un enfant. Ce qui décide, dans cette alternative, c'est la victoire de la souffrance ou de la volupté, c'est-à-dire le type de vie, sain ou malade, qui s'empare de ce suspens. Un fragment de 1881, intitulé « Philosophie de l'indifférence[138] », décrit le processus qui s'effectue autour d'un point de conversion central, le noyau de l'exercice spirituel expérimenté par Nietzsche pour retourner le nihilisme à travers la pensée de l'Éternel Retour. L'indifférence est fille du nihilisme : elle est cette paralysie pulsionnelle, possiblement morbide, devant l'absence de but, de sens et de vérité révélée par le pessimisme tragique (la mort de Dieu, l'absurde de l'Histoire, l'écroulement des arrière-mondes où trônaient les valeurs éternelles). Mais la passion de la connaissance, face à la contemplation désespérée de ce crépuscule des dieux, peut saisir la chance inespérée d'exercer sa puissance, de s'emparer du spectacle tragique et de le comprendre comme devenir éternel, de se l'approprier comme jeu et terrain de jeu pour les passions, les actions et la connaissance : la passion de la connaissance *donne* un nouveau sens à la terre et à l'existence, transforme la marche de l'Histoire désormais insensée en un retour du devenir saturé d'importance par son éternité même. Cette passion est la vertu qui donne, et éprouve de la joie à sa propre générosité : l'action devient jeu, la connaissance devient jouissance. Volonté de puissance et devenir ne font qu'un, multiplicité ludique des *perspectives* où l'individu, jusque-là unité du sujet, se repluralise, se renaturalise. La transformation de l'homme procède d'une respiration nouvelle, d'un rythme organique nouveau, alternance de contemplation et d'abandon à la vie : l'homme contemple la vie en devenir comme jeu des pulsions entre elles, en soi-même comme sur tout le plan d'immanence, puis agit en se lançant dans ce jeu même, jeu créateur de combinaisons nouvelles, où chaque combinaison, destinée à revenir sans fin, se voit marquée du sceau de l'éternité. Qu'importe dans ces conditions l'avenir de l'humanité, ses détresses futures ? Mais c'est cette indifférence même à la destination de l'Homme (qui s'écroule en même temps que l'Histoire ou la Providence), cette absence de compassion pour les derniers hommes que nous serons si nous ne retournons pas le nihilisme, qui en elles-mêmes commencent à transformer l'homme et lui promettent un avenir surhumain. Surhumain parce que en excès sur lui-même, multiple, joueur, joyeux, doté de cent bras et de mille yeux. La pensée de l'Éternel Retour *doit* pouvoir démontrer « un excédent absolu de plaisir ». Cette *Lust*, ce « plaisir / désir », comme disent les psychanalystes français, a pour dynamique l'excédent ou accroissement de puissance (faut-il redire que la *Lust* freudienne est, quant à elle, dynamique du manque ?), elle élève l'homme à la verticale de lui-même, l'allège et le fait danser. Elle est la « force majeure », c'est-à-dire la gaieté d'esprit (*Heiterkeit*[139]) qui commande dans la hiérarchie des pulsions, et la joie (*Freude*) qui grandit, majore l'homme. Elle est cette béatitude (*Seligkeit*) qui fait le cœur de l'éthique nietzschéenne, sa pulsation propre[140]. Si Nietzsche entend concurrencer et vaincre des millénaires de morale, de religion et d'histoire, c'est bien dans la conquête d'une béatitude *sup specie aeterni*, dont ces puissances conjurées se sont emparées si exclusivement, ne cessant en réalité de reconduire *ad infinitum* la détresse de l'Homme en l'écrasant sous le fardeau (tout aussi impossible à porter qu'à déposer) du jugement de l'homme, du salut de l'âme et de la fin de l'histoire. L'éternité qui se dit de ces trois formes de la fin, de cette volonté d'en finir, est non seulement contradictoire mais foncièrement méchante. La contradiction suscite la détresse, et la méchanceté l'entretient. Contre le nihilisme, Zarathoustra met en garde l'homme et lui révèle l'oracle entendu au grand minuit de la vision mystérique : « La douleur dit : Passe et péris. Tout plaisir veut l'éternité — veut une profonde, profonde éternité[141]. »

Qu'entendons-nous par « micropolitique de l'éternité » ? D'abord, que le point de vue de l'éternité (« sonder le monde par le plus d'yeux possible ») est l'exercice d'une résistance aux formes fondamentales de l'assujettissement de l'homme : le système du jugement universel (morale), celui de la dette infinie (religion), et celui de la production généralisée (l'histoire). Ce sont des modes de subjectivation caractérisés par l'instillation d'un manque endémique qui s'oppose sans relâche à la constitution d'un *individuum* complet : l'homme n'est jamais assez universel, jamais assez innocent, jamais assez productif. Contre cette morbidité, le point de vue de l'éternité affirme l'homme comme multiplicité, le devenir comme innocence et la puissance comme création. L'éthique nietzschéenne est « apolitique » dans ce sens très précis qu'elle cherche à se déprendre des structures fondamentales de la politique moderne, conçue tout entière comme pratique et gestion de ce triple système d'assujettissement. En revanche, dans la mesure où elle entend renverser, par une pratique de soi, des autres et du monde, les valeurs qui fondent et justifient ce système de subjectivité grégaire, elle dessine les contours d'une politique qui ne peut être qu'une micropolitique, immanente, perspectiviste, infrasubjective, *moléculaire* — en un sens certes deleuzien, mais qui se rapporte lui-même au sens biopolitique de la grande santé nietzschéenne. Elle est une politique de l'individu, mais qui ne peut être appelée individualisme, dans la mesure où — on l'a vu — l'individualisme tel qu'il s'entend communément n'est qu'un avatar du système universaliste et productiviste des quantités de puissance fixes et égales. Elle instille un contrepoison dans les veines de l'organisme politique moderne qui s'est constitué sur et par l'amputation des puissances vitales, elle exige un exercice de repolitisation des puissances actives et créatrices. Les deux moyens de ce désenclavement des puissances sont *la contemplation et le jeu*, en combinaison et alternance, selon la rythmicité d'un exercice pour ainsi dire respiratoire, qui est toute une éducation de l'homme à l'humanité supérieure, c'est-à-dire en croissance, comme l'enfant de la troisième métamorphose. On est déjà malade si l'on croit que jouer et contempler nous excluent de toute exigence politique.

Pour Sloterdijk, on peut formuler la différence entre l'Antiquité et la modernité d'après ce que la première est fondamentalement placée sous le signe de l'exercice, et la seconde sous celui du travail, par quoi s'opposent un monde de la perfection et un monde de la production :

> Ce qui caractérise ces deux régimes, c'est leur capacité à intégrer les forces humaines dans des programmes d'effort de très grande dimension ; ce qui les sépare, c'est l'orientation radicalement divergente des mobilisations. Dans un cas, les énergies éveillées sont totalement soumises au primat de l'objet ou du produit, et même, en dernier lieu, au produit abstrait qui porte le nom de profit, ou encore du fétiche esthétique que l'on exhibe et que l'on collectionne sous le nom d'« œuvre ». Dans l'autre cas, toutes les forces passent dans l'intensification du sujet en exercice qui, au cours des exercitations, s'épanouit sur des paliers toujours plus élevés d'un mode d'être purement performatif. Ce qu'on a appelé la *vita contemplativa* pour l'opposer à la *vita activa* est en vérité une *vita performativa*. Elle est à sa manière aussi active que la vie la plus active[142].

Aussi bien, on pourrait appeler cette vie une *vita creativa*, caractérisée par une articulation singulière et exigeante de la contemplation et de l'action, élévation vers le soi propre (« tu dois devenir qui tu es », ou l'*individuum* complet), et vers l'immanence pleine d'un monde à venir, communauté des esprits libres, peuple qui n'existe pas encore ou fidélité à la Terre. Cela me semble la dimension proprement micropolitique de l'éthique de Nietzsche, dans laquelle la pensée de l'Éternel Retour peut être conçue comme pure forme de la performativité. (Et

Ecce Homo est sans doute l'exercice philosophique et littéraire performatif par excellence). La contemplation comme création, comme véritable *poïétique* à la source d'une politique supérieure, c'est ce qu'affirme avec force le paragraphe 301 du *Gai Savoir* :

> Nous autres, qui avons une sensibilité de penseur, sommes en réalité ceux qui *produisent* sans cesse quelque chose qui n'existe pas encore : la totalité du monde, éternellement en croissance, des appréciations, des couleurs, des poids, des perspectives, des degrés, des affirmations et des négations. Cette création poétique de notre invention, elle est sans cesse étudiée, répétée pour être représentée par nos propres acteurs que sont les soi-disant hommes pratiques, incarnée, réalisée par eux, voire traduite en banalités quotidiennes. Tout ce qui a quelque *valeur* dans le monde actuel ne l'a pas en soi, ne l'a pas de sa nature — la nature est toujours sans valeur — mais a reçu un jour de la valeur, tel un don, et *nous autres* nous en étions les donateurs ! C'est nous qui avons créé *le monde qui concerne l'homme !* — Mais c'est là justement la notion qui nous manque, et s'il nous arrive de la saisir un instant, nous l'avons oubliée l'instant d'après : nous méconnaissons notre meilleure force, nous nous sous-estimons quelque peu, nous autres contemplatifs — nous ne sommes *ni aussi fiers ni aussi heureux* que nous pourrions l'être[143].

L'affirmation forte d'une positivité de son action créatrice, la revendication d'une légitimité à être plus fier et plus heureux placent le « contemplatif » (mais il est davantage que ce qu'il se nomme) non seulement dans une attitude proprement politique, mais dans un champ qui ne peut être que démocratique au sens où l'entendent aujourd'hui les meilleurs d'entre nous : il faut en effet un milieu démocratique pur pour que l'auteur d'une « performance » profitable à tous puisse faire valoir son droit à la fierté et au bonheur, sa place et son rôle majeurs dans la collectivité politique (il s'agit dans ce paragraphe d'une véritable *thinker pride*). La difficulté que nous avons, nous autres démocrates, à trouver chez Nietzsche une réponse audible à l'articulation des pratiques individuelles de soi — comme résistance et affirmation — à la collectivité politique[144] vient de ce que Nietzsche fournit le plus souvent une réponse antidémocratique qui place l'exception au-dessus du troupeau, le maître au-dessus de l'esclave, le fort au-dessus du faible. Mais il est chez lui une forme de réponse, parallèle voire consubstantielle à la première, qui dégage au contraire cette articulation en tout autres termes, qui eux ne sont possibles, comme le savaient les Grecs, que dans les conditions de la démocratie : *la solitude et l'amitié.*

> Mais je vois bien, hélas, que vous ne savez pas ce qu'est la solitude. Partout où il y a eu des sociétés, des gouvernements, des religions, des opinions publiques puissantes, bref, partout où il y a eu tyrannie, elle a exécré le philosophe solitaire, car la philosophie offre à l'homme un asile où nulle tyrannie ne peut pénétrer, la caverne de l'intériorité, le labyrinthe du cœur : ce qui indispose les tyrans. Les solitaires se cachent, mais là les guette aussi leur plus grand danger. Ces hommes, qui ont abrité leur liberté au fond d'eux-mêmes, doivent aussi avoir une vie extérieure, se rendre visibles, se faire voir. (...) De tels solitaires ont justement besoin d'amour, ils ont besoin de compagnons avec qui ils puissent se montrer ouverts et francs comme envers eux-mêmes, et en présence de qui cesse la crispation du silence et de la dissimulation[145].

Non seulement de tels hommes sont des ennemis de la tyrannie, mais la démocratie est encore trop tyrannique pour eux, elle est encore — suivant une formule ancienne et sans cesse réactivable — une tyrannie des opinions régnantes, le marécage des malentendus, des compromis et des compromissions du dernier homme. Si les dictatures enferment ou liquident les esprits libres, la démocratie, tant qu'elle est d'opinion, contraint le contemplatif solitaire à la dissimulation (cas de Socrate et son nécessaire masque d'ironie), au silence — ou alors aux admonestations grimaçantes[146]. La communauté que dessine en creux le besoin de compagnons du solitaire nietzschéen est celle des esprits libres, c'est-à-dire aussi bien une démocratie philosophiquement accomplie dans l'affranchissement de la pensée, démocratie supérieure ou radicale[147]. Une telle démocratie exige la lutte contre toute fixation du devenir (et de son devenir) dans des universaux idéologiques ou axiomatiques, une fluidité ou mobilité émancipatrice des quantités de puissance en jeu dans les rapports sociaux, le dépassement d'une pseudo-culture du consensus et de la communication (y compris sous la forme « pluraliste » du prétendu dissensus démocratique des opinions, qui n'est toujours que le négatif d'une dialectique du consensus — ou alors il faut la puissance transfiguratrice d'un Socrate, qui, malgré son masque, ne cherche jamais un consensus, mais la destruction de toute opinion au profit de la création d'une pensée), dépassement en faveur d'une multiplicité réelle, où toute pensée perturbatrice du plan doxique ait ses chances de créer réellement quelque chose de nouveau dans ce « monde qui concerne l'homme ». Dans les pages admirables qui ouvrent *Spinoza. Phi-*

losophie pratique, Deleuze dresse un portrait du philosophe qui, dans l'exercice ascétique de la solitude, s'avance sur une ligne de crête fort fragile entre, d'une part, une auto-exclusion de toute politique possible et, d'autre part, le mouvement antidoxique d'un électron libre parcourant tout le champ social, mouvement d'affranchissement radical de la pensée qui n'y survivait que soumise :

> Là prend tout son sens la solitude du philosophe. Car il ne peut s'intégrer dans aucun milieu, il n'est bon pour aucun. Sans doute est-ce dans les milieux démocratiques et libéraux qu'il trouve les meilleures conditions de vie, ou plutôt de survie. Mais ces milieux sont seulement pour lui la garantie que les méchants ne pourront pas empoisonner ni mutiler la vie, la séparer de sa puissance de penser, qui mène un peu plus loin que les fins d'un État, d'une société et de tout milieu en général. En toute société, montrera Spinoza, il s'agit d'obéir et rien d'autre : c'est pourquoi les notions de faute, de mérite et de démérite, de bien et de mal, sont exclusivement sociales, ayant trait à l'obéissance et à la désobéissance. La meilleure société sera donc celle qui exempte la puissance de penser du devoir d'obéir, et se garde en son propre intérêt de la soumettre à la règle d'État, qui ne vaut que pour les actions. Tant que la pensée est libre, donc vitale, rien n'est compromis ; quand elle cesse de l'être, toutes les autres oppressions sont aussi possibles, et déjà réalisées, n'importe quelle action devient coupable, toute vie menacée. Il est certain que le philosophe trouve dans l'État démocratique et les milieux libéraux les conditions les plus favorables. Mais en aucun cas il ne confond ses fins avec celle d'un État, ni avec les buts d'un milieu, puisqu'il sollicite dans la pensée des forces qui se dérobent à l'obéissance comme à la faute, et dresse l'image d'une vie par-delà le bien et le mal, rigoureuse innocence sans mérite ni culpabilité[148].

Évitons toute méprise : à aucun moment dans les pages du présent ouvrage je n'ai tenté de démontrer que Nietzsche était démocrate, ce qui serait le plus sûr moyen de ne pas l'entendre. En revanche, il est certain que son exigence éthique pour la philosophie n'est possible *qu'à partir* d'un milieu démocratique, comme le savait déjà *Humain, trop humain* : elle ne se confond pas avec lui, mais ne peut croître que sur ce terreau ; la solitude nietzschéenne n'a de sens que par rapport à un tel milieu — l'autre terrain est le *désert*, mais on sait que le désert est un test destiné à l'épreuve du retour, un exercice de déterritorialisation qui vise toujours à des reterritorialisations *autres* sur le terrain démocratique[149]. Et cette reterritorialisation ne peut être que l'élévation du champ démocratique lui-même, une radicalisation de la démocratie dans le sens de la pensée affranchie. Ce mouvement de déterritorialisation / reterritorialisation (qu'on me pardonne ce vocabulaire deleuzien, je n'en vois pas jusqu'ici de plus juste sur ce point), entre la sortie au désert et le retour dans le champ social, est en réalité précisément thématisé par Nietzsche à travers le mouvement de balancier qu'il décrit entre la solitude et l'amitié, dans la confrontation et la combinaison des figures du solitaire et de l'ami pour redéfinir les formes mêmes du rapport à autrui.

L'infatigable critique nietzschéenne de l'altruisme vient de ce que l'altruisme tient pour donné et universel ce qui est en réalité à construire et à singulariser. Rien n'est moins présupposable qu'autrui. « Mon semblable, mon frère » : double mensonge de l'universalité et de la naturalité de l'équivalence.

Ce qui est donné, on l'a vu, ce sont les rapports des volontés de puissance, des pouvoirs d'affecter et d'être affecté. Cet « état de nature » n'est pas levé dans l'état civil, il est spiritualisé, raffiné, c'est-à-dire au fond plus cruel. Le rapport à autrui, chez Nietzsche, est pris tout entier dans la micropolitique de la vie, dans l'économie des oui et des non, et doit être l'objet d'une élévation ascétique (vers la grande santé) qui est du même ordre que celle du rapport à soi, et dépend fondamentalement de ce gouvernement de soi — car c'est à nous-mêmes que nous sommes le plus étranger. Il y a un exercice et une ascèse du rapport à l'autre, qui doit surmonter l'impossibilité de *ne pas réagir*, l'inclination ou le dégoût instinctifs (et leur mélange tout aussi instinctif) : construire autrui et se construire dans le rapport exige de la *patience*[150]. Et une « nouvelle prudence » : blâmer, corriger, améliorer autrui, toutes les formes inconsidérées de « combat direct » doivent être évitées, parce que, en changeant autrui, nous nous modifions toujours nous-mêmes dans le rapport :

> Il est rare que nous arrivions à changer un individu isolé : et quand nous y réussirions, peut-être insensiblement sera-ce la réussite de quelque chose d'autre : *nous aussi*, nous aurons été changés par lui[151] !

Certes, autrui est le prochain, et c'est bien le problème. Rien ne peut être construit, élevé, aimé dans l'immédiateté myope de la proximité universelle : ce qui naît de ce frottement, c'est la méfiance, le dégoût, l'hostilité, l'agression. Affaire de réflexes immunitaires qui, pour être vitaux, restent barbares. Dans le concept de prochain, Nietzsche flaire une sourde indécence, une absence impudique de tout pathos de la distance. C'est avec ce que Zarathoustra appelle au contraire l'amour du plus lointain que commence la patience, le prudent tenir-à-distance et le lent laisser-venir-à-soi. C'est-à-dire le respect. Contre le modèle altruiste du prochain, du semblable et de l'égal *a priori* (que l'humanisme et la démocratie héritent encore de la charité chrétienne, cette haine qui se cache dans la pitié), Nietzsche recherche un modèle grec d'hospitalité et de gratitude, cette manière aristocratique de surmonter l'hostilité épidermique, de déposer ensemble les armes et d'ouvrir sa maison. (Dans la biologie cellulaire même nous avons vu que Nietzsche trouvait une telle analogie micro- et biopolitique.)

> Nous finissons toujours par être récompensés pour notre bonne volonté, notre patience, notre équité, notre tendresse envers l'étrangeté, du fait que l'étrangeté peu à peu se dévoile et vient s'offrir à nous en tant que nouvelle et indicible beauté : — c'est là sa *gratitude* pour notre hospitalité. Qui s'aime soi-même n'y sera parvenu que par cette voie : il n'en est point d'autre. L'amour aussi doit s'apprendre[152].

Un philosophe athénien, solitaire et contemplatif, refusa l'amitié d'un roi de Macédoine. Celui-ci s'étonna de ce qu'un philosophe ne voulût point d'ami : « J'honore cette fierté de sage et d'indépendant ; j'eusse honoré davantage son humanité, si en lui l'ami avait su triompher de la fierté. Le philosophe s'est discrédité à mes yeux, à montrer qu'il ignorait l'un de ces deux sentiments sublimes — et notamment le plus élevé[153] ! » On n'arrivera à rien avec Nietzsche si l'on bloque le problème du rapport à autrui dans le triangle redoutable formé par l'exigence de solitude séparée du reste des hommes, la critique radicale de l'amour du prochain et l'exploitation intégrale des esclaves par les maîtres : ascétisme, généalogie et grande politique sont bien des étaux dans lesquels Nietzsche entend enserrer l'intersubjectivité morbide des derniers hommes, mais c'est pour qu'une ligne de fuite trace une issue hors de l'impasse, issue ouverte par l'exigence de grande santé, par quoi l'homme se surmonte à travers l'ami, commençant par en faire son meilleur ennemi, comme y exhorte Zarathoustra[154]. La « dialectique » nietzschéenne du proche et du lointain, de la solitude et de l'amitié, de l'ami et de l'ennemi, a déjà fait l'objet de nombreuses études[155], mais je voudrais aller droit au but, là où le concept nietzschéen d'amitié est aussi patiemment que directement articulé à une politique qui n'existe pas encore : je veux parler de la *Politique de l'amitié* de Derrida[156].

On ne résume pas un livre si riche, sans doute l'un des plus beaux de Derrida. Mais que fait-il, qui nous fait entendre dans un nouveau concept d'amitié, dessiné notamment à partir d'Aristote, de saint Augustin, Montaigne, Kant, Nietzsche et Blanchot, l'appel à une politique démocratique « non donnée, non pensée, voire réprimée ou refoulée[157] » ? Il part du *philein* grec et de la conviction d'Aristote que l'opération proprement politique consiste à créer le plus d'amitié possible[158]. Et constate que l'opinion commune que nous avons encore aujourd'hui de l'amitié *et* de la démocratie repose sur un « principe de fraternité » qui implique un Même restrictif et exclusif de l'Autre : à l'ami qui, chez Platon, a nécessairement avec moi une « parenté de nature » (isogonie) correspond une conception de la citoyenneté marquée par la communauté de sol, de sang ou de loi (isonomie). Au point que des théoriciens conservateurs tels que Carl Schmitt conçoivent l'État moderne comme la cristallisation isonomique de la fraternité isogonique désignant de manière tranchée le même et l'autre, la communauté politique et l'ennemi extérieur. En identifiant l'ennemi, la communauté politique s'identifie elle-même, et pour Derrida « cette double identification engage par privilège à la fois des frères amis et des frères ennemis dans le même processus de fraternisation[159] ». Certes, Schmitt déplorait en 1963[160] que ce chef-d'œuvre européen qu'est l'État soit en voie de décomposition, la « guerre des partisans » de type léniniste ou la guérilla mondiale de type terroriste ayant brouillé les frontières entre intérieur et extérieur, la guerre et la paix, l'ennemi public et l'ami citoyen. Mais, se rassurait-il, la distinction entre amitié et inimitié demeure, ce qui sauvera la politique à l'échelle mondiale. Passons sur les horreurs qu'on peut lire parfois chez Schmitt : à ce point, ce que Derrida ne dit pas directement, c'est qu'une lecture superficielle rapprocherait l'analyse de Schmitt de la grande politique nietzschéenne qui, elle, certes, attendait, quitte à l'accélérer, la décomposition de l'État au profit d'une polémologie généralisée fondatrice de nouvelles hiérarchies. Mais la hiérarchie, c'est tout sauf la répartition du champ politique en deux camps. Nietzsche, en réalité, fait tout le contraire : il brouille la frontière elle-même que le politique traditionnel trace entre l'ami et l'ennemi, il cherche en l'ami même le meilleur ennemi, c'est-à-dire que, contre le principe même de l'isogonie et de l'isonomie, il réactive l'hétérogonie et l'hétéronomie fondamentales dans le rapport politique, et dans l'amitié. Et reprenant le fil de l'analyse de Derrida, nous voyons chez les philosophes cités plus haut qu'en vertu du primat de l'aimer sur l'être-aimé (Aristote), de la charité divine réclamant l'amour de l'ennemi (Augustin), ou de l'infinie supériorité de l'ami sur moi-même (Montaigne), le concept d'amitié philosophique nous oblige à « méditer [son] pouvoir de dislocation, d'infinitisation et de dissymétrisation[161] ». En fait d'amis, nous ne connaissons que des parents, des frères, des intimes, des proches, des concitoyens. À cette proximité, à cette impudique intimité, Nietzsche oppose la distance prodigieuse, l'amitié d'astres. (Quitte, retournant précisément le modèle chrétien appelant à aimer son ennemi, à réclamer de l'hostilité envers l'ami). Parce que nous ne connaissons pas l'ami hétérogène et hétéronome, l'ami qui disloque, infinitise et dissymétrise ; cet ami qui me rend étranger à moi-même et dans un mouvement centrifuge m'emporte dans une élévation ascétique : « Tu dois être pour lui une flèche et un désir vers le surhumain[162]. » Cet ami n'existe pas, pas encore : « La femme n'est pas capable d'amitié. Mais dites-moi, vous les hommes, lequel d'entre vous est-il capable d'amitié[163] ? » Jusqu'ici, nous ne savons pas encore ce qu'est l'ami, il n'y a pas encore d'ami (constat qui a un lien fondamental avec l'écriture nietzschéenne destinée à un lecteur qui n'existe pas encore). « Jusqu'ici » et « pas encore » : deux formules obsessionnellement nietzschéennes, qui marquent l'amitié d'un à-venir (n'oublions pas, contre le « bellicisme » attribué à Nietzsche, que l'inimitié réclamée par Zarathoustra envers l'ami est un faute-de-mieux, une épreuve dans l'exercice vers l'amitié : « "Sois *au moins* mon ennemi" — c'est ainsi que parle le véritable respect *qui n'ose solliciter* l'amitié », je souligne). Ce « pas encore » touche aussi au cœur la démocratie. Pas plus que la solitude, l'amitié n'est possible hors de la démocratie (et, quand elle survient hors d'elle, elle complote toujours pour la liberté, elle est toujours une conjuration contre la tyrannie), il n'y a d'amitié que comme égalité et justice, même pour Zarathoustra : « Es-tu un esclave ? Alors tu ne peux être ami. Es-tu un tyran ? Ainsi tu ne peux avoir d'amis. » C'est pour Nietzsche, il est vrai, une égalité aristocratique, c'est-à-dire une parité, une égalité entre pairs. Mais *rien*, si ce n'est l'hostilité envers la vie et l'entretien tyrannique de sa morbidité, n'est exclu *a priori* de cette communauté des meilleurs. Nietzsche ne cessera de durcir son antidémocratisme *à proportion même* de la tyrannie morbide exercée par la démocratie *jusqu'ici* sur la vie. Cette « justice supérieure », c'est celle qui fait la « loi » paradoxale (non générale, non universelle) du singulier, du dissymétrique, du différentiel permanent entre quantités et rapports de puissance variables, véritable appel d'air à l'élévation surhumaine dans lequel sont emportés les esprits libres vers une communauté qui toujours davantage les affranchit. La formule de cette justice « éternelle », l'altruisme proprement nietzschéen, ce n'est pas « l'amour de l'humanité », mais *la joie* prise à l'humanité. Et voici comment Nietzsche définit cette joie, dont sommes en droit de faire une définition d'une amitié et d'une démocratie à venir :

> Ce n'est pas vouloir aider et être utile aux hommes : non, c'est *prendre joie à l'humanité* qui est l'essentiel chez les hommes qu'on appelle bons et dans la moralité. C'est le nouveau, la tardive conquête. Avec une telle joie, nos « bonnes actions » vont de soi : si

nous ne craignons pas les autres, ne les agressons pas et conservons pourtant avec eux des relations sans nombre, celles-ci ne peuvent être que de nature à augmenter la joie qu'ils nous donnent, c.-à-d. que nous nous efforçons de les aider dans leurs efforts vers une individualité stylisée et, tout au moins, d'éliminer le spectacle du laid (du souffrant). Amour de l'humanité ?? Moi je dis : joie devant l'humanité ! Et pour que cette joie ne soit pas inepte, il faut contribuer à faire exister ce qui nous réjouit. — On le voit : l'honnêteté envers nous et l'acceptation de la nature d'autrui, le développement d'un goût qui réclame le spectacle d'hommes beaux et joyeux doit préexister. Ici s'opère une *sélection* : nous recherchons ceux dont l'existence nous est une joie et nous les encourageons, alors que nous fuyons les autres — voilà la vraie moralité[164] !

Nietzsche n'emploiera jamais le terme de démocratie pour désigner cette joie, l'absence de crainte et d'agression d'autrui, l'entretien du plus de relations réjouissantes possible avec autrui (de bonnes compositions, dirait Spinoza), l'acceptation de sa nature, l'aide à lui faire une existence plus joyeuse et plus belle. Mais rien ne nous interdit de le faire, pour notre propre compte, et d'y réclamer par surcroît ce qui manque, *jusqu'ici*, à la démocratie, ce qui est en elle et qu'elle ne sait *pas encore* affirmer suffisamment pour se promettre un avenir. Cette injonction au « viens ! », qui articule la joie contemplative et la bonne action pour en faire une flèche vers l'avenir, injonction commune notamment à Nietzsche, à Deleuze et Guattari (« le peuple à venir ») et à Derrida, voici comment *Politique de l'amitié* la lance sous forme de question :

> Est-il possible de penser et de mettre en œuvre la démocratie, ce qui garderait encore le vieux nom de démocratie, en y déracinant ce que toutes ces figures de l'amitié (philosophique et religieuse) y prescrivent de fraternité, à savoir de famille ou d'ethnie androcentrée ? Est-il possible, en assumant une certaine mémoire fidèle de la raison démocratique et de la raison tout court, je dirai même des Lumières d'une certaine *Aufklärung* (laissant ainsi ouvert l'abîme qui s'ouvre encore aujourd'hui sous ces mots), non pas de fonder, là où il ne s'agit sans doute plus de fonder, mais d'ouvrir à l'avenir, ou plutôt au « viens » d'une certaine démocratie ? Car la démocratie reste à venir, c'est là son essence en tant qu'elle reste : non seulement elle restera indéfiniment perfectible, donc toujours insuffisante et future mais, appartenant au temps de la promesse, elle restera toujours, en chacun de ses temps futurs, à venir : même quand il y a la démocratie, celle-ci n'existe jamais, elle n'est jamais présente, elle reste le thème d'un concept non présentable[165].

On ne saurait se dérober, devant la philosophie de l'avenir (Nietzsche), l'appel à un peuple qui n'existe pas encore (Deleuze et Guattari), l'exigence d'une nouvelle esthétique de l'existence (Foucault) ou la démocratie jamais présente et toujours à venir (Derrida), à l'objection fondamentale que soulève le profond soupçon d'une sorte d'« ajournement perpétuel », que Charlus, chez Proust, « flétrissait sous le nom de procrastination[166] ». Qu'en serait-il de la responsabilité philosophique, si demain était toujours à venir, si une telle exigence tendue à l'extrême vers l'avenir, au risque permanent de rompre au / le présent, était une forme de morbidité ascétique, une reconduction d'arrière-mondes dans l'immanence même, c'est-à-dire la création de mondes essentiellement projectifs, des hétérotopies qui resteraient fondamentalement des *utopies* ? Devons-nous vraiment nous réjouir avec Nietzsche de ce qu'aucun *utopiste* n'avait encore pensé à un avenir transformé par l'Éternel Retour[167] ? de toutes ces grandes choses de l'avenir, qui n'existent donc *pas encore*, et sur quoi Nietzsche s'appuie constamment : l'ami, le lecteur, le philosophe, l'artiste, la santé, la politique, la justice, et Dionysos lui-même, tout ce qui à force de devoir revenir éternellement n'est pas encore *revenu*, apparemment, une seule fois[168] ? Nous ne savons ni ne voulons plus rien faire de l'utopie, ni en politique ni en philosophie, nous qui sommes « réalistes », « pragmatiques », et qui avons l'honnêteté intellectuelle de ne plus vouloir faire jouer le mensonge ou l'illusion dans la dynamique de nos actions. Mais souvenons-nous du mensonge efficace de Platon dans la *République* sur l'existence du « monde des idées », dont Monique Dixsaut disait[169] qu'il était un mensonge parce que Platon oubliait ou voulait faire oublier que c'en était un, mais qu'il était vérace en tant qu'il affirmait une puissance d'arrachement, la vision, l'instinct et la volonté d'un homme seul et qui a besoin d'amis. Que veut l'utopiste, qu'effectue-t-il de sa puissance dans l'utopie ? Il faut se reporter à une admirable petite conférence radiophonique de Foucault, *Le Corps utopique*[170]. Foucault commence par y dire que le corps est une « *topie* impitoyable », ce dont on ne sort pas, « le lieu sans recours auquel je suis condamné ». Et que la plupart des utopies ont eu pour dessein d'effacer ce corps impitoyable : le royaume des morts, le mythe de l'âme, ou le monde des idées. L'utopie est idéaliste, avec ce que Nietzsche y entend de nihilisme. Que serait alors une utopie non idéaliste, non nihiliste, quelle serait la « grande santé » de l'utopie elle-même ? *L'utopie du corps* : « Mon corps, à vrai dire, ne se laisse pas réduire si facilement. Il a, après tout, lui-même, ses ressources propres de fantastique ; il en possède, lui aussi, des lieux sans lieu et des lieux plus profonds, plus obstinés encore que l'âme, que le tombeau, que l'enchantement des magiciens. Il a ses caves et ses greniers, il a ses séjours obscurs, il a ses plages lumineuses (...). Corps incompréhensible, corps pénétrable et opaque, corps ouvert et fermé : corps utopique[171]. » Ces lignes font profondément écho, sans avoir besoin de le dire, aux mises en garde de Zarathoustra contre les « contempteurs du corps », à toute la conception nietzschéenne du Soi et de sa micro- et biopolitique pulsionnelle. L'inconscient, non pas le théâtre freudien de drames morbides éternellement renouvelés (Œdipe, Hamlet), mais plutôt la machine désirante, éternelle et joyeuse productivité, éternisation immanente du désir comme flux, comme devenir[172]. Et on finit par saisir le lien fondamental entre la « grande santé » et la « grande politique », retour éternel, amitié d'astres et Dionysos compris : la grande politique comme utopie du corps de la grande santé, c'est-à-dire l'articulation de la micropolitique de nos corps, ici et maintenant, mais éternellement en devenir, à la tension prodigieuse de l'arc qui vise l'avenir, loin au-dessus des arrière-mondes idéalistes et des compromissions utilitaristes, par-dessus les mensonges de nos « âmes » maladives hostiles au corps dionysiaque. Tout ce que Nietzsche a appelé — prenant à cause de cela le risque suprême de ne jamais être tout à fait compris — *par-delà bien et mal*. Il n'y a rien de plus concret, de plus réel, de plus urgent pour l'homme démocratique du présent que de tendre cet arc « utopique », en athlète de l'esprit et en ascète de la santé, vers cet « avenir » qui, loin d'être perpétuellement ajourné, travaille toujours au cœur de ce corps incompréhensible et opaque que nous sommes au présent et qui, sans cet exercice, menace de succomber à sa détresse.

Surmonter la détresse du présent n'est même en ce sens qu'un préalable, la première condition de quelque chose qui la dépasse infiniment (et c'est pourquoi il faut commencer, dit Nietzsche, par mettre en détresse la détresse de la modernité). Ce à quoi travaillent l'inactualité dans le présent, le sens historique nouveau du passé et la philosophie de l'avenir, et qui embrassent le maximum de devenir (au point que Nietzsche peut l'appeler « petite éternité », l'éternité étant au fond le devenir embrassé, encerclé par l'anneau libérateur du retour), c'est à cette joie nouvelle prise à l'humanité se surmontant, joie responsable, divine et innocente, que Nietzsche appelle « le "sentiment d'humanité" à venir[173] ». L'antihumanisme de Nietzsche et l'appel à la surhumanité sont le contraire d'une haine ou d'un mépris de l'humanité, jamais il ne s'agit de remplacer l'humanité par autre chose qu'elle-même, et donc de l'anéantir au nom d'on ne sait quelle utopie apocalyptique. Surmonter n'a de sens que comme autodépassement, autodiscipline qui détruit en soi la haine et le mépris (*amor fati*) et accède au corps utopique qu'est le Soi, et à l'amitié, à la solidarité de ces utopies que nous sommes quand nous cessons de faire équivaloir « moi », « l'autre » en un « autre moi-même » mensonger.

> Mets entre aujourd'hui et toi-même au moins l'épaisseur de trois siècles ! Que les cris d'aujourd'hui, que le

vacarme des guerres et des révolutions ne soient pour toi qu'un murmure ! Toi aussi tu voudras secourir ! Mais ne secourir que ceux-là dont tu *comprends* entièrement la détresse, parce qu'avec toi ils ont une souffrance et une espérance — *tes amis* : et ne les secourir qu'à la manière dont tu te secours toi-même : — je les rendrai plus courageux, plus endurants, plus simples, plus joyeux ! Je leur enseignerai ce que maintenant si peu de gens comprennent, ce que ces prédicateurs de la solidarité compatissante comprennent le moins : — *la solidarité dans la joie*[174] !

APPENDICES

RÉFÉRENCES BIBLIOGRAPHIQUES ET LISTE DES ABRÉVIATIONS

Les textes de Nietzsche sont cités d'après l'édition établie par G. Colli et M. Montinari

— en allemand : Friedrich Nietzsche, *Werke. Kritische Studienausgabe*, DTV-Walter de Gruyter, 1967-1977 et 1988.
— en français : Friedrich Nietzsche, *Œuvres philosophiques complètes*, Gallimard, 1968-1997.

Pour la correspondance :

— en allemand : Friedrich Nietzsche, *Sämtliche Briefe. Kritische Studienausgabe*, DTV-Walter de Gruyter, 1975-1984.
— en français : Friedrich Nietzsche, *Correspondance*, 3 tomes parus, Gallimard, 1986 et 2008.

NB : lorsque nous avons cité d'autres éditions, traduit nous-même ou modifié une traduction, nous l'avons signalé en note.

Abréviations utilisées

A	*Aurore*
AC	*L'Antéchrist*
AEE	*Sur l'avenir de nos établissements d'enseignement*

APZ	*Ainsi parlait Zarathoustra*
CI	*Considérations inactuelles* suivi du numéro de l'Inactuelle (de I à IV)
CId	*Crépuscule des idoles*
CW	*Le Cas Wagner*
EH	*Ecce Homo*
FP	*Fragments posthumes*, suivi du numéro désignant la position du manuscrit dans l'ordre chronologique établi par G. Colli et M. Montinari, du numéro entre crochets désignant la place du fragment dans le manuscrit, et de la période de rédaction permettant de retrouver le tome correspondant dans les *Œuvres philosophiques complètes* (ex. : FP 2[160], automne 1885-automne 1886 = OPC XII, p. 145).
GM	*La Généalogie de la morale*
GS	*Le Gai Savoir*
HTH	*Humain, trop humain*, I
NT	*La Naissance de la tragédie*
OPC	*Œuvres philosophiques complètes*
OSM	*Opinions et sentences mêlées* (*Humain, trop humain*, II)
PBM	*Par-delà bien et mal*
PTG	*La Philosophie à l'époque tragique des Grecs*
VM	*Vérité et mensonge au sens extra-moral*
VO	*Le Voyageur et son ombre* (*Humain, trop humain*, II)

NOTES

AVANT-PROPOS

1. EH, « Avant-propos », § 1 et « Pourquoi je suis si sage », § 4.
2. FP 10[146], automne 1887.
3. Lettre à Malwida von Meysenbug, 5 novembre 1888.

PREMIÈRE PARTIE
INACTUALITÉ

1. FP 8[33], hiver 1880-1881.

I. La connaissance mystérique

1. NT, *in* OPC I*, p. 27.
2. *Ibid.*, p. 28.
3. Giorgio Colli, *Après Nietzsche* (1974), Éditions de l'Éclat, 1987, p. 36.
4. NT, p. 45.
5. *Ibid.*, p. 52.
6. *Ibid.*, p. 50.
7. *Ibid.*, p. 107.
8. *Ibid.*, p. 27.
9. Cf. *La Vision dionysiaque du monde*, *in* OPC I**, p. 51 : « À l'origine seul Apollon est dieu de l'art hellénique et c'est sa puissance qui apprit la mesure à Dionysos qui déferlait à

partir de l'Asie, jusqu'à ce que puisse apparaître la plus belle union fraternelle. C'est ici que l'on comprend le plus aisément l'incroyable idéalisme de l'être grec : un culte de la nature qui signifie le déchaînement le plus grossier des instincts primitifs, une vie bestiale panhétaïrique qui pour un certain temps fait sauter toutes les contraintes sociales, se transforma chez eux en une fête de la libération du monde, en un jour de transfiguration. »

10. Quoi qu'en dise Nietzsche, la raison grecque, sous la forme de la dialectique, est née de la puissance de la parole mantique, de la sommation à recueillir le sens de la vision dans le langage et à en déchiffrer l'énigme. Voir sur ce point : Giorgio Colli, *La Naissance de la philosophie* [1975], Éditions de l'Éclat, 2004.

11. NT, p. 84.

12. « Essai d'autocritique », *in* NT, p. 28.

13. Lettre à Hermann Mushacke, 11 juillet 1866, *in* Corr. I., p. 441.

14. Schopenhauer, *Le Monde comme volonté et représentation*, « Compléments du Livre II », chap. 18, Gallimard, Folio, t. II, p. 1455.

15. Schopenhauer, *op. cit.*, « Compléments du Livre IV », chap. 46, p. 2043.

16. Schopenhauer cite consécutivement *La vie est un songe* de Calderón : « Car le plus grand crime de l'homme / c'est d'être né » (cité en espagnol, *op. cit.*, livre III, § 51, p. 497) et les propos de Méphisto dans le *Faust* de Goethe : « Car tout ce qui doit naître / Est digne de disparaître / Il serait donc mieux que rien ne vînt à naître » (*ibid.*, « Compléments du Livre IV », chap. 46, p. 2046).

17. Cf. *La Vision dionysiaque du monde*, *in* OPC I**, p. 55 : « Voir son être, tel qu'il est, dans un miroir qui le transfigure, et se protéger avec ce miroir contre la Méduse c'était la stratégie géniale de la "volonté" hellénique, pour pouvoir simplement vivre. »

18. *Ibid.*, p. 61.

19. Schopenhauer, *op. cit.*, Livre III, § 51, p. 495 sq.

20. NT, p. 32.

21. *Ibid.*, p. 45.

22. Schopenhauer, *op. cit.*, Livre III, § 52, p. 511-512.

23. Cf. à ce sujet : Florence Fabre, *Nietzsche musicien*, en

particulier, p. 43 sq., sur le travail du jeune Nietzsche, successivement musical, poétique et philologique, autour de la légende d'Ermanaric. Voir aussi : *Premiers Écrits*.

24. NT, p. 137-138.

25. Cf. NT, p. 138 : « C'est à ces authentiques musiciens que je demande s'ils peuvent imaginer quelqu'un qui, étant capable de percevoir le troisième acte de *Tristan et Isolde* sans s'aider du texte ni du spectacle, comme un immense mouvement symphonique, ne suffoquerait pas sous la tension convulsive de toutes les ailes de l'âme. Quand on a, comme ici, appliqué l'oreille aux pulsations de la volonté universelle, quand on a senti, dans toute sa fureur, le désir d'exister jaillir de ce cœur battant et se répandre tantôt avec le fracas du torrent, et tantôt un murmure de ruisseau, dans toutes les artères du monde — comment pourrait-on ne pas se briser d'un coup ? Enfermé dans la misérable coque de verre de l'individualité humaine, pourrait-on tolérer d'entendre l'écho de cette innombrable clameur de joie et de douleur qui monte de l'"immensité de la nuit des mondes", sans qu'à l'appel de cette *mélodie de berger* de la métaphysique, on aille irrésistiblement chercher refuge dans sa patrie originelle ? Si pourtant une telle œuvre peut être perçue en son entier sans que soit anéantie l'existence individuelle, si elle a pu être créée sans que son créateur en fût lui-même brisé — où trouverons-nous la solution d'une pareille contradiction ? »

26. Cf. EH, « Pourquoi je suis si avisé », § 6 : « Mais, aujourd'hui encore, je cherche en vain une œuvre qui ait la même dangereuse fascination, la même effrayante et suave infinitude que *Tristan* et je la cherche dans tous les arts. (...) Le monde est pauvre pour celui qui n'a jamais été assez malade pour cette "volupté de l'enfer" : il est permis, *il est presque impératif d'employer ici une formule mystique* » (nous soulignons).

27. NT, p. 85.

28. *Ibid.*, p. 51 sq.

29. Cf. Friedrich Schiller, *De la poésie naïve et sentimentale* [1795], L'Arche, 2002.

30. Cf. NT, p. 51 : « Mais il faut dire ici que cette harmonie tant désirée des modernes, cette unité de l'homme avec la nature, pour laquelle Schiller a mis en honneur le concept esthétique de "naïf", n'est en aucune manière cet état simple,

allant de soi, quasi inévitable que nous devrions *obligatoirement* rencontrer au seuil de toute civilisation, comme un paradis de l'humanité : seule pouvait y croire une époque qui s'ingéniait à voir aussi dans l'Émile de Rousseau un artiste et qui se berçait de l'illusion d'avoir trouvé en Homère cet Émile-artiste élevé au sein de la nature. Partout où nous rencontrons le "naïf" en art, il faut au contraire y reconnaître l'effet suprême de la civilisation apollinienne. »

31. NT, p. 55.

32. Cf. Marcel Détienne, *Apollon le couteau à la main*, Gallimard, 1998, 2009.

33. Cf. M. Foucault, « La pensée du dehors », *Critique*, n° 229, 1966, repris in *Dits et écrits, I, 1954-1975*, Gallimard, Quarto, 2001, p. 546-567. Pour la citation, p. 549. La dispersion scintillante de la subjectivité dont parle Foucault fait étrangement écho à Dionysos-Zagreus aux membres dispersés, et abolissant l'individuation.

34. NT, p. 70.

35. *Ibid.*, p. 71.

36. Dans *La Naissance de la tragédie*, Nietzsche soutient la thèse selon laquelle la tragédie se réduisait primitivement au chœur, et que le chœur tragique trouvait lui-même son origine dans le chœur dithyrambique des rites dionysiaques.

37. NT, p. 68.

38. *Ibid.*, p. 69.

39. *Ibid.*, p. 42-43.

40. NT, p. 88.

41. *Ibid.*

42. *Ibid.*

43. *Ibid.*, p. 98.

44. Rappelons-le, Giorgio Colli a montré cette filiation, à partir de la parole oraculaire, entre l'énigme et la raison (cf. *La Naissance de la philosophie, op. cit.*).

45. *Ibid.*, p. 99.

46. NT, p. 102.

47. Les métaphores architecturales et celles du réseau, ou de la toile d'araignée, reparaîtront sans cesse chez Nietzsche pour désigner la science. Cf., en particulier, *Vérité et mensonge au sens extra-moral* (1873), *in* OPC I ** : « On peut bien sur ce point admirer l'homme pour le puissant génie de l'architecture qu'il est : il réussit à ériger un dôme conceptuel infi-

niment compliqué sur des fondations mouvantes, en quelque sorte sur de l'eau courante. À vrai dire, pour trouver un point d'appui sur de telles fondations, il ne peut s'agir que d'une construction semblable aux toiles d'araignée, si fine qu'elle peut suivre le courant du flot qui l'emporte, si résistante qu'elle ne peut être dispersée au gré du vent » (p. 283).

48. *Ibid.*
49. CI I, § 1.
50. NT, p. 107.
51. NT, p. 106.
52. Il faut évidemment employer le terme « cyclique » avec circonspection, d'une part, parce que Nietzsche ne fait ici l'hypothèse, à la pointe de la science, que d'un seul retour de l'art, et rien ne permet d'affirmer que ce principe soit renouvelable *ad infinitum* ; d'autre part, parce que la notion d'Éternel Retour, qui n'apparaîtra que dix ans plus tard, risquerait de surdéterminer l'hypothèse d'une cyclicité de l'histoire chez Nietzsche. Si la pensée de l'Éternel Retour peut bien avoir surgi sur le fond de cette intuition précoce, elle s'en distingue strictement en ce qu'elle n'est en rien une pensée de l'histoire : ce n'est pas en tant qu'histoire que revient le devenir. Notons que l'intuition nietzschéenne d'une cyclicité est déjà effleurée, de manière troublante, dans un texte de jeunesse, *Fatum et histoire* (1862) : « Or, nous ne savons guère si l'humanité même n'est pas une simple phase, une période de l'universel, du devenir, si elle n'est pas une manifestation arbitraire de Dieu. Peut-être l'homme n'est-il que l'évolution de la pierre à travers la plante et l'animal ? Y aurait-il déjà atteint son achèvement, et cela ne constituerait-il pas aussi une histoire ? Ce devenir éternel n'aura-t-il jamais de cesse ? Quels sont les ressorts de cette grande montre ? Ils sont cachés, mais ils animent aussi cette grande horloge que nous appelons l'histoire. Le cadran, ce sont les événements. L'aiguille avance d'heure en heure, puis elle reprend son cours toutes les douze heures ; une nouvelle période du monde recommence » (in *Œuvres*, I, Gallimard, « Bibliothèque de la Pléiade », p. 731).
53. NT, p. 121.
54. J. Burckhardt, *Considérations sur l'histoire universelle* [1905, édition posthume d'après les notes de cours des années 1868-1870], trad. S. Stelling-Michaud, Éditions Allia, 2001, p. 9.

55. *Ibid.*, p. 7
56. *Ibid.*, p. 58.
57. *Ibid.*
58. NT, p. 110.
59. *Ibid.*, p. 109.
60. Faut-il préciser ici, par anticipation, le lien vraisemblable entre l'appréhension de l'éternité dans l'instant de la vision et la pensée de l'Éternel Retour ?
61. NT, p. 109.
62. Comme en témoigne tout particulièrement l'important ouvrage « *L'art de bien lire* ». *Nietzsche et la philologie*, sous la direction de Jean-François Balaudé et Patrick Wotling, Librairie philosophique J. Vrin, 2012.
63. CI II, préface.
64. Dans l'*Essai d'autocritique* qui ouvre l'édition de 1886, Nietzsche repère exactement ce qui a « gâché » son premier ouvrage : « Mais il y a bien pire dans ce livre, quelque chose que je regrette encore plus aujourd'hui que d'avoir obscurci et gâché des pressentiments dionysiaques à coups de formules schopenhaueriennes et kantiennes, c'est d'avoir en somme gâché le grandiose problème grec, tel qu'il s'était ouvert à moi, en le mêlant aux dernières affaires de la modernité ! » (NT, p. 32).
65. NT, p. 149.
66. FP 19[16], été 1872-début 1873.
67. « Le jour où Goethe, au sujet de Napoléon, dit à Eckermann : "Oui, mon cher, il existe aussi une productivité de l'action", il a rappelé, avec une aimable naïveté, que l'homme non théorique, pour les modernes, est à ce point devenu chose incroyable et stupéfiante qu'il faut toute la sagesse d'un Goethe pour trouver concevable, voire excusable, une forme d'existence aussi déconcertante » (NT, p. 122).
68. NT, § 18.

II. Le sens historique

1. CI II, préface.
2. *Ibid.*, § 4.
3. « Mais de toutes les suites fâcheuses qu'entraîne notre récente guerre contre la France, la plus fâcheuse est peut-être une erreur largement répandue, sinon générale : l'erreur qui

fait croire à l'opinion publique et à tous les opineurs publics que la civilisation allemande aurait aussi sa part à cette victoire, et devrait par conséquent être couronnée comme il sied après des événements et des succès aussi extraordinaires. Cette illusion est extrêmement nuisible : non parce que c'est une illusion — il existe en effet des erreurs parfaitement salutaires et bénéfiques —, mais parce qu'elle est susceptible de transformer notre victoire en une totale défaite : *la défaite, voire l'extirpation de l'esprit allemand au profit de l'"Empire allemand"* » (CI I, § 1).

4. CI I, § 2.

5. NT, *Essai d'autocritique*, § 2, p. 26.

6. CI II, préface, p. 94. (Traduction modifiée.) L'édition française traduit en effet : « le puissant courant historiciste actuel ». Cette traduction désigne correctement ce dont il s'agit à l'époque, mais le texte allemand parle plus largement de « *mächtige historische Zeitrichtung* ».

7. Ranke, *Sämtliche Werke*, vol. 33-34, Leipzig, 1885, p. 7, nous traduisons.

8. In *Évidence de l'histoire. Ce que voient les historiens*, Éditions de l'EHESS, 2005, p. 15.

9. Barthes, « Le discours sur l'histoire », in *Information sur les sciences sociales*, VI, n° 4, septembre 1967, repris in *Œuvres complètes*, II, Éditions du Seuil, 2002, p. 1250 sq.

10. Barthes, *op. cit*, p. 1257 : « Le statut du discours historique est uniformément assertif, constatif : le fait historique est lié linguistiquement à un privilège d'être ; on raconte ce qui a été, non ce qui n'a pas été ou ce qui a été douteux. En un mot, le discours historique ne connaît pas la négation (ou très rarement, d'une façon excentrique). Ce fait peut-être curieusement — mais significativement — mis en rapport avec la disposition que l'on trouve chez un énonçant bien différent de l'historien, qui est le psychotique, incapable de faire subir à un énoncé une transformation négative ; on peut dire que, en un certain sens, le discours "objectif" (c'est le cas de l'histoire positiviste) rejoint la situation du discours schizophrénique ; dans un cas comme dans l'autre, il y a censure radicale de l'énonciation (dont le sentiment permet, seul, la transformation négative), reflux massif du discours vers l'énoncé et même (dans le cas de l'historien) vers le référent : personne n'est là pour assumer l'énoncé. »

11. *Op. cit.*, p. 343.
12. *Aurore*, § 307.
13. M. Foucault, *L'archéologie du savoir*, 1969, p. 66.
14. M. de Certeau, *L'écriture de l'histoire*, Gallimard, 1975, p. 113.
15. J. Habermas, *Vérité et justification*, Gallimard, 2001, p. 274.
16. F. Dosse, *Foucault*, Albin Michel, 2008, p. 39.
17. « Car enfin, les faits... Qu'appelez-vous les faits ? Que mettez-vous derrière ce petit mot, "fait" ? Les faits, pensez-vous qu'ils sont donnés à l'historien comme des réalités substantielles que le temps a enfouies plus ou moins profondément et qu'il suffirait de déterrer, de nettoyer, de présenter en belle lumière à nos contemporains » [1946], *in* L. Febvre, *Combats pour l'histoire*, A. Colin, 1992, p. 22.
18. « Nous avons vainement cherché une vérité faite d'adéquation au réel », *in* R. Aron, *Introduction à la philosophie de l'histoire. Essai sur les limites de l'objectivité historique*, Paris, Gallimard, 1948, p. 151.
19. E. Troeltsch, *Der Historismus und seine Probleme*, Tübingen, 1922, p. 102.
20. Cf. *Historiographies, I. Concepts et débats*, dir. C. Delacroix, F. Dosse, P. Garcia et N. Offenstadt, Gallimard, 2010, introduction, p. 13 sq.
21. Cf. l'article de C. Delacroix, « Linguistic turn », in *Historiographies, I. Concepts et débats, op. cit.*, p. 476 sq.
22. CI II, § 10, p. 166.
23. *Ibid.*, § 6, p. 134.
24. *Ibid.*, § 1, p. 98.
25. HTH I, § 2, *in* OPC III 1, p. 32-33.
26. GM, avant-propos, § 7, *in* OPC VII, p. 221.
27. CI II, § 1, p. 98-99. En ce sens, Heidegger a raison de dire que Nietzsche définit encore l'homme comme cet *animal* dont la spécificité est d'être *rationale* (peut-être faudrait-il dire plutôt : *animal memorialis*) : « Il faut bien remarquer ceci : dans cette détermination essentielle de l'homme, l'homme n'est pas simplement mis sur le même plan que l'animal, mais, et c'est quelque chose de beaucoup plus décisif, l'animalité est posée à titre de domaine générique sur la base duquel s'effectue la particularisation de l'essence de l'homme. Jusqu'à ce jour, la pensée occidentale n'a encore jamais elle-même pensé à fond

cet état de choses que représente le fait de partir de l'animalité pour déterminer l'essence de l'homme. La raison de cette effrayante incongruité est à portée de main : c'est le fait que l'interprétation de l'homme comme être composé de corps et d'âme, qui se tire d'affaire grâce à l'"instinct" et à la "logique", passe depuis longtemps pour *aller de soi* » (Heidegger, *Interprétation de la* Deuxième Considération intempestive *de Nietzsche*, séminaire 1938-1939, trad. A. Boutot, Gallimard, 2009, p. 39).

28. APZ, II, « Des illustres sages », *in* OPC VI, p. 121.
29. CI II, § 1, p. 97.
30. *Ibid.*, § 4, p. 114-115.
31. CI II, § 4, p. 115.
32. *Historiographies, I, op. cit.*, p. 13-15.
33. CI II, § 8, p. 143.
34. Cf., notamment : « Histoire du temps présent », in *Historiographies, I, op. cit.*, p. 283-294.
35. Pierre Nora, *Lieux de mémoire*, I, « La République », Gallimard, 1984, p. XIX.
36. *Ibid*.
37. CI II, § 5, p. 121.
38. FP 19[310], été 1872-début 1873, *in* OPC II*, p. 263. (Trad. modifiée.)
39. *Par-delà bien et mal*, § 36, *in* OPC VII, p. 55.
40. CI II, p. 104.
41. In *La crise de la culture*, trad. dir. par P. Lévy, Gallimard, 1972.
42. Le refus des historiens de répondre à certaines exigences politiques de glorification du passé national se justifierait, dans ce contexte, moins par souci d'objectivité scientifique que par une certaine impartiale admiration hérodotéenne pour la grandeur (qui évaluerait, par exemple, la « grandeur » de la volonté d'autodétermination d'un peuple colonisé aussi justement que les « effets positifs » d'une colonisation ?).
43. H. Arendt, *Condition de l'homme moderne* [1958], trad. G. Fradier, Calmann-Lévy, 1961 et 1983.
44. CI II, § 7, p. 139.
45. *Ibid.*, § 2, p. 105.
46. *Ibid.*, § 1, p. 99.
47. Cf. le § 173 d'*Aurore* (1881), « Les apologistes du travail ».
48. CI II, § 9, p. 157.
49. *Ibid.*, p. 157-158.

50. A, avant-propos, § 1, p. 14.
51. CI II, § 9, p. 154-155.
52. *Ibid.*, § 6, p. 134.
53. *Ibid.*, § 1, p. 98.
54. On comprend l'admiration que Nietzsche vouera à Stendhal lorsqu'il l'aura découvert.
55. CI II, § 1, p. 100.
56. *Ibid.*, § 5, p. 125.
57. *Ibid.*, § 3, p. 113.
58. Entretien avec Gilles Deleuze, réalisé par Toni Negri, « Le devenir-révolutionnaire et les créations politiques », in *Futur antérieur*, n° 1, printemps 1990, repris dans *Pourparlers*, Éditions de Minuit, 1990-2003, p. 230-231.
59. CI II, § 8, p. 148.
60. *Ibid.*, p. 149.
61. *Ibid.*, § 6, p. 135.
62. *Ibid.*, § 2, p. 105.
63. « La passion de la vérité », conférence reprise dans *Cinq préfaces à cinq livres qui n'ont pas été écrits*, in OPC I*, p. 168.
64. *Ibid.*, p. 170.
65. Nietzsche, *Les Philosophes préplatoniciens*, texte établi à partir des manuscrits par Paolo D'Iorio, trad. Nathalie Ferrand, Éditions de l'Éclat, 1994, p. 82-83.
66. *Ibid.*, p. 102.
67. C'est pourquoi le philosophe recueille des traits propres au grand homme politique (le guerrier, le héros, le législateur), à l'artiste (le génie, à la fois destructeur et créateur). De même, les liens entre le philosophe et le type religieux sont constants chez Nietzsche, tant d'un point de vue généalogique que sous le rapport du philosophe de l'avenir : le prêtre, le prophète et le saint forment des « types préliminaires » qui devront, par « l'inversion de toutes les valeurs », permettre le surgissement du philosophe « disciple de Dionysos ».
68. *Ibid.*, p. 83, note **.

III. L'éducation

1. IH, § 9, p. 156.
2. Platon, *République*, III, 414b-415c.
3. R. Loureau, « L'instituant et l'institué », in *Les Temps modernes*, n° 268, octobre 1968, p. 681-697.

4. IH, § 8, p. 148.
5. J. Rancière, « Les mésaventures de la pensée critique », in *Le spectateur émancipé*, La Fabrique Éditions, 2008, p. 30 sq.
6. *Op. cit.*, p. 49.
7. *Ibid.*, p. 50.
8. A, § 173, « Les apologistes du travail ».
9. *Ibid.*, § 397.
10. L'édition Gallimard traduit les termes *Zucht*, *Züchtung* par « dressage ». Mais il faut absolument distinguer « dressage » et « élevage » — comme le fait Patrick Wotling, cf. *Dictionnaire Nietzsche*, avec Céline Denat, Ellipses, 2013 (cf. « Élevage [*Züchtung*] / Dressage [*Zähmung*] », p. 111-115). À vrai dire, je préfère traduire par « apprivoisement » ou « domestication » le terme *Zähmung*. Car dresser un animal (*dressieren*) implique de lui inculquer des comportements mécaniques précis (comme trotter ou lever la patte), et il faut pour cela qu'il ait déjà été apprivoisé. Apprivoiser ou domestiquer est une manière de rendre *inoffensif* un animal sauvage, voire dangereux (c'est-à-dire le rendre compatible avec l'espace domestique ou privé). C'est l'obtention de l'innocuité de l'homme qu'entend Nietzsche lorsqu'il parle de *Zähmung*. L'élevage ou culture (*Zucht*, *Züchtung* se disent à la fois à propos des animaux et des plantes) désigne, en revanche, des pratiques systématiques de reproduction d'une espèce, accompagnées de procédures d'amélioration de certains de ses caractères biologiques. L'analogie employée par Nietzsche renvoie à un projet de reconfiguration de certains caractères humains au cours de la succession consciemment organisée des générations. Notons que les termes allemands *erziehen* (éduquer) et *züchten* (élever) ont une même racine lexicale qu'on retrouve dans *ziehen* (tirer), avec l'idée, symétrique en français, de « faire pousser ». Notons qu'en français on *élève* un enfant, sans que l'expression semble choquer. Nous reviendrons sur la délicate question de l'élevage, cf. *infra*, troisième partie, chapitre 2.
11. AEE, première conférence.
12. Sur ces points, voir aussi, par exemple : HTH I, § 203.
13. *Ibid.*, troisième conférence, p. 119.
14. Notons que Nietzsche a pu trouver une telle conception de la reconfiguration des rapports entre l'art et l'économie

politique dans les écrits théoriques de Wagner, conception marquée par l'utopisme révolutionnaire des années 1850, auquel le compositeur, contre toute idée reçue, est resté fidèle. Sur l'esthétique politique de Wagner, cf. Udo Bermbach, *Der Wahn des Gesamtkunstwerks. Richard Wagners politisch-ästhetische Utopie*, Metzler, 2004, et aussi : Dorian Astor, Hermann Grampp, *Comprendre Wagner*, Éd. Max Milo, 2013.

15. Cf. les souvenirs de Malwida von Meysenbug : « Il s'agissait de fonder une sorte de mission pour accueillir des adultes des deux sexes et les conduire au libre épanouissement de la plus noble vie spirituelle, afin qu'ils pussent semer de par le monde les graines d'une culture nouvelle, spiritualisée. Cette idée trouva l'écho le plus enflammé auprès de ces messieurs ; Nietzsche et Rée furent aussitôt disposés à dispenser leur enseignement. J'étais convaincue de pouvoir attirer de nombreuses écolières à qui je prodiguerais mes soins tout particuliers pour en faire les plus nobles représentantes de l'émancipation féminine, afin qu'elles contribuassent à protéger cette œuvre culturelle importante et significative des malentendus et des déformations, et la développer dans la pureté et la dignité jusqu'à son plein épanouissement. (...) Nous avions trouvé plus bas, sur la plage, plusieurs grottes vastes, comme des salles à l'intérieur des rochers, qui avaient manifestement été agrandies par la main des hommes ; il y avait même une sorte de tribune qui semblait avoir été expressément destinée à un orateur. Nous trouvions très propice de dispenser là, en pleine chaleur estivale, nos heures de cours, même si l'ensemble de l'enseignement devait s'inspirer de l'art des péripatéticiens, et plus généralement d'un modèle grec plutôt que moderne » (extrait de : « Episoden aus den Jahren 1876 und 1877 » in *Der Lebensabend einer Idealistin* [*Le Soir de ma vie*, texte autobiographique qui complète *Mémoires d'une idéaliste*], 1898. Nous traduisons). Notons que Nietzsche aussi bien que Malwida auront pu être influencés par la pensée éducative de Wagner, elle-même profondément marquée par les utopies anarchiste et socialiste.

16. C'est le cas, par exemple, de l'ouvrage de Christian Baudelot et Roger Establet, *L'Élitisme républicain. L'École française à l'épreuve des comparaisons internationales*, Seuil, 2009.

17. Cf., notamment, l'excellent ouvrage de Charlotte Nord-

mann, *La Fabrique de l'impuissance 2. L'École entre domination et émancipation*, Éditions Amsterdam, 2007. Cf. aussi l'article de Jérôme Ceccaldi, « Quelle école voulons-nous ? », in *La Revue Internationale des Livres et des Idées*, 15/11/2009, url: http://www.revuedeslivres.net/articles.php?idArt=469. Il n'est pas étonnant que l'auteur cite à plusieurs reprises Spinoza et Nietzsche pour arracher le concept de puissance à celui de productivité.

18. APZ, I, « De la vertu qui prodigue », 3.

19. Il entre dans l'échec à devenir un maître une grand part de responsabilité de la célébrité de l'éducateur et de la masse des disciples. C'est évident pour Wagner, mais sensible aussi chez Schopenhauer : « Il est rare qu'un homme devenu célèbre ne soit pas devenu du même coup lâche et niais ; les disciples s'accrochent toujours en masse à ses faiblesses et à ses exagérations et ils ont beau jeu de le persuader d'y voir ses vertus, sa vocation. Un grand homme fut-il jamais reconnu par ses contemporains pour les raisons qui font sa grandeur ? un homme célèbre fut-il jamais l'ennemi de ses disciples ? Schopenhauer était devenu le jouet de sa célébrité avant de l'avoir atteinte » (FP 3[141], printemps 1880).

20. *Ibid.*, cinquième conférence, p. 161.

21. H. Arendt, *La crise de la culture*, *op. cit.*

22. *Ibid.*, « Qu'est-ce que l'autorité », p. 126.

23. AEE, quatrième conférence.

24. Sur ce point, cf., par exemple : HTH, § 122, § 200 ; *Opinions et sentences mêlées*, § 357 ; *Le Voyageur et son ombre*, § 266 ; GS, § 106.

25. Sur le lien entre obéissance, croyance et fanatisme, cf. GS, § 347 et FP 4[234], 1880-1881.

26. AEE, troisième conférence.

27. Ce doute sur la possibilité de jamais comprendre la grécité sera durable chez Nietzsche : « Il n'y a rien à *apprendre* des Grecs — leur génie nous est trop étranger » (CId, « ce que je dois aux Anciens », § 2).

28. AEE, troisième conférence.

29. CI II, § 1, p. 98.

30. Le paragraphe 381 du *Gai Savoir*, consacré à « la question de l'intelligibilité », évoque cette intermittence en la comparant à un bain froid : « Il faut s'y plonger et en sortir promptement. » Et la mobilité de l'interprétation y est dési-

gnée comme une « danse » : « Ce n'est pas l'embonpoint, c'est la vigueur et la plus grande souplesse qu'un danseur attend de sa nourriture — et je ne sache pas que l'esprit d'un philosophe puisse souhaiter davantage que de devenir un bon danseur. »

31. Dans PBM, § 31, Nietzsche revendiquera un « art de la *nuance* » (le terme apparaît en français) comme « la meilleure acquisition de la vie ». Cet art s'oppose au « goût de l'absolu » caractéristique de la « jeunesse ». On comprend l'alternative encore relativement grossière que le Nietzsche des Inactuelles et des conférences sur l'enseignement propose à la jeunesse : l'art de la nuance s'acquiert lentement, prudemment, il est lui-même un élément de l'*éducation* réclamée par Nietzsche.

32. Il est frappant que dans le débat contemporain sur l'herméneutique, qui oppose encore une herméneutique philosophique de l'appropriation et une herméneutique philologique de la désappropriation — pour le dire rapidement, Gadamer contre la tradition schleiermacherienne —, on trouve justement aussi peu de *nuance*. Ce débat n'est jamais qu'une manière de reconduire l'opposition des deux sens d'« historicisme », l'objectif et le subjectif, et la concurrence de prétentions à une définition générale de l'historicité. De manière significative, il arrive que les adversaires se réclament les uns et les autres de Nietzsche, sans faire appel à cette notion nietzschéenne de *nuance*, c'est-à-dire à la mobilité extrêmement fine des perspectives (ou des centres du « cercle herméneutique »), un jeu permanent d'appropriation-désappropriation d'horizons divers qui, par sa mobilité même, a plus de chance de parvenir à la justesse que l'énoncé abstrait de la nature de l'interprétation *en général*. On trouvera un intéressant tour d'horizon de ce débat, justement en lien avec notre rapport contemporain à la grécité, dans les actes du colloque *L'avenir de la philosophie est-il grec ?*, Fides, 2002.

33. *In* OPC I**, p. 209-210.

34. Au début des *Principes de la philosophie du droit*, Hegel opposait la philosophie antique comme affaire privée à la philosophie moderne comme affaire de l'État, précisément en raison de son caractère systématique. De son côté, Schopenhauer publiera un pamphlet intitulé *Contre la philosophie universitaire*.

35. CI III, § 3, p. 34.

36. C'est la puissance nationale grecque, à partir des

guerres médiques, qui a grevé la possibilité d'un accomplissement total du tragique. Cf. FP 6[27], été 1875.

37. AEE, quatrième conférence.

38. Cf. HTH I, § 33.

39. Selon l'expression de Jean-François Balaudé. Cf. « Rétroaction philosophique : Pierre Hadot, les anciens et les contemporains », in *Pierre Hadot, l'enseignement des antiques, l'enseignement des modernes*, Éditions Rue d'Ulm, 2010, p. 39.

40. Hadot évoque, dans un entretien avec Arnold I. Davidson, une « élévation à une perspective universelle, voire cosmique, [qui] nous délivre de l'étroitesse du point de vue individuel, égoïste et intéressé », in *Pierre Hadot, l'enseignement des antiques, l'enseignement des modernes, op. cit.*, p. 30-31.

41. *Ibid.*

42. On trouve chez Emerson la même articulation de l'exercice progressif et de la contemplation comme vision soudaine et intermittente : « Quand je persiste à lire et à penser, cette région [de la vie] donne signe de vie supplémentaire, comme par des éclairs de lumière, par des aperçus soudains de sa beauté et de sa tranquillité profondes » (in *Essais*, Houdiard, 2005. Cité d'après Sandra Laugier, in *Pierre Hadot, l'enseignement des antiques, l'enseignement des modernes, op. cit.*, p. 62).

43. Cavell, *Qu'est-ce que la philosophie américaine ?*, Gallimard, 2009.

44. Wittgenstein, *Tractatus logico-philosophicus*, 6.522 et 7, trad. G.-G. Granger, Gallimard, 1993.

45. Cf. G. Deleuze, F. Guattari, *Mille plateaux*, « Postulats de la linguistique », Éditions de Minuit, 1980.

46. CI IV, § 1, p. 101.

47. *Le Drame musical grec*, in OPC I**, p. 18.

48. *Ibid.*, p. 19.

49. *Ibid.*, p. 18.

50. Nous renvoyons ici à l'excellent ouvrage de Marc Crépon, *Nietzsche. L'art et la politique de l'avenir*, PUF, 2003, en particulier le chapitre « Politique de la musique 1 (Wagner) », auquel les analyses qui suivent doivent beaucoup.

51. Les amis de Wagner « sont ceux qui éprouvent pour moi, en tant qu'artiste et en tant qu'homme, assez de sympathie pour pouvoir comprendre mes intentions dans un temps où je ne peux pas les traduire dans une représentation

en parfait accord avec elles, les conditions publiques faites aujourd'hui à l'art n'étant pas celles qu'il faudrait pour cela », *in* Wagner, *Une communication à mes amis* [1851], trad. J. Launay, Mercure de France, 1976.

52. *Le Drame musical grec*, p. 21.

53. *Ibid.*, p. 24.

54. *Ibid.*, p. 22-23.

55. Cf. Bruno Latour, *Nous n'avons jamais été modernes. Essai d'anthropologie symétrique*, La Découverte, 1991.

56. Notamment dans *Image et mémoire*, Desclée de Brouwer, 2004.

57. Debord, *La société du spectacle*, Buchet-Chastel, 1967, et Gallimard, 1992.

58. Cf. Gilles Deleuze, *Pourparlers*, Éditions de Minuit, 1990-2003, p. 235. « Les plus grands artistes (pas du tout les artistes populistes) font appel à un peuple, et constatent que "le peuple manque" : Mallarmé, Rimbaud, Klee, Berg. Au cinéma les Straub. L'artiste ne peut que faire appel à un peuple, il en a besoin au plus profond de son entreprise, il n'a pas à le créer et ne le peut pas. L'art c'est ce qui résiste : il résiste à la mort, à la servitude, à l'infamie, à la honte. Mais le peuple ne peut pas s'occuper d'art. Comment un peuple se crée, dans quelles souffrances abominables ? Quand un peuple se crée, c'est par ses moyens propres, mais de manière à rejoindre quelque chose de l'art (...) ou de manière que l'art rejoigne ce qui lui manquait. L'utopie n'est pas un bon concept : il y a plutôt une "fabulation" commune au peuple et à l'art. » Et aussi : Gilles Deleuze, Félix Guattari, *Qu'est-que que la philosophie ?*, Éditions de Minuit, 1991, p. 104 : « Nous manquons de résistance au présent. La création de concepts fait appel en elle-même à une forme future, elle appelle une nouvelle terre et un peuple qui n'existe pas encore. L'européanisation ne constitue pas un devenir, elle constitue seulement l'histoire du capitalisme qui empêche le devenir des peuples assujettis. L'art et la philosophie se rejoignent sur ce point, la constitution d'une terre et d'un peuple qui manquent, comme corrélat de la création. »

59. Cf. AC, avant-propos : « Certains naissent posthumes » ; CId, § 15 : « Les hommes posthumes — moi, par exemple — sont moins bien compris que ceux qui vivent avec leur temps, mais on les *entend* davantage. À strictement parler, nous ne

sommes jamais compris — et c'est *de là* que vient notre autorité » ; EH, avant-propos : « Peut-être même mon existence n'est-elle qu'un préjugé ? »

60. Foucault, « Qu'est-ce que les Lumières ? » [1984], repris in *Dits et écrits, II, 1976-1988*, Gallimard, 2001, p. 1381 sq.

61. *Ibid.*, p. 1393.

62. *Qu'est-ce que la philosophie ?*, *op. cit.*, p. 108.

63. SH, § 4, p. 44.

64. Il est extrêmement significatif que Guattari, évoquant la « révolution moléculaire », l'articule avec l'émergence possible d'un peuple, dans un geste de parfaite *inactualité*. Cf. Félix Guattari, Suély Roelnik, *Micropolitiques*, Les Empêcheurs de penser en rond, 2007, p. 11 : « Oui, je crois qu'il existe un peuple multiple, un peuple de mutants, un peuple de potentialités qui apparaît et disparaît, s'incarne en faits sociaux, en faits littéraires, en faits musicaux. Il est courant qu'on m'accuse d'être exagérément, bêtement, stupidement optimiste, de ne pas voir la misère des peuples. Je peux la voir, mais... je ne sais pas, peut-être suis-je délirant, mais je pense que nous sommes dans une période de productivité, de prolifération, de création, de révolutions absolument fabuleuses du point de vue de l'émergence d'un peuple. C'est ça la révolution moléculaire : ce n'est pas un mot d'ordre, un programme, c'est quelque chose que je sens, que je vis dans des rencontres, dans des institutions, dans des affects et aussi à travers quelques réflexions. »

DEUXIÈME PARTIE

MODERNITÉ

1. Lettre à Malwida von Meysenbug, 25 octobre 1874, in *Correspondance avec Malwida von Meysenbug*, Allia, 2005, p. 82.

IV. *La détresse des modernes*

1. Lettre du 8 décembre 1888 à August Strindberg, in Friedrich Nietzsche, *Sämtliche Briefe. Kritische Studienausgabe*, DTV-Walter de Gruyter, 1975-1984, vol. 8, p. 509. Nous traduisons.

2. Cf., notamment, l'avant-propos d'*Aurore*.

3. Par exemple, dès *La Naissance de la tragédie* : « C'est bien là le signe de cette "cassure" dont chacun parle aujourd'hui comme d'un mal originaire de la civilisation moderne » (§ 18, p. 124), ou encore dans un fragment posthume contemporain : « L'époque moderne avec sa "rupture" doit être comprise comme celle qui fuit devant toutes les conséquences logiques et ne veut rien voir *en entier* » (FP 10[1], début 1871, p. 415).

4. Dans *Sociologies de la modernité* (Gallimard, 1999), Danilo Martuccelli, après avoir mis en garde le lecteur, dès son introduction, contre la « labilité théorique » et l'« indécision conceptuelle » de la notion de modernité, en donne les premiers contours : « L'interrogation sur le temps actuel et la société contemporaine est le plus petit dénominateur commun de la modernité. Elle est toujours un mode de relation, *empli d'inquiétude*, face à l'actualité ; c'est dire à quel point elle est indissociable d'un questionnement de nature historique. Mais la modernité ne se réduit pas à l'être-présent, elle n'est pas la simple quête pour savoir ce qu'est le monde, ou encore le présent comme tel ; elle recherche plus précisément *la réponse à une inquiétude* » (p. 9-10, nous soulignons).

5. FP 2[201], automne 1885-automne 1886.

6. *Ecce Homo*, « Par-delà bien et mal », § 2.

7. Martuccelli, *op. cit.*, p. 10.

8. On trouvera, par exemple, une excellente étude de l'histoire des termes chez Yves Vadé, *Ce que modernité veut dire*, Presses universitaires de Bordeaux, 1994.

9. Dans un court chapitre de *Modernité modernité* (Verdier, 1988, repris dans la collection « Folio », Gallimard), Henri Meschonnic assassine la question qui lui donne son titre : « Quand commence la modernité ? » : « La modernité a plusieurs commencements. Plusieurs fins. Celles qui ont eu lieu. Celles qu'on lui annonce. Cette incertitude, ou plutôt cette diversité dans la datation, a cet effet confondant de s'assurer à la fois la continuité et la discontinuité, le ramassage de plusieurs époques, que tout sépare, avec la garantie de se comprendre et d'être compris dans un tout homogène. La notion de crise joue un rôle inverse. Heureusement, son abus rassure. (...) Pour chaque date, chaque limite, une stratégie, un enjeu. La modernité est le terrain d'un travail du sens dont il n'y a peut-être pas

d'équivalent. Chaque fois une autre écriture de l'histoire. Nous ne savons plus toujours si c'est la nôtre » (Folio, p. 24-26).

10. *Vérité et mensonge au sens extra-moral*, in OPC I**, p. 284.

11. « Les anciens, monsieur, sont les anciens ; et nous sommes les gens de maintenant » (*Le Malade imaginaire*, II, 6).

12. FP 9[177], automne 1887.

13. « Wagner *résume* la modernité. Rien n'y fait, il faut commencer par être wagnérien… » (*Le Cas Wagner*, avant-propos).

14. Cf. FP 2 [111 à 113], automne 1885-automne 1886.

15. Cf. *Le Gai Savoir*, § 362 : « Napoléon, qui tenait la civilisation avec ses idées modernes pour une ennemie personnelle, s'est affirmé par cette hostilité comme l'un des plus grands continuateurs de la Renaissance ; c'est lui qui a ramené au jour tout un morceau de nature antique, le morceau décisif peut-être, le morceau de granit. »

16. Cf. FP 9[116], automne 1887 : « Rousseau, cet "homme moderne" typique, idéaliste et canaille en une seule personne. »

17. Cf. FP 9[116], automne 1887 : « Le XVIIIe siècle à qui l'on doit tout ce en quoi notre XIXe siècle a travaillé et souffert : le fanatisme moral, l'amollissement du sentiment en faveur du faible, de l'opprimé, du souffrant, la rancune à l'égard de tout ce qui est privilégié, la croyance au "progrès", la croyance au fétiche "humanité", l'absurde fierté plébéienne et la convoitise avide de passion totale — toutes deux romantiques. »

18. *Par-delà bien et mal*, § 191.

19. Cf. *Le Gai Savoir*, § 358 : « Les "idées modernes" relèvent encore de ce soulèvement de paysans dans le Nord contre l'esprit plus froid, plus équivoque, plus méfiant du Midi. »

20. FP 4[212], été 1880.

21. Michel Foucault a donné là-dessus des éclairages décisifs : « L'humanité ne progresse pas lentement de combat en combat jusqu'à une réciprocité universelle, où les règles se substitueront, pour toujours, à la guerre ; elle installe chacune de ces violences dans un système de règles, et va ainsi de domination en domination » (« Nietzsche, la généalogie, l'histoire », in *Hommage à Jean Hyppolite*, PUF, 1971. Repris in *Dits et écrits, I, op. cit.*, p. 1013.

22. FP 14[123], printemps 1888, dans un fragment intitulé « Anti-Darwin ».

23. « À bas ces mots d'optimisme et de pessimisme, usés jusqu'au dégoût » : cf. HTH, § 28.
24. Cf. HTH, § 37.
25. « La prose européenne de Nietzsche », préface à *Humain, trop humain*, Éditions Hachette, 1988.
26. HTH, préface de 1886, § 1. Rappelons que Nietzsche, « en guise de préface », cite le *Discours de la méthode* de Descartes.
27. HTH, § 26.
28. *Ibid*.
29. Cf. FP 6[290], automne 1880 : « Le besoin métaphysique n'est pas la source des religions mais la conséquence de leur déclin. On s'est accoutumé à la représentation d'un autre monde et l'on souffre de sa disparition (et à partir de cet instinct, des plantes nouvelles peuvent croître, des *"après-religions"*), mais ce qui poussait à admettre l'existence de cet autre monde, c'étaient des erreurs d'interprétation de certains phénomènes, et donc de *faux jugements de l'intellect. Le "besoin" est le résultat, non l'origine. Faute de satisfaction*, il peut mourir ! C'est ainsi qu'il existe un besoin d'entendre le son des cloches qui n'a rien à voir avec le but premier des sonneries de cloches. — On a pris l'habitude de placer les besoins à l'origine. »
30. Cf. GS, §§ 108, 125 et 343 ; APZ, prologue 3, et II, « Des compatissants ».
31. *Ibid*.
32. Lettre à Malwida von Meysenbug, 25 octobre 1874, *op. cit*.
33. Cf. Giorgio Colli : « Ce qui caractérise ce jugement, c'est son aspect concret : sujet et prédicat sont assumés directement par la sphère intuitive, sensible, ou sont des déterminations extérieures de nature éthique qui renvoient aux racines de ce qui est agréable et douloureux, désirable et évitable, et en tant qu'ils doivent être abstraits, ce sont des universaux non point logiques mais éthiques, ou en tout cas issus du monde du devenir. Pour réaliser cette "science" qui est, en vérité, plus proche du jeu que de la nécessité (c'est pourquoi elle est destinée, disait-il, à continuer l'art), il faut en tout cas un élargissement maximal du terrain de recherche. Et puisque celui-ci doit être vivant, en devenir, c'est toute l'histoire de l'homme qui doit être consultée », in *Écrits sur Nietzsche*, « Humain, trop humain I », Éditions de l'Éclat, 1996, p. 57.

34. FP 7[90] Fin 1870-avril 1871.
35. Que la vérité soit, et que la vie périsse. Cf. CI II, § 4.
36. *Ibid.*, § 4.
37. *Ibid.*, § 5.
38. Cf., par exemple, *L'État chez les Grecs*, préface ; CI IV, § 5 ; VO, § 279 ; APZ, II, « Du pays de la culture » ; PBM, §§ 215, 224 ; CId, « Incursions d'un inactuel », §§ 6 et 7.
39. CI III, § 1.
40. Cf. PBM, § 215.
41. PTG, § 10.
42. Cf. GS, notamment préface, § 4 ; § 45 ; Appendice, le poème « Ma chance ».
43. GS, § 248, à propos du darwinisme.
44. CI III, § 1.
45. A, § 39.
46. *Ibid.*, § 50.
47. *Ibid.*, § 76.
48. GM, II, § 16.

V. La raison, le sujet et la volonté de puissance

1. Cf. *Vérité et mensonge au sens extra-moral* (VM), *in* OPC I*, p. 275-290, ainsi que notre édition de ce texte dans la collection « Folioplus philosophie », Gallimard, 2009.
2. « La "chose en soi" (qui serait précisément la vérité pure et sans conséquence) reste totalement insaisissable et absolument indigne des efforts dont elle serait l'objet pour celui qui crée un langage. Il désigne seulement les rapports des hommes aux choses, et pour les exprimer il s'aide des métaphores les plus audacieuses. Transposer une excitation nerveuse en une image ! Première métaphore. L'image à son tour transformée en un son ! Deuxième métaphore. Et chaque fois, saut complet d'une sphère à une autre, tout à fait différente et nouvelle » (VM, p. 280).
3. Cf. A, § 123.
4. Cf. CI IV, § 4, à propos de Wagner : « Il fixe et relie solidement ce qui était épars, faible et nonchalant ; il a, s'il m'est permis d'user d'une expression médicale, une vertu *astringente* : dans cette mesure, il appartient aux forces vives de la culture. Il règne sur les arts, les religions, l'histoire des divers peuples, et pourtant il est le contraire d'un polyhistorien, d'un

esprit qui se contente de collectionner et de classer : car il est un rassembleur et sait animer les choses collectionnées, il est un *simplificateur du monde*. »

5. Cf. HTH, § 11.
6. VM, p. 277.
7. VM, p. 282.
8. Cf. FP 3[129], printemps 1880 : « Qu'est-ce donc que l'imagination ? Une raison plus grossière, moins épurée, une raison qui commet de graves erreurs dans ses comparaisons et ses classements, dont le tempo est inégal et soumis à la tutelle incohérente des affections, un type sauvage et pittoresque de raison, mère des connaissances apparentes et des "soudaines illuminations" (où l'éclat d'une idée est confondu avec la lumière de la vérité) ; toutes deux, la raison et l'imagination, sont fécondes, mais la seconde est plus facile à engrosser et met au monde beaucoup plus d'avortons et de monstres mort-nés. La raison est une imagination devenue sage à ses dépens, grâce à l'amélioration continue de sa vue, de son ouïe et de sa mémoire. »
9. « Ce qui l'y a poussé [Thalès] ce fut un axiome métaphysique, dont l'origine est une intuition d'ordre mystique et que nous rencontrons dans tous les systèmes philosophiques, comme allant de pair avec les tentatives toujours renouvelées de l'exprimer mieux : c'est ce postulat que "tout est un". Il est remarquable de voir quelle violence une telle croyance fait subir à l'ensemble de la réalité empirique » (PTG, § 3).
10. Où l'on voit que, dès ses premiers écrits, Nietzsche place l'intuition mystique du côté de l'imagination et de l'art. Il y a fort à penser que « l'Un » et « les mères de l'Être » évoqués par *La Naissance de la tragédie* ne ressortissent pas, chez lui, à un résidu de croyance métaphysique, à une « métaphysique de l'art », comme on l'a dit souvent, mais à la métaphysique *comme* art.
11. *Ibid.*
12. *Ibid.*, § 10.
13. CId, « La "raison" dans la philosophie », § 1. Il est remarquable de constater dans ce paragraphe que cette haine du devenir correspond à une « absence de sens historique », à une volonté de « dé-historisation ». C'est que, depuis la Deuxième Inactuelle, Nietzsche n'a cessé de chercher à produire, par la démarche généalogique, un autre type d'histoire, un

« sens historique juste », car, depuis le début, Nietzsche savait que la doctrine du devenir universel était « vraie, mais mortelle ».

14. « Socrate et la tragédie », conférence prononcée à Bâle le 1er février 1870, *in* OPC I**, p. 31-46.

15. Cf. CId, « Le problème de Socrate », § 10.

16. CId, « La "raison" dans la philosophie », § 4.

17. Il est à noter que le passage du polythéisme au monothéisme participe d'une même réduction du divers à l'Un, d'une même haine du multiple. Les polythéismes portent encore les traces de la bigarrure du monde. Mais n'est-il pas entendu que, plus on a de dieux, plus on est « primitif » ?

18. CId, « La "raison" dans la philosophie », § 5.

19. A, « Avant-propos », § 3. (Traduction modifiée.)

20. *Ibid.*, et pour les citations suivantes.

21. AC, § 10.

22. Jürgen Habermas, *Der philosophische Diskurs der Moderne*, Suhrkamp, 1985. Trad. : *Le discours philosophique de la modernité*, Gallimard, 1988, p. 106.

23. Les lignes qui suivent reprennent certaines analyses de Habermas, non seulement parce qu'il est un historien particulièrement pénétrant de la modernité philosophique, mais aussi parce que sa propre philosophie représente — comme nous le verrons — une confrontation, directe ou indirecte, aux problèmes que la critique nietzschéenne pose à l'époque contemporaine.

24. Habermas, *op. cit.*, p. 71.

25. Habermas, *op. cit.*, p. 102.

26. Foucault, « La pensée du dehors », *Critique*, n° 229, 1966. Repris in *Dits et écrits*, I, *op. cit.*, texte n° 38, p. 546 sq.

27. Foucault, « Nietzsche, la généalogie, l'histoire », *op. cit.*, p. 1006.

28. Parlant de la volonté de puissance, Nietzsche a toujours soin d'employer un langage sévèrement maîtrisé par les formes de l'hypothèse interprétative. Même dans l'impressionnant fragment posthume 38[12] de juin-juillet 1885, dans lequel Nietzsche définit le « monde de la volonté de puissance » sur un ton beaucoup plus assertif et exalté, il souligne toujours le caractère perspectiviste de sa définition : « et savez-vous bien ce qu'est "le monde" *pour moi* ? Voulez-vous que je vous le montre *dans mon miroir* ? » (nous soulignons).

29. Cf. PMB, § 19 : « Avant tout, il me semble que la volonté est quelque chose de *complexe*, dont l'unité est purement verbale, et c'est effectivement dans l'unicité du mot que se dissimule le préjugé populaire qui a trompé la vigilance toujours médiocre des philosophes. Soyons donc plus vigilants et "moins philosophes". »

30. Les termes de cette opposition sont notamment exposés par Habermas dans les chapitres IX et X du *Discours philosophique de la modernité* consacrés à Foucault.

31. Cf. Pierre Macherey, *De Canguilhem à Foucault. La force des normes*, La Fabrique, 2009, p. 71 : « Ce qui a sans doute le plus préoccupé Foucault, c'est de comprendre comment l'action des normes dans la vie des hommes détermine le type de société auquel ceux-ci appartiennent comme sujets. Or, sur ce point, toutes ses investigations ont tourné autour d'une interrogation fondamentale, dont la portée est à la fois épistémologique et historique : comment passe-t-on d'une conception négative de la norme et de son action, fondée sur un modèle juridique d'exclusion, en rapport avec le partage du permis et du défendu, à une conception positive, qui met au contraire en avant sa fonction biologique d'inclusion et de régulation, au sens non d'une réglementation mais d'une régularisation, en référence à la distinction, avérée par les sciences dites humaines, du normal et du pathologique ? »

32. GS, § 110.

33. Habermas, *Le discours philosophique de la modernité*, *op. cit.*, p. 300.

34. « Même avec du recul, sa mort à cinquante-sept ans apparaît comme un événement inopportun et une affirmation de la puissance impitoyable du temps — le pouvoir de l'arbitraire qui, sans rime ni raison, s'acharne sur le sens laborieusement accumulé dans toute vie humaine (…). Je n'ai rencontré Foucault qu'en 1983, et peut-être ne l'ai-je pas bien compris. » Habermas, « Le présent pour cible », in *Michel Foucault. Lectures critiques*, Éd. De Boeck-Wesmael, 1989, p. 121 sq.

35. Habermas, *Le discours…*, *op. cit.*, p. 319.

36. *Ibid.*, p. 328.

37. *Ibid.*, p. 304.

38. *Ibid.*, p. 333.

39. *Ibid.*, p. 339.

40. On se reportera aux cours de Heidegger sur Nietzsche,

donnés en 1936-1937 et 1939-1941, traduits en français dans *Nietzsche*, 2 vol., Gallimard, 1951, ainsi qu'à l'essai « Le mot de Nietzsche "Dieu est mort" » (in *Chemins qui ne mènent nulle part*, Gallimard, 1962, p. 253-322) et « Qui est le Zarathoustra de Nietzsche ? » (in *Essais et conférences*, Gallimard, 1958 et 1980, p. 116-147). Parmi l'abondante littérature consacrée à Heidegger lecteur de Nietzsche, on retiendra notamment : Wolfgang Müller-Lauter, *Heidegger und Nietzsche*, De Gruyter, 2000 ; Rita Casale, *L'esperienza Nietzsche di Heidegger. Tra nichilismo e Seinsfrage*, Bibliopolis, 2005. Par ailleurs, une brève et excellente analyse a été produite par Alain de Benoist, dans son article « Heidegger, critique de Nietzsche. Volonté de puissance et métaphysique de la subjectivité », in *Nouvelle École*, Paris, 55, 2005, p. 125-132.

41. « La manière dont celui qui questionne la question conductrice, soit qui s'interroge sur cette question, demeure lui-même intégré à la structure proprement non développée de la question conductrice » (Heidegger, *Nietzsche*, I, *op. cit.*, p. 353.)

42. Cf. FP XII, fin 1886-printemps 1886, 7[2] : « [le platonisme] mesurait le degré de réalité au degré de valeur et disait : d'autant plus d'"idée", d'autant plus d'être. Il renversait le concept de "réalité" et disait "ce que vous tenez pour réel est une erreur et nous nous <rapprochons d'autant plus> de la vérité que nous nous rapprochons de l'"idée". — Comprend-on cela ? *Ce fut le* PLUS GRAND *rebaptisage* : et comme il a été repris par le christianisme, nous ne percevons plus cette chose étrange. Au fond, en artiste qu'il était, Platon a *préféré le paraître* à l'être et donc le mensonge, l'invention à la vérité, l'irréel à l'existant — mais il était si persuadé de la valeur de l'apparence qu'il lui attachait tous les attributs "être", "causalité" et "bonté", vérité, bref, tout ce à quoi l'on attache de la valeur. Le concept de valeur lui-même, pensé comme cause : premier point de vue. L'idéal, doté de tous les attributs qui font honneur : deuxième point de vue. »

43. « Le vrai office de la raison, écrit Descartes, est d'examiner la juste valeur de tous les biens dont l'acquisition semble dépendre en quelque façon de notre conduite, afin que nous ne manquions jamais d'employer tous nos soins, à tâcher de nous procurer ceux qui sont, en effet, les plus désirables » (Lettre à Élisabeth, 1er septembre 1645, in *Œuvres et lettres*, Gallimard, « Bibliothèque de la Pléiade », 1953, p. 1202-1203.

44. Heidegger, *Nietzsche*, I, *op. cit.*, p. 42.
45. *Op. cit.*, vol. II, p. 219.
46. *Ibid.*, p. 76.
47. *Ibid.*, p. 102.
48. Cf. Heidegger, « La question de la technique », in *Essais et conférences*, Gallimard, 1958, p. 9-48.
49. Max Horkheimer, Theodor W. Adorno, *La dialectique de la raison* [1944, 1969], Gallimard, 1974, p. 24.
50. Cf. à ce sujet, Giorgio Agamben et Valeria Piazza, *L'ombre de l'amour. Le concept d'amour chez Heidegger*, Rivages, 2003.
51. Pour une analyse non dogmatique du concept de volonté de puissance, il faut tout particulièrement renvoyer aux travaux de Wolfgang Müller-Lauter, et notamment à son ouvrage majeur, *Nietzsche, seine Philosophie der Gegensätze und die Gegensätze seiner Philosophie*, De Gruyter, 1974. En français, on se reportera à sa *Physiologie de la volonté de puissance*, textes réunis par Patrick Wotling et traduits par Jeanne Champeaux, Éditions Allia, 1998. L'ouvrage de Pierre Montebello : *Nietzsche. La volonté de puissance*, PUF, 2001, se montre lui aussi très utile.
52. Ou, plus exactement, l'avant-dernière, comme le précise Heidegger : « Dans la volonté de puissance, la métaphysique de Nietzsche fait apparaître l'*avant*-dernière étape du processus par lequel l'étantité de l'étant exerce et déploie sa volonté comme volonté de volonté. Que la dernière étape ne soit pas encore parcourue s'explique par la prépondérance de la "psychologie", par les idées de puissance et de force, par l'enthousiasme pour la vie. C'est pourquoi manquent à cette pensée la rigueur et la netteté du concept aussi bien que la sérénité de la considération historique. L'"Histoire" domine, et aussi, par conséquent, l'apologétique et la polémique » (« Dépassement de la métaphysique », in *Essais et conférences, op. cit.*, p. 93). C'est précisément parce que Nietzsche lutte contre tout inconditionné métaphysique que cette dernière étape ne peut ni ne doit, en toute rigueur, être franchie.
53. « Absurdité de toute métaphysique dans la mesure où elle déduit le conditionné de l'inconditionné. Il appartient à la nature de la pensée qu'elle fait de l'inconditionné le *corollaire* du conditionné, qu'elle l'invente pour le lui adjoindre : de même qu'elle pense et invente le "je" pour l'adjoindre à la pluralité de ce qui l'a précédé » (FP IX, été 1883, 8[25]).

54. « Toute unité *n*'est unité *qu*'en tant qu'*organisation* et *jeu d'ensemble* : tout comme une communauté humaine est une unité, et pas autrement : donc le *contraire* de l'*anarchie* atomiste ; et donc une *formation de domination*, qui *signifie* l'Un, mais *n'est* pas une » (FP XII, automne 1885-automne 1886, 2[87]).

55. Cf. Müller-Lauter, *Physiologie de la volonté de puissance*, *op. cit.*, notamment la section « "Volonté de puissance" au singulier », p. 53 sq.

56. Cf., notamment, GM I, § 2 : « Le droit des maîtres de donner des noms va si loin qu'il serait permis de voir dans l'origine du langage même une manifestation de la puissance des maîtres : ils disent "telle chose *est* ceci et cela", et marquant d'un son toute chose et tout événement, ils se les approprient pour ainsi dire. »

57. Cf. FP XI, juin-juillet 1885, 36[28] : « En fait l'exposé morphologique, en supposant qu'il soit complet, n'*explique* pas, mais *décrit* un prodigieux état de fait. Comment un organe peut être utilisé à une fin quelconque, cela n'est pas expliqué. Admettre en ce domaine des causes finales, ce serait expliquer aussi peu en ces matières qu'en admettant des *causes efficientes*. Le concept de "cause" n'est qu'un moyen d'expression, rien *de plus* ; un moyen de définir. »

58. FP XIII, automne 1887, 9[91]. Notons que ce fragment posthume livre une critique du déterminisme, dont le mécanisme est l'une des formes.

59. Cf. FP XII, automne 1885-automne 1886, 2[148] : « La volonté de puissance *interprète* ; quand un organe prend forme, il s'agit d'une interprétation ; la volonté de puissance délimite, détermine des degrés, des disparités de puissance. De simples disparités de puissance resteraient incapables de se ressentir comme telles, il faut qu'existe un quelque chose qui veut croître, qui interprète par référence à sa valeur toute autre chose qui veut croître. *Par là* semblables. — En vérité, *l'interprétation est un moyen en elle-même de se rendre maître de quelque chose. (Le processus organique présuppose un perpétuel* INTERPRÉTER.) » En toute logique, la volonté de puissance n'est pas seulement une activité interprétative, son concept est lui-même une interprétation, il est pris dans des rapports de concurrence entre forces interprétatives pour la domination, cf. PBM, § 22.

60. Il faut noter que Nietzsche, de manière significative,

articule la critique de l'atomisme à celle du *cogito* cartésien : cf. PBM, § 17.

61. Cf., notamment, Philippe Granarolo, *L'individu éternel. L'expérience nietzschéenne de l'éternité*, Vrin, 1993, et notamment la conclusion : « Le "quantisme" nietzschéen », p. 165 sq.

62. Montebello, *op. cit.*, « L'être comme relation », p. 28 sq. Cf., par exemple, chez Nietzsche, le FP XIV, printemps 1888, 14[93].

63. Gilles Deleuze, *Nietzsche et la philosophie*, PUF, 1962, p. 7.

64. Cf. FP XIV, printemps 1888, 14[93], « *Volonté de puissance comme mode de connaissance.* / Critique de la notion de "monde vrai et monde apparent", le premier des deux est une simple fiction, constituée à partir de choses purement imaginaires / l'"apparence" fait elle-même partie de la réalité, elle est une forme de son être, c'est-à-dire que dans un monde où il n'existe pas d'"être", il faut que soit d'abord constitué par le "*paraître*" un certain monde rationnel de cas *identiques* : un "tempo" dans lequel observation et comparaison soient possibles, etc. / L'"apparence" est un monde arrangé et simplifié, auquel ont travaillé nos instincts *pratiques* : il *nous* convient particulièrement en effet, nous y *vivons*, nous pouvons y vivre : *preuve* de sa vérité pour nous... »

65. Cf. GS, § 333 : « Nous qui ne prenons conscience que des dernières scènes de conciliation, des derniers règlements de compte de ce long processus, nous pensons de ce fait qu'*intelligere* constituerait quelque chose de conciliant, de juste, de bien, quelque chose d'essentiellement opposé aux impulsions : alors qu'il ne s'agit que d'un *certain comportement des impulsions entre elles*. »

66. FP XI, juin-juillet 1885, 37[4].

67. Cf. GS, § 8.

68. *Ainsi parlait Zarathoustra*, « Des contempteurs du corps », trad. G.-A. Goldschmidt, Librairie générale française, 1983, p. 48-49.

69. Cf. VO, § 21, « L'homme, l'être qui mesure ».

70. Cf., notamment, PBM, § 230.

71. Cf., notamment, GS, § 11.

72. Cf., notamment, PBM, § 19.

73. Heidegger lui-même le sentait, lorsqu'il écrivait : « Et pourtant celui qui enseigne doit quelquefois parler fort. Voire

crier et encore crier, même quand il s'agit d'enseigner une chose aussi silencieuse que la pensée. Nietzsche, un des hommes les plus tranquilles et les plus portés à la timidité, connaissait cette nécessité. Il a goûté toute la souffrance d'être obligé de crier » (in *Qu'appelle-t-on penser ?* [1951], PUF, 1959).

74. Cf. A, § 23 : « Parce que le sentiment d'impuissance et de peur a été si longtemps et si violemment excité presque en permanence, le sentiment de puissance s'est développé avec une telle *finesse* que l'homme peut maintenant le peser au plus délicat trébuchet. Il est devenu le plus fort des penchants humains ; mes moyens découverts pour y atteindre constituent presque l'histoire de la culture. » Et aussi, A, § 189.

75. Cf. A, § 60 (à propos du haut clergé catholique, où l'on trouve « les figures les plus raffinées de la société humaine ») : « Là le visage humain s'empreint de cette spiritualité que produisent le flux et le reflux constants des deux sortes de bonheur (le sentiment de puissance et le sentiment de soumission) une fois qu'un style de vie très concerté a dompté en l'homme l'animal. »

76. Cf. A, § 18.

77. Foucault, « Structuralisme et poststructuralisme », in *Dits et écrits, II, op. cit.*, p. 1250-1276. Voir, à ce sujet, l'analyse de Francesco Paolo Adorno, « La tâche de l'intellectuel », in *Foucault. Le courage de la vérité*, coordonné par Frédéric Gros, PUF, 2002, p. 35-59.

78. « Structuralisme et poststructuralisme », *op. cit.*, p. 1268.

79. Cf. Vincent Descombes, *Philosophie par gros temps*, Éditions de Minuit, 1989, p. 43 : « On respectera le soulèvement d'une "singularité" quelle qu'elle soit, donc sans tenir compte du droit des autres "singularités" à l'intérieur de l'ensemble au sein duquel les droits sont distribués, car l'"universel" qu'on pourrait opposer à cette singularité serait toujours la mensongère "grande nécessité" de l'ensemble. Il n'y a pas lieu de se demander si certains soulèvements "singuliers" ne seraient pas abusifs. La singularité (terme d'une rare abstraction) a toujours raison de se révolter, non qu'elle ait besoin d'une raison quelconque, mais parce qu'on sait d'avance que l'universel qui lui est opposé est faux » (cité d'après F. P. Adorno, « la tâche de l'intellectuel », *op. cit.*, p. 45).

80. GM, I, § 17.

81. Foucault, « Les techniques de soi » [1982], in *Dits et écrits*, *II*, *op. cit.*, p. 1604.
82. Ce qui ne veut pas dire que nous puissions en percevoir et connaître chaque degré. Cette restriction épistémologique commence chez Nietzsche avec l'idée que l'homme est une certaine échelle de perception (une perspective qui l'emprisonne) et qu'en théorie toute autre échelle de perception, à l'infini dans les deux sens, serait possible. Cf. A, § 118. Il faudrait toutefois pouvoir nuancer cette image des « deux infinis » : si Nietzsche évoque souvent la possibilité d'imaginer une régression infinitésimale (contre l'atomisme), il récuse à plusieurs reprises celle de l'infiniment grand, en vertu de la contradiction entre des quanta déterminés de forces et leur extension infinie : « C'est uniquement lorsqu'on fait l'hypothèse erronée d'un espace infini, où la force en quelque sorte se volatilise, que l'état ultime est *improductif*, *mort* » (FP juillet-août 1882, 1[27]). La double impossibilité d'un espace infini et d'un état ultime comptera parmi les arguments en faveur de l'Éternel Retour.
83. Cf. *supra* : « En étudiant la rationalité des dominations, j'essaie d'établir des interconnexions qui ne sont pas des isomorphismes. »
84. Le travail de l'instinct de connaissance, dans le petit texte *Vérité et mensonge au sens extra-moral*, est décrit par Nietzsche au moyen des métaphores architecturales de la pyramide ou de la tour qu'on *élève*.
85. Cf. FP V, printemps-automne 1881, 11[316].
86. FP XIV, printemps 1888, 15[8].
87. FP V, printemps-automne 1881, 11[222].
88. *In* « Nietzsche, la généalogie, l'histoire », *op. cit.*, p. 1004.
89. A, avant-propos, § 1.
90. Ces « montées » et « descentes » de la démarche nietzschéenne correspondent à ce que nous avons appelé plus haut la nécessaire « mobilité herméneutique » de l'interprétation.
91. GS, § 347.
92. VO, § 275.

VI. Les « idées modernes »

1. Pierre Bourdieu, *La distinction. Critique sociale du jugement*, Éditions de Minuit, 1979, p. 267.

2. On pense à la belle définition hégélienne de l'opinion, rappelée par Deleuze (cf. note *infra*), comme vérité partielle qu'accompagne le sentiment de l'absolu (notamment dans *Différence entre les systèmes de Fichte et de Schelling*).

3. Cf., en particulier, EH, « pourquoi je suis si sage », § 8.

4. Cf. Deleuze, *Différence et répétition*, PUF, 1968, p. 289-291, et *Logique du sens*, Éditions de Minuit, 1969, p. 92 sq.

5. Nietzsche, *Sämtliche Briefe*, Vol. 7, lettre à Burckhardt du 22 septembre 1886, p. 254. Nous traduisons et soulignons.

6. Cf. EH, « Par-delà bien et mal », § 1.

7. FP IX, automne 1883, 16[51].

8. Deux développements explicites de ce qu'entend Nietzsche par « grande politique » se trouvent dans le FP de décembre 1888-début janvier 1889 1[25] et dans un brouillon de lettre à Georg Brandes de la même époque (OPC XIV, p. 407-408).

9. Cf. Rancière, *La haine de la démocratie*, La Fabrique Éditions, 2005, dont le projet est de « nous aider à comprendre positivement le scandale porté par le mot de démocratie et à retrouver le tranchant de son idée » (p. 10).

10. Cf. GS, § 344. Sur ce paragraphe, cf. l'article de H. Birault, « En quoi, nous aussi, nous sommes encore pieux », in *Revue de métaphysique et de morale*, 1962, p. 25-64, repris in *Lectures de Nietzsche, op. cit.*, p. 409-467.

11. Même la lettre de décembre 1888 à Brandes sur la grande politique tente encore d'articuler la *vita contemplativa* et la *vita activa* : « Et pourtant, il souffle sur tout cela un calme et une hauteur grandioses. »

12. Cf. A, § 119. Le paragraphe, intitulé *Erleben und erdichten*, assimile « expérimenter et imaginer », ou, plus littéralement traduit : vivre quelque chose et le fabuler, ou le poétiser.

13. PBM, préface.

14. Nous citons dès à présent trois articles importants sur le rapport de la politique de Nietzsche à celle de Platon, et qui ont nourri les pages qui suivent. Il s'agit de : Y. Constantinidès, « Nietzsche législateur. Grande politique et réforme du monde », in *Lectures de Nietzsche, op. cit.*, p. 208-282 ; Y. Couture, « L'homme moderne selon Nietzsche et l'âme démocratique selon Platon », in *Repenser l'anthropologie politique de la démocratie*, 10e congrès de l'AFSP, Grenoble, 2009 ;

M. Dixsaut, « Platon, Nietzsche et les images », in *Giornale critico della filosofia italiana*, 2005, repris dans le volume collectif *Puissances de l'image*, Éditions universitaires de Dijon, février 2007, p. 11-24.

15. HTH, § 637.
16. HTH, § 483.
17. VO, § 145.
18. *Timée*, 51e-52 c, trad. Luc Brisson, in Platon, *Œuvres complètes*, Flammarion, 2008, p. 1974-1975.
19. Cf. HTH, § 635 : « À y regarder de plus près, on s'aperçoit même que la grande majorité des gens cultivés demande encore au penseur des convictions et rien que des convictions, et que seule une infime minorité veut une *certitude*. Les premiers se veulent entraînés avec force, afin d'y puiser eux-mêmes un surcroît d'énergie ; ces quelques autres y apportent un intérêt objectif qui fait abstraction des avantages personnels, y compris celui d'un tel surcroît d'énergie. C'est sur la première catégorie, largement prédominante, que l'on compte partout où le penseur se prend et se donne pour un *génie*, tranche donc avec l'arrogance d'un être supérieur auquel l'autorité revient de droit. Dans la mesure où le génie de cette espèce entretient le feu des convictions et suscite la méfiance envers l'esprit prudent et modeste de la science, il est un ennemi de la vérité, quand bien même il s'en croirait tant et plus l'amant. »
20. *In* « Platon, Nietzsche et les images », art. cit., p. 14.
21. *Gorgias*, 486e, *op. cit.*, p. 462.
22. HTH, § 634.
23. HTH, § 636.
24. Cf. *Ménon*, 98a-b.
25. HTH, § 637.
26. Cf. AC, § 54.
27. On comprend ainsi le statut ambigu de l'image chez Platon et chez Nietzsche, tel que l'a éclairé Monique Dixsaut (*op. cit.*) : leur scepticisme les oblige à se méfier des « images et comparaisons », et tous deux font pourtant, plus que tout autre philosophe, usage de métaphores, de mythes ou de paraboles ; c'est que les images de la pensée doivent détruire les idoles de la *doxa*, dans un changement radical de perspective. Seule la pensée est capable de se tourner vers l'avenir, et de *créer* les images de ce qui, dans la bigarrure absurde de nos idoles présentes, n'est pas encore visible mais doit le deve-

nir : la « cité idéale » ou la « culture supérieure ». Si Platon entend expulser les artistes de la cité, si Nietzsche stigmatise Wagner et les romantiques, c'est que l'art du présent est toujours un art idolâtre. L'artiste de l'avenir, celui de la pensée, c'est le philosophe : pour Platon, *Les Lois* sont la plus belle tragédie (cf. 817b), et les vrais bacchants sont les philosophes (cf. *Phédon*, 69b). Nietzsche a repéré cette ivresse dionysiaque chez Platon (cf. A, § 544). La pensée surabonde, elle a besoin de tous les styles et de toutes les perspectives (cf. A, § 43, et EH, « Pourquoi j'écris de si bons livres », § 4 ; mais aussi, chez Platon, *Lettre VII*, 344b). Nietzsche ne condamne pas la métaphore, mais pas non plus, comme on le croit souvent, le concept : dans *Vérité et mensonge au sens extra-moral*, il en appelle plutôt à des « métaphores interdites et enchaînements conceptuels inouïs », afin de « répondre de façon créatrice à l'impression que fait la puissance de l'intuition présente, au moins par dérision et par la destruction des vieilles barrières conceptuelles » (VM, § 2, *in* OPC I**, p. 289). Il ne faut pas galvauder la trop célèbre définition deleuzienne de la philosophie comme *création* de concepts : elle engage profondément la nécessaire rébellion antidoxique de l'activité philosophique et sa puissance d'avenir.

28. Cf. FP 7[156], fin 1870-avril 1871, et le commentaire de Michel Haar, in *Nietzsche et la métaphysique*, chap. 3, « Le renversement du platonisme et la nouvelle signification de l'apparence », Gallimard, « Tel », 1993, p. 79 sq.

29. Cf. ce qu'écrit Monique Dixsaut : « Renverser le platonisme, ce n'est évidemment pas effacer ce que Platon a fait advenir, nier *son* idéal au profit de *son* "réel". L'inversion n'a rien de symétrique : il ne suffit pas d'opposer à l'essence la vie et le devenir, l'incessante création et destruction des figures et des formes, pour retourner le platonisme. Car ce qu'on aurait alors, ce serait le platonisme renversant le platonisme, un renversement dialectique, en gros la *Science de la logique* de Hegel. Dans le cas de Platon comme dans celui de Nietzsche, c'est l'*éloignement* qui *produit la valeur et invente un nouveau but*. En se détachant (du devenir), Platon, d'un même mouvement, dévalorise ce qu'il quitte (l'apparence) et valorise ce vers quoi il dit aller (l'étant vrai). C'est en cela qu'il ment, puisqu'il ne va vers *rien d'existant*. Il ne ment pas en ce qu'il valorise sa propre puissance d'arrachement mais en ce qu'il

se croit tenu de la justifier en la présentant comme un élan vers des valeurs préexistantes. Ce faisant, il oublie ou veut faire oublier que c'est lui les pose. Est mensongère sa volonté de dissimuler l'origine, de cacher qu'idées et valeurs sont le résultat de la vision, de l'instinct et de la volonté d'un homme seul » (« Nietzsche lecteur de Platon », in *Images de Platon et lectures de ses œuvres*, éd. Ada Neschke-Hentschke, Éditions Peeters, Louvain-Paris, 1997, p. 312.

30. « L'État chez les Grecs » (1872), in *Cinq préfaces à cinq livres qui n'ont pas été écrits*, OPC I**, p. 186-187.

31. Cf. Jean-François Pradeau, *Platon et la cité*, « La psychologie politique de la *République* », p. 61 sq.

32. Cf. APZ, II, « De la rédemption », et pour les citations suivantes.

33. *Ibid.*

34. Cf., par exemple, A, § 203, où l'argent est comparé à un festin indigeste, et § 204 : « Les moyens qu'utilise le désir de puissance ont changé mais le même volcan brûle toujours, l'impatience et l'amour démesuré réclament leurs victimes : et ce que l'on faisait autrefois "pour l'amour de Dieu", on le fait aujourd'hui pour l'amour de l'argent, c'est-à-dire pour l'amour de ce qui procure *aujourd'hui* le mieux le sentiment de puissance et la bonne conscience. »

35. Cf. APZ, première partie, « De la prodigue vertu ».

36. Cf. APZ, troisième partie, « De la rapetissante vertu » : « Que signifient ces maisons ? » demande Zarathoustra revenu sur la terre ferme.

37. « Ô honteuse origine ! » L'expression se rencontre à plusieurs reprise chez Nietzsche, notamment dans *Aurore* (§§ 42 et 102).

38. *République*, VII, 561c-d.

39. Sur la victoire de l'âme démocratique sur l'âme oligarchique chez le jeune homme mal éduqué, cf. *République*, VII, 559d-561b, un passage très « nietzschéen ».

40. *République*, VII, 557c.

41. Cf., par exemple, GS, § 111.

42. PBM, § 200.

43. Pour une étude détaillée de la connaissance et de l'interprétation qu'avait Nietzsche des théories politiques de son époque, cf. Henning Ottmann, *Philosophie und Politik bei Nietzsche*, de Gruyter, 1999.

44. PBM, § 44.

45. Cf. PBM, § 202 : « Nous savons combien il est pénible de voir ranger les hommes sans façons et sans périphrases, au nombre des animaux ; mais on ne sera pas loin de nous imputer à crime d'appliquer précisément aux tenants des "idées modernes" les termes de "troupeau", d'"instinct grégaire" et autres du même genre. Mais quoi, nous ne pouvons faire autrement, car c'est là qu'apparaît la nouveauté de nos vues. »

46. Cf., en particulier, A, § 9, « Concept de la moralité des mœurs », et FP 1[107], début 1880.

47. PBM, § 201. Cf. également l'ensemble de la séquence des §§ 199-202.

48. Sur l'indifférenciation entre pasteur et troupeau, voir ce que dit Zarathoustra : « Qui encore veut commander ? Qui encore obéir ? Les deux sont trop pénibles. Pas de pasteur, un seul troupeau ! Chacun veut même chose, tous sont égaux ! » (Prologue, § 5) ; « Empressés et criant, sur leur passerelle ils poussaient leur troupeau, comme si vers l'avenir il y eût une seule passerelle ! En vérité, même ces pasteurs n'étaient encore que des ouailles » (deuxième partie, « Des prêtres »).

49. PBM, § 202.

50. *Le Politique.*, 307e sq.

51. Cf. AC, § 53.

52. APZ, II, « Des prêtres ».

53. EH, « Généalogie de la morale ». Sur la psychologie du prêtre, on se reportera aux analyses lumineuses de Deleuze dans *Nietzsche et la philosophie*, chap. IV, « Du ressentiment à la mauvaise conscience ».

54. Sur Nietzsche et le darwinisme, cf. *infra.*, troisième partie, chapitre 2.

55. OPC XIV, FP 14[5], printemps 1888.

56. GS, § 358, et pour les citations suivantes. Sur la fascination de Nietzsche pour le catholicisme, cf. Angelika Schober, « Nietzsche, fasciné par le catholicisme ? », in *Nietzsche et les hiérarchies*, dir. Stamatios Tzitzis, L'Harmattan, 2008.

57. Notons que l'avènement du troupeau autonome peut être lu comme une autre version de « Dieu est mort ». La première annonce de la mort de Dieu, qu'on trouve au § 125 du *Gai Savoir*, est faite par un insensé sur la place du marché (un *forum* ?). Nous avons tué Dieu, et sommes désormais un troupeau sans pasteur. Mais toujours un troupeau ; celui qui

entrevoit déjà la grandeur de cette action, et la possibilité d'un avenir supérieur (« ne nous faut-il pas devenir des dieux nous-mêmes pour paraître dignes de cette action ? »), passe encore pour un fou, parce qu'il vient trop tôt. Le « désenchantement du monde » comprend en lui-même l'ouverture indéterminée à deux possibilités : le troupeau autonome des derniers hommes, ou le nouveau pastorat d'une humanité supérieure.

58. Cf. GS, § 358 : « Une Église est avant tout une structure de domination qui assure à l'homme *plus spirituel* le rang suprême et qui *croit* à la puissance de la spiritualité, afin de s'interdire tout recours à des moyens de violence plus grossiers. »

59. Cf. A, § 88.

60. APZ, Prologue, § 5.

61. FP 10[82], automne 1887.

62. Ce *quantum* de puissance, Nietzsche l'appelle ici la *personne* ; la personne s'oppose au particulier comme l'individu (individu complet ou *individuum*) s'oppose au sujet.

63. Cf. GM, deuxième dissertation, § 18 : « *Instinct de liberté* (ou, pour le dire dans mon langage : la volonté de puissance). »

64. Malgré de très rares mentions, Nietzsche est vraisemblablement entré en contact assez tôt avec la pensée de Tocqueville, grâce à son maître Burckhardt, qui avait lui-même tiré de profondes leçons de l'historien français. Une courte notation d'avril-juin 1885 (FP 34[69]) trahit son admiration, et une lettre à Overbeck (23 février 1887) indique qu'il consacre encore, à cette époque, des lectures à « l'école de Tocqueville ». Les affinités entre les deux penseurs ont souvent été relevées. Cf., notamment, David A. Eisenberg, *The Disparity Between Man and Man : Nietzsche, Tocqueville and the Democratization of Humanity* (thèse de doctorat), The Claremont Graduate University, 2011 ; Brigitte Krulic, *Nietzsche penseur de la hiérarchie : pour une lecture « tocquevillienne » de Nietzsche*, L'Harmattan, 2002 ; Joshua Mitchell, *The Fragility of Democracy. Tocqueville on Religion, Democracy, and the American Future*, The University of Chicago Press, 1995 ; Paul Petrequin, *Friedrich Nietzsche and Alexis de Tocqueville on the possibility of History*, University of California, Santa Cruz, 1997.

65. Article publié en introduction au premier volume de *L'Ancien Régime et la Révolution, in* Alexis de Tocqueville, *Œuvres complètes*, II, 1, Gallimard, 1952, p. 62-63.

66. Cf. Pierre Manent, *Tocqueville et la nature de la démocratie*, Gallimard, 2006, chapitre II, « Démocratie et aristocratie », p. 29 sq.

67. Cf. Jacob Burckhardt, *Considérations sur l'histoire universelle* [posth., 1905] : « Il se crée, à un moment donné, une grande puissance historique entièrement justifiée par les circonstances ; toutes sortes de formes d'existence en découlent : des constitutions, des classes favorisées, une religion intimement mêlée aux conditions du siècle, tout un système de propriétés, de mœurs sociales achevées, une certaine conception juridique. Toutes ces formes sont liées à la puissance historique dont elles s'imaginent avec le temps être les seuls supports. Mais l'esprit, ce fouilleur, s'y attaque et les mine. Ces formes de vie se refusent, bien entendu, à tout changement ; mais un jour, par révolution ou lente décomposition, les morales et les religions finissent par s'écrouler et leur chute fait croire à leur fin et même à la fin du monde. Pendant ce temps, l'esprit a enfanté une construction nouvelle dont l'appareil tangible devra subir, à son tour, le même sort » (trad. S. Stelling-Michaud, Éditions Allia, 2001, p. 12).

68. *Ibid.*

69. Cf. Eugen Dühring, *Der Werth des Lebens*, Breslau, 1865, lu et commenté par Nietzsche durant l'été 1875, et *Cursus der Philosophie als streng wissenschaftlicher Weltanschauung und Lebensgestaltung*, Leipzig, 1875, que Nietzsche s'est procuré dès sa parution. Pour l'influence des théories contemporaines de l'échange et de l'équilibre, et plus particulièrement pour l'influence de Dühring sur la théorie nietzschéenne du droit, cf. Ottmann, *op. cit.*, p. 220 sq., Gerhardt, « Das Prinzip des Gleichgewichts — Zum Verhältnis von Recht und Macht bei Nietzsche », in *Nietzsche-Studien* 12 (1983), p. 111 sq.

70. « Si donc la nature a fait les humains égaux, cette égalité doit être reconnue ; ou bien si elle les a faits inégaux, puisque ceux *qui pensent qu'ils sont égaux* [nous soulignons] n'institueront pas un état de paix, sauf en termes égaux, une telle égalité doit être admise » (Hobbes, *Léviathan*, chap. 15, trad. G. Mairet, Gallimard, 2000, p. 261-262).

71. HTH, § 92 : « La justice se ramène naturellement au point de vue d'un instinct de conservation bien entendu, c'est-à-dire à l'égoïsme de cette réflexion : "À quoi bon irais-je

me nuire inutilement et peut-être manquer néanmoins mon but ? » »

72. HTH, § 93, « le droit du plus faible ».

73. Cf. VO, § 31 : « Il n'existe ni droit naturel, ni injustice naturelle » (*Es gibt weder ein Naturrecht noch ein Naturunrecht*).

74. *Ibid.*

75. Cf. GM, II, § 1 : « Élever un animal qui *puisse promettre*, n'est-ce pas là cette tâche paradoxale que la nature s'est donnée à propos de l'homme ? »

76. « Comment est *né* l'esclave, taupe aveugle de la civilisation ? Les Grecs nous l'ont révélé à travers l'instinct qu'ils avaient du droit des gens qui même à l'apogée de leur moralité et de leur humanité n'a pas cessé de proclamer de sa voix d'airain des maximes comme celles-ci : "Au vainqueur appartient le vaincu avec femme et enfant, corps et bien", "La force donne le premier *droit*" et "Il n'y a pas de droit qui, en son principe, ne soit abus, usurpation, violence". »

77. *L'État chez les Grecs*, in OPC I**, p. 181.

78. La fameuse question « qui ? », si typique de la méthode nietzschéenne, articule la typologie et la nécessité de points de vue multiples. La question « qui veut se venger ? » permet ainsi de distinguer des types de vengeance, qui n'ont en commun presque que le nom, ce qui oblige à différencier la notion même de compensation : cf. VO, § 33.

79. Cf. la célèbre analyse de Deleuze à propos de la dialectique hégélienne du maître et de l'esclave : « Aussi bien, ce n'est pas la relation du maître et de l'esclave qui, en elle-même, est dialectique. Qui est dialecticien, qui dialectise la relation ? C'est l'esclave, le point de vue de l'esclave, la pensée du point de vue de l'esclave. L'aspect dialectique célèbre de la relation maître-esclave, en effet, dépend de ceci : que la puissance y est conçue, non pas comme volonté de puissance, mais comme représentation de la puissance, comme représentation de la supériorité, comme reconnaissance par "l'un" de la supériorité de "l'autre". Ce que les volontés veulent chez Hegel, c'est faire *reconnaître* leur puissance, *représenter* leur puissance. Or, selon Nietzsche, il y a là une conception totalement erronée de la volonté de puissance et de sa nature. Une telle conception est celle de l'esclave, elle est l'image que l'homme du ressentiment se fait de la puissance. *C'est l'esclave*

qui ne conçoit la puissance que comme objet d'une recognition, matière d'une représentation, enjeu d'une compétition, et donc qui la fait dépendre, à l'issue d'un combat, d'une simple attribution de valeurs établies » (*Nietzsche et la philosophie*, op. cit., p. 11).

80. Cf. GM, II, § 11, et pour les citations suivantes.

81. L'hypothèse selon laquelle le maître possède « la clarté, l'objectivité aussi profonde qu'indulgente du regard juste » fait problème, en vertu de la nature fondamentalement *grégaire* de la conscience et de la connaissance humaines. Cf. GS, § 354 : « La conscience n'appartient pas au fond à l'existence individuelle de l'homme, bien plutôt à tout ce qui fait de lui une nature communautaire et grégaire », et « Le monde dont nous pouvons devenir conscients n'est qu'un monde superficiel, un monde de signes, un monde généralisé, vulgarisé que tout ce qui devient conscient s'en trouve du même coup plat, amenuisé, réduit, jusqu'à la stupidité du stéréotype grégaire ». L'homme n'existe pas encore *individuellement*, et si l'individu complet advient, il sera vraisemblablement plus qu'humain.

82. GM, II, § 2.

83. « Voilà pour l'*origine* de la justice. Mais du fait que les hommes, conformément à leurs habitudes intellectuelles, ont *oublié* le but premier des actes dits de justice et d'équité, et notamment que l'on a pendant des siècles dressé les enfants à admirer et imiter ces actes, il s'est peu à peu formé l'illusion qu'une action juste est une action désintéressée ; et c'est sur cette illusion que repose la grande valeur accordée à ces actions, valeur qui, comme toutes les autres, ne fait encore que s'accroître continuellement » (HTH, § 92).

84. GM, II, § 11.

85. Aux « droits de l'homme », Deleuze oppose la jurisprudence, qui pose la question : comment fait-on, à partir d'une situation intolérable donnée, pour que cela n'arrive plus ? (Cf. *L'Abécédaire de Gilles Deleuze*, G comme Gauche, avec Claire Parnet, Éditions Montparnasse, 1996.)

86. S'il y a bien pour Nietzsche une finalité de l'homme, elle ne suit pas une loi d'évolution historique ou biologique de l'espèce ni un processus d'universalisation du type. Le hasard qui fait advenir des exemplaires de type supérieur du point de vue de la vie, dispersés dans le temps et dans l'espace, montre *l'exemple* du type qu'on peut vouloir. C'est une

décision éthique qui doit réaliser ce qu'aucun déterminisme, aucune téléologie ne peut promettre : « Il est somme toute aisé de comprendre que le but du développement d'une espèce réside là où elle parvient à sa limite et se transforme en une espèce supérieure, et non dans la masse des exemplaires et leur prospérité ou même dans les exemplaires qui se trouvent selon la chronologie être les tout derniers, que ce but est bien plutôt dans les existences apparemment dispersées et contingentes qui surgissent ici et là lors de circonstances favorables » (CI III, § 6) ; « Je distingue un type de la vie montante et un autre du déclin, de la faiblesse. Croirait-on que cette question de la hiérarchie entre les deux types, il faille encore la poser ? Ce type plus fort a déjà souvent existé mais à titre de hasard heureux, à titre d'exception, jamais parce que voulu » (CId, « Incursions d'un "inactuel" », § 14).

87. Cf. FP 9[86], automne 1887 : « *naturalisme moralisateur* : ramener la valeur morale, apparemment émancipée, surnaturelle, à sa "nature" : c'est-à-dire à son *immoralité naturelle*, à l'"utilité" naturelle, etc. (...) ma tâche est de retraduire les valeurs morales apparemment émancipées et *dé-naturées* dans leur nature propre — c'est-à-dire dans leur "immoralité" naturelle. Cf. aussi le chapitre « La morale, une antinature », dans *Crépuscule des idoles*.

88. Cf. GM, III, § 25 : « Non ! qu'on ne vienne pas me parler de la science quand je cherche l'antagoniste naturel de l'idéal ascétique, quand je demande : "où est la volonté adverse qui exprime un idéal adverse ?" Il s'en faut de beaucoup que la science soit assez autonome pour cela, elle-même a besoin en tout état de cause d'un idéal de la valeur, d'une puissance créatrice de valeur, au *service* de laquelle elle *puisse croire* en elle-même — elle n'est jamais elle-même créatrice de valeur. »

89. A, § 60.

90. Cf. A, § 38, « Les instincts transformés par les jugements moraux », et § 455, « La première nature », mais aussi, déjà, CI II, fin du § 3. Loin d'être un biologisme, ni *a fortiori* un racialisme, le naturalisme de Nietzsche est *pascalien*. Cf. Pascal : « Qu'est-ce que nos principes naturels, sinon nos principes accoutumés ? Et dans les enfants, ceux qu'ils ont reçus de la coutume de leurs pères, comme la chasse dans les animaux ? Une différente coutume nous donnera d'autres principes naturels, cela se voit par expérience ; et s'il y en

a d'ineffaçables à la coutume, il y en a aussi de la coutume contre la nature, ineffaçables à la nature, et à une seconde coutume. Cela dépend de la disposition. Les pères craignent que l'amour naturel des enfants ne s'efface. Quelle est donc cette nature, sujette à être effacée ? La coutume est une seconde nature qui détruit la première. Mais qu'est-ce que nature ? Pourquoi la coutume n'est-elle pas naturelle ? J'ai grand-peur que cette nature ne soit elle-même qu'une première coutume, comme la coutume est une seconde nature » (in *Pensées*, fragments n° 92 et 93 de l'éd. Brunschwig).

91. APZ, II, « Des tarentules ».

92. Lettre du 31 mai 1888 à Peter Gast : « Je dois à ces dernières semaines un *enseignement* essentiel : j'ai trouvé dans une traduction française le livre des Lois de Manou, qui a été fait en Inde, sous le rigoureux contrôle des prêtres et des érudits les plus haut placés eux-mêmes. Ce produit absolument aryen, un code sacerdotal de morale sur la base des Védas, de l'idée de castes, et de tradition ancestrale — non pessimiste quoique très sacerdotal — complète mes idées sur la religion de la manière la plus remarquable. J'avoue avoir l'impression que tout le reste de ce que nous avons en termes de grandes législations morales semble en être l'imitation, voire la caricature : avant tout l'égypticisme ; mais même Platon me semble avoir été simplement *bien instruit* par les brahmanes sur tous les points principaux. Les Juifs apparaissent de ce fait comme une race de tchandalas qui apprend de ses *maîtres* les principes par lesquels un *ordre sacerdotal* devient le maître et organise un peuple... Les Chinois semblent aussi avoir engendré leur Confucius et leur Lao-Tseu sous l'influence de cet *ancestral code classique*. L'organisation médiévale ressemble à un étrange tâtonnement pour retrouver les conceptions sur lesquelles repose l'ancestrale société indo-aryenne — mais avec des valeurs *pessimistes* qui prennent leur origine sur le sol de la décadence des races. — Les *Juifs* semblent là aussi de simples "médiateurs" — ils n'inventent rien » in *Sämtliche Briefe*, *op. cit.*, vol. 8, p. 325. (Nous traduisons.)

93. Cf. CId, les cinq paragraphes constituant le chapitre intitulé « Ceux qui veulent amender l'humanité », et pour les citations suivantes.

94. Rappelons que les Lois de Manou distinguent quatre castes : les *Brahmanes* (prêtres et clercs enseignants, dont les

vertus sont la foi, l'éducation et l'érudition) ; les *Kshatriyas* (guerriers, rois et administrateurs, distingués par leur courage, leur fidélité et leur détermination) ; les *Vaishyas* (paysans, commerçants et artisans, dont les vertus sont l'honnêteté, le dévouement et le refus de l'usure) ; enfin les *Shudras* (serviteurs et domestiques, caractérisés par leur zèle — une vertu, dit le texte, hautement respectée par les trois autres castes).

95. CId, « Ceux qui veulent "amender" l'humanité », § 5. Les §§ 55 à 57 de *L'Antéchrist* reviendront sur le « saint mensonge » des prêtres, Platon compris. (Trad. modifiée.)

96. Cf. A, § 49, qui anticipe de manière remarquable les images du dernier homme et du fossoyeur présentes dans *Zarathoustra* : « *Le nouveau sentiment fondamental : notre caractère définitivement éphémère* — Autrefois on cherchait à se donner le sentiment de la magnificence de l'homme en invoquant sa *provenance* divine : c'est devenu aujourd'hui une voie interdite, car sur le seuil se dresse le singe, entouré d'un bestiaire à faire peur : compréhensif, il grince des dents comme pour dire : vous n'irez pas plus loin dans cette direction ! On fait donc maintenant des tentatives en direction opposée : le chemin où s'*engage* l'humanité doit servir à prouver sa magnificence et sa parenté divine. Hélas, cela ne donne rien non plus ! Au bout de cette route se dresse l'urne funéraire du *dernier* homme et du fossoyeur (portant l'inscription : *nihil humani a me alienum puto*). Si haut qu'ait bien pu se développer l'humanité — et peut-être se retrouvera-t-elle à la fin plus bas qu'au commencement ! — il n'y a pas pour elle d'accès à un ordre supérieur, pas plus que la fourmi et le perce-oreille ne s'élèvent, au terme de leur "carrière terrestre", à la parenté divine et à l'éternité. Le devenir traîne à sa suite l'avoir été : pourquoi ferait-il dans ce spectacle éternel une exception en faveur d'une petite étoile quelconque, et ensuite d'une petite espèce qui l'habite ! Assez de ce genre de sentimentalité ! » (Trad. modifiée.)

97. Cf. AC, §§ 55-57, et pour les citations suivantes.

98. AC, § 57.

99. Pour une anthologie édifiante de ces passages, et leur recontextualisation dans « l'histoire de l'eugénisme et de l'idéologie coloniale » de l'époque, cf. Domenico Losurdo, *Nietzsche, philosophe réactionnaire. Pour une biographie politique*, trad. fr. aux Éditions Delga, 2007. (Le titre original

italien, moins offensif, explicite mieux ce dont il est véritablement question : *Nietzsche e la critica della modernità*, 1997.) Si le portrait est à charge, Losurdo a soin cependant de prendre acte de cette tension entre ce qu'il repère chez Nietzsche d'une idéologie réactionnaire alors en vigueur et la singularité de la dynamique émancipatoire qui la traverse. Toute la question reste de savoir quel vecteur fait exploser l'autre.

100. CId, « Incursions d'un "inactuel" », § 40.

101. Cf. *ibid.*, § 41 : « Aujourd'hui, pour rendre l'individu possible (et, par possible, j'entends *entier*...), il faudrait d'abord le *rogner*. Or, c'est tout le contraire qui se produit. »

102. HTH, § 457, « Esclaves et ouvriers ».

103. Cf. Pierre Rosanvallon, *La société des égaux*, Éditions du Seuil, 2011, notamment p. 118 sq. L'auteur cite, par exemple, Lamennais (*Le Livre du peuple*, 1838) : « Mieux eût valu pour lui [le travailleur moderne] un complet esclavage. Car le maître au moins nourrit, loge, vêt son esclave, le soigne dans ses maladies, à cause de l'intérêt qu'il a de le conserver. Mais celui qui n'appartient à personne, on s'en sert pendant qu'il y a quelque profit à en tirer, puis on le laisse là. »

104. Cf., par exemple, GS, § 40, « Du manque de forme distinguée ».

105. HTH, § 452, « Possession et justice ». La morbide complicité que Nietzsche repère entre le prolétariat et la bourgeoisie, il la retrouve de manière parallèle entre l'idéologie socialiste et le « despotisme césarien » de l'État-nation moderne : cf. HTH, § 473.

106. FP 10[17], automne 1887. (Trad. modifiée.)

107. Cf. VO, § 198.

108. Cf. APZ, prologue, § 3.

109. Comme le fait, par exemple, Brigitte Krulic, « à la lumière des travaux de Louis Dumont » : cf. « Nietzsche et la critique de la modernité démocratique », in *Archives de philosophie* 2001/2, vol. 64, p. 301-321.

110. Le terme *vornehm*, qui n'est ni *aristokratisch* ni *edel*, contient en lui-même la possibilité du glissement, parce qu'il renvoie à une distinction ou à une excellence comme manière d'être, et non pas seulement à un statut social. Cf. Goethe : « *Der edle Mensch kann sich in Momenten vernachlässigen, der vornehme nie* » [L'être noble peut se laisser aller par moments, l'être distingué, jamais], in *Wilhelm Meisters Lehrjahre*, V, 16.

111. Cf. FP 15[120], printemps 1888.
112. PBM, § 61.
113. APZ, II, « L'heure la plus silencieuse ». (Trad. modifiée.)
114. Cf. APZ, prologue, § 4 : « J'aime tous ceux qui sont comme de lourdes gouttes tombant, une à une, du nuage sombre suspendu au-dessus des humains : ils annoncent la venue de la foudre et périssent, annonciateurs. Voyez, je suis un annonciateur de la foudre et une lourde goutte est tombée du nuage : cette foudre a pour nom le surhumain. »
115. *Ibid.*
116. *Éthique*, V, prop. XXIII, scolie.

TROISIÈME PARTIE

ÉTERNITÉ

1. A, § 541.

VII. *L'éternel dernier homme*

1. FP 4[163], novembre 1882-février 1883.
2. APZ, prologue, § 3.
3. *Ibid.*, § 5.
4. APZ, IV, « Le signe ».
5. Cf. FP 4[171], novembre 1882-février 1883 : « Le contraire du *surhomme*, c'est le *dernier homme* : je l'ai créé en même temps que l'autre. »
6. FP 4[167], novembre 1882-février 1883.
7. En revanche, on voit bien dans *Zarathoustra* qu'il peut haïr.
8. UI, § 6, p. 134.
9. Za, prologue, § 4.
10. Sur saint Paul, cf., notamment, A, § 68, et AC, § 58. Sur le malentendu chrétien au sujet de la Crucifixion, cf. AC, § 40.
11. Cf. la lettre de Nietzsche à son éditeur Schmeitzner, datée du 13 février 1883 : « J'ai aujourd'hui une bonne nouvelle à vous annoncer : j'ai fait un pas *décisif* — et je pense accessoirement que c'en est un qui peut vous être utile. Il s'agit d'un petit ouvrage (à peine cent pages imprimées), dont le titre est : *Ainsi parlait Zarathoustra. Un livre pour tous et*

pour personne. C'est une "poésie", ou un cinquième "Évangile", ou quelque chose pour quoi il n'y a pas encore de nom » (nous traduisons). Sur la dimension « évangélique » du *Zarathoustra*, cf. Sloterdijk, *La compétition des bonnes nouvelles*, *op. cit.* Or, la bonne nouvelle s'accompagne toujours d'une honte : « Tout ce que j'ai pensé, souffert et espéré se trouve là-dedans [dans *Zarathoustra*] de telle manière que, maintenant, ma vie veut m'apparaître comme *justifiée*. Mais ensuite, *j'ai à nouveau honte de moi-même* [nous soulignons] : car j'ai ainsi tendu la main vers les plus hautes couronnes que recèle l'humanité » (Nietzsche à Hillebrand, 24 mai 1883, nous traduisons). C'est que la honte a toujours un fort potentiel révolutionnaire, cf. Agamben : « Marx avait encore quelque confiance dans la honte. À Ruge qui lui objectait qu'on ne fait pas les révolutions avec la honte, il répond que la honte est déjà une révolution, et la définit comme "une sorte de rage tournée contre soi". Mais celle dont il parlait était la "honte nationale", qui concerne tous les peuples dans leurs rapports les uns aux autres, et les Allemands vis-à-vis des Français. Primo Levi nous a montré, au contraire, qu'il y a aujourd'hui une "honte à être des hommes", une honte dont chaque homme a été en quelque sorte souillé. (...) Quiconque a éprouvé cette honte silencieuse d'être un homme a coupé en lui tout lien avec le pouvoir politique dans lequel il vit. Elle nourrit sa pensée et inaugure une révolution et un exode dont il parvient à peine à entrevoir la fin » (in *Moyens sans fins*, Payot & Rivages, 1995, p. 141-142). Deleuze évoquera lui aussi cette honte d'être un homme, que le devenir-révolutionnaire doit conjurer (cf. *Pourparlers, op. cit.*, p. 231).

12. Cf. A, § 71.

13. Rancière, *La haine de la démocratie, op. cit.*, p. 8.

14. Pour pouvoir utiliser le terme général de « libéralisme », il faudrait naturellement commencer par procéder à un important travail de définition, de différentiation et de nuances. Pour dégager l'unité de la notion à travers la complexité et la diversité de son histoire, de ses discours et de ses pratiques, on peut se reporter avec bénéfice à l'ouvrage de Catherine Audouard, *Qu'est-ce que le libéralisme ? Éthique, politique, société*, Gallimard, 2009. Les pages qui suivent se fondent à plusieurs reprises sur les résultats de celui-ci.

15. Cf. Audouard, *op. cit.*, p. 59 sq.

16. Ce que Deleuze et Guattari, dans *L'Anti-Œdipe*, appellent les puissances de récupération du capitalisme (cf., notamment, p. 281 sq., p. 404 sq.).

17. Cf. FP 5[146], printemps-été 1875 : « Le plaisir de l'*ivresse*, de la *ruse*, de la *vengeance*, de l'*envie*, de l'*injure*, de l'*obscénité* — tout cela fut *reconnu* par les Grecs comme humain et par conséquent fut intégré à l'édifice de la société et des mœurs. La sagesse de leurs institutions vient de ce qu'ils ne distinguent pas entre bien et mal, noir et blanc. La nature, telle qu'elle se montre, n'est pas désavouée, mais *intégrée*, limitée à des cultes et à des jours précis. C'est la racine du libéralisme de l'Antiquité ; on cherchait pour les forces de la nature une décharge à leur mesure, et non une destruction ou une dénégation. — Tout le système de ce nouvel ordre est ensuite l'État. Il n'était pas construit sur des individus déterminés, mais sur les propriétés normales des hommes ; sa fondation manifeste *la rigueur de l'observation et le sens des réalités*, en particulier du réel typique, ce qui qualifiait les Grecs pour la science, l'histoire, la géographie, etc. Ce qui décida de l'État n'était pas une *loi morale* de prêtres. D'où les Grecs ont-ils cette liberté ? Certes déjà d'*Homère* ; mais d'où celui-ci la tient-il ? — Les poètes ne sont pas les êtres les plus sages ni les plus logiques ; mais ils tirent de la joie de toute espèce de réalité et ne veulent pas la nier, mais la tempérer en sorte qu'elle ne fasse pas tout mourir. »

18. Cf. Hume, *Traité de la nature humaine*, livre I, IV, partie, section VI.

19. Notamment à l'époque du séjour à Sorrente et de la rédaction d'*Humain, trop humain* (1876-1878), par l'intermédiaire de l'ami Paul Rée, lecteur assidu des philosophes anglais.

20. Cf. Locke, *Essai sur l'entendement humain*, 1690, § 26.

21. Cette expression de A. O. Hirschmann, dans *Les passions et les intérêts*, PUF, 1980, désigne le principe consistant à « se servir d'un groupe de passions relativement inoffensives pour en contrebalancer d'autres, plus dangereuses et plus destructives » (p. 24). Cf. aussi Audouard, *op. cit.*, p. 126 sq.

22. Cf. A, § 132, « Les derniers échos du christianisme dans la morale » : « Schopenhauer en terre allemande, John Stuart Mill en terre anglaise ont le plus contribué à la célébrité des affections sympathiques, de la compassion ou de l'intérêt d'au-

trui comme principe de l'action : mais ils n'étaient eux-mêmes qu'un écho. » Sur l'analyse de l'altruisme et de la compassion, cf. toute la fin du deuxième livre d'*Aurore*, §§ 132 à 148.

23. On voit même Nietzsche exprimer, à l'époque d'*Humain, trop humain*, une confiance toute libérale dans une régulation sociale spontanée, cf. FP 22[12], printemps-été 1877 : « La révolution est-elle nécessaire ? Une petite fraction de l'humanité européenne est seule en cause pour commencer. Conseiller aux gouvernements d'adopter l'attitude *la plus libérale*, sans rien réprimer, de prendre plutôt *la tête* de la libération *intellectuelle* : plus on élève intellectuellement la masse, plus elle cherche la voie de *l'ordre*. »

24. FP 19[93], été 1872-début 1873.

25. Audouard, *op. cit.*, p. 97 sq.

26. Sur Mill, cf. Audouard, *op. cit.*, p. 238. Sur la nécessité, pour Nietzsche, d'un gouvernement représentatif composé des « meilleurs », cf. *Opinions et sentences mêlées*, § 318.

27. FP 6[163], automne 1880.

28. Cf. la mise en garde de Patrick Wotling à propos de l'éloge de la guerre chez Nietzsche, sur lequel nous reviendrons : « ... précisons que lorsque Nietzsche étudie, dans la perspective généalogique d'identification des sources des valeurs morales, les aristocraties guerrières, et les compare au mode de vie et d'évaluation des castes sacerdotales, l'analyse psychologique qu'il mène ne vaut pas apologie. Sans doute est-ce là, aux yeux de certains lecteurs, un fait fort difficile à admettre puisqu'il est courant que les notations dans lesquelles Nietzsche se livre ouvertement, et avec insistance, à des mises en garde sur ce point soient purement et simplement ignorées » (in *Nietzsche. Idées reçues*, Le Cavalier bleu, 2009, p. 77-78).

29. J'emploie ici « normatif » dans le sens d'un primat accordé aux valeurs d'accroissement. Lorsque Nietzsche, dans le paragraphe cité, *décrit* les conditions historiques de l'élévation de l'homme, c'est selon la perspective de l'accroissement ; c'est pourquoi il peut produire parallèlement des séquences descriptives de décadence de l'homme, selon la perspective de valeurs de déclin. Parce qu'il a reconnu que la vie est ce qui est toujours articulé à la fois à la croissance et au déclin, il peut produire des descriptions d'apparence contradictoire (par exemple, lorsqu'il montre que le bien commun ou l'inté-

rêt général sont des concepts absurdes, cf., notamment, PBM, § 43). La défense nietzschéenne des valeurs d'accroissement contre les valeurs de décadence peut être appelée normative ; en réalité, elle présente une perspective *alternative*, comme le montre l'intervention de Zarathoustra sur la place du marché.

30. Cf. Audouard, *op. cit.* : sur le libéralisme du bonheur, p. 150 sq. ; sur Rawls, chap. 6.

31. Cf. Sismondi, *Histoire des républiques italiennes au Moyen Âge* (1818) : « C'est seulement l'exemple de la Constitution britannique qui nous à appris à considérer la liberté comme une protection du repos, du bonheur et de l'indépendance domestique », cité par Audouard, *op. cit.*, p. 99.

32. A, § 112, « Pour l'histoire naturelle du devoir et du droit ». (Trad. modifiée.)

33. FP 9[1], été 1875, cahier rédigé sous l'impulsion de la lecture de *Der Werth des Lebens* (« La Valeur de la vie » d'Eugen Dühring, cf. OPC II**, p. 366 sq.

34. *Ibid.*, p. 383.

35. *Ibid.*, p. 384.

36. A, § 113. (Trad. modifiée.)

37. Cf., en particulier, et pour les citations suivantes : GM, II, §§ 4 à 6.

38. A, *loc. cit.*

39. Cf. le fragment posthume cité en exergue du présent chapitre.

40. Voir, sur ce point, chez Deleuze (*Nietzsche et la philosophie*, *op. cit.*, chap. II, « actif et réactif »), la remarquable analyse des « forces actives » et des « forces réactives » et des différences de qualité que ces rapports impliquent pour la volonté de puissance. Aujourd'hui, certains commentateurs, et parmi les meilleurs, remettent en question le couple « actif / réactif », au motif qu'il appartient au vocabulaire de Deleuze plus qu'à celui de Nietzsche ; mais il est pourtant indispensable à la compréhension du rapport et de la qualité des forces dans ce que Nietzsche désigne par les couples d'opposition tels que « fort / faible », « maître / esclave », « ascension / déclin », « affirmation / négation », etc. Toutefois, les critiques de Deleuze sur ce point mettent en garde contre une assimilation hâtive de la décadence au triomphe des forces réactives. Comme le signale Patrick Wotling : « Pour Nietzsche, ce n'est pas nécessairement la question de la qualité intrinsèque des

forces (actives / réactives selon la terminologie privilégiée par Deleuze) qui explique la décadence (il est au demeurant délicat de leur attribuer une qualité intrinsèque), mais d'abord la présence ou l'absence d'une organisation hiérarchique nette des instincts. L'exemple le plus saisissant de ce type d'analyse est fourni par la critique de la modernité, et de l'Européen moderne » (*La philosophie de l'esprit libre. Introduction à Nietzsche*, Flammarion, 2008, p. 396, note 1). De fait, il n'y a pas de qualité « intrinsèque » des forces, mais seulement production de qualités par le rapport différentiel des forces entre elles : le couple actif / réactif permet seul d'expliquer qu'il puisse y avoir des rapports entre les forces, et plus encore qu'il ne puisse y avoir de forces que prises dans des rapports.

41. Cf. A, § 77, « des tortures de l'âme » : « À la moindre torture infligée au corps d'un autre, tout le monde aujourd'hui pousse de hauts cris ; l'indignation contre un homme capable d'une telle chose éclate instantanément ; nous tremblons même à la simple idée d'une torture qui pourrait être infligée à un homme ou à un animal et nous souffrons insupportablement en apprenant l'existence avérée d'un fait de ce genre. Mais on est encore loin d'avoir des sentiments aussi généraux et déterminés lorsqu'il s'agit des tortures de l'âme et de l'horreur de les infliger. » (Trad. modifiée.)

42. Cf. Luc Boltanski, *La souffrance à distance*, Métailié, 1993, et Gallimard, 2007.

43. Cf. CId, « Incursions d'un inactuel », § 38. Voir aussi, le paragraphe suivant : « Pour qu'il y ait des institutions, il faut qu'il y ait une sorte de volonté, d'instinct, d'impératif, antilibéral jusqu'à la cruauté. »

44. L'un de ses moyens les plus efficaces est la mise à distance infinie de la guerre : étant entendu qu'elles ne se font plus la guerre entre elles, les démocraties ont développé toute une hygiène de la distance — des « frappes chirurgicales » aux débats subtils sur l'envoi (et le rappel) de troupes aux confins de déserts barbares, l'effarante expression de « guerre propre » ne signifiant guère plus que guerre *de loin*. Le traitement médiatique des conflits coopère brillamment à cette propreté (cf. Boltanski, *La souffrance à distance, op. cit.*). Et tandis que l'expansion du terrorisme aurait pu provoquer un autre fantasme, celui que la guerre serait potentiellement partout, elle a en réalité participé à creuser les distances :

l'idéologie de « l'axe du mal » n'est que l'expression exacerbée de cette manière qu'ont les démocraties en guerre de toujours reculer les points d'impact des conflits. Il faudra bien qu'elles se décident à choisir le discours fantasmatique par lequel elles désignent leur suprématie : celui de la civilisation mondiale ou celui du conflit des civilisations.

45. Pour une transcription de ce discours, et la source des citations qui suivent, voir le document diffusé par le Bureau des programmes d'information internationale du département d'État. Site Internet : http://www.america.gov/fr/.

46. Sur l'héritage philosophique de la pensée politique de Barack Obama : cf. James T. Kloppenberg, *Reading Obama, Dreams, Hope, and the American Political Tradition*, Princeton University Press, 2011.

47. « Des accords entre nations. De fermes institutions. Le soutien aux droits de l'homme. Des investissements dans le développement. Ce sont là les ingrédients essentiels de l'évolution qu'avait évoquée le président Kennedy. Et pourtant, je ne crois pas que nous ayons la volonté, la force, le courage d'achever cette œuvre sans quelque chose de plus — à savoir l'expansion continue de notre imagination morale ; l'insistance sur le principe qu'il existe quelque chose d'irréductible que nous partageons tous », *loc. cit.*

48. APZ, III, « De la vertu qui rend petit ».

49. *Ibid.*

50. Cf. l'« Essai d'autocritique » de 1886, qui préface la réédition de *La Naissance de la tragédie*, où Nietzsche se reproche « d'avoir commencé, sur le fond de la dernière musique allemande, à fabuler sur "l'âme allemande" comme si celle-ci avait été à la veille de se découvrir et de se retrouver — et cela en un temps où l'esprit allemand, qui peu auparavant avait encore la volonté de dominer l'Europe et la force de la conduire, venait irrévocablement et définitivement d'*abdiquer*, et sous le pompeux prétexte d'une fondation d'empire, opérait son passage à la médiocrisation, à la démocratie, aux "idées modernes" ! ».

51. Cf. Obama, *loc. cit.* : « Pourtant, dans la première décennie d'un siècle nouveau, cette vieille architecture ploie sous le poids de nouvelles menaces. Le monde n'a sans doute plus à redouter la perspective d'une guerre entre deux superpuissances nucléaires, mais la prolifération pourrait aggraver

le risque d'une catastrophe. Le terrorisme est une tactique très ancienne, mais les techniques modernes permettent à quelques petits hommes saisis d'une rage démesurée d'assassiner des innocents à une échelle horrifiante. D'autre part, les guerres entre nations ont de plus en plus cédé la place à des conflits internes. La résurgence de conflits ethniques ou sectaires, la montée de mouvements sécessionnistes, les insurrections, les États défaillants : toutes ces choses enserrent les populations civiles, de plus en plus, dans un chaos sans issue. Dans les guerres d'aujourd'hui, il meurt bien plus de civils que de soldats, et on voit les graines de conflits futurs semées, des économies ruinées, des sociétés civiles en lambeaux. »

52. Francis Fukuyama, *La fin de l'histoire et le dernier homme* [1992], trad. D.-A. Canal, Flammarion, 1992.

53. Cette vision de l'Amérique du Nord, quoique nourrie de certains lieux communs (qui feront long feu), décrit une « inquiétude moderne » qui nous reste familière. Cf., notamment, HTH, § 285 et GS, § 329. Nietzsche considère les États-Unis comme un exemple beaucoup plus lisible des « mouvements initiaux et normaux du corps social » (VO, § 287). Mais, pour lui, Europe et États-Unis trahissent fondamentalement les mêmes traits civilisationnels (cf. VO, § 215), tout spécialement l'ambivalence du rapport entre épuisement et désir de puissance.

54. Fukuyama, *op. cit.*, p. 12.

55. *Ibid.*, p. 21.

56. *Ibid.*, p. 13.

57. Dans *Spectres de Marx* (Éditions Galilée, 1993), Derrida accorde à l'ouvrage de Fukuyama une attention particulière. Il résume ainsi son jugement : « Ne s'agirait-il pas d'un nouvel évangile, le plus bruyant, le plus médiatique, le *plus "successful"* au sujet de la mort du marxisme comme fin de l'histoire ? Cet ouvrage ressemble souvent, il est vrai, au sous-produit consternant et tardif d'une *"footnote"* : *Nota bene* pour un certain Kojève qui méritait mieux. Pourtant ce livre n'est pas aussi mauvais ou aussi naïf que le laisserait croire une exploitation effrénée qui l'exhibe comme la plus belle vitrine idéologique du capitalisme vainqueur dans une démocratie libérale enfin parvenue à la plénitude de son idéal, sinon de sa réalité. En fait, bien que pour l'essentiel il reste, dans la tradition de Leo Strauss, relayée par Allan Bloom, l'exercice

scolaire d'un lecteur jeune, appliqué, mais tardif de Kojève (et de quelques autres), ce livre, il faut le reconnaître, est ici ou là plus que nuancé : parfois même suspensif jusqu'à l'indécision. Aux questions qu'il élabore à sa manière, il lui arrive d'ajouter ingénument, pour ne pas être pris en faute, ce qu'il appelle une "réponse de gauche" à une "réponse de droite". Il mériterait donc une analyse très serrée » (p. 98).

58. *Ibid.*, p. 108.
59. Fukuyama, *op. cit.*, p. 326 sq.
60. *Ibid.*, p. 23. Cf. aussi p. 339 sq.
61. *Ibid.* p. 275 : « L'insatisfaction naît très précisément là où la démocratie a triomphé le plus complètement du régime antérieur : on est insatisfait de la liberté et de l'égalité. Ainsi, ceux qui sont insatisfaits auront toujours la possibilité de recommencer l'histoire. »
62. *Ibid.*, p. 375.
63. *Ibid.*, p. 378.
64. Cf. *ibid.*, p. 356-359. On songe à la remarque de Nietzsche : « Des personnes connaissant à fond les Américains du Nord disent que "l'opinion régnante, aux États-Unis, se déclare contre quiconque néglige d'aspirer au faîte qu'il est capable d'atteindre. Rester volontairement en arrière passe vraiment pour une infamie, une sorte de crime contre la société" » (FP 23[33], fin 1876-été 1877).
65. *Ibid.*, p. 369.
66. *Ibid.*
67. Notons que Fukuyama propose deux types d'exemples pour parler de la *mégalothymia* ou « volonté de puissance » : d'un côté, la mauvaise, telle qu'on la trouve dans la barbarie de Hitler, Staline ou Saddam Hussein (p. 222-224) ; de l'autre, la bonne, sous la forme de l'ambition domestiquée des chefs d'entreprise, politiciens et athlètes. Tragique et maigre alternative, qui trahit une profonde incompréhension de la « volonté d'ascension » nietzschéenne. Double malentendu d'ailleurs fort répandu, puisqu'on sait bien avec quelle prolixité Nietzsche a été à la fois taxé de fascisme et exploité dans les manuels de management d'entreprise...
68. Sloterdijk, *Colère et temps* [2006], trad. O. Mannoni, Méta-Éditions, 2007, et Fayard / Pluriel, 2010. Les citations renverront à cette dernière édition.
69. *Ibid.*, p. 56-58.

70. *Ibid.*, p. 30.

71. Cf. GS, § 377 : « Nous ne sommes pas des humanitaires ; nous n'oserions jamais nous permettre de parler de notre "amour de l'humanité" — aucun d'entre nous n'est assez comédien pour cela ! Ou ni assez saint-simonien, ni assez français ! Il faut vraiment être affecté d'une démesure *gauloise* d'excitabilité érotique et d'impatience amoureuse pour aller se frotter de bonne foi dans son ardeur à l'humanité même... à l'humanité ! Y eut-il jamais vieille femme plus odieuse parmi toutes les vieilles femmes ? »

72. *Op. cit.*, p. 26-27. Et Sloterdijk ajoute : « Certes [la psychanalyse] formule un programme pédagogique respectable pour le psychisme, qui a pour but la transformation de ce que l'on appelle les états narcissiques en amour mûr de l'objet. Jamais il ne lui est venu à l'esprit de dessiner une éducation sentimentale analogue pour la production de l'adulte fier, du combattant, du porteur d'ambition. »

73. *Ibid.*, p. 46-49.

74. *Ibid.*, p. 65.

75. « La colère exigeant l'intellect », parodie de la formule anselmienne : « *Fides quaerens intellectum.* »

76. *Op. cit.*, p. 261.

77. *Ibid.*, p. 317-318. Notons que si, dans *Colère et temps*, Sloterdijk laisse en suspens le contenu de cet exercice de civilisation, il y revient courageusement dans *Tu dois changer ta vie* [2009], trad. O. Mannoni, Libella / Maren Sell, 2011.

78. Cf. à ce propos André Stanguennec, « L'État et la guerre chez Hegel et Nietzsche », in *Les Études philosophiques*, PUF, 2006/2, n° 77, p. 251-260.

79. *L'État chez les Grecs*, OPC I**, p. 184.

80. Stanguennec cite une analyse similaire chez Hegel : « Si l'État est confondu avec la société et si sa destination est située dans la sécurité et la protection de la propriété personnelle, *l'intérêt des individus singuliers* comme tels est alors la fin dernière en vue de laquelle ils sont réunis et il s'ensuit également que c'est quelque chose qui relève du bon plaisir que d'être membre de l'État » (*Principes de la philosophie du droit*, § 258, trad. fr. J.-F. Kervégan, Paris, PUF, 1998, p. 313-314).

81. *L'État chez les Grecs*, p. 181.

82. *Ibid.*

83. *Ibid.*
84. HTH, § 26.
85. Cf. FP 18[3], juillet-août 1888.
86. Cf. Sternhell, *Les Anti-Lumières : une tradition du xviiie siècle à la guerre froide*, Fayard, 2006, Gallimard, 2010.
87. HTH, § 444.
88. GS, § 377, « Nous autres "sans-patrie" ».
89. PBM, § 256.
90. PBM, § 251.
91. *Ibid.*
92. Cf. A, § 272.
93. Cf. FP 37[9], juin-juillet 1885, précisément un fragment préparatoire au § 256 de PBM : « Mais ce qui s'agite dans de pareils esprits, ce qui s'y dessine comme un besoin d'unité nouvelle, s'accompagne d'un grand fait économique qui l'explique : les petits États d'Europe, je veux dire tous nos États et tous nos "Empires" actuels, vont devenir intenables, économiquement, étant donné les exigences souveraines des grandes relations internationales et du grand commerce qui réclament l'extension suprême, des échanges universels, un commerce mondial. (L'argent à lui seul obligera l'Europe, tôt ou tard, à se fondre en une seule masse.) »
94. PBM, § 251. Cf. aussi GS, § 377 : « Nous réfléchissons à la nécessité d'une nouvelle hiérarchie et aussi d'un nouvel esclavage — car tout renforcement, toute élévation du type "homme" supposent aussi une nouvelle sorte d'esclavage — n'est-il pas vrai ? »
95. GM, I, § 16.
96. GS, § 362.
97. Les occurrences sont nombreuses (cf., par exemple, sur la Russie : CId, § 39 , et sur l'Islam, cf. AC, §§ 59 et 60). Un seul fragment pourrait suffire ici : « Le méprisable esprit profondément mensonger du christianisme en Europe : nous méritons réellement le mépris des Arabes, des Hindous, des Chinois... » (FP 11[245], novembre 1887-mars 1888).
98. C'était le dilemme sous-jacent au discours d'Obama à Stockholm : plus nous faisons progresser l'ordre politique et moral du libéralisme, plus nous constatons le renforcement du ressentiment atomisé. Les États-Unis savent bien, à la lumière du terrorisme, qu'ils rendent d'autant plus « méchants » les ennemis qu'ils vainquent.

99. APZ, I, « de la guerre et des guerriers ».
100. VO, § 284.
101. CI II, § 1, p. 99.
102. Deleuze, *Logique du sens*, Éditions de Minuit, 1969, p. 122
103. *Ibid.*, p. 175.
104. Cf. Patrick Wotling : « Le soupçon à l'égard du langage aboutit à la contestation du primat du concept, et à la substitution de la métaphore comme outil philosophique fondamental. Si cette condamnation relève du bien connu de la pensée nietzschéenne, encore faut-il en tirer les conséquences qui s'imposent : il ne s'agit pas de remplacer les concepts par des métaphores en laissant intacte la stratégie de signification, mais de substituer une logique de signification métaphorique à celle de la concaténation conceptuelle. Le privilège de la métaphore tient à ce qu'elle introduit à la fois une logique de la multiplicité et une logique du déplacement : une logique qui fait du détour, du report, la condition même de la signification » (in *Nietzsche et le problème de la civilisation*, PUF, 1995, p. 40). Cf. aussi, du même auteur, *Nietzsche. Idées reçues*, *op. cit.*, à propos du préjugé suivant : « Nietzsche est un militariste qui ne cesse de faire l'éloge de la guerre », p. 77 sq.
105. FP 25[1], décembre 1888-début janvier 1889. (Trad. modifiée.) Cf. aussi le brouillon de lettre à Georg Brandes, daté de décembre 1888 : « Très Cher Ami, j'estime nécessaire de vous communiquer un certain nombre de choses de toute première importance : donnez-moi votre parole d'honneur que tout cela restera entre nous. Nous venons d'entrer dans la grande politique, et même la très grande. Je prépare un événement qui, selon toute vraisemblance, va briser l'histoire en deux tronçons, au point qu'il nous faudra un nouveau calendrier, dont 1888 sera l'An I. Tout ce qui, aujourd'hui, tient le haut du pavé, "Triple Alliance", "question sociale", s'effacera au profit d'une position individuelle d'opposition : nous aurons des guerres comme il n'y en a pas eu, mais pas entre nations, pas entre classes : toutes ces distinctions voleront en éclats — je suis la dynamite la plus dangereuse qui soit. (...) Si nous sommes *vainqueurs*, nous aurons entre nos mains le gouvernement de la terre — y compris la paix universelle. Nous aurons surmonté les absurdes frontières entre races, nations et classes : il n'y aura plus de hiérarchie qu'entre l'homme et

l'homme, et même une échelle hiérarchique infiniment longue. Et voici le premier document d'histoire vraiment universelle : la *grande* politique *par excellence* » (cité *in* OPC VIII, p. 399-401). Notons que l'expression même de *grande politique* est différentielle, voire ironique, véritable renversement de la célèbre *Machtpolitik* (« politique de puissance ») de Bismarck, que Nietzsche désigne volontiers par le même terme, cf. CId, « Ce qui manque aux Allemands », §§ 3 et 4 : « La grande politique ne trompe personne » (sans les guillemets qu'y introduit malencontreusement l'édition Gallimard).

106. Cf. le tout aussi célèbre passage d'EH, « Pourquoi je suis un destin », § 1 : « J'apporte la contradiction comme on ne l'a jamais fait, et je suis malgré tout l'opposé d'un esprit qui dit non. Je suis un *messager de bonne nouvelle* comme il n'en fut jamais, je connais des tâches si hautes que la notion même n'en existait pas avant moi. Ce n'est qu'à partir de moi qu'il est à nouveau des espérances. Avec tout cela, je suis aussi, nécessairement, l'homme de la fatalité. Car lorsque la vérité engagera la lutte contre le mensonge millénaire, nous connaîtrons des ébranlements, des convulsions sismiques tels que nous n'en avons jamais rêvé, et qui déplaceront montagnes et vallées... Le concept de politique se sera alors résorbé en une guerre des esprits, toutes les formations de puissance de l'ancienne société auront volé en éclats — car toutes reposent sur le mensonge : il y aura des guerres comme il n'y en a jamais eu sur terre. Ce n'est qu'à partir de moi qu'il y aura sur terre une *grande politique*. » (Trad. modifiée.)

107. Et Nietzsche de préciser ailleurs : « Si nous pouvions nous dispenser des guerres, tant mieux. Je saurais faire un meilleur usage des 12 milliards que la paix armée coûte chaque année à l'Europe ; il y a encore d'autres moyens de rendre hommage à la physiologie que par des hôpitaux militaires... » (FP 25[19], déc. 1888-début janv. 1889).

108. FP 25[1], décembre 1888-début janvier 1889. (Trad. modifiée.)

VIII. Grande politique et grande santé

1. HTH, § 24.
2. Cf. AC, § 52.
3. Ernest Renan, *L'Avenir de la science* (1890), Flammarion,

1995, p. 37. Mais notons que Renan, lu avec intérêt par Nietzsche, exprime une franche opposition au positivisme de Comte ; contre l'esprit de système et le dogmatisme, il revendique une conception *philologique* de la science : « La science de l'esprit humain doit surtout être l'histoire de l'esprit humain, et cette histoire n'est possible que par l'étude patiente et philologique des œuvres qu'il a produites à ses différents âges » (*ibid.*, p. 158) ; « Le malheur de M. Auguste Comte est d'avoir un système, et de ne pas se poser assez largement dans le plein milieu de l'esprit humain » (*ibid.*, p. 150).

4. FP 7[49], fin 1886-printemps 1887.

5. Cf. Heidegger, *Nietzsche* [1961], « le prétendu biologisme de Nietzsche », Gallimard, 1971, t. 1, p. 402 sq.

6. *Ibid.*, p. 407.

7. Cf. Pierre Macherey, « La philosophie de la science de Georges Canguilhem », in *La Pensée*, n° 113, février 1964, p. 62-74 : « C'est l'existence *de fait* de la science qui pose la *question du droit*, question qui n'est plus intérieure au développement de la science, mais une question autre, posée à la science, et non plus posée par la science. On est donc ramené de la problématique de l'objet à celle de la question : c'est dire qu'on va décrire le phénomène scientifique comme une *attitude*, comme une *prise de position* à l'intérieur d'un débat. Et c'est parce que la science ne détermine pas complètement les conditions de ce débat, parce qu'elle ne l'assume pas tout entier, restant seulement *une partie* dans le procès, qu'il est possible aussi de l'interroger *de l'extérieur*. C'est parce que la science est *prise de position* qu'il est possible, *réciproquement*, *de prendre position par rapport à elle*. De fait on a affaire, avec les livres de G. Canguilhem, à une œuvre essentiellement *polémique*, non restreinte à la description de son objet, mais hantée par la problématique d'une évaluation, qui s'applique moins aux *résultats* qu'à la formulation d'une certaine question : *que veut la science ?* Dans la mesure où la science, dans le détail de son avènement, dans sa réalité discursive, élabore une attitude, les formes d'une problématique, dans cette mesure même la réflexion sur la science est elle-même la recherche d'une attitude, la mise en forme d'une question. »

8. A, § 196.

9. Pour l'étude détaillée de ces rapports, cf., notamment, Claire Richter, *Nietzsche et les théories biologiques contempo-*

raines, Mercure de France, 1911 ; Wolfgang Müller-Lauter, *Physiologie de la volonté de puissance*, *op. cit.* ; Andrea Orsucci, *Dalla biologia cellulare alle scienze dello spirito*, Il Mulino, 1992 ; Barbara Stiegler, *Nietzsche et la biologie*, PUF, 2001. Marquons dès à présent la dette des pages qui suivent à l'égard des ouvrages de W. Müller-Lauter et de B. Stiegler.

10. Cf. Deleuze et Guattari, *Qu'est-ce que la philosophie ?*, *op. cit.*, p. 187-188 : « Les trois pensées se croisent, s'entrelacent, mais sans synthèse ni identification. La philosophie fait surgir des événements avec ses concepts, l'art dresse des monuments avec ses sensations, la science construit des états de choses avec ses fonctions. Un riche tissu de correspondances peut s'établir entre les plans. Mais le réseau a ses points culminants, là où la sensation devient elle-même sensation de concept ou de fonction, le concept, concept de fonction ou de sensation, la fonction, fonction de sensation ou de concept. Et l'un des éléments n'apparaît pas sans que l'autre ne puisse être encore à venir, encore indéterminé ou inconnu. Chaque élément créé sur un plan fait appel à d'autres éléments hétérogènes, qui restent à créer sur les autres plans : la pensée comme hétérogenèse. Il est vrai que ces points culminants comportent deux dangers extrêmes : ou bien nous reconduire à l'opinion dont nous voulions sortir, ou bien nous précipiter dans le chaos que nous voulions affronter. »

11. Il existe des parentés, des distinctions et des interférences entre darwinisme social, très en vogue dès les années 1860, et les théories eugénistes, qui se développent à partir des années 1880. Retenons une divergence essentielle entre ces deux formes d'évolutionnisme : le darwinisme social fut partisan d'une sélection *naturelle*, ce qui fait de lui une forme extrême et grossière de libéralisme du laisser-faire, puisque la nature se charge d'éliminer les moins compétitifs ; l'eugénisme, en revanche, imagina de suppléer aux insuffisances de la nature par une sélection *artificielle*. Les eugénismes négatifs entendaient empêcher la multiplication, voire l'existence, des individus « inférieurs » par des méthodes répressives, tandis que les eugénismes positifs ont envisagé de favoriser l'existence d'individus « supérieurs » en organisant leur reproduction.

12. André Pichot, *La société pure. De Darwin à Hitler*, Flammarion, 2000, p. 78-79. L'auteur cite aussitôt après une lettre éclairante de Marx à Engels (18 juin 1862) qui dénonce vio-

lemment l'idéologie bourgeoise de Darwin et sa dépendance à l'égard non seulement de Malthus, mais de Hobbes et de son *bellum omnium contra omnes*.

13. Canguilhem, *La connaissance de la vie*, « La théorie cellulaire », Vrin, 1965, édition de poche 1992-2003, p. 53 sq.

14. Barbara Stiegler, *Nietzsche et la biologie*, op. cit., introduction.

15. Albert Lange, *Histoire du matérialisme* [1866], trad. Pommerol, Schleicher, 1910-1911, t. II, « Histoire du matérialisme depuis Kant ». Notons que, dès 1868, Nietzsche entend traiter cette articulation, et précisément en se confrontant au kantisme, dans un projet de thèse (abandonné) très influencé par Lange, cf. la lettre à Paul Deussen de fin avril-début mai 1868 : « Au reste, quand tu recevras à la fin de l'année ma dissertation de doctorat, tu tomberas sur plus d'un passage concernant ce problème des limites de la connaissance. Mon thème est "le concept d'organique depuis Kant", à mi-chemin entre la philosophie et les sciences de la nature » (in *Correspondance*, I, Gallimard, 1986, p. 556). Sur Nietzsche et Lange, cf., notamment, J. Salaquarda, « Nietzsche und Lange », in *Nietzsche-Studien*, 7, 1978 ; G. J. Stack, *Lange und Nietzsche*, W. de Gruyter, 1983.

16. FP 1885, 40[21]. Cf. aussi : FP 1884, 26[432] ; FP 1885 34[46] ; FP 1885-86 2[91] ; FP 1886-87 5[56].

17. Cf., dès l'automne 1880, FP 6[349] : « Le sentiment du sujet croît dans la mesure où, par la mémoire et l'imagination, nous construisons le *monde des choses identiques*. Nous nous inventons nous-mêmes comme unité dans ce monde d'images créé par nous, comme permanence dans le changement. Mais c'est une erreur : nous posons l'identité du signe et du signe, et les états comme états. »

18. Rudolf Virchow (1821-1902), *Die Cellularpathologie in ihrer Begründung auf physiologische und pathologische Gewebelehre*, Berlin, 1858 (et en français : *Pathologie cellulaire*, trad. Picard, Baillère, 1874). Les thèses de cet ouvrage, qui circulaient largement dans les milieux intellectuels, Nietzsche les connaît au moins par l'intermédiaire de Lange.

19. Wilhelm Roux (1850-1924), *Der Kampf der Teile im Organismus*, Leipzig, 1881. Nietzsche travaille sur cet ouvrage dès sa parution, et y revient en 1883, comme l'attestent de nombreux fragments posthumes.

20. Cf. Roux, *op. cit.* : l'assimilation est la faculté qu'a l'organisme de « transformer, à l'intérieur de lui-même, des parties étrangères en quelque chose d'identique, de regrouper en lui-même différents groupes d'atomes en groupes identiques, c'est-à-dire de s'approprier ce qui est qualitativement étranger (...). L'essence de cette capacité c'est une sorte d'autoproduction ou d'autoconstitution du nécessaire » (cité d'après Stiegler, p. 30). La biologie cellulaire de l'époque, notamment Haeckel, explique l'assimilation par le principe de l'intussusception (processus par lequel les matières nutritives sont introduites dans l'intérieur des corps organisés, pour y être absorbées), lui-même autorisé par le principe chimique simple de l'endosmose (passage qui s'établit à travers une cloison membraneuse séparant deux liquides de densités différentes, dans le sens de la solution la moins dense vers la solution la plus dense). Haeckel fera de ces processus le principe même de la *mémoire* organique, conception que Nietzsche reprendra en partie, y trouvant un écho profond à son interprétation de la mémoire dans la Deuxième Inactuelle.

21. PBM, § 259.

22. Cf. Canguilhem, *La connaissance de la vie, op. cit.*, p. 88-91. L'auteur cite notamment un texte de l'histologiste Auguste Prenant (1904), qui fait écho aux processus isomorphiques de formations d'unités supérieures convoqués très tôt par Nietzsche à propos de l'homme et de la culture, et qu'il fera reposer sur la volonté de puissance une fois qu'il s'en sera donné le concept. Prenant écrit en effet : « Les unités individuelles peuvent être à leur tour, de tel ou tel degré. Un être vivant naît comme cellule, individu-cellule ; puis l'individualité cellulaire disparaît dans l'individu ou personne, formé d'une pluralité de cellules, au détriment de l'individualité personnelle ; celle-ci peut être à son tour effacée, dans une société de personnes, par une individualité sociale. Ce qui se passe quand on examine la série ascendante des multiples de la cellule, qui sont la personne et la société, se retrouve pour les sous-multiples cellulaires : les parties de la cellule à leur tour possèdent un certain degré d'individualité en partie absorbée par celle plus élevée et plus puissante de la cellule. Du haut en bas existe l'individualité. La vie n'est pas possible sans individuation de ce qui vit » (cité par Canguilhem, *op. cit.*, p. 88-89).

23. Sur cette dimension du darwinisme, cf., notamment, le *Darwin* de Charles Lenay, Belles Lettres, 1999.

24. W. Müller-Lauter, « L'organisme comme lutte intérieure. L'influence de Wilhelm Roux sur Friedrich Nietzsche », in *Physiologie de la volonté de puissance, op. cit.* (article initialement paru en allemand dans *Nietzsche-Studien*, VII, 1978, p. 189-223).

25. « C'est un organisme qui s'est mis lui-même en serre chaude. Aussi les changements perpétuels du milieu cosmique ne l'atteignent point ; il ne leur est pas enchaîné, il est libre et indépendant » (Claude Bernard, *Leçons sur les phénomènes de la vie communs aux animaux et aux végétaux*, 1885, 2e leçon, cité par Stiegler, p. 37).

26. Cf. FP 7[25], fin 1886-printemps 1887 : « — l'individu lui-même comme combat des parties (pour la nourriture, l'espace, etc.) : son évolution liée à un vaincre, un *prédominer* de certaines parties, à un *dépérir*, un "devenir organe" d'autres parties / — l'influence des "circonstances extérieures" est surestimée jusqu'à l'absurde chez D<arwin> ; l'essentiel du processus vital est justement cette monstrueuse puissance formatrice qui, à partir de l'intérieur, est créatrice de forme, et qui *utilise*, *exploite* les "circonstances extérieures". » Cf. aussi, notamment, FP 40[21] et 40[42], août-septembre 1885.

27. FP 7[53], fin 1886-printemps 1887.

28. Barbara Stiegler relève, au sujet de la mémoire, ce que Nietzsche reprend des théories de Haeckel, pour qui la vie *est* mémoire (cf. FP 12[31], été 1883 ; FP 25[403] et [514], printemps 1884). Il conteste en revanche chez Haeckel le caractère de soumission passive de la mémoire aux influences externes (cf. Stiegler, *op. cit.*, « La vie comme mémoire », p. 58 sq.).

29. Cf. FP 25[356], printemps 1884 : « Ce qui généralement est attribué à l'*esprit* me *paraît constituer l'essence de l'organique* : et dans les plus hautes fonctions de l'esprit, je ne trouve qu'une variété sublime de la fonction organique (assimilation, sélection, sécrétion, etc.). »

30. Sur ce point, et sur la manière dont Nietzsche concentre des efforts extrêmes à retravailler l'opposition de l'en-soi et du phénomène (Kant), du monde comme volonté et représentation (Schopenhauer), cf. Pierre Montebello, « Vie et Être chez Nietzsche », in *Kairos* n° 13, 1999, p. 169-254, et *Vie et maladie chez Nietzsche*, Ellipses, 2001, « Vie et représentation vitale », p. 11 sq., et « Représentation et incorporation... », p. 51 sq.

31. Cf. *supra*, p. 622, note 20.
32. Cf. FP 36[22], juin-juillet 1885 ; FP 40[55], août-septembre 1885.
33. FP 7[173], printemps-été 1883. (Trad. modifiée.)
34. *Pathologie cellulaire, op. cit.*, p. 326, cité d'après Stiegler, p. 33.
35. Cf. FP 19[209], été 1872-début 1873 : Cf. FP 19[209] : « La seule causalité dont nous ayons conscience est celle qui lie la volonté et l'acte — c'est cette causalité que nous étendons à toute chose et par laquelle nous nous expliquons le rapport entre deux modifications toujours associées. » FP 19[210] : « Temps, espace et causalité sont seulement des *métaphores* de la connaissance, à l'aide desquelles nous nous expliquons les choses. Excitation et activité associées : comment cela se fait, nous n'en savons rien, nous ne comprenons aucune causalité particulière, mais nous en faisons l'expérience immédiate. Tout souffrir (*Leiden*) provoque un agir (*Thun*), tout agir provoque un souffrir — ce sentiment extrêmement général constituant lui-même déjà une *métaphore*. » (Trad. modifiée.)
36. GS, § 127.
37. FP 7[77], printemps-été 1883.
38. Cf. FP 7[86], 7[95], 7[98], printemps-été 1883.
39. François Jacob, dans *La logique du vivant* (Gallimard, 1970), ne dira pas autre chose à propos de l'évolution : « Les mots de progrès, progression, perfectionnement la qualifient mal. Ils évoquent trop la régularité, le dessein, l'anthropomorphisme. Les critères n'en sont pas définis. Si c'est l'adaptation pour survivre, le colibacille apparaît tout aussi bien adapté à son milieu que l'homme au sien. Les mots de complication, de complexité ne s'appliquent guère mieux. Il y a des complications gratuites ; d'autres qui, par leur spécialisation, interdisent toute possibilité d'évolution ultérieure. Ce qui caractérise peut-être au plus près l'évolution, c'est la tendance à l'assouplissement dans l'exécution du programme génétique ; c'est son "ouverture" dans un sens qui permet à l'organisme d'accroître toujours plus ses relations avec son milieu et d'étendre ainsi son rayon d'action. Chez un être aussi simple qu'une bactérie, le programme est d'une grande rigidité d'exécution. Il est "fermé" en ce sens que l'organisme ne peut, d'un côté recevoir du milieu qu'une information très limitée, de l'autre

y réagir que de manière strictement déterminée. (...) les "succès" de l'évolution aboutissent à accroître corrélativement la capacité de percevoir et celle de réagir. Pour que se différencie l'organisme, pour qu'il gagne en autonomie, il faut que se développent non seulement les structures qui lient l'organisme à son milieu, mais aussi les interactions qui coordonnent les constituants de l'organisme » (p. 329).

40. FP 7[9], fin 1886-printemps 1887.
41. Cf. FP 7[25], fin 1886-printemps 1887.
42. Par exemple, sur le rôle du fou et du criminel dans la moralité des mœurs, cf. A, §§ 14, 20.
43. Cf. FP 7[9], fin 1886-printemps 1887. La procréation, pour Nietzsche comme pour les théoriciens de la biologie cellulaire, est conçue comme *excroissance*, décharge du surplus de force créatrice vers l'extérieur : lorsque la croissance d'une cellule finit par menacer sa propre intégrité individuelle, elle se divise sans rien perdre de son individualité et crée une autre cellule dans laquelle l'individuation et l'augmentation de puissance se poursuivent. On trouve dans *Zarathoustra* la version éthique de cet art du don par surabondance, cette « prodigue vertu ».
44. FP 7[9], fin 1886-printemps 1887.
45. Dans les notes de travail de Nietzsche, on voit parfaitement la manière serrée dont il juxtapose les énoncés biologiques et les énoncés anthropologiques (histoire, morale, psychologie, etc.) pour les éclairer réciproquement. On en trouve un exemple très net dans les fragments posthumes du printemps-été 1883, notamment 7[77] à 7[101].
46. HTH I, § 224.
47. *Ibid.*
48. EH, avant-propos, § 3.
49. Deleuze, *Dialogues, op. cit.*, p. 8.
50. Cf. APZ, prologue, §§ 4 et 5, et la distinction deleuzienne entre nihilisme actif et nihilisme passif, in *Nietzsche et la philosophie, op. cit.*, p. 200.
51. GM, III, § 9.
52. FP 25[7], décembre 1888-début janvier 1889.
53. Cf., par exemple, PBM, § 242. Voir aussi les FP 35[9], [10], mai-juillet 1885.
54. GM, II, § 16.
55. CF. GM, I, § 6 : « C'est sur le seul terrain de cette forme

d'existence humaine *essentiellement dangereuse*, celle des prêtres, que l'homme a commencé à devenir un *animal* intéressant. »

56. GM, III, § 13. Voir aussi : AC, § 51, et les FP 14[155], 14[210], printemps 1888.

57. FP 14[210], printemps 1888.

58. Deuxième partie, chapitre 2.

59. Il faut d'autant plus saluer les efforts de ceux qui continuent de travailler à démonter ces dualismes, luttant à la fois contre leurs manières de sévir encore, et contre la fausse évidence que nous les aurions déjà surmontés. Je pense, à titre exemplaire, à Bruno Latour (notamment, *Nous n'avons jamais été modernes, op. cit.*) ou à Philippe Descola (notamment, *Par-delà nature et culture*, Gallimard, 2005).

60. Cf., par exemple, CId, « Incursions d'un inactuel », § 36 ; A, § 2 ; FP 15[3] et 15[13], printemps 1888 ; FP 22[23], 23[1] et [10] septembre-octobre 1888. Notons tout de même que les questions de l'euthanasie et du droit à mourir dignement (abordées explicitement dans *Crépuscule des idoles, loc. cit.*) et du contrôle thérapeutique des naissances sont toujours au centre des réflexions contemporaines de la bioéthique.

61. Par ailleurs, on sait que Nietzsche ne concevait sa lutte directe contre le christianisme, devenue explosive dans *L'Antéchrist*, que comme la première étape d'une grande politique et d'un renversement de toutes les valeurs, comme le montrent ses ultimes choix éditoriaux (cf. la note éditoriale, *in* OPC VIII, « Sur la genèse des œuvres et des écrits posthumes de 1888 », p. 414 sq.). L'opiniâtreté de Nietzsche à consolider chaque étape, son sentiment de ne pas arriver à dire ce qu'il veut dire et de devoir *recommencer*, redire les choses autrement, ont sans doute freiné son avancée. Son effondrement psychique ne lui laissera pas le temps de poursuivre.

62. Ce que Pichot (*La société pure, op. cit.*) prouve par d'innombrables citations, venues de tous bords.

63. Francis Galton (1822-1911), cousin de Darwin et considéré comme le fondateur de l'école biométrique et eugénique britannique, avait publié en 1883 les *Inquiries into Human Faculty and its Development*, dont Nietzsche possédait un exemplaire, et dont il lit au moins des extraits en 1884-1885. À ce sujet, cf. M.-L. Haase, « Nietzsche liest Galton », in *Nietzsche-Studien* 18, 1989, p. 633-658.

64. FP 11[252], printemps-automne 1881.
65. FP 14[123], printemps 1888, intitulé « Anti-Darwin ».
66. FP 1[38], début 1880.
67. Cf. *supra*, première partie, chapitre 3, et la note 10, p. 573.
68. Cf. *The Variation of Animals and Plants under Domestication*, 1868.
69. GM, I, § 17, « Remarque ».
70. Cf. EH, « Avant-propos », § 1 et « Pourquoi je suis si sage », § 4.
71. Cf. EH, « Pourquoi j'écris de si bons livres », § 1.
72. FP 15[120], printemps 1888.
73. Cf. APZ, III, « De la vertu qui rend petit », § 2, et « Des vieilles et des nouvelles tables », § 16.
74. B. Stiegler, *Nietzsche et la biologie, op. cit.*, p. 89 : « C'est contre cette redoutable question que se brisera l'effort de Nietzsche pour penser l'articulation du "souffrir" et de "l'agir". Cette question, il la retrouvera intensifiée à l'extrême en endurant lui-même la différence, propre au vivant (et parmi les vivants, à l'humain plus qu'à tout autre), entre la santé et la maladie. Le dernier grand écart qu'accomplira sa pensée, entre la pire tentation eugéniste et la conquête d'un de ses plus subtils concepts, celui d'une "grande santé" qui réclame la maladie pour se constituer, témoigne de la force de l'aporie qui surgit devant quiconque veut, non seulement penser le vivant, mais aussi le réparer de ses plus profondes blessures. »
75. Cf. *supra*, p. 375-376.
76. FP 14[213], printemps 1888.
77. FP 7[195], printemps-été 1883.
78. FP 10[17], automne 1887.
79. *Ibid.*
80. PBM, § 61.
81. FP 10[17], automne 1887 : à cet « être humain qui synthétise, totalise et justifie », il faut d'autant plus « la *rivalité* de la masse des "nivelés", le sentiment de distance à leur égard ; il se tient sur eux, il vit d'eux. Cette forme supérieure de l'*aristocratisme* est celle de l'avenir. (En termes moraux, cette machinerie totale, la solidarité de tous les rouages représente un maximum dans *l'exploitation de l'être humain* : mais cette machinerie suppose de ces êtres qui donnent un *sens* à cette

exploitation. Dans le cas contraire, elle ne serait effectivement rien qu'un *avilissement* du *type* humain — un *phénomène régressif* du plus grand style. »

82. FP 9[153], automne 1887.

83. APZ, prologue, § 3.

84. FP 16[6], printemps-été 1888. Voir aussi : FP 14[182], printemps 1888.

85. Cf. APZ, III, « De la vertu qui rend petit ».

86. Notons que, dans l'expression « l'homme qui synthétise, totalise et justifie » (FP 10[17], automne 1887), le terme allemand traduit par « totaliser » est *summieren* : faire la somme. Le terme est comptable, non pas métaphysique.

87. FP 7[21], printemps-été 1883. Ce fragment est une esquisse de plan pour un livre en cinq parties, dont Keith Ansell-Pearson propose une remarquable analyse, suggérant notamment que Nietzsche, qui vient de découvrir Spinoza comme son précurseur, envisage de composer sa propre « Éthique », qui doit culminer dans une méditation sur la béatitude (*Seligkeit*). Cf. K. Ansell-Pearson, « Une nouvelle approche du surhumain », in *Noésis* n° 10, 2006, p. 141-164.

88. Cf. FP 11[141], printemps-automne 1881.

89. Cf. *supra*, deuxième partie, chapitre 3.

90. Cf. FP 11[110] : « Le monde n'a cessé de se faire de plus en plus indifférent — de la sorte s'est accrue la connaissance impartiale, laquelle, devenue peu à peu un *goût*, *devient* enfin une passion. »

91. Cf. FP 11[162] : « Il nous fait aimer et cultiver l'erreur, c'est le sein maternel de la connaissance (...). Aimer et favoriser la vie par amour de la connaissance, aimer et favoriser l'erreur, le délire par amour de la vie. »

92. FP 11[141], printemps-automne 1881.

93. FP 24[16], hiver 1883-1884.

IX. *Micropolitique de l'éternité*

1. FP 11[161], printemps-automne 1881. (Trad. légèrement modifiée.)

2. F. Keck, « Des biotechnologies au biopouvoir, de la bioéthique aux biopolitiques », *Multitudes*, mars 2003 (http://multitudes.samizdat.net/Des-biotechnologies-au-biopouvoir). Paul Rabinow dans *Le déchiffrage du génome. L'aventure française*

(Odile Jacob, 2000) exprime une idée similaire : « La notion de vie pose problème aujourd'hui parce que les nouveaux modes de compréhension et les nouvelles technologies qui lui donnent forme produisent des résultats qui échappent à la réflexion philosophique, telle qu'elle a été formulée par le monde grec et par la tradition chrétienne » (p. 38).

3. « Une esthétique de l'existence », *Le Monde*, 15-16 juillet 1984, in *Dits et écrits, II, op. cit.*, p. 1550.

4. J'exprime dès à présent ma dette à l'égard de l'ouvrage de Muriel Combes consacré principalement à Foucault et à Simondon, *La vie inséparée. Vie et sujet au temps de la biopolitique*, Éditions Dittmar, 2011, mais aussi au dossier « La biopolitique (d')après Foucault » de la revue *Labyrinthe*, 22, 2005 (3).

5. « Le sujet et le pouvoir », 1982, *op. cit.*, p. 1042.

6. Dans *Par-delà nature et culture, op. cit.*

7. Mais aussi dans le monde indien et chinois classique, le monde andin et une grande partie de l'Afrique de l'Ouest.

8. Document disponible en ligne : http://www.college-de-france.fr/media/philippe-descola/UPL35678_descola_cours0203.pdf

9. FP 6[206], automne 1880.

10. Les pages qui suivent prendront soin de définir et de distinguer différents types d'ascèse, tant il est vrai qu'une ascèse nietzschéenne se comprend comme un déplacement, voire un retournement radical de « l'idéal ascétique » de type sacerdotal, violemment attaqué dans *La Généalogie de la morale*.

11. EH, « Pourquoi j'écris de si bons livres : "La Généalogie de la Morale" ».

12. Cf. GM, III, § 1.

13. Cf. *ibid.*, II, § 13.

14. Cf. *ibid.*, III, § 1 et § 5.

15. *Ibid.*, § 18.

16. *Ibid.*, § 1. Cf. aussi § 7 : « Toute bête, la *bête philosophe* [en français dans le texte] comme les autres, aspire instinctivement à un optimum de conditions favorables lui permettant de déployer toute sa force et d'atteindre le maximum du sentiment de puissance. »

17. Cf. PTG, § 9. Malgré les voies absolument contraires empruntées par Héraclite (il n'y a que du devenir) et par

Parménide (il n'y a que de l'Être), « tous deux ont cherché à éviter l'opposition et la division du monde en deux ordres distincts ».

18. Une même différence fondamentale sépare le christianisme du bouddhisme, ce qui explique que Nietzsche valorise nettement *ce nihilisme-ci* par rapport à celui-là.

19. Notons que Nietzsche ne perd jamais de vue que même une négation radicale de la vie reste fondamentalement le masque d'une affirmation, c'est-à-dire d'une volonté de puissance. Cf. GM, III, § 13 : « On m'a déjà compris : ce prêtre ascétique, cet ennemi apparent de la vie, ce *négateur* — il fait partie, lui précisément, des très grandes forces *conservatrices* et *affirmatrices* de la vie... » Seulement, c'est un « instinct de défense et de salut d'une vie en voie de dégénérescence ».

20. A, § 22.

21. Cf. GM, III, § 17 : « Que de tels *sportsmen* de la "sainteté", dont abondent toutes les époques et presque tous les peuples, aient effectivement réussi à se délivrer de ce qu'ils combattaient à l'aide d'un *training* aussi rigoureux, cela ne fait pas l'ombre d'un doute — ils se sont réellement *débarrassés* dans d'innombrables cas de cette profonde dépression physiologique, grâce à leurs procédés d'hypnotisation systématique : aussi leur méthode compte-t-elle parmi les faits ethnologiques universels. »

22. Dans un passage précédant immédiatement les lignes citées ci-dessus, Nietzsche prend pour exemples les phénomènes d'hibernation de certains animaux et d'estivation de certaines plantes tropicales.

23. Sloterdijk, *Tu dois changer ta vie, op. cit.*

24. Sloterdijk, *op. cit.*, p. 54-55. Que Nietzsche discrimine les cultures en termes de santé et de maladie, ajoute l'auteur, est une « simplification horripilante de la situation ». Mais on ne comprend cette polarité entre santé et maladie que dans le contexte, justement, de la conception nietzschéenne de l'activité vitale comme normation créatrice, qui implique une redéfinition radicale du « normal » et du « pathologique », anticipant notamment, on l'a vu, les travaux de Canguilhem. Le fait même que Sloterdijk, à la suite de Nietzsche en réalité, fasse dépendre la définition de la culture comme anthropotechnique de la constitution *immunitaire* de l'humain et de ses pratiques d'« optimisation » (p. 24) confirme bien la

nécessité d'une évaluation de la culture en termes de santé et de maladie, conçus non comme états de fait biologiques, mais comme normes relationnelles immanentes régulant les équilibres complexes entre extériorité et intériorité, entre passivité et activité. Comme dit Sloterdijk, la notion d'exercice permet seule de dépasser le clivage entre immunité biologique et immunité culturelle (p. 25).

25. « Il est temps de dévoiler l'homme comme la créature vivante qui naît de la répétition. De la même manière que le XIXe siècle était placé, du point de vue cognitif, sous le signe de la production et le XXe sous celui de la réflexivité, l'avenir devrait se présenter sous le signe de l'exercice » (p. 16). « « Que la raison de l'inégalité entre les hommes puisse tenir à leurs ascèses — à la diversité de leurs prises de position sur les défis de la vie en exercice —, cette idée n'a jamais été formulée dans l'histoire des recherches menées sur les causes dernières de la différence entre les hommes. Si l'on suit cette supposition, on voit s'ouvrir des perspectives littéralement inouïes, parce que impensées » (p. 61). « Je montrerai ci-dessous, dans les grandes lignes, comment peut s'opérer le passage d'une théorie de la société de classes (avec différenciation verticale par la domination, la répression et le privilège) à une théorie de la société des disciplines (avec différenciation verticale par l'ascèse, la virtuosité et la performance) » (p. 194).

26. Sloterdijk rappelle d'ailleurs le rapprochement saisissant, établi par de Coubertin lui-même, entre l'idéal d'une religion du sport porté par les jeux Olympiques et l'idéal de la religion de l'art incarnée par Bayreuth (cf. *op. cit.*, p. 135).

27. *Ibid.*, p. 470.

28. *Ibid.*, p. 475-476. Expression à rapprocher du « parc humain » utilisée par Sloterdijk à propos des anthropotechniques dans *Règles pour le parc humain* ([Suhrkamp, 1999], Mille et une nuits, 2000, repris dans *Règles pour le parc humain*, suivi de *La Domestication de l'Être*, Mille et une nuits, Fayard, 2010). Sur le texte de cette conférence et le scandale qu'il a soulevé (notamment sous l'impulsion de Habermas), cf. la revue en ligne *Multitudes*, http://multitudes.samizdat.net/-L-affaire-Sloterdijk-. Eu égard à la critique sévère qu'il mène de la déspiritualisation hygiéniste des ascèses, on aura beau jeu d'accuser Sloterdijk de fascisme...

29. *Op. cit.*, p. 480.

30. *Ibid.*, p. 533 sq.

31. Rapprochement que Sloterdijk explicite dans le chapitre « Habitus et inertie » (p. 255 sq.), profitant de l'occasion pour attaquer notamment, avec une sagace virulence, la sociologie bourdieusienne et l'agir communicationnel habermassien, comme « rejet de toute idée d'expédition au sommet », « aide-mémoire sur l'achèvement final des camps de base en région de plaine » (p. 260). Au concept d'habitus développé par Bourdieu, Sloterdijk oppose la théorie ancienne (antique et patristique) de l'habitus comme incorporation des vertus, fondée sur l'intuition de la vie comme principe d'autorenforcement et croissance indéfinie. L'habitus antique décrit l'homme comme un acrobate de la *virtus*. Et Sloterdijk de citer Prospère d'Aquitaine : « Il reste toujours quelque chose en quoi [les hommes] doivent pouvoir grandir » (cf. p. 269).

32. *Ibid.*, p. 274. « Tu dois changer ta vie » (*Du mußt dein Leben ändern*) est le dernier vers d'un poème de Rilke, « Archaischer Torso Apollos ». On ne s'étonnera pas que cette injonction jaillisse chez le poète de la contemplation d'une statue mutilée d'Apollon.

33. *Ibid.*, p. 228.

34. Foucault, « Usage des plaisirs et techniques de soi », in *Le Débat*, novembre 1983, repris in *Dits et écrits*, *II*, p. 1364. Nous soulignons.

35. « Mon intention est plutôt de développer une alternative, plus compétente sur le plan éthique et plus adéquate du point de vue empirique, à la déduction grossière de tous les effets de hiérarchie ou phénomènes de paliers à partir de la matrice de la domination et de la soumission » (Sloterdijk, *Tu dois changer ta* vie, *op. cit.*, p. 193).

36. *Ibid.*, p. 221.

37. Sur les difficultés de Nietzsche à jouer sur les deux fronts à la fois, allant jusqu'à l'obliger à opposer dangereusement à l'ascétisme nihiliste des pratiques trop univoquement hygiénistes, et à l'hygiénisme moderne la grandeur des ascèses chrétiennes, cf. Sloterdijk : « On ne peut pas ne pas voir une unilatéralité affirmée dans les écrits tardifs de Nietzsche : il n'a pas poursuivi ses découvertes ascétologiques, du côté positif, avec une énergie identique à celle dont il avait fait preuve pour ses explorations du pôle morbide — sans aucun

doute parce qu'il avait une plus forte propension à traiter du sens thérapeutique des idéaux ascétiques négatifs que du sens athlétique, diétologique, esthétique, mais aussi "biopolitique" des programmes positifs d'exercice. Il a été suffisamment malade, au cours de sa vie, pour s'intéresser aux possibilités d'un dépassement de la maladie qui soit productif de sens, et assez lucide pour rejeter les fabrications de sens dont on enveloppait traditionnellement l'absurde. C'est la raison pour laquelle le respect récalcitrant face à la prestation des idéaux ascétiques dans l'histoire antérieure de l'humanité s'associait chez lui au refus de le revendiquer pour sa propre cause. De cette oscillation entre la reconnaissance du comportement qui s'impose à lui-même une contrainte et le scepticisme à l'égard des surtensions idéalistes de ce type de pratiques est née chez lui l'attention nouvelle portée au domaine de comportement constitué par l'ascèse, l'exercice, l'autotraitement » (*ibid.*, p. 59-60).

38. FP 9[93], automne 1887.
39. CId, « Ce qui manque aux Allemands », § 6.
40. *Tu dois changer ta vie*, *op. cit.*, p. 579.
41. Cf. EH, « Pourquoi je suis si sagace », § 6.
42. *Ibid.*, § 8. (Trad. modifiée.)
43. Cf., notamment, les différentes études recueillies dans Pierre Hadot, *Exercices spirituels et philosophie antique*, Albin Michel, 2002. Dans cet ouvrage pourtant consacré à l'exercice antique de la philosophie, le nom de Nietzsche revient fréquemment. Qu'on me permette de profiter de l'occasion de cette référence à Pierre Hadot pour exprimer ma profonde admiration pour l'homme et son œuvre, et ma conviction que, dans son originalité même, Pierre Hadot est à compter parmi les rares hommes de ce siècle (à côté de quelques autres dont le présent ouvrage trahit parfois les noms) à avoir eu le courage d'une pensée « inactuelle », c'est-à-dire d'avoir choisi une voie qui, pour être singulière, est une voie *nietzschéenne*.
44. Cf. « Un dialogue interrompu avec Michel Foucault ; convergences et divergences », et « Réflexions sur la notion de "culture de soi" », *in* Hadot, *op. cit.*, p. 305 sq ; p. 323 sq.
45. Cf. *ibid.*, « Exercices spirituels antiques et "philosophie chrétienne" », p. 75 sq.
46. Cf. *La Philosophie à l'époque tragique des Grecs* : « Les Grecs ont maîtrisé leur instinct de connaissance en lui-même

insatiable grâce au respect qu'ils avaient pour la vie, grâce à leur exemplaire besoin de la vie... car ce qu'ils apprenaient, ils voulaient tout aussitôt le vivre » (§ 1) ; « En tout cas, *cette* manière *particulière* de vivre et d'envisager les problèmes de l'humanité a déjà existé ; elle est donc possible. Le "système" ou tout au moins une partie de ce système est la plante issue de ce sol » (avant-propos) ; « Nul ne peut avoir l'audace d'accomplir en soi la loi de sa philosophie, personne ne vit de manière philosophique avec cette loyauté élémentaire qui obligeait un Ancien, où qu'il fût et quoi qu'il fît, à se comporter en stoïcien s'il avait un jour juré fidélité au portique » (§ 2). Dans *Schopenhauer éducateur* : « J'estime un philosophe dans la mesure où il est en état de donner un exemple. Nul doute que par l'exemple il puisse entraîner à sa suite des peuples entiers (...). Comme nous sommes loin encore en Allemagne de cette courageuse visibilité d'une vie philosophique ! » (§ 3). À cette époque, Nietzsche trouve chez Schopenhauer, seul parmi les modernes, trois vertus antiques : la probité, la sérénité et la constance (§ 2).

47. Cf. Hadot, *op. cit.*, « Une clé des *Pensées* de Marc Aurèle : les trois *topoi* philosophiques selon Épictète », p. 165 sq.

48. Cf., parmi d'innombrables exemples, Marc Aurèle dans les *Pensées pour soi-même* (IV, 79, 2-3) : « Il est un déserteur celui qui fuit la raison politique. Il est aveugle, celui qui ferme l'œil de l'intelligence. Il est un abcès du monde celui qui se retire et se sépare de la raison de la nature universelle, en refusant d'accueillir avec amour les conjonctions d'événements » (cité par Hadot, *op. cit.*, p. 183).

49. Au sens que les Grecs donnent au terme *physis* (cf. Hadot, *op. cit.*, « La physique comme exercice spirituel... », p. 145 sq.

50. Cf. dès PTG, § 3 : « S'il [Thalès] avait dit que la terre a son origine dans l'eau, nous n'aurions affaire qu'à une hypothèse scientifique, une hypothèse fausse, mais néanmoins difficilement réfutable. Mais il dépasse le cadre proprement scientifique. En exposant cette représentation moniste fondée sur l'hypothèse de l'eau, Thalès n'a pas seulement dépassé le niveau élémentaire des analyses physiques de son époque ; il l'a bien au contraire franchi d'un bond. Les observations incohérentes, laborieuses et de type empirique que Thalès avait faites sur la provenance et les métamorphoses de l'eau, ou

plus précisément de l'élément humide, n'auraient absolument pas permis ni même suggéré une généralisation si démesurée. Ce qui l'y a poussé ce fut un axiome métaphysique, dont l'origine est une intuition d'ordre mystique et que nous rencontrons dans tous les systèmes philosophiques, comme allant de pair avec les tentatives toujours renouvelées de l'exprimer mieux, c'est ce postulat que "tout est un". Il est remarquable de voir quelle violence une telle croyance fait subir à l'ensemble de la réalité empirique » ; « Le philosophe cherche à faire résonner en lui toute l'harmonie de l'univers et à l'extérioriser en concepts » ; « La pensée dialectique, il la saisit pour fixer son émerveillement, pour le pétrifier ».

51. CI III, § 5.
52. Cf. GS, § 124.
53. Sur l'*amor fati*, cf., par exemple, GS, § 276, et sur l'innocence du devenir : CId, « Les quatre grandes erreurs », § 8.
54. CI III, § 3.
55. Cf. Giorgi Colli, *Philosophes plus qu'humains* [1939], Éditions de l'Éclat, 2010.
56. *Ibid.*, p. 131-133.
57. CI III, § 5. Cf. aussi : « J'en arrive ici à la question de savoir s'il est possible de se mettre en relation avec le grand idéal de l'homme schopenhauerien par une activité propre et régulière. Une chose est sûre avant tout : ces nouveaux devoirs ne sont pas les devoirs d'un homme isolé ; on participe, bien au contraire, avec eux d'une puissante communauté dont les liens ne sont nullement des formes et des lois extérieures, mais une pensée fondamentale. C'est la pensée fondamentale de la culture » (*ibid.*).
58. Cf. Platon, *Le Banquet*, 216a.
59. CId, « Incursions d'un "inactuel" », § 23.
60. Cf., dans GS, par exemple : « "Donner du style" à son caractère — voilà un art grand et rare ! Celui-là l'exerce qui embrasse tout ce que sa nature offre de forces et de faiblesses, et qui sait ensuite si bien l'intégrer à un plan artistique que chaque élément apparaisse comme un morceau d'art et de raison et que même la faiblesse ait la vertu de charmer le regard. Ici une grande masse de seconde nature a été ajoutée, là un morceau de nature première retranché — à chaque fois au prix d'un patient exercice, d'un labeur quotidien » (§ 290) ; « Au fond, j'ai en horreur toutes ces morales qui

disent : "Ne fais point ceci ! Renonce ! Surmonte-toi !" — en revanche, j'obéirai volontiers aux morales qui me poussent à agir et à agir derechef, quitte à ne rêver du matin au soir et la nuit durant que de cela, à ne penser à rien sinon à faire *bien* et aussi bien qu'il m'est, *à moi seul*, possible de le faire ! » (§ 304) ; « Le plus insupportable sans doute, et ce qu'il y aurait de proprement terrible pour moi serait une vie totalement dépourvue d'habitudes, une vie qui demanderait une improvisation incessante : ce serait mon exil et ma Sibérie » (§ 295).

61. Hadot cite de nombreuses occurrences confirmant cette conception (p. 23, n. 5), dont nous retiendrons la plus frappante, issue du *Manuel* d'Épictète (III, 23, 30) : « L'école du philosophe est une clinique. »

62. *Exercices spirituels, op. cit.*, p. 23.

63. Cf. *ibid.*, « Exercices spirituels antiques et "philosophie chrétienne" », p. 77-78.

64. Citons, par exemple, ce réjouissant passage : « Pas de collation entre les repas, pas de café : le café assombrit. Le *thé* ne convient que le matin. Peu, mais très fort : le thé est très nocif et indispose pour toute une journée quand il est trop faible, ne serait-ce que d'un degré. Chacun a sa propre mesure, souvent entre les limites les plus étroites et les plus subtiles. — Dans un climat très *agaçant* [en français dans le texte], le thé n'est pas à recommander au début : il faut une heure auparavant débuter par une tasse de cacao dégraissé bien épais » (EH, « Pourquoi je suis si sagace », § 1).

65. CId, « Ce qui manque aux Allemands », § 6.

66. EH, « Pourquoi je suis si sagace », § 2.

67. Cf. CId, « Les quatre grandes erreurs », § 1.

68. Cf., par exemple, sur ce point : Pierre Montebello, *Vie et maladie chez Nietzsche*, Ellipses, 2001, notamment p. 84 sq.

69. Cf. EH, « Pourquoi je suis si sage », § 1.

70. EH, « Par-delà bien et mal », § 1.

71. CId, « Ce que je dois aux Anciens », § 1.

72. EH, « Pourquoi je suis si sagace », § 8.

73. FP 3[53], printemps 1880.

74. FP 15[59], automne 1881.

75. Il faut donc rendre un hommage d'autant plus appuyé à deux articles pénétrants, qui ont marqué un jalon décisif dans l'étude de ces rapports : Richard Roos, « Nietzsche et Épicure : l'idylle héroïque », in *Revue d'Allemagne et des*

pays de langue allemande, octobre-décembre 1980, XII, n° 4, p. 497-546, repris in *Lectures de Nietzsche*, dir. J.-F. Balaudé et P. Wotling, Librairie générale française, 2000 ; et Barbara Neymeyr, « "Selbst-Tyrannei" und "Bildsäulenkälte". Nietzsches kritische Auseinandersetzung mit der stoischen Moral », in *Nietzsche-Studien*, 38, p. 65-92, 2009.

76. Cf. l'article cité ci-dessus en note.

77. L'image revient souvent chez Nietzsche, qui l'aura certainement trouvée dans une parabole de Schopenhauer, cf. *Parerga et Paralipomena*, II, chap. 31, § 396. L'image de la peau dure ou hérissée de piquants est constante chez Nietzsche pour évoquer l'instinct d'autodéfense, le « non » inhérent à l'individuation vitale.

78. GS, § 306.

79. FP 15[55], automne 1881.

80. Cf. GS, § 305.

81. PBM, § 9.

82. Cf., en particulier, la préface de 1886 au *Gai Savoir*, § 1.

83. Le terme apparaît dans le FP 43[3] d'août 1879, rédigé en Engadine, et se trouve ensuite explicitement associé à Épicure dans VO, § 295. Roos relève les très nombreuses occurrences, jusque dans la correspondance de Nietzsche, d'une tonalité arcadienne.

84. Cf. HTH, §§ 284 et 289.

85. EH, « Humain, trop humain », § 4.

86. Cf. Épicure, *Lettre à Hérodote*, et le commentaire rigoureux de ce texte par Jean-François Balaudé, in *Lettres, Maximes, Sentences*, Librairie générale française, 1994

87. Cf. EH, *loc. cit.* : « L'*obligation* du repos, du désœuvrement, de l'attente et de la patience... Mais c'est justement cela qui s'appelle penser !... »

88. GS, § 45.

89. VO, § 337.

90. HTH, § 291.

91. Cf. APZ, III, « De la vision et de l'énigme », § 2.

92. Cf. VO, § 308, « À midi ».

93. Cf. GS, « Plaisanterie, ruse et vengeance », poème 33 : « Le Solitaire ».

94. Cf. FP 23[56], été 1877.

95. VO, § 227, « L'éternel Épicure ».

96. Cf. VO, § 229.

97. GS, § 375.
98. FP 7[27], fin 1880.
99. PBM, § 270.
100. GS, § 12.
101. Cf. GS, § 48, le passage cité en exergue de notre ouvrage.
102. Cf. FP 15[120], printemps 1888.
103. NT, § 23. Et voir aussi, presque dix ans plus tard, le FP 11[159], automne 1881 : « Imprimons à *notre* vie le sceau de l'éternité ! »
104. FP 12[100], automne 1881.
105. Cf., pour un accès aisé à ces passages : *Fragments posthumes sur l'Éternel Retour*, éd. et trad. Lionel Duvoy, Éditions Allia, 2006.
106. Cf., par exemple, le FP 14[188], printemps-été 1888.
107. FP 1[3], juillet-août 1882.
108. Cf., par exemple, NT, § 23 ; FP 14[22], printemps 1871-début 1872 ; A, § 262 ; FP 16[49], automne 1883, etc.
109. Cf. Hadot, *Exercices spirituels, op. cit.*, p. 26 sq.
110. Ainsi chez Marc Aurèle : « Ne plus te borner à co-respirer l'air qui t'entoure, mais désormais co-penser avec la pensée qui englobe toutes choses. Car la force de la pensée n'est pas moins répandue partout, ne s'insinue pas moins en tout être capable de la laisser pénétrer, que l'air en celui qui est capable de le respirer... Un immense champ libre s'ouvrira devant toi, car tu embrasses par la pensée la totalité de l'univers, tu parcours l'éternité de la durée » (*Pensées pour moi-même*, XII, 24, 3. Cité par Hadot, *op. cit.*, p. 56).
111. Sur la contemplation comme fête du monde dans la philosophie antique, cf. Hadot, *op. cit.*, p. 54 sq. Chez Nietzsche, cf., par exemple, A, § 271 ; GS, §§ 54, 301.
112. CI II, § 1.
113. Cf., par exemple, Marc-Aurèle, *Pensées pour moi-même*, IV, 48. Et déjà chez Platon, *République*, 486a : « Mais pour cette pensée douée d'une sublime grandeur et vouée à la contemplation du temps dans sa totalité, de l'essence tout entière, crois-tu qu'il soit possible de considérer la vie humaine comme une chose de grande valeur ? » (in *Œuvres complètes, op. cit.*, p. 1651).
114. Cf. sur l'insignifiance de la connaissance humaine

dans l'univers, cf. la fable qui ouvre *Vérité et mensonge au sens extra-moral*. Sur la prétention à l'immortalité, cf. A § 211.

115. A, § 49.
116. Cf. EH, « Ainsi parlait Zarathoustra », § 1.
117. EH, « Pourquoi je suis un destin », § 1.
118. Un seul exemple parmi de nombreux autres : « Je ne veux pas que ma vie *recommence*. Comment l'ai-je supporté ? En créant. Que m'importe de supporter cette vision du surhomme qui *affirme* la vie ? J'ai tenté *moi-même* de l'affirmer — Hélas ! » (FP 4[81], novembre 1882-février 1883).
119. Cf. EH, « La naissance de la tragédie », § 3 : « La doctrine de l'"éternel retour", c'est-à-dire le cycle inconditionné et infiniment répété de toutes choses — cette doctrine de Zarathoustra *pourrait*, tout compte fait, avoir déjà été enseignée par Héraclite. Du moins la Stoa, qui a hérité d'Héraclite la plupart de ses représentations fondamentales, en a-t-elle gardé des traces. »
120. Cf. sa conception historique des cycles d'ascension et de déclin des cultures, et sa farouche opposition à toute conception téléologique ou eschatologique de l'histoire.
121. Cf. : « Nous pourrions comparer le temps à un cercle qui tourne sans fin », et l'ensemble du § 54 du *Monde comme volonté et représentation*.
122. Nietzsche utilise souvent la métaphore musicale du *da capo* pour parler de l'Éternel Retour. Par ailleurs, il n'est pas besoin de rappeler l'importance du cycle et de l'anneau dans l'œuvre de Wagner.
123. Cf., par exemple, *Fatum et Histoire*, un texte de 1862 (Nietzsche a alors dix-huit ans).
124. APZ, II, « L'heure la plus silencieuse ».
125. FP 11[203], printemps-automne 1881.
126. Cf. *ibid*. [158] : « Gardons-nous d'enseigner notre doctrine comme une soudaine religion ! Il faut qu'elle s'infiltre lentement, il faut que des générations entières y ajoutent du leur et en soient fécondées — afin qu'elle devienne un grand arbre qui obombre toute humanité encore à venir. Que sont les deux millénaires durant lesquels s'est conservé le christianisme ! Plusieurs milliers d'années seront nécessaires à la plus puissante pensée — pendant *longtemps, longtemps* il lui faudra rester infime et impuissante ! »
127. FP 11[339], printemps-automne 1881.

128. Cf. Deleuze, notamment *Critique et clinique*, Éditions de Minuit, 1993, chap. XV, p. 158 sq.
129. Cf. AC, § 42.
130. FP 11[220], printemps-automne 1881.
131. *Ibid.* [167].
132. *Ibid.* [141].
133. Cf. Deleuze, *Nietzsche et la philosophie*, op. cit. : « Nietzsche mène la critique contre toute conception de l'affirmation qui ferait de celle-ci une simple fonction, fonction de l'être ou de ce qui est (...). Tant que l'affirmation est présentée comme une fonction de l'être, l'homme lui-même apparaît comme le fonctionnaire de l'affirmation (...). Le sens de l'affirmation ne peut se dégager que si l'on tient compte de ces trois points fondamentaux dans la philosophie de Nietzsche : non pas le vrai, ni le réel, mais l'évaluation ; non pas l'affirmation comme assomption, mais comme création ; non pas l'homme, mais le surhomme comme nouvelle forme de vie » (p. 210-213).
134. Parmi les nombreux fragments consacrés à cette explication par la physique, on pourra retenir le FP 11[148], exemplaire de cette argumentation. Je ne m'étendrai pas ici sur les arguments de la physique nietzschéenne en faveur de l'Éternel Retour, qui relèvent, il me semble, d'une utilisation stratégique de la science, dont j'ai analysé plus haut les enjeux. Je rappellerai seulement ici le souvenir que rapporte Lou Andreas-Salomé dans son ouvrage sur Nietzsche : « À cette époque [en 1882], comme nous l'avons déjà dit, l'idée de l'éternel retour n'était pas encore pour Nietzsche une certitude, mais une appréhension. Il comptait faire dépendre la façon dont il en parlerait de la mesure dans laquelle les sciences lui en apporteraient la confirmation. Nous échangeâmes sur ce sujet toute une correspondance, et il ressortait toujours de ses déclarations qu'il pensait trouver la base irréfutable de sa théorie dans l'étude de la physique et de la constitution de l'atome — ce en quoi il se trompait. C'est à ce moment qu'il forma le projet de consacrer dix ans à l'étude des sciences naturelles, à l'université de Vienne ou de Paris. C'est seulement après cette période de silence, et dans le cas redouté d'un succès, qu'il comptait faire sa réapparition parmi les hommes afin de prêcher l'évangile du "retour éternel" » (Lou Andreas-Salomé, *Friedrich Nietzsche à travers ses œuvres* [1894], Grasset, 1992,

p. 251). Soulignons que Nietzsche fait dépendre des résultats de la science une *manière de parler* de l'Éternel Retour, un choix stylistique ; et qu'en outre il semble *redouter* que la science ne lui apporte une confirmation : non seulement parce que ce serait une vérité terrible et trop lourde, mais peut-être plus encore parce que son irréfutabilité affaiblirait le nouveau vouloir capable de l'affirmer et la manière d'exprimer son appel à ce nouveau vouloir. La science est toujours pour Nietzsche une alliée dangereuse.

135. Cf. APZ, III, 5.

136. Cf. CId, « Ce que je dois aux Anciens », § 5, et EH, « La naissance de la tragédie », § 3.

137. Cf. FP 5[71(5)] : « La *durée*, avec un "en vain", sans but ni fin, constitue la pensée *la plus paralysante*, surtout si l'on comprend que l'on est floué, et pourtant impuissant à ne pas se laisser flouer. »

138. FP 11[141], printemps-automne 1881.

139. *Heiterkeit* est un terme important du vocabulaire nietzschéen ; traduit traditionnellement par « sérénité », Éric Blondel lui préfère « belle humeur », et Patrick Wotling « gaieté d'esprit » (cf., de ce dernier, la traduction aussi rigoureuse que réjouissante du *Gai Savoir*, Flammarion, 1997 et 2007).

140. C'est évidemment à Clément Rosset que nous pensons ici, et à son lumineux ouvrage *La Force majeure*, Éditions de Minuit, 1983 : « Les thèmes du surhomme, de l'éternel retour, de la volonté de puissance — dont on sait depuis longtemps que, s'ils sont au centre de quelque chose, c'est au centre d'un livre qui n'existe pas pour n'avoir jamais été écrit — n'ont de sens que pour autant qu'ils constituent des expressions tardives et hasardeuses de la béatitude, thème central et constant de la pensée de Nietzsche, je dirais volontiers thème *unique* » (p. 36). Sans doute pourrait-on dire avec moins d'impatience, au lieu d'« expressions tardives et hasardeuses », que, dans la constitution de l'éthique nietzschéenne de la béatitude, le surhomme a été une figure projetée, l'Éternel Retour un exercice spirituel, et la volonté de puissance un principe heuristique. Ces éléments constitutifs de la philosophie de Nietzsche sont moins tardifs que longuement mûris, et moins hasardeux qu'expérimentaux. Mais on ne dira jamais assez combien Clément Rosset a contribué à arracher Nietzsche aux passions tristes de ses lecteurs nihilistes.

141. APZ, III, « L'autre chant de danse », § 3.

142. Sloterdijk, *Tu dois changer ta vie, op. cit.*, p. 304.

143. GS, § 301. (Trad. légèrement modifiée.)

144. Difficulté à laquelle se heurtent aussi les critiques de l'« apolitisme » d'un Foucault ou d'un Deleuze.

145. CI III, § 3.

146. Sur cette contrainte exercée par la démocratie sur le philosophe, cf. PBM, § 389, qui est un écho, dix ans plus tard, aux pages de *Schopenhauer éducateur* citées plus haut.

147. Cf. Alan D. Schrift, « Nietzsche *for* Democracy », *in* J. Scott (éd.) : *Southern Journal of Philosophy* XXXVII, supplément, 1999, p. 167-173, et « Nietzsche, Foucault, Deleuze, and the Subject of Radical Democracy », in *Angelaki : Journal of Theoritical Humanities* 5.2, 2000.

148. Deleuze, *Spinoza. Philosophie pratique*, Éditions de Minuit, 1981, p. 10-11.

149. Cf. PBM, § 289 : « On perçoit toujours dans les écrits d'un solitaire une sorte d'écho du désert, quelque chose qui rappelle le murmure et la circonspection farouche de la solitude ; même dans ses paroles les plus violentes, et jusque dans ses cris, résonne encore une manière nouvelle, plus dangereuse, de se taire et d'imposer silence à sa parole. » Il en est ainsi des paroles de Zarathoustra sur la place du marché, et de même de celles de tout esprit libre sur le forum démocratique.

150. Cf. GS, § 364.

151. GS, § 321.

152. GS, § 334.

153. GS, § 61.

154. Cf. APZ, I, « De l'ami », et le chant suivant, « De l'amour du prochain ».

155. On retiendra notamment les chapitres que Horst Hutter consacre aux « Practices of Solitude » et « The Dialectics of Solitude and Friendschip », in *Shaping the Future. Nietzsche's Regime of the Soul and its Ascetic Practices*, Kexington Books, 2006, p. 47-107, qui presentent l'intérêt d'articuler solitude et amitié à l'ascèse proprement nietzschéenne, celle-ci étant elle-même rapportée à la philosophie de l'avenir.

156. Éditions Galilée, 1994.

157. *Ibid.*, p. 259.

158. Cf. Aristote, *Éthique à Eudème*, 1234b, 22-23.

159. Derrida, *op. cit.*, p. 130.

160. Préface à la réimpression de Carl Schmitt, *Theorie des Partisanen, Zwischenbemerkung zum Begriff des Politischen*, Dunker & Humblot, Berlin, 1963 (en français : *La notion de politique. Théorie du partisan*, Champs Flammarion, 1999).

161. Derrida, *op. cit.*, p. 262.

162. APZ, I, « De l'ami ».

163. *Ibid.* Sur la femme exclue de l'amitié par un Nietzsche réputé misogyne, cf. les analyses de Derrida (*op. cit.*, p. 312 sq.) : « La femme n'était pas un homme, un homme libre capable d'amitié et non seulement d'amour. Eh bien, l'homme non plus n'est pas un homme. Pas encore. Et pourquoi donc ? Parce qu'il n'est pas encore assez généreux, parce qu'il ne sait pas assez donner à l'autre. Pour accéder à ce don infini, sans lequel il n'est pas d'amitié, il faut savoir donner à l'ennemi. Et de cela ni la femme ni l'homme (jusqu'ici) ne sont capables. Sous la catégorie du "ne pas encore" *(noch... nicht)*, donc de ce "jusqu'ici" que nous interrogions plus haut, l'homme et la femme à cet égard sont égaux. Jusqu'ici ils sont également en retard, bien que la femme soit en retard sur l'homme » (p. 315).

164. FP 6[203], automne 1880. Ce n'est pas par une manipulation dissimulatrice que je ne donne pas la suite du fragment, qui pourtant se poursuit ainsi : « *faire disparaître* les geignards, les contrefaits, les dégénérés, telle doit être la tendance », etc. C'est que j'espère avoir suffisamment traité la question de la sélection et la définition nietzschéenne des « faibles » pour ne pas y revenir. En outre, l'expression « faire disparaître » et ses variantes volontiers utilisées par Nietzsche (anéantir, détruire, éliminer), si elles réveillent nécessairement chez nous le traumatisme de l'extermination totalitaire, ne préjugent en aucun cas de ses moyens et de ses buts (non pas une « métaphore », mais un autre champ problématique) : le médecin fait disparaître une maladie, l'éducation l'ignorance, le sculpteur la pierre, etc. Il n'y a pas, pour Nietzsche, de destruction sans re-création de ce qui est détruit, pas d'anéantissement sans avenir. La « déconstruction » derridienne ne fait pas autre chose : « [La déconstruction] concernerait la confiance, le crédit, la croyance, la *dôxa* ou l'*eudoxía*, l'opinion ou la bonne opinion, l'approbation accordée à la filiation, à la naissance et à l'origine, à la génération, à la familiarité de la famille, à la proximité du prochain, à ce que des axiomes inscrivent trop vite

sous ces mots. Non pas pour leur faire la guerre et y voir le mal, mais pour penser et vivre une politique, une amitié, une justice qui *commencent* par rompre avec leur naturalité ou leur homogénéité, avec leur lieu d'origine allégué. Qui commencent donc là où le commencement (se) divise et diffère. Qui commencent par marquer une hétérogénéité "originaire" qui est déjà venue et qui peut seule venir, à l'avenir, les ouvrir. Fût-ce à elles-mêmes » (*Politique de l'amitié*, p. 128). Derrida qualifie lui-même cette déconstruction de *généalogique*.

165. Derrida, *op. cit.*, p. 339.

166. Proust, *La Prisonnière*, in *À la recherche du temps perdu*, t. III, Gallimard, « Bibliothèque de la Pléiade », 1988, p. 594.

167. Cf. FP 11[338], automne 1881.

168. N'est-il pas significatif que Nietzsche, à propos de l'Éternel Retour, ne parle presque jamais que d'éternelles répétitions futures, et non passées ?

169. Cf. note 29, p. 595.

170. Reproduite *in* Foucault, *Le corps utopique*, suivi de *Les hétérotopies*, Nouvelles Éditions Lignes, 2009.

171. *Ibid.*, p. 12-13.

172. On reconnaît évidemment ici les positions centrales de l'*Anti-Œdipe* de Deleuze et Guattari.

173. Cf. l'admirable § 337 du *Gai Savoir* : « Assumer tout ceci en son âme, assumer ce qu'il y a de plus ancien, de plus nouveau ; les pertes, les espérances, les conquêtes, les victoires de l'humanité : avoir enfin tout cela en une seule âme, le condenser en un seul sentiment : voilà qui devrait pourtant constituer une félicité que l'homme n'avait point connue jusqu'alors, félicité d'un dieu, pleine de puissance et d'amour, pleine de larmes et de rires, félicité qui, tel le soleil au soir, dispense continûment son inépuisable richesse et en déverse dans la mer, qui, tel le soleil, ne se sent le plus riche que lorsque aussi le plus pauvre pêcheur rame avec des avirons dorés. Ce serait alors que ce divin sentiment se nommerait — humanité ! »

174. GS, § 338.

INDEX DES NOMS

ADORNO, Theodor W. : 222, 233.
AGAMBEN, Giorgio : 157, 607.
ALCIBIADE : 289, 493.
ANSELL-PEARSON, Keith : 628.
AQUIN, Thomas d' : 64.
ARENDT, Hannah : 85, 86, 88, 89, 128, 129, 130, 145, 158.
ARISTOTE : 86, 386, 549, 551.
ARON, Raymond : 66, 67, 570.
AUDOUARD, Catherine : 358, 607.
AUGUSTIN (saint Augustin d'Hippone) : 279, 289, 549, 551.

BALAUDÉ, Jean-François : 577, 637.
BARTHES, Roland : 64, 569.
BATAILLE, Georges : 222.
BAUDELAIRE, Charles ; 176, 178.
BEETHOVEN, Ludwig van : 398.
BERLIN, Isaiah : 372.
BERNARD, Claude : 424, 428, 623.
BISMARCK, Otto von : 61, 261, 618.
BLANCHOT, Maurice : 549.
BLONDEL, Éric : 641.
BOLTANSKI, Luc : 373.
BOURDIEU, Pierre : 123, 258, 632.
BOUSQUET, Joë : 406.
BRANDES, Georg : 268, 593, 617.
BRUNO, Giordano : 493.

BURCKHARDT, Jacob : 25, 47, 48, 49, 52, 85, 261, 301, 526, 593, 598, 599.

CANGUILHEM, Georges : 415, 417, 470, 498, 619, 622, 630.
CAVELL, Stanley : 144.
CERTEAU, Michel de : 65.
CHATEAUBRIAND, François-René de : 176.
COLLI, Giorgio : 20, 492, 561, 562, 563, 564, 566, 582, 635.
COMBES, Muriel : 629.
COMTE, Auguste : 619.
CONFUCIUS : 317, 603.
COUBERTIN, Pierre de : 482.
CRÉPON, Marc : 577.
CROMWELL, Oliver : 99.

DARWIN, Charles (et darwinisme) : 196, 267, 295, 312, 313, 415, 416, 417, 419, 420, 423, 424, 429, 430, 431, 438, 440, 442, 445, 451, 581, 583, 597, 620, 621, 623, 626, 627.
DEBORD, Guy : 157, 158.
DELACROIX, Eugène : 178.
DELEUZE, Gilles : 98, 100, 111, 112, 113, 159, 163, 237, 238, 259, 264, 267, 333, 376, 405, 406, 416, 433, 435, 438, 476, 540, 545, 546, 553, 554, 578, 593, 595, 597, 600, 601, 607, 608, 610, 611, 620, 625, 640, 642, 644.
DÉMOCRITE : 104.
DERRIDA, Jacques : 383, 384, 389, 549, 550, 551, 553, 554, 613, 643, 644.
DESCARTES, René : 179, 229, 230, 355, 522, 582, 587, 590.
DESCOLA, Philippe : 473, 626.
DESCOMBES, Vincent : 247, 591.
DILTHEY, Wilhelm : 135, 372.
DIOGÈNE : 322, 323, 324.
DIXSAUT, Monique : 273, 555, 594, 595.
DOSSE, François : 66.
DÜHRING, Eugen : 303, 306, 307, 310, 369, 460, 599, 610.
DURKHEIM, Émile : 372.

EMERSON, Ralph Waldo : 144, 577.
ÉPICTÈTE : 634, 636.
ÉPICURE : 460, 505, 507, 508, 509, 510, 512, 636, 637.
EURIPIDE : 42, 43.

Febvre, Lucien : 66.
Foucault, Michel : 37, 65, 66, 111, 113, 142, 143, 147, 161, 162, 164, 218, 219, 222, 223, 224, 225, 226, 227, 228, 229, 243, 244, 246, 249, 252, 418, 469, 470, 471, 476, 481, 484, 487, 498, 554, 555, 566, 581, 586, 591, 629, 642.
Freud, Sigmund : 425, 538, 556.
Fukuyama, Francis : 381, 382, 383, 384, 385, 386, 387, 388, 389, 390, 391, 613, 614.

Gadamer, Hans-Georg : 135, 136, 143, 576.
Galton, Francis : 442, 626.
Gersdorff, Carl von : 25.
Goethe, Johann Wolfgang von : 21, 131, 141, 398, 564, 568, 605.
Guattari, Félix : 111, 113, 163, 164, 416, 553, 554, 578, 579, 608, 620, 644.

Habermas, Jürgen : 66, 168, 215, 216, 218, 220, 222, 223, 226, 227, 228, 243, 244, 585, 586, 631, 632.
Hadot, Pierre : 143, 144, 145, 146, 147, 157, 487, 494, 495, 577, 633, 634, 636, 638.
Haeckel, Ernst : 442, 622, 623.
Hartog, François : 64, 67.
Hegel, Georg Wilhelm Friedrich : 71, 88, 89, 139, 142, 180, 214, 215, 216, 366, 372, 382, 383, 384, 385, 393, 576, 593, 595, 600, 615.
Heidegger, Martin : 135, 142, 222, 229, 230, 231, 232, 233, 234, 242, 250, 253, 254, 277, 338, 414, 415, 533, 570, 586, 587, 588, 590.
Heine, Heinrich : 398.
Héraclite : 102, 103, 104, 205, 209, 234, 494, 521, 629, 639.
Herder, Johann Gottfried von : 397.
Hérodote : 86, 87, 571.
Hirschmann, Albert Otto : 608.
Hitler, Adolf : 293, 614, 620.
Hobbes, Thomas : 228, 303, 304, 355, 357, 423, 599, 621.
Hohenstaufen, Frédéric II de : 289.
Hölderlin, Friedrich : 139, 141, 216.
Homère : 86, 87, 566, 608.
Horkheimer, Max : 222, 233.

Hume, David : 355.
Hutter, Horst : 642.

Jacob, François : 624.
Jésus-Christ : 168, 346, 347.
Jules César : 289.

Kant, Emmanuel : 26, 27, 29, 35, 64, 140, 161, 162, 204, 213, 214, 215, 216, 290, 371, 372, 420, 421, 423, 479, 519, 549, 568, 621, 623.
Keck, Frédéric : 467, 628.
King, Martin Luther : 380.
Kojève, Alexandre : 382, 613, 614.
Koselleck, Reinhart : 67.

Lange, Albert : 421, 621.
Latour, Bruno : 156, 626.
Lenclud, Gérard : 67.
Lessing, Gotthold Ephraim : 38.
Levi, Primo : 406, 607.
Locke, John : 356, 397.
Losurdo, Domenico : 604, 605.
Loureau, René : 112.
Lukács, György : 158.
Luther, Martin : 295, 296, 297.

Macherey, Pierre : 415, 586, 619.
Malthus, Thomas : 417, 621.
Manent, Pierre : 301.
Mann, Thomas : 261.
Marc-Aurèle : 143, 634, 638.
Martuccelli, Danilo : 171, 580.
Marx, Karl : 88, 90, 113, 232, 282, 331, 382, 607, 620.
Meschonnic, Henri : 580.
Meysenbug, Malwida von : 15, 122, 457, 563, 574, 579, 582.
Mill, John Stuart : 357, 358, 608, 609.
Molière, Jean-Baptiste Poquelin, dit : 177.
Montaigne, Michel de : 144, 549, 551.
Montebello, Pierre : 237, 588, 623, 636.
Montesquieu, Charles Louis de Secondat de La Brède, dit : 357.
Müller-Lauter, Wolfgang : 236, 424, 587, 588, 620, 623.

Index des noms

NÄGELI, Karl Wilhelm von : 415.
NAPOLÉON Ier : 178, 298, 398, 400, 401, 402, 568, 581.
NORA, Pierre : 78, 80, 81.

OBAMA, Barack : 377, 378, 379, 380, 381, 382, 388, 612.

PARMÉNIDE : 104, 210, 259, 479, 630.
PASCAL, Blaise : 444, 501, 602.
PAUL DE TARSE (saint Paul) : 168, 347, 606.
PÉGUY, Charles : 99.
PICHOT, André : 417, 620, 626.
PLATON : 26, 29, 45, 57, 60, 87, 109, 112, 129, 132, 168, 179, 186, 210, 229, 230, 231, 269, 271, 272, 273, 275, 276, 277, 278, 279, 280, 281, 282, 283, 284, 285, 287, 288, 292, 317, 319, 321, 358, 383, 385, 386, 393, 440, 445, 454, 472, 492, 493, 494, 549, 555, 587, 593, 594, 595, 603, 604, 638.
POPPER, Karl : 372.
PRENANT, Auguste : 622.
PROTAGORAS : 104.
PROUDHON, Pierre-Joseph : 282.
PROUST, Marcel : 554.
PYTHAGORE : 104, 147, 148.

RABINOW, Paul : 628.
RANCIÈRE, Jacques : 112, 113, 350, 593.
RANKE, Leopold von : 63, 64, 71.
RAWLS, John : 363.
RÉE, Paul : 457, 574, 608.
RENAN, Ernest : 618, 619.
RICŒUR, Paul : 66.
RILKE, Rainer Maria : 632.
ROBESPIERRE, Maximilien de : 214.
ROHDE, Erwin : 71.
ROLPH, William Henry : 415.
ROLTY, Richard : 64.
ROOS, Richard : 503, 505, 506, 512, 636, 637.
ROSANVALLON, Pierre : 323, 605.
ROSSET, Clément : 641.
ROUSSEAU, Jean-Jacques : 37, 169, 178, 204, 214, 282, 566, 581.

Roux, Wilhelm : 415, 422, 424, 428, 621, 622, 623.
Rütimeyer, Ludwig : 415.

Salomé, Lou von : 457, 640.
Sartre, Jean-Paul : 142.
Schelling, Friedrich Wilhelm Joseph von : 216.
Schiller, Friedrich : 21, 37, 38, 141, 178, 565.
Schlegel, August Wilhelm : 38.
Schlegel, Friedrich : 38, 141.
Schleiermacher, Friedrich : 135, 136, 143, 576.
Schmitt, Carl : 550.
Schopenhauer, Arthur : 21, 25, 26, 27, 28, 29, 30, 31, 32, 33, 34, 35, 36, 41, 51, 57, 85, 94, 106, 126, 134, 138, 139, 140, 159, 161, 170, 171, 179, 183, 185, 189, 197, 210, 214, 235, 238, 398, 421, 423, 427, 468, 479, 480, 490, 505, 518, 526, 564, 568, 575, 576, 608, 623, 634, 635, 637.
Simondon, Gilbert : 238, 629.
Sloterdijk, Peter : 389, 390, 391, 407, 482, 483, 484, 485, 541, 607, 615, 630, 631, 632.
Smith, Adam : 357.
Socrate : 43, 44, 45, 49, 55, 104, 168, 179, 211, 273, 275, 276, 278, 281, 282, 284, 287, 493, 544.
Sophocle : 139.
Spencer, Herbert : 415.
Spinoza, Baruch : 339, 494, 495, 520, 544, 545, 553, 575, 628.
Staline, Joseph : 99, 614.
Stanguennec, André : 615.
Stendhal, Henri Beyle, dit : 398, 572.
Stiegler, Barbara : 415, 453, 462, 620, 623, 627.
Strauss, David Friedrich : 177.
Strauss, Leo : 67, 613.

Thalès : 209, 210, 584, 634.
Thoreau, Henry David : 144.
Thucydide : 86.
Tocqueville, Alexis de : 299, 300, 301, 358, 363, 598, 599.
Troeltsch, Ernst : 67, 68.

Vadé, Yves : 580.
Vinci, Léonard de : 289.
Virchow, Rudolf : 421, 427, 621.
Voltaire, François-Marie Arouet, dit : 169.

Index des noms

WAGNER, Richard : 19, 32, 33, 34, 50, 54, 84, 106, 126, 132, 134, 139, 148, 150, 151, 152, 153, 154, 159, 161, 170, 171, 176, 178, 183, 185, 261, 394, 457, 478, 505, 518, 574, 575, 577, 578, 581, 583, 584, 595, 639.
WEBER, Max : 87, 188, 297, 372.
WINCKELMANN, Johann Joachim : 21.
WITTGENSTEIN, Ludwig : 147.
WOLFF, Eugen : 176.
WOTLING, Patrick : 573, 609, 610, 617, 641.

Avant-propos 11

PREMIÈRE PARTIE
INACTUALITÉ

i. *La connaissance mystérique* 19
ii. *Le sens historique* 60
iii. *L'éducation* 108

DEUXIÈME PARTIE
MODERNITÉ

iv. *La détresse des modernes* 167
v. *La raison, le sujet et la volonté de puissance* 203
vi. *Les « idées modernes »* 257

TROISIÈME PARTIE
ÉTERNITÉ

vii. *L'éternel dernier homme* 343

VIII. *Grande politique et grande santé* 411

IX. *Micropolitique de l'éternité* 465

APPENDICES

Références bibliographiques et liste des abréviations 561

Notes 563

Index des noms 645

DU MÊME AUTEUR

Aux Éditions Gallimard

Johann Wolfgang von Goethe, FAUST, lecture accompagnée, coll. La Bibliothèque Gallimard n° 94, 2002.

Franz Kafka, LA MÉTAMORPHOSE, lecture accompagnée, coll. La Bibliothèque Gallimard n° 128, 2004.

Franz Kafka, LE PROCÈS, lecture accompagnée, coll. La Bibliothèque Gallimard n° 140, 2004.

Friedrich Nietzsche, LA « FAUTE », LA « MAUVAISE CONSCIENCE » ET CE QUI LEUR RESSEMBLE, DEUXIÈME DISSERTATION, extrait de LA GÉNÉALOGIE DE LA MORALE, dossier et notes, coll. Folioplus philosophie n° 86, 2006.

Rainer Maria Rilke, LETTRES À UN JEUNE POÈTE, dossier et notes, coll. Folioplus classiques n° 59, 2006.

LOU ANDREAS-SALOMÉ, coll. Folio biographies n° 48, 2008.

Friedrich Nietzsche, VÉRITÉ ET MENSONGE AU SENS EXTRA-MORAL, dossier et notes, coll. Folioplus philosophie n° 139, 2009.

OPÉRA-CI, OPÉRA-LÀ (avec Gérard Courchelle et Patrick Taïeb), coll. La Bibliothèque Gallimard, hors-série, 2009.

Franz Kafka, LETTRE AU PÈRE, dossier et notes, coll. Folioplus classiques n° 184, 2010.

NIETZSCHE, coll. Folio biographies n° 74, 2011.

Friedrich Nietzsche, ECCE HOMO, préface, traduction révisée et notes, coll. Folio bilingue n° 180, 2012.

Chez d'autres éditeurs

Richard Wagner, MA VIE, préface, traduction et notes, Plon-Perrin, 2012.

COMPRENDRE WAGNER (avec Hermann Grampp), Max Milo, 2013.

Composition Nord Compo
Impression Novoprint
à Barcelone, le 12 octobre 2015
Dépôt légal : octobre 2015
1er dépôt légal dans la collection : août 2014

ISBN 978-2-07-044235-5./ Imprimé en Espagne.

296044